hänssler

ROBERT T. KENDALL

Theologie leicht gemacht

Lernen, worauf es ankommt

Robert T. Kendall ist Pastor der Westminster Chapel in London, wo er in einem viel beachteten Bibel-Lehrdienst steht. Er ist regelmäßig Sprecher bei alljährlich stattfindenden Zusammenkünften, unter anderem bei Spring Harvest und bei Keswick. Er hat noch ein Dutzend anderer Bücher geschrieben, und der Verlag Christian Focus Publications hat außer dem vorliegenden Band bereits einige andere Werke desselben Autors veröffentlicht.

hänssler
Bestell-Nr. 393.693
ISBN 3-7751-3693-2

© Copyright der englischen Originalausgabe 1996 by R.T. Kendall
Originaltitel: Understanding Theology
Übersetzung: Klaus Blahut

© Copyright der deutschen Ausgabe 2002 by Hänssler Verlag,
D-71087 Holzgerlingen
Internet: www.haenssler.de
E-Mail: info@haenssler.de
Umschlaggestaltung: Krüger & Ko.
Titelbild: Archiv Krüger & Ko.
Satz: AbSatz, Klein Nordende
Druck und Bindung: Ebner & Spiegel, Ulm
Printed in Germany

Den Diakonen der Westminster Chapel gewidmet

INHALT

VORWORT ZUR DEUTSCHEN AUSGABE

Hiermit erscheint das umfangreiche Werk von Robert T. Kendall »Theologie leicht gemacht« (Originaltitel: Understanding Theology, London 1996) auch in deutscher Sprache. Dieses Werk, das in das Verstehen der Bibel, der Grundlage aller seriösen theologischen Arbeit einführt, hat in den vergangenen Jahren segensreich in England und darüber hinaus im englischsprachigen Raum gewirkt. Mit der Herausgabe der deutschen Ausgabe verbindet sich die Hoffnung, dass sich damit diese Wirkung auch im deutschsprachigen Raum fortsetzt.

Da Robert T. Kendall Bibeltheologe sein will, beinhaltet »Theologie leicht gemacht« keinerlei konfessionelle Engführung und ist allein schon aus diesem Grunde überkonfessionell und deshalb vielfach einsetzbar. Aus guter biblischer Theologie ziehen Angehörige sämtlicher Konfessionen Gewinn.

Bei der deutschsprachigen Ausgabe handelt es sich im Wesentlichen um die Übersetzung der englischen Originalausgabe. Es wurden keine sinnverändernden Eingriffe vorgenommen, jedoch Stilglättungen und geringfügige Änderungen.

Die neutestamentlichen Bibelzitate erfolgen meist nach der Übersetzung »Neues Leben« (Hänssler Verlag 2002). Das Alte Testament wird in der Regel nach der unrevidierten Schlachterbibel zitiert, mit Ausnahme der Psalmen, die meist nach der Übersetzung »Neues Leben« oder nach der revidierten Schlachterbibel zitiert werden. Bibelstellen, von denen angenommen wird, dass sie dem Leser in der Lutherübersetzung am bekanntesten sind oder diese am geeignetsten erscheint, werden in der Lutherübersetzung von 1984 (Lu84) zitiert. Manche Bibelzitate wurden auch einfach aus der vom Autor zumeist benutzten New International Version (NIV), in manchen Fällen auch aus der Authorized Version (AV) ins Deutsche übersetzt.

Mein Dank gilt dem Hänssler Verlag, dass er sich entschlossen hat, dieses grundlegende theologische Werk, das akademisches Niveau besitzt und doch allgemein verständlich bleibt, herauszugeben. Die christliche Gemeinde erhält damit biblische Lehre, auf die sie in einer

Zeit wachsender Verwirrung und Verführung vermehrt angewiesen ist. Es bleibt zu hoffen, dass Kendalls Buch zu einem Standardwerk christlicher Gemeinden im deutschsprachigen Raum wird.

Walter Rominger

VORWORT

Mein innigster Dank gilt meinem Herausgeber, Herrn Malcolm Maclean und den Mitarbeitern vom »Christian Focus« für ihr Vertrauen und ihre Zuversicht im Hinblick auf die Veröffentlichung der Aufzeichnungen, die die Grundlage für meine Vorlesungen an unserer »Schule der Theologie« bildeten. Dieser Band umfasst in etwa die Hälfte der Vorlesungen der Jahre 1992 bis 1995.

Besonders gefreut hat mich die warmherzige Unterstützung der Menschen aus dem Großraum London, die die Vorlesungen regelmäßig besucht haben. Mein Dank gilt auch all denen, die die Aufzeichnungen abonniert hatten oder die über die veröffentlichten Audiokassetten der Vorträge in Verbindung mit uns geblieben sind.

Mein ganz besonderer Dank gehört jedoch meinen hoch zu schätzenden Diakonen, die die Idee von Anfang an unterstützten und die sich die ganze Zeit über als wahre Freunde erwiesen haben. Ihnen ist dieser Band gewidmet.

Robert T. Kendall
Westminster Chapel
London 1996

EINFÜHRUNG

Ich war nicht vorbereitet auf die überwältigende Reaktion auf unsere »Schule der Theologie«, die wir jeden Freitag Abend in der Westminster Chapel durchführten. Sie wurde zum erfolgreichsten Unterfangen, das wir jemals begonnen hatten! Was war der Grund? Ich kann nur annehmen, dass wir damit einem Bedürfnis entgegengekommen sind, das weitaus realer war, als man allgemein dachte. Ganz normale Gemeindeglieder ebenso wie Gemeindeleiter haben den Wunsch zum Ausdruck gebracht, nicht allein ihre Bibel sondern auch Theologie besser kennen und verstehen zu lernen. Die Reaktion auf unsere Abende hat das bestätigt.

»Theologie leicht gemacht« war unser Motto und auch das leitende Prinzip bei unserem Vorhaben, Woche für Woche mit frisch ausgearbeiteten Lektionen aufzuwarten. Diese Wendung kam mir in den Sinn, als ich mich mit dem Gedanken trug, an den Freitagabenden etwas anders zu machen. Von 1972 bis 1992 hatte ich mich an das von Dr. Martin Lloyd-Jones eingeführte Modell gehalten, das darin bestand, ein ausgewähltes biblisches Buch sorgfältig Schritt für Schritt durchzugehen. So studierten wir den Galaterbrief (über drei Jahre lang), dann den Brief an die Hebräer (zehneinhalb Jahre lang). Ich bereue keine einzige Minute davon, aber ich muss zugeben, dass diese Studien nie so ankamen wie bei meinem großen Vorgänger. Ich besitze nicht seine Gabe, und außerdem bestand offensichtlich kein großes Bedürfnis danach, an den Freitagabenden in fast der gleichen Weise vorzugehen wie an den Sonntagen. Davor hatte Dr. G. Campbell Morgan, Dr. Lloyd-Jones' Vorgänger, sein eigenes Konzept einer Freitags-Bibelschule entwickelt. Und tatsächlich war die Westminster Chapel zu seiner Zeit an den Freitagabenden voll. Sein Konzept fand ich ziemlich beeindruckend, wobei mir vor allem der Aspekt des Betreibens von Theologie, d. h. Theologie in die Praxis umzusetzen, gefiel, während mir wenig daran lag, seinen nicht-theologischen Stil zu übernehmen. Und doch hatte ich die Befürchtung, dass Theologie eine größere Hürde sein könnte als eine Bibelschule. Aber ich hielt daran fest.

Eines der Ziele unserer »Schule der Theologie« war, zu zeigen, dass Theologie kein schlechtes, negativ zu bewertendes Wort ist. Tatsächlich bedeutet es, wörtlich übersetzt, einfach »Wort von Gott«[1] (von griechisch *theos*, Gott, und *logos*, Wort). Letztlich läuft also »Schule der Theologie« auf dasselbe hinaus wie Bibelschule, obwohl es einen kleinen Unterschied gibt, der jedoch beachtet sein will. Wir können Experten in biblischem Wissen werden, ohne auch nur die geringste Ahnung von Theologie zu haben. Wir können die Bibel kennen, ohne etwas von Theologie zu wissen, aber es ist unwahrscheinlich, dass wir, wenn die Theologie gesund sein soll, theologisches Wissen haben können, ohne die Bibel zu kennen. Indem wir theologisch aktiv werden, bekommen wir beides: Theologie *und* biblisches Wissen – und als Beigabe ein wenig Kirchengeschichte, die »Werkstatt der Theologie«.

Ich bin sicher kein großer Bewunderer von Karl Barth, aber in mindestens einem Punkt stimme ich mit ihm überein. Er sagte: »Jeder Christ ist dazu berufen, Theologe zu sein.« Meiner Ansicht nach ist der Mangel an theologisch fundiertem Denken ein Symptom der Oberflächlichkeit der modernen Gemeinde[2]. Der ständigen Gefahr, »völlig orthodox, zugleich aber auch völlig unbrauchbar« zu sein, wie Dr. Lloyd-Jones es ausgedrückt hat, steht die offenkundige geistliche Unfruchtbarkeit der Christen unserer Zeit gegenüber, die nicht mehr sagen können, was oder warum sie glauben! Und ich fürchte, das trifft auch auf einige Prediger auf unseren Kanzeln zu.

Neben dem Prinzip der Einfachheit ging es uns vor allem um Ausgewogenheit: Wir wollten den praktischen Aspekt mit dem intellektuellen verbinden, den Geist mit dem Wort. Ich behaupte nicht, dass uns das immer gelungen ist, aber es war unser Ziel.

---

[1] Anm. d. Ü.: *Wort von Gott* ist bewusst doppeldeutig gewählt; denn *Theologie* – und ebenso das Englische »word of God« – lässt sich sowohl mit »Wort Gottes« als auch mit »Lehre über Gott« übersetzen.
[2] Im Deutschen spricht man je nach Zugehörigkeit zu bestimmten christlichen Kreisen oder Konfessionen (bzw. Denominationen) entweder bevorzugt von *Gemeinde* oder von *Kirche* (so traditionell »großkirchlich« und im allgemeinen gesellschaftlichen Sprachgebrauch). Da sich das Buch an alle Christen wendet, ist das Englische »church« im Normalfall mit *Gemeinde* wiedergegeben. An manchen Stellen ist es aus sachlichen Gründen richtiger, von *Kirche* zu sprechen.

Dieses Werk beinhaltet eine Auswahl der Themen, die wir in unseren ersten vier Jahren behandelt haben. Vielleicht gibt es ja irgendwann einen Folgeband. Die Kapitel in diesem Buch werden dem Leser zumindest einen Eindruck von dem vermitteln, was wir erreichen wollten. Das Inhaltsverzeichnis ist nicht der ursprünglichen Themenfolge nach geordnet. Zum Beispiel war das zweite Kapitel eine Lektion im dritten Jahr, scheint aber, wie man sehen wird, im vorliegenden Band an seiner jetzigen Stelle bestens platziert zu sein. Niemand sollte auch nur eine Minute lang denken, der vorliegende Band würde alles beinhalten, was ich für notwendig halte! Das wird kaum der Fall sein. Ich hatte überhaupt nicht daran gedacht, dass meine Notizen ihren Weg zum Druck finden würden; andernfalls hätte ich im Voraus besser geplant! Wir hatten einfach den Eindruck, es wäre gut, eine Kostprobe von »Theologie einfach gemacht« zu geben. Wir wollten damit den Appetit des Lesers anregen, Gott und sein Wort besser kennen zu lernen. Letztendlich ist das alles, was zählt. Und wenn Sie am Ende herausfinden, dass Sie ein Theologe sind, wäre auch das nicht schlecht!

1
Theologie entdecken

Einleitung

A. Warum sich mit Theologie beschäftigen?

1. Weil ein theologisch fundiertes Denken – vorausgesetzt, es gründet sich auf eine gesunde Lehre und echte Spiritualität[1] – das beste Mittel ist, um uns nicht »ständig von jeder fremden Meinung beeinflussen oder verunsichern zu lassen, nur weil geschickte Betrüger uns eine Lüge als Wahrheit hinstellen« (Eph. 4, 14)[2].

2. *Jeder Christ ist dazu berufen, Theologe zu sein.*
   (a) Um Theologe zu sein, müssen wir keinen Hochschulabschluss im Fach Theologie haben.
   (b) Um Theologe zu sein, müssen wir nicht Pastor oder Prediger sein.
   (c) Um Theologe zu sein, müssen wir nicht im vollzeitlichen christlichen Dienst stehen.

---

[1] Siehe dazu Kapitel 26, welches eigens dem Thema *Spiritualität* gewidmet ist.

[2] Die alttestamentlichen Bibelzitate sind in der Regel der unrevidierten Schlachterbibel entnommen, mit Ausnahme der Psalmen, die meist nach der Übersetzung »Neues Leben« (Hänssler Verlag 2002) oder nach der revidierten Schlachterübersetzung zitiert werden. Die neutestamentlichen Bibelzitate erfolgen fast ausschließlich nach der Übersetzung »Neues Leben«. Manche Bibelstellen sind aber auch nach der Lutherübersetzung von 1984 (Lu84) zitiert. Dabei sollten die angegebenen Bibelstellen möglichst im Zusammenhang gelesen werden.

3. *Die Aufgabe des Pastors ist es, andere für ihren Dienst zuzurüsten,* *»damit der Leib Christi erbaut werde ... in der Erkenntnis des* *Sohnes Gottes«* (Eph. 4, 12-13[3]).

(a) »Strebe eifrig danach, dich Gott als bewährt zu erweisen, als einen Arbeiter, der sich nicht zu schämen braucht, der das Wort der Wahrheit richtig behandelt.« (2. Tim. 2, 15[4])

(b) »Du jedoch weißt alles über meine Lehre.« (2. Tim. 3, 10[5])

(c) »Denn es kommt eine Zeit, in der die Menschen nicht mehr auf die gesunde Lehre hören werden.« (2. Tim. 4, 3)

4. *Der moderne Trend zu einer Menschenzentriertheit und zu einer* *Mentalität, die lediglich nach dem eigenen Nutzen fragt, hat ein* *Vakuum erzeugt, das die Gemeinde in einem kraftlosen und ober-* *flächlichen Zustand zurückließ.*

(a) Zu viele Christen können anderen nicht genau mitteilen, was sie glauben oder warum sie es glauben.

(b) Zu viele Christen wissen nichts von der Geschichte der christlichen Kirche.

(1) Kirchengeschichte ist die »Werkstatt« der Theologie.

(2) Die Kenntnis der Vergangenheit hilft uns, die Gegenwart zu verstehen und der Zukunft ins Auge zu sehen.

5. *Jeder von uns braucht Motivation, um sich schulen zu lassen.*

(a) Dieses Buch kann eine Motivationshilfe für uns sein, die längst überfälligen Lektionen zu lernen.

(b) Es kann uns helfen, unser Denken zu schulen, damit es von gottgemäßer Erkenntnis erfüllt wird.

---

[3] Übersetzung nach dem englischen Text.
[4] Zitat am Ende nach der unrevidierten Schlachterbibel.
[5] Übersetzung nach dem englischen Text (NIV).

B. Warum Theologie und nicht allein die Bibel?

1. *Man kann Fakten über die Bibel lernen und doch die wichtigen Prinzipien verpassen, die diesen Fakten zugrunde liegen.*
   (a) Die Geschichte von Adam und Eva zu kennen ist eine Sache; etwas ganz anderes aber ist es, z. B.:
   (1) Die in dieser Geschichte liegenden Implikationen zu kennen.
   (2) Das Wesen der Sünde, der Versuchung und die Folgen des Sündenfalls zu kennen.
   (b) Zu wissen, dass Jesus am Kreuz gestorben ist, ist eine Sache; etwas ganz anderes ist es aber, zu wissen:
   (1) Welche Bedeutung das Blut Jesu für Gott den Vater hat.
   (2) Welche Bedeutung das Blut Jesu für uns hat.

2. Theologie ist zum Teil durch die Kirchengeschichte geprägt.
   (a) Keiner von uns kann isoliert von der Vergangenheit leben.
   (1) Wir alle haben unsere theologischen Vorurteile und konfessionellen Prägungen.
   (2) Diese gehen größtenteils auf die zurück, die vor uns gelebt haben.
   (b) Der Apostel Paulus gründete seine Lehre auf seine Vorfahren, z. B. auf Abraham und David (Röm. 4, 1-8).
   (1) Genauso wurden auch unsere Ansichten von großen Denkern der Vergangenheit geprägt.
   (2) Wir zitieren oft Luther und Calvin; diese zitierten ihrerseits Augustinus und Athanasius.
   (c) Einige sagen dem Sinne nach: Aber ich werde einfach die Bibel lesen, wie Paulus. Ich brauche weder Augustinus noch Athanasius, weder Luther noch Calvin.
   (1) Es besteht die Möglichkeit, dass solche Menschen ihre Vorurteile behalten.
   (2) Wir müssen unsere eigenen Vorurteile verstehen lernen, wie sie entstanden sind und wie wir sie, wenn es nötig ist, korrigieren können.

1 Theologie: Das Studium des Wortes Gottes

A. Das Wort »Theologie« kommt von zwei griechischen Worten:

1. *theos,* was »Gott« bedeutet.
2. *logos,* was »Wort« bedeutet.

B. Theologie ist kein schlechtes, negativ zu bewertendes Wort!

1. *Theologie galt einst als Königin der Wissenschaften.*
   (a) Es ist nicht mehr als drei Jahrhunderte her, dass die klügsten Köpfe danach strebten, Theologen oder Kleriker zu sein.
   (b) Heutzutage wollen die hellsten Köpfe lieber Naturwissenschaftler oder Computerexperten sein.

2. *Auf dem Wappen der Oxford-Universität stehen die Worte »Dominus illuminatio mea« –»der Herr ist mein Licht«* (Ps. 27,1).
   (a) Seit diese Worte geschrieben wurden, ist die Theologie in Vergessenheit geraten.
   (b) Durch die Rückbesinnung auf die Theologie wollen wir dazu beitragen, die Ehre des Namens Gottes wiederherzustellen.

3. *Uninteressante Prediger, langweilige Theologen und wenig begabte Leute haben das Feld eingenommen, das früher geistliche Riesen beherrschten.*
   (a) Diesen Trend umzukehren wird nicht einfach sein.
   (b) Theologie zu lernen wird nicht von selbst gehen.
   (1) Es erfordert Mühe.
   (2) Dort, wo Jesus sagte, »*seid bestrebt,* hineinzukommen« (Lk. 13, 24[6]), steht im Griechischen ein Wort mit der Bedeutung »sich mühen, kämpfen, ringen« (*agonizomai*).

---

[6] Übersetzung nach dem englischen Text.

2 Eine gesunde Theologie verbindet beides: Kopf und Herz

A. Das Eine ohne das Andere wird einen Mangel zur Folge haben.

1. *Den Intellekt allein zu betonen ist eine gefährliche Sache.*
   - (a) »Die Erkenntnis bläht auf; aber die Liebe baut auf.« (1. Kor. 8, 1 Lu84)
   - (b) Der Intellekt ist nur *ein* Teil unserer Persönlichkeit.
   - (c) Intellektueller Anreiz allein züchtet Stolz und führt zu Trägheit und Selbstgerechtigkeit.

2. *Das Herz allein zu betonen ist eine gefährliche Sache.*
   - (a) »Das Herz ist trügerischer als alle Dinge und nicht zu heilen.« (Jer. 17, 9[7])
   - (b) Eine Betonung des Herzens kann zu einer Überbetonung des Emotionalen führen.
   - (c) Ein Missachten der intellektuellen Seite unserer Persönlichkeit kann zu falschem Stolz und zu Selbstgerechtigkeit führen.

B. Die beste Theologie wird auf unseren Knien entwickelt.

1. Gebet ist der Kontrapunkt zu geistlicher Trägheit und intellektuellem Stolz.
2. Gebet ist das Vehikel, durch das unsere Herzen dem Heiligen Geist gegenüber empfindsam bleiben.
3. Was der Heilige Geist nicht offenbart, ist auch nicht wissenswert.

---

[7] Übersetzung nach dem englischen Text (NIV).

3 Im Allgemeinen gliedern wir die Theologie in sieben Fachgebiete

A. Offenbarung: Die Inspiration der Bibel

1. *Hier geht es nicht um eine Bezugnahme auf das neutestamentliche Buch Offenbarung, sondern um die Lehre von der Offenbarung.*
   (a) Das dem Begriff *Offenbarung* zugrunde liegende griechische Wort bedeutet »Enthüllung«.
   (b) Offenbaren bedeutet »enthüllen, was verborgen ist«.

2. *Die Lehre von der Offenbarung behandelt die Art und Weise, wie Gott sich selbst offenbart.*

3. *Gott hat sich selbst offenbart, und zwar in der Bibel durch den Heiligen Geist.*
   (a) In gewissem Sinn werden Offenbarung und Heilige Schrift synonym gebraucht.
   (b) Dass die Bibel das Wort Gottes ist, wissen wir durch das »innere Zeugnis des Heiligen Geistes« (Calvin).

4. *Die Lehre von der Trinität (Dreieinigkeit) fällt unter diese Überschrift, ebenso die Lehre von der Vorsehung Gottes.*

B. Kosmologie: Die Lehre von der Schöpfung

1. Der Begriff *Kosmologie* kommt von den griechischen Wörtern *kosmos* (Welt; Weltordnung) und *logos* (Wort; Lehre).
2. Kosmologie behandelt die Frage: Ist das Universum und alles, was darin ist, Schöpfung Gottes, oder ist es zufällig durch Evolution entstanden?
3. Unter dem Oberbegriff Kosmologie werden auch Umweltfragen behandelt.

C. Anthropologie: Die Lehre vom Menschen

1. Der Begriff *Anthropologie* kommt von den griechischen Wörtern *anthropos* (Mensch) und *logos* (Wort; Lehre).
2. Anthropologie behandelt die Frage: Wurde der Mensch von Gott erschaffen, oder hat er sich durch Evolution entwickelt?
3. Anthropologie behandelt auch Fragen wie:
   (a) Ist der Mensch ein gefallenes Wesen? – Anders gefragt: Gab es einen Sündenfall?
   (b) Ist der Mensch eine Dichotomie (d. h. Zweiheit, z. B. Körper und Seele) oder eine Trichotomie (d. h. Dreiheit, z. B. Körper, Seele und Geist)?
   (c) Die Psychologie des Menschen.

D. Soteriologie: Die Lehre von der Rettung bzw. Erlösung

1. Der Begriff *Soteriologie* kommt von den griechischen Wörtern *soter* (Retter; Erlöser) und *logos* (Wort; Lehre).
2. Die Worte *Rettung* und *Erlösung* sind austauschbare Begriffe.
3. Soteriologie ist das weiteste Gebiet der Theologie, welches bei zukünftigen Lektionen ausgiebig Berücksichtigung finden wird, wenn Themen wie Sühne und Versöhnung, Rechtfertigung, Prädestination (Vorherbestimmung), Gesetz, Glaube, Heiligung und Heilsgewissheit behandelt werden.

E. Pneumatologie: Die Lehre vom Heiligen Geist

1. Der Begriff *Pneumatologie* kommt von den griechischen Wörtern *pneuma* (Geist) und *logos* (Wort; Lehre).
2. Dieses Gebiet der Theologie überschneidet sich mit allen bisher genannten Bereichen, umfasst aber auch Themen wie die Gaben oder was dasselbe ist, die Salbungen des Heiligen Geistes.

F. Ekklesiologie: Die Lehre von der Gemeinde bzw. Kirche

1. Der Begriff *Ekklesiologie* kommt von den griechischen Wörtern *ekklesia* (die Herausgerufenen; die Versammlung) und *logos* (Wort; Lehre).
2. Nicht miteinander zu verwechseln sind die beiden Begriffe *ekklesiologisch* (die Lehre über die Gemeinde und ihre Leitung betreffend) und *ekklesiastisch* (was sich auf die Arbeit innerhalb einer Denomination bzw. Konfession bezieht, wie z. B. »ekklesiastisches Amt«[8]).
3. Dieses Gebiet der Theologie beinhaltet unter anderem die Taufe, das Abendmahl und Fragen des Verhältnisses von Staat und Kirche.

G. Eschatologie[9]

1. Der Begriff *Eschatologie* kommt von den griechischen Wörtern *eschatos* (der, die das letzte [Ding]) und *logos* (Wort; Lehre).
2. Dieses Gebiet der Theologie behandelt Themen wie die Wiederkunft von Jesus, noch nicht erfüllte Prophetie, das Jüngste Gericht, Himmel und Hölle.

4 Theologie und Ethik

A. Eng verbunden mit dem Studium der Theologie ist das Studium der Ethik.

1. In der Ethik geht es um moralische Prinzipien und Werte.
2. Theologische Ethik behandelt zum Teil auch die Frage der Relevanz der Theologie für das gesellschaftliche Leben.

---

[8] Im Deutschen sprechen wir diesbezüglich eher von »kirchlicher Ordination«.
[9] Gesprochen: Es-chatologie: Die Lehre von den letzten Dingen

B. **Theologische Ethik umfasst Themenbereiche wie:**

Ehe und Familie, Wirtschaft, Politik, Umwelt, Gesellschaft, Medizin und Psychologie.

5 Theologie und Spiritualität[10]

A. **Auch wenn das Thema *Spiritualität* sich mit vielen der oben genannten Bereiche überschneidet, zum Beispiel mit Heiligung oder mit der Lehre über den Heiligen Geist, ist eine besondere Hervorhebung folgender Punkte notwendig:**

1. Die Bedeutung des Gebetes im Leben der Gemeinde.
2. Die Bedeutung des Gebetes im Leben des einzelnen Gläubigen.
3. Zeugnis geben und Seelen gewinnen, d. h. Evangelisation.
4. Wie lesen wir die Bibel.
5. Der Stellenwert der Predigt.
6. Anbetung.
7. Erweckung.

B. **»Theologie auf unseren Knien zu lernen« ist ein Aspekt der uns zugewiesenen Aufgabe, der uns hoffentlich vor einer langweiligen, sterilen und bedeutungslosen Art, Akzente zu setzen, bewahrt, die in der Vergangenheit nicht gerade hilfreich gewesen ist.**

---

[10] Siehe die Fußnote zu Beginn dieses Kapitels. Hier könnten wir *Spiritualität* auch mit *geistliches Leben* umschreiben.

Schlussbemerkung

Das Studium der Theologie an einer Universität oder Hochschule steht nicht allen offen. Aber durch dieses Buch haben wir Zugang zu einer Reihe von Lehrinhalten, die für gewöhnlich nur an der Universität behandelt werden. Das hat einen doppelten Nutzen: Wir werden in der Lage sein, die Schrift auf einer tieferen Ebene zu verstehen, und unsere persönliche »stille Zeit« sollte in der Folge produktiver sein.

Der Heilige Geist wird uns bei dieser Aufgabe helfen, genau wie Jesus es verheißen hat: Er wird »euch an alles erinnern«, was euch gelehrt worden ist (Joh. 14, 26). Wenn wir jedoch nichts im Kopf haben, bevor wir vom Heiligen Geist erfüllt werden, werden wir auch nichts im Kopf haben, nachdem wir geisterfüllt sind. Ich persönlich bin davon überzeugt, dass eine Erweckung, eine neue »Große Erweckung«[11], kommen wird. Diejenigen, die theologisch gut vorbereitet und ausgerüstet sind, wenn die Erweckung kommt, werden für Gott, die Gemeinde und die Welt von größtem Nutzen sein.

---

[11] Die »*Große Erweckung*« (englisch »The Great Awakening«): Eine durch die Predigt von Jonathan Edwards (1703-1758) ausgelöste tief greifende Buß- und Erneuerungsbewegung des 18. Jahrhunderts im angelsächsischen Sprachraum, vornehmlich in den USA.

2
Wie macht Gott sich selbst bekannt?

Einleitung

A. Die Lehre von der Offenbarung ist für den christlichen Glauben wesentlich und unerlässlich.

1. *Die Lehre von der Offenbarung stellt die Grundlage dar für ein angemessenes Verständnis der Frage:*
   (a) Was wir glauben.
   (b) Warum wir glauben.
   (c) Woher wir unsere Glaubensinhalte bekommen.
   (d) Warum wir glauben, dass diese Glaubensinhalte wahr sind.

2. *Die Bedeutsamkeit der Lehre von der Offenbarung ist daran ersichtlich, dass die Offenbarung häufig das erste Thema ist, das in einem theologischen Lehrbuch behandelt wird.*
   (a) Die Lehre von der Offenbarung ist für die Theologie das, was die Epistemologie (= Erkenntnistheorie bzw. -lehre) für die Philosophie ist.
   (1) Unter Philosophie verstehen wir das wissenschaftliche Forschen nach Weisheit, welches die beiden Bereiche Epistemologie[1] und Axiologie[2] umfasst.
   (2) Epistemologie: Auf welche Weise erkennen wir etwas und wie wissen wir, ob das Erkannte wahr ist?
   (b) Epistemologie gründet sich auf die *Vernunft* als Erkenntnisgrundlage, Offenbarung auf etwas *Vorgegebenes.*

---

[1] Epistemologie: Grundfrage: Was ist wahr?
[2] Axiologie = Werttheorie bzw. Lehre von den Werten; Grundfrage: Was ist wertvoll?

(1) Philosophen nehmen manchmal Anstoß an der Vorstellung, dass etwas offenbart sein soll, weil dabei die menschliche Vernunft als Grundlage der Erkenntnis beiseite gelassen wird.

(2) In der Offenbarungstheorie spielt die Vernunft keine Rolle, da vorausgesetzt ist, dass wir das, was wahr ist, dadurch erkennen können, dass Gott uns die Erkenntnis seiner selbst *gibt.*

B. Offenbarung: Das Enthüllen absoluter, zuvor verborgener Wahrheit

1. Griechisch *apokalypsis:* »ein Enthüllen«, »Aufdecken«.

2. Der Begriff Offenbarung setzt voraus, dass etwas verborgen ist und dass dieses aufgedeckt, offenbart oder enthüllt worden ist.
   (a) Ein Reporter der Boulevardpresse mag sagen: Jetzt kann ich offenbaren, dass …
   (b) Viele Christen suchen eine Offenbarung in Bezug auf ihr persönliches Leben, ihre Zukunft, etc.; das ist der Grund, warum so mancher Interesse an einer »besonderen Erkenntnis« (vgl. 1. Kor. 12, 8) zeigt.
   (1) Dies ist eine Art von Offenbarung, denn das, was jetzt aufgedeckt ist, war bisher verborgen.
   (2) Bei Offenbarung kann es auch um theologische Einsicht gehen; jemand kann z. B. etwa sagen: Ich habe eine Offenbarung zu diesem Vers.

C. Gegenstand unserer Untersuchung ist die Selbstoffenbarung Gottes und die Wahrheit über ihn.

1. *Deshalb basiert unsere Untersuchung auf folgenden Annahmen:*
   (a) Dass Gott sich selbst offenbart hat.
   (b) Dass Gott Wahrheit über sich selbst offenbart hat.

2. *Daher ist es uns möglich, Gott zu erkennen und Dinge über ihn zu wissen.*

D. Warum ist diese Untersuchung wichtig?

1. *Sie lässt uns die fundamentalste Wahrheit über unseren Glauben ins Auge fassen: Woher wissen wir, dass die Bibel wahr ist und wir keiner Täuschung erlegen sind?*
2. *Sie zwingt uns, einige der Voraussetzungen zu überdenken, die viele von uns fraglos angenommen haben, welche aber für andere fraglich sind.*
3. *Sie wird uns eine Hilfe sein, wenn es darum geht, den Glauben gegen die Argumente unserer säkularen, atheistischen Zeitgenossen zu verteidigen.*
   (a) »Seid allezeit bereit zur Verantwortung vor jedermann, der Rechenschaft fordert über die Hoffnung, die in euch ist.« (1. Petr. 3, 15 Lu84)
   (b) Viele von uns sind auf jemand angewiesen, der im Glauben fester oder fähiger ist als wir, um selbst die elementarste Frage zu beantworten. Dies ist kein besonders eindrucksvolles Zeugnis.
   (c) Zugegeben, nicht jeden, dem wir begegnen, beschäftigen intellektuelle Fragen über den Glauben.
   (1) In solchen Fällen wird unser persönliches Leben das ansprechendere Zeugnis sein.
   (2) Wenn wir aber auf eine eher intellektuelle Person treffen, wird es Gott ehren, wenn der- oder diejenige sieht, dass auch wir unseren Glauben durchdenken mussten.

4. *Es wird uns in unserem eigenen Glauben fester und zuversichtlicher machen, wenn wir mit einigen der Fragen gerungen haben, die wir allzu lange unter den Teppich gekehrt hatten.*
5. *Es wird uns mit Dank erfüllen, von neuem zu sehen, dass uns wirklich die absolute Wahrheit über Gott und seinen Sohn gegeben ist.*
   (a) Nicht, dass wir alles verstehen würden!

(b) Aber wir können tatsächlich eine ganze Menge mehr verstehen, als wir bis heute gewusst haben.

6. *Eine unserer größten Bedrohungen heutzutage ist der religiöse und theologische* Pluralismus. *Deshalb brauchen wir die Gewissheit, dass Jesus Christus der einzige Weg zu Gott ist.*

(a) Religiöser und theologischer Pluralismus: Der Glaube, dass es mehr als nur einen Weg zu Gott bzw. in den Himmel gibt.

(b) Angesichts der wachsenden Zahl von Muslimen, Hindus und Anhängern anderer Religionen in unserem Land und angesichts so vieler Pastoren und Seelsorger, die leider die notwendige Tatsache leugnen, dass wir Gott allein durch Christus kennen lernen können, müssen wir wissen, wo wir zu stehen haben.

(c) Woher wissen wir, dass es der wahre Gott ist, den wir erfahren?

E. Wenn wir von Offenbarung sprechen, meinen wir zwei Dinge. Dabei ist die Reihenfolge zu beachten; sie kann nicht vertauscht werden.

1. Dass Gott sich selbst offenbart.
2. Dass Gott Wahrheiten über sich selbst zeigt.

F. Das Thema Offenbarung lässt sich in zwei Bereiche aufteilen: Offenbarung Gottes, die zum Heil nichts beiträgt und Offenbarung Gottes, die zum Heil nötig ist.

1 Offenbarung Gottes, die zum Heil nichts beiträgt

A. Allgemeine Offenbarung: An alle Menschen im Allgemeinen

1. *Alle Menschen haben irgendein Wissen, eine Vorstellung oder ein Bewusstsein von Gott.*
   (a) Dass es einen Gott gibt: »Gott selbst hat es ihnen gezeigt.« (Röm. 1, 19)
   (b) Dass es einen Schöpfer gibt: »Seit der Erschaffung der Welt haben die Menschen die Erde und den Himmel und alles gesehen, was Gott erschaffen hat, und können daran ihn, den unsichtbaren Gott, in seiner ewigen Macht und seinem göttlichen Wesen klar erkennen. Deshalb haben sie keine Entschuldigung dafür, von Gott nichts gewusst zu haben.« (Röm. 1, 20)
   (c) Dass dieser Gott heilig ist: Das ist im Wort »Gott« bzw. »Gottheit« (im oben zitierten Vers) impliziert. Die Reaktion der Menschen auf die Heiligkeit Gottes ist, dass sie »die Wahrheit durch ihre Ungerechtigkeit unterdrücken« (Röm. 1, 18[3]).

2. *Dieses Wissen von Gott ist einerseits* angeboren, *andererseits* erlernt *durch das, was wir wahrnehmen. Dieses kommt uns in dreierlei Weise zu:*
   (a) Durch das Bild Gottes im Menschen, auch wenn es durch den Sündenfall entstellt ist.
      (1) »Und Gott schuf den Menschen zu seinem Bilde, zum Bilde Gottes schuf er ihn; und schuf sie als Mann und Weib.« (1. Mose 1, 27 Lu84)

---

[3] Übersetzung nach dem englischen Text (NIV); Lu84: »die Wahrheit durch Ungerechtigkeit niederhalten«.

29

(2) Der Sündenfall ist ein geschichtliches Ereignis: Als unsere Urahnen, Adam und Eva, im Garten Eden sündigten, hinterließen sie eine hilflose und sündhafte Menschheit, jedoch nicht ohne ein Wissen vom Schöpfer. Zum Heil trägt dieses Wissen jedoch nichts bei.

(b) Durch das Gewissen, welches die natürliche Fähigkeit des Menschen ist, über sich selbst nachzudenken und zu erkennen, was richtig oder falsch ist.

(1) »Durch ihr Verhalten zeigen sie an, dass Gottes Gesetz in ihr Herz geschrieben ist, denn ihr eigenes Gewissen und ihre Gedanken klagen sie entweder an oder bestätigen, dass sie das Richtige tun.« (Röm. 2, 15)

(2) Das Gewissen ist das, was vom Bild Gottes in uns übriggeblieben ist. Es ist nicht in der Lage, uns zu retten, es lässt uns vielmehr ohne Entschuldigung stehen.

(c) Durch die Vernunft: Durch sie können wir den Rückschluss ziehen, dass es einen Schöpfergott gibt, wenn wir aufrichtig dem folgen, was unser Gewissen uns sagt.

(1) »Von Anfang an war es sein [Gottes] Plan, dass die Völker Gott suchen und auf ihn aufmerksam werden sollten und ihn finden würden — denn er ist keinem von uns fern.« (Apg. 17, 27)

(2) Im Mittelalter versuchten Theologen, wie z. B. Thomas von Aquin, mit dem kosmologischen Gottesbeweis und Anselm von Canterbury mit dem ontologischen Gottesbeweis kraft der Vernunft durch Schlussfolgerungen zu beweisen, warum es einen Gott geben müsse.

(d) Diese drei Quellen des Gottesbewusstseins sind ferner bestätigt durch den Schöpfer Jesus Christus, »das wahre Licht, das alle Menschen erleuchtet, die in diese Welt kommen« (Joh. 1, 9 Lu84). Aber wir haben zu beachten:

(1) Dieses Licht rettet uns nicht.

(2) Dieses Licht ist im Grunde genommen etwas, was bei all dem oben Genannten impliziert ist; das Bild Gottes im

Menschen, das Gewissen und die Fähigkeit, Schlussfolgerungen zu ziehen.

B. Natürliche Offenbarung: Das, was durch die Schöpfung von Gott wahrnehmbar ist

1. *Natürliche Offenbarung ist eine etwas andere Weise, von allgemeiner Offenbarung zu reden.*
   (a) Sie kommt allen Menschen zu.
   (b) Indem sie das Augenmerk auf die Schöpfung richtet, nimmt die natürliche Offenbarung nicht allein auf das Gewissen Bezug.

2. *Natürliche Offenbarung: Die Offenbarung von Gott, die allen Menschen dadurch gegeben ist, dass sie entweder angeboren ist oder in der Schöpfung erkannt wird, so dass durch sie jeder in irgendeiner Form die Existenz Gottes anerkennen muss (Röm. 1, 18 - 25).*
   (a) Diese Art von Offenbarung bringt niemandem Rettung.
   (b) Durch diese Art von Offenbarung müssen alle Menschen in irgendeiner Form die Existenz Gottes anerkennen, was jedoch genau das Gegenteil zur Folge hat: Sie weigern sich, Gott anzuerkennen!

C. Biblische Belege für die allgemeine Offenbarung.

1. *Apostelgeschichte 17, 24 - 28.*
   (a) Gott hat die Lebensumstände der Menschen so geordnet, dass sie ihn suchen und finden sollten.
   (b) Paulus weist auf, dass die Menschen Gott nicht aufrichtig suchen.
   (c) Er stellt heraus, dass alle Menschen erkennen *sollten*, dass Gott sich in der Schöpfung und in den menschlichen Angelegenheiten selbst bezeugt.

2. *Römer 1, 18 - 25.*
   (a) Der Mensch erkennt die Schöpfung als das Werk Gottes.
   (b) Obwohl Gott sich in der Schöpfung selbst offenbart, gibt der
       Mensch Gott nicht die angemessene Antwort darauf, welche
       in Dankbarkeit und Anbetung bestünde, sondern wird zum
       Götzendiener.

3. *Die »Schöpfungspsalmen«.*
   (a) Psalm 8:
       (1) Der Herr ist der Schöpfer der Natur.
       (2) Dieser Psalm entfaltet Gottes Güte und Majestät, indem
           er diese Eigenschaften Gottes bezeugt.
   (b) Psalm 19:
       (1) »Der Himmel verkündet die Herrlichkeit Gottes.«
           (Vers 2)
       (2) Der regelmäßige Wechsel von Tag und Nacht zeugt von
           seiner Herrlichkeit (vgl. Vers 3).
   (c) Psalm 29:
       (1) »Die Stimme des Herrn erschallt über dem Meer« (Vers
           3a), sie »zersplittert die Zedern« (Vers 5) und »erschüt-
           tert die Wüste« (Vers 8).
       (2) »Der Gott der Herrlichkeit lässt den Donner grollen.«
           (Vers 3b)
   (d) Wir müssen beachten: Diese Psalmen beschreiben in an-
       schaulicher Weise eine natürliche Offenbarung Gottes, aber
       sie sind von jemand geschrieben, dem eine rettende Offen-
       barung zuteil wurde und der damit in lobpreisender Aner-
       kennung seine Dankbarkeit zum Ausdruck bringen wollte.
       Es ist nicht die Reaktion des natürlichen Menschen, sondern
       von jemand, der sich über Gottes besondere Offenbarung
       freut.

D. Zusammenfassung: Allgemeine und natürliche Offenbarung

(1) *Allen Menschen ist ein begrenztes Wissen über Gott gegeben.*
  (a) Dieses Wissen offenbart Gottes Schöpfermacht und Herrlichkeit.
  (b) Es kommt uns auf zwei Wegen zu: Durch die Schöpfung und über unser Gewissen.

(2) *Niemand ist allein aufgrund dieser Art von Offenbarung gerettet; sie ist nicht heilsrelevant.*

(3) *Und doch lässt sie den Menschen ohne Entschuldigung.*
  (a) Sie wollen Gott nicht anerkennen.
  (b) Sie unterdrücken die Wahrheit durch ihre Sünde.

2 Offenbarung Gottes, die zum Heil nötig ist

A. Besondere Offenbarung im Gegenüber zu allgemeiner Offenbarung.

1. *Während die allgemeine Offenbarung durch die Schöpfung allen zuteil wird, aber keine Rettung bringt, wird die spezielle Offenbarung einigen zuteil und bringt Rettung.*
  (a) Es gibt zwei nicht voneinander trennbare Instrumente der speziellen Offenbarung:
    (1) Das Evangelium, welches allen Menschen verkündet werden muss.
    (2) Der Heilige Geist, der das Evangelium für die Gläubigen verständlich macht und sie auch danach leben können.
  (b) »Uns ist aufgetragen, das Evangelium allen Menschen zu bringen.« (Mk. 16, 15)
    (1) Gott »gebietet den Menschen auf der ganzen Welt, sich von den Götzen abzuwenden und zu ihm zu bekehren« [Griechisch: überall Buße zu tun]. (Apg. 17, 30)
    (2) »Nur der Heilige Geist schenkt Buße und Glauben.« (Röm. 2, 4; Eph. 2, 8-9)

(c) Das bloße Verkünden des Evangeliums, das Instrument der speziellen Offenbarung, bringt für sich genommen keine Rettung (Apg. 18,6).
  (1) »Denn viele sind eingeladen, aber nur wenige sind auserwählt.« (Mt. 22,14)
  (2) Die vielen sind diejenigen, die das Evangelium äußerlich hören; die wenigen sind diejenigen, die Gottes spezielle Offenbarung empfangen.

2. *Der Inhalt der speziellen Offenbarung Gottes:*
  (a) Das Evangelium von Jesus Christus.
    (1) Jesus als Person — der Gottmensch[4].
    (2) Das Werk Christi — sein Gehorsam, sein Tod und seine Auferstehung.
  (b) Das Wesen Gottes.
    (1) Seine Herrlichkeit.
    (2) Seine Heiligkeit.
    (3) Sein Wille.
  (c) Die Sündhaftigkeit des Menschen.
    (1) Unsere Ohnmacht.
    (2) Unsere angeborene Sündhaftigkeit.
  (d) Das künftige Gericht.
    (1) Die Wiederkunft Christi.
    (2) Das Jüngste Gericht.

3. *In Apostelgeschichte 17 begann Paulus seine Verkündigung mit der allgemeinen Offenbarung und schloss mit der speziellen Offenbarung.*
  (a) »Er ist der Gott, der die Welt und alles, was darin ist, erschuf. … Von Anfang an war es sein Plan, dass die Völker Gott suchen und auf ihn aufmerksam werden sollten und ihn finden würden.« (Apg. 17,24a-27a)

---

[4] Gottmensch: Zugleich wahrer Gott und wahrer Mensch in einer Person.

(b) »Doch nun gebietet er den Menschen auf der ganzen Welt, sich von den Göttern abzuwenden und zu ihm zu bekehren [Griechisch: überall Buße zu tun]. Denn er hat einen Tag festgesetzt, an dem er die Welt gerecht richten wird und zwar durch den Mann, den er dazu bestimmt hat.« (Apg. 17, 30b. 31a)

B. Übernatürliche Offenbarung im Gegenüber zu natürlicher Offenbarung.

Übernatürlich: über der Natur stehend.

1. *Die Bibel, Gottes offenbarter Wille.*
   (a) Das Alte Testament, bestehend aus 39 einzelnen Büchern.
   (b) Das Neue Testament, bestehend aus 27 einzelnen Büchern.

2. *Der Heilige Geist, durch den wir wissen, dass die Bibel Gottes Wort ist.*
   (a) Es gibt zwei Möglichkeiten, wie Menschen dazu kommen können, die Bibel als wahr zu akzeptieren:
      (1) Durch äußerliche Bezeugung, wie z. B. archäologische Entdeckungen, persönliche Zeugnisse etc.
      (2) Durch das innere Zeugnis des Heiligen Geistes.
   (b) Der Heilige Geist wirkt in den Gläubigen auf folgende Weise:
      (1) Er überführt von Sünde.
      (2) Er offenbart das Evangelium.
      (3) Er bewirkt Glaube und Buße.
      (4) Er überzeugt von der Wahrheit der Bibel.
      (5) Er zeigt uns Gottes Willen in Bezug auf unsere Lebensführung.

3. *Die Herrlichkeit Jesu Christi.*
   (a) Er ist Gott und Mensch in einer Person.
   (b) Er ist Schöpfer.

(c) Er ist der einzige Erlöser.
(1) Er ist der eine und einzige Sohn Gottes.
(2) Er ist der einzige Weg zu Gott.
(3) Sein Tod bringt nur demjenigen wirklich Rettung, der an ihn glaubt.
(4) Er ist von den Toten auferstanden und zur Rechten Gottes erhöht; er regiert und tritt für die Gläubigen ein.
(5) Er wird wiederkommen, um über die Welt Gericht zu halten.

C. Der entscheidende Unterschied zwischen natürlicher Offenbarung, die sich an alle Menschen richtet und übernatürlicher Offenbarung, die nur an Gläubige ergeht, ist die Art und Weise, wie der Heilige Geist wirkt.

1. *Auf der natürlichen Ebene segnet Gott der Heilige Geist das Nicht-Wiedergeborene äußerlich.*
   (a) »Denn er lässt die Sonne für Böse und Gute aufgehen und sendet Regen für die Gerechten wie für die Ungerechten.« (Mt. 5, 45b)
   (b) Alle guten Dinge im Leben haben ihren Ursprung in Gott.
      (1) Gottes Güte für alle Menschen wird als allgemeine Gnade bezeichnet.
      (2) Unsere Intelligenz, unsere Gesundheit, unsere Arbeitsplätze und sogar die Regierung bestehen auf der natürlichen Ebene durch Gottes Gnade.

2. *Auf der übernatürlichen Ebene wirkt der Heilige Geist innerlich.*
   (a) Es ist das innere Wirken des Heiligen Geistes, durch das wir wissen, dass die Bibel Gottes Wort ist.
   (b) Der Heilige Geist bewirkt einen Glauben von solcher Gewissheit:
      (1) »Dass man sein Leben tausendmal darauf stützen würde« (Luther).

(2) »Dass man weiß, dass man keiner Täuschung erlegen ist« (Calvin).

Schlussbemerkung

Es gibt nur *einen* Gott – nur *einen* Schöpfer. Er hat sich in seinem einen und einzigen Sohn in höchster Weise selbst offenbart. Allen anderen Religionen ist gemeinsam, dass Erlösung durch menschliche Anstrengung geschieht und vom menschlichen Willen ausgeht. Allein der christliche Glaube sieht einen Stellvertreter vor – Jesus Christus –, der durch freie Gnade rettet. Seine Auferstehung von den Toten zeigt, dass er der Sohn Gottes ist.

3

Die Bibel richtig ausgelegt

Einleitung

A. Das ist ein gewaltiges Unterfangen.

1. *Kein Christ, der ernstzunehmen ist, würde zu behaupten wagen, auf irgendeinem Gebiet der Theologie unfehlbar zu sein.*
   (a) Kein ernstzunehmender Theologe oder Bibellehrer wird behaupten, er verstehe die Bibel in allem. Er versteht sie nur in begrenztem Maß.
   (b) Diese Lektion wird deshalb keine unfehlbaren Leitlinien an die Hand geben, nur Vorschläge, die wir für hilfreich halten.

B. Wir beginnen mit einer Einführung in die biblische Hermeneutik.

1. *Hermeneutik: Die Kunst oder Wissenschaft der Bibelauslegung.*
   (a) Der griechische Begriff *hermeneuein* bedeutet *erklären, interpretieren* oder *übersetzen.*
   (b) Der griechische Begriff *hermeneia* bedeutet *Auslegung* oder *Übersetzung.*
   (c) Dieser Wortstamm wird im Neuen Testament gebraucht, z. B.:
   (1) »Und er begann bei Mose und den Propheten und *erklärte* ihnen alles, was in der Schrift über ihn geschrieben stand.« (Lk. 24, 27)
   (2) »Die *Auslegung* der Sprachen« (1. Kor. 12, 10).

2. *Wir können in dieses Thema nur einführen, indem wir ein paar geschichtliche Zusammenhänge vermitteln, einen allgemeinen Blick auf ausgewählte Abschnitte der Bibel werfen und einige Hinweise geben, wie bestimmte Bücher oder Themen verstanden werden können.*

(a) Die Bibel wurde von fast vierzig Autoren über einen Zeitraum von fünfzehnhundert Jahren geschrieben.

(b) Dennoch sind wir überzeugt, dass die Bibel vom Heiligen Geist verfasst wurde. Der Heilige Geist ist nicht nur der Autor, sondern auch der einzig unfehlbare Ausleger der Schrift.

(1) »Denn alle Schrift, von Gott eingegeben, ist nütze zur Lehre, zur Zurechtweisung, zur Besserung, zur Erziehung in der Gerechtigkeit.« (2. Tim. 3, 16 Lu 84)

(2) »Und das sollt ihr vor allem wissen, dass keine Weissagung in der Schrift eine Sache eigener Auslegung ist. Denn es ist noch nie eine Weissagung aus menschlichem Willen hervorgebracht worden, sondern getrieben von dem Heiligen Geist haben Menschen im Namen Gottes geredet.« (2. Petr. 1, 20-21 Lu 84)

(c) Es ist hilfreich, die folgende Analogie zwischen Jesus Christus und der Bibel in Erinnerung zu rufen:

(1) Jesus war ganz Gott — so, als wäre er nicht auch Mensch gewesen; und doch war er zugleich Mensch — so, als wäre er nicht auch Gott gewesen.

(2) Die Bibel ist das Werk des Heiligen Geistes — so, als wäre sie ohne den Menschen entstanden; und doch ist sie von Menschen geschrieben worden, als wäre sie deren eigenes Werk.

C. Im Folgenden einige der Probleme, mit denen wir konfrontiert sind:

1. *Die Bibel ist das Wort Gottes, doch dieses ist in menschlicher Gestalt zu uns gekommen.*

(a) Die Gebote Gottes sind absolut, d. h. uneingeschränkt gültig, doch der historische Kontext der einzelnen Schriften scheint bestimmte Elemente zu relativieren.

(1) *Relativieren* bedeutet: *Zu etwas anderem in Beziehung setzen* oder *im Hinblick auf etwas anderes sehen.*

(2) Das Gebot »Du sollst nicht ehebrechen!« (2. Mose 20, 14), hat zweifellos größeres Gewicht als das Gebot »Ihr sollt das Haar an euren Schläfen nicht abschneiden und euren Bart nicht stutzen!« (3. Mose 19, 27[1]), aber warum hat Ersteres größeres Gewicht?

(b) Derselbe Gott, der durch Mose geschrieben hat, schrieb auch durch den Apostel Paulus. Der jeweilige Stil beider Autoren lässt aber unterschiedliche Ziele erkennen:

(1) Mose sagte: »Verflucht sei, wer die Worte dieses Gesetzes nicht ausführt und sie nicht tut!« (5. Mose 27, 26)

(2) Paulus sagte: »Doch wenn ihr vom Heiligen Geist geleitet werdet, seid ihr nicht dem Gesetz unterworfen.« (Gal. 5, 18)

2. *Die göttliche Botschaft muss klar und eindeutig sein, aber manche Abschnitte der Schrift scheinen einander zu widersprechen. Nehmen wir z. B. folgende Abschnitte, die sich beide auf ein und dasselbe Ereignis beziehen:*

(a) »Und der Zorn des Herrn ergrimmte abermals wider Israel, und er reizte David wider sie, indem er sprach: Gehe hin, zähle Israel und Juda!« (2. Sam. 24, 1)

(b) »Und Satan stand auf wider Israel und reizte David, Israel zählen zu lassen.« (1. Chr. 21, 1)

3. *Wir sind von der Unterweisung des Heiligen Geistes abhängig, doch versetzt uns die Kenntnis des kulturellen und historischen Kontexts oft in die Lage, den Sinn eines Abschnitts klarer zu erfassen.*

(a) In Korinth galt es als richtig, dass Frauen langes Haar haben (1. Kor. 11, 15), aber manche Frauen können ihr Haar nicht lang wachsen lassen.

---

[1] Übersetzung nach dem englischen Text (NIV).

(b) Die Kenntnis des antiken Verständnisses des Eides und des Bundes versetzt uns in die Lage, die Relevanz beider Begriffe für das Gesetz und für das Evangelium besser zu verstehen.

4. *Die einzelnen biblischen Schriften scheinen grundsätzlich ein wörtliches Verständnis (Literalsinn) ihrer Aussagen vorauszusetzen, aber uns begegnen auch Abschnitte, die in übertragenem Sinn (figurativ) zu verstehen sind.*
   (a) Jesus lehrte in Gleichnissen (z. B. Mt. 13).
   (b) Wie sollen wir z. B. Folgendes verstehen: »eine Frau, die mit der Sonne bekleidet war, den Mond unter ihren Füßen hatte, und eine Krone aus zwölf Sternen auf ihrem Kopf trug« (Off. 12, 1)?

5. *Wir alle haben unsere theologischen Vorurteile und konfessionellen Prägungen.*
   (a) Wir gehen fast wie selbstverständlich davon aus, dass ein Abschnitt das bedeutet, was er unserer Auffassung nach bedeuten soll.
   (b) Wir lassen uns nicht so leicht vom Gegenteil dessen überzeugen.
   (c) Die Frage ist letztlich: Wollen wir wirklich die *Wahrheit*, oder wollen wir lediglich in unseren Lieblingsüberzeugungen bestätigt werden?

6. *Wir alle haben unsere kulturellen Vorurteile und Prägungen.*
   (a) Für gewöhnlich neigen wir meist unbewusst dazu, unsere Theologie mit unserer Kultur zu vermischen, ohne jemals zu realisieren, dass wir eigentlich von letzterer bestimmt werden.
   (b) Biblische Hermeneutik soll uns zu der Einsicht verhelfen, dass unsere Kultur einen weit größeren Einfluss auf uns hat, als wir ihr möglicherweise zugestehen möchten.

D. Warum ist diese Lektion wichtig?

1. Jeder von uns braucht Hilfe, um die Bibel besser zu verstehen.
2. Der Heilige Geist wirkt oft durch das Wissen, das zu erwerben wir uns die Mühe gemacht haben.
3. Sie kann uns zur Einsicht verhelfen, dass wir Vorurteile in uns tragen, die uns bisher nicht bewusst waren und die dem wirklichen Verstehen eines Abschnitts entgegenwirken.
4. Um zu zeigen, dass die Bibel selbst nicht nur eine einzige Art von Literatur enthält.
5. Um dem Gemeindeleiter Hilfestellung zu geben, damit er weiß, wie ein Abschnitt der Schrift auszulegen ist, wenn er eine Bibelstunde oder eine Predigt vorzubereiten hat.
6. Um zu zeigen, dass wir mehr als alles andere die Salbung des Heiligen Geistes brauchen; denn er ist der einzig unfehlbare Ausleger der Schrift.

1 Historische Zugänge zur Auslegung der Bibel

A. Biblische Hermeneutik können wir in zwei Bereiche untergliedern:

1. *Hermeneutik im »alten Stil« mit der Leitfrage: Was ist die ursprüngliche Aussage des Textes?*
   (a) Man suchte den ursprünglichen Sinn des jeweiligen Textes zu erforschen.
   (b) Das leitende Prinzip dabei war eine strenge Beachtung der grammatischen Regeln sowie der offenkundigen Bedeutung eines Wortes innerhalb seines Kontextes. Die Arbeitsweise war eine philologische.

2. *Hermeneutik im »neuen Stil« mit der Leitfrage: Was bedeutet der Text für uns heute?*
   (a) Wie lässt sich der Text auf unsere heutigen Verhältnisse anwenden?

(b) Wie können wir die Kluft zwischen zwei unterschiedlichen Kulturen überbrücken?

3. *Letztere ist ein Produkt des theologischen Liberalismus, der u. a. folgende Fragen stellte:*
(a) Wie kann jemand, der keine Verbindung zum ersten Jahrhundert hat, die Bibel im zwanzigsten Jahrhundert lesen? Wie können die zwei Welten einander begegnen?
(b) Wie kann eine Welt, in der die Menschen an Dämonen und an die Auferstehung von Toten glaubten, von unserer heutigen Kultur ernst genommen werden?
   (1) Wie ist z. B. das Waschen der Füße (vgl. Joh. 13, 1–15) oder der »heilige Kuss« (Röm. 16, 16) zu verstehen?
   (2) Was bedeutet die Auferstehung Jesu für uns heute?
(c) Personen wie Rudolf Bultmann sahen die Bibel voller Mythen: fantastische, wenn nicht gar abergläubische, religiöse Geschichten und Lehren.
   (1) Nach Bultmanns Ansicht muss die Bibel »ent-mythologisiert« werden, das heißt, man streicht die Mythen und »re-mythologisiert«, indem man die in diesen Mythen steckende Wahrheit zur Geltung bringt, ohne dabei allzu sehr auf den Buchstaben des Textes zu achten.
   (2) Bultmann entmythologisierte nicht nur die Erzählung von der Fußwaschung (Joh. 13), sondern die Bibel insgesamt. Er würde zum Beispiel sagen, Petrus sei nicht wirklich auf dem Wasser gegangen, diese Erzählung solle vielmehr illustrieren, dass auch wir heute außerordentliche Dinge zu tun vermögen.
   (3) Bultmann sagte, wir dürften die primitive Tendenz der biblischen Erzähler, die für diese objektiven Mächte z. B. Dämonen und Engel ins Spiel bringen, die in Wirklichkeit gar nicht existierten, nicht einfach übergehen. Er rief zu einer existenziellen Interpretation auf, einer Anwendung der Schrift im Hier und Jetzt, die den primitiven Vorstellungen der biblischen Erzähler gerecht

werde, ohne dabei in einen Buchstabenglauben zu verfallen.

(4) Jesus sei nicht wirklich von den Toten auferstanden, aber er könne subjektiv in unseren Herzen leben, sagte Bultmann. So konnte er sich über geistliche Lieder freuen wie: »Du fragst mich, woher ich weiß, dass er [= Jesus] lebt; er lebt in meinem Herzen.«

4. *Der herausragende Vorzug der Hermeneutik im »neuen Stil« besteht darin, dass sie die Wichtigkeit der praktischen Anwendung biblischer Wahrheit unterstreicht.*

(a) Der ursprüngliche Sinn einer Aussage stimmt *für gewöhnlich* mit dem überein, was diese Aussage für uns heute bedeutet.

(b) Und doch können Dinge wie die Fußwaschung und der »heilige Kuss« in unserer heutigen Zeit Anwendung finden, ohne dass wir die biblische Aussage allzu wörtlich nehmen müssen.

(c) Die Wahrheit der Auferstehung Christi kann jedoch nur aufrechterhalten werden, indem wir zugleich mit ihrer Anwendung auf unsere Zeit an ihrem wörtlichen Sinn festhalten.

(1) Du fragst *mich*, woher ich weiß, dass Jesus lebt?

(2) Antwort: Weil er tatsächlich lebt! Er sitzt an der rechten Seite Gottes *und* er lebt in meinem Herzen durch den Heiligen Geist.

B. Andere Methoden der Bibelauslegung

1. *Allegorie: Der buchstäbliche Sinn eines Wortes, dessen Literalsinn, wird zugunsten einer tieferen »geistlichen« Deutung beiseite gelassen.*

(a) Allegorie ist eine der frühesten Methoden, die Bibel auszulegen.

(b) Augustinus trug folgende allegorische Auslegung des Gleichnisses vom barmherzigen Samariter (Lk. 10, 25-37) vor:

(1) Ein bestimmter Mann (Adam) ging von Jerusalem nach Jericho hinab.

(2) Jerusalem (die himmlische Stadt des Friedens, aus der Adam fiel).

(3) Jericho (der Mond; bezeichnet die Sterblichkeit Adams).

(4) Die Räuber (der Teufel und seine Engel).

(5) Sie zogen ihn aus und beraubten ihn seiner Kleidung (seiner Unsterblichkeit).

(6) Sie schlugen ihn (überredeten ihn zur Sünde).

(7) Sie ließen ihn halbtot liegen (er starb geistlich; von daher ist er halbtot).

(8) Priester und Leviten (die Priesterschaft und der Dienst des Alten Bundes).

(9) Der Samariter (Christus).

(10) Er verband seine Wunden (er band die Gewaltherrschaft der Sünde).

(11) Das Öl (der Trost der guten Hoffnung).

(12) Der Wein (die Ermahnung, Gott mit einem brennenden Geist zu dienen)

(13) Das Tier (das Fleisch der Inkarnation [= Menschwerdung] Christi).

(14) Die Herberge (die Gemeinde).

(15) Der Morgen (nach der Auferstehung).

(16) Zwei Denare (die Verheißung dieses und des zukünftigen Lebens).

(17) Der Wirt (Paulus).

(c) Diese Art der Interpretation spielt mit der Übereinstimmung von Worten und Zahlen in unterschiedlichen Kontexten.

2. *Typologie: Ähnlichkeit zur Allegorie, man hält aber auch am wörtlichen Sinn fest. Zwei Beispiele:*

(a) Die Sintflut repräsentiert einen bestimmten Typus [= Vorbild] von Welt: eine Welt unter dem universalen Gericht Gottes.

(1) Gott erwählte einen bestimmten Mann als Retter (Noah).

      (2) Noah eröffnete einen Weg zur Rettung: glauben, um in die Arche zu gehen.

  (b) Josef ist ein Typus für Christus.

      (1) Er wurde von seinen Brüdern verraten.

      (2) Josef hat ihnen vollkommen vergeben. Sie mussten sich ihm unterordnen.

3. *Exegese: Das Herausarbeiten der ursprünglichen Aussage eines Textes.*

  (a) Diese Methode wurde von den protestantischen Reformatoren angewandt (z. B. Luther und Calvin), die die allegorische Auslegungsmethode ablehnten.

  (b) Diese Methode geht davon aus, dass, wenn nicht der buchstäbliche, so doch der offenkundige Sinn eines Textes innerhalb seines Kontexts zu finden sein sollte.

  (c) Die Bedeutung dieser Methode können wir an einem dreistufigen Vorgehen bei der Predigt ablesen:

      (1) Exegese: Herausarbeitung der ursprünglichen Aussage des Textes.

      (2) Exposition: Ableitung der allgemeinen Lehre oder Bedeutsamkeit des Textes.

      (3) Anwendung: Darlegung, wie diese Lehre auf das praktische Leben anzuwenden ist.

2. Wie wir die Schrift auslegen sollten

A. Wir müssen die historische Situation bedenken.

1. *Beim Lesen des Alten Testaments sollten wir folgende Punkte im Auge behalten:*

  (a) Es gibt eine fortschreitende Offenbarung: Der neue Bund war im Alten Testament noch nicht vollständig offenbart, sondern nur verheißen.

      (1) Wir wissen heute, was die Autoren des Alten Testaments nicht wussten. Deshalb dürfen wir ihnen aber nicht ein

veraltetes Wissen oder einen Mangel an Wissen vorwerfen.

(b) Den geschichtlichen Ort des Gesetzes.

    (1) Das Gesetz kam mit Mose, vierhundert Jahre nach Abraham und dreizehnhundert Jahre vor Christus.

    (2) Eine geschichtliche Einordnung ist auch beim Lesen von schwierigen Psalmen hilfreich.

2. *Beim Lesen des Neuen Testaments sollten wir folgende Punkte im Auge behalten:*

(a) Die synoptischen Evangelien (Matthäus, Markus, Lukas) berichten uns, was Jesus lehrte und tat.

(b) Das Evangelium nach Johannes berichtet uns, was Jesus lehrte, tat und *meinte*.

(c) Die Apostelgeschichte zeichnet die erste geschichtliche Darstellung der Gemeinde im Lauf der Kirchengeschichte.

(d) Die Briefe wurden in den meisten Fällen geschrieben, um Fragen zu beantworten oder um Probleme zu klären, die in einer Gemeinde aufgekommen waren.

(e) Die Offenbarung des Johannes beinhaltet überwiegend Visionen und gebraucht eine symbolreiche Sprache.

3. *Wir sollten die antike Kultur im Auge behalten:*

(a) Die Leute waren Menschen ihrer Zeit, und die Kulturen unterschieden sich von Ort zu Ort.

(b) Ihnen eigene Bräuche und Gewohnheiten prägten ihr Denken; zum Beispiel: Frauen, die Goldschmuck tragen; das Waschen der Füße; der heilige Kuss.

4. *Außerdem sollten wir im Auge behalten, an wen ein Buch geschrieben wurde und in welcher besonderen Situation sich die Adressaten befanden, zum Beispiel:*

(a) Der Jakobusbrief ist an Juden gerichtet.

(b) Die meisten der paulinischen Briefe beantworten Fragen der jeweiligen Gemeinde.

(c) Die Johannesbriefe beschäftigen sich mit den Einflüssen der Gnosis[2].

(d) Der Hebräerbrief wendet sich an entmutigte Christen, die angefangen hatten, fundamentale christliche Wahrheiten in Zweifel zu ziehen.

B. Wir haben die Literaturgattung zu beachten, zum Beispiel:

1. Poetische Texte (das Hohelied Salomos, manche Psalmen).
2. Historische Bücher (z. B. die Samuel- und Königsbücher).
3. Apokalyptische Texte (Teile der Bücher Daniel, Sacharja und Offenbarung).
4. Gleichnisse (z. B. Mt. 13), die für gewöhnlich *eine* Grundwahrheit illustrieren und hervorheben.
5. Weisheitsliteratur (Sprüche; Prediger).
6. Briefe.
7. Prophetische Bücher, die sowohl geschichtliche Erzählungen als auch prophetische Aussagen enthalten.

C. Praktische Tipps:

1. *Eine gute Bibelübersetzung sollte als Grundlage dienen.*
   (a) Die alte Ausgabe der Elberfelder Übersetzung ist in vielen Fällen die wörtlichste deutsche Übersetzung. Sie hält sich formal sehr eng an die hebräische (für das AT) bzw. griechische (für das NT) Vorlage. Stil und Sprache erscheinen jedoch veraltet.

---

[2] *Gnosis* (oder auch *Gnostizismus*): Eine antike, in etwa zur gleichen Zeit wie das Christentum entstandene und mit dem christlichen Glauben konkurrierende Geistesströmung, nach deren Lehre der Mensch nicht durch den Glauben an Christus, sondern durch die »Erkenntnis« (griechisch *gnosis*) der vermeintlich wahren Zusammenhänge von Herkunft und Bestimmung des Menschen gerettet wird. (Siehe dazu auch Kapitel 47, 2 D.)

(b) Es ist hilfreich, mehrere Übersetzungen nebeneinander zu lesen und sie miteinander zu vergleichen, wenn wir die Bibel wirklich verstehen wollen.

2. *Wir fragen stets nach dem natürlichsten Sinn eines Textes, selbstverständlich unter Berücksichtigung der Literaturgattung, die wir gerade vor uns haben.*
   (a) Leitfrage sollte sein: Was ist der offenkundige Sinn dieses Textes?
   (b) Zeichen dafür, dass wir den Sinn eines Textes gefunden haben, sind:
   (1) Unser Geist ist erquickt.
   (2) Unser Herz ist ergriffen. »Wenn ein Text Sie ergreift, kann es sein, dass Sie ihn begriffen haben« (C. H. Spurgeon).
   (c) Martin Luther sagte, das achte Kapitel des Römerbriefs lasse sich am besten verstehen, wenn man es als Fortführung des Gedankengangs der ersten sieben Kapitel sieht.
   (d) Die vorrangige Aufgabe der Exegese ist die sorgfältige Untersuchung eines Textes innerhalb seines Kontexts mit dem Ziel, seinen ursprünglichen, vom Verfasser intendierten Sinn herauszuarbeiten.
   (1) »Ein Text außerhalb seines Kontexts ist ein Prätext[3].« (G. Campbell Morgan)
   (2) Wir hüten uns vor »Eis-egese«, d. h. in den Text einen Sinn hineinzulegen, der vom Autor nie intendiert war.

3. *Nachdem wir den ursprünglich intendierten Sinn gefunden zu haben glauben, sollten wir uns die Frage stellen: Was bedeutet dies nun für uns?*
   (a) Das schließt eine Menge Gebete mit ein.
   (b) Dazu ist notwendig, dass wir uns unter, nicht über das Wort stellen.

---

[3] *Prätext:* ein vorläufiger, unfertiger Text, eine Vorstufe.

4. *Gute Hilfsmittel sind:*
   (a) ein Bibellexikon;
   (b) ein Handbuch für theologische Grundbegriffe;
   (c) gute Kommentare.

5. *Wir üben uns darin, folgende Fragen zu stellen:*
   (a) Ist die Lehre der Schrift wahr, weil sie in der Bibel steht?
   (b) Oder steht sie in der Bibel, weil sie wahr ist?
      (1) Manche Schriftstellen sind schwer anzunehmen, aber wir akzeptieren sie, weil sie ein Teil von Gottes Wort sind.
      (2) Und doch können wir eine solche Kenntnis der Wahrheit entwickeln, dass wir einen Abschnitt als wahr erkennen, selbst wenn er *nicht* in der Bibel stehen würde.

6. *Wir denken daran, dass die Bibel oft als Wort Gottes bezeichnet wird, durch welches Gott zu finden ist. Zum Beispiel:*
   (a) Wenn uns Weisheit mangelt, sollen wir uns Gott bzw. der Bibel zuwenden.
   (b) Wenn wir den Herrn von ganzem Herzen suchen, werden wir in seinem Wort nach ihm Ausschau halten.

7. *Wir lernen, in einer umfassenden Weise zu denken.*
   (a) Wir bedenken, dass die in der Bibel beschriebenen Personen Menschen wie wir waren. Zum Beispiel Abraham, Jakob, Josef (vgl. das erste Buch Mose und das elfte Kapitel des Hebräerbriefs).
   (b) Manche Abschnitte sind ausgesprochen lehrhaft. Wir werden das zu schätzen wissen, wenn wir z. B. den Römer- oder den Galaterbrief lesen.
   (c) Manche Abschnitte sind pastoral ausgerichtet und behandeln Gemeindeprobleme oder den Dienst in der Gemeinde, wie z. B. in den Briefen an Timotheus und Titus.

8. *Wir hüten uns, einen Vers losgelöst von seinem Kontext zu zitieren, es sei denn, wir verwenden ihn in seinem ursprünglich intendierten Sinn. Ein paar Beispiele dazu:*

(a) 1. Timotheus 5, 23: »Trinke nicht nur Wasser. Du solltest wegen deines Magens auch ein wenig Wein trinken, weil du so oft krank bist.«

(b) Titus 1, 12: »Einer aus ihren eigenen Reihen, ein Prophet aus Kreta, hat über sie gesagt: Die Kreter sind immer Lügner; sie sind blutgierige Bestien und faule Vielfraße [Griechisch: böse Tiere, faule Bäuche].«

(c) 1. Korinther 7, 38 (Lu84): »Also, wer seine Jungfrau heiratet, handelt recht, wer sie aber nicht heiratet, handelt besser.«

9. *Wir vermeiden die Falle, eine schnelle, unfehlbare, göttliche Führung zu erwarten, indem wir die Bibel aufs Geratewohl aufschlagen.*

10. *Wir bedenken, dass die Art und Weise, wie das Neue Testament das Alte Testament lehrt, die letzte, endgültige und verbindliche Deutung für uns darstellt, selbst wenn ein Vers im Alten Testament in einem ursprünglich ganz anderen Sinn gebraucht wurde. Beispiele dazu:*

(a) Das Zitat von Jesaja 7, 14 in Matthäus 1, 23.

(b) Die Verwendung des Gesetzes im zweiten, dritten, vierten und fünften Buch Mose.

D. Der Heilige Geist: Der vergessene Ausleger der Schrift.

1. *Wir verstehen die Bibel am besten, wenn wir uns ganz auf den Heiligen Geist, ihren unfehlbaren Autor einlassen.*

2. *Der Heilige Geist überbrückt die Kluft zwischen Geschichte und heutiger Erfahrung.*

(a) Lukas, der Verfasser des gleichnamigen Evangeliums und der Apostelgeschichte, war Geschichtsschreiber; was er berichtet, basiert auf geschichtlicher Grundlage.

(b) So konnte er sagen, dass hinter dem in Apostelgeschichte 2 beschriebenen Kommen des Heiligen Geistes Jesus persönlich steht (siehe Apg. 2, 32-33).

3. *Der Heilige Geist überbrückt die intellektuelle Kluft.*
   (a) Er macht die Erfahrung des ersten Jahrhunderts für uns heute bedeutsam.
   (b) Wir können heute dieselben Erfahrungen machen wie die Gläubigen des ersten Jahrhunderts, weil wir denselben Heiligen Geist haben.

Schlussbemerkung

Alles, was in der Bibel steht, hat seinen Sinn. Es kommt darauf an, zwischen den wichtigeren und den weniger wichtigen Abschnitten unterscheiden zu lernen. Zunächst sollten wir uns um das Verstehen der wichtigen Abschnitte bemühen, bevor wir eine Menge Zeit in die weniger wichtigen investieren. Wenn wir eine Bibelarbeit über einen Abschnitt der Heiligen Schrift halten, sollten wir Abschnitte, deren Sinn uns nicht ganz klar ist, meiden und uns an solche halten, in denen wir zu Hause sind. Je mehr wir daran arbeiten, Gottes Wort zu verstehen, desto mehr wird der Heilige Geist uns am Ende auch den Sinn der Schrift erschließen.

4

Die Dreieinigkeit Gottes

Einleitung

A. Mit dieser Untersuchung wagen wir uns an eines der schwierigsten Themen in der christlichen Theologie.

1. *Am Ende mögen wir uns so vorkommen, als tappten wir — bildlich gesprochen — im Dunkeln.*

2. *Wir werden auf jeden Fall etwas lernen. Im besten Fall werden wir folgenden Gewinn davon haben:*
   (a) Eine größere Wertschätzung der göttlichen Dreieinigkeit ('Trinität[1]).
   (b) Wir werden besser in der Lage sein, die Lehre von der Dreieinigkeit darzulegen oder gar zu verteidigen.

B. Das Wort Dreieinigkeit findet sich nicht in der Bibel.

1. Dreieinigkeit *ist kein biblischer, sondern ein theologischer Begriff.*
   (a) Mit theologisch wollen wir sagen, dass es sich um einen Begriff handelt, der am besten zum Ausdruck bringt, was die Bibel unserer Überzeugung nach lehrt.

---

[1] Anm. d. Ü.: Der theologische Fachbegriff *Trinität*/lateinisch *trinitas, D. 2.; (englisch Trinity)* ist im Normalfall in seiner deutschen Übersetzung *(Dreieinigkeit)* wiedergegeben.

(b) Mit nicht biblisch wollen wir sagen, dass das Wort selbst nirgends in der Schrift vorkommt. Dennoch entspricht es selbstverständlich reiner biblischer Lehre!

2. *Manche Leute meinen, die Tatsache, dass das Wort »Dreieinigkeit« nicht in der Bibel erwähnt ist, sei bereits Grund genug, nicht allein den Begriff abzulehnen, sondern auch das, was er besagt.*
   (a) Aber sollten wir das Buch Esther ablehnen, nur weil in diesem Gott-zentrierten Buch der Name Gottes nicht zu finden ist?
   (b) Das Wort *nur* oder *allein* hat Paulus nicht verwendet, als er — im Römerbrief — Habakuk 2, 4 zitierte: »Der Gerechte wird aus Glauben leben.« (Röm. 1, 17 Lu84)
       (1) Luther erkannte, dass hier Glaube *allein* gemeint war.
       (2) Er hatte Recht; aber Paulus hatte das Wort *allein* oder *nur* nicht hinzugefügt. Es war lediglich impliziert!
       (3) Die Rechtfertigung *allein* aufgrund des Glaubens war es, die Luther den theologischen Durchbruch ermöglichte, den er für diese wunderbare Lehre brauchte.

3. *Wir dürfen ein Wort oder eine Wendung, das bzw. die verwendet wird, um eine Lehre verständlicher zu machen, nicht notwendigerweise beargwöhnen, nur weil es bzw. sie nicht in der Bibel zu finden ist.*

C. Die Dreieinigkeit: *Ein* Gott in *drei* Personen — Vater, Sohn und Heiliger Geist.

1. *Gott ist seinem wesenhaften Sein nach* einer, *aber in diesem Sein gibt es* drei *Personen.*
   (a) Obwohl es drei Personen in Gott gibt, konkurrieren sie nicht miteinander.
   (b) Die drei Personen sind drei Seinsweisen oder Formen, in denen der eine Gott sich uns zeigt.

2. *Die drei Personen unterscheiden sich innerhalb des einen wahren Gottes hinsichtlich ihres Selbstseins, d. h. sie unterscheiden sich darin, wie sie jeweils selbst sind.*

   (a) Jede der drei Personen besitzt alle göttlichen Wesenseigenschaften in vollkommener Weise.

   (b) Das bedeutet: Der Vater ist vollkommen Gott, der Sohn ist vollkommen Gott und der Heilige Geist ist vollkommen Gott.

      (1) Jesus ist nicht mit dem Vater identisch, ist aber dennoch wahrer Gott, und zwar in genau derselben Weise wie der Vater Gott ist.

      (2) Der Heilige Geist ist weder mit dem Vater noch mit dem Sohn identisch, aber er ist ebenso wahrer Gott wie der Vater und der Sohn.

D. Wir sind möglicherweise versucht zu fragen: Handelt es sich bei der Dreieinigkeit um die Lehre der Bibel oder um die Lehre der Kirche?

1. *Mit anderen Worten: Handelt es sich hier um eine in der Bibel begründete Lehre, oder ist es lediglich die Art und Weise der Kirche, verständlich zu machen, wer Gott ist?*

2. *Der lateinische Begriff* trinitas *wurde zum ersten Mal von Tertullian (ca. 200 n. Chr.) verwendet. Er war es auch, der den ebenfalls lateinischen Begriff* persona *geprägt hat, um die Manifestation von Vater, Sohn und Geist zu beschreiben.*

   (a) Diejenigen, die meinen, es handle sich lediglich um die Lehre der Kirche verweisen darauf, dass:

      (1) Der Begriff nicht in der Bibel steht.

      (2) Die Apostel, soweit wir das gegenwärtig beurteilen können, sich mit dieser Frage nicht zu beschäftigen hatten.

      (3) Der Begriff erst 150 Jahre nach Pfingsten aufkam.

   (b) Ist die Lehre von der Trinität also eine rückwirkende Wahrheit?

(1) Gebrauchte die Kirche diesen Begriff nur, um eine offensichtlich in der Schrift enthaltene Lehre zu erklären?

(2) War es deshalb eine von Beginn an vorhandene Wahrheit, eine Wahrheit, die anfangs jedoch nicht notwendigerweise aufgegriffen und verstanden werden musste? Aber damit nichtsdestoweniger eine Wahrheit, die wir *heute* verstehen müssen?

(c) Wenn die Trinität lediglich eine Lehre der Kirche darstellt, müssen wir dann an sie glauben? Manch einer könnte einwenden, dass die Kirche die Lehre von der Trinität nicht immer so deutlich zum Ausdruck gebracht hat wie wir heute. Warum also müssen wir dann an die Trinität glauben, nur weil der Begriff in den Augen der Kirche orthodoxe Geltung erlangt hat?

3. *Kirchengeschichte ist die Werkstatt der Theologie.*

(a) Zu bestimmten Zeiten kamen Fragen auf, mit denen sich die Apostel offensichtlich noch nicht zu beschäftigen hatten.

(1) Manch einer könnte einwenden, es sei doch so, dass die Apostel sich mit solchen Fragen zu beschäftigen hatten, da es sonst diese Lehre gar nicht gäbe.

(2) Ganz offensichtlich gibt es jedoch Begriffe, die erst in späterer Zeit aufkamen und daher nicht in der Bibel vorkommen, die aber in bestmöglicher Weise erklären, was die Bibel sagt.

(b) Die Theologie sucht zu erklären, was die Apostel geschrieben haben.

(1) Neue Begriffe werden geprägt, um deutlich zu machen, was die Apostel sagen wollten.

(2) Wir können die Fragen, wenn sie erst einmal aufgekommen sind, nicht einfach ignorieren.

(c) Zum Beispiel sagt Johannes 1, 1 einfach: »Im Anfang war das Wort, und das Wort war bei Gott, und Gott war das Wort.« (Lu84)

(1) Johannes sagt nicht: Das Wort war »Gott-*gleich*«, d. h. eines Wesens mit Gott.

(2) Und doch sagt er ganz gewiss genau das!

(3) Der springende Punkt ist, dass ein neuer Begriff hinzukam, um den Sinn der Aussage zu klären.

(4) Wenn ein neuer Begriff im Lauf der Kirchengeschichte erst einmal aufgekommen ist, müssen wir ihn entweder akzeptieren oder gute Gründe für seine Ablehnung haben.

(d) Das alles ist der Fall hinsichtlich der Trinität.

(1) Der Begriff ist uns vorgegeben, ob wir ihn mögen oder nicht.

(2) Wenn wir glauben, der Heilige Geist ist eine Person, die in vollkommener Weise Gott ist, dann befinden wir uns bereits auf dem Weg zu einer trinitarischen Theologie.

(3) Wenn wir sagen, Jesus Christus ist eine Person, die in vollkommener Weise Gott ist, dann befinden wir uns bereits auf dem besten Weg zu einer trinitarischen Theologie.

(4) Der Begriff als solcher kann unmöglich ignoriert werden; sobald wir erklären, was wir damit meinen, ist das entweder wahr oder falsch.

4. *Die Entwicklung der Trinitätsvorstellung. Es folgt ein kurzer Abriss darüber, wie sich das Denken der frühen Kirchenführer vom zweiten Jahrhundert an entwickelt hat.*

(a) **Die apostolischen Väter.** Dieser Titel wurde den Gemeindeleitern der unmittelbar nachneutestamentlichen Zeit gegeben, deren Werke uns zum Teil ganz, zum Teil aber auch nur in Fragmenten erhalten geblieben sind. Dazu gehören:

(1) **Clemens von Rom** (ca. 96 n. Chr.; 1. Clemensbrief) nannte die drei Personen nebeneinander in einer Schwurformel: »So wahr Gott lebt, und der Herr Jesus Christus lebt, und der Heilige Geist.«

(2) **Ignatius von Antiochia** (ca. 107 n. Chr.; mehrere Briefe) gebrauchte die triadische Formel, beschrieb aber den Vater, Sohn und Geist in einer Weise, die einer rein heils-

geschichtlichen Trinitätsvorstellung[2] Vorschub leistete, d. h., man versteht Gott in seinem wesenhaften Sein als Einheit, wobei der Sohn und der Geist lediglich eine jeweils andere Form oder Seinsweise des sich selbst offenbarenden Vaters darstellen und somit nur in den Personen der fortschreitenden heilsgeschichtlichen Offenbarung von ihm zu unterscheiden sind.

(3) **Hermas** (frühes zweites Jahrhundert n. Chr.; Schrift: »Der Hirte des Hermas«) bekundete die Vorstellung von drei deutlich voneinander zu unterscheidenden einzelnen Persönlichkeiten: der Herr: Gott der Vater; sein »innig geliebter Sohn«: der Heilige Geist; und der Diener: der Sohn Gottes, Jesus Christus.

(b) **Die Apologeten.** Eine Reihe frühchristlicher Schriftsteller (ca. 120-220 n. Chr.), die aufgrund ihrer argumentativen Verteidigung (griech. *apologia*) des Glaubens gegenüber Außenstehenden, d. h. gegenüber Menschen, die nicht zur Gemeinde gehörten, als Apologeten bezeichnet wurden.

(1) **Justin, der Märtyrer** (lat. Justinus Martyr; ca. 100-165 n. Chr.) stellte die drei Personen, welche er jedoch nicht als solche bezeichnete, als gleichrangig nebeneinander, wobei er manches Mal die Taufformel zitierte und so die Verehrung des Vaters, des Sohnes und des »prophetischen Geistes« verteidigte.

(2) **Irenäus von Lyon** (ca. 180 n. Chr.), der erste große Theologe der nachapostolischen Zeit, führte in erster Linie einen Kampf gegen den Gnostizismus[3], machte dabei aber auch das Wesen Gottes betreffende Aussagen, welche die spätere Orthodoxie vorwegnahmen, z. B. »Gott der Vater, nicht geschaffen, immateriell, unsichtbar; *ein* Gott, der Schöpfer aller Dinge: Dies ist der erste Artikel unseres Glaubens. Der zweite Glaubensartikel

---

[2] In der Theologie spricht man diesbezüglich von *ökonomischer Trinitätslehre*.
[3] Siehe dazu die Fußnote zu *Gnosis/Gnostizismus* in Kapitel 3, 2 A. 4. (c).

ist: Das Wort, der Sohn Gottes, Christus[4] Jesus, unser Herr, ... wurde Mensch unter Menschen, sichtbar und berührbar. Und der dritte Glaubensartikel ist: Der Heilige Geist, durch den die Propheten geweissagt haben ..., wurde am Ende der Zeit in einer ganz neuen Weise auf die Menschheit ausgegossen.« (vgl. Apg. 2, 17f.33)

(3) **Tertullian** (ca. 200 n. Chr.) gab die am weitesten fortgeschrittene Darlegung der Trinität, indem er die Begriffe »Person« (lat. *persona*) und »Trinität« (lat. *trinitas*) einführte. Er konstatierte: »Wir glauben nur an einen einzigen Gott ... dass der eine und einzige Gott auch einen Sohn hat – sein Wort –, der aus ihm selbst hervorgegangen ist ... welcher wiederum nach seiner Verheißung den Heiligen Geist, den Parakleten[5], aus dem Vater gesandt hat.« Er brachte die in Frage stehende Einheit Gottes auf die ausgewogene Leitformel: »Eine göttliche Substanz in drei Personen« (»una substantia – tres personae«), indem er darlegte, dass Vater, Sohn und Geist drei voneinander zu unterscheidende Personen sind (»tres unum sunt, non unus« – »die drei sind eins, nicht einer«).

(c) **Das apostolische Glaubensbekenntnis** (das »Credo«) dessen Ursprung und Datierung unbekannt sind, war eines der frühesten Glaubensbekenntnisse und entfaltet den Glauben an den Vater, Sohn und Geist:

»Ich glaube an Gott, den Vater, den Allmächtigen, den Schöpfer des Himmels und der Erde. Und an Jesus Christus, seinen eingeborenen Sohn, unseren Herrn, empfangen durch den Heiligen Geist, geboren von der Jungfrau Maria, gelitten unter Pontius Pilatus, gekreuzigt, gestorben und begraben, hinabgestiegen in das

---

[4] Christus (griechisch) bedeutet ebenso wie das Hebräische Messias »der Gesalbte«.
[5] Von griechisch *parakletos*: Tröster, Beistand.

Reich des Todes[6], am dritten Tage auferstanden von den Toten, aufgefahren in den Himmel; er sitzt zur Rechten Gottes, des allmächtigen Vaters; von dort wird er kommen, zu richten die Lebenden und die Toten. Ich glaube an den Heiligen Geist, die heilige christliche[7] Kirche, Gemeinschaft der Heiligen, Vergebung der Sünden, Auferstehung der Toten[8] und das ewige Leben.«

(d) **Das Konzil von Nizäa** (325).

(1) Die Lehre des Arius (ca. 250 - ca. 336 n. Chr.) führte zu einer umfangreichen Auseinandersetzung und schließlich zur Erklärung über das Wesen der Person Jesus Christus. Arius lehrte, das Wort[9] sei Geschöpf Gottes, wenn auch das erste und höchste — Gottes »Ur-Schöpfung«.

(2) **Athanasius** (ca. 296-373) wies den rapide um sich greifenden Arianismus energisch zurück. Er bestand darauf, dass das Wort eines und desselben Wesens mit dem Vater und gleich-ewig ist.

(3) **Das nizänische Glaubensbekenntnis** (325) verurteilte den Arianismus formell und offiziell als Häresie (= Irrlehre).

»Wir glauben an den einen Gott, den Vater, den Allmächtigen, der alles geschaffen hat, Himmel und Erde, die sichtbare und die unsichtbare Welt. Und an den einen Herrn Jesus Christus, Gottes eingeborenen Sohn, aus dem Vater geboren vor aller Zeit: Gott von Gott, Licht vom Licht, wahrer Gott vom wahren Gott, gezeugt, nicht geschaffen, eines Wesens mit dem Vater; durch ihn ist alles geschaffen. ... Und an den Heiligen Geist.«

---

[6] Wörtlich (nach dem englischen Text) *in die Hölle* (so auch frühere deutsche Übersetzungen des Glaubensbekenntnisses).

[7] Ursprünglich: »katholische« im Sinne von: *allgemein, die ganze Erde umfassend*.

[8] Wörtlich (nach dem englischen Text) *die Auferstehung des Körpers* (nach dem griechischen Text *des Fleisches*).

[9] Das *Wort* — griechisch *o logos* (»der logos«).

(e) **Das Konzil von Konstantinopel** (381) erhob das, was Athanasius auch mit Bezug auf den Heiligen Geist lehrte, zur offiziellen Lehre der Kirche: Der Heilige Geist ist dem Vater und dem Sohn vollkommen gleichgestellt; er ist eines Wesens mit dem Vater und dem Sohn und gleich ewig. Damit war die Trinitätsfrage jetzt in der einfachsten Begrifflichkeit so weit geklärt.

5. *Wir schließen mit der Feststellung, dass die Trinität die Lehre der Kirche ist, aber — wie wir noch sehen werden — in gleicher Weise auch die Lehre der Bibel.*

E. Ein Wort zur Besonnenheit: Wir dürfen uns nicht von Muslimen oder Anhängern von Sekten des Glaubens an drei Götter beschuldigen lassen.

1. *Das ist deren überaus einfache, aber geschickte Methode, Christen zu verunsichern und dumm aussehen zu lassen.*

2. *Christliche Theologie entspricht nicht unbedingt den Maßstäben menschlicher Logik.*
   (a) Es wäre z. B. logisch zu behaupten, Gott sei der Urheber der Sünde und somit auch für die Sünde verantwortlich, denn:
   (1) Gott ist allmächtig.
   (2) Gott ist allwissend.
   (3) Gott hat die Macht, zu verhindern, dass Menschen sündigen.
   (4) Gott wusste, dass der Mensch sündigen würde.
   (5) Da nun Gott den Menschen nicht davon abgehalten hat zu sündigen, obwohl er das hätte tun können, liegt es auf der Hand, dass Gott der Urheber der Sünde ist. Das ist die logische Konsequenz. Doch nichts könnte weiter von der Wahrheit entfernt sein als das!
   (b) Theologische Aussagen dürfen nicht streng logisch interpretiert werden, sondern sind in analoger Weise zu verstehen.

(1) Logik ist wie Mathematik: zwei plus zwei gleich vier, vier plus vier gleich acht, etc.

(2) Nach der Bibel sind zwei plus zwei jedoch nicht unbedingt gleich vier.

(c) In analoger Weise bedeutet, eine Schriftstelle durch eine andere auszulegen.[10]

(1) Auf einen einzigen Vers errichten wir kein ganzes Lehrgebäude.

(2) Wir legen eine Schriftstelle durch eine andere aus in der Weise der Analogie.

(3) Es ist das, was Calvin — gestützt auf Römer 12, 6 — die »Analogie des Glaubens« genannt hat: »Wenn jemand die Gabe des prophetischen Redens hat, soll er sie im Verhältnis (Griechisch: *analogia*) zu seinem Glauben gebrauchen.« (Röm. 12, 6b[11])

(4) Was die Schrift lehrt, widersetzt sich oft unserer Logik.

(d) Deshalb kommen wir zu folgendem Schluss:

(1) Gott ist nicht der Urheber der Sünde — ein logischer Widerspruch.

(2) Gott ist eine Trinität (= Dreieinigkeit) — ein logischer Widerspruch.

1 Um die Trinität zu verstehen, beginnen wir bei Jesus (Joh. 1,1)

A. Es gibt zwei Grundfragen:

1. *War Jesus eine Person? — Ja.*

(a) Er war Mensch (1. Tim. 2, 5).

(b) Er hatte Persönlichkeit:

---

[11] Übersetzung nach dem englischen Text (NIV); vom griechischen Text her ist auch folgende Übersetzung möglich: ...*soll er sie in Übereinstimmung mit dem Glauben gebrauchen* (so auch NIV in Fußnote).

(1) Er versetzte seine Zuhörer mit seiner Lehre in Erstaunen (Mt. 7, 28).

(2) Seine Art machte einen entschiedenen Eindruck (Mt. 22, 16).

(3) Er hatte Gefühle (Mt. 14, 14).

(4) Er hatte einen Willen (Mt. 8, 7).

(5) Er hatte einen Verstand[12] (Phil. 2, 5).

2. *War Jesus Gott? — Ja.*

(a) Er war von allem Anfang an (Joh. 1, 1).

(b) Er war Schöpfer (Joh. 1, 3; Kol. 1, 16).

(c) Er war in vollkommener Weise Gott (Joh. 1, 1; Kol. 2, 9).

(d) Er wurde angebetet (Mt. 2, 2; Joh. 20, 28).

(e) Er vergab Sünden (Mt. 9, 2; 5-6).

B. Die meisten Leute, die Einwände gegen die Trinität vorbringen, verwerfen, dass Jesus Gott ist.

1. *Wenn sie akzeptieren, dass Jesus Gott ist, werden sie für gewöhnlich auch nichts gegen die Trinität einzuwenden haben.*

2. *Ausnahmen bestätigen die Regel: Diejenigen, die den Heiligen Geist als unpersönliches Wesen oder nur als Kraft und nicht als Person bezeichnen, sehen sich berechtigt, die Trinität zu verwerfen.*

3. *In den meisten Fällen lehnen diejenigen, die Einwände gegen die Trinität vorbringen, den Glauben ab, dass Jesus Gott ist.*

(a) Aus diesem Grund beginnen wir, um die Trinität zu verstehen und zu verteidigen, mit Jesus.

(b) Wenn Jesus Gott ist, wird die Trinität kein grundsätzlicher Anstoß mehr sein, auch wenn sie schwer zu begreifen ist, was in der Tat der Fall ist.

---

[12] Das in der angegebenen Bibelstelle zugrunde liegende griechische Wort wird in den deutschen Bibelübersetzungen kontextgemäß meist mit »Gesinnung« übersetzt.

(c) Wenn wir die Trinität verteidigen wollen, sollten wir nie mit der Konzeption eines dreieinigen Gottes beginnen. Vielmehr sollten wir unserem Gegenüber als erstes die Frage stellen: Glauben Sie, dass Jesus Gott ist? Möglicherweise akzeptiert diese Person dann früher oder später auch die Trinitätstheologie.

2 Der Heilige Geist ist die dritte Person der Gottheit

A. Der Heilige Geist ist eine Person

1. *Jesus bezeichnete ihn als »einen anderen« Parakleten*[13] *(Joh. 14, 16).*
   (a) Ein Paraklet (griech. *parakletos*) ist jemand, der einem anderen zur Seite steht.
   (b) Wenn Jesus den Heiligen Geist als »*einen anderen*« Parakleten bezeichnete, impliziert das, dass der Heilige Geist in genau der gleichen Weise eine Person ist wie Jesus.

2. *Der Heilige Geist ist auf keinen Fall eine Sache, sondern eine Person (Joh. 16, 8.12 - 14; Röm. 8, 26; 1. Kor. 2, 10 - 13).*
3. *Er hat Persönlichkeit (Apg. 5, 32). Als solche wurde er auch von den Aposteln anerkannt.*
4. *Er hat Gefühle (Eph. 4, 30).*
5. *Er hat einen Willen (Joh. 3, 8; Apg. 16, 6 - 7).*
6. *Er hat einen Sinn (Röm. 8, 27).*

B. Der Heilige Geist ist Gott

1. Er ist Schöpfer (1. Mose 1, 2).
2. Er ist ewig (Heb. 9, 14).

---

[13] In deutschen Bibelübersetzungen wird das Griechische parakletos (eigentlich *Fürsprecher, Beistand*) oft mit *Tröster* übersetzt (z. B. Schlachter und Luther); genauer und besser wäre hier *Beistand* [siehe auch den folgenden Punkt (a)].

3. Er wird Gott genannt (1. Kor. 12, 4 - 6; 2. Kor. 3, 17; Apg. 5, 3 - 4).
4. Er macht lebendig (Joh. 6, 63).
5. Er überführt von Sünde (Joh. 16, 8).
6. Er tritt für uns ein (Röm. 8, 26 - 27).

3 Die explizite Lehre des Neuen Testaments über den Dreieinigen Gott ist bereits im Alten Testament implizit vorhanden

A. Im Alten Testament steht für »Gott« im Allgemeinen das hebräische Wort *Elohim*.

1. Dieses hebräische Wort ist ein Pluralwort.
2. Es bezieht sich hauptsächlich auf die Transzendenz Gottes: seine Macht und sein Anderssein.
3. Elohim erschafft die Welt durch das Wort und den Geist (1. Mose 1, 1 - 3).

B. *Deutlicher kommt die Lehre über den dreieinigen Gott in 1. Mose 1,26 zum Ausdruck: »Und Gott sprach: Wir wollen Menschen machen nach unserem Bild, uns ähnlich.«*

C. *Sowohl Gottes schöpferische Aktivität als auch seine Herrschaft über die Welt, sind auf einer späteren Stufe des Alten Testaments mit dem als Weisheit personifizierten Wort verbunden (Spr. 8,22ff.; vgl. Hiob 28,23-27).*

D. *Der Geist Gottes wird im Alten Testament erfahren als Geber allen Segens und als Quelle von Kraft, Kühnheit, Bildung und Leiterschaft (2. Mose 31,3; 4. Mose 11,25; Richter 3,10).*

E. *Dem Geist Gottes kommt im Erlösungsplan und im Fortgang der Offenbarung eine herausragende Rolle zu; ihm ist die Aufgabe zugewiesen, den Messias für seinen Auftrag auszurüsten* (Jes. 11,2; 42,1; 61,1).

F. *Der Geist Gottes würde die Erklärung sein für die zukünftige Reaktion im Glauben und Gehorsam* (Jes. 32,15; Hes. 36,26.27; Joel 3,1).

G. *Alle Propheten redeten so, wie sie es taten, weil der Heilige Geist in ihnen wirkte und die treibende Kraft hinter ihren prophetischen Äußerungen war* (2. Petr. 1,21).

H. *Siehe Psalm 51,13: »Verstoße mich nicht aus deiner Gegenwart und nimm deinen Heiligen Geist nicht von mir.«*

4 All die Ausführungen oben lassen die trinitarischen Implikationen im Neuen Testament deutlicher werden

A. Die Verkündigung Johannes des Täufers

1. Umkehr zu Gott (Mt. 3, 2.7 - 8).
2. Glaube an den kommenden Messias (Mt. 3, 11).
3. Taufe mit dem Heiligen Geist (Mt. 3, 11).

B. Die Taufe Jesu

1. Jesus selbst ist gegenwärtig.
2. Die Stimme des Vaters kam vom Himmel (Mt. 3, 17).
3. Der Geist kam wie eine Taube auf Jesus herab (Mt. 3, 16).

C. Die Ankündigung von Jesu Geburt

1. Die aktive Rolle des Geistes bei der Inkarnation (= Menschwerdung) (Lk. 1,35).
2. Jesus wird »Sohn Gottes genannt werden« (Lk. 1,35).
3. »Gott der Herr wird ihn auf den Thron seines Vaters David setzen.« (Lk. 1,32)

D. Die Taufformel (Mt. 28,19)

1. Taufe »auf den Namen« (wörtlich »in den Namen hinein«) ist eine hebräische Ausdrucksweise.
2. Die Taufformel bringt einen völligen Bruch mit dem Judentum mit sich, indem sie unter einem einzelnen Namen nicht nur den Vater, sondern auch den Sohn und den Heiligen Geist fasst.

E. Die Beziehung zwischen dem Vater und dem Sohn

1. Die Aussage »Das Wort war ›mit‹ Gott« zeigt eine trinitarische Beziehung an.
2. Niemand kennt den Sohn außer dem Vater — und umgekehrt (Mt. 11,27).
3. Der Vater hat den Sohn »gesandt« (Joh. 6,44).
4. Der Vater »liebt« den Sohn (Joh. 5,20).
5. Der Vater hat dem Sohn »das Gericht übergeben« (Joh. 5,22).

F. Die Verkündigung des Petrus (Apg. 2,32-33)

1. Jesus wurde zur Rechten Gottes erhöht.
2. Jesus empfing vom Vater die Verheißung des Geistes.

G. Der Apostolische Segen (2. Kor. 13,13; Off. 1,4-5)

5 Die Beziehungen zwischen den drei Personen der Gottheit

A. Die drei Personen der Gottheit ehren sich gegenseitig.

1. Der Vater verherrlicht den Sohn (Mt. 3,17; 17,5; Joh. 5,23).
2. Jesus ehrt den Vater (Joh. 5,19.30-31; 12,28).
3. Der Geist ehrt den Sohn (Joh. 15,26; 16,8-10.14).

B. Dem Vater ist Unergründlichkeit und Weltabgeschiedenheit zugeschrieben.

1. *In der Erwählung der Menschen, die zu seinem heiligen Volk gehören sollen* (Joh. 6,37; Eph. 1,4).
2. *In der Zeitwahl für bestimmte Ereignisse* (Mk. 13,32; Gal. 4,4; Eph. 1,9ff.).
3. *Im Handeln und im Dienst Jesu* (Joh. 5,16-17.19.30).
   (a) Jesus tat und sagte demnach nur das, was der Vater ihm zu tun und zu sagen auftrug.
   (b) Jesus war nicht sein eigener Herr. Tatsächlich hatte er sozusagen immer zwei Welten im Blick; mit dem einen Auge sah er auf den Vater, mit dem andern auf die Menschen um ihn her.

C. Der Sohn ist der Welt zugewandt.

1. *Er war deutlich sichtbar und berührbar* (1. Joh. 1,1, Joh. 1,14.20.27).
2. *Er machte bekannt, was bis dahin verborgen war.*
   (a) Des Vaters Willen (Joh.4,34; 5,30b; 6,38-40; 7,16f; 14,24).
   (b) Des Vaters Angesicht (Joh. 14,9).
   (c) Des Vaters Plan.

D. Dem Geist ist die Aufgabe des »Erklärens« und »Klarmachens« zugeschrieben (Joh. 16,13), unter anderem im Hinblick auf:

1. Den Auftrag und die Bestimmung des Sohnes (Apg. 2).
2. Die Lehre des Sohnes (Joh. 14,26; 1. Kor. 2,10ff.).
3. Die Gewissheit unserer Rettung bzw. Erlösung (Röm. 5,5).
4. Der Geist schenkt Intimität und Vertrautheit mit dem Vater (Röm. 8,15).

E. Beide, der Sohn und der Geist, treten vor Gott für uns ein.

1. Die Fürbitte des Geistes (Röm. 8,26-27).
2. Die Fürbitte des Sohnes (Röm. 8,31ff.; Heb. 7,25).

F. Zwischen den Personen der Trinität gibt es keine Rivalität.

1. *Im Gebet können wir uns an jede der drei Personen der Gottheit wenden.*
   (a) Jesus lehrte, wir sollen zum Vater beten (Mt. 6,9ff.).
   (b) Aber auch an Jesus wurden Gebete gerichtet (Lk. 23,42; Apg. 7,59).

2. *Wir können jede der drei Personen der Trinität preisen.*

G. Was die Erlösung der Sünder betrifft, so können wir die Beziehung der einzelnen Personen der Trinität zueinander wie folgt zusammenfassen:

1. Der Vater dachte sich den Erlösungsplan aus (Eph. 1,9).
2. Der Sohn brachte den Kaufpreis für die Erlösung (1. Kor. 6,20).
3. Der Geist machte die Erlösung für uns lebendig (Joh. 6,63).

Schlussbemerkung

Die Trinitätslehre steht im Zentrum des christlichen Glaubens. Jede Lehre, die die Trinität nicht bejaht und anerkennt, ist eine Häresie. *Häresie* ist ein starker Ausdruck; er bedeutet *falsche Lehre* oder *Irrlehre* und ist *Heterodoxie* (= Andersgläubigkeit), das Gegenteil von *Orthodoxie* (= Rechtgläubigkeit). *Orthodoxie* bezieht sich auf den historischen christlichen Glauben, so wie er in den altkirchlichen Glaubensbekenntnissen und Konzilien bezeugt und bekräftigt worden ist. Wir müssen uns jedoch vor einem Kopfwissen, das nicht mit einem warmen Herzen verbunden ist, hüten.

5
Einführung in die Gotteslehre der Bibel

Einleitung

A. Der Gott der Menschen im Gegenüber zum Gott der Bibel.

1. *Der deutsche Philosoph Ludwig Feuerbach (1804-1872) ist für mindestens drei Dinge bekannt:*
   (a) Sein Denken bereitete dem Marxismus den Weg.
   (b) Er prägte die Wendung: »Der Mensch ist, was er isst.« Dabei sprach er nicht etwa über Gesundheit; nein, er bestritt, dass der Mensch ein geistliches Wesen sei und eine Seele habe.
   (c) Er behauptete, Gott sei »nichts anderes als die Projektion des Menschen an einen eingebildeten Himmel«.[1]

2. *Wir müssen die Frage stellen: Würde sich ein Mensch den Gott der Bibel ausgedacht haben oder überhaupt ausgedacht haben können?*
   (a) Der Mensch mag einen Gott projizieren[2], von dem er glaubt oder zumindest hofft, dass es ihn gibt.
   (b) Aber wäre er *jemals* auf den Gott gekommen, der:
      (1) In der Schrift offenbart ist?
      (2) Eben der Gott ist, der sich den Menschen selbst offenbart hat?

---

[1] Damit meint Feuerbach, dass die Menschen die ihnen (als Gattung »Mensch«) eigene unendliche Wesensfülle zu einem vom Menschen verschiedenen unendlichen Wesen erheben, da sie als Einzelpersonen jeweils nur ihre eigene Unvollkommenheit vor Augen haben.

[2] Projizieren, d. h. sich einbilden oder vorstellen.

B. Paulus zeigt im ersten Kapitel des Römerbriefes, dass der Mensch von Natur aus glaubt, dass es einen Gott gibt.

1. *Dabei bezieht Paulus sich auf das menschliche Gewissen* (Röm. 1, 19-20;2, 15).
2. *Johannes 1, 9 zeigt, dass das Zugangstor zu jedes Menschen Herz Jesus Christus ist.*
   (a) Ein so genanntes Gottesbild, d. h. eine Vorstellung von Gott oder ein christlicher Hintergrund ist nicht notwendig, um an einen Gott zu glauben.
   (b) Wir glauben an Gott *durch Jesus Christus* (1. Petr. 1, 21).

C. Kurz: Glaube an Gott entsteht durch Offenbarung.

1. *Die erste Ebene der Offenbarung bewirkt das Gewissen* (Röm. 1, 20; 2, 15).
   (a) Zur Rettung ungenügend (Röm. 2, 12).
   (b) Ausreichend, um zu verurteilen (Röm. 2, 15).

2. *Die zweite Ebene bewirkt der Heilige Geist* (Joh. 16, 8).
   (a) Durch die, die das Evangelium verkünden (Röm. 10, 14-15).
   (b) Durch die Verkündigung des Evangeliums von Christus (1. Kor. 1, 21.23-24).

1 Der Gott der Bibel

A. In der Bibel gibt es keinen Versuch, die Existenz Gottes zu beweisen.

1. *Die Bibel setzt Gott einfach als gegeben voraus* (1. Mose 1, 1; Joh. 1, 1).

B. Der einzig gewisse Weg, an Gott zu glauben, besteht im Weg des Glaubens.

1. *Auf diese Weise glauben wir auch an die Schöpfung der Welt durch Gott* (Heb. 11, 3).
    (a) Es mag sein, dass die Wissenschaft die Schöpfung der Welt durch Gott eines Tages allgemein anerkennt.
    (b) Aber die Wissenschaft wird niemals den Glauben als den einzig gewissen Weg umgehen oder ersetzen können.

2. *Bloßer Glaube an Gott »beweist« im Grunde noch gar nichts.*
    (a) Der Teufel glaubt auch an Gott (Jak. 2, 19).
        (1) Er weiß, dass ihn im Jüngsten Gericht das Verdammungsurteil erwartet (Mt. 8, 29).
        (2) Er weiß, dass er nur wenig Zeit hat (Off. 12, 12).
    (b) In der Hölle gibt es keine Atheisten (Lk. 16, 23-28).

3. *Zwei Dinge bewirken Glauben:*
    (a) Die Verkündigung des Evangeliums (Röm. 10, 14; 1. Kor. 1, 21).
    (b) Der Heilige Geist (Joh. 16, 8-9).
        (1) Glaube entsteht gemäß Gottes Willen (Jak. 1, 18).
        (2) Glaube ist Gottes Geschenk (Joh. 6, 44.65; Eph. 2, 8).

C. Im Mittelalter ersannen die so genannten Scholastiker »Gottesbeweise«.

1. *Die Scholastiker machten populär, was wir heute Apologetik, die Wissenschaft von der Verteidigung des Glaubens, nennen.*
    (a) Die ersten christlichen Apologeten[3] verteidigten den Glauben gegen den aufkommenden Gnostizismus[4].
        (1) Justin der Märtyrer (ca. 100 - ca. 165 n. Chr.).
        (2) Irenäus von Lyon (ca. 130 - ca. 200 n. Chr.).

---

[3] Vergleiche dazu Kap. 4, Einleitung, D. 4. (b)
[4] Siehe dazu die Fußnote zu *Gnosis/Gnostizismus* in Kapitel 3, 2 A. 4. (c).

(b) Die zwei bekanntesten Apologeten des Mittelalters waren die beiden Scholastiker:
(1) Thomas von Aquin (ca. 1225 - 1274 n. Chr.).
(2) Anselm von Canterbury (ca. 1033 - 1109 n. Chr.).

2. *Thomas von Aquin ersann folgende »Gottesbeweise«:*
   (a) Der kosmologische Gottesbeweis (vom Griechischen *kosmos*: »Welt«).
   (1) Jedes Ereignis hat eine Ursache.
   (2) Gott muss ein »unbewegter Beweger« sein.
   (b) Der teleologische Gottesbeweis (vom Griechischen *telos*: »Ziel«, »Ende«) basiert auf der Beobachtung, dass die Welt eine gewisse Ordnung aufweist und von daher eine dahinterstehende Absicht und ein Ziel erkennen lässt. Dieser Gottesbeweis wird auch »Argument der Weltordnung« genannt.

3. *Anselm ersann den ontologischen Gottesbeweis.*
   (a) *Ontologie* ist die Lehre vom Sein.
   (b) In unserem Denken gibt es einen Denkinhalt, »über den hinaus Größeres nicht gedacht werden kann«, und dieser Denkinhalt existiert unabhängig von unserem Denken.

D. Wir haben zu beachten: Alle Versuche, Gott zu beweisen, sind nur für die, die bereits glauben, nachvollziehbar und stichhaltig.

1. *Selten, wenn überhaupt,* überzeugen *solche Gottesbeweise einen Ungläubigen.*
   (a) Sie mögen ihn ohne befriedigende Antwort zurücklassen.
   (b) Aber »wer gegen seinen Willen überzeugt wird, ist am Ende noch immer derselben Meinung«.[5]

---

[5] Im Englischen ist es ein Sprichwort, das sich reimt: »A man convinced against his will is of the same opinion still.« (sieh auch Kapitel 14, 3. A. 2. (b) und Kapitel 30, 2. A. 3. (b).)

2. *Letztlich ist es nur durch eine Offenbarung des Heiligen Geistes möglich, zu einem lebendigen Glauben an Gott zu kommen.*

2 Wissen über den Gott der Bibel

A. Wer ist Gott?

1. *Er ist ein persönlicher Gott.*
   (a) Das bedeutet nicht nur, dass wir ihn persönlich kennen lernen können, sondern auch, dass er eine Person ist.
   (1) Alle »Mitglieder« der Trinität sind Personen.
   (2) Gott ist deshalb nie ein Es sondern ein Er.
   (b) Wenn wir vom Gott der Bibel sprechen, nehmen wir im Wesentlichen auf zwei biblische Gottesbezeichnungen Bezug:
   (1) *Elohim* – dies bezieht sich auf Gottes Macht und Transzendenz [= Jenseitigkeit], was bedeutet, dass er für uns unerreichbar und unfassbar ist (1. Kön. 8, 27).
   (2) *Jahwe* – dies bezieht sich auf sein personales Sein (»Ich bin, der ich bin«) und auf seine Immanenz [= Diesseitigkeit], d. h. sein Nahesein (2. Mose 3, 14). Dieser Aspekt Gottes wurde klarer, als er von Jesus als der Vater geoffenbart wurde (Mt. 6, 9; 11, 27).
   (c) Der Gott der Bibel ist als im Wesentlichen maskulin vorgestellt.
   (1) Auf alle Personen der Trinität wird mit »er« Bezug genommen.
   (2) Als Gott Adam erschuf, war dieser nach Gottes Ebenbild geschaffen (1. Mose 2, 7f., 18; 1. Kor. 11, 7) und Adam war männlichen, nicht weiblichen Geschlechts.
   (3) Die Frau war *für* den Mann und *aus* ihm geschaffen (1. Mose 2, 18-23; 1. Kor. 11, 9).
   (4) Jeder Versuch, Gott weiblich zu deuten, steht in offensichtlichem Gegensatz zur klaren Offenbarung Gottes in der Bibel.

2. *Er ist ein heiliger Gott* (2. Mose 3,5; 3. Mose 11,44)
   (a) Ein gutes Synonym für Heiligkeit ist »Anderssein«, was bedeutet:
       (1) Gott ist »der ganz Andere«.
       (2) Neben Gott gibt es nichts, was ihm auch nur annähernd gleich ist (2. Mose 9,14; 15,11).
   (b) In Gott gibt es weder Sünde noch irgendeinen Fehler oder Makel (5. Mose 32,4).
       (1) Er hasst Sünde (2. Mose 20,1-17; Ps. 7,12).
       (2) Ihm kann kein Fehler unterlaufen und er erliegt keinem Irrtum; »sein Weg ist vollkommen« (2. Sam. 22,31; Ps. 18,31).
   (c) Weil Gott heilig ist, braucht der Mensch ein stellvertretendes Opfer.
       (1) Das Opfersystem des Alten Testaments war nicht allein deshalb eingeführt worden, um Gottes Gnade und Barmherzigkeit zu zeigen, sondern auch, um den ganzen Ernst der Sünde vor Augen zu führen (Heb. 10,1ff.).
       (2) Das Opfer darf keinen Fehler oder Makel haben (2. Mose 12,5; Heb. 9,14; 1. Petr. 1,18-19).
   (d) Weil Gott heilig ist, müssen auch alle, die zu seinem Volk gehören, heilig sein (1. Petr. 1,16).
       (1) Bekehrung führt zu Heiligkeit, was Heiligung impliziert (Eph. 4,22-24).
       (2) Heiligung, der Prozess des Heilig-gemacht-Werdens, ist von jedem von uns gefordert (1. Thess. 4,3).

3. *Er ist ein gnädiger und barmherziger Gott* (2. Mose 34,6-7).
   (a) Das bedeutet, er hat sich entschieden, uns nicht zu bestrafen (2. Mose 33,19; 2. Petr. 3,9).
       (1) Jesus Christus ist das Opferlamm, das schon vor Grundlegung der Welt dazu ausersehen war, für uns geschlachtet zu werden (1. Petr. 1,19-20).
       (2) Gottes Erlösungsplan war schon in 1. Mose 3,15) angekündigt worden.

(b) Gott erwies seine Gnade seinem Volk – dem von ihm »Erwählten« (Ps. 33, 12).

    (1) Sie waren schon vor Grundlegung der Welt erwählt (Apg. 13, 48; Eph. 1, 4).

    (2) Ihre Erwählung beruht allein auf Gottes Gnade, nicht auf ihren Werken (Röm. 9, 11-15; 2. Tim. 1, 9).

(c) Diese Gnade ist im Evangelium offenbart (Joh. 3, 16).

    (1) Sie wird auch »geoffenbarte Gerechtigkeit« genannt (Röm. 1, 17).

    (2) Sie ist uns allein durch den Glauben zugesichert (Röm. 4, 5).

4. *Er ist ein gerechter Gott* (2. Mose 34, 7)

(a) Dies bedeutet Gerechtigkeit oder Unparteilichkeit (Ps. 89, 15).

    (1) Dabei geht es nicht darum, was in menschlicher Sicht gerecht oder fair ist (Jes. 55, 8-9).

    (2) Sondern um das, was Gott Gerechtigkeit nennt (Ps. 9, 9).

(b) Das bedeutet, dass Gott Sünde bestrafen muss (2. Mose 34, 7).

    (1) Er wird den Schuldigen nicht ungestraft lassen (4. Mose 14, 18).

    (2) Die ganze Welt ist schuldig vor Gott (Röm. 3, 19).

(c) Gott bestraft Sünde auf verschiedene Weise, z. B.

    (1) indem er den Menschen seiner Sünde überlässt (Röm. 1, 26ff.).

    (2) indem er Unheil sendet (5. Mose 28, 15ff.; 32, 35).

(d) Die unmittelbar von Gott für die Sünde verfügte Strafe ist der Tod (1. Mose 2, 17; Röm. 6, 23).

(e) Die endgültige Strafe Gottes für die Sünde wird auf folgende Weise vollzogen:

    (1) Durch das ewige Feuer der Hölle (Mt. 25, 41).

(f) Gottes zeitlich begrenzte Bestrafung der Sünde wird Züchtigung oder Erziehung genannt (Heb. 12, 5-6).

    (1) Ein Nichtchrist bekommt diese Züchtigung nicht zu spüren (1. Kor. 11, 32).

(2) Sie ist nur für die bestimmt, die wahrhaft Christen sind (Heb. 12,7-11).

5. *Er ist ein eifersüchtiger Gott* (2. Mose 20,5).
   (a) Er wird keinen anderen neben sich dulden (2. Mose 34,14; Jes. 42,8).
   (b) Er hasst Götzendienst in jeder Form (5. Mose 4,23-24; 6,14ff.).
   (c) Er ist eifersüchtig um sein Volk bemüht (Sach. 1,14; Jak. 4,5).

6. *Er ist ein treuer Gott* (Klgl. 3,23; 1. Kor. 1,9).
   (a) Er wird uns nicht verlassen noch versäumen (Mt. 28,20; Heb. 13,5).
   (b) »Er wird uns mit allem versorgen was wir brauchen« (Phil. 4,19[6]).
   (c) In Zeiten der Anfechtung oder Versuchung wird er uns einen Ausweg schaffen (1. Kor 10,13; 2. Petr. 2,9).

7. *Er ist ein wahrhaftiger Gott der nicht lügen kann* (Tit. 1,2; Heb. 6,18).
   (a) Er verlangt nach Wahrheit in unserem Umgang mit ihm (Ps. 51,8).
   (b) Sein Sohn ist die persongewordene Wahrheit (Joh. 14,6).
   (c) Sein Geist ist der Geist der Wahrheit (Joh. 14,16-17).
   (d) Sein Wort ist Wahrheit (Joh. 17,17).

B. Die Eigenschaften des Gottes der Bibel:

Wir haben zu beachten: Ganz offensichtlich gibt es zwischen dem Charakter und den Eigenschaften Gottes eine gewisse Überschneidung in der Bedeutung. Im Allgemeinen beziehen wir uns, wenn wir von Gottes *Charakter* sprechen, auf seine Persönlichkeit bzw. per-

---

[6] Übersetzung nach dem englischen Text der King James Version (KJV).

sönliche Ehre; die *Eigenschaften* Gottes beziehen sich auf seine Unendlichkeit bzw. Unbegrenztheit.

1. *Er ist ewig* (1. Mose 21, 33).
   (a) Er hat keinen Anfang (1. Mose 1, 1).
   (b) Er hat kein Ende (5. Mose 32, 40).

2. *Er ist unveränderlich* (Mal. 3, 6; Heb. 13, 8).
   (a) Seine Pläne und Absichten bleiben ewig dieselben (Ps. 33, 11).
   (b) Er ist nicht launisch (Jak. 1, 17).

3. *Er ist allwissend (omniszient)* (Ps. 139, 1-4; Röm. 11, 33).
   (a) Er weiß alles, was irgendwo vor sich geht (Spr. 15, 3).
   (b) Er weiß alles, was irgendwann geschehen wird (Jes. 44, 7; 46, 10).

4. *Er ist allgegenwärtig (omnipräsent)* (Ps. 139, 7-10).
   (a) Seine Herrlichkeit überstrahlt den Himmel (Ps. 8, 2).
   (b) Seine Herrlichkeit erfüllt die ganze Erde (4. Mose 14, 21; Jes. 6, 3).

5. *Er ist allmächtig (omnipotent)* (2. Mose 15, 6).
   (a) Nichts ist für Gott zu schwer (Jer. 32, 27).
   (b) »Denn bei Gott ist nichts unmöglich.« (Lk. 1, 37)

6. *Er ist unsichtbar* (Kol. 1, 15).
   (a) »Niemand hat Gott je gesehen.« (Joh. 1, 18)
   (b) »Gott ist Geist« (Joh. 4, 24).

7. *Er ist unbegreiflich; wir können ihn nicht völlig verstehen oder ergründen!* (Jes. 40, 12; Röm. 11, 33)
   (a) Wir können nicht verstehen, wie er Dinge tut (Hiob 5, 9; Ps. 40, 6).
   (b) Er gibt sich uns nicht völlig zu erkennen, zumindest nicht hier auf der Erde (Jes. 45, 15; Micha 4, 12).

C. Andere Begriffe bzw. Namen, die den Gott der Bibel beschreiben.

1. Schöpfer (Prediger 12, 1).
2. Erlöser (Ps. 19, 15).
3. Geist (Joh. 4, 24).
4. Retter (Jes. 45, 15).
5. Der Heilige (Jes. 10, 17).
6. König der Könige (1. Tim. 6, 15).
7. Der Vater (Mt. 11, 25).

D. Wenn wir all das oben Gesagte in einem Wort zusammenfassen wollen, können wir sicherlich sagen, dass der Gott der Bibel ein Gott der *Herrlichkeit* ist (Apg. 7,2).

1. Die Herrlichkeit Gottes ist die Summe seines Charakters.
2. Die Herrlichkeit Gottes ist die Summe seiner Eigenschaften.

3 Den Gott der Bibel kennen

A. Es ist ein Unterschied, ob wir nur etwas über Gott wissen, oder ob wir ihn kennen.

1. *Zur Illustration: Ich bin schon seit langem vom Land Israel fasziniert.*
   (a) Jahrelang habe ich mir Bilder von Israel angesehen und die Landkarte studiert. Aber eines Tages hatte ich das Vorrecht, das Land Israel selbst zu besuchen — es war ein himmelweiter Unterschied. Seit 1969 habe ich Israel nun schon mindestens zehnmal besucht, und ich bin immer noch dabei, Land und Leute besser kennen zu lernen.
   (b) Genauso ist es mit Gott. Es ist ein großer Unterschied, ob wir von dem her, was wir in der Bibel lesen, nur etwas über ihn wissen oder ob wir ihn wirklich kennen.

2. *Alles, was wir im vorherigen Abschnitt über den Gott der Bibel gesagt haben, ist im Grunde jedermann verständlich.*
   (a) Es ist im Grunde nicht erforderlich, dass jemand Gott wirklich kennen muss, um das meiste von dem, was wir oben thematisiert haben, zu erfassen.
   (b) Beim Rest dieser Lektion geht es einfach darum, Gott zu kennen.

B. Wir können den Gott der Bibel kennen – und zwar in ganz vertrauter Weise.

1. *Ein im Sterben liegender alter Puritaner[7] gab dem jungen Mann neben seinem Bett folgende Anweisung: »Sage bitte den Leuten, dass Gott auf sehr vertrauliche Weise mit uns Menschen umgeht.«*
2. *Jesus sagte zu seinen Jüngern: »Ich nenne euch nicht mehr Diener ...; ihr seid jetzt meine Freunde.«* (Joh. 15,15)
   (a) Gott nannte Abraham seinen Freund (Jes. 41,8).
   (b) Der Herr redete mit Mose »wie ein Mann mit seinem Freunde redet« (2. Mose 33,11).
3. *Das Zeugnis des Geistes in uns lässt uns rufen: »Abba, Vater«* (Gal. 4,6; Röm. 8,15-16).
4. *»Der Herr vertraut sich denen an, die ihn fürchten.«* (Ps. 25,14[8])

C. In der Hauptsache lernen wir Gott in zwei aufeinander folgenden Schritten kennen:

1. *Bekehrung. Bevor wir den Gott der Bibel kennen lernen können, müssen wir zuerst eine Bekehrung erleben. Diese geschieht ebenfalls in zwei Schritten:*
   (a) Hören des Evangeliums.
       (1) Die allgemeine Berufung durch die Predigt – »viele sind eingeladen«.

---

[7] Siehe dazu die Fußnote in Kapitel 10, 4 E. 3. (a).
[8] Wörtliche Übersetzung nach dem englischen Text (NIV).

(2) Die persönliche Berufung durch den Heiligen Geist —
»aber nur wenige sind auserwählt« (Mt. 22,14).

(b) Annahme des Evangeliums.

    (1) Mit dem Mund bekennen.

    (2) Im Herzen glauben (Röm. 10,9-10).

(c) Wenn wir diese beiden Schritte vollzogen haben, dann
bedeutet das, dass wir glauben:

    (1) Dass Jesus von Nazareth als die Inkarnation Gottes
»Gott im Fleisch« ist, das heißt, dass der Gott der Bibel
in Jesus Christus Mensch geworden ist (Joh. 1,14).

    (2) Dass Jesus durch sein Leben und Sterben das Gesetz
erfüllte (Röm. 5,1-21).

    (3) Dass Jesus Christus als Person leiblich von den Toten
auferweckt wurde (1. Kor. 15,3-8.20.42-44).

2. *In der Gnade wachsen* (2. Petr. 1,5-8; 3,18).

(a) Nach der Bekehrung gibt es verschiedene Möglichkeiten,
um im Glauben vorwärts zu kommen. Doch folgende Ordnung dürfte hilfreich sein:

    (1) Bibellese (mindestens ein Kapitel pro Tag).

    (2) Persönliche Gebetszeit (als Ziel täglich 30 Minuten — je
mehr, desto besser).

    (3) Lehre und Predigt (ohne diese können wir kein großes
Wachstum erwarten).

    (4) Verbindliche Zugehörigkeit zu einer lokalen Gemeinde
(um Gemeinschaft zu haben und damit wir Platz in einer
bibeltreuen Gemeinde finden).

    (5) Das Abendmahl (wir sollten es als eine besondere Zeit
betrachten, die durch nichts zu ersetzen ist).

(b) Im Licht wandeln (1. Joh. 1,7). Dazu gehört:

    (1) Offenheit für den Heiligen Geist.

    (2) Hingabe und Eifer für alles, was Gott uns zeigen wird.

    (3) Empfindsamkeit für das, was den Heiligen Geist
betrübt.

    (4) Bekennen von Sünde, die uns bisher nicht bewusst war.

    (5) Sofortiger Gehorsam für alles, was Gott uns zeigt.

(c) Um persönlich zu werden, im Folgenden einige Punkte, die ich im Lauf der Jahre lernen musste:

(1) Wertschätzen der Anfechtung, die Gott in meinem Leben zulässt.

(2) Völlige Vergebung gegenüber allen, die mich verletzt haben.

(3) Persönliches Zeugnis geben.

(4) Fürsorge für die Armen.

(5) Nicht auf den eigenen Ruf bedacht sein.

4 Gott wirken sehen

A. Den Gott der Bibel zu kennen heißt, seine Wege zu kennen.

1. *»Sie erkannten meine Wege nicht«, war Gottes Klage im Hinblick auf die Israeliten* (Heb. 3, 10).

2. *Voraussetzungen, um Gottes Wege zu kennen:*

(a) Wir sind begierig zu wissen, was ihm gefällt oder nicht gefällt.

(b) Wir verbringen Zeit mit ihm.

(c) Wenn Gott spricht, hören wir ihm zu.

B. Es gibt gewisse Punkte, die wir unweigerlich erkennen werden:

1. *Der Gott der Bibel will angebetet werden.*

(a) Er ist ein Gott der Herrlichkeit. Er will, dass dies anerkannt wird.

(b) Er ist ein eifersüchtiger Gott. Er wird keinen anderen neben sich dulden.

(c) Er liebt Lobpreis.

(d) Er sagt uns, *wie* er angebetet werden will.

2. *Der Gott der Bibel will, dass wir mit ihm reden.*
   (a) Er gibt uns Zugang zu sich – das wird Gebet genannt.
   (b) Er will, dass wir ihm unser Herz ausschütten.
   (c) Er will, dass wir völlig ehrlich vor ihm sind.
   (d) Er will unsere Nöte und Bedürfnisse von uns erfahren.
   (e) Er will, dass wir ihn in allem anerkennen.

3. *Der Gott der Bibel erhört Gebet.*
   (a) Er sagt nicht immer zu jedem Anliegen Ja.
   (b) Wenn er Nein sagt, dient es zu unserem Besten.
   (c) Er möchte Ja sagen, wann immer es ihm möglich ist.
   (d) Wenn er nicht Nein sagt, dürfen wir ihn bitten.
   (e) Wenn er Ja sagt, wissen wir, dass wir mit unseren Bitten ihm wohlgefällig waren.

4. *Der Gott der Bibel offenbart sich selbst.*
   (a) Er wird anfangen, uns zu zeigen, was ihm am Herzen liegt.
   (b) Er wird uns zeigen, was ihm gefällt bzw. nicht gefällt.
   (c) Er wird uns helfen, Sensibilität für sein Reden zu entwickeln.
   (d) Wir werden an den Punkt kommen, wo wir ihn hören können.
   (e) Wir werden wissen, dass wir im Einklang mit ihm stehen.

Schlussbemerkung

Welchen Charakter und welche Eigenschaften der Gott der Bibel hat, lässt sich lernen. Wonach Gott sich jedoch sehnt ist, dass wir ihn persönlich kennen lernen und nicht bei bloßem Kopfwissen stehen bleiben.

Manchmal wählt Gott spektakuläre Wege, um sich zu offenbaren. Dies kann bei einzelnen Personen, etwa durch die Taufe im Heiligen Geist der Fall sein, als auch, wie etwa in Zeiten der Erweckung, bei der ganzen Gemeinde.

Das Beste, was wir tun können, bis das geschieht, ist, zu lernen, seine Stimme zu hören.

6

Die Souveränität Gottes

Einleitung

A. Für manche wird dies die wichtigste Lektion sein, die wir behandeln.

1. Für einige wird dieses Thema einen Durchbruch bedeuten; für andere kann es ein alter Hut sein.

2. Für wieder andere mag es eine sehr bittere Pille sein, die wir zu schlucken haben; und tatsächlich werden wir sie überhaupt nicht schlucken wollen!

B. Souveränität Gottes besagt: Gottes Recht und Macht, zu jeder Zeit mit allem und jedem zu tun, was ihm gefällt (Ps. 115,3).

1. *Im Mittelalter glaubten die Menschen an das göttliche Recht der Könige.*

    (a) Das bedeutete, dass der König das Recht hatte zu tun, was er wollte, und zwar auch dann, wenn er damit die Gesetze brach, die bei jedem anderen Anwendung finden würden. Ein Beispiel dafür ist König Heinrich VIII.

    (b) Dieses Recht entbehrt jedoch jeder biblischen Grundlage und kam schließlich in Misskredit, obwohl bei manchen leider bis heute die Vorstellung existiert, dass diejenigen, die aufgrund ihrer Herkunft privilegiert sind, sich selbst Gesetz sind.

2. *In der jüngsten Vergangenheit waren die Menschenrechte Gegenstand heftiger Diskussionen.*
   (a) Dieses Thema zieht seine Kreise bis in die internationale Politik; Diplomaten berufen sich auf die Menschenrechte als vernünftigen Standpunkt, wenn sie mit Diktatoren zu tun haben.
   (b) Auf individueller Ebene wurde das Thema Menschenrechte auch auf folgende Bereiche ausgedehnt: Rassendiskriminierung, Armut, Wohnen, Erziehung und Bildung, Gesundheit, etc.

3. *Parallel zur Menschenrechtsbewegung hat sich die Tierschutzbewegung etabliert.*
   (a) Diese erstreckt sich vom Schutz der Wale bis hin zu Vögeln und Hunden.
   (b) Diejenigen, die für das Recht der Tiere eintreten, sind oftmals hoch motiviert. Die Ironie dabei ist: Manchmal treten sie das Recht von ungeborenen Kindern mit Füßen.

4. *Gottes Rechte werden heutzutage fast völlig missachtet.*
   (a) Gott hat ein Recht darauf, Gott zu sein.
   (b) Die Frage ist: Werden wir Gott Gott sein lassen?

C. Warum diese Lektion so bedeutsam ist:

1. *Sie lässt uns Theologie aus Gottes Perspektive betrachten.*
   (a) Es gibt grundsätzlich zwei Möglichkeiten, Theologie zu treiben.
       (1) Aus der Perspektive des Menschen — der heutzutage normale Zugang.
       (2) Aus der Perspektive Gottes — der biblische Zugang.
   (b) Die Bibel ist Gottes »hausinterne« Veröffentlichung.
       (1) Nicht allein, dass die Bibel sein Wort ist, dieses ist auch in einem Gott-zentrierten Kontext zum Ausdruck gebracht.

(2) Die Bibel verlangt deshalb nach einer Theologie aus Gottes Perspektive.

2. *Die moderne Theologie driftet größtenteils ab in Richtung Anthropologie[1]; demgegenüber ist die Souveränität Gottes Theologie in reinster Form.*

(a) Das Wort Theologie kommt von zwei griechischen Worten:

(1) *theos*, Gott.

(2) *logos*, Wort.

(b) Von daher heißt reine Theologie treiben, wahrhaft mit Gottes eigenem Wort umzugehen.

(1) Dies bedeutet eine göttliche, nicht eines Menschen Perspektive.

(2) Der Blick auf die Souveränität Gottes gibt uns eine Vorstellung von *Theologie* in ihrer reinsten Form.

3. *Die heutige Generation hat zu allermeist keinen wirklichen Respekt mehr vor Gott.*

(a) Es gibt selten echte Gottesfurcht im Land oder unter Gottes Volk.

(b) Die heutige Generation ist auf sich selbst fixiert. Deshalb leben wir in einem Zeitalter, in welchem gefragt wird: Was springt für mich dabei heraus? Aus diesem Grunde haben das Gesundheits- und Reichtums- oder Wohlstandsevangelium großen Zulauf.

(c) Die Ironie, die konsequent daraus folgt, ist: Je mehr die Theologie aus menschlicher Perspektive dargelegt wird, desto weniger fürchten die Leute Gott und desto weniger kümmern sie sich um ihn.

(d) Eine gesunde Sicht der Souveränität Gottes, eine Sicht, die ihn zurück auf den Thron setzt, wird die Leute wieder zur Besinnung bringen.

(e) Die biblische Lehre von der Souveränität Gottes wird dabei helfen, die oben angesprochene falsche Perspektive zu korrigieren.

---

[1] Anthropologie: die Lehre vom Menschen.

4. *Dieses Thema ermöglicht es uns, den Gott der Bibel besser kennen zu lernen.*
   (a) Der Gott der Bibel ist der allein wahre Gott.
   (b) Ein Schnellkurs, um die Herrlichkeit Gottes zu begreifen, ist der Weg über die Souveränität Gottes (2. Mose 33,18-19).

1 Gottes Recht

A. Dass Gott das Recht hat zu tun, was immer ihm gefällt, bedeutet zweierlei:

1. *Erstens: Sein Vorrecht oder Hoheitsrecht.*
   (a) Von Adligen sagen wir, sie seien mit Sonderrechten geboren.
      (1) Ob sie diese Sonderrechte jedoch zurecht besitzen, steht auf einem anderen Blatt.
      (2) Tatsächlich ist so viel daran ungerecht, ja geradezu falsch.
   (b) Gott aber wurde nicht geboren. Er ist der, der er schon immer war, der ist und der ewig sein wird.
      (1) Welche Vorrechte sind nun aber damit verbunden, Gott zu sein?
      (2) Hat Gott ein Recht, dieses oder jenes zu tun, einfach nur weil er Gott ist?

2. *Zweitens: Seine Korrektheit, genauer gesagt: seine Gerechtigkeit in allem, was er tut.*
   (a) Gott macht die Gesetze; was er tut, ist richtig.
      (1) Bedeutet das aber, dass er seine eigenen Gesetze brechen kann und darf?
      (2) Lehrt er uns etwa eine Sache und geht selbst ganz andere Wege? Die Antwort ist ein klares, entschiedenes Nein.
   (b) Gottes Recht lässt sich nicht trennen von seinen unveränderlichen Eigenschaften:
      (1) Er ist heilig.
      (2) Er kann nicht lügen.

B. Wenn Gott einerseits auch nicht seine Gesetze bricht, so muss er sich andererseits aber auch nicht für sein Handeln rechtfertigen.

1. *Warum? — Weil Gott Gott ist.*
   (a) Er ist niemandem Rechenschaft schuldig (Heb. 6, 13).
   (b) Er lebt mit sich selbst in Frieden (Ps. 16, 11).
   (c) Er ist vollkommen frei und muss auf niemand Rücksicht nehmen (Jes. 57, 15). Die größte Freiheit besteht darin, nichts beweisen zu müssen.

2. *Wenn wir ständig uns selbst erklären oder etwas beweisen müssen, so ist das ein Zeichen von Unsicherheit.*
   (a) Gott ist sich seiner selbst bewußt.
   (b) Dieses Selbstbewusstsein spiegelt sich in der Person Jesus wider, z. B.:
      (1) In seinem Auftreten gegenüber den Hohen Priestern (Mt. 21, 23-27).
      (2) In seinem Auftreten gegenüber Herodes (Lk. 23, 9).

2 Gottes Macht

A. Wenn wir auf die Souveränität Gottes zu sprechen kommen, lässt sich schwer entscheiden, was dabei Vorrang hat: Gottes Wille oder seine Macht.

1. *Vermutlich sein Wille.*
   (a) Epheser 1, 11: »In ihm [= Christus] sind wir auch erwählt[2], die wir vorherbestimmt sind nach dem Vorsatz dessen, der alles wirkt nach dem Ratschluss seines Willens.«

---

[2] Die Übersetzung erfolgt an dieser Stelle nach dem englischen Text (NIV); die neue Schlachterversion lautet: »... — in ihm, in welchem wir auch ein Erbteil erlangt haben«.

(1) Dies ist eine klare Beschreibung von Gottes Souveränität.

(2) Was bei dieser Aussage sofort ins Auge fällt, ist Gottes Wille.

(b) Psalm 115, 3: »Unser Gott ist im Himmel, und er tut alles, was er will.«

(1) Auch diese Aussage gründet sich auf die Annahme, dass alles, was Gott tut, zulässig und in Ordnung ist.

(2) Von daher denken wir, wenn es um die Souveränität Gottes geht, vor allem an seinen Willen bzw. sein Hoheitsrecht.

2. *Allerdings beruht die Annahme, dass Gott jedes Recht ausüben kann, so wie es ihm gefällt, ihrerseits auf der Voraussetzung, dass er alles tun kann; das heißt, er hat die Macht, zu tun, was er tun will.*

(a) Manche, die auf einem Thron sitzen, mögen ihren Willen kundtun, aber haben sie auch die Macht, ihn durchzusetzen?

(b) Von der englischen Königin heißt es: Sie trifft keine Entscheidung und regiert also nicht; sie »herrscht«. Gott hingegen »herrscht« nicht nur, er regiert auch; er hat alles unter seiner Kontrolle und führt aus, was ihm zu tun beliebt.

B. Das Wort Macht hat zwei Grundbedeutungen: Kraft und Autorität.

1. *Tatsächlich gibt es zwei griechische Worte, die sowohl im Deutschen als auch im Englischen oft mit Macht übersetzt werden.*

(a) *dynamis* — »Macht«, wovon das Wort Dynamit stammt; *dynamis* bedeutet Kraft oder Energie und wird z. B. in Lukas 24, 49 und Apostelgeschichte 1, 8 verwendet.

(b) *exousia* — »Autorität« oder »Vollmacht«; *exousia* bedeutet »das Recht oder das Vorrecht haben (etwas zu tun)« und wird in Matthäus 28, 18, Johannes 1, 12 und Johannes 17, 2 verwendet.

2. *Die Souveränität Gottes umfasst beide Worte.*
   (a) Gott hat die Macht, alles zu tun, was er will, weil er *machen kann, dass es geschieht!*
       (1) Er hat Macht über die ganze Schöpfung (Ps. 19, 2-7).
       (2) Er hat Macht über die Naturgewalten (Ps. 76, 9; 107, 29-30).
       (3) Er hat Macht über Satan (Hiob 1).
   (b) Und in gleicher Weise hat Gott allein auch das Recht, oder Vorrecht, diese Dinge zu tun.
       (1) Er bestimmt unser persönliches Geschick (Röm. 9, 18).
       (2) »Gnadenbeweise des Herrn sind, dass wir nicht gänzlich aufgerieben wurden.« (Klgl. 3, 22)

3. *Nochmals kurz zusammengefasst: Gott kann tun, was er will, und was immer er tut ist richtig.*

3 Gottes Souveränität im Hinblick auf die Schöpfung

A. Der Bereich der Natur

1. *Gott schuf den Himmel und die Erde nach seinem Plan und Willen (1. Mose 1).*

2. *Somit gab er allem, was ist, Gestalt und Wesen, und bestimmte für alle Lebensraum und Lebenszeit (Apg. 17, 24-28).*
   (a) Nichts, was ist, war immer da; Materie ist nicht ewig (Heb. 11, 3).
   (b) Alles, was da ist, wurde von Gott ins Dasein gerufen (Kol. 1, 15ff.).
       (1) Das Angesicht der Erde — Land und Meer.
       (2) Alles, was auf Erden lebt — Pflanzen, Tiere, Menschen.

B. Sprachen und Völker

1. *Sprache* (1. Mose 11).
   (a) Gott ist der Urheber der Sprachunterschiede.
   (b) Genauso steht es in Gottes Hand, jemandem die Gabe der Sprache oder deren Auslegung zu verleihen (1. Kor. 12, 10).

2. *Völker* (1. Mose 11).
   (a) Gott ließ Völker entstehen, wobei er ihnen Ursprung und Ziel bestimmte.
   (b) Daher hat Gott die Macht, ein Volk einem anderen zu unterwerfen und den von ihm ausgewählten Führer einzusetzen (Ps. 75).
   (c) Eines Tages wird Gott über alle Völker Gericht halten (Mt. 25, 31ff.).

C. Allgemeine Gnade

1. *Allgemeine Gnade: Gottes Güte gegenüber allen Menschen.*
   (a) Calvin nennt diese: »Besondere Gnade innerhalb der Natur«.
   (b) Diese Art von Gnade steht nicht in Bezug zu Bekehrung, Wiedergeburt oder Heiligung.

2. *Unsere natürlichen Fähigkeiten beruhen auf der allgemeinen Gnade.*
   (a) Gaben, Talente, Intelligenz.
   (b) Unsere Arbeit, unser Einkommen.

3. *Die Existenz des Gesetzes beruht auf der allgemeinen Gnade* (Röm. 13, 1-5).
   (a) Wo wären wir, wenn es keine Furcht vor Strafe gäbe?
   (b) In seiner Gnade setzt Gott zu unserem Wohl Regierungen ein — selbst solche, die keinerlei Verbindung zur Gemeinde haben.

4. *Das Wetter wird bestimmt durch die allgemeine Gnade* (Mt. 5, 45).

(a) Gott herrscht über die Kräfte der Natur, vom Regen bis hin zum Erdbeben.

(b) Warum er Dinge zulässt, die in unseren Augen nicht gut sind, gehört zum unergründbaren Geheimnis seiner Souveränität (Ps. 115, 3).

D. Unsere individuelle Schöpfung und Existenz

1. *Gott wollte, dass wir alle geboren werden* (Jak. 1, 18).
   (a) Keiner von uns ist ein Zufall oder Unfall.
   (b) Manche mögen sagen: Meine Eltern wollten mich nicht. Unsere Antwort an einen jeden einzelnen von denen, die dies meinen: Gott wollte Sie.

2. *Von daher können wir die zutreffende Schlussfolgerung ziehen:*
   (a) Gott hat unsere Eltern für uns ausgewählt (Ps. 139, 16).
   (b) Gott hat deshalb auch Zeit und Ort unserer Geburt bestimmt!

4 Gottes Souveränität im Hinblick auf die Erlösung

A. Die beiden Worte *Erlösung* und *Rettung* sind in der Regel austauschbare Begriffe.

1. *Erlösung* bedeutet: Gott hat uns durch das Blut seines Sohnes »zurückgekauft« oder »losgekauft« (1. Petr. 1, 18-19).
2. *Rettung* bedeutet: Gott verschont uns durch das Blut seines Sohnes vor dem kommenden Zorngericht (Röm. 5, 9).

B. Die Entscheidung, uns zu retten, traf Gott vor dem Sündenfall, wenn auch im Licht des Sündenfalls.

1. *Der Sündenfall (1. Mose 3) war für Gott keine Überraschung.*
   (a) Christus ist das schon vor Grundlegung der Welt ausersehene Opferlamm (1. Petr. 1, 20).

(b) Gott geriet nicht in Panik, als Adam und Eva sündigten, sondern setzte noch im Garten Eden den Prozess der Erlösung in Gang (1. Mose 3, 21).

2. *Gott wollte ein Volk haben.*
   (a) Diese Wahl traf er vor Grundlegung der Welt (Eph. 1, 4).
   (b) Die Menschen, die Gott ausgewählt hat, hat er dem Sohn gegeben (Joh. 6, 37).
   (c) Diese Menschen sind zur Rettung vorherbestimmt (Röm. 8, 30).
   (d) Ihre Erwählung gründet sich nicht auf ihre Werke (2. Tim 1, 9).
   (e) Diejenigen, die Gott erwählt hat, kommen zu der von ihm bestimmten Zeit zum Glauben (Apg. 13, 48).

3. *Warum hat Gott nur einige und nicht alle erwählt? Einer Antwort am nächsten kommen wir mit den folgenden Worten von Jesus: »Ja, Vater, so wolltest du es!«* (Mt. 11, 26)
   (a) Manche Dinge, wie z. B. Erdbeben, bleiben für uns ein Geheimnis.
   (b) Wir machen uns Abrahams Antwort zu eigen: »Der aller Welt Richter ist, sollte der nicht recht richten?« (1. Mose 18, 25)

5 Gottes Souveränität im Hinblick auf seinen unterschiedlichen Umgang mit uns Menschen

A. Die Erklärung für unseren Status, unsere Berufung, unser Ansehen oder unsere Position liegt einzig und allein im Geheimnis der Souveränität Gottes.

1. *Manche können mit David sagen: »Das Land, das du mir geschenkt hast, ist ein schönes Land und ein wunderbarer Besitz.«* (Ps. 16, 6)
   (a) David stand bei Gott in hoher Gunst, so wie Maria (Lk. 1, 28).

(1) David war ein Mann nach dem Herzen Gottes (1. Sam. 13, 14).

(2) David war Israels größter König!

(b) Vermutlich können viele von uns demütig und dankbar in folgende Aussage mit einstimmen: »Ich will dem Herrn singen, denn er war gut zu mir.« (Ps. 13, 6[3])

(1) Gottes Güte bezieht sich hier möglicherweise nicht nur auf sein rettendes Erbarmen, sondern auch auf seine allgemeine Gnade.

(2) Dem Herrn zu singen ist möglicherweise Gottes Aufgabe für uns in seinem Reich.

(3) Vielleicht hat Gott uns Schmerz erspart (Ps. 103, 10).

2. *Andere sind eher wie Mefi-Boschet* (2. Sam. 9).

(a) Mefi-Boscheth war gelähmt.

(1) Manche sind von Geburt an gelähmt oder haben eine andere von ihrer Geburt herrührende Behinderung.

(2) Bei anderen entsteht eine Behinderung durch Krankheit oder Unfall erst im Lauf ihres Lebens.

(b) Manche Christen scheinen für ständiges Leid bestimmt zu sein und können sich nur schwer an Zeiten erinnern, in denen es keine Probleme gab: finanzielle, seelische, körperliche oder soziale Probleme.

(c) Warum ist das so? Die Antwort liegt letztlich im Geheimnis der Souveränität Gottes und wird gewiss zu seiner Ehre sein (Joh. 11, 4).

B. Die Erklärung der Strategie Gottes für sein Reich liegt im Bereich seiner Souveränität.

1. *Unsere Berufung oder Salbung* (1. Kor. 12).

(a) Manche haben größere Gaben.

(b) Manche sind Auge oder Kopf, andere Verdauungsorgan! (1. Kor. 12, 12ff.)

---

[3] Übersetzung nach dem englischen Text (NIV).

2. *Unsere eigene Treue und Mühe im Gegenüber zu denen, die ohne jede Anstrengung ihrerseits den gleichen Lohn bekommen!* (Mt. 20,1-16)
   (a) Manche arbeiten jahrelang, um an den Punkt zu kommen, an dem andere innerhalb eines Tages sind.
   (b) Möglicherweise läuft die begabte Person Gott erst in letzter Minute über den Weg.

C. Die Erklärung für Gottes Züchtigung bzw. Erziehung:

1. *Es mag sein, dass Gott jemanden wegen einer Sünde oder eines Fehlers züchtigt, was bei jemandem anderen ohne spürbare Folgen bleibt!* (Heb. 12,5-11)
   (a) Manche müssen jahrelang warten, bis sie ihre Fehler entdecken (Klgl. 4,22).
   (b) Andere werden augenblicklich zur Rechenschaft gezogen (Jona 1).

2. *Es mag sein, dass Gott Züchtigung oder Leid gebraucht, um jemandes Charakter zu läutern.*
   (a) Jemand anderes erfährt diese Läuterung vielleicht schlagartig durch die Erfüllung mit dem Heiligen Geist.
   (b) Beides liegt in Gottes unerklärlichem Willen begründet (Joh. 21,21-22).

D. Die Erklärung für Frucht:

1. *Gott gebraucht Billy Graham — zur Bestürzung vieler Super-Calvinisten.*
2. *Es mag sein, dass Gott Frucht und Bestätigung gerade denen vorenthält, die diese am meisten zu verdienen scheinen.*
   (a) Die einen werden befördert — andere nicht.
   (b) Die einen finden einen Ehegatten — andere nicht.

6 Alles, was hier über die Souveränität Gottes gesagt wurde, kann genauso auch von Jesus Christus gesagt werden

A. Um die Souveränität Christi in angemessener Weise zu würdigen, ist im Grunde eine eigene Untersuchung notwendig.

B. Und doch kann alles, was im Hinblick auf den Willen und die Macht Gottes des Vaters zu sagen ist, auch dem Sohn zugeschrieben werden.

1. Was die Schöpfung angeht (Heb. 1, 1-2).
2. Was die Erlösung angeht (Joh. 5, 21).
3. Was den individuellen Umgang mit Einzelnen angeht (Joh. 21, 21-22).

Schlussbemerkung

Gott ist souverän: Er hat das Recht und die Macht, zu tun, was immer ihm gefällt. Alles, was geschieht und geschehen ist, untersteht seiner Kontrolle; das gilt sowohl für ganze Nationen als auch für Einzelne.

Wir können dem Heiligen Geist vertrauen, die Dinge richtig zu ordnen, auch wenn sie für uns letztlich ein Geheimnis bleiben. Denken wir an Jesaja 55, 8-9: »Denn also spricht der Herr: Meine Gedanken sind nicht eure Gedanken, und eure Wege sind nicht meine Wege; sondern so hoch der Himmel über der Erde ist, so viel höher sind meine Wege als eure Wege und meine Gedanken als eure Gedanken.«

Können wir dem oben Gesagten zustimmen, so wie Jesus es in Matthäus 11, 26 tat?

7
Die Verantwortung des Menschen

Einleitung

A. Dieses Thema folgt aus gutem Grund auf die Lektion über die Souveränität Gottes!

1. Die erste Reaktion auf die Lehre von der Souveränität Gottes ist manchmal folgende: Was soll's? Warum sich noch für irgendetwas abmühen? Wenn Gott souverän ist, dann müssen wir überhaupt nichts tun. Solch eine Reaktion ist jedoch fehl am Platz.

B. Gottes Souveränität und die Verantwortung des Menschen sind eine Antinomie: zwei parallele Prinzipien, die miteinander unvereinbar, doch beide gleichermaßen wahr sind.

1. *Auf die Theologie angewandt besteht eine Antinomie, wie sich J. I. Packer ausgedrückt hat, aus zwei parallelen Prinzipien, die »anscheinend« nicht miteinander zu vereinbaren sind.*
   (a) Mit anderen Worten, sie sind nicht wirklich unvereinbar; sie scheinen es nur zu sein.
   (b) C. H. Spurgeon sagte, dass Wahrheiten wie diese hier auf Erden parallel zueinander verlaufen, dass sie sich aber in der Ewigkeit treffen!

2. *Entscheidend dabei ist, dass wir beide Prinzipien zugleich für wahr halten und glauben, auch wenn sie einander zu widersprechen scheinen.*

(a) Wenn Gott mächtig und souverän ist und auch in unseren Tagen wirkt, dann scheint das nahezulegen, dass wir uns zurücklehnen können und nichts zu tun brauchen!

(b) Das Gegenteil ist der Fall! Die Verantwortung des Menschen kommt immer mit ins Bild; wir müssen handeln und arbeiten, als ob alles von uns und unseren Bemühungen abhinge.

3. *Es gibt noch andere theologische Antinomien:*

(a) Jesus ist ganz Gott – so, als ob er nicht auch Mensch wäre; und er ist ganz Mensch – so, als ob er nicht zugleich auch Gott sein könnte.

(b) Der Gläubige ist »Heiliger und Sünder zugleich« (Martin Luther); heilig und doch mit einem »trügerischen« Herzen (Jer. 17, 9).

C. Im Licht der Lehre von der Souveränität Gottes müssen wir uns vor bestimmten Haltungen hüten, die der Teufel für seine Absichten gebrauchen könnte.

1. *Bitterkeit.*

(a) Viele reagieren feindselig auf diese Lehre.

   (1) Sie sagen vielleicht, dass sich diese Feindseligkeit nicht gegen Gott selbst richte, sondern gegen die Lehre von seiner Souveränität.

   (2) Dies setzt voraus, dass die betreffende Lehre falsch ist, dass Gott also nicht absolut souverän ist.

(b) Wenn die Lehre jedoch wahr ist, dann richtet sich die Feindseligkeit nicht gegen die Lehre, sondern letztlich gegen Gott selbst.

   (1) In jedem von uns gibt es jenes gewisse Etwas, das Gott für alles verantwortlich machen möchte.

   (2) Auch wenn diese Haltung zunächst gerechtfertigt scheint, so ist sie in Wirklichkeit doch absolut falsch und muss als Sünde bekannt und bereinigt werden.

(c) Die Gründe, warum wir diese Bitterkeit und Feindseligkeit gegen die Lehre von der Souveränität Gottes empfinden, sind folgende:

(1) Wir sind enttäuscht darüber, dass sich herausstellt, dass solch ein Gott ein anderer ist als der, den wir immer angebetet haben!

(2) Wir sind enttäuscht darüber, dass uns diese Lehre nicht schon früher nahe gebracht worden war.

(3) Wir haben gerne das Gefühl, alles unter Kontrolle zu haben; die Lehre von der Souveränität Gottes nimmt uns unsere vermeintliche Kontrolle weg.

(4) Diese Lehre ist für unser natürliches Empfinden etwas Fremdartiges. Wenn wir nicht Acht geben, werden wir das Natürliche mit dem Geistlichen verwechseln und meinen, vom Geist geführt zu sein, während unser Denken vom Fleisch regiert wird.

2. *Passivität.*

(a) Der Mann, der sein Talent vergraben hat, könnte als jemand betrachtet werden, der eine hohe Meinung von Gottes Souveränität hatte (Mt. 25, 24-25).

(b) Es ist traurig, aber wahr, dass es Christen gibt, die die Lehre von der Souveränität Gottes akzeptieren, zugleich aber in unverantwortlicher Weise passiv sind.

(1) Mir ist ein Arminianer[1], der ein evangelistisch gesinnter, gottesfürchtiger Christ bleibt, lieber als einer, der ein inkonsequenter Calvinist wird.

(c) Wenn wir nicht Acht geben, können wir in zwei Bereichen passiv werden:

(1) *In der Evangelisation.* Wenn Gott souverän ist, warum dann evangelistisch sein? Ein gutes Buch zu diesem Thema ist J. I. Packer, *Evangelism and the Sovereignty of God*[2].

---

[1] *Arminianer:* Gegner der calvinistischen Prädestinationslehre; benannt nach *Jakob Arminius von Leyden* (1560-1609).

[2] Ins Deutsche übersetzt: »Evangelisation und die Souveränität Gottes«.

(2) *In einem heiligen Lebenswandel.* Wenn Gott souverän ist, warum dann ein heiliges Leben führen?

(d) Es ist theologisch gesund, an die Lehre von der absoluten Souveränität Gottes zu glauben und doch so voll heiligen Eifers zu sein, wie ein Christ überhaupt nur sein kann!

(1) Dieselbe Bibel, die uns die Lehre von der Souveränität Gottes vor Augen führt, gibt uns auch Gebote!

(2) Wir können den gewaltigen und ehrfurchtgebietenden souveränen Gott anbeten, indem wir die Schriftstellen ernst nehmen, die *uns* sagen, was *wir* zu tun haben!

(3) Wir sind töricht, wenn wir einerseits die Lehre von der Souveränität Gottes annehmen und andererseits die Schriftstellen vernachlässigen, die die Verantwortung des Menschen betonen!

D. Warum ist diese Lehre so wichtig?

1. *Sie gibt uns eine ebenso theologische wie praktische Ausgewogenheit.*

(a) Es ist mein erklärtes Ziel, dass die Theologie, die ich lehre, niemals bewusst einseitig oder unausgewogen sein wird.

(b) Ich glaube an die Göttlichkeit Jesu Christi; genauso glaube ich aber auch an sein Menschsein.

(c) Ich glaube an die Souveränität Gottes; genauso glaube ich aber auch an Evangelisation.

(d) Ich glaube an die Wahrheit der Aussage: »Einmal gerettet, immer gerettet!« Genauso glaube ich aber auch an einen heiligen Lebenswandel.

2. *Sie wird uns in die Lage versetzen, eine wunderbare biblische Lehre in einer umfassenderen Perspektive zu sehen.*

(a) Die Lehre von der Souveränität Gottes ist nur eine Seite der Medaille.

(b) Die Lehre von der Verantwortung des Menschen ist die andere Seite.

3. *Sie wird uns helfen, uns in eine Tradition von Christen und Kir-chenführern und Gemeindeleitern früherer Tage einzureihen, deren dezidierte Lehre von der Souveränität Gottes sie nicht dazu veranlasste, in ihrem Eifer nachzulassen.*

(a) Die Reformatoren: Luther und Calvin.

(b) Männer, die Gott in Zeiten großer Erweckung gebraucht hatte: z. B. George Whitefield und Jonathan Edwards im angelsächsischen Raum, Ludwig Harms und Ludwig Hof-acker im deutschen Bereich.

4. *Sie wird uns zumindest ein Korrektiv, wenn nicht sogar eine Alter-native zur weitverbreiteten Oberflächlichkeit unserer Zeit an die Hand geben.*

(a) Viele sind mit dieser Art Lehre überhaupt noch nicht kon-frontiert worden.

(b) Es ist meine tiefe Überzeugung, dass eine solche Perspektive das Leben der Christen zum Positiven verändern kann; und wenn genug von uns diese Wahrheiten wirklich glauben, dann können wir sogar unser ganzes Land verändern!

1 Die Erfüllung der Verheißungen Gottes setzt für gewöhnlich unseren Gehorsam voraus

A. Die »Vliese«[3] in der Bibel.

1. *Gideons Vlies* (Ri. 6, 36 - 40).

(a) Gott machte es doppelt klar, dass er mit Gideon sein würde, um die Midianiter zu besiegen.

(b) Aber Gideon musste immer noch selbst handeln — sowohl im Gehorsam als auch mit Scharfsinn (Ri. 7, 1 - 25).

---

[3] *Vlies*: Rohwolle eines Schafes; Schaffell — hier in übertragener Bedeutung.

2. *Jonathans Vorschlag* (1. Sam. 14, 9-10).
   (a) Jonathan zog aus der Antwort Gottes den Schluss, dass er zusammen mit seinem Waffenträger die Philister angreifen sollte (1. Sam. 14, 12).
   (b) Aber sie mussten weitergehen und mutig handeln (1. Sam. 14, 13ff.).

B. Verheißungen, bei denen die Ehre des Namens Gottes auf dem Spiel steht.

1. *Gottes Verheißung an Abraham.*
   (a) Als Abraham schon alt war, aber keinen langersehnten Erben hatte, gab Gott ihm die fantastische Verheißung, er werde eine zahlreiche Nachkommenschaft erhalten (1. Mose 15, 4-5).
   (b) Abraham glaubte Gott, obwohl er sehr lange nicht sah, dass seine Verheißung in Erfüllung gehen könnte. Das hatte zur Folge, dass sein Glaube ihm zur Gerechtigkeit angerechnet wurde (1. Mose 15, 6).

2. *Gottes Verheißung an Mose.*
   (a) Gott gab Mose außerordentliche Verheißungen für die Israeliten, als diese unter der grausamen Sklaverei des Pharao zu leiden hatten (2. Mose 3, 7-22).
   (b) Aber das Volk musste Mose folgen und immer wieder in Zeiten der Desillusionierung Vertrauen üben, bevor diese Verheißungen in Erfüllung gingen.

3. *Gottes Verheißung an Josua.*
   (a) Gott machte deutlich, dass die Israeliten das Land Kanaan bekommen würden — »jeder Ort, darauf eure Fußsohlen treten« (Jos. 1, 3).
   (b) Aber die erste größere Schlacht, die Eroberung der von hohen Mauern umgebenen Stadt Jericho, war nicht eher gewonnen, als bis sie Gottes Anweisungen Folge leisteten,

die ihnen zunächst möglicherweise ziemlich lächerlich erschienen! (Jos. 6, 3 - 16)

4. *Gottes Verheißung an David und Jerusalem.*
   (a) Die Bibel sagt deutlich, dass Gott Zion bzw. Jerusalem erwählt hat (Sach. 3, 2; vgl. Sach. 1, 14).
   (b) Aber was David und Joab tun mussten, um Jerusalem einzunehmen, war wirklich eine äußerst ungewöhnliche Heldentat (2. Sam. 5, 6 - 10; 1. Chr. 11, 4 - 9).

5. *Gottes Verheißung durch Propheten.*
   (a) Elia versprach Ahab nach drei Jahren Dürre und Hungersnot Regen, aber zuerst musste ein größerer Kampf ausgefochten werden (1. Kön. 18).
   (b) Elisa sagte zu Naeman, er werde von seinem Aussatz gereinigt werden — das geschah aber erst, nachdem er sich siebenmal im Jordan gewaschen hatte! (2. Kön. 5, 10)

C. Andere allgemeine Verheißungen

1. *Weisheit und Erkenntnis* (Spr. 1, 7; 9, 10).
   (a) Die Furcht des Herrn ist der »Anfang der Erkenntnis« bzw. »Weisheit«.
   (b) Dass wir den Herrn fürchten bedeutet nicht, dass wir automatisch mit Weisheit oder Erkenntnis ausgestattet sind.
   (c) Ein deutliches Zeichen dafür, dass wir wirklich den Herrn fürchten, liegt in der Tat darin, dass wir dranbleiben und soviel wie möglich vom Herrn lernen. Dies kostet uns Mühe.

2. *Führung* (Spr. 3, 5 - 6).
   (a) Wir haben die Verheißung, dass Gott uns führt — allerdings unter der Bedingung, dass wir »von ganzem Herzen auf den HERRN vertrauen«.
   (b) Gott kann zulassen, dass wir vom Weg abkommen, um uns

zu warnen, seine Führung nicht als selbstverständlich zu betrachten.

(c) Je konkreter und detaillierter wir unsere Anliegen in unserem Gebetsleben vor ihn bringen, desto besser!

3. *Materieller oder geistlicher Segen* (Spr. 3, 9; Mal. 3, 8-10).

(a) Wenn wir Gott mit unserem Zehnten ehren, liegt darauf die Verheißung seines Segens, wobei sowohl materielle als auch geistliche Segnungen eingeschlossen sind.

(b) Gott *ist fähig*, uns zu segnen, ob wir unseren Zehnten nun geben oder nicht, was er auch schon viele Male getan hat.

(c) Wir ehren Gott jedoch nicht, wenn wir seine Gnade missbrauchen; er kann uns durchaus für einen allzu sorglosen Umgang mit dem, was ihm gehört, zurechtweisen.

4. *Schutz* (Ps. 91).

(a) Der Teufel zitierte Jesus gegenüber Psalm 91, 11-12, um ihn dazu zu bringen, sich von der Zinne des Tempels hinabzustürzen (Mt. 4, 5-6).

(b) Aber Jesus erwiderte: »Fordere den Herrn, deinen Gott, nicht heraus« [5. Mose 6, 16]! (Mt. 4, 7).

(c) Deshalb ist es unverantwortlich, eine Verheißung in Anspruch zu nehmen, aber nicht der damit verbundenen Verantwortung entsprechend zu handeln (siehe Esra 8, 22-23).

5. *Nähe zu Gott* (Ps. 27; Jak. 4, 8).

(a) Wenn wir ein mit Gott verbundenes Leben führen wollen, werden wir uns das etwas kosten lassen.

(b) Ein mit Gott verbundener Lebenswandel entsteht nicht einfach dadurch, dass wir in der Gemeinde »Ja, Herr« sagen.

(c) Ein solcher Lebenswandel entsteht durch eine Hingabe, die sich in Treue in den kleinen Dingen zeigt.

6. *Erfüllung unserer Herzenswünsche* (Ps. 37, 4).

Gott verheißt, uns das zu geben, was unser Herz begehrt — unter der Voraussetzung, dass wir unsere Lust an ihm haben.

(a) Wenn wir wirklich unsere Lust an ihm haben, wird unser Verlangen zunehmen oder abnehmen, je nachdem, ob es dem Herrn gefällt oder nicht!

2 Das Leben Jesu

A. Wenn es um unsere Verantwortung als Menschen und die Souveränität Gottes geht, sollte Jesus unser maßgebliches Vorbild sein.

1. Niemand war mehr von der Souveränität Gottes überzeugt als Jesus (Mt. 11, 25ff.).
2. Niemand handelte liebevoller und verantwortungsvoller als Jesus.

B. Christus war vor Grundlegung der Welt als Opferlamm ausersehen.

1. *Das impliziert in gewissem Sinn, dass alles schon beschlossene Sache war, dass Gott demnach nicht verlieren konnte.*
2. *Aber Jesus musste alles bis ins letzte Detail erfüllen.*
   (a) Er musste ein Baby werden, »als die Zeit erfüllt war« (Gal. 4, 4).
   (b) Er musste sich selbst erniedrigen bis hin zum Tod am Kreuz (Phil. 2, 5-8).

C. Im alltäglichen Leben glaubte und handelte er vernunftgemäß und verantwortlich.

1. *Indem er dem Teufel widerstand* (Mt. 4).
   (a) Bei der Versuchung zum Unglauben.
   (b) Bei der Versuchung zum Stolz.
   (c) Bei der Versuchung, unverantwortlich zu handeln.

2. Indem er ganz allgemein allen Versuchungen widerstand (Heb. 4, 15).

   (a) Selbstrechtfertigung (1. Petr. 2, 22-23).

3. *In seinem Gebetsleben.*

   (a) Jesus betete wie keine andere Person vor oder nach ihm.

      (1) Früh am Morgen (Mk. 1, 35).

      (2) Am Abend (Mt. 14, 23).

      (3) Die ganze Nacht hindurch (Lk. 6, 12).

   (b) Er verharrte die Nacht hindurch im Gebet, bevor er die Zwölf erwählte (Lk. 6, 12-13).

      (1) Daraus können wir schließen, dass er um göttliche Führung betete.

      (2) Obwohl Jesus der Gottmensch[4] war, betete er, wie wenn er auf Stärkung und Führung von außerhalb seiner selbst angewiesen war.

3 Das Leben des Apostels Paulus

A. Paulus betrachtete sich als ein »Vorbild« für die, die an Jesus glaubten (1. Tim. 1,16).

1. Paulus war fest von der Souveränität Gottes überzeugt (Röm. 9, 11-18).

2. Zugleich aber war Paulus alles andere als ein passiver Mensch.

B. Paulus wusste, dass er seine Bekehrung ganz und gar der reinen souveränen Gnade Gottes verdankte (Apg. 9,1-6).

1. Er hatte nichts getan, wodurch er Gnade auch nur irgendwie verdient hätte.

2. Er konnte auch sagen: »Ich habe dieser Vision aus dem Himmel gehorcht.« (Apg. 26, 19)

---

[4] *Gottmensch*: zugleich *ganz Gott* und *ganz Mensch* in einer Person.

C. Er kannte aus eigener Erfahrung notvolle und schwere Zeiten, in denen Gott gewiss weit weg zu sein schien.

1. *Seine schwere Prüfung auf hoher See* (Apg. 27).
2. *Er wurde ins Gefängnis geworfen* (Apg. 16, 24ff.; 23, 10.35).
3. *Siehe auch 1. Korinther 4, 11ff.; 2. Korinther 11, 23 - 29.*
   (a) Es ermutigte ihn, dass Onesiphorus sich soviel Mühe machte, um ihn zu sehen (2. Tim. 1, 17).
   (b) Er wies Timotheus an, verantwortungsvoll mit seiner Gesundheit umzugehen (1. Tim 5, 23).

D. Als Evangelist hatte Paulus das ständige Verlangen, Seelen für Jesus zu gewinnen.

1. Als Paulus in Athen warten musste, nutzte er die Gelegenheit, den Leuten auf dem Marktplatz das Evangelium von Jesus zu bezeugen (Apg. 17, 16 - 17).
2. Er wollte das Evangelium dort verkünden, wo noch niemand vor ihm gewesen war! (Röm. 15, 20 - 21)

Schlussbemerkung

Gott ist souverän in allem, was er tut — ob es nun um Erlösung oder um Heilung geht. Aber wir haben den Auftrag, alles in unserer Macht Stehende zu tun: Uns ist aufgetragen, in alle Welt zu gehen und das Evangelium zu verkünden (Mt. 28, 19); uns ist aufgetragen, für die Kranken zu beten (Jak. 5, 14ff.).

Gott ist mächtig und souverän, und er wirkt auch in unseren Tagen. Doch wenn es um die Rettung von Seelen, um das Gebet oder um unseren Wandel im Licht geht, ist es unsere Verantwortung, zu arbeiten und zu handeln, als ob alles von unseren Bemühungen abhinge.

Wenn wir in diesen Bereichen nachlässig sind, handeln wir töricht, gleichgültig, welch hohe Meinung wir von der Souveränität Gottes haben.

8

Die Herrlichkeit Gottes

Einleitung

A. Die Herrlichkeit[1] Gottes ist mein Lieblingsthema.

1. Es ist wahrhaft das Herz Gottes.
2. An unserer Liebe zu Gottes Ehre und Herrlichkeit zeigt sich, ob unsere Herzen wirklich von ihm berührt worden sind.

B. Die moderne Theologie hat ihren Gottesbezug weitgehend verloren und ist in Wirklichkeit Anthropologie, also Lehre vom Menschen.

1. Heutige Theologie geht zumeist von folgenden Annahmen aus:
   (a) Der Mensch ist der Mittelpunkt des Universums.
   (b) Gott schuldet dem Menschen eine Erklärung der Welt.

2. Die moderne Theologie ist zum großen Teil existenzielle Theologie.
   (a) Im Existenzialismus wird unsere Existenz im Hier und Jetzt betont.
   (b) Die moderne Devise, die nach dem eigenen Nutzen fragt, steht dem Gott gegenüber, der *da* ist und vor dem ich einmal stehen *werde*, um Rechenschaft abzulegen.

---

[1] Anm. d. Ü.: Das Englische »glory« kann sowohl mit *Herrlichkeit* als auch mit *Ehre* übersetzt werden. Auch wenn es in diesem Kapitel eindeutig um die *Herrlichkeit* Gottes geht, ist an manchen Stellen die Wiedergabe mit *Ehre* ebenso gut möglich.

C. Warum sich mit dem Thema »Herrlichkeit Gottes« befassen?

1. *Es bringt uns den wahren und einzigen Gott nahe: den Gott der Bibel. Er wird als der »Gott der Herrlichkeit« bezeichnet* (Apg. 7, 2).
2. *Es lehrt uns, was am wichtigsten ist — Gottes persönliche Ehre* (Jes. 42, 8).
3. *Es zeigt uns, was wir verfehlen und warum wir wissen, dass wir Sünder sind* (Röm. 3, 23).
4. *Wir befinden uns auf heiligem Boden; wir sind im Begriff, den heiligsten Bereich zu betreten, den ich kenne* (2. Mose 3, 1-6).
5. *Wenn wir die Herrlichkeit Gottes von Herzen begreifen und bejahen, wird das unser Leben völlig verändern.*
    (a) Es wird unseren Sinn für Anbetung von Grund auf verändern (Jes. 6, 1-4).
    (b) Es wird uns demütig machen (Jes. 6, 5a).
    (c) Es wird zu Gehorsam führen (Jes. 6, 6-8).

6. *Es wird uns eine Hilfe sein, das Ziel unseres Lebens als Gläubige zu verstehen: In allen Dingen Gottes Ehre zu suchen* (1. Kor. 10, 31).
7. *In unserem Streben, Gott besser kennen zu lernen, werden wir früher oder später auf dieses Thema stoßen und uns damit auseinandersetzen müssen. Ob wir es lieben oder hassen, wir werden danach nie mehr dieselben sein.*
    (a) Wenn wir die Herrlichkeit Gottes lieben lernen, dann deshalb, weil wir den wahren Gott kennen gelernt haben und ihn noch immer lieben!
    (b) Wir werden voll Ehrfurcht erkennen, dass wir uns auf einem Weg befinden, den schon die größten Männer und Frauen, die geistlichen Größen der Bibel und der Kirchengeschichte, beschritten haben.

D. Die Herrlichkeit Gottes ist die Würde seiner Person.

1. *Diese kurze Definition bedarf einer Erklärung. In der ganzen Lektion werden wir genau dieses Ziel verfolgen.*
   (a) Würde bedeutet: Wert, Ehrenhaftigkeit, Ehre oder Respekt.
   (b) Person bedeutet hier: Gottes wesenhaftes Sein; dass er ein persönlicher Gott ist.
   (c) Die Trinität (Dreieinigkeit) ist Gott in drei Personen.

2. *In den alten Sprachen gibt es zwei Worte, denen wir unsere Beachtung schenken müssen; beide werden mit »Herrlichkeit« übersetzt.*
   (a) Im Alten Testament: Das hebräische Wort *kabodh* bedeutet »Schwere« oder »Gewichtigkeit« und bezieht sich auf jemandes Bedeutung oder Format.
      (1) Manchmal nehmen wir auf jemanden Bezug, indem wir sein ganzes Gewicht in die Waagschale werfen.
      (2) Gottes »Gewichtigkeit« ist die grundlegende Vorstellung, wenn im Alten Testament von seiner Herrlichkeit die Rede ist, wo das Wort *kabodh* nicht weniger als 222-mal vorkommt.
   (b) Im Neuen Testament: Vom griechischen Wort *doxa* kommt z.B. Doxologie; *doxa* bedeutet »Lob« oder »Ehre«.
      (1) *doxa* kommt von einer Wortwurzel mit der Bedeutung »Meinung«.
      (2) Das Neue Testament stellt also eine schon im Alten Testament enthaltene Bedeutung heraus, die an Gottes Meinung bzw. Willen anknüpft. Das Wort *doxa* kommt nicht weniger als 168-mal im Neuen Testament vor.

3. *Eine Kombination dieser beiden Worte führt uns zu einer Reihe von untergeordneten Definitionen, die für sich genommen alle richtig sind.*

4. *Johannes gebrauchte* doxa, *um Jesus zu beschreiben:* »Das Wort ward Fleisch und wohnte unter uns; und wir sahen seine Herrlichkeit, eine Herrlichkeit als des eingeborenen Sohnes vom

Vater, voller Gnade und Wahrheit.« (Joh. 1, 14 Lu84) Der Gebrauch von *doxa* in Johannes 1, 14 spiegelt die hebräische Bedeutung wider.

(a) Die Hebräer des Altertums sprachen von der Schechina[2]-Herrlichkeit.

(b) Das griechische Wort, welches mit »wohnte« übersetzt ist, bedeutet »zelten« oder auch »vorübergehend wohnen« und kommt von einem Wort, das höchstwahrscheinlich von dem Gedanken der Schechina herrührt.

5. *Paulus gebrauchte* doxa, *um das Evangelium zu beschreiben:* »Der Satan, der Gott dieser Welt, hat die Gedanken der Ungläubigen so verblendet, dass sie das herrliche Licht der Botschaft nicht wahrnehmen können. Damit bleibt ihnen unsere Botschaft von der Herrlichkeit Christi, der das Ebenbild Gottes ist, unverständlich.« (2. Kor. 4, 4) Die Wirkung des Evangeliums war demnach »der Glanz der *Herrlichkeit Gottes,* die uns im Angesicht von Jesus Christus sichtbar wird« (2. Kor. 4, 6).

1 Herrlichkeit ist die Summe der Eigenschaften Gottes

A. Eigenschaften sind die Charaktermerkmale einer Person.

1. Gott ist ein personaler Gott, ein Er nicht ein Es (2. Mose 3, 13-14).
2. Gott ist heilig (3. Mose 11, 44). Er hasst Sünde.
3. Gott ist gnädig und barmherzig (2. Mose 34, 7). Er bestraft ungern.
4. Gott ist gerecht (Ps. 89, 15). Er ist vollkommen unparteiisch.
5. Gott ist eifersüchtig (2. Mose 20, 5). Er duldet keinen andern neben sich.

---

[2] *Schechina* bezeichnet die sichtbare Manifestation der Gegenwart Gottes (vergleiche 1. Kön. 8, 10-11; siehe dazu unter 3 B. 2.).

6. Gott ist treu (Klgl. 3, 23). Er wird uns nie im Stich lassen.
7. Gott ist wahrhaftig (Heb. 6, 18). Er kann nicht lügen.
8. Gott ist ewig (1. Mose 21, 33). Er hat weder Anfang noch Ende.
9. Gott ist unveränderlich (Mal. 3, 6). Sein Charakter bleibt immer derselbe.
10. Gott ist allwissend (Ps. 139, 1-4).
11. Gott ist allmächtig (2. Mose 15, 6). Er hat alle Macht.
12. Gott ist allgegenwärtig (Ps. 139, 7-10). Er ist überall.
13. Gott ist unsichtbar. Niemand kann ihn sehen (Joh. 1, 18).
14. Gott ist unbegreiflich (Röm. 11, 33). Niemand kann ihn völlig verstehen oder ergründen!
15. Gott ist Schöpfer (Pred. 12, 1). Er hat alles, was es gibt, aus dem Nichts erschaffen.
16. Gott ist Erlöser (Ps. 19, 15). Er hat uns erlöst mit dem Blut seines Sohnes.
17. Gott ist Geist (Joh. 4, 24). Man kann ihn nicht sehen oder berühren.
18. Gott ist Retter (Jes. 45, 15). Er rettet uns von unseren Sünden und vor seinem Zorn.
19. Gott ist König der Könige (1. Tim. 6, 15). Alle Könige der Erde müssen sich vor ihm beugen.
20. Gott ist Vater (Mt. 11, 25). Dies wird er für uns durch Jesus Christus.

B. *Herrlichkeit* **ist das eine Wort, das alles oben Gesagte zusammenfasst.**

1. Herrlichkeit *kommt der Sache am nächsten, wenn wir Gott mit einem einzigen Wort beschreiben wollen.*
   (a) Stephanus nannte ihn den »Gott der Herrlichkeit« (Apg. 7, 2 Lu 84).
   (b) Später sah Stephanus die »Herrlichkeit Gottes« (Apg. 7, 55).

2. Herrlichkeit *ist Gottes »Wesen«.*
   (a) *Wesen* bedeutet: Alles, das etwas zu dem macht, was es ist; seine Natur.

(b) Die Natur bzw. das Wesen Gottes ist, mit einem Wort ausgedrückt, Herrlichkeit.

3. *Gott ist das gewichtigste Wesen, das es gibt.*
   (a) Wir können uns etwa fragen: Wem kommt das größte Gewicht zu? Dem Königshaus; den Politikern; den Reichen; den Mächtigen?
   (b) Gott ist das mächtigste, gewaltigste und Ehrfurcht gebietendste Wesen, das es gibt. Das macht seine *Herrlichkeit* aus.

2 Dem Herrn gebührt Ehre, deshalb: »Gebt dem Herrn die Ehre seines Namens« (1. Chr. 16,29)

A. Herrlichkeit bedeutet Anerkennung oder Ehre. Wem gebührt die Ehre?

1. *Für die Schöpfung* (Ps. 19, 2).
   (a) Wem gebührt die Ehre dafür, dass wir geschaffen wurden? – Gott.
       (1) »Ich danke dir, dass du mich so herrlich und ausgezeichnet gemacht hast.« (Ps. 139, 14)
       (2) Wie verächtlich ist es doch, von Schöpfung durch Zufall oder durch Evolution zu reden.
   (b) Wem gebührt die Ehre für die Schönheit der Schöpfung? – Gott.

2. *Für die Erlösung* (Eph. 1, 14).
   (a) Wem gebührt die Ehre dafür, dass wir zum Heil vorherbestimmt sind? – Gott.
       (1) »Und da er sie erwählt hat, hat er sie auch berufen, zu ihm zu kommen. Er hat sie gerecht gesprochen und hat ihnen Anteil an seiner Herrlichkeit gegeben.« (Röm. 8, 30)
       (2) Wie töricht ist es doch, von Rettung zu sprechen, wenn wir dabei im Blick haben, was wir für Gott getan haben!

(b) Wem gebührt die Ehre dafür, den Preis für unsere Erlösung bezahlt zu haben? – Gott.

    (1) »Seine [Gottes] Gnade ist so groß, dass er unsere Freiheit mit dem Blut seines Sohnes erkauft hat, sodass uns unsere Sünden vergeben sind.« (Eph. 1,7)

    (2) Wie absurd ist es doch, wenn jemand im Horizont seiner guten Werke von Rettung spricht!

(c) Wem gebührt die Ehre dafür, uns zu Jesus gezogen zu haben? – Gott.

    (1) »Niemand kann zu mir kommen, wenn der Vater, der mich gesandt hat, ihn nicht zu mir zieht; und am letzten Tag werde ich ihn von den Toten auferwecken.« (Joh. 6,44)

    (2) Wie lächerlich wäre es doch, wenn wir sagen wollten, wir hätten den ersten Schritt auf Gott zu getan!

(d) Wem gebührt die Ehre dafür, dass wir bewahrt bleiben? – Gott.

    (1) »Ich bin überzeugt: Nichts kann uns von seiner Liebe trennen. Weder Tod noch Leben, weder Engel noch Mächte, weder unsere Ängste in der Gegenwart noch unser Sorgen um die Zukunft [Griechisch: weder Gegenwärtiges, noch Zukünftiges], ja nicht einmal die Mächte der Hölle können uns von der Liebe Gottes trennen. Und wären wir hoch über dem Himmel oder befänden uns in den tiefsten Tiefen des Ozeans [Oder: weder Hohes noch Tiefes], nichts und niemand in der ganzen Schöpfung kann uns von der Liebe Gottes trennen, die in Christus Jesus, unserem Herrn erschienen ist.« (Röm. 8,38-39)

    (2) Wie gedankenlos ist es doch, anzunehmen, wir könnten uns selbst bewahren!

3. *Für all die Segnungen, die in Christus unser sind* (Ps. 103,2).

    (a) *Unsere Gaben:* »Was hast du denn irgendeinem anderen voraus? Was hast du vorzuweisen, das du nicht von Gott bekommen hast? Und wenn alles von Gott kommt, was du vorzuweisen hast, warum gibst du dann damit an, so, als ob es kein Geschenk wäre?« (1. Kor. 4, 7) Wie anmaßend ist es doch, das, was wir haben, unserem eigenen Verdienst zuzuschreiben!

(b) *Unsere Position:* »Denn niemand auf Erden – weder aus Osten oder Westen noch aus Süden – kann einen anderen Menschen erhöhen. Vielmehr richtet Gott allein; er entscheidet, wen er erhöht und wen er erniedrigt. (Ps. 75, 7 - 8) Wie gedankenlos wäre es von uns zu sagen, wir seien durch unsere eigene Klugheit dahin gekommen, wo wir jetzt sind!

(c) *Unsere Führung:* »Gutes und Barmherzigkeit werden mir folgen mein Leben lang, und ich werde bleiben im Hause des HERRN immerdar.« (Ps. 23, 6 Lu84) Wie undankbar wären wir doch, sollten wir uns einbilden, in unserer eigenen Kraft zurechtzukommen.

B. Alles, was wir sind und haben und zu sein hoffen, kann zusammengefasst werden wie folgt: Gott allein gebührt die Ehre!

3 Die Erhabenheit seines Wohlgefallens (2. Mose 33,19)

A. Bei der Erhabenheit von Gottes Wohlgefallen geht es um zweierlei:

1. *Die Erhabenheit seiner Gegenwart: Das, was seine Gegenwart bewirkt und bedeutet.*

2. *Die Erhabenheit seines Willens: Wie seine Meinung bzw. sein Urteil respektiert werden sollte.*

(a) Mose äußerte die ungeheure, wenn nicht gar unverschämte Bitte, Gottes Herrlichkeit sehen zu wollen! (2. Mose 33, 18)

(1) Und doch würde Jesus später sagen: »Habe ich dir nicht gesagt, dass du die Herrlichkeit Gottes sehen wirst, wenn du glaubst?« (Joh. 11, 40)

(2) Stephanus sah die Herrlichkeit Gottes (Apg. 7, 55).

(b) Gott antwortete Mose: »Ich will vor deinem Angesicht alle meine Güte vorüberziehen lassen und will den Namen des Herrn vor dir ausrufen; und wem ich gnädig bin, dem bin ich gnädig, und wessen ich mich erbarme, dessen erbarme ich mich.« (2. Mose 33, 19)

(1) Dies bezog sich auf Gottes Gegenwart (vgl. 2. Mose 33, 14).

(2) Und es bezog sich auf Gottes Willen, auf das, was ihm zu tun gefällt.

B. Wir sollten darum beten, dass es Gott gefällt, sich zu manifestieren.

1. *Seine Gegenwart ist höher zu achten als alles andere.*

(a) Das erste Mal, wo in der Bibel auf Gottes Gegenwart Bezug genommen wird, ist in 1. Mose 3, 8.

(b) Gottes Gegenwart war Mose verheißen. »Der Herr antwortete: Meine Gegenwart wird mit dir gehen, und ich werde dich zur Ruhe führen.« (2. Mose 33, 14[3])

2. *Gottes Gegenwart beehrte Salomos Tempel (1. Kön. 8, 10 - 11).*

(a) Die Gegenwart Gottes war sichtbar — sie wird als eine Wolke beschrieben.

(b) Sofort danach lesen wir, dass diese Wolke die Herrlichkeit Gottes war.

(1) Dies wurde bekannt als die »Schechina«.

(2) Es ist unmöglich, herauszufinden, was diese Wolke genau war, auch wenn einige zeitgenössische Zeugnisse ein paar Anhaltspunkte geben.

(3) Wann immer wir Gottes Gegenwart spüren, dann allein deshalb, weil er es will. Er kann seine Herrlichkeit zeigen oder entziehen (Röm. 9, 15).

---

[3] Übersetzung nach dem englischen Text (NIV).

C. Gottes Gegenwart manifestiert sich in verschiedener Weise.

1. Als heilende Gegenwart (Lk. 5, 17).
2. Als richtende Gegenwart (Apg. 5, 1 - 11).
3. Als Gegenwart, die den Lobpreis weckt (Apg. 2, 46 - 47).
4. Als Gegenwart, die zur Fürbitte befähigt (Apg. 4, 24ff.).
5. Als Gegenwart von Weisheit (Apg. 6, 5.10).
6. Als eine besondere Gegenwart beim Abendmahl (1. Kor. 11, 29).
7. Als Gegenwart, die zu Bekehrungen führt (Apg. 2, 41).

D. Die Gegenwart der Herrlichkeit Gottes ist mehr als alles andere zu begehren – wenn die Gemeinde respektiert werden soll.

1. *Die Gegenwart der Herrlichkeit Gottes wird zutreffend als der »Genius«[4], der Gemeinde bezeichnet.*
   (a) Die Gegenwart der Herrlichkeit Gottes ist, was eine Gemeinde zur Gemeinde macht – oder, sollte Gottes Herrlichkeit fehlen, auseinander fallen lässt.
   (b) Das Schlimmste, was von einer Gemeinde gesagt werden kann, ist: »Die Herrlichkeit ist fort.«
      (1) Die Bundeslade war ein Symbol für Gottes Herrlichkeit. Als sie weggenommen worden war, hieß es: »Die Herrlichkeit ist fort von Israel!« (1. Sam. 4, 21 - 22)

2. *Der »Genius« der Gemeinde besteht nicht in:*
   (a) Ihrem Wohlstand.
   (b) Ihren begabten Kleriker und Ältesten.
   (c) Der Zahl ihrer Mitglieder.
   (d) Ihren Räumlichkeiten oder deren Architektur.
   (e) Ihrer Musik.

---

[4] Genius: *schöpferische Kraft* bzw. *schöpferischer Geist*.

3. Der »Genius« der Gemeinde ist die Gegenwart der Herrlichkeit
    Gottes.

Schlussbemerkung

Jonathan Edwards lehrte uns: Es gibt *eine* Sache, die der Satan nicht
erfolgreich kopieren kann: die Liebe zur Herrlichkeit Gottes. Diese
Liebe ist es, die uns als echte Gläubige von anderen Menschen unterscheidet, denn keine unbekehrte Person kann Gottes Herrlichkeit
lieben. Wenn wir Gottes Herrlichkeit lieben, sind wir ohne Zweifel
echte Kinder Gottes.

Manchmal ist die Gegenwart Gottes in der Seele so überwältigend,
dass wir einfach nur ausrufen wollen: »Herrlichkeit!« (Ps. 29, 9).

9

Der Name Gottes

Einleitung

A. **Diese Lektion steht dem Thema der Herrlichkeit Gottes ziemlich nahe.**

1. Wir sahen, dass die Herrlichkeit Gottes der Hauptschlüssel dazu ist, das Wesen des Gottes der Bibel zu verstehen.
2. Nicht weit davon entfernt ist ein anderer Schlüssel, nämlich der des Namens Gottes.

B. **Als Mose erfuhr, dass Gott ihn als denjenigen auserwählt hatte, der die Israeliten aus der Sklaverei des Pharao befreien sollte, sagte er: »Siehe, wenn ich zu den Kindern Israel komme und zu ihnen sage: Der Gott eurer Väter hat mich zu euch gesandt, und sie mich fragen werden: Wie heißt sein Name? – Was soll ich ihnen sagen?« (2. Mose 3,13).**

1. *Mose stellte diese Frage möglicherweise deshalb, weil er fürchtete, die Israeliten wüssten bereits, dass er Gottes Namen nicht kannte.*
   (a) Mose empfand sich als Außenseiter und Fremder.
   (b) Er nahm vielleicht an, dass das Volk den Namen Gottes ganz genau kennen würde.
   (c) Er brauchte ihnen gegenüber ein überaus deutliches Zeichen dafür, dass er bereits etwas von diesem Gott wusste, sodass sie ihm Vertrauen schenken würden.

2. *Möglicherweise war Mose auch einfach selbst neugierig.*
   (a) Er wollte unbedingt mehr über Gott wissen.
   (b) Außerdem brauchte er Autorität, um vor die Israeliten zu treten.

C. Name: Ein Wort, unter dem jemand bekannt ist.

1. *Primär bezieht sich der Name auf jemandes Identität.*
   (a) Wir identifizieren eine Person durch ihren Namen.
   (b) Der Name unterscheidet jemanden von einer anderen Person.

2. *Er bezieht sich aber auch auf jemandes Ruf oder Ansehen.*
   (a) Wir sagen zum Beispiel: Er hat einen guten Namen.
   (b) Sprüche 22, 1: »Gib dem guten Ruf den Vorzug vor Reichtum, denn die Anerkennung der Menschen ist besser als Silber oder Gold.«

3. *Er kann sich auf jemandes Einfluss beziehen.*
   (a) Als Referenz kann der Name einer Person großen Einfluss haben.
   (b) Eine Person mit einem gutem Namen hinter sich zu haben hilft einem jeden von uns, selbst einen guten Namen zu bekommen.

4. *Er kann sich auch darauf beziehen, dass jemand stellvertretend für eine andere Person handelt oder auftritt: Ich komme im Namen von So-und-so; oder: Ich repräsentiere So-und-so.*
   (a) In solch einem Fall sind wir autorisiert, anstelle von jemand anders zu sprechen.
   (b) Ein Botschafter, zum Beispiel, spricht für sein Land.
   (c) Ein Polizist ist ermächtigt, jemand im Namen des Gesetzes festzunehmen.

5. *Gottes Name umfasst all die oben genannten Bedeutungen.*

D. Warum ist dieses Thema so wichtig?

1. Es wird uns lehren, einen tieferen Respekt vor Gott zu haben. Das dritte Gebot ist: »Du sollst den Namen des Herrn, deines Gottes, nicht missbrauchen; denn der Herr wird den nicht ungestraft lassen, der seinen Namen missbraucht!« (2. Mose 20, 7)
2. Es ist eine gute Möglichkeit, eine Menge mehr über den Gott der Bibel zu erfahren und ihn dadurch besser kennen zu lernen.
3. Es hat enorme Bedeutung für unser Gebetsleben.

1 Gottes Identität

A. Der Begriff Gott zeigt selbst noch keine Identität an.

1. *Gott ist eine Art Gattungsbegriff, der nicht notwendigerweise den christlichen Gott bezeichnet.*
   (a) Aus diesem Grund sprechen wir vom Gott der Bibel.
   (b) Aus diesem Grund sprechen wir vom »Gott und Vater unseres Herrn Jesus Christus« (2. Kor. 1, 3).

2. *Das hebräische Elohim bezieht sich auf Gott als ein machtvolles Wesen.*
   (a) *Elohim* ist der erste Begriff, der in der Bibel für Gott, den Schöpfer, gebraucht worden ist (1. Mose 1, 1).
   (b) Das hebräische *Elohim* ist zudem ein Pluralwort, was den Gedanken der Trinität nahe legt; es heißt ja auch: »Gott sprach: Wir wollen Menschen machen nach unserm Bild uns ähnlich.« (1. Mose 1, 26)

B. *Jahwe* ist das alttestamentliche Wort, das den Namen des wahren Gottes eindeutig identifiziert.

1. *Es ist in der Regel mit »Herr« übersetzt, wobei die meisten Bibelübersetzungen die vier Buchstaben hervorgehoben setzen, um anzuzeigen, dass Jahwe gemeint ist.*

(a) Die Authorised Version übersetzte statt *Jahwe* fälschlicherweise mit »Jehovah«:

    (1) Im hebräischen Original war das Wort nicht vokalisiert; das Tetragramm JHWH galt als zu heilig, als dass es ausgesprochen werden könnte.

    (2) Nachdem die Konsonanten JHWH mit Vokalzeichen verbunden waren, nahm man an, dass die Aussprache Jehovah sein müsse. Die vokalisierte Schriftform ist das erste Mal zu Beginn des zwölften Jahrhunderts n. Chr. bezeugt.

(b) Wissenschaftliche Studien haben inzwischen ergeben, dass die richtige Aussprache Jahwe sein muss, so wie es auch durch Transliterationen des Gottesnamens in die griechische Schrift in der frühchristlichen Literatur angezeigt ist.

    (1) Es gibt keinen Anhaltspunkt dafür, dass die Juden in der Antike den Gottesnamen nicht ausgesprochen hätten.

    (2) Dass die Juden beim Aussprechen des Gottesnamens Jahwe durch *Adonai* ersetzten, entspringt vermutlich einem mittelalterlichen Aberglauben, der den Juden ein Gefühl von Gerechtigkeit gab.

2. *Genau genommen, ist Jahwe der einzige »Name« Gottes.*

(a) Im Gegensatz zu *Elohim* ist *Jahwe* der Name einer Person, auch wenn es sich bei dieser Person um Gott handelt.

(b) Jahwe bringt Gott den Menschen nahe, sodass er wie ein Freund zu uns spricht.

(c) Jahwe bedeutet wörtlich »einer, der ist« oder »einer, der sein lässt«, oder auch »Ich werde sein, der ich sein werde«.

    (1) Mose fragte: »Wie ist dein Name?«

    (2) Gott antwortete: »Ich bin, der Ich bin ... Ich bin hat mich zu euch gesandt.« (2. Mose 3, 14[1])

    (3) »Das ist mein Name für immer und ewig, der Name, unter dem man mich von Generation zu Generation anrufen soll« (2. Mose 3, 15[2]).

---

[1] Übersetzung nach dem englischen Text (NIV).
[2] Übersetzung nach dem englischen Text (NIV).

(d) Gott sagte zu Mose: »Ich bin der Herr (*Jahwe*); ich bin Abraham, Isaak und Jakob erschienen als der allmächtige Gott; aber nach meinem Namen ›Herr‹ (*Jahwe*) habe ich mich ihnen nicht geoffenbart.« (2. Mose 6,3)

(e) Wenn wir den Namen Jesus vom Griechischen ins Hebräische zurück übertragen, erhalten wir Joshua — »der Herr ist Rettung«.

C. Auch andere Worte werden gebraucht, um Gott zu beschreiben; manchmal nehmen wir vielleicht auf sie auch Bezug, als wären es Namen — obwohl es sich von der Sache her eigentlich um Beschreibungen handelt:

1. El. *Dieses Wort bedeutet einfach Gott im weitesten Sinn; selbst ein Bild gilt als ein Gott* (1. Mose 35,2).

   (a) »Ich, der Herr, dein Gott, bin ein eifersüchtiger[3] Gott (*El*)« (5. Mose 5,9).

   (b) »Der Gott (*El*) von Bethel« (1. Mose 31,13).

2. El Eljon, *Gott, der Allerhöchste, dem Melchisedek als Priester diente* (1. Mose 14,18-22; vgl. 4. Mose 24,16; Ps. 7,18; Dan. 7,22).

3. El Olam, *der ewige Gott* (1. Mose 21,33).

4. El Elohe Israel, *der Gott Israels* (1. Mose 33,20).

5. Jahwe Jireh, *der Herr wird dafür sorgen* (1. Mose 22,8.14).

6. Jahwe Nissi, *der Herr, mein Feldzeichen* (2. Mose 17,15).

7. Jahwe Schalom, *der Herr ist Friede* (Ri. 6,24).

8. Jahwe Zidkenu, *der Herr, unsere Gerechtigkeit* (Jer. 23,6).

9. Jahwe Schamma, *der Herr ist hier* (Hes. 48,35).

10. Jahwe Zebaoth, *der Herr der Heerscharen*.

   (a) In der New International Version (NIV) ist Jahwe Zebaoth mit »the Lord Almighty« (»der Herr, der Allmächtige«) übersetzt (1. Sam. 1,3; 17,45).

---

[3] *eifersüchtiger:* Übersetzung nach dem englischen Text (NIV: »jealous«); Schlachter: »eifriger«.

(b)   Dieser Name wird gebraucht, um Jahwe als den Beschützer seines Volkes zu zeigen, wobei die Heerscharen all die himmlischen Mächte sind, die bereitstehen, den Befehl des Herrn auszuführen. Dieser Name kommt 88-mal im Buch Jeremia vor.

11. Kedosch Israel, *der Heilige Israels — ein von Jesaja bevorzugter Gottesname (29-mal im Buch Jesaja gebraucht); ähnlich auch:*
    (a)   Der Mächtige Israels (Jes. 1, 24).
    (b)   Die Herrlichkeit Israels[4] (1. Sam. 15, 29).

12. *Der Hochbetagte* (Dan. 7, 9.13.22). *Dieser Name wird im Buch Daniel im Wechsel mit Gott, dem Allerhöchsten gebraucht* (Dan. 7, 18.22.25.27).

2 Gottes Ruf und Ansehen

A. Der Gott der Herrlichkeit ist sehr auf die Ehre seines Namens bedacht (Jos. 7,9).

1.   »Mose aber sprach zum Herrn: So werden es die Ägypter hören; da du doch dieses Volk durch deine Kraft aus ihrer Mitte geführt hast! So wird man es auch den Einwohnern dieses Landes sagen ... Würdest du nun dieses Volk töten wie einen Mann, so würden die Heiden sagen, die solches Gerücht von dir hören: Der Herr konnte dieses Volk nicht in das Land bringen, das er ihnen mit einem Eid versprochen[5] hatte, darum hat er sie in der Wüste umgebracht!« (4. Mose 14, 13-16)
    (a)   Gott war drauf und dran, Israel zu vernichten und mit einem anderen Volk noch einmal ganz neu zu beginnen.
    (b)   Mose tat Fürbitte und erinnerte Gott an seinen Ruf und daran, was die Feinde Israels sagen würden!

---

[4] Übersetzung nach dem englischen Text (NIV: »the Glory of Israel«); Schlachter: »der Vorsteher Israels«.
[5] *mit einem Eid versprochen:* Übersetzung nach dem englischen Text (NIV: »promised ... on oath«); Schlachter: »geschworen«.

2. *Alles, was Gottes Volk tut, sollte seine Ehre widerspiegeln.*
   (a) Rahab erzählte den beiden israelitischen Kundschaftern, wie die Bewohner Kanaans aufgrund von all dem, was sie gehört hatten, der Mut verlassen hatte, »denn der Herr, euer Gott, ist Gott oben im Himmel und unten auf Erden ...« (Jos. 2, 10-12).
   (b) Israels Ruf und Ansehen war zugleich des Herrn Ruf und Ansehen.
   (c) Was Gott im Leben derer tut, die zu seinem Volke gehören, trägt zu seinem Ansehen bei.

3. *Alles, was wir sind — wir, die wir nach seinem Namen genannt sind —, kann ihm Unehre machen.*
   (a) Davids Sünde (Ehebruch und Mord) gab »den Feinden des Herrn Anlass zur Lästerung« (2. Sam. 12, 14).
   (b) Die Unzuchtssünde in Korinth verursachte große Schande. Es handelte sich um eine solche Unzucht, »die selbst unter den Heiden unerhört ist« (1. Kor. 5, 1).

B. Das Erste, was die Jünger im Vaterunser über den Vater lernen sollten, war: »Geheiligt werde dein Name« (Mt. 6, 9).

1. *»Heilig und Furcht gebietend ist sein Name.«* (Ps. 111, 9; vgl. Jes. 57, 15)
2. *Diese Aussage bezieht sich auf Jahwe.* »Ich bin der Herr, das ist mein Name; und ich will meine Ehre keinem andern geben, noch meinen Ruhm den Götzen!« (Jes. 42, 8)
   (a) Es ging um Gottes Ruf und Ansehen, als David den Tempel bauen wollte (2. Chr. 6, 7-8).
   (b) Es ging um Gottes Ruf und Ansehen, als er Israel als Nation den Weg zurück wies, sollten sie einmal vom Weg abkommen: »Wenn mein Volk, das nach meinem Namen genannt ist, sich demütigt, und sie beten und suchen mein Angesicht und wenden sich ab von ihren bösen Wegen, so will ich im

Himmel hören und ihre Sünden vergeben und ihr Land heilen.« (2. Chr. 7, 14)

C. **Das dritte Gebot war dazu da, den Namen des Herrn vor Missbrauch zu schützen: »Du sollst den Namen des *Herrn*, deines Gottes, nicht missbrauchen; denn der *Herr* wird den nicht ungestraft lassen, der seinen Namen missbraucht!« (2. Mose 20,7)**

1. *Das war nicht einfach nur eine gegen das Schwören, das heißt Fluchen, gerichtete Warnung.*
2. *Die grundlegende Bedeutung des dritten Gebotes besteht darin, Gott Gott sein zu lassen und seinen Namen beim Schwören nicht ins Spiel zu bringen.*
   (a) In diesem Sinn legte Jesus das Gebot in der Bergpredigt aus (Mt. 5, 33-37).
      (1) Wenn jemand einen Eid schwört, muss er bei einem Größeren schwören, wie es Hebräer 6, 16 sagt.
      (2) Sich beim Schwören auf den Namen Gottes zu berufen heißt, ihn herabzusetzen.
   (b) Jakobus warnte Christen vor dem Schwören (Jak. 5, 12).
      (1) Zu behaupten, Gott ist auf meiner Seite und nicht auf deiner, heißt, seinen Namen zu missbrauchen.
      (2) Wir sollten Gott aus dem Spiel lassen, wenn wir persönlich beteiligt sind.

D. **Wenn wir beten »verherrliche deinen Namen«, beten wir darum, dass Gottes Ansehen größer wird.**

1. *Wir müssen uns selbst fragen: Was wird dem Namen Gottes Ehre bringen?*
   (a) Zahlenmäßiges Wachstum?
   (b) Ein geheiligter Lebenswandel?
   (c) Wunder?

(d) Das, was gottlose Menschen beschämt?

(e) Eine Regierung, die Gott anerkennt und sich um Gerechtigkeit bemüht?

2. *Als Christen, die nach Gottes Namen genannt sind, sollten wir uns dessen bewusst sein, was ihm wirklich Ehre bringt.*

E. Gott gab seinem Namen eine neue Bedeutung, indem er ihn Jesus verlieh (Phil. 2,9).

1. *Der Name, »der höher ist als alle anderen Namen« [»der über alle Namen ist« Lu84] (Phil. 2, 9), ist kein anderer als Jahwe.*

(a) Ein Vater wird seinem Sohn manchmal seinen eigenen Namen geben.

(b) Gott, der Vater, hat seinen Namen Jesus verliehen.

    (1) Dabei ging es nicht um den Namen Jesus, welcher ja der Name war, den Gott seinem Sohn bei dessen Geburt gab (Mt. 1, 21).

    (2) Die in Philipper 2, 9 gemeinte Namensverleihung erfolgte, nachdem Jesus in den Himmel aufgefahren war.

2. *Das bedeutete, dass Jesus die vollkommene Anerkennung seines Vaters hatte.*

(a) Nicht nur bei seiner Taufe (Mt. 3, 17) oder bei seiner Verklärung (Mt. 17, 5).

(b) Nun, da Jesus seinen Auftrag vollendet hatte, verlieh ihm der Vater seinen eigenen Namen.

(c) »Der Sohn spiegelt die Herrlichkeit Gottes wider, und alles an ihm ist ein Ausdruck des Wesens Gottes. Er erhält das Universum durch die Macht seines Wortes. Nachdem er uns durch seinen Tod von unseren Sünden gereinigt hat, setzte er sich auf den Ehrenplatz an der rechten Seite des herrlichen Gottes im Himmel. Gottes Sohn ist weit mächtiger als die Engel, so wie auch der Name, den Gott ihm gab, viel erhabener ist als ihre Namen.« (Heb. 1, 3-4)

3. *Das ist ein weiterer Beleg für die Göttlichkeit Jesu.*
   (a) Vergleichen wir Jesaja 42, 8 mit Philipper 2, 9, so können wir feststellen:
       (1) Gott wird seine Ehre keinem anderen geben.
       (2) Doch er gab sie Jesus!
   (b) Gott legte das volle Gewicht seines eigenen Ansehens in den Namen seines Sohnes!

3 Der Name Gottes und sein Einfluss

A. Wir haben bereits gesehen, wie große Furcht vor Gottes Namen auf das Land Kanaan fiel, noch bevor das Volk Israel das Land betreten hatte (Jos. 2).

1. *Dies war so, weil der Name Gottes Einfluss hatte.*
2. *Einfluss ist die Macht oder das Vermögen, eine Wirkung hervorzurufen.*
   (a) Dies führt das Ansehen des Namens Gottes noch einen Schritt weiter.
   (b) Das zeigt sich zum Beispiel, wenn die bloße Nennung des Namens des Herrn eine Wirkung hervorruft.
       (1) Bei Gottes Feinden: Furcht und Schrecken.
       (2) Bei Gottes Volk: Lobpreis (Ps. 115, 1).

B. Einfluss bei Gott (Joh. 14, 14)

1. Der Vater wird beeinflusst von seinem Sohn.
   (a) Wie wir gesehen haben, hatte der Vater Wohlgefallen an seinem Sohn.
   (b) Worum auch immer Jesus seinen Vater bat, bekam er.
       (1) Jesus kannte kein unerhörtes Gebet.
       (2) Als er an einem bestimmten Ort nicht viele Wunder wirken konnte, lag das nicht an einem Glaubensmangel sei-

nerseits, sondern am mangelnden Glauben der Leute (Mt. 13, 58).

(3) Jesus tat nur, was der Vater von ihm wollte (Joh. 5, 19).

(c) Wann immer Jesus um irgendetwas bat, geschah das, weil er gleichzeitig vom Vater dazu veranlasst wurde.

(1) Jesus stellte sich niemals gegen den Willen des Vaters.

(2) Er betete immer dem Willen des Vaters gemäß.

2. *Dieselbe Autorität ist uns verheißen — jetzt, da Jesus im Himmel ist.*

(a) In Jesu Namen zu bitten bedeutet jedoch mehr, als immer wieder sinngemäß die Worte »Wir bitten das in Jesu Namen. Amen« zu gebrauchen.

(1) Wir können die Worte in Jesu Namen gebrauchen, ohne wirklich das zu meinen, was Jesus im Sinn hatte.

(2) Außerdem können wir diese Worte auch im Unglauben gebrauchen.

(b) In Jesu Namen zu beten bedeutet, die Vollmacht, zum Vater zu sprechen, zu ergreifen — so wie Jesus selbst es tat.

(1) Wenn wir in Jesu Namen zum Vater kommen, wissen wir, dass wir wirklich für ihn bzw. an seiner Stelle sprechen — das heißt, wir beten, so wie Jesus es tat, dem Willen des Vaters gemäß (1. Joh. 5, 14 - 15).

Schlussbemerkung

Gottes Name ist untrennbar verbunden mit seiner Identität, d. h. wer er ist. Er ist Jahwe, »der Eine, der ist«, der große Ich bin. Dieser Gott der Herrlichkeit ist eifersüchtig auf die Ehre seines Namens bedacht. Alles, was wir, sein Volk, sagen und tun, sollte seine Ehre und sein Ansehen widerspiegeln. Die ganze Autorität, die im Namen Gottes liegt, wurde auf den Namen Jesus übertragen.

10
Das Gesetz Gottes

Einleitung

A. Das Gesetz Gottes ist eines der schwierigsten Themen, das im Studium der Theologie behandelt werden kann.

1. Vor langer Zeit machte ein schottischer Theologe folgende Bemerkung: »Ein guter Theologe ist der, der den wahren Zusammenhang zwischen dem Gesetz und dem Evangelium auf den Punkt bringen kann.« Tatsächlich ist es seit der protestantischen Reformation des 16. Jahrhunderts die vielleicht schwierigste Aufgabe, die sich einem Theologen stellt, zu zeigen, wie Gesetz und Evangelium aufeinander bezogen sind.

B. Martin Luther hatte zwei Anhänger, das heißt, Männer, die behaupteten zu wissen, was er glaubte, und daher den Anspruch erhoben, für ihn zu sprechen.

1. *Andreas Osiander (1498 - 1552), welcher betonte, die dem Gesetz entsprechende Gerechtigkeit sei die unweigerliche Folge der Rechtfertigung aufgrund des Glaubens.*
   (a) Diesbezüglich sprechen wir oft von *verliehener Gerechtigkeit.*
   (b) Damit wird nicht die Anrechnung der Gerechtigkeit Christi zu unseren Gunsten betont, sondern die Übertragung seiner Gerechtigkeit[1] auf den Gläubigen.

---

[1] Die *Anrechnung der Gerechtigkeit Christi* ist im Hinblick auf das Jüngste Gericht zu verstehen, während bei der *Übertragung seiner Gerechtigkeit* der Aspekt von Gerechtigkeit als Charaktereigenschaft im Vordergrund steht.

2. *Johann Agricola (1494-1566), welcher den Standpunkt vertrat, die dem Gesetz entsprechende Gerechtigkeit habe keine Bedeutung für den Gläubigen.*
   (a) Er betonte eine *angerechnete Gerechtigkeit*.
   (b) Damit ist gemeint, dass uns die Gerechtigkeit Christi in dem Maß angerechnet wird, dass das Gesetz im Leben eines Christen keine Rolle spielt.

3. *Als Reaktion auf die Ansichten Agricolas kam der Begriff* Antinomismus *auf.*
   (a) Antinomismus kommt von zwei griechischen Worten:
   (1) *Anti* — »gegen«, und
   (2) *Nomos* — »Gesetz«.
   (b) Antinomismus ist die Häresie, also die falsche Lehre, nach der das Gesetz im Leben des Gläubigen keine Rolle spielt.

4. *Wer hat Luther nun am besten ausgelegt? Die Antwort ist: Keiner von beiden.*
   (a) Osiander sagte Dinge, an die Luther nicht im Traum gedacht hatte.
   (b) Agricola sagte Dinge, vor denen Luther Angst hatte.

C. Das Gesetz: das Gesetz des Mose. Manchmal bezeichnen wir es als das Mosaische Gesetz — jenes Gesetz, das Mose von Gott durch Engel (Gal. 3,19; Apg. 7,38) am Sinai (2. Mose 19-20) empfangen hatte. Es wird auf dreierlei Weise verstanden:

1. *Das Sittengesetz oder die Zehn Gebote* (2. Mose 20,1-17).
   (a) Es bezieht sich auf die sittliche, oder persönliche Gerechtigkeit, d. h. die Art und Weise, wie jeder, der zum Volk Gottes gehörte, sein Leben zu führen hatte.
   (b) In der Geschichte der Menschheit hat es, was einen Verhaltenskodex angeht, nie einen höheren äußeren Standard gegeben.

2. *Das Zivilgesetz* (2. Mose 21-23 und andere Stellen in 3., 4. und 5. Mose).
   (a) Es schrieb vor, wie das Zusammenleben in der Nation Israel geregelt werden sollte.
   (b) Es hatte hauptsächlich mit den Beziehungen innerhalb des Volkes Israel zu tun.

3. *Das Zeremonialgesetz* (hauptsächlich im 3. Mose).
   (a) Es zeigt, wie das Volk Israel Gott anbeten bzw. Gottesdienst feiern sollte.
   (b) Es beinhaltete die einzelnen Vorschriften für die verschiedenen Opfer, für die heiligen Tage und für die Stiftshütte.

1 Die Gerechtigkeit des Sittengesetzes

A. Es folgt eine kurze Darlegung der Zehn Gebote:

1. *»Du sollst keine anderen Götter neben mir haben!«* (2. Mose 20, 3)
   (a) Götzendienst ist: Etwas, was Gott missfällt, den Vorrang geben.
       (1) Dieses Gebot mag sich auf einen Götzen aus Holz oder Stein beziehen.
       (2) Es bezieht sich ebenso auf *alles*, was zwischen uns und Gott steht.
   (b) Das erste Gebot zeigt auch Gottes Eifersucht, die im zweiten Gebot deutlicher zum Ausdruck kommt.

2. *»Du sollst dir kein Bildnis noch irgendein Gleichnis machen, weder dessen, das oben im Himmel, noch dessen, das unten auf Erden, noch dessen, das in den Wassern, unterhalb der Erde ist. Bete sie nicht an und diene ihnen nicht; denn ich, der Herr, dein Gott, bin ein eifersüchtiger [2] Gott, der da heimsucht der Väter Missetat an den*

---

[2] *eifersüchtiger* — so nach dem englischen Text (NIV: »jealous«); Schlachter: *eifriger*.

Kindern bis in das dritte oder vierte Glied derer, die mich hassen, und tue Barmherzigkeit an vielen Tausenden, die mich lieben und meine Gebote halten.« (2. Mose 20, 4 - 6)

(a) Dieses Gebot verdeutlicht, was Gott mit dem ersten Gebot meinte.

  (1) Gott ist absolut gegen sichtbare Gebilde, denen Anbetung entgegengebracht wird.

  (2) Solche sichtbaren Formen widerstreben echtem Glauben (Heb. 11, 1).

(b) Dieses Gebot nimmt nicht einfach nur den Glauben vorweg, sondern zeigt das Wesen des Glaubens, der nicht aus dem Sehen, sondern aus dem Hören kommt.

3. *»Du sollst den Namen des Herrn, deines Gottes, nicht missbrauchen; denn der Herr wird den nicht ungestraft lassen, der seinen Namen missbraucht!« (2. Mose 20, 7)*

(a) Dieses Gebot offenbart, wie Gott eifersüchtig über seinen Namen — über dessen Macht und Ansehen — wacht.

  (1) Es bezieht sich natürlich auf das Fluchen, das heißt auf das Fluchen unter Verwendung des Namens Gottes.

  (2) Hauptsächlich bezieht es sich aber auf den Missbrauch des Namens Gottes in der Form, dass behauptet wird, er sei auf der eigenen Seite, was selbst dann Missbrauch ist, wenn er das ist.

(b) Das bedeutet, wir sollten den Namen Gottes nicht gebrauchen, um damit unseren Standpunkt in einer Auseinandersetzung zu untermauern.

4. *»Gedenke des Sabbattages, dass du ihn heiligest! Sechs Tage sollst du arbeiten und alle deine Werke verrichten; aber am siebenten Tag ist der Sabbat des Herrn, deines Gottes; da sollst du kein Werk tun; weder du, noch dein Sohn, noch deine Tochter, noch dein Knecht, noch deine Magd, noch dein Vieh, noch dein Fremdling, der in deinen Toren ist. Denn in sechs Tagen hat der Herr Himmel und Erde gemacht, und das Meer und alles, was darinnen ist, und ruhte am siebenten Tag; darum segnete der Herr den Sabbattag und heiligte ihn.« (2. Mose 20, 8 - 11)*

(a) Dies bezieht sich auf den siebten Tag der Woche, das ist, von Sonnenuntergang am Freitag bis Sonnenuntergang am Samstag.

    (1) Es musste ein Tag vollkommener Ruhe sein, sogar für das Vieh.

    (2) Dieses Gebot wurde zum Wohl unseres Körpers gegeben, der immer wieder Erholung braucht!

(b) Der Sabbat wurde durch Jesu Heilen an diesem Tag einer der am heftigsten umstrittenen Punkte des Dienstes Jesu.

(c) Es wird allgemein angenommen, dass der Sonntag den Sabbat ersetzt hat.

5. *»Du sollst deinen Vater und deine Mutter ehren, auf dass du lange lebest im Lande, das dir der Herr, dein Gott, geben wird!«* (2. Mose 20, 12)

    (a) Dieses Gebot betont, wie wichtig die Familie in Gottes Augen ist, und es betont den Respekt, den wir den Eltern schulden. Es zeigt die Autorität an, die allen Eltern gegeben ist.

    (b) Kinder sollen ihren Eltern gehorchen, nicht umgekehrt. Der Apostel Paulus weist darauf hin, dass dies »das erste der Gebote, das an eine Zusage Gottes geknüpft« (Eph. 6, 2) ist.

6. *»Du sollst nicht morden[3]!«* (2. Mose 20, 13)

    (a) Dieses Gebot offenbart Gottes Sicht über die Unantastbarkeit und Heiligkeit menschlichen Lebens.

    (b) Ob es sich auf den Kriegsdienst bezieht oder nicht ist eine komplexe, schwer zu beantwortende Frage. Mit Sicherheit bezieht es sich aber auf Abtreibung.

7. *»Du sollst nicht ehebrechen!«* (2. Mose 20, 14)

    (a) Dieses Gebot zeigt Gottes Eifer für die Heiligkeit und Unantastbarkeit der Familie.

---

[3] *morden* – so nach dem englischen Text (NIV: »murder«). Mit den meisten deutschen Bibelübersetzungen sind wir hier *töten* gewohnt; aber vom hebräischen Ausdruck her ist *morden* die richtige Übersetzung.

(1) Der einzige geschlechtliche Verkehr, den Gott gutheißt, ist der zwischen Ehemann und Ehefrau.

(2) Dies demonstriert Gottes Fürsorge für den Schutz und die Sicherheit der ehelichen Beziehung.

(b) Dies zeigt weiterhin Gottes Fürsorge für den Schutz und die Sicherheit der Kinder, die oft diejenigen sind, die am meisten verletzt werden, wenn einer der Ehegatten untreu wird.

8. *»Du sollst nicht stehlen!«* (2. Mose 20, 15)

(a) Dieses Gebot offenbart Gottes Achtung gegenüber Privatbesitz.

(1) Es setzt voraus, dass es einige Dinge gibt, die uns gehören.

(2) Dieses Gesetz schützt eine Person, deren Besitz von jemand weggenommen wurde, dem er nicht gehört.

(b) Das zeigt weiterhin Gottes Fürsorge für unsere persönliche Sicherheit und unser Wohlergehen.

9. *»Du sollst kein falsches Zeugnis reden wider deinen Nächsten!«* (2. Mose 20, 16)

(a) Dieses Gebot spricht selbstverständlich vom Lügen.

(1) Es zeigt, dass Gott will, dass wir die Wahrheit reden.

(2) Es zeigt vor allem, dass Gott keine Verleumdung duldet, wenn wir über andere sprechen.

(b) Dies offenbart, dass Gott genauso um unseren Ruf wie um unsere persönliche Integrität besorgt ist.

10. *»Du sollst nicht begehren deines Nächsten Haus! Du sollst nicht begehren deines Nächsten Frau, oder seinen Knecht oder seine Magd, seinen Ochsen oder Esel, oder sonst etwas, was deinem Nächsten gehört!«* (2. Mose 20, 18[4])

(a) »Begehren« heißt: »etwas unbedingt haben wollen«.

(1) Das ist das erste Gebot, das sich auf den inneren Menschen bezieht.

---

[4] Übersetzung nach dem englischen Text (NIV).

(2) Alle vorherigen Gebote beziehen sich auf äußerlich sichtbares Verhalten.

(b) Dieses Gebot spricht uns alle schuldig. Es zeigt auch, wie sehr wir jedes der oben genannten Gebote in unseren Herzen gebrochen haben (Mt. 5, 21-22.27-28; Röm. 7, 7).

B. Das Sittengesetz bezieht sich also auf persönliche Gerechtigkeit.

1. *Diese Lektion stellt nur eine Einführung dar, kann also das Thema »Gesetz« nicht erschöpfend behandeln.*

(a) Das Zivilgesetz war für das alte Israel bedeutsamer als für uns heute.

(1) Manche Menschen würden das israelitische Zivilgesetz gerne in den Nationen unserer Tage einführen.

(2) Sie würden einer Nation eine Theokratie auferlegen, damit Gott auf Basis der alten israelitischen Gesetze regieren würde.

(b) Das Zeremonialgesetz fand seine vollkommene Erfüllung in Christus.

(1) Seine Eltern erfüllten das Gesetz für ihn, bis er selbst erwachsen wurde — siehe z. B. seine Beschneidung (Lk. 2, 21-24) etc.

(2) Die heiligen Tage und das Opfersystem wurden in Christus vollkommen erfüllt und haben deshalb für unsere Zeit keine Bedeutung mehr.

2. *Der Rest dieser Lektion hat zwar das ganze Gesetz zum Thema, behandelt aber hauptsächlich die Frage der Stellung des Sittengesetzes.*

(a) Von besonderer Bedeutung ist dabei Matthäus 5, 17: »Versteht nicht falsch, warum ich gekommen bin. Ich bin nicht gekommen, um das Gesetz oder die Schriften der Propheten abzuschaffen. Im Gegenteil, ich bin gekommen, um sie zu erfüllen.«

(1) In gewissem Sinn war dies die gewagteste Aussage Jesu.

(2) Aber es ist genau das, was er tat: Er erfüllte das Gesetz.

(b) Mit anderen Worten: Jesus hielt das ganze Gesetz für uns ein.

(1) Er tat das stellvertretend für uns.

(2) Alles, was er für uns tat, können wir im Glauben für uns beanspruchen; es ist, als ob wir selbst das Gesetz befolgt hätten.

3. *Die große Frage lautet nun: Wenn also Christus das Gesetz für uns gehalten hat — inwieweit sind wir dann noch verpflichtet, das Gesetz zu halten?*

(a) Wir sind durch den Glauben gerettet (Gal. 2, 16; Eph. 2, 8-9).

(b) Warum also sollten wir noch mit dem Gesetz belästigt werden, das doch durch Christus vollkommen erfüllt wurde.

2 Die Aufgabe des Gesetzes

A. Das Gesetz kam wegen der Übertretungen (Gal. 3,19).

1. *Die Übertretungen der Israeliten veranlassten Gott dazu, das Gesetz einzuführen.*

(a) Die Israeliten fielen in der Wüste in Sünde (1. Kor. 10, 1-11): Götzendienst (2. Mose 32, 1-6); sexuelle Sünde (4. Mose 25, 1-9); Murren (2. Mose 16, 3).

(b) Gott schritt ein mit einem Sittenkodex der Gerechtigkeit.

2. *Die Implikation von Galater 3, 19 ist folgende: Hätten die Israeliten nicht gemurrt und hätte Gott nicht ihren Unglauben gesehen, hätte es keinen Grund gegeben, das Gesetz einzuführen.*

(a) Sowohl Sünde als auch Gerechtigkeit waren in der Welt, bevor das Gesetz gegeben wurde (Röm. 5, 13). Was das Gesetz tat, war, ein Bewusstsein und ein Verständnis von beidem zu vermitteln.

(1) Mord wurde als Sünde betrachtet, bevor das Gesetz kam (1. Mose 4, 1-12).

(2) Ebenso galt Ehebruch als Sünde (1. Mose 39, 9).

(b) Ein Überhandnehmen von Ungehorsam war der Grund, weshalb Gott das Gesetz hinzugefügt hatte.

B. Die beabsichtigte Wirkung (1. Tim 1,9-10)

1. *Das Gesetz sollte die Sünde in Schranken halten.*
   (a) Die Israeliten waren im Begriff abzufallen. Als Mose nicht da war, gaben sie dem Fleisch Raum.
   (b) Etwas musste geschehen. Also schritt Gott ein, indem er das Gesetz gab.

2. *Die Beschränkung wurde durch Furcht vor Strafe erreicht.*
   (a) Gott setzte für verschiedene Übertretungen Strafen fest.
   (1) Die Strafe für Mord war der Tod (4. Mose 35, 30).
   (2) Die Strafe für Ehebruch war der Tod (3. Mose 20, 10).
   (b) Das ganze Zivilgesetz wurde eingehalten durch Furcht vor Strafe (2. Mose 21-23).

3. *Nebenbei gesagt: Es funktioniert!*
   (a) Deshalb haben wir auch heute ein Gesetz.
   (b) Die Leute halten das Gesetz, weil sie nicht ertappt und mit einer Geldbuße belegt oder ins Gefängnis gesteckt werden wollen!

C. Die geistliche Aufgabe (Ps. 19,8-15; Röm. 7,12)

1. *Das Gesetz sollte den Charakter Gottes offenbaren* (3. Mose 11, 44; 1. Petr. 1, 16).
   (a) Gott ist heilig.
   (b) Die Heiligkeit Gottes ist im Gesetz geoffenbart.

2. *Das Gesetz sollte den Gerechtigkeitsstandard zeigen, den Gott von seinem Volk verlangt.*
   (a) Das ist in den Zehn Geboten ganz deutlich geoffenbart.
   (b) Dieser Standard hat sich nicht geändert (Mal. 3, 16).

3. *Ohne das Gesetz gibt es keinen objektiven Maßstab, durch den wir beurteilen können, was wahre Gerechtigkeit ist.*
   (a) Das Gesetz ist uns ins Gewissen geschrieben (Röm. 2, 15).
   (b) Aber letztendlich berufen wir uns nicht auf das subjektive Gewissen, sondern auf den objektiv gegebenen, geschriebenen Gesetzestext.

D. Die Aufgabe der Überführung von Sünde (Röm. 7,7)

1. *Das Gesetz sollte die Ernsthaftigkeit der Sünde zeigen (2. Mose 20, 18-19).*
   (a) Wenn das Gesetz nicht gegeben worden wäre, hätten die Menschen ihre Sünde vielleicht gar nicht als Last empfunden.
   (b) Das Gesetz machte deutlich:
   (1) Wie sehr Gott Sünde hasst.
   (2) Wie schwer wiegend und schlimm es ist, Sünde zu begehen.

2. *Das Opfersystem, welches ein Teil des Zeremonialgesetzes war, zeigte ebenfalls die Ernsthaftigkeit der Sünde.*
   (a) Es zeigte, dass der Mensch seine Sünde nicht selbst sühnen kann; er ist auf etwas außerhalb seiner selbst angewiesen.
   (b) Er brauchte:
   (1) Ein Opfer von Blut (3. Mose 17, 11; Heb. 9, 22).
   (2) Einen Stellvertreter (Heb. 9, 22-28).

3 Die Übergangszeit des Gesetzes

A. Das Gesetz kam in der Zeit zwischen Abraham und Christus (Gal. 3,19).

1. *Das Wort, das in Römer 5, 20 und Galater 3, 19 mit* »hinzuge-fügt«[5] *übersetzt ist, bedeutet wörtlich* »durch eine Seitentür hereingekommen«.
   (a) Das steht in Zusammenhang mit Abschnitt 2 oben: Hätte die Sünde nicht überhand genommen, wäre das Gesetz überhaupt nicht hinzugekommen.
   (b) Denn Sünde war schon längst als Sünde bekannt.

2. *Das Gesetz kam nachträglich hinzu; es wurde der Übertretungen wegen hinzugefügt.*
   (a) Das Evangelium war Abraham geoffenbart worden (Gal. 3, 8).
   　(1) Abraham ist unser Vorbild für die Rechtfertigung auf-grund des Glaubens.
   　(2) Alle, die glauben, sind Kinder Abrahams (Röm. 4, 11-12; Gal. 3, 7).
   (b) Jesus sagte: »Euer Vater Abraham freute sich auf mein Kom-men. Er sah es voraus und war froh.« (Joh. 8, 56)
   　(1) Deshalb gehen wir nicht nur auf Mose zurück.
   　(2) Wir gehen zurück auf Abraham.

B. Das Gesetz kam 430 Jahre nach Abraham (Gal. 3,17).

1. *Es kam also später!*
2. *Die Übergangszeit bedeutet daher:*
   (a) Das Gesetz kam nachträglich hinzu.
   (b) Das Gesetz war nicht auf Dauer angelegt.
   (c) Das Gesetz würde einmal erfüllt sein.

---

[5] Die NIV hat an beiden Stellen »added«; Schlachter hat in Römer 5, 20 »daneben hereingekommen«.

(1) Es wurde erfüllt in Christus (Gal. 3, 19).
(2) Was Christus zu tun versprach, erfüllte er! (Mt. 5, 17)

C. Während dieser Übergangszeit hatte das Gesetz die Aufgabe eines Lehrmeisters (Gal. 3,24).

1. *Durch das Gesetz lernte man:*
   (a) Die von Gott geforderte Gerechtigkeit.
   (b) Den ganzen Ernst der Sünde.
   (c) Die Notwendigkeit eines stellvertretenden Opfers.

2. *Nachdem aber Christus gekommen ist, »sind wir nicht mehr unter der Aufsicht des Gesetzes«* (Gal. 3, 25[6]).
   (a) Das Gesetz fand seine Erfüllung in Christus.
   (b) Wenn wir in Christus sind, sind die Forderungen des Gesetzes erfüllt (Röm. 10, 4; Gal. 2, 17).

3. *Kurz: Diejenigen, die in Christus sind, sind nicht mehr unter dem Gesetz* (Gal. 3, 19.25; vgl. 5, 18).

4 Die Bedeutsamkeit des Gesetzes (1. Tim. 1,8-11)

A. Es zeigt, was von Jesus zu tun gefordert war (Mt. 3,15; 5,17).

1. *Das Gesetz musste, nachdem es hinzugekommen war, erfüllt werden* (Gal. 3, 19).
2. *Jesus vollbrachte, was kein Mensch jemals geschafft hatte* (Apg. 15, 10).
   (a) Das Gesetz konnte nicht lebendig machen (Gal. 3, 21).
   (b) Der Eine, der das Gesetz erfüllt hat, kann lebendig machen (Joh. 5, 21).

---

[6] Übersetzung nach dem englischen Text (NIV).

B. Es zeigt, was wir in Christus haben (1. Kor 1,30).

1. *Als er kam, erfüllte er das Gesetz:*
   (a) Durch vollkommenen Gehorsam (Röm 5, 19; Heb. 5, 8-9).
   (b) Durch seinen Tod (Röm. 5, 9-10).

2. *Alles, was er tat, wird durch den Glauben uns angerechnet* (Röm. 4, 5).
   (a) Er war ohne Sünde (Heb. 4, 15).
   (b) Er wurde sogar für uns getauft! (Mt. 3, 15).

C. Es zeigt, wozu das Gesetz nicht in der Lage ist (Röm. 8,3).

1. *Es ist unfähig, uns zu retten* (Gal. 3, 10-11).
   (a) Wenn jemand lieber aufgrund des Gesetzes gerettet zu werden wünscht, dann muss er das *ganze* Gesetz halten (Jak. 2, 10).

2. *Es ist unfähig, uns zu heiligen* (Röm. 7, 14-24).
   (a) Wenn jemand durch das Gesetz geheiligt zu werden wünscht, muss er ebenso auch die geistlichen Anforderungen beachten (Mt. 5, 21-22.27-28).
   (b) Das zehnte Gebot zeigt, dass es für keinen von uns möglich ist, durch das Gesetz geheiligt zu werden (Röm. 7, 7ff.).

D. Es zeigt, dass der Glaube an Christus die Erfüllung des Gesetzes ist (Röm. 10,4).

1. *Das ist der Sinn der Rechtfertigung aufgrund des Glaubens.*
   (a) Der Glaube erlangt die vom Gesetz geforderte Gerechtigkeit (Gal. 2, 16ff.).
   (b) Glaube bedeutet, dass Gott uns eine Gerechtigkeit anrechnet, durch die es so aussieht, als ob wir das Gesetz gehalten hätten.

2. *Das Gesetz wurde unser Aufseher, damit wir durch den Glauben gerechtfertigt würden* (Gal. 3, 24).

    (a) Das Gesetz zeigt, was wir nicht tun können.

    (b) Daraus folgt, dass allein der Glaube diese Gerechtigkeit erlangt.

E. Es zeigt den Mindeststandard der vom Gläubigen geforderten Gerechtigkeit (Röm. 8,4).

1. *Wir wurden nicht aufgrund des Glaubens gerechtfertigt, damit wir in der Sünde verharren* (Röm. 6, 1ff.).

    (a) Der vom Geist geschenkte Glaube führt zu einem geheiligten Lebenswandel (Röm. 6, 22).

    (b) Die Heiligung, zu der wir geführt werden, ist die vom Gesetz, das vor allem in den Zehn Geboten konkret wird, geforderte Gerechtigkeit.

2. *Ein Gerechtigkeitstest besteht darin, ob wir im Geist wandeln oder nicht* (Gal. 5, 16).

    (a) Jeder, der behauptet, im Geist zu wandeln, muss an seinem Leben geprüft werden.

    (b) Wenn sein Leben der Gerechtigkeit des Gesetzes entspricht, so ist das ein gutes Zeichen dafür, dass er wirklich im Geist wandelt.

3. *Wir haben zu beachten: Die vom Gesetz geforderte Gerechtigkeit ist keine Voraussetzung dafür, aufgrund des Glaubens gerechtfertigt zu werden.*

    (a) Das war der Irrtum einiger Puritaner[7].

        (1) Sie behaupteten, als Christ trete man in einen Bund ein, das Gesetz einzuhalten.

---

[7] *Puritaner* (von lat. *purus* – rein): ursprünglich (16. Jh.) die Gegner der Anglikanischen Staatskirche, die diese von allem Römisch-Katholischen *reinigen* wollten; ab dem 17. Jh. Bezeichnung für alle englischen Protestanten, die für eine *reine*, d. h. streng-biblische Lebensführung eintraten.

(2) Für sie war es eine Bedingung, die man erfüllen musste, bevor man für sich in Anspruch nehmen konnte, aufgrund des Glaubens gerechtfertigt zu sein.

(3) Dies führte zu Werkgerechtigkeit und Gesetzlichkeit.

(4) Niemand konnte sich jemals der Rechtfertigung gewiss sein.

(b) Die vom Gesetz geforderte Gerechtigkeit ist keine Bedingung für unsere Rettung, sondern eine aus Dankbarkeit geschuldete Pflicht. Deshalb ist Heiligung Dankbarkeit.

(c) Diese Gerechtigkeit verpflichtet die Christen.

(1) Aber nicht als Bedingung, um gerettet zu sein.

(2) Eher als Minimalstandard eines Lebensstils, der zeigt, dass wir gerettet und dafür dankbar sind.

Schlussbemerkung

Bezeichnenderweise ist der Pfingsttag, der fünfzigste Tag nach dem Passahfest (Ostern), der Tag der Erinnerung an den Empfang des Gesetzes. Zugleich war es auch der Tag, an dem der Geist als Folge der Verherrlichung Jesu kam, welcher das Gesetz vollkommen erfüllt hatte. Damals ersetzte der Geist das Gesetz, welches niemals Heiligkeit hervorgebracht hatte. Diese Unfähigkeit war nicht im Gesetz selbst begründet, sondern in der gefallenen sündhaften Natur des Menschen (Röm. 8, 3 - 4). Was aus Furcht vor Strafe getan wird, ist keine echte Heiligung. Heiligung ist vielmehr die aus Dankbarkeit erwachsende Reaktion auf Gottes Gnade!

Der Geist, der die Ungläubigen von Sünde überführt (Joh. 16, 8), ist derselbe Geist, der die Gläubigen dazu anleitet, ein geheiligtes Leben zu führen (Röm. 8, 4). Er lässt sie die Ethik Jesu praktizieren, welche das Gesetz der Liebe war (Joh. 13, 34). Als Gläubige stehen wir unter dem Gesetz Christi (1. Kor. 9, 21; Gal. 6, 2). Wenn wir versuchen, unser Leben nach dem Gesetz zu führen, wird das Ergebnis Gebundenheit und Selbstgerechtigkeit sein. Wenn wir aber aus Liebe leben, werden wir das Gesetz erfüllen (Röm. 13, 8 - 10).

11

Der Bund Gottes

Einleitung

A. Im Mittelpunkt dieses Themas steht Gottes Beziehung zu uns Menschen.

1. Es führt uns direkt zum Herzen des Evangeliums und zeigt uns, wie Gott mit uns in Beziehung tritt.
2. Das Mittel, das Gott gewählt hat, um mit uns Menschen in Beziehung zu treten, ist ein so genannter Bund.

B. Ein Bund ist ein durch einen Eid bindendes Versprechen. Ein Bund wird oft als »eine (vertragliche) Übereinkunft zwischen zwei Parteien« definiert, aber das ist nur *eine* Art von Bund.

1. *Solange der Eid nicht abgelegt ist, könnte das Versprechen wie folgt charakterisiert werden:*
   (a) Als bedingt gültig, das heißt, ein Versprechen wird dann eingehalten, wenn gewisse Bedingungen erfüllt sind.
   (b) Als zeitlich befristet, das heißt, ein Versprechen kann nach Ablauf einer bestimmten Frist zurückgezogen werden.
   (c) Als Angebot, das aber zu seiner Einlösung den Eid voraussetzt.

2. *Ein Eid ist eine durch einen Schwur bekräftigte feierliche Erklärung, dass jemand etwas Bestimmtes tun oder nicht tun wird.*
   (a) Im Allgemeinen gibt es zwei Ebenen, auf denen Gott mit uns kommuniziert:

(1) In Form einer Verheißung, d. i. eine Absichtserklärung seinerseits, etwas Bestimmtes zu tun oder nicht zu tun. Solch eine Verheißung ist normalerweise an Bedingungen geknüpft.

(2) In Form eines Eides, d. i., wenn Gott seine Absichtserklärung mit einem Schwur bekräftigt. Solch ein Eid bleibt immer in Kraft und ist ohne jede Bedingung.

(b) Was ist der Zweck von Gottes Eid?

(1) Er soll die Verheißung glaubhafter machen, sodass wir uns auf ihre Zuverlässigkeit verlassen können.

(2) Er soll allen Einwänden ein Ende setzen, sodass es keinen Zweifel mehr über die betreffende Sache geben kann (Heb. 6, 16).

(3) Er soll unseren Glauben belohnen. Wenn Gott einen Eid schwört, folgt das für gewöhnlich auf eine Zeit, in der wir bewiesen haben, dass wir die Prüfung bestehen können, der er uns unterzogen hat.

(4) Er soll uns für die Zukunft vorbereiten – manchmal für den langen und mühevollen Weg, der vor uns liegt.

3. *Da ein Bund ein durch einen Eid bindendes Versprechen ist, können die Begriffe* Eid *und* Bund *manchmal als austauschbare Begriffe gebraucht werden.*

(a) Trotzdem gibt es einige Unterschiede zwischen beiden; zum Beispiel: Ein Bund kann initiiert sein und eine ganze Zeit auf seine Erfüllung warten, bevor er durch einen Eid vollendet wird.

(b) Manchmal ist ein Bund nicht etwas, was wir von Gott empfangen, sondern etwas, was wir ihm anbieten und das er annehmen kann oder auch nicht.

C. Warum dieses Thema? Ist es wichtig?

1. *Haben Sie jemals Gott ein Versprechen gegeben?*

(a) Wenn ja, wofür war es gut?

(b) War es ein Eid oder ein Gelübde, das Sie abgelegt haben? (Siehe Pred. 5, 3 - 4)

2. *Es rührt an den Kern dessen, wie Gott mit uns Menschen umgeht.*

3. *Es weist auf die beiden grundlegenden Teile der Bibel hin.*
   (a) Das Alte Testament enthält 39 Bücher.
   (b) Das Neue Testament enthält 27 Bücher.

4. *Die Verheißung eines »neuen Bundes« (Jer. 31, 31) ist genau das, was wir sonst »das Evangelium« nennen.*

5. *Ein richtiges Verständnis des Wesens eines Bundes wird uns erkennen lassen, wie so viele verschiedene theologische Themen auf einen Nenner gebracht werden können, z. B.:*
   (a) Der Zusammenhang zwischen Bund und Rechtfertigung aufgrund des Glaubens.
   (b) Der Zusammenhang zwischen Bund und Heilsgewissheit.
   (c) Der Zusammenhang zwischen Bund und Lohn am Richterstuhl Christi (siehe z. B. 2. Kor. 5, 10).
   (d) Der Zusammenhang zwischen Gesetz und Evangelium.

6. *Jedes Wort, das so viele Male in der Bibel vorkommt (286 -mal im Alten Testament, 33 -mal im Neuen Testament), sollte unsere Beachtung finden.*

7. *Ein richtiges Verständnis dieses Themas ist der möglicherweise kürzeste aller möglichen Wege zu einer guten Theologie.*

1 Die verschiedenen Arten von Bund

A. Grundsätzlich gibt es zwei Arten von Bund:

1. *Ein* Bund ohne jede Bedingung *liegt dann vor, wenn jemand sich einem anderen gegenüber verpflichtet, egal was dieser andere tut.*

(a) Man kann sich einem anderen gegenüber mit einem Schwur verpflichten, ohne irgendeine Bedingung daran zu knüpfen.

(b) Dies bedeutet, dass derjenige, der einen Schwur ablegt, sein Versprechen auch halten muss — koste es, was es wolle!

2. *Um einen an Bedingungen geknüpften Bund handelt es sich, wenn eine Übereinkunft von beiden Seiten angenommen ist.*

(a) Allerdings basiert die Übereinkunft auf gewissen Bedingungen.

(b) Diese Bedingungen müssen von beiden Seiten eingehalten werden.

3. *Im Vorderen Orient gab es in der Antike drei verschiedene Arten von Bund* [1].

(a) *Paritätsbünde.* Ein Paritätsbund (Gleichheitsbund) ist ein Bund zwischen zwei gleichgestellten Parteien.

(1) Ein Beispiel dafür ist uns in 1. Mose 26, 28 gegeben: »Sie sprachen: Wir haben deutlich gesehen, dass der Herr mit dir ist, darum sprachen wir: Es soll ein Eid zwischen uns sein, zwischen uns und dir, und wir wollen einen Bund mit dir machen.« (vgl. 1. Mose 21, 27.31; 31, 44.53)

(2) Eines der am besten bekannten Beispiele für einen solchen Paritätsbund ist der Bund zwischen Jonatan und David: »Wenn aber mein Vater dir Böses tun will, und ich lasse es dich nicht wissen, um dich in Sicherheit ziehen zu lassen, dann möge der Herr mich bestrafen, sei es auch noch so hart. Möge der Herr mit dir sein, wie er mit meinem Vater gewesen ist! ... So schloss Jonatan einen Bund mit dem Hause Davids und sagte: Möge der Herr die Feinde Davids zur Rechenschaft ziehen! Und Jonatan ließ seinen Schwur von David bekräftigen — aus Liebe zu ihm; denn er liebte ihn wie sein eigenes Leben« (1. Sam. 20, 13.16-17 [2]).

---

[1] Für diese Einsichten weiß sich der Verfasser Dr. Michael Eaton zum Dank verpflichtet.
[2] Übersetzung nach dem englischen Text (NIV).

(3) Ein anderer wohl bekannter Paritätsbund ist der Ehebund (Mal. 2, 14-15).

(b) *Gnadenbünde.* Bei einem Gnadenbund[3] liegt die Verantwortung einseitig bei dem, der großzügig ist — bei dem Seniorpartner, der sich gegenüber dem Juniorpartner großzügig zeigt.

(1) Der Seniorpartner verspricht unter Eid, etwas Bestimmtes für den Juniorpartner zu tun.

(2) Dieser Bund gehört zur Kategorie »Bund ohne jede Bedingung« (siehe oben).

(3) Die höher gestellte Seite verpflichtet sich zu einer bestimmten Handlung zum Wohl der geringer gestellten Seite.

(4) Das war die Grundlage für die beiden Bünde Gottes mit Noah und mit Abraham.

(c) *Gesetzesbünde.* Bei einem Gesetzesbund liegt das Gewicht auf der Verpflichtung des Juniorpartners bzw. geringer Gestellten, da dieser allein einen Eid ablegt.

(1) Dies war die Grundlage des mosaischen Bundes oder Sinai-Bundes, den Mose am Sinai von Gott empfangen hatte.

(2) Hier war es das Volk, das sich mit einem Eid verpflichtete, nicht Gott: »Alles, was der Herr gesagt hat, wollen wir tun!« (2. Mose 24, 3)

(3) Gott ist der Seniorpartner, und aus dem Grund, damit die Sünde in Schranken gehalten wird, verpflichtete er das Volk auf seinen Willen und forderte Gehorsam von ihnen.

(4) Auf Gottes Seite gibt es beim mosaischen Bund keinen Eid — ein Punkt, von dem Hebräer 7, 20-22 Gebrauch macht.

---

[3] Gnadenbund: etwas, was aus Großzügigkeit gewährt wird.

B. Wir haben zu beachten: In der Antike wurde jeder Bund durch ein Opfer oder durch das Vergießen von Blut besiegelt.

2 Bünde im Alten Testament

A. Gottes Bund mit Noah

1. *Das erste Mal, dass das Wort »Bund« in der Schrift vorkommt, ist in 1. Mose 6, 18, vor der Sintflut.*
   (a) Das zugrundeliegende hebräische Wort ist *b⁽rith*. Es wird jedoch in verschiedener Weise gebraucht.
   (b) So wie das Wort *b⁽rith* zuerst geoffenbart ist, gilt für den Bund Gottes:
   (1) Er ist ein Bund der Gnade.
   (2) Er ist universal ausgerichtet und deshalb nicht allein auf Noah beschränkt, sondern umfasst seine gesamte Nachkommenschaft und jede lebendige Kreatur.
   (3) Er zeigt, dass die Gnade, die Gott jemandem erweist, nicht von einem klugen Verständnis oder einer erwünschten Reaktion abhängig ist.
   (4) Er ist nicht an Bedingungen geknüpft. Für Noah und seine Nachkommen gibt es keine Verpflichtung, und von daher ist der Gedanke eines Bundesbruchs irrelevant.
   (5) Er ist etwas, was Gott selbst tun wird. Es gibt keinen menschlichen Beitrag zum göttlichen Handeln, durch das allein die Verheißungen erfüllt werden.
   (6) Er ist ewig.

2. *Nach der Sintflut wurde der Bund eingesetzt* (1. Mose 9, 17).
   (a) Alles, was von dem oben beschriebenen Bund, der vor der Sintflut zustandekam, gesagt wurde, ist in Kraft.
   (b) Das Zeichen des Bundes ist der Regenbogen: »Wenn es nun geschieht, dass ich Wolken über der Erde sammle, und der

Bogen in den Wolken erscheint, dann will ich an meinen Bund gedenken, welcher zwischen mir und euch und allen lebendigen Wesen von allem Fleisch besteht, dass forthin die Wasser nicht mehr zur Sündflut werden sollen, die alles Fleisch verderbe.« (1. Mose 9, 14-15)

(c) Der Bund mit Noah ist ein souveräner Erweis von Gnade: (1) universal; (2) unbedingt; (3) unendlich; (4) unverdient.

B. Gottes Bund mit Abraham (1. Mose 15)

1. *Verheißungen wurden gegeben.* »Aber des Herrn Wort geschah zu ihm: Dieser soll nicht dein Erbe sein, sondern der von dir selbst kommen wird, der soll dein Erbe sein! Und er führte ihn hinaus und sprach: Siehe doch gen Himmel und zähle die Sterne, wenn du sie zählen kannst! Und er sprach zu ihm: Also soll dein Same werden!« (1. Mose 15, 4-5)

2. *Allein mit Glauben beantwortet.* »Und Abram glaubte dem Herrn, und das rechnete er ihm zur Gerechtigkeit.« (1. Mose 15, 6)

3. *In Wirklichkeit von souveräner Gnade eingeleitet.* »Und er sprach zu ihm: Ich bin der Herr, der ich dich von Ur in Chaldäa ausgeführt habe, dass ich dir dieses Land erblich zu besitzen gebe.« (1. Mose 15, 7)

4. *Auf Gewissheit angelegt.* »Abram aber sprach: Herr, Herr, wobei soll ich merken, dass ich es erblich besitzen werde?« (1. Mose 15, 8)

5. *Einige Beobachtungen zum Bund Gottes mit Abraham:*

   (a) Dieser Bund hat weder etwas mit dem Einfordern von Gehorsam zu tun, noch handelt es sich um einen Akt des Gehorsams.

      (1) Von Gehorsam als Grundlage des Bundes ist keine Rede.

      (2) Abrahams Fehltritte (1. Mose 16; 20) behindern den Bund nicht.

(3) Der Bund wird eingesetzt, bevor Abraham zum Gehorsam aufgefordert wird: »Als nun Abram neunundneunzig Jahre alt war, erschien ihm der Herr und sprach zu ihm: Ich bin der allmächtige Gott. Wandle vor mir und sei tadellos!« (1. Mose 17, 1)

(b) Der Bund wurde eingesetzt, als Abraham zwar Glauben hatte, aber dennoch nicht frei von Zweifeln war; er brauchte mehr Gewissheit.

(c) Der Bund wurde eingesetzt, bevor Abraham auf die Probe gestellt worden war (1. Mose 22, 1ff.) und bevor der Bund als solcher bestätigt wurde (1. Mose 22, 12.16-18).

(d) Auch wenn Abraham Glaubensgehorsam zeigte, war der Bund dennoch nicht auf Abrahams Gehorsam gegründet.

(e) Gott legte den Eid bei sich selbst ab: »Und der Engel des Herrn rief Abraham zum zweiten Mal vom Himmel herzu und sprach: Ich habe bei mir selbst geschworen, spricht der Herr, weil du solches getan und deines einzigen Sohnes nicht verschont hast, will ich dich gewiss segnen ... dein Same soll die Tore deiner Feinde besetzen, und in deinem Samen sollen alle Völker auf Erden gesegnet werden, weil du meiner Stimme gehorcht hast!« (1. Mose 22, 15-18)
   (1) Abraham ging keine Verpflichtung ein.
   (2) Der Eid bedeutete für Abraham den Erweis bedingungsloser Gnade.

(f) Abraham bekam die Zusicherung, die er gewünscht hatte: »Er sprach: Lege deine Hand nicht an den Knaben und tue ihm nichts; denn nun weiß ich, dass du Gott fürchtest und hast deinen einzigen Sohn nicht verschont um meinetwillen!« (1. Mose 22, 12)

(g) Diese Zusicherung folgte auf Abrahams Gehorsam: »weil du meiner Stimme gehorcht hast« (1. Mose 22, 18).

(h) Das Zeichen des Bundes ist die Beschneidung (1. Mose 17, 10-11).

(i) Der Bund erstreckt sich auf Isaaks Nachkommenschaft, nicht auf die Ismaels (1. Mose 17, 19-21).

6. *Zwischen dem Eid Gottes und der Erfüllung der Bundeszusage im Leben Abrahams liegen viele Jahre:*
   (a) Die Verheißung (1. Mose 12, 1-3).
   (b) Die Bundeszeremonie (1. Mose 15).
   (c) Der Eid (1. Mose 22).
      (1) In 1. Mose 15 ist der Bund »feilgeboten«[4], wie Dr. Michael Eaton es ausgedrückt hat.
      (2) Der Eid in 1. Mose 22 ist »die Erfüllung des feilgebotenen Bundes«.

C. Der mosaische Bund (2. Mose 20-24; vgl. Gal. 3)

1. *Der mosaische Bund kam 430 Jahre nach dem Bund Gottes mit Abraham und seinen Nachkommen (Gal. 3, 17).*
2. *Der mosaische Bund wurde wegen der Sünden der Israeliten eingeführt (Gal. 3, 19).*
3. *Der mosaische Bund brachte die Israeliten unter Androhung von Strafe dazu, sich zu heiligen (2. Mose 20, 20; 5. Mose 11, 28).*
4. *Gott legte keinen Eid ab; nur das Volk schwor einen Eid (2. Mose 24, 7; vgl. 2. Kön. 23, 3; 2. Chron. 15, 12-15).*
5. *Der mosaische Bund ist ein Gesetzesbund und besteht aus Moralgesetz, Zivilgesetz und Zeremonialgesetz (2. Mose 20-24; 3. Mose an verschiedenen Stellen).*
   (a) Die beiden Bünde Gottes mit Noah und mit Abraham waren Gnadenbünde; Gott legte den Eid ab.
   (b) Beim mosaischen Bund ist es der Juniorpartner oder geringer Gestellte, der den Eid ablegt.
6. *In den Genuss des Segens kam man nur, wenn man dem Gesetz gegenüber gehorsam war (5. Mose 11, 26-27).*
7. *Dem Gesetz nicht zu gehorchen bedeutete, unter einem Fluch zu stehen (5. Mose 11, 28; 27, 26; Gal. 3, 10).*

---

[4] Anm. d. Ü.: Damit soll auf bildliche Weise der Angebotsaspekt unterstrichen werden; selbstverständlich ist der Bund nicht käuflich.

8. Wir haben zu beachten: Der Bund des Gesetzes wurde unter König Josia erneuert (2. Kön. 23).

D. Gottes Bund mit David

1. *Die Verheißung, dass der Messias einer seiner Nachkommen sein werde.*

   (a) »Der HERR sprach: Ich habe mit David, meinem auser-wählten Diener, einen feierlichen Bund geschlossen. Ich habe ihm geschworen: Für alle Zeiten werden deine Nach-kommen als Könige regieren und bis in alle Ewigkeit werden sie auf deinem Thron sitzen.« (Ps. 89, 4-5)

   (b) Das ist es, was hinter Natans Worten in 2. Samuel 7, 12-16 stand.

2. *Der Eid unter Bezugnahme auf Melchisedek* (Ps. 110, 4).

   (a) Damit wurde die Abschaffung des levitischen Priestertums angekündigt (Heb. 7, 11-14)

   (b) und das Priestertum Christi vorweggenommen (Heb. 7, 20-22).

E. Im Alten Testament gab es vier bedeutende positive Eide Gottes:

1. Gegenüber Noah (1. Mose 6-9).
2. Gegenüber Abraham (1. Mose 17-22).
3. Gegenüber David bezüglich seiner Nachkommen (Ps. 89).
4. Gegenüber David bezüglich Melchisedek (Ps. 110).

3 Der Bund im Neuen Testament

A. Der Neue Bund wurde durch Gottes Bund mit Abraham vorweggenommen und durch Jeremia explizit prophetisch angekündigt (Jer. 31,31-34).

1. *Abraham empfing das Evangelium.*
   (a) Gottes Bund mit Abraham wird als »das Evangelium im voraus« bezeichnet (Gal. 3, 8). Zum Teil ist das der Grund, weshalb Jesus sagen konnte, dass Abraham den Tag Christi gesehen hatte und sich freute (Joh. 8, 56).
   (b) Die wesentlichen Aspekte des Evangeliums sind im abrahamitischen Bund enthalten: (1) Erwählung; (2) Verheißung; (3) Glaube, (4) das Vergießen von Blut; (5) Erbteil; (6) Heilsgewissheit.

2. *Paulus war sehr bemüht zu zeigen:*
   (a) Dass der mosaische Bund »auf einem Seitenweg« hereinkam; er war »nachträglich hinzugefügt« (Röm. 5, 20; Gal. 3, 19).
   (b) Dass unser Evangelium dem abrahamitischen Bund entspricht und nicht dem mosaischen Bund (Gal. 3, 7ff.).
   (c) Dass durch das Kommen des Gesetzes Gott nicht »sein Versprechen gebrochen« hat (Gal. 3, 17).
   (d) Dass es sich beim Kommen des Gesetzes um eine vorübergehende Angelegenheit handelte: »Nachdem aber der Glaube gekommen ist, sind wir nicht mehr unter der Aufsicht des Gesetzes.« (Gal. 3, 25[5])

B. Jesus setzte den Neuen Bund beim letzten Abendmahl ein.

1. *»Nach dem Essen nahm er einen weiteren Becher mit Wein und sagte: Dieser Wein ist das Zeichen des neuen Bundes — ein Bund,*

---

[5] Übersetzung nach dem englischen Text (NIV).

der mit dem Blut besiegelt wird, das ich für euch vergießen werde.«
(Lk. 22, 20; vgl. Mt. 26, 28; Mk. 14, 24)

2. *Dies war dann die Erfüllung der Weissagung Jeremias und die Vollendung dessen, was Gott Abraham angekündigt hatte. Es bedeutete:*
    (a) Dass Jesus sein Blut vergießen würde.
    (b) Dass dieses Blutvergießen kein Zufall war, sondern ausdrücklich für den Neuen Bund geschah.
    (c) Dass der Neue Bund Vergebung der Sünden verhieß.

C. In Hebräer 9,16-17 wird das griechische Wort für Bund in der Bedeutung »Testament« gebraucht.

1. *Das griechische Wort* diatheke *ist eine Übertragung des hebräischen Wortes bᵉrith.*
    (a) Beide Worte bedeuten »Bund«.
    (b) Aber in Hebräer 9, 16-17 nimmt *diatheke* die Vorstellung von »Testament« auf.

2. *Ein Testament ist das, was jemand nach seinem Tod als letzte Verfügung seines Willens hinterlässt.*
    (a) Wir nehmen Bezug auf jemandes letzten Willen und Testament.
    (b) Dies ist genau das, was in Hebräer 9, 16-17 gemeint ist: »Wenn nun jemand stirbt und ein Testament hinterlässt, bekommt niemand etwas, bevor nicht bewiesen ist, dass der Verfasser dieses Testaments wirklich tot ist. Das Testament tritt erst nach dem Tod dessen in Kraft, der es geschrieben hat. Solange er noch lebt, kann niemand es für sich in Anspruch nehmen.«

3. *Es folgt eine Zusammenfassung der diesbezüglich relevanten Lehre von Hebräer 9:*
    (a) Das Blut Jesu schenkt uns eine ewige Erlösung (Verse 11-12).

(b) Das Blut Jesu schenkt uns tägliche Reinigung (Verse 13-14).

(c) Dazu kommt ein Drittes: Das Blut Jesu kann uns unser Erbe, bzw. unseren Lohn, der Gnadenlohn ist, verschaffen.

(1) Erlösung ist eine Sache.

(2) Lohn — oder Erbe — eine andere.

D. Auch der Neue Bund weist auf eine letztwillige, testamentarische Verfügung hin. Auch er illustriert, was ein »Gnadenbund« in der Antike bedeutete, wenn der höher Gestellte dem geringer Gestellten einen Eid leistet.

1. *Eine testamentarische Verfügung setzte einen Wohltäter voraus:* Gott in Christus (Mt. 26, 28).

2. *Eine testamentarische Verfügung beinhaltete ein Vermächtnis, einen letzten Willen einer Person, bevor diese stirbt:* »Vater, ich möchte, dass die, die du mir gegeben hast, bei mir sind, damit sie meine Herrlichkeit sehen können. Du hast mir die Herrlichkeit geschenkt, weil du mich schon vor Erschaffung der Welt geliebt hast.« (Joh. 17, 24)

3. *Eine testamentarische Verfügung benannte einen Personenkreis, für den das Vermächtnis bestimmt war:* »Ich bete nicht nur für diese Jünger, sondern auch für alle, die durch ihr Wort an mich glauben werden.« (Joh. 17, 20)

4. *Eine testamentarische Verfügung konnte auch eine Bedingung an die bedachte Person beinhalten. Auf den Neuen Bund bezogen, heißt das:*

(a) Glaube war die Bedingung, um das Vermächtnis Christi zu empfangen (Joh. 3, 16; Röm. 3, 26).

(b) Die Annahme des Erbes war mit weiteren Bedingungen verbunden; das Erbe ging nicht automatisch in den Besitz des Bedachten über, es stellte vielmehr ein Angebot dar: »damit die Berufenen das verheißene ewige Erbe empfangen *können*« (Heb. 9, 15[6]). Die Bedingungen waren: (1) für den

---

[6] Übersetzung nach dem englischen Text (NIV).

Heiligen Geist offen bleiben; (2) auf Gottes Stimme hören; (3) sich täglich reinigen.

5. *Eine testamentarische Verfügung ist an den Tod des Wohltäters gebunden.* Christus ist gestorben!

Schlussbemerkung

Im Bund mit und im Eid an Abraham sind die wesentlichen Aspekte des Neuen Bundes enthalten. In diesem Bund ist es allein der Glaube, der den Gläubigen die Gewissheit ihrer ewigen Rettung bedingungslos zusichert, aber die Inbesitznahme ihres Erbes bzw. Gnadenlohnes ist von ihrem Gehorsam gegenüber Gott abhängig. Unter dem Neuen Bund stehen die Christen deshalb in der Pflicht, im Licht zu wandeln (1. Joh. 1, 7), was ist die Bedingung, um dauerhaft Gemeinschaft mit Gott zu erleben.

12

Prophetie und die Geburt Christi

Einleitung

A. Alttestamentliche Prophetie

1. *Weissagungen, die sich auf Christus, den kommenden Messias, beziehen, gibt es im Alten Testament in großer Zahl. Oft sind diese Weissagungen detailliert und präzise.*

B. Weissagungen, dass der Messias ein Mann ist, keine Frau.

1. *Auch wenn sich 1. Mose 3, 15 eher auf den Tod als auf die Geburt des Messias bezieht, so geht daraus doch hervor, dass es sich bei der betreffenden Person um einen Mann handelt:* »Und ich will Feindschaft setzen zwischen dir und der Frau, zwischen deinem Nachkommen und ihrem Nachkommen; er soll dir den Kopf zertreten, und du wirst ihn in die Ferse stechen.«
   (a) Dies ist heute bedeutsam vor dem Hintergrund eines extrem feministischen Standpunkts. Einige Feministinnen stoßen sich an der Tatsache, dass Gott Vater und nicht Mutter ist und dass der Messias ein Mann und keine Frau ist. Die Bibel ist in diesem Punkt jedoch unmissverständlich: der Messias ist ein Mann und er ist Gott.

2. *Jesaja 7, 14:* »*Darum wird euch der Herr selbst ein Zeichen geben: Siehe, die Jungfrau hat empfangen und wird Mutter eines Sohnes, den sie Immanuel nennen wird.*«
   (a) Das ist eine klare Bezugnahme auf einen »Sohn«.
   (b) Er soll »Immanuel« genannt werden.

3. *Jesaja 9, 5: »Denn uns ist ein Kind geboren, ein Sohn ist uns gegeben; und die Herrschaft kommt auf seine Schulter; und man nennt ihn: Wunderbar, Rat, starker Gott, Ewigvater, Friedefürst.«*
4. *Jesaja 53, 2: »Er wuchs auf vor ihm wie ein Schössling[1], wie ein Wurzelspross aus dürrem Erdreich. Er hatte keine Gestalt und keine Pracht; wir sahen ihn — aber sein Anblick gefiel uns nicht.«*

C. Weissagungen, dass der Messias ein Mensch ist, kein Engel.

1. Die Jungfrau wird »einen Sohn gebären« (Jes. 7,14).
2. »Denn uns ist ein Kind geboren« (Jes. 9,5).
   (a) Der Autor des Briefes an die Hebräer betont, dass die alttestamentlichen Propheten bei ihren Weissagungen keine Engelwesen im Sinn gehabt haben (Heb. 1,5).
   (b) Die Weissagungen lassen keinen Zweifel daran, dass der Messias, obwohl ein übernatürliches Wesen sein wird, dieselbe menschliche Natur haben werde wie wir.

D. Weissagungen, dass der Messias keinen irdischen Vater hat.

1. *»Darum wird euch der Herr selbst ein Zeichen geben: Siehe, die Jungfrau hat empfangen und wird Mutter eines Sohnes, den sie Immanuel nennen wird.«* (Jes. 7,14).
   (a) Das hebräische *almah* kann »Jungfrau« bedeuten oder auch einfach »junge Frau«.
      (1) Gestützt auf die letztere Interpretation vertraten einige liberale Theologen die Ansicht, dass die Mutter Jesu nicht notwendigerweise eine Jungfrau gewesen sein müsse (vgl. Jes. 7,14 in der RSV[2]).

---

[1] Schlachter: *Schoß.*
[2] Revised Standard Version (1946 und 1952), eine der vielen englischen Bibelübersetzungen. Inzwischen gibt es eine neue revidierte Fassung (New Revised Standard Version = NRSV, 1989), die sich aber bezüglich des Textes von Jes. 7,14 nicht von der RSV unterscheidet.

(2) *Almah* wurde jedoch immer im Sinn von Jungfrau verstanden, und damals war eine junge Frau auch eine Jungfrau.

(b) Die Septuaginta, die griechische Übersetzung des Alten Testaments, gebrauchte bei der Übersetzung von *almah* in Jesaja 7, 14 das griechische Wort *parthenos*, welches nur mit »Jungfrau« übersetzt werden kann.

(1) Dies zeigt, wie die Rabbis der Antike *almah* verstanden haben. Es kam ihnen überhaupt nicht in den Sinn, irgendein anderes Wort zu gebrauchen.

(2) Wir haben zu beachten: Die Septuaginta gab es viele Jahre, bevor Jesus geboren worden war.

(c) Somit wurde, als Matthäus 1, 23 unter der Inspiration des Heiligen Geistes geschrieben wurde, die Septuaginta-Übersetzung benutzt.

2. *Was von noch größerer Bedeutung ist: Sowohl Matthäus als auch Lukas sagen ausdrücklich, dass Maria eine Jungfrau war.*

(a) »Und so wurde Jesus Christus geboren. Maria, seine Mutter, war mit Josef verlobt. Aber noch vor der Hochzeit wurde sie, die noch Jungfrau war, schwanger durch den Heiligen Geist.« (Mt. 1, 18)

(b) »Maria fragte den Engel: Aber wie kann ich ein Kind bekommen? Ich bin noch Jungfrau.« (Lk. 1, 34)

E. Dieser Sohn ist Gott.

1. Aus diesem Grund ist er Immanuel genannt, welches »Gott mit uns« bedeutet (Mt. 1, 23).

2. Jesaja 9, 5 führt aus: »Man nennt ihn: ... starker Gott, Ewigvater«. Als »Sohn« gehörte er zur natürlichen (= geschöpflichen) Ebene, als der Sohn Gottes zur übernatürlichen. Er war Gott — so, als ob er nicht auch Mensch gewesen wäre; und er war Mensch — so, als ob er nicht auch Gott gewesen wäre.

3. Jesus selbst legte Psalm 110, 1 so aus (vgl. Mt. 22, 44), dass er die Göttlichkeit des Sohnes verkündet und stopfte damit seinen Kri-

tikern den Mund: »Der HERR sprach zu meinem HERRN: Setze dich auf den Ehrenplatz zu meiner Rechten, bis ich deine Feinde demütige und sie zum Schemel unter deinen Füßen mache.« Die Pharisäer sagten, dass der Christus der Sohn Davids sei (Mt. 22, 42). Jesus fragte dann: »Wenn nun David ihn Herr nennt, wie kann er dann sein Sohn sein?« (Mt. 22, 45[3]) Die einzig mögliche Schlussfolgerung lautet: Christus war der Sohn Gottes.

4. Das Neue Testament ist deshalb voll von Bekenntnissen zur Göttlichkeit Christi: Johannes 1, 1; Römer 9, 5; Philipper 2, 5-6; Kolosser 1, 15-16; 1. Timotheus 3, 16; Hebräer 1, 1-3; 1. Johannes 5, 20.

F. Der Sohn kommt aus Israel; aus dem Stamm Juda; aus dem Geschlecht Davids.

1. *Israel. »Denn uns ist ein Kind geboren ...«* (Jes. 9, 5).

   (a) Das bedeutet, dass die Israeliten sich rühmen und glücklich preisen konnten, dass der Messias Gottes zu ihnen kommen und aus ihrer Mitte stammen sollte.

   (1) »Er kam in sein Eigentum, und die Seinen nahmen ihn nicht auf.« (Joh. 1, 11)

   (2) Das Evangelium war »zuerst für die Juden« (Röm. 1, 16).

   (b) »Ich wünschte nämlich, selber verflucht und von Christus getrennt zu sein für meine Brüder, meine Verwandten nach dem Fleisch, die Israeliten sind. Ihnen gehören die Sohnschaft und die Herrlichkeit und die Bündnisse und die Gesetzgebung und der Gottesdienst und die Verheißungen; ihnen gehören auch die Väter an, und von ihnen stammt dem Fleisch nach der Christus, welcher der ewig zu preisende Gott über alle ist. Amen!« (Röm. 9, 3-5[4])

---

[3] Übersetzung nach dem englischen Text (NIV).
[4] Übersetzung zum Teil nach dem englischen Text (NIV).

2. Juda. »Es wird das Zepter nicht von Juda weichen, noch der Herrscherstab von seinen Füßen, bis dass der Schilo[5] kommt und ihm die Völkerschaften unterworfen sind.« (1. Mose 49, 10)

    (a) David war aus dem Stamm Juda (1. Chr. 2, 3-15).

    (b) Jesus war von Geburt aus dem Stamm Juda (Mt. 1, 3.6.16; Heb. 7, 14).

3.   *David.* »Dein Haus und dein Königreich sollen ewig vor mir[6] beständig sein; dein Thron soll auf ewig bestehen.« (2. Sam. 7, 16; vgl. 1. Chr. 17, 13)

    (a) Diese Prophetie wurde von dem Propheten Nathan ausgesprochen, der kein Schriftprophet ist[7].

    (b) Vom Schreiber des Hebräerbriefes (Heb. 1, 5) wurde diese Prophetie so verstanden, dass sie sich auf den Sohn Davids, das heißt, seinen Nachkommen bezieht, der aus Davids Lenden stammt.

    (c) »Da machte sich auf auch Josef aus Galiläa, aus der Stadt Nazareth, in das jüdische Land zur Stadt Davids, die da heißt Bethlehem, weil er aus dem Haus und Geschlechte Davids war.« (Lk. 2, 4 Lu84)

G. Der Prophet Micha sagte die Geburt des Messias in Bethlehem voraus.

»Und du, Bethlehem-Ephrata, die du klein bist unter den Städten in Juda, aus dir soll mir der kommen, der in Israel HERR sei, dessen Ausgang von Anfang und von Ewigkeit her gewesen ist.« (Micha 5, 1 Lu84)

---

[5] *Schilo* bedeutet »Herrscher, Friedebringer«. Nach dem englischen Text müsste es heißen: »der, dem er [= der *Herrscherstab*] gehört« (= NIV: »until he comes to whom it belongs«), wobei die NIV in Fußnote »Shiloh« als Übersetzungsvariante anführt.

[6] *mir* — so korrekt; Schlachter hat an dieser Stelle *dir*.

[7] Das bedeutet, dass es keine eigene biblische Schrift unter dem Titel »Der Prophet Natan« gibt.

1. Nach dem Verständnis der damaligen Autoritäten bedeutete das, dass der Messias in Bethlehem geboren werden würde (Mt. 2, 5-6). Und so geschah es auch (Lk. 2, 4-7).

H. Dass dieser Sohn ein König ist.

1. *Dem Propheten Natan wurde gegeben, dies im Voraus zu sehen (2. Sam. 7, 4-17).*
   (a) Dies war eine Prophetie an David, die sich unmittelbar auf Salomo bezog.
   (b) Aber ihre eigentliche und *letzte* Bedeutung lag darin, dass sie auf Christus bezogen war. »Der soll meinem Namen ein Haus bauen, und ich will den Thron seines Königreichs auf ewig befestigen.« (2. Sam. 7, 13)

2. *Jesaja sah es ebenso.* »Auf dass seine Herrschaft groß werde und des Friedens kein Ende auf dem Thron Davids in seinem Königreich, dass er's stärke und stütze durch Recht und Gerechtigkeit von nun an bis in Ewigkeit.« (Jes. 9, 6 Lu84)
   (a) Der Sohn gründet und befestigt ein Königreich, ein ewiges Reich.
       (1) Die Juden sahen dies als Beweis, dass Jesus nicht der Messias sein könne; sein Tod an einem Kreuz rechtfertigte ihre Ablehnung gegenüber Jesus (Jes. 53, 4).
       (2) Die frühe Kirche jedoch sah, dass seine Herrschaft mit seiner Himmelfahrt begann und auch nach seiner Wiederkunft andauern wird.

3. *Gabriels Ankündigung an Maria macht es klar:* »Er wird groß sein und Sohn des Allerhöchsten genannt werden. Gott, der Herr, wird ihn auf den Thron seines Vaters David setzen. Er wird für immer über Israel [Griechisch: über das Haus Jakobs] herrschen, und sein Reich wird niemals untergehen!« (Lk. 1, 32-33)

1 Wie die Weissagungen über Christi Geburt in Erfüllung gingen

A. Das kryptische Wesen alttestamentlicher Prophetie

1. *Viele der alttestamentlichen Weissagungen, die sich auf die Geburt Christi beziehen, wurden in kryptischer Weise ausgesprochen.*
   (a) Kryptisch: das Verbergen der Botschaft in Form einer rätselhaften Aussage.
   (b) Zum Beispiel wurden nur wenige dieser Weissagungen mit völliger Klarheit ausgesprochen.
      (1) Die Namen von Maria oder Joseph werden uns nicht im Voraus genannt; die Weissagung spricht nur von einer Jungfrau, die einen Sohn gebären wird.
      (2) Was »ein Wurzelspross aus dürrem Erdreich« (Jes. 53, 2) bedeutet, konnte unmöglich im Voraus ergründet werden; nur im Rückblick, nachdem die Weissagung erfüllt war, konnte das verstanden werden.
   (c) Bethlehem ist als Geburtsort des Messias angegeben; aber niemand konnte im Voraus wissen, wie alles geschehen würde.

2. *Warum die alttestamentlichen Weissagungen kryptisch gegeben wurden:*
   (a) Gott wollte manche Überraschungen bis ganz zum Schluss für sein Volk aufheben.
      (1) Dies lässt alle Ausleger biblischer Prophetie demütig bleiben.
      (2) Gott würde nie zulassen, dass irgendein »Experte« das letzte Wort darüber hätte, wie, wann, mit (bzw. an) wem, wo und warum bestimmte Dinge geschehen würden.
      (3) Das sollte einigen unter uns helfen, ihre Einsichten nicht ganz so lautstark zu verkünden, damit wir nicht in Versuchung kommen zu denken, wir seien die Ersten, die all die Ereignisse, die mit der Wiederkunft Christi zu tun haben, verstehen und einordnen könnten!

(b) Gott wollte sich von Satan nicht in die Karten schauen lassen.

    (1) Vielleicht ist das der Grund, warum keine Weissagung explizit davon spricht, dass die Eltern Jesu aus Nazareth kommen würden.

    (2) Man nahm an, die Eltern des Messias würden aus Bethlehem gebürtig sein (Mt. 2, 5ff.).

    (3) Deshalb hatte Satan keine Möglichkeit, zu wissen, dass die Eltern des Herrn aus Nazareth kommen würden.

B. Es gab drei Weissagungen, die in Erfüllung gehen mussten und die niemand im Voraus hätte zusammenbringen können.

1. *Der Geburtsort von Jesus* — Bethlehem (Micha 5, 1).
2. *Die herausragende Rolle Galiläas.* Die Aussage in Jesaja 9, 1, die Matthäus auf den Dienst Jesu bezieht, könnte sich genauso auf seine Herkunft aus Nazareth beziehen (Mt. 4, 12-16).
3. *Die Erfüllung von Hosea 11, 1:* »Als Israel jung war, liebte ich ihn, und aus Ägypten habe ich meinen Sohn gerufen« (siehe Mt. 2, 15).

C. Gott allein wusste, wie alles kommen wird. So kam es tatsächlich auch.

1. Josef und Maria kamen aus Nazareth.
2. Kaiser Augustus würde im gesamten römischen Reich eine Volkszählung durchführen lassen (Lk. 2, 1).
3. Dieser kaiserliche Erlass machte es erforderlich, dass Josef und Maria nach Bethlehem gingen, um sich dort in die Steuerlisten eintragen zu lassen.
4. Das geschah zu einer Zeit, in der Maria hochschwanger war und kurz vor der Geburt ihres Kindes stand, welches dann in Bethlehem zur Welt kam.
5. Herodes trachtete danach, alle Knaben im Alter von bis zu zwei Jahren töten zu lassen (Mt. 2, 16).

6. Gott warnte Josef durch einen Engel und veranlaßte ihn mit Maria und dem Kind zur Flucht nach Ägypten.

7. Als die Gefahr vorüber war, kehrten sie nach Nazareth zurück; damit erfüllte sich die Weissagung aus Hosea 11, 1!

8. In der Zwischenzeit war deutlich geworden, dass die Weissagung Jeremias (vgl. 31, 15) — »Ein Schrei der Angst ertönt in der Stadt Rama — das Klagen und Trauern nimmt kein Ende — Rahel weint um ihre Kinder und lässt sich nicht trösten — denn sie sind tot« (Mt. 2, 18) — eine doppelte Erfüllung hatte. Diese Weissagung wurde wahrscheinlich als Ankündigung von Ereignissen zur Zeit der Babylonischen Gefangenschaft angesehen. Doch ihre letzte Erfüllung fand sie in den Auswirkungen der Gottlosigkeit des Herodes (Mt. 2, 17-18).

2 Auf Jesus bezogene Weissagungen nach seiner Geburt

A. **Die Botschaft der Engel an die Hirten: »Euch ist heute der Heiland geboren, welcher ist Christus, der Herr, in der Stadt Davids. Und das habt zum Zeichen: Ihr werdet ein Kind finden, in Windeln gewickelt, in einer Krippe liegen.« (Lk. 2,11-12) Diese Ankündigung erfüllte sich (Lk. 2,16).**

B. **Die Warnung im Traum der Weisen aus dem Morgenland (Mt. 2,12).**

C. **Die Warnung des Engels an Josef (Mt. 2,13).**

D. **Das Wort des Engels an Josef (Mt. 2,19-20).**

E. **Die Zusage an Simeon und seine Weissagung über Jesus (Lk. 2,25-32). Diese stellte eine Ermutigung für Josef und Maria dar (Lk. 2,33). Dann sprach Simeon auch eine an Maria persönlich gerichtete Weissagung aus (Lk. 2,34-35).**

F. **Der Bericht bezüglich der Prophetin Hanna (Lk. 2,36-38).**

Schlussbemerkung

Es gibt mehr Weissagungen, die sich auf das Kommen Christi beziehen, als die oben erwähnten. Diese sind jedoch völlig ausreichend, um zu zeigen, wie Gott Propheten erweckte, um Einzelheiten über den Messias und seinen Dienst vorherzusagen. Wie wir gezeigt haben, sind diese Weissagungen im Voraus zu den angekündigten Ereignissen manchmal kryptisch. Aber wenn die Weissagungen erfüllt sind, erweisen sie sich im Nachhinein als deutlich genug!

13

Das Kreuz Christi

Einleitung

A. Diese Lektion nimmt das Herzstück des Evangeliums ins Visier.

1. *Das Kreuz ist der Grund, weshalb Gott seinen einen und einzigen Sohn in die Welt gesandt hat.*
2. *Tod und Auferstehung Christi sind die wichtigsten Ereignisse der Weltgeschichte.*
   (a) Jemand mag die Frage stellen: Was war wichtiger, die Passahnacht (verbunden mit dem Auszug aus Ägypten) oder der Durchzug durch das Rote Meer?
   (b) Antwort: Das eine wäre ohne das andere unvollständig.
   (c) Ebenso verhält es sich mit Tod und Auferstehung Jesu Christi.

B. Warum sich mit diesem Thema befassen?

1. *Das Kreuz ist das Herzstück der Soteriologie[1].*
   (a) Wir dürfen es niemals zulassen, dass irgendein Zweig der Theologie wichtiger wird als die Soteriologie.
      (1) Wenn es darum geht, Entscheidungen zu treffen, müssen wir lernen, den Unterschied zwischen dem Wichtigen und dem Wesentlichen zu benennen. Wir sollten immer sicherstellen, das Wesentliche zu wählen.

---

[1] *Soteriologie:* die Lehre von der Erlösung.

(2) Soteriologie gehört zum Wesentlichen.

2. *Wir müssen uns immer wieder auf die Hauptsache besinnen — andernfalls verlieren wir unseren Blick für das Wesentliche.*
   (a) Geistlicher Kampf, Zeichen und Wunder usw. sind interessante Themen. Um aber fortgeschrittene Theologen zu werden, was wir doch alle werden sollen, ist es nötig, immer wieder zur Hauptsache zurückzukehren.

3. *Oftmals stellt sich heraus, dass wir die Hauptsache in der Theologie am wenigsten verstehen!*
   (a) Deshalb wird bei den folgenden Ausführungen nichts vorausgesetzt und wird einfach und schlicht vorgegangen.
   (b) Auf diese Weise wird der reifste Christ an das erinnert, was er weiß, und derjenige, der erst vor kurzem Christ geworden ist, kann etwas lernen.

C. Definitionen:

1. *Das Kreuz Christi:*
   (a) Wörtlich verstanden: Das Kreuz, an dem Jesus starb.
   (b) Symbolisch: Das Ereignis, welches folgende Punkte in sich vereinigt:
       (1) Die Art und Weise unserer Rettung.
       (2) Das Vergießen von Blut.
       (3) Die Schande, die Jesu Tod umgibt.

2. *Kreuzigung: Im antiken Rom die Art der Bestrafung von Kapitalverbrechen.*
3. *Sühne: Die für Jesu Kreuzigung verwendete theologische Beschreibung — Christus starb für unsere Sünden.*
   (a) Auf der natürlichen Ebene war das, was am Karfreitag geschah, nur eine Kreuzigung.
   (b) Auf der geistlichen Ebene starb Christus für unsere Sünden.

(c) In gewissem Sinn stellte jede Kreuzigung einen Akt der Sühne dar: Jemand bezahlte der Gesellschaft seine Schuld, indem er für *seine eigenen* Sünden starb. Zu sühnen für ein Unrecht bedeutet, eine Handlung zu vollziehen, die die üblen Folgen dieses Unrechts aufhebt.

(d) Jesus wurde wegen seiner eigenen Sünden zum Tod verurteilt, so wurde behauptet.

(e) Aber durch den Geist wissen wir, dass Jesus nie gesündigt hatte; sogar Pilatus bezeugte dies (Joh. 19,4; vgl. 2. Kor. 5,21; Heb. 4,15). Jesus starb nicht für seine eigenen Sünden, sondern für die unseren (1. Kor. 15,3; 1. Petr. 2,24).

1 Beschreibung einer Kreuzigung im Allgemeinen

A. Die öffentliche Schande

1. Zum Teil als Warnung an andere potenzielle Gesetzesbrecher, wurde der Verurteilte gezwungen, sein Kreuz die öffentlichen Straßen entlang zum Hinrichtungsplatz zu tragen, der selbst fast immer an einem öffentlichen Ort war.

2. Dort wurde der Verurteilte all seiner Kleidung entblößt.

3. Ans Kreuz gefesselt und/oder genagelt, konnte er nicht für seine körperlichen Bedürfnisse sorgen und war Zielscheibe des Spotts und anderer Demütigungen vonseiten derer, die vorübergingen.

4. Auf dem Weg zur Hinrichtung wurde dem Verurteilten eine Tafel umgehängt, auf der geschrieben stand, welches Verbrechen er begangen hatte, und diese Tafel wurde nach der Hinrichtung am Kreuz angebracht, sodass jeder sie sehen konnte.

B. Die Qualen

1. Die Kreuzigung war bekannt dafür, die schlimmste Art der Bestrafung zu sein. Cicero nannte die Kreuzigung die höchste Strafe — die schmerzhafteste, schrecklichste und hässlichste.

2. Die Grausamkeit dieser Art der Todesstrafe bestand nicht allein in der öffentlichen Schande, sondern auch in ihren lang anhaltenden körperlichen Qualen.

3. Bei der Kreuzigung wurde keinem lebenswichtigen Organ Schaden zugefügt.

4. Das Opfer war mit Nägeln durch Hände oder Handgelenke und Füße oder oberhalb der Fersen ans Kreuz geheftet.

5. Am Boden wurde der Verurteilte mit ausgestreckten Armen an den Querbalken gebunden, sein Körper an den senkrechten Pfahl gefesselt. Es gab keine Fußstütze.

6. Seile banden die Schultern oder den Körper an den Holzrahmen.

   (a) Auf diese Weise war das Opfer unbeweglich gehalten, unfähig mit Hitze oder Kälte oder Insekten zurechtzukommen.

   (b) Der Tod stellte sich sehr langsam oft erst nach etlichen Tagen als Folge von Erschöpfung, Muskelkrämpfen, Hunger und Durst ein.

   (c) Manchmal wurde dem Opfer ein Betäubungsmittel angeboten, um den Schmerz zu lindern.

7. Rom beschränkte diese Art der Hinrichtung auf Sklaven und Ausländer.

   (a) Jesus konnte also gekreuzigt werden.

   (b) Bei Paulus, der die römische Staatsbürgerschaft innehatte, wäre das nicht möglich gewesen.

8. In Palästina war Kreuzigung die übliche Strafe für Raub, Aufruhr und Rebellion gegen den Staat.

   (a) Dies diente zugleich als öffentliche Erinnerung an die Unterjochung der Juden unter Fremdherrschaft.

   (b) Kreuze waren in Galiläa ein vertrauter Anblick und lieferten so eine Metapher für christliche Jüngerschaft (Mt. 16, 24).

9. Oft ging der Kreuzigung eine Geißelung voraus.

10. Normalerweise ließ man den Körper am Kreuz verfaulen.

C. Das Kreuz

1. Genau genommen war es ein aufrecht stehender Balken, Pfahl oder Pfosten.
2. Zur Hinrichtung wurde dieser Balken senkrecht in den Erdboden eingelassen.
3. Normalerweise wurde an den senkrechten Balken ein Querbalken angebracht, manchmal an der Spitze, sodass es die Form eines T ergab, manchmal ein Stück unterhalb der Spitze.
4. Die Höhe des Kreuzes war unterschiedlich.
   (a) Für gewöhnlich war es etwas höher als eines Mannes Größe.
   (b) Es konnte auch höher sein, wenn der Verbrecher zur öffentlichen Zurschaustellung aus einiger Entfernung sichtbar sein sollte.

2 Das Kreuz Jesu

A. Das Kreuz Jesu ist in allen vier Evangelien erwähnt (Mt. 27,32ff.; Mk. 15,21ff.; Lk 23,26ff.; Joh. 19,17ff.).

1. Pilatus ließ Jesus geißeln[2] (Mt. 27,26).
2. Simon von Kyrene wurde gezwungen, für Jesus das Kreuz zu tragen (Mt. 27,32).
3. Matthäus zufolge wusste Jesus im Voraus, dass er gekreuzigt werden wird (Mt. 20,19; 26,2).
4. Der genaue Ort, an dem Jesus gekreuzigt wurde, ist nicht bekannt. Er lag irgendwo außerhalb der Stadt (Heb. 13,12), vermutlich neben einer der Hauptstraßen, die nach Jerusalem führten (Mt. 27,39).
5. Jesus weigerte sich, das ihm zur Linderung seiner Schmerzen angebotene Betäubungsmittel zu trinken (Mt. 27,34).

---

[2] Mit dem so genannten »Flagellum«, einer Art Peitsche mit mehreren Riemen, an deren Enden Metallspitzen angebracht waren, auspeitschen, die bei jedem Schlag Fleischstücke aus dem Körper der Opfers rissen.

6. Zur selben Zeit wurden dort noch zwei andere Männer gekreuzigt (Joh. 19, 18).

(a) Einer dieser beiden Männer stimmte in die Verspottung und Verhöhnung Jesu mit ein (Mt. 27, 44; Lk. 23, 39), vielleicht in der Hoffnung, im letzten Augenblick noch Gnade zu erlangen, indem er sich auf die Seite der Regierenden stellte.

(b) Der andere bat Jesus: »Jesus, denk an mich, wenn du in dein Reich kommst.« (Lk. 23, 42)

7. Oben am Kreuz wurde ein Schild angebracht, welches das Verbechen anzeigte, für das Jesus verurteilt worden war (Lk. 23, 38).

B. Die Schande

1. Jesus achtete die Schande gering: »Lasst uns unseren Blick fest auf Jesus richten, den Anfänger und Vollender unseres Glaubens, der um der vor ihm liegenden Freude willen das Kreuz erduldete und dabei die Schande für nichts achtete, und der sich zur Rechten des Thrones Gottes gesetzt hat.« (Heb. 12, 2[3])

2. Das Kreuz Jesu stand offensichtlich ein ganzes Stück höher als gewöhnlich (Mk. 15, 32.36).

3. Er wurde geschmäht und gelästert: »Die Leute, die vorübergingen, beschimpften und verhöhnten ihn: ›So! Du kannst also den Tempel zerstören und in drei Tagen wieder aufbauen? Nun, wenn du der Sohn Gottes bist, dann rette dich doch selbst und steig vom Kreuz herab!‹« (Mt. 27, 39-40)

4. Die Hohen Priester, die Gesetzeslehrer und die Ältesten verhöhnten ihn und sprachen: »Anderen hat er geholfen, höhnten sie, aber sich selbst kann er nicht helfen! Wenn er wirklich der König Israels ist, dann soll er doch vom Kreuz herabsteigen. Dann werden wir an ihn glauben!« (Mt. 27, 42)

5. Er war nackt (Joh. 19, 23-24).

---

[3] Übersetzung zum Teil nach dem englischen Text (NIV).

6. All das geschah vor den Augen von seiner Mutter und ihrer Schwester, sowie von Maria, der Frau des Klopas, und von Maria aus Magdala (Joh. 19, 25).

C. Die Qualen

1. Nichts ist direkt darüber gesagt, wie sehr Jesus gelitten haben musste. Das bleibt unserem Nachsinnen überlassen.
2. Die römische Strafe der Geißelung verursachte so heftige Verletzungen, dass die Gegeißelten oft noch unter der Geißelung starben. Für einen, der wie Jesus der Rebellion gegen den Staat angeklagt war, wird sie sicherlich erbarmungslos gewesen sein.
3. Einer Antwort auf die Frage, welche körperlichen Qualen Jesus erlitt, kommen wir am nächsten, wenn wir seine Bemerkung gegenüber denen betrachten, die um ihn weinten und klagten: »Töchter Jerusalems, weint nicht um mich; sondern klagt über euch selbst und über eure Kinder!« (Lk. 23, 28)

D. Das geistliche Leiden

1. Dies ist offensichtlich, was Jesus am meisten fürchtete (Lk. 22, 42ff.; vgl. Heb. 5, 7).
2. Eine Zeitlang war ihm nicht erlaubt, den beim Kreuz stehenden tröstende Worte zu sagen, um ihre Ängste und ihre Verwirrung wenigstens etwas zu zerstreuen.
3. Der schlimmste Augenblick war der, als er sogar von seinem Vater verlassen war: »Mein Gott, mein Gott, warum hast du mich verlassen?« (Mt. 27, 46; Jesus ruft Ps. 22, 2 aus).
4. Das war zum damaligen Zeitpunkt der einzige Hinweis — auch wenn niemand es verstand —, dass hier Sühne geschah (2. Kor. 5, 21).

E. Was Jesus sagte, als er am Kreuz hing (die sieben letzten Worte Jesu am Kreuz).

1. »Vater, vergib ihnen; denn sie wissen nicht, was sie tun!« (Lk. 23, 34 Lu84)
2. »Als nun Jesus seine Mutter sah und bei ihr den Jünger, den er liebhatte, spricht er zu seiner Mutter: Frau, siehe, das ist dein Sohn! Darauf spricht er zu dem Jünger: Siehe, das ist deine Mutter!« (Joh. 19, 26-27 Lu84)
3. »Wahrlich, ich sage dir: Heute wirst du mit mir im Paradies sein.« (Lk. 23, 43 Lu84)
4. »Mich dürstet.« (Joh. 19, 28 Lu84)
5. »Mein Gott, mein Gott, warum hast du mich verlassen?« (Mt. 27, 46 Lu84)
6. »Es ist vollbracht!« (Joh. 19, 30 Lu84)
7. »Vater, in deine Hände befehle ich meinen Geist!« (Lk. 23, 46)

3 Was geschah wirklich am Karfreitag?

A. Da wir unsere Untersuchung auf das Kreuz Christi begrenzen, müssen wir viele bedeutsame und interessante Aspekte beiseite lassen, zum Beispiel:

1. Der Prozess Jesu, der überhaupt kein legales Gerichtsverfahren war.
2. Die traurige Rolle, die Herodes und Pilatus in ihrer Feigheit spielten.
3. Die Forderungen der schreienden Menge.
4. Die Rolle der römischen Soldaten.
5. Die Grablegung Jesu.

B. Der Karfreitag muss durch den Heiligen Geist verstanden werden, nicht allein vom äußeren Akt der Kreuzigung her.

1. *Ein altes geistliches Lied, ein so genanntes Spiritual stellt die Frage: »Warst du dort, als sie meinen Herrn kreuzigten?«*

   (a) Die Wahrheit ist, wenn wir dort gewesen wären, hätten wir nichts anderes gesehen als eine schaurige Kreuzigung: »Und die vielen Zuschauer, die zur Kreuzigung gekommen waren und alles miterlebt hatten, was geschehen war, gingen voll Reue [Griechisch: schlugen sich an die Brust und gingen ...] wieder nach Hause« (Lk. 23, 48).

   (b) Nichts, was wir zu diesem Zeitpunkt gesehen haben könnten, hätte uns gesagt, dass dies die Sühne für die Sünden der Welt gewesen war, die geschah, als Gott in Christus die Welt mit sich selbst versöhnte (2. Kor. 5, 19).

   (c) Viel eher hätten wir uns in der Weissagung Jesajas wiedergefunden, die voraussagte, wie die Landsleute Jesu sich in ihrer Selbstrechtfertigung sicher fühlten: »Wir aber hielten ihn für bestraft, von Gott geschlagen und geplagt« (Jes. 53, 4). Es sah aus, als ob Gott gegen Jesus war und dass Jesus bekam, was er verdiente.

2. *Die einzige Möglichkeit, die Ereignisse des Karfreitags richtig verstehen und angemessen beurteilen zu können, ist die durch den Heiligen Geist.*

   (a) Sogar nach der Auferstehung selbst wussten die Jünger nicht, warum eigentlich Jesus gekreuzigt bzw. von den Toten auferweckt worden war.

   (b) Erst als am Pfingsttag der Geist auf die Jünger fiel, fügte sich das ganze Geschehen zu einem klaren Bild zusammen. Da verstanden Petrus und die anderen Jünger zum ersten Mal alles, was sich ereignet hatte.

   (1) Sie erkannten, dass Jesus für unsere Sünden gestorben war.

   (2) Sie erkannten, dass alles ein Teil von Gottes vorherbestimmten Plan war: »Ihr aber habt ihn mit Hilfe von

Menschen, die das Gesetz Gottes nicht kennen, ans Kreuz nageln und ermorden lassen. Damit erfüllte sich, was bei Gott lang zuvor beschlossen war.« (Apg. 2, 23)

3. *Deshalb gleicht jeder Versuch, die vier Evangelien ohne den Heiligen Geist zu erforschen und so die Bedeutung der Kreuzigung herauszufinden, der sprichwörtlichen Suche nach einer Stecknadel im Heuhaufen.*
   (a) Selbstverständlich können wir mit dem Heiligen Geist und der Bibel alles sehr gut verstehen.
   (b) Aber sich selbst ohne die Hilfe des Heiligen Geistes in die Kreuzigungsszene zurückzuversetzen, wird kaum einen Beweis dafür erbringen, dass Gott am Wirken war.

C. Es gibt jedoch Hinweise genug, dass Gott zu diesem Zeitpunkt am Wirken war.

1. *Das Zerreißen des Vorhangs im Tempel von oben bis unten* (Mt. 27, 51). Dass dies kein Zufall war, sondern die Tat Gottes, beweist der Umstand, dass der Riss »von oben nach unten« verlief. Und es ereignete sich genau zu dem Zeitpunkt, als Jesus mit lauter Stimme rief: »Es ist vollbracht!« (Joh. 19, 30)
   (a) Dieses Zerreißen des Vorhangs zeigte die göttliche Bestätigung dessen, was am Kreuz geschehen war. Es zeigte, dass Gott das Siegel seiner Anerkennung auf das legte, was Jesus tat. Es setzte dem Opfersystem, soweit es Gott betraf, ein offizielles Ende.

2. *Die Leiber vieler entschlafener Heiliger standen von den Toten auf* (Mt. 27, 52-53).
   (a) Dies zeigte, dass Gott Jesus anerkannt hatte.
   (b) Es war eine enorme Ermutigung für die damaligen Gläubigen.

3. *Das Bekenntnis des römischen Hauptmanns.* »Den römischen Offizier und die anderen Soldaten, die ihn gekreuzigt hatten,

überkam Todesangst bei dem Erdbeben und den anderen Ereignissen. Sie sagten: Es stimmt, das war wirklich der Sohn Gottes!« (Mt. 27, 54)

4. *Wir könnten geneigt sein, all dem die Worte Jesu hinzuzufügen:* »Es ist vollbracht!« (Joh. 19, 30)
   (a) Aber auch das ist nur durch den Heiligen Geist zu erfassen.
   (b) »Es ist vollbracht« ist die Übersetzung des Griechischen *tetelestai*, eine auf den damaligen Marktplätzen gebräuchliche Wendung mit der Bedeutung »vollständig bezahlt«.
       (1) Aber diejenigen, die den Ausruf Jesu original auf Aramäisch hörten, mögen der Annahme gewesen sein, Jesus habe nur gemeint »es ist vorbei« — oder er habe für seine eigenen Sünden bezahlt.
       (2) Nur der Heilige Geist wird uns den wahren Wert des *tetelestai* erkennen lassen.

D. Was *sollten* die damals gegenwärtigen Menschen gesehen haben?

1. *Diese Erfüllung des Passah.*
   (a) Es war gerade die Zeit des Passahfestes.
   (b) Alles, was geschah, als Jesus am Kreuz hing, spiegelte das Vergießen von Blut wider.
       (1) »Wenn ich das Blut sehe, werde ich an euch vorübergehen« (2. Mose 12, 13[4]).
       (2) »Und nehmet einen Büschel Ysop und tauchet ihn in das Blut im Becken und bestreicht mit diesem Blut die Oberschwelle und die zwei Türpfosten; und kein Mensch von euch gehe zu seiner Haustüre hinaus bis an den Morgen!« (2. Mose 12, 22)

2. *Die Erfüllung von Jesaja 53.*
   (a) Ein Teil dieses Kapitels zeigt, wie die Juden ihren Messias ansehen würden (Jes. 53, 2 - 4).

[4] Übersetzung nach dem englischen Text (NIV).

(b) Doch die Wahrheit war: »Der Herr warf unser aller Schuld auf ihn.« (Jes. 53, 6)

E. Was können wir durch den Geist erfassen?

1. *Jesus trug die Strafe für unsere Sünden.*
   (a) Er starb nicht für seine eigene Sünde; er war sündlos.
   (b) Er starb für unsere Sünden.

2. *Jesus war unser Stellvertreter.*
   (a) Er bekam, was wir verdienen – die Strafe des Zorngerichts Gottes.
   (b) Er nahm buchstäblich unseren Platz ein.

3. *Dass das Blut Jesu der Gerechtigkeitsforderung Gottes Genüge tat.*
   (a) »Wenn ich das Blut sehe, werde ich an euch vorübergehen.« (2. Mose 12, 30)
   (b) Gott sah auf das Blut und ging an unseren Sünden vorüber.

Schlussbemerkung

Die Bedeutung von all dem für uns liegt darin, dass das, was am Karfreitag geschah, der einzige Weg zu unserer Rettung ist. Wir sollten das, was Jesus tat, anerkennen und ehren, indem wir uns folgende Worte von Paulus in Erinnerung rufen: »Ich hatte mir vorgenommen, mich allein auf Jesus Christus und seinen Tod am Kreuz zu konzentrieren [Griechisch: und zwar den Gekreuzigten].« (1. Kor. 2, 2) Das Kreuz, die größtmögliche Schande, war für Paulus die größte Sache, die man unterstützen konnte. Anstatt einer gottlosen Generation das Christentum im bestmöglichen Licht zu präsentieren, brachte Paulus das größtmögliche Ärgernis! »Was mich betrifft, so bewahre Gott mich davor, mit irgendetwas anzugeben. Rühmen will ich mich nur einer Sache: Des Kreuzes von Jesus Christus, unserem Herrn, durch das mein Interesse an dieser Welt gestorben ist, wie auch das Interesse der Welt an mir.« (Gal. 6, 14)

Dies ist das Herzstück des Evangeliums. Es ist Gottes Weise, uns zu retten. Es ist der einzige Weg, wie wir gerettet werden können, vorausgesetzt, der Heilige Geist hat in unseren Herzen Glauben bewirkt.

14

Die Auferstehung Jesu

Einleitung

A. Nachdem Jesus am Karfreitag am Kreuz gestorben war, wurde er am Ostersonntag wirklich und wahrhaftig von den Toten auferweckt. Dies ist als die Auferstehung bekannt.

1. *Jesus wurde an einem Kreuz hingerichtet, das zur damaligen Zeit bei den Römern übliche Mittel zur Vollstreckung der Todesstrafe.*

   (a) »Schließlich kamen sie an einen Ort, der Schädelstätte heißt. Dort wurden alle drei gekreuzigt – Jesus in der Mitte und die zwei Verbrecher rechts und links von ihm.« (Lk. 23, 33)

   (b) »Ihr aber habt ihn mit Hilfe von Menschen, die das Gesetz Gottes nicht kennen, ans Kreuz nageln und ermorden lassen. Damit erfüllte sich, was bei Gott lang zuvor beschlossen war.« (Apg. 2, 23)

2. *Jesus wurde begraben.*

   (a) »Nun lebte dort ein gütiger und gerechter Mann mit Namen Josef. Er war ein Mitglied des Hohen Rates, doch er war mit der Entscheidung und dem Vorgehen der anderen Ratsmitglieder nicht einverstanden gewesen. Er stammte aus der Stadt Arimathäa in Judäa und wartete auf das Kommen des Reiches Gottes. Dieser Josef ging zu Pilatus und bat um den Leichnam von Jesus. Dann nahm er ihn vom Kreuz, hüllte ihn in ein langes Leinentuch und legte ihn in ein neues Grab, das in einen Felsen gehauen war.« (Lk. 23, 50-53)

(b) »Der Ort der Kreuzigung befand sich in der Nähe eines Gartens; dort lag ein neues Grab, das noch nie benutzt worden war. Und weil es der Tag der Vorbereitung für das Passahfest war und das Grab sich in der Nähe befand, bestatteten sie Jesus dort.« (Joh. 19, 41-42)

3. *Jesus wurde auferweckt*
   (a) »Der Engel sprach die Frauen an: Habt keine Angst!, sagte er. Ich weiß, ihr sucht Jesus, der gekreuzigt wurde. Er ist nicht hier! Er ist von den Toten auferstanden, wie er gesagt hat. Kommt und seht, wo sein Leichnam gelegen hat.« (Mt. 28, 5-6)
   (b) »Doch Gott hat ihn aus den Schrecken des Todes befreit und wieder zum Leben auferweckt, denn der Tod konnte ihn nicht festhalten.« (Apg. 2, 24)
   (c) »So soll nun jedermann in Israel sicher wissen, dass Gott diesen Jesus, den ihr gekreuzigt habt, zum Herrn und Christus gemacht hat.« (Apg. 2, 36)

B. Warum ist dieses Thema so wichtig?

1. *Die Auferstehung Jesu ist wesentlich für den christlichen Glauben.*
   (a) Wenn Jesus nicht auferstanden wäre, würde es das Christentum nicht geben.
   (b) Was die Botschaft von Jesus am Leben erhielt, war seine Auferstehung; sonst wäre er nach seiner eigenen Generation in Vergessenheit geraten.

2. *Sie ist wesentlich für unsere Erlösung.*
   (a) Es hätte keinen Grund gegeben, Jesu Tod wertzuschätzen, wenn er nicht auch von den Toten auferweckt worden wäre.
   (b) »Wenn aber Christus nicht auferstanden ist, dann ist euer Glaube nutzlos, und ihr seid nach wie vor in euren Sünden.« (1. Kor. 15, 17)

3. *Sie ist wesentlich für unsere zukünftige Hoffnung.*
   (a) Wenn Christus nicht auferweckt wurde, gibt es auch für uns keine Hoffnung, eines Tages auferweckt zu werden.
   (b) »Und wenn Christus nicht auferstanden ist, dann war unser Predigen wertlos, und auch euer Vertrauen auf Gott ist vergeblich. Ja, in diesem Fall hätten wir Apostel sogar Lügen über Gott verbreitet, denn wir haben ja versichert, dass Gott Christus auferweckt hat, und das kann nicht wahr sein, wenn es keine Auferstehung der Toten gibt, dann ist auch Christus nicht auferstanden.« (1. Kor. 15, 14 - 16)

4. *Wenn wir nicht die wesentlichen Details der Auferstehung Christi anerkennen und uns damit vertraut machen, werden wir nie in der Lage sein, folgende Fragen gebührend zu beantworten:*
   (a) War es nur Jesu Seele, die auferweckt wurde — oder sein Körper?
   (b) Welche Art Auferweckung erwarten wir für uns selbst?
   (c) Welche Art Körper hatte Jesus nach seiner Auferstehung?

1 Die Auferstehung geschah an Jesus, nicht an der Gemeinde

A. Manche behaupten, die Auferstehung Jesu sei etwas, was an der Gemeinde geschah — nicht an Jesus.

1. *Dass etwas an der Gemeinde geschehen war, kann eigentlich nicht bezweifelt werden.*
2. *Die Jünger glaubten wirklich, dass Jesus auferstanden war, sonst wären sie nicht so begeistert gewesen.*
3. *Manche jedoch vertreten die Ansicht, die Auferstehung sei die subjektive Erfahrung der Gemeinde, nicht eine objektive Wahrheit über Jesus.*
   (a) Die dieser Ansicht zugrunde liegende Prämisse ist nichts als Atheismus bzw. Humanismus.

(b) Im Kern ist es die Verleugnung des Übernatürlichen; es wird einfach nicht für möglich gehalten, dass ein Toter wirklich und wahrhaftig von den Toten auferweckt wurde.

B. Lukas betont, dass Jesus wirklich und objektiv von den Toten auferweckt wurde: *»In den vierzig Tagen nach seiner Kreuzigung erschien er den Aposteln immer wieder und bewies ihnen auf vielfältige Weise, dass er wirklich lebt. Und er sprach mit ihnen über das Reich Gottes.«* **(Apg. 1,3)**

1. *Das leere Grab bestätigt das.*
   (a) »Früh am Sonntagmorgen [Griechisch: Doch am ersten Tag der Woche, ganz früh am Morgen] gingen die Frauen zum Grab und brachten Öle mit, die sie vorbereitet hatten. Sie sahen, dass der Stein, der den Eingang verschlossen hatte, weggerollt war. So gingen sie in die Grabhöhle hinein, konnten aber den Leichnam von Jesus, dem Herrn, nicht finden.« (Lk. 24,1-3)
   (b) »Aber heute morgen waren einige Frauen aus unserer Gemeinschaft schon früh an seinem Grab und kamen mit einem erstaunlichen Bericht zurück. Sie sagten, sein Leichnam sei nicht mehr da, und sie hätten Engel gesehen, die ihnen sagten, dass Jesus lebt!«(Lk. 24,22-23)
   (c) »Sie [Maria Magdalena] lief zu Simon Petrus und dem anderen Jünger, den Jesus lieb hatte, und sagte: Sie haben den Herrn aus dem Grab weggenommen, und ich weiß nicht, wo sie ihn hingelegt haben! ... Dann kam Simon Petrus und ging in die Grabhöhle hinein. Auch er sah die Leinentücher dort liegen; das Tuch, das den Kopf von Jesus bedeckt hatte, lag zusammengefaltet auf der Seite.« (Joh. 20,2.6-7)
   (d) Vergleiche Matthäus 28,1-6 und Markus 16,1-8.

2. *Dies war das Zeugnis der Engel:*
   (a) »Der Engel sagte zu den Frauen: Habt keine Angst! ... Ich weiß, ihr sucht Jesus, der gekreuzigt wurde. Er ist nicht hier!

Er ist von den Toten auferstanden, wie er gesagt hat.« (Mt. 28, 5-6a)

(b) »Sie betraten die Grabhöhle und bemerkten dort auf der rechten Seite einen jungen Mann in einem strahlend weißen Gewand. Die Frauen erschraken sehr, aber der Engel sagte: Habt keine Angst. Ihr sucht Jesus von Nazareth, der gekreuzigt wurde. Er ist nicht hier! Er ist von den Toten auferstanden! Seht, das ist die Stelle, an der sie ihn hingelegt haben.« (Mk. 16, 5-6)

3. *Dies ist auch der Grund, weshalb die Zeugen des leeren Grabes sich fürchteten:*

(a) »Die Frauen liefen schnell vom Grab fort. Sie waren zu Tode erschrocken und doch zugleich außer sich vor Freude. So schnell sie konnten, liefen sie zu den Jüngern, um ihnen auszurichten, was der Engel gesagt hatte.« (Mt. 28, 8)

(b) »Zitternd vor Angst und Bestürzung flohen die Frauen aus dem Grab. Sie redeten mit niemandem darüber, so sehr fürchteten sie sich.« (Mk. 16, 8)

4. *Diejenigen, die zum Grab gingen, taten das nicht in der Erwartung, dass es leer sein könnte; sie gingen hin, um den Leichnam Jesu zu salben* (siehe Mk. 16, 1; Lk. 24, 1).

C. Jesus selbst bezeugte die Realität seiner Auferstehung.

1. »Als sie den Berg wieder hinunterstiegen, befahl Jesus ihnen: Erzählt niemandem, was ihr gesehen habt, bis der Menschensohn von den Toten auferstanden ist!« (Mt. 17, 9; vgl. Mt. 16, 21; Mk. 8, 31; Lk. 9, 22)

2. »Seht euch meine Hände an. Seht euch meine Füße an. Ihr könnt doch sehen, dass ich es wirklich bin. Berührt mich und vergewissert euch, dass ich kein Geist bin; denn ein Geist hat keinen Körper, und ich habe einen, wie ihr seht!« (Lk. 24, 39)

3. »Dann sagte er zu Thomas: Lege deine Finger auf diese Stelle hier und sieh dir meine Hände an. Lege deine Hand in die

Wunde an meiner Seite. Sei nicht mehr ungläubig, sondern glaube!« (Joh. 20, 27)

2 Der Auferstehungsleib Jesu war ein verwandelter — zugleich körperlicher und geistlicher — Leib

A. Die Schreiber der Evangelien betonen, dass es Jesu physischer Leib war, der auferweckt wurde.

1. *»Unterwegs begegneten sie Jesus. Seid gegrüßt! sagte er. Und sie liefen zu ihm hin, umklammerten seine Füße und beteten ihn an (Mt. 28, 9).*
2. *Das einzige, was ihnen beim Anblick des leeren Grabes in den Sinn kam, war sein verschwundener Leichnam.*
   (a) »Sie sagten, sein Leichnam sei nicht mehr da, und sie hätten Engel gesehen, die ihnen sagten, dass Jesus lebt. Einige von uns liefen hin, um nachzuschauen, und tatsächlich war der Leichnam von Jesus verschwunden, wie die Frauen gesagt hatten.« (Lk. 24, 23-24)
   (b) »Herr, . . ., wenn du ihn weggenommen hast, sag mir, wo du ihn hingebracht hast; dann gehe ich ihn holen.« (Joh. 20, 15)

3. *Jesus betonte, dass er wirklich leiblich auferweckt worden war (Lk. 24, 39),was durch folgende Bibelstellen verdeutlicht wurde:*
   (a) »Sie reichten ihm ein Stück gebratenen Fisch und er aß ihn vor ihren Augen.« (Lk. 24, 42-43)
   (b) »Aber Gott hat ihn drei Tage später wieder auferweckt. Danach ließ er ihn nicht vor dem ganzen Volk, sondern nur vor uns erscheinen, die Gott zuvor als seine Zeugen erwählt hatte. Wir waren es, die mit ihm aßen und tranken, nachdem er von den Toten auferstanden war.« (Apg. 10, 40-41)

4. *Einzig und allein eine leibliche Auferstehung ergab für sie einen Sinn.*

(a) Allein darum ging es Thomas, der nicht dabei gewesen war, als Jesus seinen Jüngern das erste Mal erschien. »Sie erzählten ihm: Wir haben den Herrn gesehen! Doch er erwiderte: Das glaube ich nicht, es sei denn, ich sehe die Wunden von den Nägeln in seinen Händen, berühre sie mit meinen Fingern und lege meine Hand in die Wunde an seiner Seite.« (Joh. 20, 25)

(b) Das ist auch der Grund, weshalb Petrus betonte: »Gott hat *diesen Jesus*, den ihr gekreuzigt habt, zum Herrn und Christus gemacht!« (Apg. 2, 36[1]; AV: »dieser selbe Jesus«)

B. Und doch nennt Paulus den auferstandenen Leib Jesu auch einen geistlichen Leib.

1. *Das bedeutet nun nicht, Paulus habe nicht geglaubt, dass Jesu Auferstehungsleib ein physischer Leib war.*

(a) »Er wurde begraben und ist am dritten Tag von den Toten auferstanden, wie es in der Schrift steht. Er wurde von Petrus [Griechisch: Kephas] gesehen und dann von den zwölf Aposteln. Danach sahen ihn mehr als fünfhundert seiner Anhänger [Griechisch: der Brüder] auf einmal, von denen die meisten noch leben; nur einige sind inzwischen gestorben. Dann wurde er von Jakobus gesehen und später von allen Aposteln. Als Letzter von allen habe auch ich ihn gesehen, so als wäre ich zur falschen Zeit geboren worden.« (1. Kor. 15, 4 - 8)

(b) »Denn er hat einen Tag festgesetzt, an dem er die Welt gerecht richten wird, und zwar durch den Mann, den er dazu bestimmt hat. Und er hat allen bewiesen, wer dieser Mann ist, indem er ihn von den Toten auferweckte.« (Apg. 17, 31)

---

[1] Übersetzung nach dem englischen Text (NIV).

2. *Paulus sagt, dass der Auferstehungsleib Jesu zwar derselbe Leib, aber dennoch ganz anders beschaffen ist; es ist ein verwandelter Leib.*

   (a) »Der letzte Adam aber — also Christus — ist ein Geist, der lebendig macht.« (1. Kor. 15, 45)

   (b) Indem Paulus zeigte, dass unsere Leiber als Geistleiber auferstehen werden, gab er zu verstehen, dass das gleiche auch bei Jesu Auferstehungsleib der Fall war (1. Kor. 15, 44 - 49).

3. *Das würde auch das plötzliche Erscheinen und Verschwinden Jesu während der vierzig Tage zwischen seiner Auferstehung und Himmelfahrt erklären.*

   (a) Obwohl die Jünger sich hinter verschlossenen Türen versammelt hatten, »stand Jesus plötzlich mitten unter ihnen« (Joh. 20, 19).

   (b) Er brach das Brot mit den zwei Jüngern, denen er auf dem Weg nach Emmaus begegnete, und dann »verschwand er vor ihnen« (Lk. 24, 31 Lu84).

C. Jesu Auferstehung ist der »Erstling« aus den Toten; von daher zeigt das die Art von Körper an, den wir im Himmel haben werden (1. Kor. 15,20).

1. *Erstlinge: die zuerst geernteten landwirtschaftlichen Produkte einer Erntesaison.*

   (a) Das kann sich auch auf die ersten Resultate von jemandes Arbeit beziehen.

   (b) Es kann sich auch auf die ersten Gewinne oder die ersten Erträge von überhaupt irgendetwas beziehen.

2. *Das führt uns zu folgender Bedeutung: das erste einer bestimmten Art.*

   (a) Jesus war nicht der erste, der wieder zum Leben erweckt wurde (1. Kön. 17, 17 - 24; Lk. 7, 11 - 15; Joh. 11). Diese anderen vom Tod auferweckten Personen starben aber schließlich wieder.

3. *Jesus ist der erste, der von den Toten auferweckt wurde, um nie mehr zu sterben.*

   (a) »Nun ist es aber so, dass Christus als Erster von den Toten auferstanden ist.« (1. Kor. 15, 20)

   (b) »Ich bin der Erste und der Letzte und der Lebendige. Ich war tot, und bin lebendig für immer und ewig! Ich habe die Schlüssel des Todes und des Totenreiches.« (Off. 1, 18)

4. *Die Auferstehung Jesu zeigt das Fortbestehen leiblichen Lebens im Himmel.*

   (a) Anders als bei Engeln, welche Geistwesen sind (Heb. 1, 14), sind körperliche Wesen sichtbar und wiedererkennbar.

   (b) Das körperliche Leben wird im Himmel eine Fortsetzung erfahren (1. Kor. 15, 35 - 44).

      (1) Die geistliche Existenz der Seelen im Tod ist eine zeitlich begrenzte Angelegenheit.

      (2) Wenn Jesus kommt, werden die Seelen wieder mit den auferstandenen Leibern vereinigt (1. Thess. 4, 14 - 17).

5. *Die Auferstehung Jesu und — in der Zukunft — unserer Körper zeigt die Kontinuität zwischen der Gegenwart und der Zukunft.*

   (a) Wir werden dieselben Personen sein.

      (1) Jesus war wiederzuerkennen (Mt. 28, 9; Joh. 20, 19ff.).

      (2) So werden auch wir verwandelt werden und doch eine Ähnlichkeit zu früher haben.

   (b) Daraus können wir folgern:

      (1) Wir werden im Himmel unsere Erinnerungen haben.

      (2) Wir werden im Himmel einander kennen.

3 Die Auferstehung Jesu ist nur durch den Heiligen Geist zu Glauben und zu verstehen

A. Es ist gut möglich, dass dies der meistvergessene und meistunterschätzte Aspekt der Auferstehung Jesu ist.

1. *Der Anblick des leeren Grabes hat damals niemand überzeugt, dass Jesus wieder lebendig war.*
2. *Diejenigen, die ihn nach seinem Tod tatsächlich lebendig sahen, waren nicht ohne eine Spur von Unglauben.* »Als sie ihn sahen, beteten sie ihn an — aber einige zweifelten immer noch.« (Mt. 28, 17)
   (a) Selbst wenn am Grab Fernsehkameras installiert gewesen wären, die das ganze Ereignis für uns auf Videobändern aufgenommen hätten, würde das viele immer noch nicht überzeugen, und viele würden irgendwelche Gründe finden, um ihre Ängste und ihren Unglauben zu rechtfertigen.
   (b) Wenn die Leute damals Jesus von Angesicht zu Angesicht sahen und dennoch zweifelten, warum sollten wir dann die Erwartung hegen, dass die Leute heute glauben würden?
      (1) Im Englischen sagt man: »Jemand, der gegen seinen Willen überzeugt wird, ist am Ende noch immer derselben Meinung.«[2]
      (2) Keine Apologetik, d. h. Verteidigung des Glaubens, ist stark genug, Glauben zu wecken, wo Unglaube regiert.

3. *Diejenigen, die ihn tatsächlich sahen, hatten dadurch noch keine volle Gewissheit in bezug auf folgende Fragen:*
   (a) Wer war Jesus?
   (b) Warum war er auf die Erde gekommen?
   (c) Warum ist er gestorben?
   (d) Warum wurde er auferweckt?

---

[2] Im Englischen ein sich reimender Vers: »A man convinced against his will is of the same opinion still.«

4. *Die Jünger waren immer noch voller Fragen, die ihr eigenes auf sie selbst bezogenes Interesse widerspiegelten.* »Wenn die Apostel mit Jesus zusammen waren, fragten sie ihn immer wieder: Herr, wirst du Israel jetzt befreien und unser Königreich wiederherstellen?« (Apg. 1, 6)

(a) Jesu Antwort war: »Die Zeit dafür bestimmt allein der Vater, ..., es steht euch nicht zu, sie zu kennen. Aber wenn der Heilige Geist über euch gekommen ist, werdet ihr seine Kraft empfangen. Dann werdet ihr den Menschen auf der ganzen Welt von mir erzählen – in Jerusalem, in ganz Judäa, in Samarien, ja bis an die Enden der Erde.« (Apg. 1, 7-8)

(b) Seine letzten Worte an die Jünger waren diese: »Und nun werde ich euch den Heiligen Geist senden, wie mein Vater es versprochen hat. Ihr aber bleibt hier in der Stadt, bis der Heilige Geist kommen und euch mit Kraft aus dem Himmel erfüllen wird.« (Lk. 24, 49)

B. Nachdem am Pfingsttag der Heilige Geist gekommen war, waren diese Fragen beantwortet.

1. *Deshalb hatte Jesus gesagt:* »Ich sage euch aber die Wahrheit: Es ist das Beste für euch, dass ich fortgehe, denn wenn ich nicht gehe, wird der Ratgeber [Griechisch: Paraklet; das Wort kann auch Tröster, Ermutiger oder Anwalt bedeuten] nicht kommen. Wenn ich jedoch fortgehe, wird er kommen, denn ich werde ihn zu euch senden.« (Joh. 16, 7).

(a) Die Jünger verstanden diese Worte nicht (Joh. 16, 7-8).

(b) Sie waren nicht gerade glücklich über Jesu Ankündigung des Heiligen Geistes (Joh. 16, 6).

2. *Nachdem aber der Heilige Geist herabgekommen war, waren die Gründe für Jesu Kommen, für seinen Tod, seine Auferstehung und Himmelfahrt einsichtig für sie.*

(a) Jesus war auf der Ebene des Geistes genauso real für sie, wie er es auf der natürlichen Ebene während seines irdischen Daseins gewesen war.

(1) Johannes 16, 19-24 macht Sinn für sie.

(2) Jesus war so real, dass Petrus Psalm 16, 8 zitieren konnte (Apg. 2, 25).

(b) Und, was noch mehr ist: Die Auferstehung war für sie jetzt ebenso klar, wie sie für uns sein kann!

(1) Wir mögen uns benachteiligt fühlen, dass wir nicht wie sie das Vorrecht gehabt hatten, Jesus lebendig im Fleisch zu sehen.

(2) Aber wir haben denselben Heiligen Geist, den sie hatten!

(c) Dadurch, dass sie aufs neue mit dem Heiligen Geist erfüllt wurden, wiederholte sich diese Erfahrung für sie (Apg. 4, 31.33).

C. Wir haben keinerlei Nachteil daraus, dass wir damals nicht zugegen waren bei denen, die Jesus mit ihren eigenen Augen lebendig gesehen haben.

1. *Die Auferstehung Jesu ist zu glauben — aufgrund von Glauben, nicht aufgrund von Schauen* (Joh. 20, 29).

2. *Es kommt deshalb vom Heiligen Geist, dass wir wissen:*

(a) Wer Jesus war — der Gottmensch (d. h. Gott und Mensch in einer Person).

(b) Warum er kam — um für uns zu sterben.

(c) Warum er starb — um uns von unseren Sünden zu retten.

(d) Warum er auferweckt wurde — um das Kreuz ins rechte Licht zu rücken.

D. Ostern: Die Rechtfertigung des Kreuzes (Röm. 4,25)!

1. *Das Kreuz ist das Herzstück des Ostergeschehens.*

(a) Der Karfreitag lässt sich nicht vom Ostersonntag trennen.

(1) Jesu Tod hätte keinen Wert gehabt, wäre er nicht auch auferweckt worden.

(2) Seine Auferstehung hätte keinen Wert, wenn er nicht zuvor sein Blut für unsere Sünden vergossen hätte.

(b) Es ist, wie wenn versucht würde, die Passahnacht (samt Auszug aus Ägypten) vom Durchzug durch das Rote Meer zu trennen. Die Israeliten wären ohne Passahnacht nicht in der Lage gewesen, das Rote Meer zu durchqueren. Dass diese beiden Geschehnisse nicht voneinander zu trennen sind, steht außer Frage.

2. *Karfreitag und Ostersonntag übertreffen einander gegenseitig nicht an Bedeutung und Herrlichkeit.*

(a) Eines ist nicht weniger bedeutend oder herrlich als das andere.

(b) Beide sind nicht voneinander zu trennen.

Schlussbemerkung

Jesu Tod und Auferstehung sind zwei Aspekte des größten Ereignisses in der Geschichte der Menschheit. Ostern ohne das Kreuz darzustellen riecht danach, dass wir uns des Kreuzes schämen. Das Kreuz ohne die Auferstehung darzustellen riecht nach Sentimentalität und Niederlage. Doch Jesus lebt, weil Gott ihn als den, der er war (Röm. 1, 4), und in dem, was er tat (Röm. 4, 25), rehabilitiert und gerechtfertigt hat.

15

Das Sühneopfer Jesu

Einleitung

A. Wie immer, besonders wenn wir uns den gewichtigeren Themen zuwenden, neigen wir dazu, zu betonen, wie bedeutend das vor uns liegende Thema ist.

1. *Das trifft insbesondere dann zu, wenn Themen wie »die Trinität«, »der Heilige Geist« und »das Gesetz Gottes« an die Reihe kommen.*
2. *Aber was könnte von größerer Bedeutung sein als das Sühneopfer Jesu?*
   (a) Sühne: Wiedergutmachung; Entschädigung für Fehler oder Mängel.
   (b) Das Sühneopfer Christi: Die Bezahlung für die Sünden der Welt durch seinen Tod am Kreuz.
      (1) Sühneopfer ist die theologische Bezeichnung für das, was ein säkularer Historiker einfach nur eine Kreuzigung nennen würde.
      (2) In der alten römischen Welt gab es viele Kreuzigungen. Aber nur eine dieser Kreuzigungen war ein Sühneopfer — als Jesus durch seinen Tod für die Sünden der ganzen Welt bezahlte.

B. Warum ist dieses Thema so wichtig?

1. *Es rückt in den Mittelpunkt, warum Jesus in erster Linie in die Welt kam.*
   (a) Er kam, um für unsere Sünden zu sterben (Mt. 1, 21).

(b) Die Kreuzigung war kein Unfall oder Zufall; nichts ging schief. Die Kreuzigung Jesu war der Grund, weshalb Gott seinen Sohn in die Welt sandte (Joh. 3, 16).

2. *Es sagt uns, wie wir gerettet werden.*
   (a) Das Sühneopfer Jesu ist das, was das Evangelium zur guten Nachricht macht.
   (b) Wir sind nicht durch unsere guten Werke gerettet, sondern durch seinen Tod am Kreuz.

3. *Es sagt uns, warum wir gerettet werden.*
   (a) Nicht weil wir es verdient hätten oder gut genug wären.
   (b) Sondern weil Gott anerkannte und bestätigte, was sein Sohn am Kreuz getan hat.

4. *Das Sühneopfer Jesu ist der entscheidende Unterschied zwischen dem Christentum und allen anderen Religionen.*
   (a) Der Unterschied zwischen Christentum und natürlicher Religion liegt in der Antwort auf die Frage, wer uns den Anstoß für unser Tun gibt.
   (b) Allen anderen Religionen ist ohne Ausnahme gemeinsam der Gedanke des persönlichen Verdienstes anstelle der souveränen, unverdienten Gnade.

5. *Es macht den Unterschied aus zwischen echtem Glauben und oberflächlichem Liberalismus.*
   (a) Viele Kirchengemeinden werden Jesu Tod am Kreuz in irgendeiner Weise würdigen.
   (b) Aber wie viele Gemeinden erkennen an, dass wir allein durch seinen Tod gerettet werden?

6. *Es ist das Herzstück des Evangeliums.*
   (a) Rolf Barnard pflegte zu sagen: »Sie dürfen in allen anderen Punkten falsch liegen, aber in diesem einen müssen Sie richtig liegen!«
   (b) Wenn wir das Sühneopfer Jesu wirklich verstehen,

(1) wird unsere Christologie gesund sein.

(2) wird unsere Soteriologie gesund sein.

7. *Es gibt uns Gewissheit über unsere eigene Rettung.*

(a) Nichts gibt uns in gleicher Weise die Gewissheit, gerettet zu sein, wie ein klares Verständnis des Sühneopfers Jesu.

(b) Der Grund ist: Es ist nicht ein großer Glaube, der uns rettet, sondern der Glaube an einen großen Retter!

C. Wenn wir die Lehre vom Sühneopfer Jesu im Verlauf der Kirchengeschichte untersuchen, sollten wir dankbar sein für die Perspektive, die wir heute haben.

1. *So wie die Lehre von der Rechtfertigung allein aufgrund des Glaubens anzusehen, war auch das Verständnis des Sühneopfers Jesu in der Geschichte der Kirche nicht immer klar.*

2. *Wir haben heute viel mehr theologisches Fach- und Detailwissen als die, die uns vorausgingen.*

3. *Eine historische Perspektive verleiht uns einen entschiedenen Vorteil.*

(a) »Wem viel gegeben ist, von dem wird viel gefordert werden.« (Lk. 12, 48[1])

1 Historische Theorien über das Sühneopfer Jesu

A. Im Allgemeinen gibt es drei Hauptanschauungen, die im Lauf der Kirchengeschichte ernsthaft in Betracht gezogen wurden.

1. *Die »Lösegeld-Theorie«, die auf den griechischen Kirchenvater Origenes (ca. 185 - ca. 254 n. Chr.) zurückgeht.*

---

[1] Übersetzung nach dem englischen Text (NIV).

(a) Der Tod Christi war das an Satan gezahlte Lösegeld.

(1) Satan kreuzigte Jesus, aber in Wirklichkeit war es nichts anderes, als dass Gott den Teufel »mit List dazu brachte«, genau dies zu tun.

(2) Satan hatte durch den Sündenfall bestimmte Rechte über den Menschen erworben; von daher gehören alle Sünder aufgrund ihrer Sünde Satan.

(3) Mit dem Tod Christi bezahlte Gott den Preis für die Auslösung der Sünder.

(4) Satan akzeptierte Jesus als Lösegeld für die Sünder, aber er konnte ihn nicht festhalten.

(5) Am Ostersonntag stand Jesus siegreich von den Toten auf, sodass Satan schließlich weder seine ursprünglichen Gefangenen noch das für sie bezahlte Lösegeld besaß.

(b) Diese Theorie wahrt den Aspekt einer objektiven Übereinkunft, die aber eher zwischen Gott und dem Teufel, als zwischen Gott und Christus stattfand.

2. *Die »Moraleffekt-Theorie«, die auf den mittelalterlichen Scholastiker Peter Abaelard (1079-1142 n. Chr.) zurückgeht.*

(a) Der Tod Christi hatte eine tiefgreifende Wirkung auf den Menschen.

(1) Wir betrachten die Liebe Gottes und sind überwältigt.

(2) Wir sind bewegt, Buße zu tun und ihn wiederzulieben.

(3) So sind wir durch den Tod Christi innerlich verwandelt.

(b) Wir haben zu beachten: Diese Theorie ist besonders attraktiv für diejenigen, die etwas gegen eine objektive Übereinkunft zwischen dem Vater und dem Sohn, oder zwischen dem Vater und dem Teufel, einzuwenden haben. Sie stellt jedoch nur eine subjektive Sichtweise des Sühneopfers dar, die auf liberale Theologen oft ansprechend wirkt.

3. *Die »Satisfaktionstheorie«, die auf Anselm von Canterbury (ca. 1033-1109 n. Chr.) zurückgeht. Sein klassisches Buch* Cur Deus Homo? *(Warum wurde Gott Mensch?) wurde die bestimmende Sichtweise der meisten Evangelikalen.*

(a) Die Sünde, eine unendliche Beleidigung Gottes, erforderte eine gleichermaßen unendliche Satisfaktion (Genugtuung, Sühne, Tilgung).

(1) Kein endliches Wesen, Mensch oder Engel, konnte solch eine Satisfaktion leisten.

(2) Es war notwendig, dass ein unendliches Wesen, nämlich Gott selbst, den Platz des Menschen einnimmt.

(3) Dies wurde durch den Tod des Gottmenschen[2] am Kreuz erfüllt.

(4) Durch den Tod Christi wurde der göttlichen Gerechtigkeit also vollkommen Genüge getan.

(5) Von daher war der Tod Christi nicht ein an den Teufel gezahltes Lösegeld, sondern eine an den Vater gezahlte Schuld.

(b) Diese Theorie wahrt die objektive Übereinkunft zwischen dem Vater und dem Sohn. Die Reformatoren lehrten entlang dieser Linien.

(1) Martin Luther lehrte, dass Christus, indem er in freiwilliger Stellvertretung die dem Menschen gebührende Strafe auf sich nahm, anstelle des Menschen von Gott als Sünder angesehen wurde.

(2) Johannes Calvin lehrte, dass Christus in seiner Seele die Qualen eines verdammten Menschen ertrug.

B. Alle drei oben dargelegten Sichtweisen haben etwas für sich.

1. Es ist nicht nötig, eine einzige dieser drei Theorien auf Kosten der beiden anderen zu akzeptieren.

2. Allein die zweite, die »Moraleffekt-Theorie«, ist für sich genommen der Sache nicht angemessen und hat nur dann ihr Recht und Verdienst, wenn wir sie als zweitrangig betrachten.

---

[2] *Gottmensch:* zugleich *Gott* und *Mensch* in einer Person; gemeint ist Jesus (vergleiche unter Punkt 3 D. 1. (b)).

3. Wenn wir uns für *eine* dieser Theorien zu entscheiden hätten, dann ist die »Satisfaktionstheorie« diejenige, die der biblischen Wahrheit am nächsten steht. Meine persönliche Sicht entspricht überwiegend der »Satisfaktionstheorie«, jedoch mit einer gewissen Anerkennung der Wahrheit, die in der »Lösegeld-Theorie« enthalten ist, welche wir im Folgenden weiter untersuchen wollen.

2 Austauschbare Begriffe für Sühneopfer

A. Allgemeine Begriffe

1. *Erlösung*
   (a) *Ein* dazu gehöriges griechisches Wort ist *apolutrosis*: »Freilassung gegen Bezahlung eines Lösegelds«[3] (Röm. 3, 24; 1. Kor. 1, 30; Eph. 1, 7; Kol. 1, 14).
   (1) Auslösung gegen Lösegeld: die Freilassung eines Gefangenen als Gegenleistung für Geld oder eine andere von den Geiselnehmern geforderte Zahlung.
   (2) In der antiken Literatur bezog sich eine Auslösung gegen Lösegeld auf Kriegsgefangene, Sklaven oder zum Tod verurteilte Verbrecher.
   (b) Ein anderes griechisches Wort ist *lutroo*: »zurückkaufen durch Zahlung eines Lösegelds«, »loskaufen, auslösen, erlösen«[4] (Lk. 24, 21; Tit. 2, 14; 1. Petr. 1, 18).
   (1) Die Wortwurzel *luo* bedeutet »lösen« (Mt. 16, 19; Joh. 11, 44).
   (2) Das dazugehörige Substantiv ist *lutron* — »Lösegeld« (Mt. 20, 28; Mk. 10, 45).

---

[3] *Lösegeld* — englisch »ransom«, was (in anderem Zusammenhang) auch mit *Erlösung* übersetzt werden kann.
[4] Im Englischen ein und dasselbe Wort — *redeem* (vom Lateinischen *redimere* = *zurückkaufen*).

(c) Das zugrundeliegende Bild ist folgendes: Wir sind von Gott erlöst, d. h. zurückgekauft worden; der Preis, der für unsere Freilassung bezahlt wurde, war das Blut Christi.

(1) Im Garten Eden sind wir Satan in die Hände gefallen und seither wurden wir gefangen gehalten.

(2) Aber Jesus Christus hat uns durch sein Blut zurückgekauft; jetzt sind wir Gottes teuer erkauftes Eigentum (1. Kor. 6, 19-20).

(3) Das Leben Christi war offensichtlich der vereinbarte Preis, der bezahlt wurde, um unsere Freiheit von der Leibeigenschaft Satans sicherzustellen, aber es ist nicht völlig klar, an wen der Preis gezahlt worden war. Deshalb ist zu beachten: Dieser und viele andere Aspekte des Sühneopfers Jesu bleiben noch ein Geheimnis.

2. *Versöhnung*

(a) Das griechische Wort ist *katallage* von *katalasso*, welches in der hellenistischen Literatur auf die Versöhnung zwischen Ehegatten bezugnahm.

(1) *Versöhnen* bedeutet: die Freundschaft wiederherstellen zwischen Leuten, die sich auseinandergelebt oder gestritten hatten.

(2) Dieser Begriff wird nur von Paulus gebraucht (Röm. 5, 10-11; 11, 15; 2. Kor. 5, 18-19).

(b) Gott hat die Initiative ergriffen, um die Freundschaft zwischen sich und dem Menschen wiederherzustellen, der durch die Sünde von Gott entfremdet worden war.

(1) Gott hat dies durch seinen Sohn getan — durch dessen Tod *und* Leben.

(2) Es geschah für die Welt (2. Kor. 5, 19).

3. *Rettung, Heil*

(a) Das griechische Wort ist *soteria* (Rettung) von *sozo* (sicher *oder* heil machen) und bedeutet:

(1) Aus unmittelbarer Bedrohung oder Gefahr retten.

(2) Gesund und wohlbehalten aus einer schwierigen Situation herausbringen.

(b) Beide oben genannten Bedeutungen sind im Neuen Testament anzutreffen.
  (1) Wir sind vor dem Zorn Gottes gerettet (Röm. 5, 9).
  (2) Wir sind von unseren Sünden gerettet (Mt. 1, 21).
(c) Diese Rettung kommt durch Gottes Initiative und Vorsorge zustande.
  (1) Durch das Blut Christi (Röm. 5, 9).
  (2) Durch das Leben Christi (Röm. 5, 10).
  (3) Durch Gottes Vorsatz und Absicht (2. Tim. 1, 9).
  (4) Durch Gottes Gnade (Eph. 2, 8-9).

B. Spezielle Begriffe

1. *Opfer*
  (a) Das griechische Wort ist *thusia* (Heb. 5, 1; 7, 27; 8, 3; 9, 9.23.26; 10, 12).
  (b) Opfer: Die Schlachtung eines Opfertieres oder die Darbringung einer Gabe oder der Vollzug einer Handlung, um Gott gnädig zu stimmen (Mt. 9, 13; Röm. 12, 1; 1. Petr. 2, 5).
  (c) Alle oben genannten Begriffe (Erlösung, Versöhnung, Rettung) sind untrennbar mit dem Opfergedanken verbunden.
    (1) Im Alten Testament handelte es sich um das Opfer von Tieren (Heb. 5, 1; 10, 1.4).
    (2) Im Neuen Testament war es der Leib Christi (Heb. 10, 5-10).

2. *Stellvertretung*
  (a) Auch wenn dies kein biblisches Wort ist, so ist doch bei zwei griechischen Worten die Stellvertretung klar und deutlich impliziert:
    (1) *anti* – »für«, »an Stelle von« (Mt. 5, 38; 20, 28; Mk. 10, 45).
    (2) *uper* – »für«, »um ... willen« (Joh. 10, 15; Röm. 5, 8; Gal. 1, 4; Heb. 2, 9; 1. Petr. 3, 18).

(b) Wenn wir den Opfergedanken mit den Gedanken der Erlösung, der Versöhnung und der Rettung verbinden, kommen wir unweigerlich zu folgendem Schluss:
(1) Christus war das Opfer für uns; denn er starb an unserer Stelle.
(2) Er war also unser Stellvertreter.

3. *Sühne, Versöhnung*
(a) Das griechische Wort ist *hilasterion* (Röm. 3, 25; Heb. 9, 5)[5].
(1) Sühne: »jemanden gnädig stimmen«, »besänftigen«; »versöhnen«.
(2) Sühne wird mit Bezug auf ein Gegenüber bzw. eine andere Person vollzogen und nicht mit Bezug auf eine Sache.
(b) In Lukas 18, 13 bedeutet das Verb *hilaskomai* »barmherzig sein zu (jemandem)« und beschreibt Gottes Haltung gegenüber dem Sünder.
(c) Es ist eher so, dass wir eine Person versöhnen und ihre Gunst erlangen, als dass wir eine Sünde sühnen (1. Joh. 2, 2).
(1) Sühne bezieht sich auf die Beseitigung von Sünde und auf Vergebung.
(2) Versöhnung bezieht sich auf Gott, an den sich die Sühneleistung (Satisfaktion) richtet: die Beseitigung, d. h. Besänftigung von Zorn durch die Opferung einer Gabe.
(d) C. H. Spurgeon sagte: »Es gibt kein Evangelium ohne diese zwei Worte: Stellvertretung und Satisfaktion.« Dabei ist im Begriff *Satisfaktion* das *Sühneopfer Jesu* impliziert.
(1) Jesus Christus war unser Stellvertreter — sowohl durch seinen Tod als auch durch sein Leben.

---

[5] Nach W. Haubeck, Neuer Sprachlicher Schlüssel, Bd. 2. S. 271 zu Heb. 9, 5 ist das *hilasterion* »die goldene Deckplatte auf der Bundeslade« als Ort der Sühne und Gegenwart Gottes (vgl. Lev. 16, 2.14 u. ö.), Stätte der Sühne, Sühneort; bei Röm. 3, 25 fügt Haubeck hinzu: »evt. (aber kaum belegt) Sühne(mittel)«. Die Neue Genfer Übersetzung (NGÜ) übersetzt hilasterion in Heb. 9, 5 mit »Sühnedeckel« (der Bundelade), in Röm 3, 25 mit »Sühneopfer« (Bezug auf Jesu Opfertod).

(2) Jesus Christus war unsere Satisfaktion, da sein kostbares Blut der Gerechtigkeit und dem Zorn Gottes Genüge tat.

3 Voraussetzungen, die der Lehre vom Sühneopfer Jesu zugrunde liegen

A. Gott ist heilig (3. Mose 11,44).

1. *Die Heiligkeit Gottes bezieht sich auf seine Reinheit, seine Sündlosigkeit und sein »Anderssein«.*
   (a) Gott ist rein — er ist Licht (1. Joh. 1, 5-6).
      (1) Er wohnt in einem strahlenden, »unzugänglichen Licht« (1. Tim 6, 16; siehe Apg. 9, 3; 22, 6; 26, 13).
   (b) Es gibt keinen Bezugsrahmen, anhand dessen wir völlig über Gott Bescheid wissen können.
      (1) Einige Theologen, z. B. Karl Barth, bezeichnen ihn als den »ganz Anderen«.
      (2) Das bedeutet: Er ist mit nichts und niemand zu vergleichen; er ist anders als alles, was wir kennen.

2. *Gott ist gerecht.* (Ps. 25, 8)
   (a) Das bedeutet: Gott ist »gut und gerecht« (Ps. 25, 8).
      (1) Die Rechtsordnungen des Alten Testaments, wir können sagen, sein Zivilgesetz, waren auf Gerechtigkeit gegründet (2. Mose 21-23).
      (2) Gott enthält denen, die aufrichtig wandeln, nichts vor (Ps. 84, 12).
   (b) Das bedeutet aber zugleich auch, dass er ein Gott der Gerechtigkeit ist.
      (1) Eines Tages wird er seinen Namen von allen Anklagen reinwaschen.
      (2) Bis dahin muss Sünde bestraft werden (2. Mose 34, 7).

B. Wir sind Sünder (Röm. 3,23).

1. *Alle Welt ist schuldig vor Gott* (Röm. 3,19).
   (a) Es gibt keine Ausnahmen (Röm. 2,1).
   (b) Sünde ist alles, was die Herrlichkeit Gottes verfehlt.

2. *Der Zweck des Opfersystems — es sollte zeigen:*
   (a) Die Ernsthaftigkeit der Sünde (Ps. 7,12).
      (1) Niemand kann seine Sünde aus sich selbst heraus wieder gutmachen (Off. 5,2ff.).
      (2) Er muss aus sich selbst herausgehen — und ein Tieropfer darbringen.
   (b) Die Notwendigkeit eines stellvertretenden Opfers.
      (1) Die Sünde wurde auf das Opfertier übertragen, sobald der Priester seine Hände auf dieses legte.
      (2) Die Sühne geschah nicht aufgrund der Qualität der Lebensführung der betreffenden Person, weil diese ja der Sünder ist, sondern aufgrund der Qualität des Opfertieres, welches vollkommen fehlerlos sein musste.

C. Gott ist barmherzig und gnädig (Eph. 2,4).

1. *Gnade ist, dass wir nicht bekommen, was wir verdienen — nämlich Strafe* (2. Mose 33,19).
   (a) Wenn wir um Gnade bitten, bitten wir um etwas, was wir nicht verdienen.
   (b) Wir haben nicht die Macht, etwas durchzusetzen.

2. *Gott hat Erbarmen gezeigt, indem er sein Verlangen enthüllte, mit den Menschen versöhnt zu sein.*
   (a) Er hat dem Menschen im Garten Eden einen Stellvertreter gegeben[6] (1. Mose 3,21).
   (b) Dies ist der Grund für das Opfersystem im Alten Testament.

---

[6] Gott hat (stellvertretend für den Menschen) ein Tier getötet: Um die Sünde (die Nacktheit als Symbol für die verloren gegangene Unschuld) mit »Fellen« bedecken zu können, musste erst ein Tier sein Leben lassen!

D. Das Sühneopfer Jesu erklärt, wie Gott zu gleicher Zeit gerecht und gnädig sein kann.

1. *Der Gerechtigkeit Gottes musste Genüge getan werden; und ihr wurde Genüge getan* (Joh. 19, 30).
   (a) Jesus erfüllte das Gesetz:
      (1) Hinsichtlich seiner kultischen Vorschriften wurde das Gesetz durch seinen Tod erfüllt.
      (2) Hinsichtlich seiner moralischen Vorschriften wurde das Gesetz durch seinen Leben erfüllt.
   (b) Jesus hat nie eine Sünde begangen (Heb. 4, 15).
      (1) Er war der menschgewordene Gott, der Gottmensch (Joh. 1, 1.14).
      (2) Der Gottmensch leistete dem Vater vollkommene Sühne, Satisfaktion (2. Kor. 5, 21).

2. *Seine Gnade war gerecht, weil seiner Gerechtigkeit Genüge getan worden war* (Röm. 3, 25-26).
   (a) Es mag nicht gerecht oder fair erscheinen, dass unser Sündenbekenntnis Reinigung und Vergebung zur Folge hat, aber es ist tatsächlich so (1. Joh. 1, 9).
   (b) Das ist der Grund, weshalb dies alles als »eine so große Errettung« bezeichnet wird (Heb. 2, 3).

4 Die Analogie zwischen dem Altar der Stiftshütte und dem Kreuz Christi

A. Der große Versöhnungstag *(Jom Kippur)*

1. *Einmal im Jahr ging der Hohe Priester in das Allerheiligste* (siehe Hebräer 9 und 3. Mose 16).
   (a) Zuerst brachte er ein Opfer für seine eigenen Sünden dar.
   (b) Dann brachte er ein Opfer für die Sünden des Volkes dar.

2. *Das Opfertier wurde öffentlich auf dem Altar geschlachtet.*

(a) Der Hohe Priester sammelte dann das Blut des geschlachteten Tieres in einer Opferschale.

(b) Dieses Blut nahm er und brachte es auf dem Gnadenthron bzw. Sühnedeckel im Allerheiligsten als Opfer dar.

   (1) Das Tier war eine Opfergabe, als es auf dem Altar lag; zunächst ein Versprechen.

   (2) Sühne wurde erst wirksam vollzogen, als das Blut dieses Opfertieres auf den Gnadenthron bzw. Sühnedeckel hinter dem Vorhang gesprengt wurde.

B. Christus war die Erfüllung des alttestamentlichen Opfersystems (1. Kor. 5,7).

1. *Was er tat, geschah ein für allemal* (Heb. 10,10).

   (a) Er hatte es nicht nötig, ein Opfer für seine eigenen Sünden darzubringen (Heb. 4,15).

   (b) Alles, was er tat, geschah für *unsere* Sünden (1. Petr. 2,24).

2. *Jesus vergoss sein Blut am Kreuz in aller Öffentlichkeit.*

   (a) Das ist die Zusicherung an uns, dass wir gerettet werden (Heb. 2,9; 9,12).

   (b) Doch Sühne wurde erst wirksam vollzogen, als Christus durch sein eigenes Blut in den Himmel selbst einging (Heb. 9,24).

      (1) Er starb für alle (2. Kor. 5,14-15; 1. Tim. 2,6).

      (2) Er tritt nur für die beim Vater ein, die durch ihn zu Gott kommen (Heb. 7,25).

      (3) Kurz: Die Sühne wird nur für Gläubige wirksam (Röm. 3,22-26).

C. Das Abendmahl spiegelt sowohl den Opferdienst des Alten Bundes als auch den Kreuzestod Christi wider.

1. Wir begehen das Abendmahl in zwei Teilen:
   (a) Das Brot, welches den gebrochenen Leib Christi symbolisiert.
   (b) Der Kelch, welcher das vergossene Blut Christi symbolisiert.

2. Dies spiegelt das Muster des Alten Bundes wider:
   (a) Das Darbringen eines Opfers.
   (b) Die »Anwendung« des Blutes.

Schlussbemerkung

Dies war eine komplizierte Lektion, obwohl sie nur eine sehr grundlegende Einführung in die Lehre vom Sühneopfer darstellt. Das Wichtigste, was wir davon im Gedächtnis behalten sollten, ist Folgendes: Wir wissen, dass unsere Sünden getilgt sind, weil Jesus für uns gestorben ist.

16

Die Himmelfahrt Jesu

Einleitung

A. Die Himmelfahrt Jesu ist eines der wichtigsten Ereignisse in seinem Leben und im Leben der Kirche. Sie ist an einer Reihe von Stellen beschrieben:

1. »Dann führte Jesus sie nach Betanien. Dort hob er die Hände zum Himmel und segnete sie. Noch während er sie segnete, verließ er sie und wurde in den Himmel hinaufgehoben. Sie beteten ihn an und kehrten danach voll großer Freude nach Jerusalem zurück. Und sie hielten sich die ganze Zeit über im Tempel auf und priesen Gott.« (Lk. 24, 50-52)

2. »Nicht lange nachdem er das gesagt hatte, wurde er vor ihren Augen in den Himmel aufgehoben und verschwand in einer Wolke. Während sie ihm nachschauten, standen plötzlich zwei weißgekleidete Männer bei ihnen. Sie sagten: Männer aus Galiläa, warum steht ihr hier und starrt zum Himmel? Jesus ist von euch fort in den Himmel geholt worden. Eines Tages wird er genauso wiederkommen, wie ihr ihn habt fortgehen sehen!« (Apg. 1, 9-11)

3. »Nachdem Jesus, der Herr, zu ihnen gesprochen hatte, wurde er in den Himmel hinaufgehoben und setzte sich auf den Ehrenplatz an die rechte Seite Gottes.« (Mk. 16, 19)

4. »Da wir nun einen großen Hohen Priester haben, der die Himmel durchschritten hat, Jesus, den Sohn Gottes, so lasst uns festhalten an dem Glauben, den wir bekennen!« (Heb. 4, 14[1]; vgl. Eph. 4, 8)

---

[1] Übersetzung nach dem englischen Text (NIV).

5. Jesus gab einen Hinweis auf seine Himmelfahrt in Johannes 6,62: »Was werdet ihr dann erst denken, wenn ihr den Menschensohn wieder in den Himmel zurückkehren seht?«
6. Die Himmelfahrt Jesu ist impliziert in Epheser 1,20; Philipper 2,9; Kolosser 3,1; 1. Thessalonicher 1,10; 1. Timotheus 3,16; Hebräer 1,3; 1. Petrus 3,22.
7. Sie ist prophetisch angekündigt in Psalm 16,8-11; Psalm 110,1 und Lukas 22,69.

B. **Nachdem Jesus von den Toten auferweckt worden war, erschien er mehrere Male über einen Zeitraum von vierzig Tagen, aber diese Erscheinungen waren vorübergehender Natur (Apg. 1,3). Er erschien:**

1. Am leeren Grab (Joh. 20,10-17).
2. Auf der Straße nach Emmaus (Lk. 24,13-35).
3. Zehn von den Jüngern in Jerusalem (Joh. 20,19-23).
4. Den Jüngern einschließlich Thomas (Joh. 20,24-29).
5. In Galiläa (Joh. 21).

C. **Ohne ihre Frage zu beantworten, verließ Jesus seine Jünger zum letzten Mal.**

1. *Ihre Frage zeigte, was wirklich in ihnen vorging:* »*Wenn die Apostel mit Jesus zusammen waren, fragten sie ihn immer wieder: Herr, wirst du Israel jetzt befreien und unser Königreich wiederherstellen?*« (Apg. 1,6)
   (a) Diese Frage offenbart zum Teil, warum sie Jesus gefolgt waren; auch sie waren nicht frei von einer Mentalität, die nach dem eigenen Nutzen fragt.
   (b) Sie lässt mit Sicherheit darauf schließen:
      (1) Dass sie nicht wussten, warum Jesus gekreuzigt worden war.
      (2) Dass sie nicht wussten, warum er von den Toten auferweckt worden war.

(3) Dass sie nicht wussten, warum Jesus überhaupt gekommen war!

2. *Anstatt ihre Frage zu beantworten, verwies Jesus sie an den Heiligen Geist.*
   (a) Er gab ihnen die Anweisung, Jerusalem nicht zu verlassen (Lk. 24, 49; Apg. 1, 4).
   (b) Und er gab ihnen eine Prophetie: »Aber wenn der Heilige Geist über euch gekommen ist, werdet ihr seine Kraft empfangen. Dann werdet ihr den Menschen auf der ganzen Welt von mir erzählen – in Jerusalem, in ganz Judäa, in Samarien, ja bis an die Enden der Erde.« (Apg. 1, 8)

3. *Dann war der Zeitpunkt gekommen, dass Jesus in den Himmel auffuhr, und die Jünger sahen ihn nicht länger im Fleisch* (Apg. 1, 9).

D. Warum sollten wir uns mit der Himmelfahrt Jesu beschäftigen?

1. Die Himmelfahrt Jesu ist ein wesentliches Bindeglied zwischen der Auferstehung Jesu und dem Kommen des Heiligen Geistes an Pfingsten.
2. Wir erfahren, wohin Jesus ging, nachdem er aufgefahren war.
3. Wir erfahren, was geschah, nachdem er dort angekommen war.
4. Wir erfahren, wo er jetzt ist und was er dort tut.
5. Wir erfahren, warum er wiederkommen wird.
6. Die Himmelfahrt Jesu erklärt eine Reihe von Versen im Alten Testament, die einen immensen Trost für die frühe Kirche darstellte, welche die Schriften erforschte, um zu verstehen, was geschah.

1 Relevante Fakten bezüglich der Himmelfahrt Jesu

A. Jesus stieg aufwärts: »Er ist in die Höhen hinaufgestiegen.« (Eph. 4,8)

1. *Griechisch* anabaino*: sich erheben von den Tiefen zu den Höhen.*
2. *Das Wort kommt im Neuen Testament faktisch 81-mal vor, aber an den meisten Stellen hat es keinen Bezug zu Jesu Himmelfahrt, sondern bedeutet einfach »hinaufgehen«, z. B.:*
   (a) »Er stieg ... aus dem Wasser.« (Mt. 3, 16)
   (b) »Er stieg auf den Berg.« (Mt. 5, 1)
   (c) »Als Jesus nach Jerusalem hinaufzog.« (Mt. 20, 17)

B. Er verschwand: »Er wurde vor ihren Augen emporgehoben, und eine Wolke nahm ihn auf vor ihren Augen weg.« (Apg. 1,9)

1. *Dies bedeutet, dass sie ihn von einem Augenblick zum anderen nicht mehr sahen!*
2. *Dies zeigt, wie real das Geschehen tatsächlich war.*
   (a) Bibelkritische liberale Theologen lieben es, die Vorstellung von Jesu Himmelfahrt lächerlich zu machen.
   (b) Die Himmelfahrt Jesu ist weder ein Mythos noch eine symbolisch zu verstehende Geschichte; sie war ein wirklich geschehenes, einzigartiges Ereignis.

C. Er verschwand hinter einer Wolke: »Eine Wolke nahm ihn auf vor ihren Augen weg.« (Apg. 1,9)

1. Es ist nicht sicher, ob es sich hier um eine wirkliche Wolke am Himmel handelte — was ich zu glauben neige.
2. Es kann auch ein geistliches Phänomen gewesen sein, vergleichbar der Wolkensäule (2. Mose 13, 22), welches Jesus einhüllte, nachdem er ein paar Meter über der Erde war.

D. Seine Himmelfahrt geschah unerwartet.

1. Als die Jünger ihre Frage stellten (Apg. 1, 6), hatten sie nicht im Geringsten daran gedacht, dass dies ihre letzte Frage sein würde oder dass diese Erscheinungen des Auferstandenen ein Ende haben würden.
2. Deshalb waren sie nicht auf seinen endgültigen Abschied von der Erde vorbereitet, obwohl er ihnen sogar selbst gesagt hatte, »ich gehe voraus« — zur Rechten des Vaters — »um euch einen Platz vorzubereiten« (Joh. 14, 2).

E. Seine Himmelfahrt war sichtbar: »Er wurde vor ihren Augen in den Himmel aufgehoben.« (Apg. 1,9)

1. Dies macht weiterhin deutlich, dass für die Jünger damals kein Glaube nötig war, um dieses Ereignis für wahr zu halten.
2. Anders als die Auferstehung Jesu, für die es keinen Augenzeugen gab, war seine Himmelfahrt für das bloße Auge sichtbar.

F. Es war eine leibliche Himmelfahrt.

1. *Wie bei der Auferstehung, stieg Jesus leiblich zum Himmel auf.*
   (a) Ja, es war ein verwandelter Leib.
   (b) Aber es war derselbe Jesus: »Seht euch meine Hände an. Seht euch meine Füße an. Ihr könnt doch sehen, dass ich es wirklich bin. Berührt mich und vergewissert euch, dass ich kein Geist bin; denn ein Geist hat keinen Körper, und ich habe einen, wie ihr seht!« (Lk. 24, 39)

2. *Derselbe Jesus ging in den Himmel: »Jesus ist von euch fort in den Himmel geholt worden.« (Apg. 1, 11)*
   (a) Jesu Leib blieb der seine, nachdem er in den Himmel gegangen war.
   (b) Jetzt, im Augenblick, gibt es in der himmlischen Herrlichkeit einen Menschen, sichtbar wie immer für alle im Himmel:

»Denn es gibt nur *einen* Gott und nur *einen* Vermittler zwischen Gott und den Menschen: Das ist Christus Jesus, der Mensch[2] geworden ist.« (1. Tim. 2, 5; vgl. Apg. 7, 55ff.)

G. Jesus stieg vom Ölberg aus zum Himmel auf (Apg. 1,12).

1. Nach Lukas 24, 50-52 stieg Jesus in der Nähe von Bethanien zum Himmel auf.
2. Aber Bethanien liegt am Ölberg (Mk. 11, 1).

H. Dieses Ereignis geschah nahezu vierzig Tage nach seiner Auferstehung (Apg. 1,3).

1. Wenn das buchstäblich vierzig Tage nach seiner Auferstehung geschah, heißt das, dass die Jünger nur ungefähr acht Tage in Jerusalem zu warten hatten, bevor der Heilige Geist auf sie herabkam.
2. Das Pfingstfest ist fünfzig Tage nach dem Passahfest. Aber ganz offensichtlich ereignete sich die Himmelfahrt vierzig Tage nach der Auferstehung, nicht nach dem Passahfest, welches zeitlich so ziemlich mit Jesu Tod zusammenfiel.
3. Ob nun irgendeine Bedeutung in der Zahl vierzig liegt, ist nicht sicher.
   (a) Die Sintflut war die Folge von »vierzig Tagen und vierzig Nächten« Regen (1. Mose 7, 4.12).
   (b) Jesus fastete »vierzig Tage und vierzig Nächte« (Mt. 4, 2).

---

[2] *Mensch* — Hervorhebung durch *Kursivdruck* vom Autor.

2 Die Bedeutsamkeit der Himmelfahrt Jesu

A. Die Himmelfahrt war Jesu Rückkehr in den Himmel.

1. *In erster Linie kam Jesus vom Himmel.*
   (a) Bis zur Inkarnation war er der *Logos*.
   (b) Er war Gott, aber er war auch »bei Gott« (Joh. 1, 1).

2. *Er betete: »Und nun Vater verherrliche mich mit der Herrlichkeit, die wir schon teilten, ehe die Welt erschaffen wurde.«* (Joh. 17, 5)
   (a) Die Himmelfahrt war die Antwort auf Jesu eigenes Gebet.
   (b) Er war jetzt wieder verherrlicht mit der Herrlichkeit, die er beim Vater hatte, ehe die Welt begann.

3. *Aber es gab einen bedeutenden Unterschied: Jetzt war er dort in einem Leib.*
   (a) Bevor er im Bauch der Jungfrau Maria Fleisch annahm, war er vollkommen Gott, aber ohne einen Leib.
   (b) Sobald er im Bauch von Maria war, »wurde [er] Mensch [Fleisch]« (Joh. 1, 14).
      (1) »Du hast mir einen Leib gegeben.« (Heb. 10, 5)
      (2) Der ewige Sohn kehrte in den Himmel mit einem Leib zurück, den er die unendlichen Äonen der Ewigkeit hindurch haben wird.

4. *Er wird zu Hause willkommen geheißen worden sein vom Vater und den Engeln und möglicherweise auch von den verstorbenen Heiligen wie Abraham, Isaak und Jakob* (vgl. Mt. 22, 32).
   (a) Seine Rückkehr nach Hause war möglicherweise die Erfüllung von Psalm 24, 7-10.
   (b) Welch ein historisch bedeutsamer und unbeschreiblich aufregender Augenblick muss das gewesen sein!
      (1) Dieser Augenblick war es, der Jesus recht menschlich ausgedrückt, die Kraft gab, das Kreuz zu erdulden.
      (2) »Er wusste, welche Freude ihn danach erwartete.« (Heb. 12, 2)

B. Bei der Himmelfahrt nahm er seinen Platz zur Rechten des Vaters ein (Eph. 1,20).

1. *Das ist es, was der Psalmist prophetisch voraussah: »Der Herr sprach zu meinem Herrn: Setze dich auf den Ehrenplatz zu meiner Rechten, bis ich deine Feinde demütige und sie zum Schemel unter deinen Füße mache.«* (Ps. 110, 1)

   (a) Der Herr (Jahwe) sprach zu meinem Herrn (Jesus).

   (b) Der Vater hieß seinen Sohn zu Hause willkommen und lud ihn ein, seinen Platz zur Rechten Gottes des Vaters einzunehmen.

2. *Der Begriff »zur Rechten« war ein Symbol für Macht und Autorität.*

   (a) Das sollte zeigen, dass Jesus Gott war und ist und Gott gleich ist — so wie das »Wort« es von Anfang an gewesen war (Joh. 1, 2).

   (b) Im Hinblick auf Jesus war das nicht nur symbolisch, sondern wörtlich zu verstehen: Jesus ist nicht nur in strategischer Hinsicht zur Rechten Gottes, er befindet sich auch wirklich an der rechten Seite des Vaters.

C. Die Himmelfahrt war seine persönliche Rehabilitierung (Apg. 4,11).

1. *Bis dahin war seine Rehabilitierung rein subjektiv.*

   (a) Subjektiv: Was er selbst fühlte und wusste. Das geschah allein durch den Geist (1. Tim. 3, 16).

   (1) Er bekam das Empfinden für seinen Auftrag und seine Identität durch das Zeugnis des Geistes, den er in unbegrenztem Maß hatte (Joh. 3, 34).

   (2) Dies gab ihm trotz aller erfahrenen Ablehnung die Erfüllung, die er brauchte.

   (b) In objektiver Hinsicht war er von den Autoritäten Roms und Israels abgelehnt und zurückgewiesen worden.

2. *Jetzt im Himmel war es eine öffentliche und objektive Rehabilitie-*
   rung.
   (a) Der Vater rehabilitierte Jesus, indem er ihm seinen Platz zur
   Rechten Gottes gab.
   (b) Die Engel und Heiligen waren Zeugen davon — es war also
   objektiv wahr.
   (c) Er wird aber auch noch immer hier auf Erden rehabilitiert
   durch den Geist, der in uns ist (Röm. 8, 9-11).
   (1) Wir wissen, dass seine Rehabilitierung objektiv ist.
   (2) Aber niemand kann dies wissen, wenn er nicht den
   Heiligen Geist hat!

D. Die Himmelfahrt Jesu war seine Erhöhung (Apg. 2,33; Phil. 2,9).

1. *Im Himmel wurde Jesus die Ehre gegeben, die ihm schon immer*
   gebührt hatte.
   (a) Hier auf Erden war er »verachtet und von den Menschen
   verstoßen« (Jes. 53, 3[3]).
   (b) Hier auf Erden war er der Stein, der »zu Nichts gemacht
   wurde« (Apg. 4, 11[4]).

2. *Auch nach seiner Auferstehung von den Toten zeigte sich Jesus nur*
   denen, die schon vorher an ihn geglaubt hatten.
   (a) Bei einer Gelegenheit erschien er mehr als fünfhundert Brü-
   dern auf einmal (1. Kor. 15, 6).
   (b) Aber nicht ein einziges Mal erschien er vor seinen Anklä-
   gern!

3. *Jesus ist erhöht im Himmel, nicht auf Erden (außer bei den Gläubi-*
   gen).

---

[3] Übersetzung nach dem englischen Text (NIV).
[4] Übersetzung nach dem englischen Text (AV: »set at nought«). Die gewöhnliche
deutsche Übersetzung lautet »der verworfen ... wurde« (an verschiedenen Stellen des
NT aus Ps. 118, 22 zitiert).

(a) Er »sitzt zur Rechten Gottes« (Apostolisches Glaubensbekenntnis), was seine alles überragende Autorität anzeigt (Heb. 1, 3).

(b) Diese Position zeigt nicht allein seine Würde, sondern zeigt auch ganz deutlich, dass seine Sühne vollkommen und endgültig ist (Heb. 10, 12).

E. Bei der Himmelfahrt wurde ihm der »Name gegeben, der über allen Namen ist« (Phil. 2, 9 Lu84).

1. Dies war das endgültige und höchste Siegel der Anerkennung durch den Vater.

2. Der Vater — bei den Juden im alten Israel unter dem Namen Jahwe bekannt — gab Jesus seinen eigenen Namen. (Siehe Kapitel 9, Der Name Gottes.)

F. Mit der Himmelfahrt begann seine Herrschaft als König Jesus.

1. *Er bekannte sich dazu, König der Juden zu sein* (Joh. 18, 37).

   (a) Zum Teil war dies der Grund, weshalb er abgelehnt wurde.

   (b) »Pilatus ließ ein Schild über ihm anbringen, auf dem stand: Jesus von Nazareth[5], der König der Juden.« (Joh. 19, 19)

2. *Aber seine Herrschaft begann im Himmel zur Rechten Gottes.*

3. *Diese Herrschaft wird bestehen, »bis er alle seine Feinde unter seine Füße erniedrigt hat« (1. Kor. 15, 25). Dies wird geschehen, nachdem die letzte Person, die gerettet werden soll, gerettet ist!*

4. *Eines Tages wird er öffentlich und objektiv von* allen *im Himmel und auf Erden als »König der Könige und Herr der Herren« anerkannt werden* (Off. 19, 16).

---

[5] *Jesus von Nazareth* — so die meisten Bibelübersetzungen, auch der englische Text; Schlachter: *Jesus, der Nazarener.*

G. Bei der Himmelfahrt trat Jesus sein Amt als unser großer Hoher Priester an (Heb. 4,14).

1. *An dieser Stelle findet das Blut, das er am Kreuz vergossen hatte, seine Anwendung.*

    (a) Sein Blut war vergossen worden für die Sünden der Welt (1. Joh. 2, 2; vgl. Heb. 2, 9).

    (b) Es wird angewendet und wirksam gemacht durch die Fürbitte Christi (Joh. 17, 9).

2. *Petrus sagte: »Jetzt sitzt er auf dem höchsten Ehrenplatz zur Rechten Gottes im Himmel. Und der Vater hat ihm, wie er es versprochen hat, den Heiligen Geist gegeben, damit dieser über uns ausgegossen wird. So habt ihr es heute selbst gesehen und gehört.« (Apg. 2, 33)*

3. *An seinem Platz zur Rechten Gottes begann Jesus für uns einzutreten.*

    (a) »Wer sollte uns verurteilen? Christus Jesus selbst ist ja für uns gestorben. Mehr noch, er ist der Auferstandene. Er sitzt auf dem Ehrenplatz zur rechten Seite Gottes und tritt für uns ein.« (Röm. 8, 34)

    (b) »Deshalb kann er auch für immer [Oder: völlig] alle retten, die durch ihn zu Gott kommen. Er lebt ewig und wird vor Gott für sie eintreten.« (Heb. 7, 25)

4. *Jesus ist dort als der eine Mittler zwischen Gott und den Menschen (1. Tim. 2, 5).*

5. *Dies wird so lange andauern, bis er ein zweites Mal wieder zur Erde kommt.*

3 Die Bedeutsamkeit der Himmelfahrt Jesu für uns

A. Was weiter mit den Jüngern geschah, nachdem Jesus in der Wolke verschwunden war:

1. Sie warteten; sie gingen vom Ölberg nach Jerusalem zurück (Apg. 1, 12).
2. Sie blieben in Jerusalem.
3. Sie »gingen in den im oberen Stock gelegenen Raum, in dem sie sich auch sonst aufhielten« (Apg. 1, 13).
4. Sie beteten den auferstandenen Jesus an und priesen Gott unaufhörlich (Lk. 24, 52-53).
5. Sie beteten (Apg. 1, 14).

B. Am Pfingsttag kam der Heilige Geist auf die Jünger herab (Apg. 2,1-4).

1. *All dies war die Folge von zwei Dingen:*
   (a) Jesu Anweisung, in der Stadt zu bleiben — Jerusalem nicht zu verlassen.
   (b) Jesu Fürbitte zur Rechten Gottes.

2. *Am Pfingsttag, als der Heilige Geist auf die Jünger herabkam, wurde diesen vorgeworfen, sie hätten zuviel Wein getrunken. Aufgrund dieses Vorwurfs, den Petrus zurückweisen musste, hielt er seine Pfingstpredigt. Dabei konzentrierte sich seine Botschaft auf Jesu Tod, Auferstehung und Himmelfahrt (Apg. 2,14ff.).*
   (a) Psalm 16 wurde auf Jesu Tod, Auferstehung und Himmelfahrt angewendet (Apg. 2, 25ff.).
   (b) Psalm 110 wurde ausdrücklich zitiert, um zu zeigen, dass er in der Himmelfahrt Christi seine Erfüllung gefunden hatte (Apg. 2, 33ff.).

C. Die Bedeutsamkeit für uns heute.

1. *Damit wir nie vergessen, wo Jesus sich jetzt befindet.*
   (a) Für die ersten Jünger war es zunächst *eine* Sache, zu behaupten, dass Jesus von den Toten auferweckt worden war.
   (b) Dann aber mussten sie erklären, warum er sich — wenn er doch von den Toten auferstanden war — nicht in aller Öffentlichkeit zeigte und so für alle sichtbar den Beweis erbrachte, dass er lebt.
   (c) Ihre Antwort war: Er wurde zur Rechten Gottes erhöht.
      (1) »So soll nun jedermann in Israel sicher wissen, dass Gott diesen Jesus, den ihr gekreuzigt habt, zum Herrn und Christus gemacht hat!« (Apg. 2, 36)
      (2) »Doch bis Gott alles erneuert, wird Jesus im Himmel bleiben, wie Gott es vor langer Zeit durch seine Propheten angekündigt hat.« (Apg. 3, 21)
      (3) »Nun hat Gott ihm als Herrscher und Erlöser den Ehrenplatz zu seiner Rechten gegeben, damit Israel umkehren und sich Gott zuwenden kann und Vergebung seiner Sünden erhält.« (Apg. 5, 31)
   (d) Auch wir müssen uns vergegenwärtigen, dass Jesus lebendig und wohlauf — im Himmel — ist und dass er genauso aussieht wie damals, als er zum letzten Mal mit bloßem menschlichen Auge gesehen worden war (Heb. 13, 8).

2. *Wir beten zum Vater durch den Mittler, den Menschen in der Herrlichkeit* (1. Tim. 2, 5).
   (a) Die Himmelfahrt Christi ist die Grundlage für unser Gebet (Joh. 14, 14).
   (b) Der Grund, weshalb wir freien Zugang zu Gott haben, besteht darin, dass Jesus dort beim Vater ist und für uns eintritt (Heb. 7, 25).
   (c) In Calvins Worten: Der Sohn zieht die Aufmerksamkeit des Vaters auf sich selbst, um »seinen Blick von unseren Sünden fernzuhalten«.

3. *Unser Sehnen sollte gerichtet sein auf »das, was droben ist, wo Christus ist, sitzend zur Rechten Gottes« (Kol. 3,1).*

   (a) Das meinte Paulus, als er sagte: »Denn er hat uns zusammen mit Christus von den Toten auferweckt und wir gehören nun mit Jesus zu seinem himmlischen Reich.« (Eph. 2,6)

D. Es besteht eine enge Verbindung zwischen der Himmelfahrt Christi und seiner Wiederkunft. Auch wenn die Parallele nicht zu weit gezogen werden sollte, so wurde doch bemerkt, dass zwischen Himmelfahrt und Wiederkunft Jesu folgende Ähnlichkeiten in Apostelgeschichte 1,9-11 zu finden sind.

1. Die Himmelfahrt geschah unerwartet; ebenso unerwartet wird Christus auch wiederkommen wie ein Dieb in der Nacht (Mt. 24,44; 2. Petr. 3,10).
2. Er verschwand hinter einer Wolke; er wird kommen »auf den Wolken des Himmels« (Mt. 24,30).
3. Seine Himmelfahrt war sichtbar; ebenso »werden ihn alle sehen« (Off. 1,7).
4. Er fuhr leiblich in den Himmel auf; er wird auch leiblich wiederkommen: derselbe Jesus (Apg. 1,10-11).
5. Manche gehen sogar so weit, zu behaupten, er werde genau an den Ort zurückkehren, von dem aus er in den Himmel aufstieg! (Sach. 14,4)

Schlussbemerkung

Christus lebt und ist wohlauf. Er wurde im Himmel völlig rehabilitiert. Eines Tages werden »sich die Knie aller beugen« und jeder wird bekennen, wer er ist (Röm. 14,11; Phil. 2,9-11).

17

Das Priesteramt Christi

Einleitung

A. Unmittelbar nach seiner Himmelfahrt trat Jesus sein Amt als unser großer Hoher Priester an (Heb. 4,14).

1. Die einzige Schrift des Neuen Testamentes, in der von Jesus als unserem Hohen Priester gesprochen wird, ist der Brief an die Hebräer.
2. Johannes Calvin war der erste Theologe, der von dem dreifachen Amt Christi sprach — Christus als Prophet, König und Priester.

B. Das Priesteramt Christi: Christi Fürbitte zur Rechten des Vaters.

1. *Ein Priester ist ein Mittler, das heißt, einer, der als Unterhändler oder Friedensstifter zwischen einander feindlich gegenüberstehenden Parteien fungiert.*
2. *Christus ist der eine Mittler zwischen Gott und den Menschen (1. Tim. 2,5).*
   (a) Alle Christen werden im Neuen Testament als Priester bezeichnet (1. Petr. 2,5.9). (Siehe dazu Kapitel 31 »Das Priestertum aller Gläubigen«.)
   (b) Das Amt eines Priesters im Sinne eines offiziellen Dienstes ist im Wesentlichen ein alttestamentliches Konzept.

C. Warum ist dieses Thema von Bedeutung?

1. *Es zeigt uns, was Jesus jetzt zur Rechten Gottes tut.*
2. *Es vermittelt uns die richtige Grundlage für unser Gebet.*
3. *Es wirft weiteres Licht darauf, was es bedeutet, in Jesu Namen zu beten.*
4. *Es lässt uns ferner erkennen, weshalb unsere Rettung eine gewisse Sache ist — das heißt, weshalb der Grundsatz »einmal gerettet, immer gerettet« wahr ist.*
5. *Es zwingt uns, uns mit dem Alten Testament auseinanderzusetzen und unsere Theologie sauber auszuarbeiten — genauso wie es auch unsere »Väter« in der alten Kirche tun mussten.*
    (a) Es führt uns die Bedeutsamkeit der Stiftshütte in der Zeit der Wüstenwanderung vor Augen.
    (b) Es zeigt die Bedeutsamkeit des großen Versöhnungstages.
    (c) Es zeigt die Bedeutsamkeit von Psalm 110.

1 Alttestamentliche Wurzeln

A. Die Entstehung der Priesterschaft

1. *Mose und Aaron waren aus dem Stamm Levi* (2. Mose 2, 1; 4, 14).
    (a) Aaron führte das Volk mit dem goldenen Kalb in die Apostasie[1] (2. Mose 32, 1-10.21ff.).
    (b) Aber die Söhne Levis stellten die Ehre des Herrn wieder her, indem sie viele bestraften, die ihn beleidigt hatten (2. Mose 32, 28).
        (1) Der Herr belohnte den Stamm Levi für diese Tat (2. Mose 32, 29).
        (2) Die Folge war: Dem Stamm Levi wurde die Verantwortung für den zeremoniellen Gottesdienst übertragen.

---

[1] Apostasie: Abfall von Gott.

2. *Die Leviten wurden der angesehenste Stamm im alten Israel.*
   (a) Sie hatten zwar kein Erbteil am Land Israel, trugen aber Verantwortung für die rechte Verehrung Gottes. Das schloss ein:
       (1) Die Stiftshütte und alles, was dazu gehörte.
       (2) Das Opfersystem.

B. Die Stiftshütte war transportabel

1. *Dies war die vorläufige Begegnungsstätte für Gott und sein Volk* (2. Mose 33,7-11).
2. *Die Stiftshütte und alles, was dazu gehörte, war von Mose errichtet, jedoch »nach dem Vorbild«, das ihm von Gott auf dem Sinai gezeigt worden war* (2. Mose 25, 40).
   (a) Am Eingang der Stiftshütte befand sich der Altar, auf welchem die Opfertiere geschlachtet wurden.
   (b) Die Stiftshütte selbst bestand aus zwei Teilen (vgl. Heb. 9, 2-5):
       (1) Ein vorderer Raum, das Heilige, in welchem sich der Leuchter, der Tisch und die geweihten Brote, die so genannten Schaubrote, befanden.
       (2) Ein Vorhang trennte das Heilige vom Allerheiligsten, in welchem die Bundeslade stand.
   (c) Die Bundeslade war ein rechteckiger, mit Gold überzogener Kasten aus Akazienholz.
       (1) Dieser war ungefähr 1, 25 Meter lang, 0, 75 Meter breit und 0, 75 Meter hoch.
       (2) Die Deckplatte wurde als Gnadenthron bezeichnet.

C. Der große Versöhnungstag (3. Mose 16)

1. *Nur der Hohe Priester durfte das Allerheiligste betreten.*
2. *Dies geschah einmal im Jahr — am großen Versöhnungstag — und niemals ohne Blut* (Heb. 9,7).

(a) Das Opfertier wurde auf dem Altar am Eingang der Stiftshütte geschlachtet.

(b) Der Hohe Priester ging hinter den Vorhang und sprengte
Blut auf den Gnadenthron.

D. Priester nach der Ordnung Melchisedeks (1. Mose 14 und Psalm 110)

1. Abraham gab Melchisedek, dem König von Salem, nach einem
überwältigenden Sieg den zehnten Teil von allem, was er erbeutet
hatte (1. Mose 14, 20).

2. David prophezeite das Kommen eines Priestertums »nach der
Ordnung Melchisedeks« (Ps. 110, 4).

2 Neutestamentliche Erfüllung

A. Jesus ist im Brief an die Hebräer in zweifacher Weise dargestellt.

1. *Als das für die Sünde geschlachtete Opferlamm* (Heb. 9, 28).

(a) Er starb an einem Kreuz und vergoss sein kostbares Blut.

(b) So war er »das Lamm Gottes, das die Sünde der Welt weg-
nimmt« (Joh. 1, 29).

2. *Als Hoher Priester* (Heb. 9, 11).

(a) Er betrat »das große, vollkommene Heiligtum im Himmel ..., das nicht von Menschen erbaut wurde und nicht Teil
dieser Schöpfung ist. Ein einziges Mal brachte er Blut in jenes
Allerheiligste, ... durch das er uns die Rettung brachte, die
für alle Zeiten gilt.« (Heb. 9, 11-12)

(b) Dies wurde nicht Jahr für Jahr wiederholt, sondern geschah
»ein für alle Mal« (Heb. 9, 26).

B. Dabei blieb aber für den Autor des Hebräerbriefes noch ein Problem zu lösen.

1. *Jesus war nicht aus dem Stamm Levi, sondern aus dem Stamm Juda* (Heb. 7,14).
2. *Jesus kam, um Psalm 110,4 zu erfüllen, »nach der Ordnung Melchisedeks«* (Heb. 7,15-22).
   (a) Das beweist, dass das levitische Priestertum vorübergehender Natur war (Heb. 7,18).
   (b) Das Priestertum Melchisedeks war dasjenige, welches die alte Ordnung für immer dauerhaft ersetzen sollte (Heb. 7,21).

C. Als Jesus am Kreuz starb, riss der Vorhang im Tempel »von oben bis unten in zwei Teile« (Mt. 27,51).

1. Dies zeigt, wie Gott über das dachte, was Jesus tat.
2. Dies zeigt auch, dass die alte Ordnung aufgehört hatte.

D. Nachdem Jesus von den Toten auferstanden war, nahm er seinen Platz zur rechten Gottes ein.

1. Damit war Psalm 110 erfüllt.
2. Jesus ist bis heute zur Rechten Gottes als unser großer Hoher Priester (Heb. 4,14).

3 Das Wesen der Fürbitte Christi

A. Fürbitte bedeutet: für jemand anders eintreten (intervenieren).

1. *Intervenieren bedeutet: mit Worten oder Taten dazwischentreten.*
   (a) Deshalb ist der richtige Zeitpunkt entscheidend.

(b) Das Wesen dessen, was getan wird, ist entscheidend:
(1) Wer es ist, der interveniert, und welchen Einfluss er hat.
(2) Was er sagt, kann einen Unterschied machen.

2. *Fürbitte und Vermitteln kann hier austauschbar gebraucht werden.*
(a) Beide Worte setzen zwei miteinander zu versöhnende Parteien voraus.
(b) Eine weitere Voraussetzung ist die, dass der Fürbitter bzw. Vermittler bei beiden Konfliktparteien Einfluss hat.
(1) Einfluss bei der Seite, der Unrecht geschehen ist.
(2) Einfluss bei dem, der Unrecht getan hat.

B. Die Fürbitte Christi ist einzigartig.

1. *Er allein hat auf beide Parteien Einfluss* (1. Tim. 2, 5).
(a) Auf denjenigen, dem Unrecht geschehen ist — Gott.
(b) Auf die, die Unrecht getan haben — uns.

2. *Er ist die einzige Person, die überhaupt dafür in Frage kommen konnte.*
(a) Niemand auf Erden konnte den von Gott geforderten Standard erreichen.
(1) Jesus allein ist würdig (Off. 5, 3-5).
(2) Jesus ist der einzige Weg zu Gott (Joh. 14, 6; Apg. 4, 12).
(b) Keine andere Person konnte sich mit unserem Problem identifizieren.
(1) »An seinem eigenen Körper hat er unsere Sünden an das Kreuz hinaufgetragen.« (1. Petr. 2, 24)
(2) Er versteht unser Wesen, unser Fühlen und Denken (Heb. 2, 18; 4, 15).
(c) Jesus hat Zugang zum Vater.
(1) Er ist in das Allerheiligste eingetreten, »in den Himmel selbst« (Heb. 9, 24).
(2) Er ist dort geblieben, seit er aufgefahren ist (Heb. 10, 12-13).

C. Was genau tut Jesus jetzt?

1. *Er führt den verborgenen Willen Gottes aus.*
   - (a) Der Hohe Priester des Alten Bundes folgte einem genau festgelegten Plan.
     - (1) Er konnte nicht einfach tun, was er persönlich für richtig hielt.
     - (2) Er musste sich genau an die Vorschriften halten.
   - (b) Auch als Jesus auf Erden war, war er sozusagen nicht sein eigener Herr.
     - (1) »Daraufhin erwiderte Jesus: Ich versichere euch: Der Sohn kann nichts aus sich heraus tun. Er tut nur, was er den Vater tun sieht. Was immer der Vater tut, das tut auch der Sohn.« (Joh. 5, 19)
     - (2) »Doch ich tue nichts, ohne den Vater zu fragen, sondern richte, wie er mir rät. Und mein Urteil ist vollkommen gerecht, weil es nicht meinem, sondern dem Willen des Vaters entspricht, der mich gesandt hat; ich richte nicht aus mir selbst heraus.« (Joh. 5, 30)
   - (c) Dieser Gehorsam bleibt auch zur Rechten Gottes bestehen.
     - (1) Jesus denkt sich nicht selbst aus, was er tun oder für wen er beten soll.
     - (2) Er führt Gottes verborgenen Willen aus.

2. *Er betet für die, die ihm der Vater gegeben hat.*
   - (a) »Alle aber, die der Vater mir gegeben hat, werden zu mir kommen, und ich werde sie nicht zurückweisen oder hinausstoßen.« (Joh. 6, 37)
   - (b) Für diejenigen, die dem Sohn gegeben sind, für Gottes Erwählte, hält Christus Fürbitte.
     - (1) »Mein Gebet gilt nicht der Welt, sondern denen, die du mir gegeben hast, weil sie dir gehören.« (Joh. 17, 9)
     - (2) Sie allein sind diejenigen, denen die Fürbitte Christi gilt.
   - (c) Weshalb jemand glaubt, wird durch die Fürbitte Christi erklärt.

(1) Niemand würde jemals in sich selbst oder aus sich selbst heraus glauben.

(2) Wir sind geistlich tot geboren in Übertretungen und Sünden (Eph. 2, 1).

(d) Der Sohn sendet den Geist, um Gottes erwähltem Volk Leben zu schenken.

(1) Der Sohn gehorcht dem Vater (Joh. 5, 19.30).

(2) Der Geist gehorcht dem Sohn (Joh. 14, 16; 15, 26; 16, 7.13-15).

3. *Jesus* bringt zur Anwendung, *was er am Kreuz getan hat* (Heb. 9, 11-12.24ff.).

(a) Er hat sein Blut öffentlich vergossen.

(1) Seine Kreuzigung war sichtbar (Mt. 27, 35-36.39).

(2) Das Schlachten des Opfertieres geschah sichtbar auf dem Altar (3. Mose 16, 3-7).

(b) Seine Fürbitte geschieht im Verborgenen, nicht sichtbar.

(1) Er ging ins Innere, hinter den Vorhang (Heb. 6, 19).

(2) Was der Hohe Priester im Alten Bund tat war, das Blut »hinter dem Vorhang« anzuwenden (3. Mose 16, 15).

(c) Sühne ist nicht schon dann wirksam vollzogen, wenn das Blut des Opfers fließt, sondern erst, wenn dieses Blut *zur Anwendung gebracht* ist.

(1) Jesus starb für alle — aber nicht alle sind gerettet.

(2) Was Jesus am Kreuz tat, muss angewendet werden (Joh. 3, 16).

(d) Die Anwendung des Werkes Jesu am Kreuz erfolgt also in dieser Reihenfolge:

(1) Jesus betet für die, die erwählt worden sind.

(2) Der Heilige Geist bewirkt Glauben in den von Gott Erwählten.

(3) Diejenigen, in denen der Geist gewirkt hat, glauben.

(e) Sobald eine Person zum Glauben gekommen ist, können wir davon ausgehen, dass das Blut Christi *zur Anwendung gekommen* ist.

(1) Der Tod Jesu ist *eine* Sache; er *stellt* sozusagen die Rettung *zur Verfügung*.

(2) Seine Fürbitte eine *andere*; sie *bringt* die Rettung *zur Anwendung*.

(3) Alles, was Jesus für die Rettung der Menschheit getan hat, bleibt wertlos für uns, solange wir nicht glauben.

(4) Niemand ist automatisch durch den Tod Jesu gerettet; das ist der Grund, weshalb er unser großer Hoher Priester werden musste.

4. *Jesus* unterstützt und bewahrt *sein Volk durch seine unablässige Fürbitte.*

  (a) Sein Gebet ist, dass niemand verloren gehe (Joh. 17, 11-12).

  (b) Seine Gebete sind erhört!

    (1) Er betet mit einem vollkommenen Glauben.

    (2) Paulus konnte sagen: »Ich lebe durch den Glauben *des* Sohnes Gottes.« (Gal. 2, 20[2])

  (c) Unsere ewige Sicherheit ist durch die Fürbitte Christi garantiert.

    (1) »Wer sollte uns verurteilen? Christus Jesus selbst ist ja für uns gestorben. Mehr noch, er ist der Auferstandene. Er sitzt auf dem Ehrenplatz zur rechten Seite Gottes und tritt für uns ein.« (Röm. 8, 34)

    (2) »Deshalb kann er auch für immer [Oder: völlig] alle retten. Er lebt ewig und wird vor Gott für sie eintreten.« (Heb. 7, 25)

  (d) Solange Jesus für uns betet, können wir gewiss sein, dass wir nicht verloren gehen können.

    (1) Seine Fürbitte hört nie auf!

    (2) Daher können wir nie verloren gehen!

  (e) Frage: Woher wissen wir mit Gewissheit, dass Jesus für uns als einzelne betet? Antwort:

---

[2] Übersetzung nach dem englischen Text (AV). Die meisten Bibelübersetzungen übersetzen Gal. 2, 20 allerdings nicht im Sinn eines genitivus subiectivus, sondern als genitivus obiectivus: »lebe ich im Glauben an den Sohn Gottes« (Schlachter; so auch Lu84).

(1) Wir beginnen, indem wir auf das Kreuz schauen; denn dort hat Jesus Rettung für *alle* zur Verfügung gestellt.

(2) Wir hätten nicht zum Kreuz geführt werden können, außer durch den Geist, der in uns wirksam war.

(3) C. H. Spurgeon sagte: »Frage nicht: Bin ich erwählt? Frage vielmehr: Glaube ich?«

(4) All dies ist zusammengefasst in Hebräer 7, 25.

(5) Diejenigen, die durch Jesus zu Gott kommen, sind gerettet; keiner, der zu Jesus kommt, wird jemals zurückgewiesen (Joh. 6, 37).

4 Die Bedeutsamkeit der Fürbitte und des Gebetes Christi

A. Durch das Blut Jesu haben wir freien, direkten Zutritt zu Gottes Gegenwart (Heb. 10,19-21).

1. *Was der Hohe Priester im Alten Bund nur einmal im Jahr tun durfte, können wir heute jederzeit tun.*

   (a) Doch nur unter *einer* Bedingung: durch Blut.

      (1) Der Hohe Priester betrat das Allerheiligste niemals ohne Blut (Heb. 9, 7). An diesem Punkt hat sich nichts geändert.

   (b) Deshalb haben wir freien Zutritt in das Allerheiligste — den Himmel selbst —, doch nie ohne Blut.

      (1) Wir müssen uns also immer bewusst sein, dass wir durch das Blut Jesu in Gottes Gegenwart kommen.

      (2) Die unablässige Fürbitte Christi geschieht auf der Grundlage seines eigenen Blutes.

2. *Deshalb müssen wir uns, wenn wir beten, dreier Dinge bewusst sein:*

   (a) Dass wir nie über die Notwendigkeit eines Mittlers hinauswachsen (1. Tim. 2, 5).

   (b) Dass wir durch Jesus zu Gott kommen (Joh. 14, 6).

(c) Dass unser Zutritt zu Gott ermöglicht ist durch das Blut, das Jesus am Kreuz vergossen hat und das er auf den himmlischen Gnadenthron gesprengt hat.

B. Wenn wir beten, müssen wir in Jesu Namen beten – oder zumindest das Verdienst seines Namens in Anspruch nehmen.

1. *In einer früheren Lektion haben wir gelernt:*
   (a) Beten im Namen Jesu bedeutet, an Jesu Stelle zu Gott zu reden, als ob wir *für* Jesus sprechen.
   (b) Dies setzt voraus, dass wir im Geist beten und bewusst über den Willen Gottes nachdenken.

2. *Wir wissen jedoch nicht immer, was der Wille Gottes ist* (Röm. 8, 26-27).
   (a) Wenn wir *wissen*, was der Wille Gottes ist, werden wir auch wissen, dass wir bekommen, worum wir beten (1. Joh. 5, 14-15).
   (b) Wenn wir aber den Willen Gottes nicht kennen, können wir immer das *Verdienst* des Namens Jesu in Anspruch nehmen, selbst wenn wir nicht wissen, ob das, was wir sagen, dem Willen Jesu entspricht.

C. Hinter all dem steht die unveränderliche Wahrheit, dass die Fürbitte Christi immer dem Willen des Vaters entsprechen wird.

1. *Jesus tritt nie außerhalb des Willens des Vaters für etwas ein.*
2. *Jesus betet immer im Willen Gottes.*
3. *Auch wir müssen im Willen Gottes beten, wenn wir etwas bekommen wollen.*
   (a) Es mag sein, dass wir nicht *wissen*, ob wir im Willen Gottes beten.

(1) Deshalb heißt es in 1. Johannes 5, 14 - 15 »wenn«.

(2) Dies ist ein großes »wenn«, und dennoch sollten wir die Hoffnung haben, dass das bei jedem von uns der Fall sein wird!

(b) Aber selbst wenn wir nicht *wissen*, ob wir im Willen Gottes beten, *wird* dieses Gebet erhört werden, wenn es im Willen Gottes ist.

(1) Jedes Gebet, das im Willen Gottes ist, wird erhört werden.

(2) Das einzige Gebet, das Erhörung findet, ist jenes Gebet, welches im Willen Gottes ist.

4. *Wir werden Gott nicht den Arm verdrehen können, sodass er gegen seinen eigenen Willen für uns handelt. Er weiß, was richtig und gut für uns ist.*

Schlussbemerkung

Die alte levitische Ordnung des Priestertums gehört der Vergangenheit an. Jesus ist für immer unser Hoher Priester und unser Opferlamm. Er ist ein Mittler, der mit uns mitfühlen kann, ein Hoher Priester, der unsere Nöte und Schwächen kennt und der unsere Anliegen filtern wird, sodass er nur die Anliegen zum Vater durchgehen lässt, die für ihn annehmbar sind. Das *eine* Gebet, bei dem wir ganz gewiss sein können, dass es erhört worden ist, ist, dass wir nie verloren sein werden (Heb. 7, 25).

18

Der Mensch, die Sünde und
die Erlösung

Einleitung

**A. Diese Lektion kann angemessen auch als Theologie in
Reinstform bezeichnet werden.**

1. *Von Zeit zu Zeit müssen wir die wesentlichen Fragen berühren.*

    (a) Das vorliegende Thema ist vermutlich das wichtigste von
    allen.

    (1) Es gab die Ansicht, dass Christologie (die Lehre über
    Christus) wichtiger sei.

    (2) Aber diese Lektion schließt in Wahrheit auch die Chri-
    stologie ein; darüber hinaus setzt es voraus, dass unsere
    Lehre über Christus bereits korrekt ist!

    (b) Es behandelt *den* Grund, aus dem Gott seinen Sohn in die
    Welt gesandt hat.

    (c) Es befasst sich mit dem Zustand unserer eigenen Seelen –
    wo wir die Ewigkeit verbringen werden.

    (1) Wenn es einen Himmel und eine Hölle gibt, und wir
    nach unserem Tod unwiderruflich und unwiederbring-
    lich hierhin oder dorthin kommen, dann ist nichts wich-
    tiger, als in den Himmel zu kommen.

    (2) Wir müssen wissen, dass wir gerettet sind.

B. Soteriologie: Die Lehre von der Erlösung bzw. Rettung

1. *Der Begriff kommt von zwei griechischen Worten:* (a) *Soter –*
»Retter«; (b) *Logos –* »Wort«.

2. *In der Soteriologie geht es um zwei Fragen:*
   (a) Muss der Mensch erlöst werden? (b) Wenn ja, wie?

3. *»Gerettet« gilt heutzutage als altmodisches Wort.*
   (a) Manche sprechen von »bekehrt« oder »hingegeben« sein.
   (b) Die Bibel spricht ganz unverhohlen von »gerettet« sein.
       (1) »Sie wird einen Sohn zur Welt bringen. Du sollst ihm
           den Namen Jesus[1] geben, denn er wird sein Volk von
           allen Sünden befreien.« (Mt. 1, 21)
       (2) »Das beste Zeugnis für mich stammt jedoch nicht von
           einem Menschen; ich habe euch nur an das Zeugnis
           von Johannes erinnert, damit ihr gerettet werdet.« (Joh.
           5, 34)
       (3) »Und in keinem andern ist das Heil, auch ist kein ande-
           rer Name unter dem Himmel den Menschen gegeben,
           durch den wir sollen selig werden.« (Apg. 4, 12 Lu84)
       (4) »Dann führte er sie hinaus und fragte: Ihr Herren, was
           muss ich tun, um gerettet zu werden?« (Apg. 16, 30)
       (5) »Wenn du mit deinem Mund bekennst, dass Jesus der
           Herr ist, und wenn du in deinem Herzen glaubst, dass
           Gott ihn von den Toten auferweckt hat, so wirst du
           gerettet werden.« (Röm. 10, 9)

**C. Diese Lektion wird einen umfassenden Überblick
über die biblische Heilsgeschichte geben.**

1. *»Rettung« und »Erlösung« sind austauschbare Begriffe, aber jeder
   hat seine eigene spezifische Bedeutung.*
   (a) Rettung: gerettet sein vor dem Zorn Gottes (Röm. 5, 9).
   Dies schließt notwendigerweise das Gerettetsein vor der
   Strafe für die Sünde und aus der Macht der Sünde mit ein.
   (b) Erlösung: zurückgekauft sein. Dies nimmt darauf Bezug,
   dass das Blut Christi uns aus dem Zustand der Verlorenheit
   zurückgekauft hat, in den wir hineingeboren worden waren.

---

[1] Jesus bedeutet: Der Herr rettet.

2. *Um die Notwendigkeit von Rettung und Erlösung zu verstehen,*
   müssen wir einen Blick auf die Lehre vom Menschen werfen:
   (a) Der Mensch, wie er geschaffen worden war — sein ursprüng-
       licher Zustand vor dem Sündenfall.
   (b) Der Mensch, wie er wurde, nachdem die Sünde da war —
       sein Zustand nach dem Sündenfall.
       (1) Der Sündenfall: Der Augenblick der Sünde Adams im
           Garten Eden.
       (2) Der Garten Eden war ein Ort auf der Landkarte; der
           Sündenfall war ein Datum in der Geschichte.

D. Der erste große Theologe, der nach dem Apostel Paulus eine Theologie der Sünde und Erlösung entwickelte, war der Kirchenvater Augustinus (354-430).

1. *Als Augustinus gefragt wurde, warum sich niemand seit Paulus mit*
   diesem Thema befasst hatte, gab er zur Antwort: »Bisher musste
   niemand der Irrlehre des Pelagius entgegentreten« (ca. 400).
   (a) Pelagius, ein iro-schottischer Mönch, war ungehalten, als er
       Augustinus' berühmtes Gebet las: »Gib, was du befiehlst,
       und befiehl, was du willst.« Daraufhin schrieb er einen Trak-
       tat, in dem er gegen die prädestinatianischen Implikationen
       in Augustinus' Denken zu Felde zog.
   (b) Augustinus reagierte auf Pelagius. Das Ergebnis war die
       erste große Abhandlung zum Thema Sünde und Erlösung.
   (c) Von da an war die Lehre von der Erlösung im Lauf der Kir-
       chengeschichte nie wieder dieselbe. Man war entweder
       »augustinisch« oder »semi-pelagianisch«[2].

---

[2] *Semipelagianismus* (lat.), von semi = halb; »Halbpelagianismus«, eine im 5. Jh.
n. Chr. aufgekommene Lehre, die zwar gegen Pelagius die Erbsünde lehrte, aber
gegen den Augustinismus mit Pelagius die Freiheit der Glaubensentscheidung und die
Möglichkeit des Heils für alle Menschen festhielt. Nah verwandt ist dem Semipelagianismus der *Arminianismus*, der die Prädestinationslehre ablehnt und nach *Jakob Arminius* (1560-1609) benannt ist. Siehe dazu auch die Fußnote in Kapitel 7, Einleitung C.
2. (b) (1).

2. *Die Soteriologie des Augustinus kann ganz allgemein mit seinen berühmten »vier heilsgeschichtlichen Stufen« des Menschen zusammengefasst werden.*

(a) Posse peccare – »sündigen können«.

(1) Dies ist der Mensch, wie er geschaffen worden war – sein Zustand vor dem Sündenfall.

(2) Demnach war er sündlos geschaffen, hatte aber die Möglichkeit zu sündigen.

(b) Non posse non peccare – »unfähig, nicht zu sündigen«.

(1) Dies ist der Mensch nach dem Sündenfall.

(2) Demnach war der Mensch nicht in der Lage, etwas anderes als Sünde zu tun, nachdem die Sünde ihren Anfang genommen hatte; ein Zustand, in den alle Menschen hineingeboren wurden.

(3) Wichtig für uns ist zu beachten: Pelagius ging davon aus, dass alle Menschen im selben Zustand geboren werden, wie Adam vor dem Sündenfall war.

(c) Posse non peccare – »nicht sündigen müssen«.

(1) Dies ist der Zustand des geretteten Menschen.

(2) Demnach war der Mensch durch die Kraft des Heiligen Geistes in der Lage, nicht zu sündigen.

(d) Non posse peccare – »nicht sündigen können«.

(1) Dies ist der Zustand des verherrlichten Menschen (Röm. 8, 30).

(2) Im Himmel wird der Mensch nicht mehr fähig sein zu sündigen.

E. Warum ist diese Lektion wichtig?

1. *Es ist absolut notwendig, dass wir ein richtiges Verständnis von diesem Aspekt der Theologie besitzen.*

2. *Unsere Soteriologie setzt eine korrekte Christologie voraus.*

(a) Wir können eine korrekte Christologie und eine falsche Soteriologie haben.

(b) Aber eine korrekte Soteriologie setzt fast sicher eine korrekte Christologie voraus.

3. *Wenn es darum geht, anderen gegenüber Zeugnis zu geben, sollten wir uns der Lehre von der Erlösung besser sicher sein!*

1 Der Mensch vor dem Sündenfall

A. Der Mensch war nach dem Abbild Gottes geschaffen (1. Mose 1,26-27).

1. *Ein geistliches Wesen. Manchmal sprechen wir von diesem Aspekt des Menschseins als Gewissen.*

   (a) Das bedeutet, der Mensch wurde mit *mehr* als den fünf körperlichen Sinnen (Sehen, Riechen, Tasten, Hören, Schmecken) ausgestattet.

   (b) Ihm war ein Verlangen ins Herz gegeben, den Schöpfer anzubeten.

      (1) Er hatte ungetrübte Gemeinschaft mit Gott und unterhielt sich mit Gott.

2. *Freier Wille:* »Und Gott der Herr gebot dem Menschen und sprach: Du sollst essen von allen Bäumen des Gartens; aber von dem Baum der Erkenntnis des Guten und des Bösen sollst du nicht essen; denn welchen Tages du davon issest, musst du unbedingt sterben!« (1. Mose 2,16-17)

   (a) In seinem ursprünglichen, nicht gefallenen Zustand hatte der Mensch das Vermögen zu wählen.

   (b) Er war »fähig zu sündigen«.

3. *Unsterblichkeit*

   (a) Gott allein ist unsterblich (1. Tim. 6,16).

   (b) Und doch verlieh Gott dem Menschen, als er geschaffen wurde, Unsterblichkeit. Das gehörte wesentlich zu seiner Gott-Ebenbildlichkeit (1. Mose 2,17).

4. *Verstand*

   (a) Der Mensch war über alle anderen Geschöpfe gesetzt (1. Mose 1,28).

(b) Gott ließ den Menschen den Tieren ihre Namen geben (1. Mose 2, 19-20).

5. *Arbeit und Verantwortung*
   (a) Zum Menschen in seinem ursprünglichen, nicht gefallenen Zustand gehörte wesentlich auch die Fähigkeit zu arbeiten (1. Mose 2, 15).
   (b) Für den Menschen in seinem nicht gefallenen Zustand hatte Arbeit jedoch nichts Schweres oder Ermüdendes an sich.

B. Der Mensch war unschuldig und sündlos geschaffen (1. Mose 2,25).

1. Unschuld: Ohne jede Schuld oder Scham.
2. Der Mensch war nicht sündhaft geschaffen, sondern ohne jede wie auch immer geartete Sünde.

C. Wir haben zu beachten: In Bezug auf den Menschen vor dem Sündenfall gibt es noch eine Menge mehr zu untersuchen, zum Beispiel:

1. Das Bedürfnis nach irdischer Gemeinschaft (1. Mose 2, 18).
2. Die Implikationen der unterschiedlichen Rollen von Mann und Frau (1. Mose 2, 23-24).

2 Der Mensch nach dem Sündenfall: Das Aufkommen der Sünde

A. Das unglückselige Ereignis, das zur Sünde des Menschen führte, wird uns in 1. Mose 3,1-7 berichtet.

1. Der Teufel kam zu Eva in Gestalt einer Schlange (Vers 1).
2. Der Teufel verdrehte das, was Gott zum Menschen gesagt hatte (Verse 1-5).

3. Eva gab der Versuchung nach (Vers 6).
4. Adam folgte ihr (Vers 6).

B. Die Folge ihrer Sünde

1. *Tod* (1. Mose 2, 17; Röm. 6, 23).
   (a) In dem Augenblick, in dem sie aßen, setzte der Tod ein.
      (1) Zwar lebten sie noch eine gute Weile weiter.
      (2) Aber es war nur eine Frage der Zeit, wann sie sterben würden.
   (b) Der geistliche Tod betrat die Bühne (Eph. 2, 1-3).

2. *Scham* (1. Mose 3, 8).
   (a) Bevor sie sündigten, waren sie sich ihrer Nacktheit nicht bewusst.
   (b) Unmittelbar nachdem sie gesündigt hatten, empfanden sie ein Bedürfnis, ihre Körper zu bedecken (1. Mose 3, 7).

3. *Weigerung, Verantwortung zu übernehmen (aufgrund von Selbstgerechtigkeit)* (1. Mose 3, 12-13).
   (a) Adam gab Eva die Schuld;
   (b) Eva schob die Schuld auf die Schlange.

4. *Furcht* (1. Mose 3, 10).
5. *Wir haben zu beachten: Es gibt noch andere Folgen des Sündenfalls; zum Beispiel:*
   (a) Die Strafe für die Frau (1. Mose 3, 16).
   (b) Die Strafe für den Mann (1. Mose 3, 19).
   (c) Die Strafe für die übrige Schöpfung (1. Mose 3, 17ff.).
      (1) Der Ackerboden ist verflucht.
      (2) Es gibt allen Grund zu der Annahme, dass die gesamte irdische Schöpfung in Mitleidenschaft gezogen war (Röm. 8, 20ff.).

C. Weitere Folgen des Sündenfalls

1. *Das ganze Menschengeschlecht fiel als Folge der Sünde unserer Ureltern:* »Die Sünde kam durch einen einzigen Menschen in die Welt — Adam. Als Folge davon kam der Tod, und der Tod ergriff alle, weil alle sündigten. Ja, die Menschen sündigten schon, bevor ihnen das Gesetz gegeben wurde.« (Röm. 5, 12-13a)

   (a) Dies bedeutet: Alle nach Adam und Eva Geborenen erbten von ihnen den Zustand, den Adam und Eva *nach* dem Sündenfall innehatten, nicht den, den sie davor hatten (gegen Pelagius).

   (1) Kein Mensch wurde jemals so geboren, wie Adam in seinem ursprünglichen Zustand vor dem Sündenfall war.

   (2) Der Mensch erbt Adams Tod, Scham, Selbstgerechtigkeit und Furcht.

   (b) In einem Wort: Wir sind nicht Sünder, weil wir sündigen; wir sündigen, weil wir als Sünder geboren wurden.

   (1) »Denn ich war ein Sünder — von dem Augenblick an, da meine Mutter mich empfing.«

   (2) »Diese Gottlosen sind als Sünder geboren, von Geburt an haben sie gelogen und sind ihren eigenen Weg gegangen.« (Ps. 58, 4).

2. *Das Bild Gottes im Menschen ist entstellt bzw. verdorben.*

   (a) Es wurde nicht völlig ausgelöscht, aber ganz ernsthaft beschädigt.

   (b) Dies bedeutet, dass es einen Rest des Bildes Gottes im Menschen gibt, aber nicht wie es vor dem Sündenfall war.

   (1) Der Mensch hat immer noch ein Gewissen; in jedem Menschen gibt es eine »nach Gott geformte Leerstelle« (Pascal).

   (2) Der Mensch ist immer noch bis zu einem gewissen Ausmaß durch Christus erleuchtet (Joh. 1, 9).

   (3) Aber das Gewissen des Menschen ist nicht in der Lage zu retten.

3. *Der freie Wille, so wie Adam ihn einst hatte, ist verwirkt. Kann der Mensch sich in moralischer Hinsicht frei entscheiden?*
   (a) Der Mensch ist der Sünde unterworfen; er ist schwerlich frei zu nennen (Eph. 2, 1).
   (b) Der Mensch ist nicht gut; er ist »voller Flüche und bitterer Worte« (Röm. 3, 14; vgl. Ps. 10, 7).
   (c) Der Mensch ist in Bezug auf seine Rettung nicht selbst der aktiv Handelnde; es ist der Heilige Geist, der den Menschen zieht (Joh. 6, 44).
   (d) Wir haben zu beachten: Um diesen Punkt gleichsam zum Abschluss zu bringen, »vertrieb Gott den Menschen und ließ östlich vom Garten Eden die Cherubim lagern mit dem gezückten flammenden Schwert, zu bewahren den Weg zum Baume des Lebens« (1. Mose 3, 24).
   (e) Kurz: Der Mensch war »unfähig, nicht zu sündigen«.

3 Erlösung bzw. Rettung

A. Die erste Verheißung der Rettung ist in 1. Mose 3,15 zu finden: »Und ich will Feindschaft setzen zwischen dir und der Frau, zwischen deinem Nachkommen und ihrem Nachkommen; derselbe soll dir den Kopf zertreten, und du wirst ihn in die Ferse stechen.«[3]

1. *Dieses Wort war an die Schlange gerichtet.*
2. *Es war die Verheißung, dass Jesus an einem Kreuz sterben würde.*
   (a) Gott hätte auch die Entscheidung treffen können, den Menschen zugrunde gehen zu lassen oder den Teufel an Ort und Stelle völlig zu vernichten.
   (b) Statt dessen wählte er den Weg, einen Erlöser zu senden und dem Bösen schrittweise zu begegnen.

---

[3] Übersetzung nach dem englischen Text (NIV).

3. *Der erste Hinweis auf Gottes Liebe und darauf, wie er uns retten würde, war, als er »Adam und seiner Frau Pelzröcke machte und sie bekleidete« (1. Mose 3, 21).*
   (a) Die Pelzröcke bedeuteten:
   (1) Das Opfer eines Stellvertreters.
   (2) Das Vergießen von Blut.
   (b) Das Bekleiden deutete die Bedeckung mit Gerechtigkeit an, die gebraucht werden würde.

B. Die Geschichte der Erlösung[4] im Alten Testament

1. *Abel* (Heb. 11, 4).
2. *Abraham.*
   (a) Das Evangelium war Abraham verkündet worden (Gal. 3, 8).
   (b) Abraham sah den Tag Jesu und freute sich (Joh. 8, 56).

3. *Das Gesetz* (Röm. 5, 20).
   (a) Das Opfersystem war ausdrücklich eingeführt.
   (b) Dies wies auf die Erfüllung des Gesetzes in Christus hin (Gal. 3, 24).

C. Das Kommen des Erlösers (Gal. 4, 4ff.)

1. *Jesus wurde von einer Jungfrau geboren.*
   (a) Er war Mensch – so, als ob er nicht auch Gott gewesen wäre (Heb. 5, 8).
   (b) Er war Gott – so, als ob er nicht auch Mensch gewesen wäre (Joh. 1, 1).

2. *Jesus versprach, das Gesetz zu erfüllen* (Mt. 5, 17).
   (a) Dies bedeutete, dass er die erste Person sein würde, die nie gesündigt hatte.

---

[4] Statt Geschichte der Erlösung können wir auch *Heilsgeschichte* sagen.

(1) Denn niemand hatte das Gesetz gehalten (Apg. 15, 10; Röm. 3, 23).

(2) Jesus hat nie gesündigt (2. Kor. 5, 21; Heb. 4, 15).

(b) Er sagte am Kreuz: »Es ist vollbracht!« (Joh. 19, 30)

    (1) Dies bedeutete, dass das, wozu er gesandt war, geistliche Frucht bringt.

    (2) Es bedeutete, dass unsere Schuld von ihm bezahlt worden war.

3. *Drei Dinge waren notwendig, um die Menschheit zu retten.*

(a) Opfer: das Vergießen von Blut.

    (1) Dies bedeutete, dass Erlösung bzw. Rettung nicht in der Hand des Menschen lag.

    (2) Dies bedeutete, dass die schattenhaften Vorbilder der Opfer unter dem Gesetz noch ihre letzte Erfüllung finden mussten (Heb. 10, 1ff.).

    (3) Der Herr Jesus Christus hat beides vollbracht.

(b) Stellvertretung: die Stelle des Menschen einnehmen.

    (1) Dies erforderte ein vollkommenes, sündloses Leben.

    (2) Dies erforderte ein vollkommenes Opfer im Tod.

    (3) Der Herr Jesus Christus hat beides erfüllt.

(c) Sühne (Satisfaktion): Gott besänftigen.

    (1) Dies machte erforderlich, dass einem heiligen Gott, was seine Gerechtigkeit angeht, Genüge getan wird.

    (2) Dies machte erforderlich, dass der Zorn eines heiligen Gottes besänftigt wird.

    (3) Der Herr Jesus Christus hat beides erfüllt.

D. Die Notwendigkeit des Glaubens (Röm. 3,22)

1. *Wir würden es sicher begrüßen, wenn es in Römer 1, 17 geheißen hätte: die Gerechtigkeit Gottes ist offenbart aus Glauben.*

(a) Wäre dies der Fall gewesen, dann hätte die Person und das Werk Jesu Christi allein schon Rettung für alle garantiert.

    (1) Jesus Christus ist für alle gestorben (2. Kor. 5, 15; Heb. 2, 9).

(2) Aber wir wissen, dass nicht alle gerettet sind.

(b) Der Grund hierfür ist, dass die Gerechtigkeit Gottes geoffenbart ist »aus Glauben zum Glauben« (Röm. 1, 17 — wie es vom Griechischen her heißen muss).

(1) Dies bedeutet, dass das, was Jesus tat, nicht ausreichend war, um in und aus sich selbst zu retten — so hat Gott es selbst verfügt.

(2) Unser Glaube muss sich mit dem, was Jesus tat, verbinden — sonst werden wir nicht gerettet.

2. *Aber die Gerechtigkeit Gottes kommt nur »zu allen, die glauben«* (Röm. 3, 22; Joh. 3, 16).

(a) Wenn wir glauben, sind wir gerettet (Joh. 5, 24).

(b) Wenn wir nicht glauben, sind wir gerichtet (Joh. 3, 18.36).

E. Die Notwendigkeit der Verkündigung (1. Kor. 1,21)

1. *Niemand glaubt, ohne dass ihm jemand das Evangelium von Jesus bezeugt hat* (Röm. 10, 14).

2. *Uns ist aufgetragen, allen das Evangelium zu bezeugen* (Mt. 28, 19; 2. Kor. 5, 20).

(a) Wenn unsere Sicht der Rettung uns nicht dazu führt, den Verlorenen das Evangelium zu bezeugen, sind wir ungehorsam gegenüber Christus.

(b) Wenn wir in unserer Theologie ausgewogen sind, werden wir unmöglich sagen können, was für uns wichtiger ist:

(1) Eine gesunde Theologie zu vertreten — oder

(2) in unserem Zeugnisgeben gehorsam zu sein.

F. Die Notwendigkeit, dass uns der Glaube geschenkt wird (Eph. 2,8)

1. *Der Mensch kann nicht in und aus sich selbst heraus glauben.*

(a) Er ist »geistlich tot« geboren (Eph. 2, 1-5).

(b) Jesus sagte: »Niemand kann zu mir kommen, wenn der Vater, der mich gesandt hat, ihn nicht zu mir zieht.« (Joh. 6, 44)

2. *Was notwendig ist, ist eine Neu-Schöpfung. Wir müssen unbedingt wiedergeboren werden.*
   (a) Wir waren machtlos und passiv bei unserer natürlichen Geburt.
   (b) In gleicher Weise sind wir machtlos und passiv bei unserer geistlichen Geburt (Joh. 1, 13).
   (c) Neu-Schöpfung (Wiedergeburt) ist das Werk des Heiligen Geistes.
       (1) Es ist etwas, was Gott »anfangen« muss (Phil. 1, 6).
       (2) Es ist allein durch den Geist wirksam (1. Thess. 2, 13; 2. Thess. 2, 13).
   (d) In einem Wort: Glaube ist Gottes Gabe.

3. *Wer glaubt?*
   (a) Diejenigen, die Jesus vom Vater gegeben wurden (Joh. 6, 37).
   (b) Diejenigen, die zum ewigen Leben bestimmt sind (Apg. 13, 48).
   (c) Diejenigen, die vorherbestimmt und berufen sind (Röm. 8, 30).

4. *Was geschieht den Gläubigen?*
   (a) Ihnen wird Gerechtigkeit »angerechnet (zugeschrieben)« (Röm. 4, 1-12).
   (b) Sie werden bewahrt (Joh. 6, 37.44; 10, 28).
   (c) Sie werden in die Lage versetzt, nicht zu sündigen (Röm. 6, 1-22). »Nicht sündigen müssen«.

G. Die Notwendigkeit, verherrlicht zu werden (Röm. 8,30)

1. *Gott hätte verfügen können, dass alle, die gerettet sind, nicht nur geheiligt, sondern zugleich auch verherrlicht sind.*

2. *Aber er sah vor, dass die Erlösung in zwei Stufen vollendet wird.*
   (a) Satans Niederlage geschieht in zwei Stufen:
       (1) Am Kreuz (1. Mose 3,15).
       (2) Endgültige Verdammnis (Off. 20,10).
   (b) Unsere Erlösung geschieht ebenfalls in zwei Stufen:
       (1) Durch Glauben (Röm. 5,1).
       (2) Durch Verherrlichung – wenn Jesus wiederkommt
           (1. Joh. 3,2). »Unfähig zu sündigen«.

Schlussbemerkung

Alle nach Adam Geborenen erben von ihm seinen gefallenen Zustand. Gott hätte auch die Entscheidung treffen können, den Menschen zugrunde gehen zu lassen oder den Teufel an Ort und Stelle völlig zu vernichten. Statt dessen hatte er jedoch einen Plan für unsere Erlösung. Er wollte die Menschheit vor dem Zorn Gottes, aus der Macht der Sünde und vor der Strafe für die Sünde retten. Er sandte einen Erlöser, Jesus Christus, das vollkommene Opfer.

19

Die Position des Gläubigen »in Christus«

Einleitung

A. Diese Lektion konzentriert sich auf die Frage, wie wir in den Himmel kommen: dadurch, dass wir »in Christus« sind.

1. *Die zum größten Teil paulinische Wendung »in Christus« oder vergleichbare Wendungen kommen in seinen Briefen nicht weniger als 146-mal vor.*
   (1) 18-mal im Römerbrief;
   (2) 22-mal im 1. Korintherbrief;
   (3) 11-mal im 2. Korintherbrief;
   (4) 9-mal im Galaterbrief;
   (5) 31-mal im Epheserbrief;
   (6) 19-mal im Philipperbrief;
   (7) 16-mal im Kolosserbrief.

2. *In Epheser 1, 4 - 13 kommt »in Christus« nicht weniger als 11-mal vor!*
   (a) Manchmal steht wörtlich »in Christus«, »in ihm« oder »in Christus Jesus« da.
   (b) Manchmal heißt es »in dem einen, den er liebt« (AV »in dem Geliebten«).

3. *Die zugrunde liegende griechische Wendung ist* en Christo, *aber* en *wird in manchen Übersetzungen bisweilen auch mit »durch« oder »mit« übersetzt.*

B. »In Christus«: die Garantie der Gewissheit des Gläubigen mit allen damit verbundenen Privilegien.

1. *Die Wendung »in Christus« bezieht sich auf unser Verbundensein mit Christus — bevor und nachdem wir zum Glauben gekommen sind.*
2. *Sie bedeutet, dass wir in Christus ebenso gewiss sind, wie er selbst es in der Gottheit und in der Liebe des Vaters ist.*
    (a) In ihm wurden wir vor Grundlegung der Welt erwählt (Eph. 1, 4).
    (b) In ihm werden wir unabhängig von unseren Werken bewahrt.
3. *Die Wendung »in Christus« umfasst das Vorrecht, mit Christus eins zu sein, was uns nicht nur Gewissheit, sondern auch Vertrautheit mit dem Vater verspricht.*

C. Warum ist diese Lehre wichtig?

1. Sie richtet die Aufmerksamkeit auf den Herzschlag des Evangeliums.
2. Sie richtet die Aufmerksamkeit auf den Herzschlag des Apostels Paulus.
3. Die Wendung »in Christus« ist nicht zufällig zustande gekommen, sondern ist ein sorgfältig ausgearbeitetes »Programm«.
4. Sie konfrontiert uns mit einer der am meisten vernachlässigten Lehren unserer Tage — der Lehre von der Souveränität Gottes.
5. Sie führt uns die Lehre von der Rechtfertigung allein aufgrund des Glaubens vor Augen.
6. Sie zeigt uns, dass Rettung aus Gnade geschieht, nicht aufgrund von Werken.
7. Sie offenbart die Grundlage echter Vertrautheit mit Gott.
8. Sie gibt uns eine wunderbare Gewissheit. Unter Gewissheit verstehen wir eine feste Zusage Gottes, die wir aber so oft nicht zu glauben wagen.

D. Die Wendung »in Christus« hat nicht nur eine einzige Bedeutung, sondern beschreibt eine Vielfalt von Beziehungen.

1 Der Ursprung unseres Verbundenseins mit Christus: Unsere Erwählung durch Gott den Vater

A. Erwählt zu sein, hat seinen Ursprung in Gottes Segen:
»Wir loben Gott, den Vater von Jesus Christus, unserem Herrn, der uns durch Christus mit dem geistlichen Segen des Himmels reich beschenkt hat.« (Eph. 1,3)

1. Das griechische Wort ist *eklegomai* und bedeutet »etwas für sich selbst auswählen«, »seine Wahl treffen«.
2. Dieses Wort kommt 21-mal im Neuen Testament und 108-mal in der Septuaginta vor, unter anderem in: Psalm 78,70; Jesaja 42,1; Markus 13,20; Johannes 15,16; 1. Korinther 1,27; Epheser 1,4.

B. Zum ewigen Leben bestimmt zu sein, hat seinen Ursprung darin, dass Gott einige erwählt hat: *»Als die Nichtjuden das hörten, waren sie sehr froh und dankten dem Herrn für diese Botschaft; und alle, die zum ewigen Leben bestimmt waren, begannen zu glauben.« (Apg. 13,48)*

1. Das griechische Wort ist *tasso* und bedeutet »bestimmen (setzen)«, »verordnen«, »hinstellen«.
2. Es kommt 8-mal im Neuen Testament vor, unter anderem: Matthäus 28,16; Lukas 7,8; Apostelgeschichte 15,2; Römer 13,1.

C. **Vorherbestimmt zu sein hat seinen Ursprung in Gottes verborgenem Willen:** *»Und da er sie erwählt hat, hat er sie auch berufen, zu ihm zu kommen. Er hat sie gerecht gesprochen und hat ihnen Anteil an seiner Herrlichkeit gegeben.« (Röm. 8,30)*

1. Das griechische Wort ist *proorizo* und bedeutet »im Voraus bestimmen«.
2. Es kommt 6-mal im Neuen Testament vor: Apostelgeschichte 4, 28; Römer 8, 29.30; 1. Korinther 2, 7; Epheser 1, 5.11.

D. **In manchen Fällen ist keines der oben genannten griechischen Worte gebraucht, aber der Sinn der Aussage läuft auf dasselbe hinaus.**

1. »Mein Vater hat mir Vollmacht über alles gegeben. Niemand außer dem Vater kennt den Sohn wirklich, und niemand kennt den Vater außer dem Sohn und jenen, denen der Sohn den Vater offenbaren will.« (Mt. 11, 27)
2. »Alle aber, die der Vater mir gegeben hat, werden zu mir kommen, und ich werde sie nicht zurückweisen oder hinausstoßen.« (Joh. 6, 37)
3. »Gott hat uns erlöst und berufen [Griechisch: mit heiligem Ruf]; nicht aufgrund unserer Taten, sondern weil er schon lange, bevor es die Welt gab, entschieden hatte, uns durch Christus Jesus seine Gnade zu zeigen.« (2. Tim 1, 9)

E. **Nach Paulus waren wir in Christus vor Grundlegung der Welt erwählt:** *»Wie er uns in ihm auserwählt hat vor Grundlegung der Welt, damit wir heilig und tadellos seien vor ihm. In Liebe hat er uns vorherbestimmt[1] zur*

---

[1] *Damit wir ... seien vor ihm. In Liebe hat er uns vorherbestimmt*: Übersetzung nach dem englischen Text (NIV); so auch viele andere Übersetzungen; Schlachter: *damit wir ... seien vor ihm in Liebe. Er hat uns vorherbestimmt*. An dieser Stelle sollte der Schlachterübersetzung nicht gefolgt werden.

Sohnschaft für sich selbst durch Jesus Christus, nach dem Wohlgefallen seines Willens.« (Eph. 1,4-5)

1. *Die Wahl wurde von Gott dem Vater getroffen* (vgl. Joh. 6, 37).
2. *Die Wahl wurde getroffen, bevor die Welt begann* (vgl. 2. Tim. 1, 9).
3. *Wir wurden schon zu dieser Zeit als »in Christus« betrachtet!*
    (a) Dies ist also nicht nur, bevor wir glauben (vgl. Eph. 2, 1-10).
    (b) Dies war, bevor wir geboren wurden (vgl. Röm. 9,11).
    (c) Der späte John Murray schreibt:
        »Das Verbundensein mit Christus hat seinen Ursprung in der Erwählung durch Gott den Vater vor der Grundlegung der Welt und erfährt seine Erfüllung in der Verherrlichung der Söhne Gottes. Warum bewegt der Gläubige den Gedanken an Gottes vorherbestimmten Plan mit solch einer Freude? Warum kann er in den Unwägbarkeiten, Widrigkeiten und Nöten der Gegenwart Geduld üben? Warum kann er voll Zuversicht und Gewissheit in die Zukunft blicken und sich der Hoffnung auf die Herrlichkeit Gottes freuen? Der Grund ist, weil er nicht losgelöst von seinem Verbundensein mit Christus an Vergangenheit, Gegenwart oder Zukunft denken kann.«[2]
    (d) Aus diesem Grund sagte Lukas: »alle, die zum ewigen Leben bestimmt waren, begannen zu glauben« (Apg. 13, 48).
    (e) Wayne Grudem drückt das ganze so aus:
        »Da wir ja vor Grundlegung der Welt nicht existierten ..., hatte Gott — in die Zukunft blickend und wissend, dass wir existieren würden — sich uns als Menschen gedacht, die in einer besonderen Beziehung zu Christus stehen. Es ist nicht so, dass er uns zuerst erwählte und sich später dann dazu entschloss, uns mit Christus zu verbinden. Vielmehr hatte er, schon als er uns erwählte, für uns vorgesehen, in einer besonderen Weise zu Christus zu gehören, ›in Christus‹ zu

---

[2] ohne Zitatangabe

sein. Er hatte also vorgesehen, dass wir schließlich das Recht haben sollten, an den Segnungen des Werkes Christi teilzuhaben.«[3]

2 Die Verwirklichung unseres Verbundenseins (Einsseins) mit Christus: Gerechtfertigtsein aufgrund des Glaubens

A. Dies begann mit dem irdischen Leben Christi (Röm. 5,10).

1. *Während des irdischen Dienstes Christi dachte Gott sich uns als Menschen, die »in Christus« sind.*
   (a) Nicht dass wir in Christus bewusst gegenwärtig gewesen wären, da wir ja damals noch nicht existierten.
   (b) Nicht dass wir irgendwie im Körper Christi gewesen wären.

2. *Vielmehr waren wir nur in Gottes Gedanken in Christus gegenwärtig.*

B. Der Grund dafür: Jesus war, auch als er noch lebte, unser Stellvertreter.

1. *Er kam, um das Gesetz zu erfüllen* (Mt. 5,17).
2. *Das tat er auch!* (Joh. 19,30) *Er tat es für* uns.
   (a) Als Jesus sein ganzes Leben lang Gott vollkommen gehorchte, dachte Gott sich uns als Menschen, die ebenfalls gehorsam gewesen waren: »Doch weil ein anderer Mensch Gott gehorchte, werden viele Menschen in Gottes Augen gerechtfertigt.« (Röm. 5,19)
   (b) Christus ist also der Ursprung unserer Gerechtigkeit: »Gott allein hat es ermöglicht, dass ihr in Christus Jesus sein dürft. Er hat ihn zu unserer Weisheit gemacht. Durch ihn sind wir

---

[3] ohne Zitatangabe

vor Gott gerecht gesprochen und unser Leben wird durch ihn geheiligt. Durch ihn sind wir erlöst.« (1. Kor. 1, 30; vgl. Phil. 3, 9)

C. Weil Gott sich uns als Menschen dachte, die »in Christus« sind, betrachtete er auch unsere Sünden als zu Christus gehörig.

1. *»Denn Gott machte Christus, der nie gesündigt hat, zum Opfer für unsere Sünden, damit wir durch ihn vor Gott gerechtfertigt werden können.«* (2. Kor. 5, 21)

2. *Der Herr »warf unser aller Schuld auf ihn«* (Jes. 53, 6).
   (a) Dabei handelte es sich um Sünden, die wir noch gar nicht begangen hatten.
   (b) Aber Gott wusste schon im Voraus davon.

3. *Gott dachte sich auch uns selbst, ebenso wie unsere Sünden, als zu Christus gehörig.*
   (a) Als Christus starb, dachte Gott sich *uns* als die, die gestorben sind.
     (1) Unser altes Ich wurde »mit Christus gekreuzigt« (Röm. 6, 6).
     (2) Paulus bekannte: »Ich aber bin mit Christus gekreuzigt.« (Gal. 2, 19)
   (b) Einer starb für alle; »deshalb sind alle gestorben« (2. Kor. 5, 14).
     (1) Ebenso sind wir auch mit Christus begraben worden (Röm. 6, 4 - 11).
     (2) Und wir sind mit ihm auferweckt worden (Eph. 2, 6).

4. *Als Jesus in den Himmel zurückkehrte, waren all die Segnungen der Erlösung für uns erworben.*
   (a) Gott sah diese Segnungen als unser rechtmäßiges Eigentum an.
   (b) So, als ob wir sie selbst erworben hätten.

D. Alles, was Jesus für uns tat, ist unser — durch den Glauben (Röm. 3,22-26).

1. *Rechtfertigung aufgrund des Glaubens: von Gott für gerecht erklärt werden.*
   (a) Das griechische Wort ist *dikaioo*; es bedeutet »gerecht machen«, »als gerecht anerkennen«, »für gerecht erklären«.
   (b) Es kommt 60-mal im Neuen Testament vor, zum Beispiel in Matthäus 11, 19; Römer 3, 4.20.24.26.28.30; Galater 2, 16; 5, 4; Titus 3, 7.
   (c) Bei der Rechtfertigung handelt es sich um eine legale Übereinkunft (Röm. 4, 5).
   (d) Es ist vielleicht nicht, was wir »empfinden«; es ist die Art und Weise, wie Gott uns ansieht (Röm. 4, 6-8).

2. *Die Rechtfertigung hat zwei Aspekte:*
   (a) Vergebung der Sünden (Röm. 3, 25).
   (b) Die Anrechnung der Gerechtigkeit Christi (Röm. 4, 1-8).
   (1) Anrechnen bedeutet: jemand etwas gutschreiben.
   (2) Das griechische Wort ist *logizomai*; es bedeutet »in Rechnung stellen« und kommt 41-mal im Neuen Testament vor, unter anderem in Römer 4, 3.4.5.6.8.9; 6, 11; Galater 3, 6.

3. *Die Folge ist: Wir sind »in Christus Jesus«* (Röm. 8, 1; 1. Kor. 1, 30).
   (a) Wir werden als eine neue Schöpfung angesehen: »Darum: Ist jemand in Christus, so ist er eine neue Schöpfung; das Alte ist vergangen, das Neue ist gekommen!«[4] (2. Kor. 5, 17)
   (b) Solche Segnungen können nur die empfangen, die »in Christus« sind; aber wenn wir in Christus sind, dann sind diese Segnungen auch unser.

---

[4] *das Neue ist gekommen:* Übersetzung nach dem englischen Text (NIV); Schlachter: »siehe, es ist alles neu geworden«; Lu84: »siehe, Neues ist geworden«.

4. *Johannes hielt an derselben Wahrheit fest:* »Und dies hat Gott versichert: Er hat uns das ewige Leben geschenkt, und dieses Leben ist in seinem Sohn.« (1. Joh. 5, 11)

3 Unsere Gewissheit als Folge unseres Verbundenseins mit Christus

A. Der Glaube versetzt uns in die Familie Gottes (1. Joh. 3,1).

1. *Glaube ist die Folge des Wirkens des Heiligen Geistes* (Eph. 2, 1-8).
2. *Diejenigen, die durch den Geist Gottes geleitet werden, werden Söhne Gottes genannt* (Röm. 8, 14).
   (a) Diese Sohnschaft ist die Folge zweier Dinge:
   (1) Aufnahme Christi im Glauben: »All denen aber, die ihn aufnahmen und an seinen Namen glaubten, gab er das Recht, Gottes Kinder zu werden. Sie wurden dies weder durch ihre Abstammung noch durch menschliches Bemühen oder Absicht, sondern dieses neue Leben kommt von Gott.« (Joh. 1, 12-13)
   (2) Annahme durch den Vater: »Wie er uns in ihm auserwählt hat vor Grundlegung der Welt, damit wir heilig und tadellos seien vor ihm. In Liebe hat er uns vorherbestimmt zur Sohnschaft für sich selbst durch Jesus Christus, nach dem Wohlgefallen seines Willens.« (Eph. 1, 4-5[5])

B. Frage: Welche Rechte haben die Söhne Gottes? Antwort: Dieselben Rechte wie Gottes »einer und einziger« Sohn.

1. *Wenn wir Söhne Gottes genannt werden, dann ist damit vorausgesetzt, dass uns alle Vorrechte der Sohnschaft gegeben sind* (1. Joh. 3, 1).

---

[5] Übersetzung nach dem englischen Text (NIV).

2. *Aber wie können wir »Söhne Gottes« genannt werden, wenn Gott nur einen einzigen Sohn hat? Antwort: Durch Aufnahme in seine Familie.*

(a) Gott hat nur einen einzigen »natürlichen« Sohn: Jesus Christus (Joh. 1, 18; 3, 16).

    (1) Es kann niemals noch einen anderen Sohn Gottes geben.

    (2) Jesus Christus von Nazareth ist Gottes einziger Sohn.

(b) Und doch wird uns gesagt, dass Gott »viele Söhne zur Herrlichkeit« führen wird (Heb. 2, 10).

    (1) Jesus Christus ist der »Erstgeborene unter vielen Geschwistern« (Röm. 8, 29).

    (2) Wir sind also Jesu kleine Brüder und Schwestern; er kann wirklich als unser älterer Bruder bezeichnet werden.

3. *Als in die Familie Gottes aufgenommene Kinder sind wir zu Miterben mit Gottes einem und einzigem Sohn gemacht worden:* »Denn der Geist Gottes selbst bestätigt uns tief im Herzen, dass wir Gottes Kinder sind. Und als seine Kinder sind wir auch Miterben an seinem Reichtum – denn alles, was Gott seinem Sohn Christus gibt, gehört auch uns. Doch wenn wir an seiner Herrlichkeit teilhaben wollen, müssen wir auch seine Leiden mit ihm teilen.« (Röm. 8, 16-17)

(a) In Christus ist uns dieselbe Gewissheit gegeben, wie sie der Sohn beim Vater hat.

    (1) Jesus ist »im« Vater (Joh. 10, 38; 14, 10).

    (2) Wie gewiss ist Jesus, wenn er »im Vater« ist?

(b) Die Bibel könnte nicht klarer sein; damit, dass Gott uns die Sohnschaft verleiht, ist unmittelbar vorausgesetzt, dass wir in der Familie Gottes ebenso gewiss sind wie Jesus selbst.

    (1) Das ist die eigentliche und letzte Bedeutung des Seins »in Christus«.

    (2) Wenn die Gewissheit des Sohnes im Vater *eine* Sache wäre, unsere Gewissheit »in Christus« jedoch eine andere – welchen Wert hätte das?

(c) Unsere Aufnahme erfolgte nicht auf der Grundlage von Werken (2. Tim. 1, 9).

(1) Wir wurden erwählt, noch ehe wir geboren waren (Eph. 1, 4).

(2) Nicht *wir* haben *Gott* angenommen; *er* hat *uns* angenommen.

(d) Gott hat uns sozusagen an Bord genommen, nicht weil wir gut genug gewesen wären, sondern weil er uns liebte: »wie er uns in ihm auserwählt hat vor Grundlegung der Welt, damit wir heilig und tadellos seien vor ihm. In Liebe hat er uns vorherbestimmt zur Sohnschaft für sich selbst durch Jesus Christus, nach dem Wohlgefallen seines Willens, zum Lob der Herrlichkeit seiner Gnade, mit der er uns begnadigt hat *in dem* Einen, den er liebt[6].« (Eph. 1, 4-6)

(1) »In dem Einen« ist eine dieser Stellen in Epheser 1, 4-13, wo gehäuft die Wendung »in Christus« auftaucht, von denen wir schon gesprochen haben.

(2) Gott versetzte uns »in den Einen, den er liebt«, damit wir uns seiner Liebe von Beginn an sicher sein können.

4. *Gott möchte, dass wir nie an seiner Liebe zweifeln.*

(a) An der elterlichen Liebe zu zweifeln ist eine allgemeine Erfahrung.

(b) Viele von uns wissen, was es heißt, Angst zu haben, dass unsere Eltern uns nicht mehr lieben würden, wenn wir ihre Erwartungen nicht erfüllen.

(c) Gott wollte uns zeigen, was bedingungslose Liebe ist.

(1) Dies tat er, als er seine Liebe zu seinem Sohn zeigte (Mt. 3, 17; 17, 5).

(2) Jesus zweifelte nie an seines Vaters Liebe (Joh. 15, 9; 17, 23-24).

5. *Frage: Liebt Gott uns ebenso sehr, wie er Jesus liebt? — Ja!*

(a) Wir sind »Miterben« mit Christus (Röm. 8, 17).

---

[6] *in dem Einen, den er liebt:* Übersetzung nach dem englischen Text (NIV); Schlachter: »in dem Geliebten«.

(b) »Ich habe ihnen die Herrlichkeit geschenkt, die du mir gegeben hast, damit sie eins sind, wie wir eins sind – ich in ihnen
und du in mir, damit sie alle zur Einheit vollendet werden.
Dann wird die Welt wissen, dass du mich gesandt hast, und
wird begreifen, dass du sie liebst, wie du mich liebst.« (Joh.
17, 22-23)

(c) Wie stehen die Chancen, dass Jesus aus der Gottheit geworfen würde und damit aufhörte, Gottes Sohn zu sein? Antwort: Das ist ausgeschlossen.

(1) Das ist die Gewissheit, die wir haben.

(2) Wir sind vom Vater ebenso sehr geliebt, wie er Jesus
liebte. Eine größere Liebe gibt es nicht.

(3) Wir sind in der Liebe des Vaters genauso gewiss, wie
Jesus es war. Glaubte das doch nur jeder von uns!

(4) »Ich schenke ihnen das ewige Leben, und sie werden
niemals umkommen. Niemand wird sie mir entreißen.«
(Joh. 10, 28)

6. *Dies ist der Grund, weshalb Paulus die Wendung »in Christus«*
liebte.

(a) Christus ist im Vater – auf ewig gewiss.

(b) Wir sind in Christus – auf ewig gewiss.

4 Unsere Verherrlichung: Das letzte Ziel unseres Seins »in Christus« (1. Joh. 3,2).

A. Was ist des Vaters Wohlgefallen, auf das er »in Christus« zielte?

1. *Antwort:* »Wir, die wir als Erste auf Christus gehofft haben, sollen mit unserem Leben Gottes Herrlichkeit loben. Und nun habt
auch ihr die Botschaft, dass Gott euch rettet. Ihr habt an Christus
geglaubt, und er hat euch mit dem Siegel seines Heiligen Geistes,
den er vor langer Zeit zugesagt hat, als sein Eigentum bestätigt.«
(Eph. 1, 12-13)

2. *Dies geschieht, wenn wir verherrlicht sind:* »Und da er sie erwählt hat, hat er sie auch berufen, zu ihm zu kommen. Er hat sie gerecht gesprochen und hat ihnen Anteil an seiner Herrlichkeit gegeben.« (Röm. 8,30)

3. *Dann werden wir die vierte Stufe (von den vier Stufen des Augustinus), die Verherrlichung erreichen, in welcher wir nicht mehr sündigen können:*
   (a) Sündigen können (Schöpfung);
   (b) Unfähig, nicht zu sündigen (nach dem Sündenfall);
   (c) Nicht sündigen müssen (nach der Rettung);
   (d) Nicht sündigen können (Verherrlichung).

B. Unsere Verherrlichung ist also eine gewisse Sache. Warum?

   (1) Weil wir von Gott an Sohnes Statt angenommen (adoptiert) sind,
   (2) weil unsere Annahme »in Christus« geschehen ist,
   (3) weil Christus für uns eintritt (Röm. 8,34),
   (4) weil er wiederkommen wird (1. Thess. 4,13-18).

Schlussbemerkung

Wo werden wir die Ewigkeit verbringen? Wenn wir in Christus sind, dann ist der Himmel unsere Bestimmung. Das Sein »in Christus« ist die Garantie der Gewissheit des Gläubigen samt allen damit verbundenen Privilegien. Es ist die Art und Weise, wie Gott über uns denkt. Es begann mit unserer Vorherbestimmung; es erfährt seine Fortsetzung mit unserer Berufung und Rechtfertigung; und es wird bei unserer Verherrlichung seine Vollendung finden. Das verwandte Thema »Christus in uns« wird in Kapitel 36 »Der Lebensstil des Christen« behandelt.

20

Rechtfertigung aufgrund des Glaubens

Einleitung

A. Die Lehre von der Rechtfertigung aufgrund des Glaubens hat einen Bezug zu vielen anderen Themen.

1. *Die Lehre von der Rechtfertigung aufgrund des Glaubens steht im Zentrum der Soteriologie, der Lehre von der Erlösung bzw. Rettung.*

2. *Die Rechtfertigung aufgrund des Glaubens ist das, wozu die Auserwählten Gottes erwählt sind* (Röm. 8, 30).

3. *Die Lehre von der Rechtfertigung aufgrund des Glaubens vergewissert uns (mit etwas Nachdenken) die ewige Heilsgewissheit[1] des Gläubigen.*

4. *Es ist die Lehre, welche die große protestantische Reformation des 16. Jahrhunderts vom Zaun gebrochen hat.*

   (a) Diese Lehre macht den Hauptunterschied zwischen protestantischen und römisch-katholischen Gläubigen aus.

   (b) Sie wird von allen Protestanten, gleichgültig zu welcher Denomination sie gehören, als grundlegend vorausgesetzt.

---

[1] Mit *ewige Heilsgewissheit* ist gemeint, dass der Gläubige nicht mehr verloren gehen kann (siehe Kapitel 21, Punkt A. der Einleitung).

B. Diese Lehre wird vor allem mit dem protestantischen Reformator Martin Luther (1483-1546 n. Chr.) in Verbindung gebracht.

1. *Es ist nicht so, dass Luther diese Lehre als erster entdeckte; er entdeckte sie wieder.*
   (a) Für ihn selbst war es eine Entdeckung.
   (b) Aber er hatte alles vom Apostel Paulus.

2. *Es fällt uns schwer, zu glauben, dass diese Lehre fünfzehnhundert Jahre lang zum größten Teil hinter einer Wolke verborgen lag.*
   (a) Sie ist in den Schriften des Apostels Paulus vollkommen klar dargelegt.
   (b) Sie entspricht der Lehre der meisten Kirchenväter.
      (1) Unter den östlichen Kirchenvätern z. B. Chrysostomus und Athanasius.
      (2) Unter den westlichen Kirchenvätern z. B. Ambrosius und Augustinus.
   (c) Aber das Thema Rechtfertigung schien überhaupt nicht aufgekommen zu sein.
      (1) Adolf von Harnack machte die ironische Bemerkung, Marcion, ein Irrlehrer des zweiten Jahrhunderts, sei der erste gewesen, der Paulus verstanden habe, nur habe er ihn zugleich auch »missverstanden«.
      (2) Vielleicht fürchtete man den Einfluss Marcions so sehr, dass man von jeder Lehre Abstand nahm, die auch nur die geringste Ähnlichkeit mit der Lehre Marcions aufwies. Marcion war zwar ein Irrlehrer, aber er sagte auch Dinge, die mit Luthers Wiederentdeckung konform gingen.

1 Zum Historischen Hintergrund

A. Soteriologie galt in der frühen Kirchengeschichte nicht als das Thema, dem man Beachtung schenken müsste. Zumindest trat sie damals in anderer Form in Erscheinung. Die Hauptthemen waren:

1. *Verteidigung des Glaubens gegenüber dem Kaiser.*
   (a) Das Bekenntnis zu Christus geschah unter Todesgefahr.
   (b) Von daher bekundete der Täufling mit seiner Taufe seine Bereitschaft, für Jesus Christus zu sterben.

2. *Es ging um das Bekenntnis zu Jesus Christus als dem Herrn.*
   (a) Nicht der Kaiser, sondern Jesus war der Herr.
   (b) Der theologische Gehalt des Herr-Seins Christi war manch einem nicht so klar, wie es vielleicht uns heute ist.

3. *Kampf gegen den Gnostizismus*[2].
   (a) Manche Gnostiker waren bereit, das Gott-Sein Christi zu bekennen, verwarfen aber sein Mensch-Sein.
   (1) Diese Gnostiker nannte man Doketen.
   (2) Von griechisch *dokeo*: »scheinen«, »erscheinen«; Christus hatte nur scheinbar einen Leib, doch war dieser nicht wirklich aus Fleisch und Blut.
   (b) Das apostolische Glaubensbekenntnis entstand in der Auseinandersetzung mit dem Gnostizismus.
   (1) Es betonte die menschliche Seite Jesu.
   (2) Die Christologie, nicht die Soteriologie (z. B. »Vergebung der Sünden«) stand im Mittelpunkt der Auseinandersetzungen.

4. *Aufkommendes moralistisches Christentum.*
   (a) Von T. F. Torrance wurde zwingend nachgewiesen, dass es in der frühen Kirche kaum so etwas wie eine Theologie der Gnade gab.

---

[2] Siehe dazu die Fußnote zu *Gnosis/Gnostizismus* in Kapitel 3, 2 A. 4. (c).

(b) Die Notwendigkeit, über jeden Vorwurf erhaben zu sein, wurde unter den Gläubigen als die Hauptsache angesehen.

5. *Ekklesiologische Fragen beherrschten weitgehend das Feld.*
   (a) Die Rolle des Bischofs.
   (b) Der Aufstieg des Bischofs von Rom.
   (c) Der Ort des Abendmahls im kirchlichen Leben.

6. *Bis zur Zeit des Augustinus (ca. 400) gab es kaum eine Diskussion um soteriologische Fragen.*
   (a) Aber selbst bei Augustinus ging es in der theologischen Auseinandersetzung eher um die Gnade als um die Frage, was uns allein aufgrund des Glaubens geschenkt ist.
   (b) Im Großen und Ganzen stand die Lehre Augustinus' nicht im Widerspruch zu dem, was Luther später lehrte; das einzige, was gesagt werden kann, ist, dass Augustinus das Problem nicht klar erkannt hat.

B. Die herrschende römische Lehre vor Luther

1. Die Bibel sollte von gewöhnlichen Leuten fern gehalten werden.
2. Die Lehre vom Fegefeuer.
3. Die Lehre von der Buße.
4. Glaube ist Zustimmung zur Lehre der Kirche.
5. Glaube plus Werke ist der Weg der Erlösung bzw. Rettung.

C. Martin Luther

1. *Zunächst ein kurzer Abriss seines Lebens.*
   (a) Geboren 1483 in Eisleben, Deutschland, als Sohn eines Bergmanns.
   (b) Die Gewittererfahrung: »Hilf mir, St. Anna, dann werde ich ein Mönch.«
   (c) Eintritt ins Kloster; Abschluss seines Doktorats.

(d) In den Jahren 1512-1516 Vorlesungen im Fach Theologie.

(e) Im Jahr 1517 Anschlag der 95 Thesen an die Tür der Wittenberger Schlosskirche.

(f) 1520 Exkommunikation durch Rom.

(g) 1525 Heirat.

(h) 1546 Tod.

2. *Allein aufgrund des Glaubens: Der theologische Durchbruch.*

(a) Die Wendung der Gerechtigkeit Gottes in Römer 1,17 meint die »passive« Gerechtigkeit Gottes.

    (1) *Aktive* Gerechtigkeit: das, was jemand tut, um Genugtuung (Satisfaktion) zu bekommen.

    (2) *Passive* Gerechtigkeit besagt, dass Gott nichts tut, um Genugtuung (Satisfaktion) zu bekommen.

(b) Der Gerechtigkeit Gottes wurde nicht durch etwas, was *er* tat, genüge getan, sondern durch etwas, was *wir* tun, nämlich durch unseren Glauben.

    (1) Später dann würde Calvin zeigen, dass Gott auch *aktive* Gerechtigkeit übte, indem er nämlich seinen Sohn bestrafte.

    (2) Aber für Luther war die ganze Angelegenheit durch unseren eigenen Glauben entschieden.

(c) »Allein« aufgrund des Glaubens.

    (1) Luther erkannte, dass der Gerechtigkeit Gottes durch den Glauben allein und durch nichts weiter Genüge getan wurde.

    (2) Und dieser Glaube war, wenn es wirklich Glaube sein sollte, der nackte, reine Glaube »allein«.

3. *Für Luther war dies eine Entdeckung mit weit reichenden Folgen.*

(a) Es bedeutete, dass die Lehre Roms falsch war.

(b) Die Lehre vom Fegefeuer war nicht nur unbiblisch, sie führte auch dazu, dass die Korruption überhand nahm.

(c) Diese Entdeckung setzte gewöhnliche Leute frei.

(d) Luther selbst heiratete!

D. Der klärende Beitrag von Johannes Calvin

1. *Calvin und Luther sind einander nie begegnet.*
   (a) Calvin schrieb Luther einen Brief, den Letzterer nie zu Gesicht bekam.
   (b) Calvin stimmte mit Luther weitgehend überein, fügte aber Luthers Ansichten manches zur Klärung hinzu.

2. *Calvins Hauptbeitrag zum Thema Rechtfertigung waren folgende Punkte:*
   (a) Er betonte, was *Christus* tut im Vorgriff auf das, was wir tun (d.h. im Vorgriff auf unseren Glauben).
   (b) Er wies auf drei Ursachen unserer Rechtfertigung hin:
      (1) Die Verdienstursache (das, was Christus tut).
      (2) Die Instrumentalursache (das, was wir tun – glauben); von daher »ist der Glaube das Mittel« unserer Rechtfertigung.
      (3) Die Wirkursache (das wirksame Werk des Heiligen Geistes, welcher in uns Glauben hervorbringt).
   (c) Er zeigte, dass wir Gewissheit über unsere Rechtfertigung haben können.
   (d) Er trug zu größerer Klarheit bei hinsichtlich der Lehre, dass uns die Gerechtigkeit Christi angerechnet wird, wenn wir zum Glauben kommen.

2 Die Lehre von der Rechtfertigung aufgrund des Glaubens in Grundzügen (Röm. 1,17-4,12)

A. Die geoffenbarte Gerechtigkeit Gottes

1. *Das griechische Wort ist* dikaiosune *und hat zwei Bedeutungen, die oft miteinander austauschbar gebraucht werden.*
   (a) »Gerechtigkeit«[3] die das Gesetz Gottes fordert.

---

[3] Englisch *righteousness*.

(1) Gerechtigkeit in diesem Sinn schließt die von Gott geforderte moralische Gerechtigkeit ein.

(2) Gemeint ist die Gerechtigkeit, die Christus für uns erworben hat.

(b) »Gerechtigkeit«[4] im Sinne dessen, was Gott infolge seines ureigenen Wesens verlangt.

(1) Gerechtigkeit in diesem Sinn bezieht sich auf das, was dem Zorn Gottes zugrunde liegt.

(2) Gemeint ist das, was in Gott zufrieden gestellt werden muss, ehe sein Zorn besänftigt werden kann.

2. *Das Evangelium (die Gute Nachricht) bedeutet die Enthüllung der Gerechtigkeit und Rechtschaffenheit Gottes.*

(a) Wenn wir das Evangelium predigen, verkünden wir zwei Dinge auf einmal:

(1) Gottes Zorn über die Sünde.

(2) Dass der Zorn Gottes durch Jesus Christus besänftigt wurde.

(b) Das ist der Grund, weshalb Paulus auf Gottes Zorn über die Sünde zu sprechen kommt, nachdem er gerade erst die Gerechtigkeit Gottes thematisiert hatte (Röm. 1,18; die NIV ließ das griechische Wort *gar* — »denn« — unübersetzt).

(1) Wenn das Evangelium (die »Gute Nachricht«) verkündet wird, sollte deutlich werden, weshalb die »Gute Nachricht« eine gute Nachricht ist: Dass es trotz des Zornes Gottes über die Sünde immer noch Hoffnung gibt.

(c) Zum vollen Evangelium gehört letztlich auch die Tatsache des Zornes Gottes.

(1) Manche sprechen heutzutage von einem »vollen Evangelium«, um zu betonen, dass es das Wirken des Heiligen Geistes in und an den Gläubigen einschließt.

(2) Aber im eigentlichen Sinn bedeutet volles Evangelium die gleichzeitige Offenbarung von Gottes Gnade *und* Zorn!

---

[4] Englisch *justice*.

B. Aus »Glauben zum Glauben« (Röm. 1,17)

1. *Die heutzutage am meisten übersehene grundlegende Lehre, wir können auch den Ausdruck Dogma gebrauchen, ist die Lehre von der Rechtfertigung aufgrund des Glaubens.*
   (a) Sie ist in Calvins Klarstellung zur Theologie Luthers impliziert.
   (b) Sie verbindet zwei der oben genannten drei Ursachen unserer Rechtfertigung[5]:
      (1) Die Verdienstursache — das, was Christus für uns tat.
      (2) Die Instrumentalursache — das, was wir tun müssen, damit uns das Verdienst Christi zugute kommt.

2. *Sie besteht in folgenden drei Worten: »Glaube zum Glauben« (Röm. 1,17).*
   (a) Das griechische Wort ist *pistis.*
      (1) Die Authorised Version macht es absolut klar.
      (2) Die New International Version führt diese Übersetzung nur als Fußnote an.
   (b) Das ist das Herzstück von Paulus' Lehre und die erste Aussage, die er macht, als er diese Lehre in Römer 1,17 einführt.
      (1) Das darf nicht durch eine umschreibende Übersetzung verdeckt werden. Andernfalls wird Römer 3,22 wenig Sinn machen.

3. *»Glaube zum Glauben« meint zwei unterschiedliche Arten von Glauben.*
   (a) Ein Glaube kommt zuerst: Glaube als Verdienstursache.
      (1) Dieser Glaube bezeichnet das, was Jesus für uns getan hat.
      (2) Die Formel »Glaube zum Glauben« nimmt buchstäblich auf Jesu eigenen Glauben Bezug, den er als Mensch auf dieser Erde lebte.

---

[5] Siehe oben 1 D. 2. (b).

(b) Der zweite Glaube ist die Folge: Glaube als Instrumentalursache.

    (1) Diesen Glauben müssen wir notwendig haben, um gerettet zu sein.

    (2) Wenn Jesus der einzige ist, der glaubt, dann werden wir verloren gehen; auch wir müssen glauben.

(c) Dies wird erst in Römer 3,22 klar, aber nur in der wörtlichen Übersetzung des griechischen Textes.

    (1) Die Authorised Version ist korrekt, wenn sie sagt: »Eben die Gerechtigkeit Gottes, die durch den Glauben *von Jesus Christus*[6] zu allen und auf alle kommt, die glauben.«

(d) Römer 3,22 zeigt:

    (1) Was Paulus in Römer 1,17 mit »Gerechtigkeit Gottes« meinte.

    (2) Was Paulus in Römer 1,17 mit »Glaube zum Glauben« meinte.

(e) Römer 3,22 zeigt also drei Dinge:

    (1) Der erste Glaube ist der Glaube Jesu Christi.

    (2) Was Christus tat, ist für »alle«: »zu allen und auf alle«.

    (3) Was Christus tat, kommt nur »denen, die glauben, zugute (siehe Röm. 3,25); anderenfalls ist es völlig wert- und nutzlos.

(f) Dem Glauben Christi muss also unser Glaube folgen, oder es wird keine *Rechtfertigung* geben.

(g) Was ist der Glaube Christi?

    (1) Sein vollkommener Glaube als Mensch.

    (2) Sein vollkommener Glaube als unser Stellvertreter.

    (3) Sein vollkommener Gehorsam gegenüber dem Vater, indem er das Gesetz hielt.

---

[6] *von Jesus Christus:* Hervorhebung (kursiv) durch den Übersetzer. Der springende Punkt, auf den es dem Autor ankommt, ist, dass die griechische Genitivverbindung *pistis Iesou Christou* in der AV nicht – wie meist üblich – als genitivus obiectivus (*Glauben an Jesus Christus*) übersetzt wird, sondern als genitivus subiectivus (*Glauben von Jesus Christus*). Dasselbe ist auch an anderen Stellen (z. B. Gal. 2,20, s. u. (h)) der Fall.

(4) Sein Tod am Kreuz (Röm. 3, 25-26).

(h) Paulus sagte: »Ich lebe durch den Glauben des Sohnes Gottes[7].« (Gal. 2, 20 AV)

(1) Dies war die Grundlage von Paulus' eigener Rechtfertigung.

(2) Er lebte und atmete diesen Glauben.

(3) Wir haben zu beachten: Diese Aussage von Paulus lässt sich sogar so verstehen, dass sie den vollkommenen Glauben Christi einschließt, wenn er jetzt zur Rechten Gottes für uns eintritt!

3 Anrechnung der Gerechtigkeit Christi

A. Was geschieht, wenn unser Glaube dem Glauben Christi folgt?

1. *Unser Glaube ratifiziert, was Christus für uns getan hat.*

   (a) Ratifizieren: Etwas offiziell gültig machen.

   (b) Solange das, was Christus getan hat, nicht ratifiziert ist, nützt es uns nichts.

   (1) »Alles, was Christus für die Menschheit tat und erlitt, ist — für sich genommen — nutzlos«, sagte Calvin. Damit meint er, solange wir nicht glauben.

2. *Dies bedeutet, dass alles, was Christus für uns tat, unser ist!*

   (a) Er starb für alle, glaubte vollkommen für alle, erfüllte das Gesetz für alle; aber es ist nicht unser, solange wir selbst nicht glauben.

   (b) Aber *wenn* wir glauben, dann ist alles, was er tat, unser. Uns wird augenblicklich geschenkt:

   (1) Vergebung der Sünden;

---

[7] *Glauben des Sohnes Gottes* — so nach dem englischen Text (AV: »faith of the Son of God«); Schlachter hat (mit den meisten anderen Übersetzungen, z. B. Lu84) *Glauben an den Sohn Gottes.*

(2) Anrechnung von Gerechtigkeit;

(3) ewiges Leben.

3. *Die Vergebung der Sünden* (Röm. 3, 25; Eph. 1, 7).

(a) Es ist schwer zu erkennen, was im Denken des Paulus zuerst kommt:

(1) Anrechnung von Gerechtigkeit, impliziert in Römer 3, 21.

(2) Vergebung der Sünden.

4. *Was uns für gewöhnlich am meisten bewusst ist, ist die Vergebung aller unserer Sünden.*

(a) Der Grund dafür ist, dass wir unserer Sünden überführt wurden und diese uns Leid tun.

(b) Das Gefühl des Vergebenseins ist daher wirklich sehr wunderbar (1. Joh. 1, 9).

5. *Dies scheint auch in der Theologie des Lukas eines der herausragendsten Merkmale gewesen zu sein* (Apg. 2, 38; 5, 31; 10, 43; 13, 38; 26, 18).

(a) Es antizipiert die Lehre von der Anrechnung — nicht allein von Gerechtigkeit, sondern von Sündlosigkeit (Röm. 4, 6-8).

(b) Mit anderen Worten: Es ist gerade so, als ob wir niemals gesündigt hätten!

(1) So sieht es in Gottes Augen aus.

(2) Die Vergebung jedoch ist das, was wir aufgrund der Gewissheit des Glaubens an die Verheißung Gottes fühlen.

B. Die Anrechnung von Gerechtigkeit (Röm. 4, 5)

1. *Die Gerechtigkeit Christi ist uns angerechnet (gutgeschrieben).*

(a) Woher wissen wir das?

(1) Er kam, um das Gesetz zu erfüllen (Mt. 5, 17).

(2) Er tat alles für uns — als unser Stellvertreter (Röm. 5, 10).

(b) Demnach ist alles, was er tat, auf uns übertragen, als ob wir es selbst getan hätten; z. B.:

(1) Er ließ sich taufen. (Mt. 3, 13-15).

(2) Er glaubte vollkommen (Gal. 2, 16).

(3) Er lebte in vollkommener Heiligung (1. Kor. 1, 30).

2. *Dies belegt zugleich auch die ewige Heilsgewissheit[8] des Gläubigen.*

(a) Denn dies ist die Art und Weise, wie Gott uns sieht von dem Augenblick an, in dem wir zu glauben beginnen; so gerecht wie Jesus.

(b) Das bedeutet, dass ich in den Augen Gottes fünfzig Jahre nach meiner Bekehrung nicht gerechter bin als an dem Tag, an dem ich gerettet wurde.

(c) Gibt es also einen Grund, sich zu rühmen? Das ist ausgeschlossen (Röm. 3, 27; Eph. 2, 8).

C. Ewiges Leben (Joh. 3,16)

1. *Ewiges Leben ist im Neuen Testament in vierfacher Weise beschrieben:*

(a) Das ureigene Leben Jesu — des Ewigen Sohnes (1. Joh. 1, 1).

(b) Das Kennen Gottes (Joh. 17, 3; 1. Tim. 6, 12).

(c) Leben jenseits des Grabes (Mk. 10, 30).

(d) Himmel im Gegensatz zu Hölle.

2. *Das ewige Leben, das aus der Rechtfertigung aufgrund des Glaubens hervorgeht, besteht grundlegend in zwei Dingen (in dieser Reihenfolge):*

(a) Dass wir in den Himmel kommen, wenn wir sterben.

(b) Dass wir Gott auf ganz vertraute Weise kennen lernen können.

---

[8] Mit *ewige Heilsgewissheit* ist gemeint, dass der Gläubige nicht mehr verloren gehen kann (siehe Kapitel 21, Punkt A. der Einleitung).

D. Rechtfertigung aufgrund des Glaubens ist als *forensischer* Akt zu verstehen.

1. Unsere Rechtfertigung ist eine legale Übereinkunft, bei der es um das geht, was in Gottes Augen dem Gesetz entspricht. Außerdem handelt es sich um eine doppelte Übereinkunft: Das, was mit Bezug auf den Vater und den Sohn am Kreuz von Golgatha geschah, und das, was zwischen Gott und dem Gläubigen im Augenblick der Bekehrung geschieht.

Schlussbemerkung

Weil die Rechtfertigung aufgrund des Glaubens ein forensischer Akt ist, besteht keinerlei Notwendigkeit, dass wir dabei etwas bestimmtes fühlen. Aber auch wenn wir uns nicht gerecht fühlen mögen, so sind wir doch gerecht; obwohl wir uns nicht vergeben fühlen mögen, ist uns doch vergeben. Gerechtfertigt ist die Art und Weise, wie Gott uns sieht, nicht wie wir uns selbst sehen. Aber wenn Gott uns als gerecht ansieht, dann ist es das, was zählt. Wenn wir aber *überzeugt* sind, dass Gott uns so sieht, dann haben wir die *Gewissheit* unserer Rechtfertigung.

21

Die Heilsgewissheit des Gläubigen

Einleitung

A. Die Lehre als These: Diejenigen, die wahrhaft an das Evangelium glauben, können nie mehr verloren gehen, gleichgültig was sie tun.

B. Das Ziel dieser Lektion ist nicht:

1. *Diejenigen, die diese Lehre nicht glauben, zu überzeugen.*
   (a) Manche haben ihre Entscheidung bereits getroffen.
   (b) Anderen ist nie etwas anderes gelehrt worden.

2. *Aufrichtige Christen voneinander zu trennen.*
   (a) Einige der Besten im Volk Gottes glauben diese Lehre nicht.
   (b) In der Gemeinde Jesu gibt es bereits genug Spaltungen.

C. Das Ziel dieser Lektion ist:

1. *Denen zu helfen, die diese Lehre gerne glauben möchten, die aber die Befürchtung hegen, dass sie nicht wahr sein könnte.*
2. *Zu zeigen, wie diese Lehre mit der Lehre von der Prädestination zusammenstimmt.*
   (a) Erwählung geht dem Glauben an Christus *voraus.*
   (b) Ewige Heilsgewissheit *folgt* dem Glauben an Christus.
      (1) Die, die berufen sind, sind vorherbestimmt.
      (2) Ihre Vorherbestimmung endet nicht mit ihrer Berufung, sondern mit ihrer Verherrlichung (Röm. 8, 30).

D. Mein persönliches Zeugnis:

1. *Ich habe den Grundsatz »einmal gerettet, für immer gerettet« nicht immer geglaubt.*

   (a) Ich bin in einem methodistischen christlichen Hintergrund aufgewachsen.

   (b) Ich war sehr voreingenommen gegen diese Lehre. Man sagte, diese Lehre sei in der Hölle geboren.

   (c) Meine Ansicht änderte sich infolge einer Erfahrung Gottes am 31. Oktober 1955.

   (d) Ich war nicht auf die letztendliche Veränderung meiner Lehre vorbereitet.

   (e) Ich dachte, ich allein würde neue Dinge glauben, die ich aus der Bibel gelernt hatte.

   (f) Davon, dass diese Lehre ihren Wert hat, muss ich einige meiner alten Freunde erst noch überzeugen.

   (g) Die Wahrheit dieser Lehre wird nur durch den Heiligen Geist geoffenbart.

   (h) Die einzigen, die ich überzeugt habe und von denen ich es weiß, sind:

   (1) Diejenigen, die diese Lehre glauben wollten.

   (2) Neubekehrte Christen, die keinerlei theologische Vorurteile hatten.

E. Warum ist diese Lehre wichtig?

1. *Sie wird uns Zuversicht geben.*

   (a) Es ist eine wunderbare Sache zu wissen, dass wir nicht aus Werken *gerettet* sind (Eph. 2, 8-9).

   (b) Es ist eine wunderbare Sache zu wissen, dass wir nicht aus Werken gerettet *bleiben* (Phil. 1, 6).

   (c) Es ist eine wunderbare Sache zu wissen, dass wir niemals in die Hölle kommen werden — dass vielmehr der Himmel unser Zuhause ist (Joh. 10, 28).

2. *Sie steht im Zusammenhang mit der ganzen Bibel.*
   (a) Manche Schriftstellen scheinen gegen diese Lehre zu sprechen. Sie werden jedoch von jenen Stellen, die diese Lehre
   unterstützen, mehr als aufgewogen.
   (b) Die Schriftstellen, die dieser Lehre auf den ersten Blick zu
   widersprechen scheinen, beziehen sich überhaupt nicht auf
   die Frage, ob jemand gerettet ist oder nicht. Sie beziehen sich
   vielmehr auf eine andere theologische Perspektive (z. B.
   Gemeinschaft mit Gott; das Reich Gottes; der im Himmel
   zu erwartende Lohn).

F. Ist diese Lehre nicht gefährlich? Antwort: Nein.

1. *Keine Wahrheit ist gefährlich, wenn sie richtig verstanden und
   angewendet wird.*
2. *Diese Lehre wurde und wird von vielen als gefährlich betrachtet:*
   (a) Durch diejenigen, die mit der Wahrheit der Bibel selektiv
   umgehen, die also nicht *alles* glauben wollen, was in der
   Bibel steht.
   (b) Wenn diese Lehre nicht in den Kontext von drei wichtigen
   neutestamentlichen Wahrheiten gestellt wird:
   (1) Das Reich Gottes.
   (2) Gottes Züchtigung.
   (3) Der Richterstuhl Christi.

G. Diese Lehre hat zwei Seiten.

1. Die objektive Seite: Das, was das Neue Testament lehrt.
2. Die subjektive Seite: Gilt diese Lehre auch für mich?

1 Nochmals die Ausgangsthese: Diejenigen, die wahrhaft an das Evangelium glauben, können nie mehr verloren gehen, ganz gleichgültig, was sie tun

A. Ein Kritiker meines Buches *Einmal gerettet, immer gerettet* sagte, das, was ich lehrte, sei wahr, aber es sei zu deutlich!

1. *Dem ersten Teil der obigen These stimmte er gerne zu.*
2. *Den zweiten Teil hielt er jedoch für problematisch.*
   (a) Meine Antwort darauf: Diese Lehre ist entweder wahr oder falsch.
   (b) Wir alle möchten gerne die Antwort auf folgende Fragen wissen:
      (1) Ist unsere ewige Heilsgewissheit von unserem Verhalten abhängig? Wenn ja, dann sind wir wieder zurück bei den Werken.
      (2) Ist unsere ewige Heilsgewissheit bedingungslos — d. h. unabhängig von unserem Verhalten? Wenn ja, dann ist es aus Gnade (Röm. 11, 6).

3. *Viele glauben die Lehre so, wie ich sie definiert habe.*
   (a) Dennoch haben einige von ihnen das Empfinden, es sei gefährlich, so klar zu sein.
   (b) Sie meinen, für die schwächeren Christen sei es geistlich gesund, gewisse Zweifel zu haben — um ihnen keine falsche Sicherheit zu vermitteln!
   (c) Ich betrachte ihren Ansatz als:
      (1) Unehrlich — was Gott enthüllt hat, darf nicht verhüllt werden.
      (2) Kontrollierend — aus Furcht, dass wir die freie Gnade ausnutzen.

4. *Ich kenne keinen einzigen Fall, in dem dies im Rahmen der Seelsorge nicht gelehrt würde, wenn der Pastor Calvinist ist.*

(a) Wenn wir entmutigten oder in Sünde gefallenen Christen begegnen, dann wäre das Letzte, was ihnen helfen wird, dem Sinne nach zu sagen: Du bist nicht gerettet.

(1) Wenn das wahr wäre, dann wollen sie vielleicht gerettet werden, oder auch nicht.

(2) Angenommen, sie wollen gerettet werden, und sie kehren so gut sie es können um. Was wird geschehen, wenn sie das nächste Mal sündigen – sagen wir dann, sie waren eben immer noch nicht gerettet?

(b) Die Lehre von der ewigen Heilsgewissheit der Gläubigen ist in pastoraler Hinsicht die am meisten Trost spendende Lehre, die es gibt:

(1) Wenn jemand allzu beschämt darüber ist, dass er gesündigt hat.

(2) Wenn die Zeit zu sterben kommt.

B. Was ist rettender Glaube? – Antwort: Sein Vertrauen auf Christus allein setzen.

1. *Rettender Glaube ist die feste Zuversicht, dass Jesus Christus alles tat, was von uns gefordert ist:*

(a) Durch seine Person als der Gottmensch[1].

(b) Durch das, was er tat:

(1) Er lebte ohne Sünde für uns (Röm. 5, 10).

(2) Er starb für uns, d. h. an unserer Stelle (Röm. 5, 8).

(3) Er stand von den Toten auf (Röm. 10, 9).

2. *Rettender Glaube ist die Überzeugung, dass wir in den Himmel – nicht in die Hölle – kommen werden:*

(a) Durch das vollkommene Werk Jesu Christi (Leben, Tod, Auferstehung).

(b) Durch unseren Glauben: Wir setzen unser Vertrauen nicht mehr auf unsere guten Werke, sondern auf das, was Jesus bereits für uns getan hat.

---

[1] *Gottmensch:* zugleich ganz *Gott* und ganz *Mensch* in einer Person.

C. Was trifft auf diejenigen zu, die den rettenden Glauben haben?

1. *Ihnen wird Heilsgewissheit geschenkt.*
   (a) Diese Gewissheit hat verschiedene Grade.
   (b) Diese Gewissheit kommt vielleicht schrittweise; zumindest ist es fast immer so.

2. *Sie werden ein Verlangen haben, Gott zu gefallen.*
   (a) Die Fähigkeit zu glauben kommt vom Heiligen Geist (Joh. 6, 44).
   (b) Der Heilige Geist, der diese Fähigkeit verleiht, lebt in uns (Röm. 8, 9).
   (c) Der Heilige Geist garantiert Heiligkeit bzw. Heiligung[2] (2. Thess. 2, 13).
      (1) Jede Heiligung auf Erden erfolgt nach und nach (Röm. 6, 11ff.).
      (2) Alle Heiligung auf Erden erfolgt schrittweise (2. Kor. 3, 18).
   (d) Das Fehlen von Heiligung in uns bedeutet:
      (1) Die Züchtigung Gottes.
      (2) Den Verlust unseres Erbes.
         (i.) Im Reich Gottes auf Erden.
         (ii.) Vor dem Richterstuhl Christi im Himmel.

---

[2] Das Englische »holiness« *(Heiligkeit)*, wird oft im Sinn von *Heiligung* gebraucht, so auch z. B. in den Bibelstellen 2. Thess. 2, 13 und Röm. 6, 19.22.

2 Es gibt einige grundlegende und wesentliche Lehren, die die ewige Heilsgewissheit des Gläubigen garantieren

A. Unsere Stellung oder Autorität als Söhne Gottes (Joh. 1,12-13).

1. *Mit einem Wort: Wir sind aus Gott »geboren«.*
   (a) Das griechische Wort *gennao* bedeutet »gebären«, »zeugen«, »erzeugen«, »hervorbringen«.
      (1) Wenn jemand aus Gott geboren ist, dann war Gott es, der das Hervorbringen oder Erzeugen geschehen ließ.
      (2) Gott gab uns das Leben (Eph. 2, 4-5).
   (b) Das wird als Wiedergeburt (Joh. 3,3: »von Neuem geboren«) bezeichnet.
      (1) Was »aus dem Fleisch« hervorgeht (Joh. 3,6), die biblische Beschreibung der natürlichen Geburt, wird als *Fortpflanzung* (englisch »procreation«) bezeichnet.
      (2) Was »aus dem Geist« hervorgeht (Joh. 3,6), die biblische Beschreibung der geistlichen Geburt, wird als *Wiedergeburt* (englisch »regeneration«) bezeichnet.

2. *Garantiert die Wiedergeburt in und aus sich selbst, dass wir nie mehr verloren sein werden? — Antwort: Ja.*
   (a) Dass wir eine »neue Schöpfung« (2. Kor. 5,17) sind, hat Gottes eigener Geist bewirkt, der nach den Worten Jesu uns »nie verlassen wird« (Joh. 14,16).
      (1) Das neue Leben wird als Gottes Geist bezeichnet (1. Kor. 3,16).
      (2) Das neue Leben wird auch als Gottes Same bezeichnet (1. Joh. 3,9).
   (b) Das neue Leben ist das Leben Gottes selbst: Gott kann nicht sterben!
      (1) Dieses Leben wurde uns nicht aufgrund unserer Werke gegeben (2. Tim. 1,9).

(2) Es ist undenkbar, dass uns dieses Leben so übereignet wäre, als ob wir uns jetzt selbst am Leben erhalten müssten.

(c) Aus diesem Grund haben wir gewisse Verheißungen (Phil. 1, 6; Joh. 10, 28).

B. Unsere Aufnahme in die Familie Gottes (Eph. 1,4-5)

1. *Während die Wiedergeburt Gottes innerer Akt ist, durch den wir in seine Familie hinein*geboren *sind, ist die Aufnahme (Adoption) sein äußerer Akt, durch den wir als Glieder seiner Familie erwählt* sind.

(a) Dies zeigt weiter, wie Prädestination (Vorherbestimmung) und Heilsgewissheit (Gerettetsein) des Gläubigen zusammenstimmen.

(1) Prädestination und Adoption liegen völlig außerhalb unserer Kontrolle.

(2) Würde Gott uns zum Glauben vorherbestimmen und dann zulassen, dass wir verlieren, wozu er uns vorherbestimmt hat?

(b) Adoption ist ein anderer Begriff für Erwählung.

(1) Nicht wir haben Gott erwählt; er hat uns erwählt.

(2) Kinder können sich nicht aussuchen, adoptiert zu werden; die Auswahl treffen allein die Eltern.

2. *Es gibt eine Entsprechung zwischen Jesu Gewissheit innerhalb der Gottheit und unserer Gewissheit in der Familie Gottes.*

(a) Allerdings ist Jesus Gottes »natürlicher« Sohn.

(1) Gott hat alle, die an Jesus glauben, als seine Söhne angenommen (adoptiert).

(2) Jesus wird »der Erstgeborene unter vielen Geschwistern [ältere Übersetzungen: Brüdern]« genannt (Röm. 8, 29).

(b) Gott hatte immer einen Sohn; er ist der ewige Sohn.

(1) Gott wartete bis »die Zeit erfüllt war« (gekommen war), ehe er seinen Sohn »sandte« (Gal. 4, 4 Lu84).

(2) Aber er war schon immer Gottes Sohn.

(c) Unsere Aufnahme in die Familie Gottes war vor Grundlegung der Welt bekannt (Eph. 1, 4-5).

(1) Aber es wurde nicht bekannt, ehe wir nicht geboren – und wiedergeboren – waren.

(2) Der Tatsache, dass wir durch die Wiedergeburt zu Kindern[3] gemacht wurden, lag Gottes Erwählung zugrunde, was auch Adoption genannt wird.

(d) Dies bedeutet, dass wir Jesu jüngere Brüder und Schwestern sind.

(1) Jesus kann als unser »älterer Bruder« bezeichnet werden.

(2) Er schämt sich nicht, uns Brüder zu nennen (Heb. 2, 11).

(e) Ist es möglich, dass Jesus von der Gottheit enterbt wird und seine Sohnesrechte ihm aberkannt werden?

(1) Wir werden »Miterben« mit Christus genannt (Röm. 8, 17).

(2) Wir sind »in Christus« (Eph. 1, 4ff.).

(f) Fazit: Als Gottes Kinder gehören wir ebenso gewiss zur Familie Gottes wie Jesus zur Gottheit.

(1) Gott liebt seinen Sohn (Mt. 3, 17).

(2) Gott liebt seine Kinder ebenso sehr, wie er seinen Sohn liebt (Joh. 17, 23).

C. Als Gottes Kinder sind wir auf ewig gerettet:

1. Vom Aspekt der Wiedergeburt her betrachtet – wir haben das Leben Gottes in uns, welches unsterblich ist.

2. Vom Aspekt der Adoption her betrachtet – wir sind von Gott erwählt, was nicht ungeschehen gemacht werden kann.

---

[3] In älteren Bibelübersetzungen steht meist *Söhne*.

D. Wie im vorigen Kapitel zu sehen war, belegt die Lehre von der Rechtfertigung aufgrund des Glaubens in und durch sich selbst die ewige Heilsgewissheit (Gerettetsein) des Gläubigen.

3 Schriftstellen, die dieser Lehre zu widersprechen scheinen

A. Es gibt keinen einzigen Vers in der Bibel, aus dem hervorgeht, dass wir unsere Rettung verlieren können; verlieren können wir nur unser Erbe oder unsere Belohnung (Kol. 3,24).

1. *Es ist ein Unterschied, ob wir lediglich gerettet sind, oder ob wir am Richterstuhl Christi auch einen Lohn empfangen* (1. Kor. 3,12-15).

   (a) Alle, die gerettet sind, werden in den Himmel kommen (Joh. 5,24).

   (b) Aber nicht alle, die in den Himmel kommen, werden einen Lohn empfangen (2. Kor. 5,10).

2. *Es ist möglich, seinen Lohn zu verlieren und trotzdem noch gerettet zu sein* (1. Kor. 3,15).

   (a) Es kommt darauf an, wie wir auf dem Fundament, welches Jesus Christus ist, weiterbauen (1. Kor. 3,10-12).

      (1) Manche bauen mit Holz, Heu, Stroh.

      (2) Manche bauen mit Gold, Silber, kostbaren Steinen.

   (b) Das Feuer wird die Qualität, das Werk jedes einzelnen erproben.

      (1) Holz, Heu, Stroh wird verbrannt werden.

      (2) Gold, Silber, kostbare Steine werden das Feuer überstehen.

3. *Seinen Lohn verlieren zu können war die Sorge des Apostels Paulus* (1. Kor. 9,24-27).

(a) Er fürchtete nicht, seine Seele verlieren zu können.

(b) Er fürchtete, im Hinblick auf den Siegeskranz verworfen zu werden.

B. Dem entspricht das neutestamentliche Verständnis vom Reich Gottes.

1. *Das Reich Gottes ist auf unterschiedliche Weisen beschrieben. Als:*
   (a) Die zukünftige Herrschaft Christi (2. Tim. 4, 1).
   (b) Die gegenwärtig greifbare Macht Christi (Lk. 11, 20).
   (c) Das vertraute Kennen Christi aufgrund von Bedrängnis und Verfolgung (Apg. 14, 22).
   (d) Das Erbe Christi, welches aufgrund von Gehorsam empfangen wird (Gal. 5, 21).

2. *In das Reich Gottes kommen wir hier auf Erden in einer zweifachen Weise — nach Art zweier konzentrischer Kreise.*
   (a) Durch die Wiedergeburt (Joh. 3, 3).
   (b) Durch Gehorsam (Eph. 5, 5).
       (1) In den größeren Kreis kommen wir durch Bekehrung (Kol. 1, 13).
       (2) Den inneren Kreis betreten wir durch Bedrängnis und Verfolgung (Apg. 14, 22).

3. *In diesem Sinn warnt uns die Schrift davor, unser Erbe am Reich Gottes zu verlieren.*
   (a) Manchmal sind Reich Gottes und Rettung ein und dasselbe (Joh. 3, 3). Aber nicht immer (1. Kor. 6, 9-10).
   (b) Dies ist der Grund, weshalb schon angenommen wurde, dass der Mann aus Korinth, welcher Unzucht getrieben hatte, trotzdem gerettet wird (1. Kor. 5, 5).

4 Die Bedeutsamkeit der Lehre von der Züchtigung (Heb. 12,5-11)

A. Was geschieht mit denen, die ihre Sohnesrechte missbrauchen?

1. *Wie wir gesehen haben, können sie enterbt werden. Sohnschaft und Erbe sind nicht dieselbe Sache.*
   - (a) Dies bezieht sich auf das Reich Gottes hier auf Erden (Eph. 5,5).
   - (b) Es hat aber auch einen Bezug zum Richterstuhl Christi im Himmel (2. Kor. 5,10).

2. *Aber es gibt mehr: Sie erfahren die Züchtigung Gottes.*
   - (a) Züchtigung ist Nachhilfe.
   - (b) Es ist die Art und Weise, wie Gott Heiligkeit sicherstellt (Heb. 12,10-11).

B. Es gibt drei Stufen der Züchtigung:

1. *Innere Züchtigung (Plan A).*
   - (a) Durch das Wort und den Heiligen Geist in uns.
   - (b) Dies ist der beste Weg zur Lösung Ihrer Probleme!

2. *Äußere Züchtigung (Plan B).*
   - (a) Durch Maßnahmen göttlicher Voraussicht, die uns von außen her betreffen.
   - (b) Manchmal ist dies die einzige Möglichkeit, wie Gott unsere Aufmerksamkeit bekommen kann.

3. *Endgültige Züchtigung (wenn all das oben Genannte nicht funktioniert).*
   - (a) Dies bedeutet, vor dem Richterstuhl Christi »wie durchs Feuer hindurch« gerettet zu werden (1. Kor. 3,15).

(b) Das ist der Fall, wenn alle Werke verbrannt sind und kein Lohn gegeben wird.

C. Züchtigung bzw. Erziehung ist nur für wahre Gläubige.

1. Es belegt, dass wir Söhne und Töchter sind.
2. Das Ziel ist, uns Christus ähnlicher zu machen.

Schlussbemerkung

Es ist eine wunderbare Sache, zu wissen, dass wir nie mehr verloren gehen können. Gott liebt die Kinder (Söhne), die er angenommen (adoptiert) hat, ebenso sehr, wie er Jesus liebt. Aber Gott mag es absolut nicht, wenn wir unseren eigenen Vorteil aus dieser Lehre ziehen wollen. Diejenigen, die ihre Rechte als Adoptivkinder (Adoptivsöhne) missbrauchen, können ihren Lohn verlieren und schwere Züchtigung erfahren. Wir müssen sorgsam darauf achten, dass uns dies nicht passiert.

22

Das Geschenk
vollkommener Vergebung

Einleitung

A. Das Christentum ist einzigartig unter den Weltreligionen, und zwar wegen folgender drei Wahrheiten:

1. *Sein Gründer lebt und ist wohlauf.*
   (a) Alle anderen Religionsstifter sind tot.
   (b) Nur Jesus Christus lebt noch immer und für immer (Off. 1, 18).

2. *Alles, was an Gutem geschieht, kommt letztlich von Gott (Jak. 1, 17).*
   (a) Die Wahrheit oder Falschheit einer Religion entscheidet sich an der Frage, wer das, was wir tun, initiiert.
   (b) Allein im Christentum ergreift Gott die Initiative (Joh. 6, 44; Jak. 1, 18).

3. *Vollkommene Vergebung ist uns aus reiner Gnade geschenkt* (Eph. 2, 8-9).
   (a) Auch andere Religionen bieten Vergebung an — jedoch auf der Basis guter Werke.
   (b) Allein das Christentum bietet aufgrund des Todes des Sohnes Gottes Vergebung an (Röm. 5, 8-9).

B. Dieses Thema ist in zweierlei Hinsicht zu verstehen: in objektiver und in subjektiver Hinsicht.

1. *In objektiver Hinsicht: dass uns in Christus vergeben ist.*
   (a) Welche Segnungen kommen uns – besonders im Hinblick auf die Vergebung der Sünden – durch den Tod Christi zugute?
   (b) Inwieweit sind uns alle unsere Sünden vergeben?

2. *In subjektiver Hinsicht: dass wir anderen vergeben.*
   (a) Welche Frucht erwächst aus der Tatsache, dass uns vergeben ist – besonders im Hinblick auf unsere Vergebung gegenüber anderen?
   (b) Inwieweit müssen wir anderen vergeben?

C. Vollkommene Vergebung

1. *Der Herr hat uns alle unsere Sünden vollkommen vergeben.*
   (a) Vollkommene Vergebung bedeutet: Gott sieht uns so, als ob wir niemals gesündigt hätten.
   (b) Diese Vergebung ist uns auf der Grundlage des Todes Christi am Kreuz geschenkt.

2. *Wir müssen anderen alles vergeben, was sie uns angetan haben.*
   (a) Vollkommene Vergebung bedeutet hier: Wir sehen die anderen so, als ob sie nichts Falsches getan hätten.
   (b) Dass wir anderen vergeben müssen, basiert auf Gottes Güte uns gegenüber.

D. Warum ist diese Lektion wichtig?

1. Sie erinnert uns an Gottes Güte uns gegenüber (Ps. 103, 10-14).
2. Sie erinnert uns an das, was Gott durch seinen Sohn getan hat.
3. Sie erinnert uns an die Segnungen, die uns durch die Rechtfertigung aufgrund des Glaubens zugute kommen.

4. Sie erinnert uns an die Verantwortung, die wir angesichts der Vergebung Gottes gegenüber anderen haben.
5. Die Kunst, anderen zu vergeben, kann uns zum größten geistlichen Durchbruch verhelfen, den wir jemals erlebt haben.

1 Die objektive Seite: Gott hat uns in Christus vollkommen vergeben

A. Die Segnungen, die uns durch den Tod Christi zugute kommen, können wie folgt zusammengefasst werden:

1. *Vergebung der Sünden* (Kol. 1, 14)
   (a) Dies ist die unmittelbare Konsequenz der Rechtfertigung aufgrund des Glaubens.
      (1) Rechtfertigung: gerecht gemacht sein.
      (2) Die Rechtfertigung ist »forensisch«; das ist die Art und Weise, wie Gott uns in Christus sieht, und nicht wie wir uns fühlen mögen.
   (b) Unsere Rechtfertigung geschah allein durch den Glauben, nicht aus Werken (Eph. 2, 8-9).
      (1) Sie ist für alle erhältlich (Röm. 3, 22; 5, 15).
      (2) Sie wird jedoch aufgrund des Glaubens zugeteilt (Röm. 3, 26).

2. *Anrechnung von Gerechtigkeit* (Röm. 4, 3)
   (a) Anrechnen: jemandem etwas gutschreiben.
   (b) Alles, was Jesus war und für uns tat, wird auf uns übertragen:
      (1) Sein sündloses Leben wird uns angerechnet; es ist so, als ob wir ohne Sünde wären (Röm. 4, 8).
      (2) Sein Blut sichert uns zu, dass der Vater uns unsere Sünde nicht zur Last legt, sondern uns »in Christus« sieht (Eph. 1, 7).

3. *Ewiges Leben* (Joh. 3, 16)
   (a) »Ewiges Leben« ist in der Bibel in mehr als einer Weise gebraucht.
       (1) Es ist das ureigene Leben von Jesus Christus selbst (1. Joh. 1, 1).
       (2) Es bedeutet, den Vater zu kennen (Joh. 17, 3).
       (3) Es ist endlose Fortdauer im Himmel (Mk. 10, 30).
   (b) Aber ewiges Leben, wie es in dieser Lektion hauptsächlich verstanden ist, lässt sich auf folgende Weise zusammenfassen: Wenn wir sterben, werden wir in den Himmel kommen, nicht in die Hölle.

B. Inwieweit sind uns unsere Sünden vergeben?

1. *Sünden der Vergangenheit* (Röm. 3, 25; Heb. 8, 12)
   (a) Sünden, die wir vor unserer Bekehrung begangen haben.
   (b) Von all diesen Sünden sind wir reingewaschen (Off. 1, 5).

2. *Gegenwärtige Sünde* (1. Joh. 1, 7-9)
   (a) Das Blut Jesu reinigt uns kontinuierlich von unseren Sünden; jedoch unter der Bedingung:
       (1) Dass wir im Licht wandeln.
       (2) Dass wir unsere Sünden bekennen.
   (b) Was geht uns verloren, wenn wir nicht im Licht wandeln?
       (1) Die Gemeinschaft mit dem Vater.
       (2) Der Überbau aus Gold, Silber, kostbaren Steinen (1. Kor. 3, 12-15).

3. *Zukünftige Sünden* (Röm. 8, 33-39)
   (a) Weil wir durch den Glauben »in Christus« sind, ist unsere Position ebenso gewiss wie seine.
       (1) Er kann seinen Platz innerhalb der Gottheit nicht verlieren.
       (2) Wir können unseren Platz in ihm nicht verlieren (Joh. 10, 28).
   (b) Gott liebt uns ebenso sehr, wie er Jesus liebt (Joh. 17, 23).

C. Was ist damit, dass wir gezüchtigt oder erzogen werden?

1. *Züchtigung bzw. Erziehung: Nachhilfe*
    (a) Innere Züchtigung: Die Mahnung des Heiligen Geistes.
    (b) Äußere Züchtigung: Wenn Gott von außen her eingreift.
    (c) Endgültige Züchtigung: Wenn keine weitere Buße mehr gewährt wird (Heb. 6, 4 - 6); das könnte auch bedeuten, dass jemand vorzeitig stirbt (1. Kor. 11, 30).

2. *Frage: Wenn Gott uns vollkommen vergibt, weshalb züchtigt er uns dann? Antwort: Weil er uns liebt* (Heb. 12, 6).
    (a) Von Gott gezüchtigt zu werden bedeutet nicht, dass er uns etwas »heimzahlt« (Ps. 103, 10).
    (b) Von Gott gezüchtigt zu werden bedeutet, dass er uns wie Söhne behandelt (Heb. 12, 7 - 8).
    (1) Ein Vater erzieht und diszipliniert sein Kind, *gerade weil* er es liebt, und nicht weil er ihm grollt.
    (2) Erziehung geschieht, um uns zu verbessern (Heb. 12, 10 - 11).

3. *Wir werden nicht deshalb gezüchtigt, weil uns etwa nicht vergeben wurde, sondern weil uns vergeben ist.*
    (a) Züchtigung ist der Beleg für Vergebung, die Bestätigung der Sohnschaft.
    (b) Nicht gezüchtigt zu werden ist ein bedrohliches, unheilverkündendes Zeichen dafür, dass uns nicht vergeben worden ist!

2 Die subjektive Seite: Unsere Vergebung gegenüber anderen

A. Es gibt noch einen anderen Segen, der uns durch den Kreuzestod Jesu zugute kommt: Wir empfangen den Heiligen Geist (Röm. 8,9).

1. *Der Heilige Geist ist eine Person, die sozusagen den Platz Jesu im Leben der Jünger eingenommen hat* (Joh. 14, 16).
2. *Der Heilige Geist ist eine Person, die auch sehr empfindsam ist* (Eph. 4, 30).
    (a) Er kann betrübt oder gedämpft werden (1. Thess. 5, 19).
    (b) Wenn wir den Heiligen Geist betrüben, hat das ein Abnehmen unserer Gemeinschaft mit Gott zur Folge (1. Joh. 1, 7).
        (1) Wer den Heiligen Geist betrübt, verwirkt nicht das ewige Heil.
        (2) Wer den Heiligen Geist betrübt, verwirkt die Klarheit des Denkens, die Geistesgegenwart.
3. *Wir betrüben den Heiligen Geist vor allem durch Bitterkeit und einen unversöhnlichen Geist* (Eph. 4, 31-32).
    (a) Bitterkeit scheint in dem Augenblick, in dem wir sie fühlen und zeigen, immer gerechtfertigt zu sein.
    (b) Aus diesem Grund sind wir uns nur selten bewusst, dass wir den Heiligen Geist betrüben, *wenn* wir es gerade tun; wir erkennen es später – zu unserem Bedauern.

B. Was der Tatsache, dass uns alle unsere Sünden vergeben sind, hauptsächlich entspringen sollte, ist Dankbarkeit.

1. *Heiligung kann als »die Lehre der Dankbarkeit« bezeichnet werden.*
    (a) Wir führen nicht deshalb ein geheiligtes Leben, um uns einen Platz im Himmel zu sichern; wir haben diesen Platz bereits als Geschenk der Gnade durch den Glauben (Eph. 2, 8-9).
    (b) Wir führen ein geheiligtes Leben aus Dankbarkeit (Röm. 6, 22). Jeder von uns kann sinngemäß sprechen: Danke, Herr, dass du meine Seele gerettet hast.
2. *Eines der deutlichsten Zeichen der Dankbarkeit besteht darin, dass wir anderen vergeben, so wie uns vergeben worden ist.*
    (a) Wenn wir wissen, wieviel Gott uns vergeben hat, können wir es uns gut leisten, anderen zu vergeben!

(b) Wenn wir ihnen aber nicht vergeben, haben wir damit unsere Undankbarkeit gegenüber Gott gezeigt, dass wir ihm nicht dankbar dafür sind, dass er uns vergeben hat.

    (1) Nicht zu vergeben ist ein Zeichen von Selbstgerechtigkeit.

    (2) Wenn wir ihnen nicht vergeben, dann geben wir ihnen damit zu verstehen, dass wir uns als besser einschätzen als sie. Wir bringen damit zum Ausdruck, dass wir niemals tun würden, was sie getan haben.

(c) Und doch – wenn wir sorgfältig prüfen, was uns alles vergeben worden ist, werden wir herausfinden, dass wir absolut kein Recht haben, andere zu verurteilen (Mt. 7, 1-2).

3. *Gott hasst Undankbarkeit* (Röm. 1, 21).

    (a) Wenn wir uns bewusst sind, dass alle unsere Sünden vergeben sind, werden wir dankbar sein.

    (b) Diese Vergebung lässt uns ohne Entschuldigung, wenn wir anderen nicht vergeben.

C. Dass wir anderen vergeben ist überdies ein Gebot (Eph. 4,32).

1. *Es ist Teil des Vaterunsers* (Mt. 6, 12).

    (a) Wenn wir das Vaterunser beten, bekennen wir, dass wir anderen vergeben haben!

    (b) Könnte es sein, dass das Vaterunser uns zu Lügnern gemacht hat?

2. *Es ist als Zusammenfassung des Vaterunsers zum Ausdruck gebracht – als ob es der Hauptgrund wäre, aus dem uns das Gebet selbst gegeben wurde:* »Wenn ihr denen vergebt, die euch Böses angetan haben, wird euer himmlischer Vater euch auch vergeben. Wenn ihr euch aber weigert, anderen zu vergeben, wird euer Vater euch auch nicht vergeben.« (Mt. 6, 14-15)

3. *Anderen zu vergeben ist das zentrale Thema im Gleichnis vom unbarmherzigen Knecht* (Mt. 18,21-35).

4. *Es ist möglicherweise auch die Grundlage für das Beten im Glauben* (Mk. 11,24-25).

3 Das Zeichen vollkommener Vergebung: kein Anrechnen des Bösen (1. Kor. 13,5)

A. Andere werden von der Kenntnis unserer Sünden abgehalten (1. Mose 45,1).

1. *Wenn Gott uns vergibt, können wir sicher sein, dass uns unsere Sünden nie mehr vorgehalten werden* (Heb. 8,12).

   (a) Niemand wird jemals wissen, *was* uns vergeben worden ist.

   (b) Gott wäscht uns rein von unseren Sünden, sodass es vor dem Richterstuhl Christi keine Anrechnung unserer Sünden mehr gibt.

2. *Uns ist geboten, anderen zu vergeben, so wie Gott uns vergeben hat!* (Eph. 4,32)

   (a) Dies bedeutet, dass wir niemand wissen lassen, was uns jemand anders angetan hat.

   (1) Wir wahren die Identität der Person, die uns verletzt hat, so wie Josef keinen Menschen in Ägypten wissen ließ, was seine Brüder ihm angetan hatten.

   (2) Wir weigern uns, irgendjemand wissen zu lassen, wer uns verletzt hat — oder was uns angetan wurde.

   (b) Der Beweis dafür, dass wir *nicht* vergeben haben, ist: Wir erzählen, was wir über die Person wissen, die uns verletzt hat.

B. Andere werden von jeglicher Furcht wegen ihrer Sünden befreit (1. Mose 45,3-5).

1. *Wenn Gott uns vergibt, will er uns seine Liebe, nicht seinen Zorn, erfahren lassen* (Röm. 5). *Er will nicht, dass wir uns fürchten, und so nimmt er uns unsere Befangenheit* (1. Joh. 1,9).
2. *Wenn wir anderen völlig vergeben, werden wir nicht zulassen, dass sie uns fürchten.*
   (a) Wir werden ihnen die Befangenheit nehmen.
   (b) Deutliches Zeichen dafür, dass wir *nicht* vergeben haben, ist: Wir wollen, dass sie sich um das, was sie getan haben, sorgen — und dass sie Angst haben, wir könnten sie bloßstellen.

C. Wir sind ermutigt, uns selbst zu vergeben, statt über das, was wir getan haben, ewig zerknirscht zu sein (1. Mose 45,5).

1. *Wenn Gott vergibt, dann vergisst er* (Jer. 31,31-34).
   (a) Das bedeutet nicht, dass er unsere Vergangenheit nun nicht mehr kennen würde — selbstverständlich kennt er sie.
   (b) Aber sie ist vergessen in dem Sinn, dass sie bereinigt ist.

D. Wir sind in die Lage versetzt, unser Gesicht zu wahren (1. Mose 45,8).

1. *Wenn Gott vergibt, eröffnet er uns eine Zukunft und sagt sinngemäß: Was die Vergangenheit betrifft — überlass sie mir* (Röm. 8,28).
   (a) Er lässt die Vergangenheit, wie schlimm sie auch gewesen sein mag, zum Besten dienen.
   (b) Es kann der Eindruck entstehen, als ob alles so gewesen sein sollte!
      (1) Vorsicht: Dass etwas zum Besten dient, bedeutet nicht, dass es zum damaligen Zeitpunkt richtig war.

(2) Aber Gott kann diesen Eindruck entstehen lassen, um uns die Möglichkeit zu geben, unser Gesicht zu wahren!

2. *Wenn wir anderen völlig vergeben haben, werden wir ihnen die Möglichkeit geben, ihr Gesicht zu wahren.*

(a) Wir werden nichts tun, um ihnen Schuldgefühle zu vermitteln: Wir werden ihnen zeigen, dass wir kein bisschen anders sind als sie und uns in denselben Umständen nicht anders verhalten hätten.

(b) Deutliches Zeichen dafür, dass wir *nicht* vergeben haben, ist: Wir wollen, dass die Person, die uns verletzt hat, ihr Gesicht verliert. Das ist etwas, was Christus niemals tun würde.

E. Das Prinzip, das Böse nicht anzurechnen, bleibt immerfort bestehen.

1. *Gott gibt uns ein ewiges Heil* (Heb. 5, 9).

(a) Er vergibt uns nicht nur *einmal*; er vergibt immer wieder.

(b) Er ändert nicht später seine Meinung, um schließlich zu entscheiden, dass das, was wir getan haben, so schlimm sei, dass es im Gericht vorgebracht werden müsse.

2. *Wenn wir anderen völlig vergeben haben, werden wir das wieder und immer wieder tun* (Mt. 18, 21-22).

(a) Es ist nicht damit getan, dass wir einmal oder auch zweimal vergeben.

(b) Deutliches Zeichen dafür, dass wir *nicht* völlig vergeben haben, ist, dass wir irgendwann der Versuchung erliegen, das Böse anzurechnen, und all die oben genannten Prinzipien brechen. Was wäre, wenn *Gott* das tun würde?

4 Was geschieht, wenn wir anderen nicht vergeben?

A. Was nicht zutrifft, ist, dass wir unser Heil verlieren würden.

1. Wir sind »versiegelt auf den Tag der Erlösung«, welche bei der Wiederkunft Jesu Christi geschehen wird (Eph. 4, 30).
2. Dass wir unser Heil verlieren würden, ist nicht die Bedeutung von Matthäus 6, 14-15 oder Matthäus 18, 35.

B. Was diese Stellen bedeuten:

1. *Wir verlieren die Gemeinschaft mit dem Vater.*
   (a) Der Grund, weshalb uns das Vaterunser gegeben wurde, ist genau der, dass wir die Gemeinschaft mit dem Vater genießen sollen.
      (1) Es ist kein Gebet um Rettung; wenn es ein solches wäre, bestünde nicht die Notwendigkeit, es zu wiederholen.
      (2) Warum dieses Gebet wiederholen? Um fortwährende Gemeinschaft mit dem Vater zu haben.
   (b) Sobald wir das Prinzip der völligen Vergebung verletzen, hört Gott auf, uns zu vergeben; denn wir taten gerade dasselbe!
      (1) Das bedeutet nicht, dass er nun einen alten Knochen ausgräbt.
      (2) Es bedeutet, dass genau das, was wir gerade taten, nämlich die Sünde, nicht zu vergeben, begingen, zwischen uns und Gott steht.

2. *Gott kann sich gegen uns wenden und sehr streng mit uns verfahren* (Mt. 18, 32-34).
   (a) Wenn wir wissen, dass uns gnädigerweise vergeben wurde und wir gnädig behandelt worden sind, wir uns aber weigern, anderen gegenüber gnädig zu sein, kann Gott sich gegen uns wenden! (Jak. 5, 9)

(b) Seine Strafe kann überaus hart sein. Es könnte sein, dass Gott uns in Gewahrsam nehmen lässt, weil wir gegen etwas verstoßen haben, das unter seinem Schutz steht!

3. *Gott kann uns bestrafen, um uns eine Lektion über Selbstgerechtigkeit zu erteilen, sowie darüber, wenn wir auf andere zeigen!*

Schlussbemerkung

Wenn wir als Gläubige einem anderen Gläubigen völlig vergeben, dann hat das wunderbare und unbeschreibliche Konsequenzen. Der Heilige Geist fließt in uns (Gal. 5, 22-23) und bringt uns sein unablässiges inneres, unsere Herzen reinigendes Wirken zum Bewusstsein (1. Tim. 1, 5). In dem Maß, wie dies geschieht, werden wir Jesus ähnlicher (Lk. 23, 34; 1. Petr. 2, 23).

Wenn wir einander jedoch nicht völlig vergeben, verarmen wir geistlich, selbst wenn wir uns gut dabei fühlen, wenn wir dem anderen etwas heimzahlen. In Wirklichkeit verletzen wir uns selbst, wenn wir nicht völlig vergeben. All denen unter uns, die statt zu vergeben Groll und Bitterkeit hegen, sagt Gott sinngemäß: Lass mich das erledigen (Röm. 12, 19).

23

Der Heilige Geist

Einleitung

A. In Kapitel 4 gingen wir der Frage nach, was mit der Trinität gemeint ist.

1. *Solch ein Thema bringt selbstverständlich die Sprache auf den Heiligen Geist.*
2. *Aber den Heiligen Geist von der Trinität her zu verstehen versuchen hieße, gleich voll einzusteigen. Dennoch:*
   (a) Wir sahen, dass der Heilige Geist eine Person ist.
   (b) Wir sahen, dass der Heilige Geist Gott ist.
   (c) Erst auf dem Konzil von Konstantinopel, dem 3. ökumenischen Konzil (381) wurde dem Heiligen Geist dieselbe Anerkennung zuteil, die dem Sohn beim 1. ökumenischen Konzil in Nicäa (325) zuteil geworden war.

B. In dieser Lektion werden wir den Heiligen Geist in einer ganz anderen Weise einführen.

1. Anstatt gleich voll einzusteigen, werden wir erst im flachen Wasser waten, und uns dann ins Tiefere begeben.
2. Wir werden zu verstehen versuchen, was wir meinen, wenn wir vom Heiligen Geist sprechen — so, als ob wir noch nichts von ihm wissen würden.

C. Es gibt ein paar mögliche Ansätze zur Einführung in das Thema »Heiliger Geist«.

1. *Wir könnten beginnen mit: Der Heilige Geist und das Alte Testament.*
   (a) Der Geist Gottes ist in 1. Mose 1, 2 erwähnt.
   (b) Es gibt noch andere verstreute Stellen im Alten Testament, die sich auf den Heiligen Geist beziehen, z. B. Jesaja 11, 2 und 61, 1.

2. *Wir könnten mit den synoptischen Evangelien beginnen.*
   (a) Die synoptischen Evangelien sind Matthäus, Markus und Lukas. Sie werden synoptisch[1] genannt wegen des hohen Grades an Ähnlichkeit zwischen ihren Texten.
   (b) Die erste Bezugnahme auf den Heiligen Geist im Neuen Testament ist Matthäus 1, 18.20. Vergleiche Lk. 1, 35.
   (c) Die Synoptiker berichten im Zusammenhang mit der Taufe Jesu durch Johannes den Täufer, dass der Heilige Geist wie eine Taube auf Jesus herabkam (Mt. 3, 16; Mk. 1, 10; Lk. 3, 22).

3. *Wir könnten mit der Apostelgeschichte beginnen, dem ersten Bericht über die Geschichte der Gemeinde.*
   (a) Lukas, der Verfasser der Apostelgeschichte, hatte von allen Synoptikern am meisten über den Heiligen Geist zu sagen.
   (b) Nachdem den Jüngern aufgetragen worden war, in Jerusalem zu warten, fiel der Heilige Geist am Pfingsttag auf sie (Apg. 2).
   (1) Als dies geschah, verstanden die Jünger den Heiligen Geist und auch den Grund, weshalb Jesus am Kreuz sterben musste.
   (2) Allerdings waren sie zuvor von Jesus schon auf den Heiligen Geist *vorbereitet* worden.

---

[1] *Synoptisch* (aus dem Griechischen) bedeutet wörtlich *zusammengeschaut.*

4. *Wir könnten mit dem Apostel Paulus beginnen.*
   (a) In seinen Briefen definiert Paulus das Evangelium in überaus klarer Weise und hilft uns, das Neue Testament als ein Ganzes zu verstehen.
   (b) Aber Paulus fing da an, wo Jesus aufgehört hatte (Joh. 16,12).
      (1) Jesus kündigte den Jüngern den Heiligen Geist an bevor er auf sie fiel (Joh. 14,16ff.).
      (2) Paulus führte weiter, was nach Jesu Worten für die Jünger zuviel zu ertragen gewesen wäre.

5. *Auch andere Schriften des Neuen Testaments sprechen vom Heiligen Geist, aber in diesen Schriften ist vorausgesetzt, dass die Leser bereits etwas über den Heiligen Geist wissen. Einige Beispiele:* Hebräer 2,4; 3,7; 6,4; 9,14; 10,29; Jakobus 4,5; 1. Petrus 1,2.11-12; 3,18; 4,14; 2. Petrus 1,21; Judas 20.

D. Die beste Weise zu verstehen, wer der Heilige Geist ist, ist die, wie Jesus selbst ihn seinen Jüngern vorgestellt hat, so wie es im Evangelium nach Johannes erzählt wird.

1 Die Art und Weise, wie Jesus seinen Jüngern den Heiligen Geist vorgestellt hat, impliziert, dass der Heilige Geist eine Person ist, so wie Jesus eine Person ist (Joh. 14,16-17)

A. In seinen einführenden Bemerkungen sagte Jesus sieben Dinge über den Heiligen Geist.

1. *Er ist ein »anderer Ratgeber« oder »Beistand«[2]. Dies impliziert zwei Dinge:*

---

[2] Englisch (NIV) »another Counsellor«; die neue Schlachterbibel übersetzt in Joh. 14,16 mit »Tröster«, die alte Schlachterbibel mit *Beistand* plus Fußnote: »oder *Fürsprecher, Tröster«*. Lu84 »Tröster« plus Anmerkung: Andere Übersetzungen: »Fürsprecher«, »Beistand«.

(a) »Ein anderer« spricht von einem weiteren, zusätzlich zu dem, was Jesus gewesen war.

(b) Ratgeber ist die NIV-Übersetzung des griechischen *parakletos*.

    (1) Es ist schwierig, *parakletos* mit einem einzigen Wort wiederzugeben, z. B. »Tröster«, »Beistand«.

    (2) Wörtlich bedeutet es »einer, der zur Seite steht«.

(c) Kurz: Wie Jesus zur Seite gestanden war, so würde es auch der Heilige Geist tun.

2. *Der Heilige Geist ist eine Gabe des Vaters. »Er wird euch … geben.«*

(a) Es war der Vater, der Jesus in die Welt gesandt hatte (Joh. 8, 16).

(b) Eine der Differenzen zwischen der Westkirche und der orthodoxen Ostkirche war hinsichtlich der Art und Weise, wie der Heilige Geist gesandt worden war: Die Westkirche sagt, der Geist kam vom Vater *und* vom Sohn. Die Ostkirche sagt, der Geist kam vom Vater *durch* den Sohn.

3. *Der Heilige Geist würde als Folge der Fürbitte Jesu kommen: »Ich werde den Vater bitten …« (Joh. 14, 16).*

(a) Dies war möglicherweise schon in Jesu Gebet in Johannes 17 impliziert.

(b) Wahrscheinlich wurde Jesu Versprechen aber erst vollkommen erfüllt, nachdem er seinen Platz zur Rechten Gottes eingenommen hatte (Apg. 2, 33).

4. *Der Heilige Geist verlässt die Jünger: »Dass er bei euch bleibt in Ewigkeit.« (Joh. 14, 16)*

(a) Diese Verheißung deckt sich mit den Worten Jesu (Mt. 28, 20; vgl. Heb. 13, 5).

(b) Obwohl der Geist betrübt werden kann (Eph. 4, 30), wird er uns niemals verlassen.

5. *Der Heilige Geist ist »der Geist der Wahrheit« (Joh. 15, 26).*
   (a) In objektiver Hinsicht kann der Heilige Geist nicht lügen, da Gott nicht lügen kann (Heb. 6, 18; Tit. 1, 2).
   (1) Der Heilige Geist bezeugt nur die Wahrheit.
   (2) Der Heilige Geist führt nur in die Wahrheit.
   (b) In subjektiver Hinsicht müssen wir dem Heiligen Geist gegenüber aufrichtig und ehrlich sein (Ps. 51, 8).
   (1) Mehr als nach allem anderen müssen wir danach trachten, ein gutes Verhältnis mit dem Heiligen Geist zu haben.
   (2) Dazu ist erforderlich, dass wir nicht mit ihm oder auch mit uns selbst spielen.

6. *Die nicht Erretteten können den Heiligen Geist nicht wertschätzen: »Die Welt kann ihn nicht empfangen.« (Joh. 14, 17)*
   (a) Ehe die Welt den Heiligen Geist empfangen kann, sind drei Dinge erforderlich, wie Jesus später klar machen würde (Joh. 16, 8):
   (1) Ein Überführtsein von Sünde.
   (2) Ein Überführtsein von Gerechtigkeit.
   (3) Ein Überführtsein vom Gericht.
   (b) Diese drei Dinge zusammen machen eine Bekehrung aus und versetzen somit Leute aus dem Reich der Finsternis in das Reich des Lichts.

7. *Der Heilige Geist ist in unseren Herzen: Er »wird in euch sein«.*
   (a) Jesus, der als Beistand kam, war »mit« den Jüngern.
   (b) Der Heilige Geist, der als Beistand kommt, ist »in« uns.

B. Die Folge davon ist, dass Jesus durch den Geist ebenso real in den Jüngern sein wird, wie er den Jüngern auch außerhalb ihres Leibes real gewesen war.

1. *Die Jünger kannten Jesus auf der natürlichen Ebene. Dies bedeutet:*
   (a) Sie konnten ihn körperlich beschreiben (1. Joh. 1, 1).

     (1) Sie konnten seine Augen-, Haar- und Hautfarbe nennen.

     (2) Sie konnten seine Körpergröße nennen und seinen Gang beschreiben.

     (3) Sie kannten den Klang seiner Stimme.

  (b) Sie waren Zeugen seines gesamten Dienstes gewesen.

     (1) Sie hörten seine Predigten, seine Gleichnisse.

     (2) Sie sahen die Zeichen und Wunder.

     (3) Wohin Jesus ging, gingen zu einem großen Teil auch sie.

2. *Der Heilige Geist macht ihnen Jesus real, ohne dass sie ihn leiblich bei sich haben.*

  (a) Dies war für sie am schwierigsten zu glauben.

     (1) Jesus versicherte ihnen, dass sein Weggang »das Beste für sie« ist (Joh. 16, 7).

     (2) Dies begeisterte sie ganz und gar nicht (Joh. 16, 6).

  (b) Jesus kündigte ihnen an, dass sie ihn sowohl nicht sehen als dann auch sehen werden (Joh. 16, 16).

     (1) Sie sehen ihn nicht, wie sie später erfahren, weil er zum Himmel auffährt (Apg. 1, 9).

     (2) Sie sehen ihn dann in anderer Weise, wie sie am Pfingsttag erfahren — durch den Heiligen Geist.

3. *Sie verlieren Jesus letztlich nicht.*

  (a) Durch den Heiligen Geist hatten sie ihn wieder.

  (b) Durch den Geist war er jetzt ebenso real für sie, wie er es im Fleisch gewesen war.

2 Der Heilige Geist ist unser Lehrer

A. Er lehrt im Grunde auf zwei Weisen.

1. *Indem er uns an das erinnert, was wir gelehrt worden sind: »Er wird euch an alles erinnern ...« (Joh. 14, 26).*

  (a) Die Jünger hatten während der vergangenen drei Jahre eine Menge Lehre erhalten.

(1) Bergpredigt;

(2) Gleichnisse;

(3) Gespräche mit anderen Juden.

(b) Sie hatten ebenso eine Menge Training bekommen, zum Beispiel:

(1) Wie man Dienst tut;

(2) wie man mit Kritik umgeht;

(3) wie man betet.

(c) Sie hatten möglicherweise den Eindruck, nicht alles fassen zu können. Wir brauchen nur einmal an all das zu denken, was sie gehört und gesehen hatten. Aber Jesus versicherte ihnen, dass der Heilige Geist sich dieses Problems annehmen werde.

2. *Indem er uns über unser gegenwärtiges Verständnis hinausführt:* »*Er wird euch in alle Wahrheit leiten*« (Joh. 16, 13).

(a) Der Heilige Geist fängt mit uns da an, wo wir stehen, um uns dorthin zu führen, wo wir noch nie gewesen sind.

(b) Wir sind noch am Lernen.

(1) Die Jünger waren noch am Lernen; Jesus sagte ihnen nicht alles, was sie hätten wissen können (Joh. 16, 12).

(2) Wer weiß, was der Heilige Geist uns zeigen wird (1. Kor. 2, 9-10)?

(c) Der Zweck eines Fremdenführers ist, uns zu zeigen, was es zu sehen gibt.

(1) Der Fremdenführer erfindet nicht, was es zu sehen gibt.

(2) So ist es auch mit dem Heiligen Geist: »Er wird nicht seine eigenen Ansichten vertreten, sondern wird euch das sagen, was er gehört hat.« (Joh. 16, 13)

(d) So wie Jesus vom Vater Anweisungen entgegennahm (Joh. 5, 19.30), so tut es auch der Heilige Geist (Joh. 16, 13).

(1) Es gibt keine neue Wahrheit.

(2) Es gibt nur frische Offenbarung von alter Wahrheit.

B. Die grundlegende Unterweisung des Heiligen Geistes besteht darin, Christus zu verherrlichen (Joh. 16,14).

1. *Seine wesentliche Aufgabe ist es, Zeugnis von Jesus zu geben* (Joh. 15, 26).
   (a) Wer Jesus ist (Joh. 1, 1.14).
   (b) Was er zu tun kam (Joh. 3, 16).
   (c) Warum er kam, um dies zu tun (1. Petr. 2, 24).
   (d) Warum er von den Toten auferstand (Röm. 1, 4; 4, 25).
   (e) Wo er jetzt ist (Apg. 2, 33).
   (f) Warum er dort ist (Apg. 2, 36; Heb. 7, 25).
   (g) Warum er wiederkommt (2. Tim. 4, 1; Heb. 9, 27-28).

2. *Dies bedeutet nicht, dass er nie die Aufmerksamkeit auf sich selbst lenkt.*
   (a) Jesus, der Erste Paraklet, sprach von sich selbst (Joh. 14, 6).
   (b) Der Heilige Geist, obwohl zurückhaltend und den Vater und den Sohn mit Ehre überhäufend, nimmt ständig auf sich selbst Bezug.
      (1) Der Heilige Geist schrieb das Neue Testament, welches wiederum vom Geist spricht.
      (2) Die Jünger nahmen, als sie geisterfüllt waren, auf den Geist Bezug (Apg. 5, 32).
      (3) Uns ist geboten, mit dem Geist erfüllt zu sein (Eph. 5, 18).
      (4) Wir sind aufgefordert, aufrichtig nach den Gaben des Geistes, die wir auch Salbungen des Geistes nennen können, zu streben (1. Kor. 12, 31).

3. *Alles, was Jesus mit Bezug auf den Heiligen Geist ankündigte, untersteht einer Bedingung: Dass er, der Heilige Geist, er selbst sein darf.*

C. Der Heilige Geist ist eine empfindsame Person.

1. *Er kann betrübt werden* (Eph. 4, 30).
   (a) Dies bezieht sich auf unsere gewöhnliche Haltung und alltägliche Lebensweise (Eph. 4, 30-5, 7). Was den Heiligen Geist betrübt, ist z. B.: (1) Bitterkeit; (2) Zorn; (3) Lästerung; (4) Groll und Unversöhnlichkeit; (5) sexuelle Unmoral; (6) Habgier und Geiz; (7) schmutzige, unanständige Witze.
   (b) Wir betrüben den Geist in uns, wenn wir einer der oben genannten Haltungen Raum geben. Zwei Warnungen:
   (1) Wenn wir den Geist betrüben, bemerken wir das fast nie sofort; wir entdecken erst im Nachhinein, dass wir es taten (Ri. 16, 20).
   (2) Den Geist zu betrüben bedeutet nicht, dass er uns schließlich verlässt (Joh. 14, 16; Eph. 4, 30).
   (c) Was geschieht, wenn wir den Heiligen Geist betrüben? Verwirrung ersetzt Klarheit.
   (1) Jesus wird nicht mehr real sein.
   (2) Da der Geist betrübt ist, wird er uns nicht an Dinge erinnern.
   (3) Der Geist wird uns nicht in die ganze Wahrheit leiten.

2. *Er kann gedämpft werden* (1. Thess. 5, 19).
   (a) Dies bezieht sich in erster Linie auf das Wirken des Geistes in anderen Dingen, z. B. in der Gemeinde.
   (1) Den Geist zu betrüben ist ein inneres Übel.
   (2) Den Geist zu dämpfen ist ein äußeres Übel.
   (b) Wir dämpfen den Geist, wenn:
   (1) Wir einen schwächeren Bruder verletzen (1. Kor. 8, 9ff.).
   (2) Wir einen schwächeren Bruder verurteilen (Röm. 14, 10).
   (3) Wir gegen etwas sprechen, was Gott möglicherweise tun will, besonders wenn es dabei um Erweckung geht.
   (4) Wir sagen oder tun Dinge, die Gottes Volk spalten. Diese Sünde wird als Schisma bezeichnet.

(5) Wir irgendetwas tun oder sagen, das unter dem Volk Gottes Unbehagen hervorruft.

(c) Wenn der Geist gedämpft ist, bedeutet das, dass sein Zufluss zur Gemeinde abgeschnitten ist.

(1) Es ist leider einfach, den Geist zu dämpfen.

(2) Wenn es geschieht, ist es leider nicht einfach, den ungedämpften Geist zurück zu bringen.

(3) Aus diesem Grund ist die Einheit der Gemeinde möglicherweise höher zu schätzen als alle anderen Wünsche.

Schlussbemerkung

Jesus gab seinen Jüngern viele Verheißungen bezüglich des Heiligen Geistes, aber erst nachdem Jesus nach seiner Auferstehung in den Himmel zurückgekehrt war und den Heiligen Geist am Pfingsttag ausgegossen hatte, verstanden die Jünger, was Jesus sie gelehrt hatte. Alles, was er bezüglich des Heiligen Geistes angekündigt hatte, ist absolut wahr. Zu erfahren, was er verheißen hat, bedeutet, dass der Geist in uns als Einzelnem und in der Gemeinde zu Hause sein wird.

24

Die Taufe mit dem Heiligen Geist

Einleitung

A. Jesus sitzt nun zur Rechten Gottes auf dem Thron, wo er auch für uns eintritt.

B. Die Realisierung dessen, was im Himmel vor sich ging, kam am Pfingsttag, als der Heilige Geist auf die ersten Jünger fiel.

C. Das Kommen des Heiligen Geistes war die unmittelbare Folge der Fürbitte Christi im Himmel: »Jetzt sitzt er auf dem höchsten Ehrenplatz zur Rechten Gottes im Himmel. Und der Vater hat ihm, wie er versprochen hat, den Heiligen Geist gegeben, damit dieser über uns ausgegossen wird. So habt ihr es heute selbst gesehen und gehört.« (Apg. 2,33)

D. Was am Pfingsttag geschah, ist etwas, was wir mit Fug und Recht die »Taufe mit dem Heiligen Geist« oder »Geistestaufe« nennen können.

1. Wir wissen dies, weil Jesus bei seiner letzten Erscheinung als Auferstandener sagte: »Johannes hat mit Wasser getauft, doch schon in wenigen Tagen werdet ihr mit dem Heiligen Geist[1] getauft werden.« (Apg. 1, 5)

---

[1] *mit dem Heiligen Geist* — so nach dem englischen Text (NIV: »with the Holy Spirit«); Schlachter: »mit Heiligem Geist«.

2. Was am Pfingsttag geschah, war genau das, was Jesus angekündigt hatte; sie wurden nicht mit Wasser, sondern mit dem Heiligen Geist getauft.

E. Weshalb ist dieses Thema unserer eingehenden Beschäftigung wert?

1. *Die Geistestaufe ist das erste große Ereignis nach der Himmelfahrt Christi.*
2. *Die Geistestaufe ist das, worauf Jesus seine Jünger während seiner letzten Tage auf Erden vorbereitet hatte.*

   (a) Er kündigte das Kommen des Heiligen Geistes in Johannes 14, 16 an, wobei er ihn »einen anderen Ratgeber (Beistand/Tröster/Ermutiger/Anwalt)« nannte.

   (1) Griechisch: *parakletos*, wörtlich übersetzt »einer, der zur Seite steht«.

   (2) »Ein anderer« impliziert, dass auch Jesus selbst genau das für die Jünger gewesen war — er war ihnen drei Jahre lang zur Seite gestanden.

   (b) Er machte eine Reihe von Aussagen, die den Geist betreffen.

   (1) Er werde ebenso real für sie sein, wie es Jesus gewesen ist (Joh. 14, 16-17).

   (2) Er werde sie lehren und an alles erinnern, was Jesus gelehrt hat (Joh. 14, 26).

   (3) Er werde die Welt überführen von Sünde, von Gerechtigkeit und vom Gericht (Joh. 16, 8-11).

   (4) Er werde in die ganze Wahrheit leiten (Joh. 16, 13).

   (5) Er werde ihnen Jesus auf einer geistlichen Ebene so real machen, wie er es auf der natürlichen Ebene gewesen ist (Joh. 16, 17ff.).

3. *Die Taufe mit dem Heiligen Geist ist etwas, was in gewisser Hinsicht »die Geburtsstunde der Gemeinde« genannt werden könnte.*

   (a) Die Wendung »in gewisser Hinsicht« ist bewusst gewählt.

   (b) Schließlich existierte die Gemeinde schon lange vor Pfingsten! (Apg. 7, 38).

(1) »Versammlung« bzw. »Gemeinde«[2] kommt vom Griechischen *ekklesia*: »herausgerufen«.

(2) Die Gemeinde war immer die Gemeinschaft der »Herausgerufenen«.

4. *Die Taufe mit dem Heiligen Geist war eine überaus erstaunliche Erfahrung für die, die dadurch gesegnet wurden.*

5. *Das Thema »Taufe mit dem Heiligen Geist« oder auch »Geistestaufe« wurde in der Vergangenheit, besonders in den letzten Jahren, heiß diskutiert.*

(a) Können wir diese Taufe auch heute erfahren?

(b) Ist diese Erfahrung die Bekehrung — oder ist es eine zweite Erfahrung nach der Bekehrung?

(c) Ist das Sprechen in »Zungen« ein Beweis dafür, dass diese Taufe stattgefunden hat? Unter Sprechen in »Zungen« verstehen wir das Sprechen in »anderen Sprachen«.

F. Taufe mit dem Geist bzw. Geistestaufe bedeutet: vom Geist durchdrungen und durchtränkt sein.

1. Das griechische Wort *baptizo* bedeutet »eintauchen«, »untertauchen«, für gewöhnlich mit Bezug auf Wasser.

2. Taufe wurde im Neuen Testament verstanden als »Untertauchen in Wasser«.

3. Demnach wurden die Jünger, als der Geist auf sie fiel, »durchtränkt« — zu vergleichen mit einer Person ohne Regenschirm in einem heftigen Regenguss.

---

2 *»Versammlung« bzw. »Gemeinde«:* hier Wiedergabe für das Englische »congregation« im Hinblick auf das Griechische *ekklesia* in Apg. 7,38 (dort Schlachter: »Gemeinde«; Lu84: »Gemeinde«; NIV: »assembly«).

1 Das ursprüngliche Ereignis am Pfingsttag

A. Anwesende Personen: gehorsame Gläubige

1. *Sie waren diejenigen, die der Anweisung Jesu, in Jerusalem zu bleiben, gehorsam gewesen waren.*

   (a) »Und nun werde ich euch den Heiligen Geist senden, wie mein Vater es versprochen hat. Ihr aber bleibt hier in der Stadt, bis der Heilige Geist kommen und euch mit Kraft aus dem Himmel erfüllen wird.« (Lk. 24, 49)

   (b) Bei einer Gelegenheit, als er mit ihnen aß, gab er ihnen folgende Weisung: »Verlasst Jerusalem nicht, sondern wartet auf die Gabe, die mein Vater verheißen hat und über die ich zu euch geredet habe.« (Apg. 1, 4[3])

2. *Sie waren ziemlich sicher ausnahmslos Augenzeugen des Auferstandenen, Menschen, die Jesus gesehen hatten, nachdem er von den Toten auferweckt worden war.*

   (a) Sie wählten einen Nachfolger für Judas Iskariot, der dessen Platz einnehmen sollte und »mit uns ein Zeuge der Auferstehung Jesu sein« muss (Apg. 1, 22).

   (b) Bei einer Gelegenheit sahen den auferstandenen Jesus fünfhundert Brüder auf einmal (1. Kor. 15, 6).

   (c) Lukas erwähnt hundertzwanzig Personen, vermutlich die Anzahl derer, die bis zum Pfingsttag ausgehalten hatten (Apg. 1, 15).

B. Ort des Geschehens: Ein Raum im oberen Stock in Jerusalem (Apg. 1,13).

1. Möglicherweise war es derselbe Raum im oberen Stock, der in Lukas 22, 12 erwähnt ist, wo Jesus das Passahmahl mit den Zwölf hielt und wo das Abendmahl eingesetzt wurde.

---

[3] Übersetzung nach dem englischen Text (NIV).

2. Was wir wissen: »Sie waren alle an einem Ort zusammen.« (Apg. 2, 1⁴)

C. Zeit des Geschehens: am Pfingsttag

1. Dies war fünfzig Tage nach dem Passahfest.
2. Die tatsächliche Zeit ihres gemeinsamen Ausharrens war vermutlich sieben oder acht Tage.

D. Das Geschehen selbst: Ein erstaunliches Durchtränktwerden mit dem Geist (Apg. 2,1-4).

1. Plötzlich entstand vom Himmel her ein Brausen wie von einem daherfahrenden gewaltigen Wind.
2. Das Brausen erfüllte das ganze Haus, in dem sie saßen — sie knieten nicht, sie saßen!
3. Ein sichtbares Phänomen erschien: »Dann erschien etwas, das aussah wie Flammen, die sich zerteilten, — wie Feuerzungen, die sich auf jeden Einzelnen von ihnen niederließen.« (Apg. 2,3)
4. Sie wurden alle mit dem Heiligen Geist erfüllt (Apg. 2,4).
5. Sie begannen, »in anderen Sprachen [Oder: Zungen] zu sprechen, wie der Heilige Geist es ihnen eingab« (Apg. 2,4).

E. Ursache des Geschehens: Jesu Fürbitte

1. Hätte Jesus nicht Fürbitte getan, wäre der Geist niemals herabgekommen.
2. Dieses wesentliche Element muss jeder Geistestaufe zugrunde liegen, sonst werden wir sie nie erfahren; es ist etwas, was Jesus tut, nicht was wir tun.

---

⁴ Übersetzung nach dem englischen Text (NIV); das Griechische *omothumadon* kann sowohl mit *einmütig* (so Schlachter) als auch mit *an einem [einzigen] Ort* (so die NIV: »in one place«) übersetzt werden.

F. Ziel und Zweck des Geschehens: Christus öffentlich zu rehabilitieren (Apg. 2,36)

1. *Es erklärte, warum er starb.*
   (a) Nach Gottes festgesetztem Ratschluss und Vorsehung (Apg. 2,23).
   (b) Damit wir Vergebung der Sünden haben können (Apg. 2,38).

2. *Es erklärte, wohin Jesus ging, nachdem er von den Toten auferweckt worden war* (Apg. 2,33).
3. *Es erhielt die Aufmerksamkeit unbekehrter Juden* (Apg. 2,12-13).
4. *Es befähigte Petrus, mit außergewöhnlicher Vollmacht zu predigen* (Apg. 2,14-36).
5. *Es resultierte in dreitausend Bekehrungen.*

2 Einige weitere Beobachtungen

A. Jesus war für die, die mit dem Heiligen Geist getauft wurden, sehr real.

1. Psalm 16,8 kam Petrus in den Sinn: »David hat über ihn gesagt: *Ich weiß, dass der Herr immer bei mir ist: Ich werde nicht mutlos, denn er ist an meiner rechten Seite.*« (Apg. 2,25)
2. Wir können ohne weiteres davon ausgehen, dass Jesus für die Hundertzwanzig nicht weniger real war als vor seiner Himmelfahrt. Apostelgeschichte 2,1-4 betont, dass das, was auf *einen* von ihnen zutraf, auf jeden anderen bzw. auf alle zutraf.

B. Alttestamentliche Schriftstellen kamen zusammen. Petrus zitierte drei Abschnitte:

1. Joel 3,1-5 in Apostelgeschichte 2,17-21.
2. Psalm 16,8-11 in Apostelgeschichte 2,25-28.
3. Psalm 110,1 in Apostelgeschichte 2,34-35.

C. Wir können ohne weiteres davon ausgehen, dass alles andere, was Jesus verheißen hatte, ebenfalls zutraf:

1. Der Heilige Geist war für die Jünger ebenso real, wie es Jesus gewesen war.
2. Sie wurden frisch gelehrt und an die Lehre Jesu erinnert.
3. Sie wurden in mehr Wahrheit geleitet.
4. Jesus war für sie so real, dass sie ihn »wieder sahen« (Joh. 16, 16).
5. Diejenigen, die in der Folge im Wasser getauft wurden, waren überführt von Sünde, von Gerechtigkeit und vom Gericht.

D. Die »Zungen« waren Sprachen.

1. *Das griechische Wort* glossa *bedeutet »Zunge«, aber auch »Sprache«.*
2. *Dass es sich bei diesen Sprachen um damals bekannte Sprachen handelte, geht daraus hervor, dass verschiedene Fremde sie in erkennbaren Sprachen reden hörten (Apg. 2, 7-12).*
   (a) Es ist sehr gut möglich, wenn nicht sogar wahrscheinlich, dass diejenigen, die in diesen verschiedenen Sprachen redeten, nicht wussten, was sie da sagten.
      (1) Von daher waren die Sprachen den Sprechern »unbekannt«.
      (2) Den Hörern waren sie »bekannt«.
   (b) Es ist aber auch möglich, wenn nicht sogar wahrscheinlich, dass es sich hier um ein »Hörwunder« handelte.
      (1) Dies bedeutete, dass der Heilige Geist zugleich auch die Auslegung gab.
      (2) Bei mindestens fünfzehn repräsentierten Orten und möglicherweise ebenso vielen Sprachen würde die einzige Möglichkeit, dass jeder von ihnen verstehen konnte, darin bestehen, dass die Gabe der Auslegung der Sprachen irgendwie zur Anwendung kam.

E. Das Ergebnis war evangelistisch.

1. Die Taufe mit dem Heiligen Geist bestand nicht nur in einer subjektiven Erfahrung (was diejenigen, die vom Geist durchtränkt waren, empfanden). Sie hatte auch eine objektiv feststellbare Wirkung auf die Umstehenden.
2. Dreitausend Bekehrungen waren die Folge.
3. Diejenigen, die mit dem Geist getauft worden waren, waren also Zeugen im Sinn von Apostelgeschichte 1, 8.

F. Für Petrus persönlich hatte die Taufe mit dem Heiligen Geist eine enorme, außergewöhnliche Vollmacht zur Folge.

1. *Was Petrus zu sagen befähigt worden war, ist das gleiche, was die Hundertzwanzig zu tun befähigt worden waren. Im Griechischen ist in Apostelgeschichte 2, 4 (im Infinitiv) und in Apostelgeschichte 2, 14 (im Aorist) dasselbe Wort gebraucht.*
    (a) Griechisch *apophtheggesthai*: »befähigt« (NIV »enabled); »Äußerung« (AV »utterance«)[5] (Apg. 2, 4).
    (b) Griechisch *apophthegxato*: Keine Übersetzung hat (meines Wissens) jemals dieses Wort in Apostelgeschichte 2, 14 übersetzt, um die Art der Vollmacht anzudeuten, die Petrus hatte: »adressierte« (NIV), »sagte« (AV)[6].

2. *Die Wahrheit ist: Als Petrus in seiner eigenen Sprache (vermutlich Aramäisch) zu den Leuten redete, hatte er dieselbe Vollmacht wie die Hundertzwanzig zum Reden in »anderen« Sprachen.*
3. Die Gabe der Auslegung der Sprachen war möglicherweise etwas, das seine Hörer sogar noch mehr gepackt und aus der Fassung gebracht hatte!

---

[5] Schlachter »auszusprechen gab« (vgl. Lu84); GNB/NGÜ »eingab«; HFA »Fähigkeit gegeben«.
[6] Schlachter »erhob seine Stimme und sprach« (vgl. Lu84); GNB »rief laut«; NGÜ »mit lauter Stimme erklärte«; HFA »rief zu«.

G. Die erste Bemerkung des Evangelisten Lukas im Anschluss an dieses Ereignis offenbart ihre Prioritäten: *Lehre; Gemeinschaft; Brotbrechen; Gebet (Apg. 2,42).*

3 Geschah es später noch einmal?

A. Eine Anzahl von verfolgten Gläubigen machte offensichtlich eine sehr ähnliche Erfahrung: *»Nach diesem Gebet bebte das Gebäude, in dem sie sich versammelt hatten, und sie wurden alle vom Heiligen Geist erfüllt. Und sie predigten mutig und unerschrocken die Botschaft Gottes.« (Apg. 4,31)*

1. *Was bei dieser Begebenheit nicht vorkam:*
   (a) Zungen wie von Feuer; das Reden in anderen Sprachen (»Zungen«). Damit soll nun nicht gesagt werden, dass es hier ganz sicher kein Reden in anderen Sprachen gab, aber es ist eben nicht erwähnt.
   (b) Dass die Versammlungsstätte erbebte *mag* die Folge von Wind gewesen sein, aber das ist reine Spekulation.

2. *Was vorkam:* das freie und unerschrockene Reden des Wortes; Einheit (Apg. 4,32).
3. *Dies belegt, dass diejenigen, die mit dem Heiligen Geist getauft worden sind, die gleiche Erfahrung durchaus wieder machen können!*
   (a) Die originale Pfingsterfahrung mag in gewisser Hinsicht einmalig sein.
   (b) Aber ein erneutes Erfülltwerden ist möglich.

B. Eine weitere Begebenheit, in der der Geist empfangen wurde, ist in Apostelgeschichte 8 erzählt.

1. *Dies geschah an Gläubigen, die den Geist bis dahin noch nicht empfangen hatten* (Apg. 8,16).

2. »*Petrus und Johannes legten den Gläubigen nun die Hände auf, und sie empfingen den Heiligen Geist.*« (Apg. 8, 17)

   (a) Es wird kein sichtbarer Beweis weiterer Phänomene geschildert.

   (b) Sie mögen in anderen Sprachen (»Zungen«) geredet haben, oder auch nicht.

   (c) Es gab eine neue Entwicklung: der Geist kam nach apostolischer Handauflegung.

C. Bekehrung und Geistempfang des Apostels Paulus

1. *Seinem Erfülltwerden mit dem Heiligen Geist ging eindeutig seine Bekehrung voraus* (Apg. 9, 1-9.17).

2. *Er wurde mit dem Geist erfüllt und erhielt sein Augenlicht zurück* (Apg. 9, 18).

   (a) Unmittelbar danach wurde er getauft (Apg. 9, 18).

   (b) Dabei handelte es sich um die Wassertaufe.

   (c) Er mag in anderen Sprachen (»Zungen«) geredet haben oder auch nicht, obwohl es eigenartig wäre, wenn Lukas dies in einem so signifikanten Fall wie Paulus nicht erwähnen würde, sollte dieser wirklich in anderen Sprachen geredet haben.

D. Die Bekehrung des Kornelius

1. *Kornelius wurde bei seiner Bekehrung mit dem Geist getauft!* (Apg. 10, 45)

2. *Er redete auch in anderen Sprachen (»Zungen«)* (Apg. 10, 46).

   (a) Das Reden in anderen Sprachen (»Zungen«) war in diesem Fall ein wesentlicher Aspekt, sonst hätte Petrus nicht überzeugt werden können, dass die Bekehrung eines Heiden authentisch war.

   (b) Und doch zeigt dieses Beispiel, dass jemand (wenn Gott das so will) bei seiner Bekehrung mit dem Geist getauft werden *kann*.

(c) Dies sollte uns allen zu denken geben, damit wir nicht eine starre, dogmatische Theologie entwickeln, die jeden in ein und dasselbe Schema zu pressen versucht!

E. Und die Jünger wurden erfüllt mit Freude und mit dem Heiligen Geist (Apg. 13,52).

Wir haben zu beachten: Dies ist ein weiteres Beispiel für die *Erneuerung* des Geistes in Gläubigen.

F. Einige Jünger in Ephesus

1. *Sie hatten die »Taufe des Johannes« empfangen, aber nie vom Heiligen Geist gehört* (Apg. 19,2-3).
2. *Nachdem ihnen Christus verkündigt worden war, wurden sie in Wasser getauft* (Apg. 19,4-5).
3. *»Als Paulus ihnen danach die Hände auflegte, kam der Heilige Geist über sie, und sie redeten in Sprachen und weissagten.«* (Apg. 19,6)
   (a) Dies kam daher, dass Paulus ihnen die Hände auflegte.
   (b) Ein neues Phänomen kam hinzu: Sie weissagten!
   (c) Doch dürfen wir nicht verlangen, dass alle, die mit dem Geist getauft sind, dies durch Weissagen unter Beweis stellen.

G. Zusammenfassung:

1. *Die Taufe mit dem Heiligen Geist (Geistestaufe) ereignete sich ganz offensichtlich auch nach Pfingsten.*
   (a) Aber diese wurde nie »Geistestaufe« genannt. Nur in der Ankündigung Jesu in Apostelgeschichte 1,5 war es so genannt worden.
2. *Es gab kein einheitliches Zeichen, welches unmissverständlich bewies, dass jemand mit dem Geist erfüllt ist.*

4 Kann es auch bei uns heute geschehen?

A. Biblische Begriffe

1. *In der Bibel gibt es mehr als einen Begriff für die Taufe des Heiligen Geistes.*
   - (a) Wenn überhaupt, dann ist der Begriff »Geistestaufe« nicht immer sehr zufriedenstellend. Warum?
     - (1) Er wurde hauptsächlich von Johannes dem Täufer und von Jesus gebraucht, um anzukündigen, was geschehen *wird* (Mt. 3, 11; Joh. 1, 33; Apg. 1, 5).
     - (2) Nur zweimal ist der Begriff »taufen« gebraucht, um zu beschreiben, was durch den Geist geschehen *war*: In 1. Korinther 12, 13, wo sich die Aussage eindeutig auf die Bekehrung bezieht und *nicht* auf das, was viele Leute wirklich unter einer Geistestaufe verstehen; und in Apostelgeschichte 11, 16ff., was dasselbe nahelegt.
   - (b) Die Erfahrung, um die es geht, ist auch auf andere Weise beschrieben:
     - (1) Mit dem Geist versiegelt werden (2. Kor. 1, 22; Eph. 1, 13).
     - (2) Den Geist empfangen (Gal. 3, 2; 4, 6).
     - (3) Mit dem Geist erfüllt werden (Eph. 5, 18).
     - (4) Erneuerung des Geistes (Tit. 3, 5).
     - (5) Gottes Ruhe (Heb. 4, 10).
     - (6) Die Verheißung empfangen (Heb. 6, 12; 10, 36)[7].

2. *Die Begriffe, die für diese Lehre gebraucht werden, machen letztlich nur für den Sinn, der das damit Bezeichnete real erfahren hat.*
   - (a) Wenn wir unsere Theologie ausschließlich auf Apostelgeschichte 11, 16 und 1. Korinther 12, 13 aufbauen müssten, dann müssten wir daraus schließen, dass allen Christen bei ihrer Bekehrung die Fülle des Geistes gegeben wird.

---

[7] Die neue Schlachter hat in Heb. 6, 12 die Verheißung *erben* und in Heb. 10, 36 die Verheißung *erlangen*.

(b) Wenn wir unsere Theologie auf die Tatsache aufbauen müssten, dass die Pfingsterfahrung Personen zuteil wurde, die *bereits gläubig* waren (vgl. Apg. 19, 2), dann müssten wir daraus schließen, dass die Fülle des Geistes eine Erfahrung nach der Bekehrung ist.

B. Was in der Frühzeit der Gemeinde wahr gewesen ist, ist auch heute wahr.

1. *Manche mögen die Fülle des Geistes — wie Kornelius — bei ihrer Bekehrung empfangen.*
2. *Andere mögen die Fülle des Geistes nach ihrer Bekehrung empfangen, manche sogar viele Jahre später.*
   (a) Wir dürfen niemals folgendes Prinzip vergessen: Alle Christen haben den Heiligen Geist (Röm. 8, 9).
   (b) Aber auch Folgendes ist wahr: Nicht alle Christen wurden mit dem Geist erfüllt.

3. *Manche mögen in anderen Sprachen (»Zungen«) reden.*

C. Sinn und Zweck der Taufe mit dem Heiligen Geist:

1. *Sie macht Jesus real; es ist die höchste Form der Gewissheit.*
   (a) Sie bringt reine Gewissheit.
   (b) Das kann sich auf mehr als eine Sache beziehen, z. B.:
   (c) Völlige Heilsgewissheit (2. Kor. 1, 22).
   (d) Völlige Gewissheit der Erkenntnis (Kol. 2, 2).
   (e) Völlige Gewissheit über eine Gebetserhörung, noch bevor diese geschieht (Mk. 11, 24; 1. Joh. 5, 14-15).

2. *Sie verleiht Kraft und Vollmacht zum Dienst* (Apg. 1, 8).
   (a) Dies war D. L. Moodys wesentliche Lehre.
   (b) Sie setzt eine Person frei und verleiht Furchtlosigkeit.

D. Woher wissen wir, dass wir mit dem Heiligen Geist getauft worden sind? Meine Antwort lautet:

1. Wir werden es einfach wissen: Wenn wir erst fragen müssen, haben wir diese Erfahrung vermutlich nicht gemacht.
2. Klare positive Zeichen sind (a) großer Friede und Freude und (b) Furchtlosigkeit.
3. Doch wenn jemand die Erfahrung des Redens in anderen Sprachen (»Zungen«) macht, dann sollte dies nicht von anderen als »der« Beweis des Geistes verlangt werden.

Schlussbemerkung

Die ursprüngliche Erfahrung der Taufe mit dem Heiligen Geist wurde am Pfingsttag von den Jüngern gemacht, womit sich die von Jesus gemachten Verheißungen erfüllten. Den Jüngern wurde Kraft, große Freude und Kühnheit im Auftreten als Zeugen Jesu verliehen, etwas, das nicht aufgrund »natürlicher« Ursachen erklärt werden konnte.

Auch heute können Gläubige diese Erfahrung des Geistes machen. Martin Lloyd-Jones traf die Feststellung, dass dies zur gegenwärtigen Zeit die größte Not der Gemeinde sei. Wir sollten vor dem Herrn ausharren und ihn darum bitten, uns diese Erfahrung zuteil werden zu lassen, auch wenn wir diese Erfahrung schon früher einmal gemacht haben!

25

Die Gaben des Geistes

Einleitung

A. Das Interesse an den Gaben des Heiligen Geistes ist zum größten Teil ein Merkmal des zwanzigsten Jahrhunderts.

1. *In der alten Kirche brachte Montanus (ca. 200 n. Chr.) eine Betonung des Geistes auf.*

   (a) Der Montanismus war, so wie er bekannt geworden ist, die antike »Charismatische Bewegung«!

   (b) Diese Bewegung wäre vermutlich, von den Kirchenhistorikern kaum beachtet, untergegangen, hätte es nicht *einen* prominenten Vertreter gegeben, der zur montanistischen Bewegung übergewechselt hatte: Tertullian.

      (1) Aus diesem Grund gab es keinen »St. Tertullian«; der Montanismus wurde als zu weit außerhalb des orthodoxen Lagers angesehen.

2. *Die Lehre über den Heiligen Geist blühte zur Zeit der Reformation und der Großen Erweckung des 18. Jahrhunderts[1], jedoch ohne Bezugnahme auf die Gaben des Geistes.*

   (a) Calvin betonte das innere Zeugnis des Geistes, durch welches wir wissen, dass die Bibel wahr ist.

---

[1] Im angelsächsischen Sprachraum, konkret: in England und Amerika. Die führenden Prediger dieser Erweckungsbewegung waren die im Folgenden unter (b) genannten John Wesley (1703-1791), George Whitefield (1714-1770) und Jonathan Edwards (1703-1758); siehe auch die Fußnote am Ende von Kapitel 1.

(b) John Wesley, George Whitefield und Jonathan Edwards waren Zeugen außergewöhnlicher Manifestationen des Geistes, wie z. B. dass Menschen unter der Wirkung der Predigt förmlich zu Boden geschlagen wurden.

3. *Die Pfingstbewegung explodierte geradezu nach einer phänomenalen Ausgießung des Geistes in der Azusa Street in Los Angeles im Jahre 1906.*

(a) Hier gab es die Tendenz, die Geistestaufe mit dem Reden in anderen Sprachen (»Zungen«) gleichzusetzen.

(b) Daneben kam eine Betonung von Heilung auf.

4. *Die Charismatische Bewegung trat in den Sechzigerjahren unseres Jahrhunderts so richtig in Erscheinung und verlief quer durch alle Konfessionen und Denominationen.*

(a) Die Pfingstbewegung wurde zu einer eigenen Denomination, deren Hauptableger in Großbritannien die »Elim-Kirche« und die »Assemblies of God«[2] waren.

(b) Aber die Charismatische Bewegung hat vermutlich jede Denomination berührt.

(1) Manche setzen das Reden in anderen Sprachen (»Zungenreden«) mit der Geistestaufe gleich, andere nicht.

(2) Die Betonung liegt in den meisten Fällen auf den Gaben des Geistes.

B. Warum beschäftigen wir uns gerade hier mit diesem Thema?

1. Die Charismatische Bewegung hat die ganze christliche Welt dazu gezwungen, sich dem Heiligen Geist in einer neuen Weise zuzuwenden.

2. Gott hat die Charismatische Bewegung erweckt.

---

[2] Deutsch: »Versammlungen Gottes«

3. Wir müssen auf das achten, was die Bibel lehrt, und dürfen uns unsere Meinung zu diesem Thema nicht aus zweiter Hand bilden.

1 Der Unterschied zwischen dem Besitz geistlicher Gaben und geistlich sein

A. Es ist möglich, Spiritualität zu haben, d.h. geistlich zu sein[3], ohne geistliche Gaben zu besitzen.

1. *Diesen Sachverhalt scheinen viele nicht zu verstehen.*
   (a) Es wird weithin angenommen, man sei geistlich, wenn man eine Gabe des Geistes hat, besonders wenn es sich um das Reden in anderen Sprachen (»Zungenreden«) handelt.
   (b) Diese Annahme ist falsch: Zur Gemeinde in Korinth gehörten Gläubige, die in »anderen Sprachen« redeten und die Paulus als »unmündige Kinder und als »fleischlich« bezeichnete (1. Kor. 3, 1-4 Lu84)[4].

2. *Spiritualität bezieht sich nicht notwendigerweise auf geistliche Gaben.*
   (a) Spiritualität ist: auf der Wellenlänge des Heiligen Geistes sein[5].
   (b) Dies ist gleichbedeutend damit, die Frucht des Geistes zu haben, welche wichtiger ist als die Gaben des Geistes.
   (1) Die Frucht des Geistes ist Liebe (Gal. 5, 22ff.).
   (2) Paulus nannte dies den »weit vortrefflicheren Weg«, nachdem er eben erst die Gaben des Geistes beschrieben hatte (1. Kor. 12, 31).

---

[3] Siehe dazu das dem Begriff *Spiritualität* gewidmete Kapitel 26.
[4] Die Neue Schlachter hat in 1. Kor. 3, 1 *Unmündig;* die NIV *infants;* Kendall im Text *children*.
[5] Vergleiche dazu Kapitel 26, Punkt C. der Einleitung.

B. Es ist auch möglich, geistliche Gaben zu besitzen und doch nicht geistlich zu sein (Röm. 11,29).

1. *Diese Tatsache war es, die Paulus dazu veranlasste, zunächst einmal über die Gaben des Geistes zu sprechen* (1. Kor. 12, 1-7).

   (a) In Korinth gab es Christen, die der Meinung waren, Geistesgaben zu besitzen sei nicht einfach nur wichtig, sondern das Wichtigste. Sie betonten vor allem die Gabe der Sprachenrede (»Zungenrede«) als Erweis dafür, dass sie geistlich seien und damit wahre Spiritualität haben (1. Kor. 14, 1-20).

2. *Man muss nicht unbedingt geistlich sein, um eine Gabe des Geistes zu bekommen.*

   (a) Gott gibt sie ohne Reue. Einmal gegeben, sind sie unwiderruflich (vgl. Röm. 11, 29).

3. *Es scheint, dass Geistesgaben — und besonders das Reden in anderen Sprachen (»Zungenreden«) — die Tendenz in sich tragen, den wahren geistlichen Stand einer Person zu überdecken.*

   (a) Dies ist es, was in Korinth geschah.

   (b) So ist es auch heute, wenn Leute zu uns sagen, wir seien nicht geistlich, wenn wir nicht in anderen Sprachen (»Zungen«) reden.

   (1) Wir können geistlich sein, ohne in anderen Sprachen (»Zungen«) zu reden.

   (2) Wir können in anderen Sprachen (»Zungen«) reden, ohne geistlich zu sein.

C. Ein deutliches Zeichen dafür, dass wir den Heiligen Geist haben, besteht darin, dass wir uns zu Jesus als dem Herrn bekennen (1. Kor. 12,3).

1. Viele Korinther wurden als geistlich geringer betrachtet, weil sie nicht in anderen Sprachen (»Zungen«) redeten.

2. Paulus sagt dazu, dass keiner, der den Geist hat, geringer ist als andere; alle, die sagen »Jesus ist der Herr«, haben den Geist (1. Kor. 12, 3).

2 Es gibt eine Überschneidung zwischen dem Natürlichen und dem Übernatürlichen (1. Kor 12,4-7)

A. Jeder von uns hat Gaben aufgrund der »allgemeinen Gnade«.

1. *Die allgemeine Gnade ist Gottes Güte zu allen Menschen, ob sie nun Christen sind, oder nicht.*
   (a) Calvin nannte das die »besondere Gnade innerhalb der Natur«.
   (b) Dies bedeutet, dass jemand eine außergewöhnliche natürliche Fähigkeit haben kann, die aber trotzdem einzig und allein von Gott geschenkt wurde.

2. *Manche Leute, die sich nie bekehrt haben, haben außergewöhnliche Begabungen oder intellektuelle Fähigkeiten, genauso wie manche Bekehrte außergewöhnliche Begabungen und intellektuelle Fähigkeiten haben.*
   (a) Aber dies rührt von der allgemeinen Gnade her, nicht von der rettenden Gnade.
   (1) Schließlich ist Gott unser Schöpfer.
   (2) Alle Gaben, die wir kraft der Schöpfung besitzen, stammen von demselben Gott, der uns rettet.

B. Wenn wir bekehrt sind, sollten wir erwarten, dass unsere Gaben, die wir kraft der Schöpfung besitzen, vom Herrn gebraucht werden.

1. *Wir könnten sie dann »geistlich« nennen, obwohl sie eigentlich ganz natürlich sind.*

2. *Dies wird deutlich in 1. Korinther 12, 4 - 7.*
   (a) Das griechische Wort ist *diairesis*; es bedeutet: »Unterschiede«, »Unterscheidungen«, »Verteilungen« oder »Zuteilungen«.
   (b) Im gegebenen Kontext spricht dieses Wort eher davon, dass die Gaben unter verschiedenen *Einzelpersonen* verteilt sind, als von den Unterscheidungen zwischen den Gaben selbst.
   (1) Es sind nicht die *Gaben*, die Gott gebraucht; Gott gebraucht die jeweils einzelne Person.
   (2) Jeder Christ ist einzigartig.
   (c) Wie viele Gaben des Geistes gibt es?
   (1) Neun? Vergleiche 1. Korinther 12, 8 - 10.
   (2) Drei oder vier weitere? Vergleiche 1. Korinther 12, 28 - 30.
   (3) Was ist mit Römer 12, 7 - 8?
   (4) Was ist mit Epheser 4, 7 - 13?
   (d) Es gibt so viele Gaben des Geistes, wie es Christen gibt!

C. 1. Korinther 12, 4-7 nivelliert den Unterschied zwischen den charismatischen und den nicht-charismatischen Gaben.

1. *Charismatisch: geistliche Gabe. Es bedeutet »Gnadengabe«.*
2. *Nicht-charismatisch: natürliche Gabe, wie bei dem Wort Fähigkeit oder Begabung.*
   (a) Der Eine hat vielleicht eine charismatische Gabe (z. B. Reden in anderen Sprachen oder Heilung) und ist im Hinblick auf natürliche Gaben ein wenig schwach.
   (b) Der Andere besitzt möglicherweise einen großen Reichtum an natürlichen Gaben. Wir sprechen dann von Begabung oder Talent. Mit geistlichen Gaben kann er jedoch dürftig ausgestattet sein.
   (1) Ein Apostel musste beides haben.
   (2) Nicht alle Christen haben viel von beidem.
   (c) Wir *alle* müssen die Früchte des Geistes haben.

D. Ich bevorzuge das Wort »Salbung« statt »Gabe«.

1. *Dieses Wort verbindet das Natürliche mit dem Übernatürlichen.*
   (a) Jemand hat vielleicht eine Salbung, zu lehren oder ein Musikinstrument zu spielen.
   (b) Diese Ausdrucksweise verbindet die natürliche Gabe mit der Kraft des Geistes.

2. *Salbung besagt, dass etwas leicht fällt.*
   (a) Wenn wir uns anstrengen müssen, mangelt es uns an Salbung.
   (b) Einer geistlichen Person erscheint das Übernatürliche natürlich.

3 Die Salbungen aus 1. Korinther 12

A. Die Salbung der Weisheit (Vers 8)

1. *Weisheit: der kluge Gebrauch von Erkenntnis (das, was wir wissen).*
   (a) Weisheit ist der kluge Gebrauch von insbesondere drei Dingen:
      (1) Zunge (was wir sagen).
      (2) Taktgefühl (wie wir etwas sagen).
      (3) Timing (wann wir etwas sagen).
   (b) Weisheit ist Geistesgegenwart.
      (1) Niemand hat diese Weisheit die ganze Zeit, da dies eingebildet machte.

2. *Die Salbung der Weisheit ist eine geistgewirkte Geistesgegenwart.*
   (a) Sie befähigt uns, unparteiisch und ohne Vorurteil zu sein.
   (b) Sie befähigt uns zu wissen, was als nächstes zu sagen ist!

B. Die Salbung der Erkenntnis (Vers 8)

1. *Der griechische Ausdruck ist »Wort der Erkenntnis«.*
   (a) Jeder Salbung liegt Offenbarung zugrunde.
   (b) Dies ist der Grund, weshalb Salbung nichts mit Anstrengung zu tun hat; entweder wir haben sie, oder wir haben sie nicht.

2. *Was ist Erkenntnis? Antwort: Information.*
   (a) Aber bei der Salbung der Erkenntnis in 1. Korinther 12, 8 geht es um ein *geistliches* Wissen.
      (1) Sie bezieht sich nicht auf Kunst oder Wissenschaft.
      (2) Sie ist eine göttliche Information, um uns als Christen geistlich zu helfen.
   (b) Diese Salbung kann entweder allgemein oder speziell sein.
   (c) Allgemein — durch Lehre oder Verkündigung.
   (d) Speziell — durch ein spezifisches Wort, das einer einzelnen Person — und nur dieser! — gegeben wird.

C. Die Salbung des Glaubens (Vers 9)

1. *Dies ist (ganz offensichtlich) keine Bezugnahme auf rettenden Glauben.*
   (a) Diese Salbung bezieht sich auch nicht auf ein Leben aus Glauben, was ja von jedem Christen gefordert ist.
   (b) Sie stellt einen besonderen Glauben dar, der unter außergewöhnlichen Umständen gegeben wird.
      (1) Extreme Anfechtung (Jak. 1, 2.12).
      (2) Satanische Angriffe (Eph. 6, 10-20).

2. *Es ist ein spektakulärer Glaube zum Vollbringen außerordentlicher Werke* (Heb. 11).
   (a) Wie alle Salbungen wird dieser Glaube souverän von Gott gegeben.
   (b) Wie alle Salbungen wird dieser Glaube denen gegeben, die ihn brauchen.

D. Die Salbung der Heilung (Vers 9)

1. *Diese Salbung stellt in gewisser Hinsicht eine Fortsetzung des Dienstes Jesu dar — welcher Kranke heilte.*
   (a) Frühe Pfingstler und manche Charismatiker legten Heilung in das Versöhnungsopfer Jesu hinein: Gott rettet, heiligt, heilt war ihre Überzeugung.
   (b) Heilung ist im Versöhnungsopfer Jesu als eine Art Grundversorgung enthalten, aber sie ist nicht der Hauptgrund, warum Jesus starb.
      (1) Alle, die auf den Tod Christi vertrauen, sind gerettet.
      (2) Nicht alle, die auf den Tod Christi vertrauen, sind geheilt.

2. *Heilung: wenn körperliche Krankheit oder Beeinträchtigung beseitigt und der natürliche Heilungsprozess wiederhergestellt ist; manchmal schrittweise, manchmal schlagartig.*
   (a) Die Salbung der Heilung ist von gewöhnlicher medizinischer Heilkunst zu unterscheiden.
   (b) Geistlicher Nutzen der Heilung: Schmerzlinderung und/oder Lebensverlängerung, welche die Macht des Namens Gottes demonstriert.

E. Die Salbung der Wunder (Vers 10)

1. *Wunder: das Außerordentliche, das nicht auf natürliche Weise erklärt werden kann.* Es gibt drei griechische Worte: (1) *semeion* bedeutet »Zeichen« und kommt im Neuen Testament 77-mal vor; (2) *teras* mit der Bedeutung »Wunder« kommt 16-mal vor; (3) *dynamis* mit der Bedeutung »Machttaten« kommt 120-mal vor.

2. *Ein Wunder kann alles sein von einer Gebetserhörung über ehrfurchtgebietende Vorsehung bis hin zum Beweis von Gottes gewaltiger Macht.*

(a) Eine Heilung erfolgt für gewöhnlich schrittweise, während ein Wunder für gewöhnlich schlagartig geschieht.

(b) Ein Wunder kann sich ebenso auf eine Heilung wie auf eine Dämonenaustreibung, auch als Exorzismus bezeichnet, beziehen.

F. Die Salbung der Weissagung bzw. Prophetie (Vers 10)

1. *Weissagung: unmittelbare Offenbarung von Gott oder Erkenntnis, die über unsere sinnliche Wahrnehmung hinausgeht.*

(a) Im Alten Testament gab es zwei Ebenen:

(1) Gewöhnliche Gaben, wie bei König Saul (1. Sam. 10, 10).

(2) Außerordentliche Propheten, wie zum Beispiel Samuel oder Elia.

(b) Manche glauben, dass die Apostel die Nachfolger der außerordentlichen Propheten des Alten Testaments waren.

2. *Im Allgemeinen gibt es zwei Ebenen der Weissagung.*

(a) Die Verkündigung — wenn Gott das gepredigte Wort in einer außergewöhnlich bedeutungsvollen und eindringlichen Weise gebraucht.

(b) Das »Wort der Erkenntnis« — wenn Gott ein präzises, genau zutreffendes Wort für eine bestimmte Person oder Situation gibt.

G. Die Salbung der Unterscheidung der Geister (Vers 10)

1. *Diese Salbung spricht von der Fähigkeit, die Geister zu unterscheiden, zum Beispiel:*

(a) Was dämonisch ist.

(b) Was vom Fleisch kommt.

(c) Wann der Heilige Geist am Wirken ist.

2. *Dies ist eine überaus wertvolle Gabe, ob wir uns nun in einer Erweckungsatmosphäre befinden oder in einer Zeit des Umbruchs.*
   (a) In Zeiten der Erweckung gibt es aller Wahrscheinlichkeit nach auch die Fälschung echten geistlichen Lebens.
   (b) In einer Zeit des Umbruchs brauchen wir die Gabe der Unterscheidung, um die Zeichen der Zeit beurteilen zu können (Mt. 16, 1-4).
   (c) Vor allem aber müssen wir fähig sein, den Heiligen Geist selbst zu erkennen.

H. Die Salbung, in anderen Sprachen zu reden (»Zungenrede«) (Vers 10)

1. *Das griechische Wort ist* glossa. *In den Sechziger- und Siebzigerjahren des 20. Jahrhunderts wurde von der »Glossolalie-Bewegung«[6] gesprochen. Im deutschen Sprachraum wurde diese »Zungenbewegung« genannt.*
   (a) »Zungenrede«: ein unverständliches, vom Heiligen Geist inspiriertes Reden in einer Sprache, die wir nie gelernt haben und selbst auch nicht verstehen.
   (b) Es kann sich um eine Engelssprache handeln oder um eine menschliche Sprache.

2. *Oft wird es auch als Gebetssprache bezeichnet* (1. Kor. 14, 1ff.).
   (a) Es ist eine Salbung zur Anbetung Gottes.
   (b) Es ist eine Salbung zur Fürbitte (Röm. 8, 26.27; Eph. 6, 18).
   (c) Es intensiviert die Kommunikation mit Gott, und ist möglicherweise die einzige Zeit, in der Satan nicht weiß, was wir sagen.

1. Die Salbung der Auslegung der Sprachen (»Zungen«) (Vers 10)

1. *Diese Salbung setzt im Hinblick auf die »Zungenrede« bzw. Sprache, die jemand gesprochen hat, ohne sie vorher zu kennen, zwei Dinge voraus:*
   (a) Dass sie eine Bedeutung hat.
   (b) Dass es möglich ist, sie sinngenau auszulegen.

2. *Diese Salbung ist vielleicht eine sehr seltene Gabe und ist ein echter Test, ob wirklich Gott übernatürlich am Werk ist oder nicht.*
   (a) Sie wird öffentlich gebraucht.
   (b) Sie kann ein mächtiges evangelistisches Werkzeug sein, und entspricht der Gabe der Weissagung oder läuft auf diese hinaus.

J. Die Salbung, anderen zu helfen (Vers 28)

1. Dies ist die vergessene Salbung.
2. Sie spricht von einer besonderen Gnade oder Begabung, Menschen in Not zu helfen.

K. Die Salbung der Leiterschaft oder »Gaben der Verwaltung« (NIV, Vers 28)

1. Dieser Ausdruck kommt von einem griechischen Wort, das die Bedeutung »ein Schiff durch Untiefen oder rauhe See navigieren« hat.
2. Er bezieht sich sowohl auf eine natürliche Fähigkeit als auch auf eine geistgewirkte Geistesgegenwart.

Schlussbemerkung

Die Gaben des Geistes sind den Gläubigen gegeben, um Gottes Werk voranzubringen, und zwar sowohl in uns als auch im Zeugnis für ihn. Es gibt so viele Gaben des Geistes, wie es Gläubige gibt. Paulus jedoch ermutigt uns, nach den größeren Gaben zu streben.

26

Was ist wahre Spiritualität?

Einleitung

A. Spiritualität ist ein ganz allgemeiner Begriff, der sich weder auf den christlichen Glauben noch auf den Heiligen Geist beziehen muss.

1. *Zur Illustration: Oprah Winfrey fragte Michael Jackson, ob er ein »geistlicher« Mann sei. Seine Antwort war im Allgemeinen bejahend, weil er »absolut« an Gott glaube. Er sagte, er sei ein »auserwähltes Werkzeug der Natur« — auserwählt dazu, seine Gabe der Welt zu bringen.*

2. *Die New-Age-Bewegung betrachtet Spiritualität als wesentlich für alles, wofür sie steht.*

3. *Jemand könnte in einer Sekte oder in Okkultismus verstrickt sein und Spiritualität betonen.*

    (a) Manche Gemeinden sind in einem bestimmten Gedankensystem und in Spiritualismus gefangen.

    (b) Etwas Okkultes könnte als geistlich betrachtet werden, wenn sich dieser Begriff auf etwas Immaterielles bezieht.

4. *Manchen Definitionen von Spiritualität zufolge könnte jemand ein Atheist und dennoch geistlich sein.*

    (a) Spiritualität ist manchmal definiert als Glaube an den menschlichen Geist und an die Notwendigkeit, Prinzipien der Menschlichkeit oder Pflanzen oder Tiere anzuerkennen.

    (b) Manche denken, jede Abkehr vom Materialismus sei geistlich.

        (1) Diejenigen, die mit Pflanzen reden, mögen nach dieser Definition als geistlich betrachtet werden.

(2) Diejenigen, die die Natur, die Pflanzen- und Tierwelt erhalten wollen, mögen ebenfalls als geistlich betrachtet werden.

B. Wahre Spiritualität besteht in einem Bekenntnis zu drei Dingen: (1) zum christlichen Glauben; (2) zur Trinität; (3) zur Bibel als dem inspirierten und unfehlbaren Wort Gottes.

(a) Wir betonen die Person Jesus Christus.

(b) Wir betonen die Person des Heiligen Geistes.

C. Spiritualität in diesem Sinn ist: auf der Wellenlänge des Heiligen Geistes sein.

1. *Diese Definition impliziert vier Dinge:*

(a) Dass der Geist unbetrübt ist (vgl. Eph. 4, 30).

(1) Wir können nicht auf der Wellenlänge des Heiligen Geistes sein, wenn wir nicht in bewusstem Kontakt mit ihm stehen, und zwar so, wie er in uns sein will.

(2) Der Heilige Geist kann sich nur dann in uns wohl fühlen, wenn er unbetrübt ist.

(b) Eine Beziehung zum Heiligen Geist; sonst können wir nicht auf der Wellenlänge des Heiligen Geistes sein.

(1) Dies bedeutet, dass wir ihn kennen.

(2) Dies bedeutet eine wechselseitige Beziehung, das heißt, er hat auch eine Beziehung zu uns.

(c) Eine lebendige, zum gegenwärtigen Zeitpunkt aktuelle Beziehung.

(1) Es genügt nicht, eine solche Beziehung in der Vergangenheit erlebt zu haben.

(2) Spiritualität ist eine aktuelle Beziehung zum Heiligen Geist, etwas, was *jetzt im Augenblick* Realität ist!

(3) Das bedeutet, nicht einfach nur etwas *über* den Heiligen Geist zu wissen; es bedeutet, den Heiligen Geist zu kennen — hier und jetzt.

(d) Spiritualität ist ein Werk des Heiligen Geistes.

    (1) Auf der richtigen Wellenlänge zu sein, ist die Folge des Wirkens des Geistes.

    (2) Spiritualität als das Werk des Heiligen Geistes können wir uns also nicht selbst erarbeiten.

2. *Spiritualität bezeichnet also die Beziehung des Christen zum Heiligen Geist im Hier und Jetzt.*

D. Warum ist diese Lektion wichtig?

1. Wegen der weit verbreiteten falschen Vorstellung davon, was Spiritualität ist, zumal sich dieser Begriff überhaupt nicht auf das Christentum beziehen muss.
2. Weil die Kirche heutzutage als eine Institution nicht notwendigerweise überhaupt geistlich sein muss.
3. Weil ein Christ nicht notwendigerweise eine geistliche Person sein muss.
4. Weil ein Gemeindeleiter nicht notwendigerweise eine geistliche Person sein muss.
5. Weil jemand mit gewissen natürlichen Gaben nicht notwendigerweise eine geistliche Person sein muss.
6. Weil jemand geistliche Gaben haben kann, ohne dass er deshalb eine geistliche Person sein muss.
7. Weil wir als Christen berufen sind, geistlich zu sein.

1 Wahre Spiritualität bedeutet, mit dem Geist erfüllt sein (Gal. 5,22-23)

A. Nicht alle Christen sind notwendigerweise mit dem Heiligen Geist erfüllt.

1. *Andernfalls wäre folgendes Gebot des Paulus unnötig:* »Lasst euch vom Heiligen Geist erfüllen.« (Eph. 5, 18)

(a) Dies impliziert, dass diese Christen möglicherweise nicht mit dem Heiligen Geist erfüllt waren.

(b) Dies legt unmissverständlich nahe, dass auch wir die Weisung des Paulus im Auge behalten müssen, da wir uns nicht allzu sehr von den damaligen Christen unterscheiden.

2. *Die Christen in Galatien waren offensichtlich nicht geisterfüllt.*

(a) Sie hatten, zumindest bis zu einem gewissen Grad, den »Judaisten« nachgegeben (Gal. 3,1-3).

(1) »Judaisten« ist die unter Gelehrten übliche Bezeichnung, um legalistische Judenchristen zu beschreiben, welche die Gläubigen zurück unter das mosaische Gesetz bringen wollten. Sie betonten vor allem, dass Heidenchristen beschnitten werden sollten.

(b) Paulus betete, dass Christus ihr Leben »durch und durch bestimmt« (Gal. 4,19).

(1) Dies lässt darauf schließen, dass Christus in ihnen bei weitem noch nicht Gestalt gewonnen hatte.

(2) Es bedeutete, dass sie dem Fleisch Raum gegeben hatten.

3. *Die Christen in Korinth waren offensichtlich nicht alle geisterfüllt.*

(a) Paulus nennt sie »weltlich oder fleischlich«, nicht geistlich (1. Kor. 3,1).

(b) Sie waren mehr an den Geistesgaben interessiert als daran, geistlich zu sein (1. Kor. 12).

(c) Dies ist der Grund, weshalb wir das Kapitel über die Liebe – »agape« – (1. Kor. 13) haben, das Paulus den »noch weit vortrefflicheren Weg« nennt (1. Kor. 12,31).

B. Geisterfüllt sein resultiert in der Frucht des Geistes (Gal. 5,22-23).

1. *Es besteht ein Unterschied zwischen den Gaben des Geistes und der Frucht des Geistes.*

(a) Die Gaben werden in souveräner Weise von Gott zugeteilt und sind unwiderruflich (Röm. 11,29).

(1) Buße und Umkehr sind keine Garantie für den Empfang von Geistesgaben.

(2) Einmal gegeben, bleiben sie dem Empfänger erhalten.

(b) Die Frucht des Geistes entsteht und wächst infolge von Gehorsam, welcher sich konkret ausdrückt in:

(1) Einem Wandel im Geist (Gal. 5,16).

(2) Einem Wandel im Licht (1. Joh. 1,7).

2. *Die Früchte des Geistes entspringen also unserem Gehorsam.*

(a) Dies bedeutet: dem Fleisch widerstehen (Gal. 5,19-20).

(1) Das heißt, die Werke des Fleisches zu hassen.

(2) Es bedeutet, nicht darüber nachzudenken, wie wir sündhafte Begierden (Röm. 13,14) befriedigen können.

(b) Dies bedeutet: Offenheit für den Geist.

(1) Bereit sein, seine Zurechtweisungen anzunehmen und neue Wege des Gehorsams zu lernen.

(2) Jedem Funken Licht, den Gott gibt, zu folgen.

2 Wahre Spiritualität ist: Für Gottes Liebe auf Empfang sein (1. Joh. 4,16-18)

A. Wahre Spiritualität beginnt damit, dass wir uns auf Gottes Liebe verlassen (1. Joh. 4,16).

1. *Wir werden nicht geistlich, indem wir uns auf unsere eigene Liebe verlassen.*

(a) Das Vertrauen auf unsere eigene Liebe zu Gott führt zu Selbstständigkeit, welche wiederum zu Selbstgefälligkeit und Selbstgerechtigkeit führt.

2. *Sich auf Gottes Liebe zu verlassen ist Glaube.*

(a) Wir kommen nicht von unserer Liebe her zum Glauben; wir kommen vom Glauben zur Liebe.

(1) Wenn wir auf unsere Liebe schauen, werden wir zu Menschen, die sich selbst beobachten, was Calvin als den »sicheren Weg zur Verdammnis« bezeichnete.

(2) Spurgeon sagte: »Ich schaute auf Christus, und die Taube flog herein; ich sah auf die Taube, und sie verschwand.«

(b) Gott will, dass wir buchstäblich seine Liebe glauben (1. Joh. 4,16, AV).

(1) Deshalb stützen und verlassen wir uns auf seine Liebe.

(2) Nicht dass wir Gott lieben, sondern dass er uns liebt (1. Joh. 4,10).

B. Gott ist Liebe; Spiritualität besteht deshalb darin, Gott offenbar werden zu lassen.

1. *1. Korinther 13 beschreibt die reine Liebe Gottes.*

(a) Es beschreibt, wie Jesus war und ist.

(b) Ersetzen wir »Liebe« in 1. Korinther 13 durch »Jesus«, und wir sehen zweierlei:

(1) Wie Jesus ist.

(2) Wie Gott ist.

(c) Deshalb werden wir, wenn wir wahrhaft geistlich sind, anderen *Gott* zeigen.

2. *Der Schlüssel zur Liebe ist: »das Böse nicht nachtragen«* (1. Kor. 13,5).

(a) Dies ist das Wesen von Vergebung.

(1) Es ist die Art und Weise, wie Gott mit uns umgeht (Ps. 103,12).

(2) Er denkt nicht mehr an unsere Sünden.

(b) Der erste Schritt zur Liebe besteht demnach darin, dass wir nicht zulassen, dass unsere Gedanken ständig um eine Verletzung kreisen, die wir empfinden mögen, sodass wir nichts davon in unserem Herzen behalten.

(c) Sobald diese Übereinkunft in unseren Herzen stattgefunden hat, hat das zur Folge:

(1) Der Heilige Geist nimmt in vollerem Maß Raum in uns ein.

(2) Das Gefühl von Bitterkeit ist weg (Eph. 4, 31).

(3) Der Drang, mit dem Finger zu zeigen, verschwindet (siehe Jes. 58, 9).

(4) Wir fangen an, klarer zu denken (2. Tim. 1, 7).

(5) Friede übernimmt das Kommando (Phil. 4, 7).

3 Wahre Spiritualität ist das Vermögen, die Wahrheit zu erkennen (1. Kor. 2,9-15)

A. Jesus nannte den Heiligen Geist den »Geist der Wahrheit« (Joh. 14,17).

1. *Dies bedeutet, dass der Heilige Geist absolut irrtumslos ist.*

   (a) Je mehr wir vom Heiligen Geist in uns haben, desto mehr werden wir die Wahrheit erkennen und desto weniger werden wir Irrtum haben.

   (b) Zwei Verheißungen garantieren dies (Joh. 7, 17; 2. Petr. 1, 8).

2. *Daraus folgt, dass der Heilige Geist in die Wahrheit leitet* (Joh. 14, 26; 16, 13).

   (a) Dies garantiert, dass der Geist völlig auf Christus ausgerichtet ist.

   (1) Er verherrlicht allein Jesus Christus.

   (2) Er hasst alles, was sektiererisch (falsche Lehre) oder okkult (unmittelbar vom Teufel) ist.

   (b) Spiritualität berührt deshalb nicht allein unseren Lebensstil, sondern auch unser Denken.

   (1) Wir müssen die Liebe Jesu in unserem eigenen Leben demonstrieren.

   (2) Unser Denken muss theologisch gesund sein.

B. Spiritualität taucht in die »tiefen Geheimnisse Gottes« ein (1. Kor. 2,10).

1. *Sie beginnt mit dem ABC, den »Grundaussagen der Lehre«* (Heb. 6, 1-2).
   (a) Buße und Glaube; dabei ist vorausgesetzt:
       (1) Der Tod Christi am Kreuz.
       (2) Glaube an das Blut Christi.
   (b) Elementare Lehre:
       (1) Taufe
       (2) Handauflegung
   (c) Eschatologische Fakten:
       (1) Die Auferstehung am Jüngsten Tag.
       (2) Das Jüngste Gericht.

2. *Sie führt zu den Dingen des Geistes.*
   (a) Einsicht (1. Kor. 2, 9-10)
       (1) Dies bezieht sich auf Dinge, die jenseits dessen liegen, was wir von uns aus erkennen können.
       (2) Es schließt ein, was jetzt erkennbar ist, Dinge, die durch den Geist geoffenbart sind.
   (b) Gottes Gedanken (1. Kor. 2, 11)
       (1) Nur der Heilige Geist kennt Gottes Gedanken vollkommen.
       (2) Unser einziges Bindeglied zu Gottes Gedanken ist der Heilige Geist.
   (c) Gottes Gedanken sind in zweierlei Hinsicht zu verstehen:
       (1) Verstehen, was uns von Gott gegeben ist (1. Kor. 2, 12).
       (2) Verstehen, was der Geist uns weiterhin zeigt (1. Kor. 2, 13).

3. *Was der Geist uns zeigt, wird — insofern es dabei um theologische Wahrheit geht — nur das sein, was bereits in der Bibel zu finden ist.*
   (a) Wenn wir in den Himmel kommen, entdecken wir möglicherweise Wahrheiten, die nach unserem jetzigen Kenntnisstand nicht ausdrücklich in der Bibel stehen oder die wir

noch nicht entdeckt haben. Aber nichts, was dort zu entdecken ist, wird der Bibel widersprechen.

(b) Bis dahin wird alles, was uns diesseits der Herrlichkeit geoffenbart werden wird, direkt in unseren Bibeln zu finden sein.

(1) Es gibt vielleicht Wahrheiten, die wir noch nicht entdeckt haben. Wenn wir eine für uns neue Wahrheit entdecken, wird das nichts anderes sein als eine Wieder-Entdeckung dessen, was schon immer in der Bibel stand.

(c) Es gibt keine neuen Wahrheiten, es gibt nur frische Offenbarung alter Wahrheiten!

4 Wahre Spiritualität ist Heiligung (2. Thess. 2,13)

A. Heiligung ist der Prozess des Heiliggemacht-Werdens.

1. Das griechische Wort ist *hagiazo*: »aussondern«; »das, was mit Ehrfurcht behandelt wird«.
2. Die lateinische Wortwurzel ist *sanctus*: »heilig« und *facere*: »machen«.
3. Heiligung und Heiligkeit werden austauschbar verwendet.

B. Wir sind berufen mit einem »heiligen Ruf« (2. Tim. 1,9).

1. *Das Werk der Heiligung ist die unvermeidliche Auswirkung der Wiedergeburt.*
   (a) Niemand ist bekehrt, um derselbe zu bleiben (Eph. 4,22-23).
   (b) Wir sind nicht *in* unseren Sünden, sondern *von* unseren Sünden gerettet (Mt. 1,21).

2. *Das tatsächliche Erscheinungsbild der Heiligung variiert sowohl hinsichtlich des Grades der Heiligkeit als auch von Person zu Person.*

(a) Man muss den lebensgeschichtlichen Hintergrund eines Neubekehrten bedenken.
    (1) Seine Bildung, Kultur, Intelligenz.
    (2) Seine emotionale und psychische Konstitution.
    (3) Seine vorchristlichen Erfahrungen mit Bibel und Predigt.

C. Alle neutestamentlichen Gebote an neubekehrte Christen sind – explizit oder implizit – ein Aufruf zu Heiligung oder Heiligkeit.

1. Dass wir ein moralisch einwandfreies Leben führen (1. Thess. 4, 3).
2. Dass wir in einem neuen Leben wandeln, also eine Lebensveränderung vorweisen (Röm. 6).
3. Dass wir einen Lohn vor dem Richterstuhl Christi empfangen werden (1. Kor. 3, 12-15; 2. Kor. 5, 10).
4. Dass wir den Begierden des Fleisches nicht nachgeben (Gal. 5, 16).

D. Jede wahre Spiritualität entspringt dem Heiligen Geist.

1. *Weltliche Spiritualität, so wie sie etwa in der New-Age-Bewegung vorkommt, könnte unmoralisch sein. Nicht aber wahre Spiritualität.*
2. *Wahre Spiritualität entspringt dem Heiligen Geist.*
    (a) Nicht dem menschlichen Geist, welchem Heiligkeit von Natur aus widerstrebt.
    (b) Nicht dem dämonischen Geist, welchem Heiligkeit absolut verhasst ist.

3. *Was dem Heiligen Geist entspringt, wird deshalb* heilig sein.
    (a) Dies bedeutet nicht, dass wir vollkommen sind.
        (1) Heiligung ist der *Prozess*, in welchem wir heilig gemacht werden.

(2) Wir werden bis zur Verherrlichung der »Kinder Gottes«[1] nicht vollkommen sein.

(b) Es bedeutet, dass die Grundausrichtung unseres Lebens dahin geht, Gott zu gefallen, und das umfasst:

(1) Das Halten seiner Gebote (Joh. 14,15).

(2) Der Wunsch, Gott in allem, was wir tun, zu gefallen (1. Thess. 2,12).

5 Wahre Spiritualität ist Empfindsamkeit für die Nöte und Bedürfnisse sowie die Empfindungen anderer (1. Joh. 4,20)

A. Wahre Spiritualität schließt die Fürsorge für den Benachteiligten ein (Jak. 1,27).

1. *Es ist ein Sichtbarmachen des Glaubens durch Werke* (Jak. 2, 14ff.).
   (a) Dies geschieht nicht, um Heilsgewissheit zu bekommen.
   (b) Dies geschieht, um anderen Menschen Glauben zu zeigen.

2. *Die Liebe Gottes in uns wird uns dazu veranlassen, Mitleid zu zeigen* (1. Joh. 3,17).
   (a) Auf der Wellenlänge der Liebe Gottes zu sein ist demnach nicht auf das Fehlen von Bitterkeit beschränkt.
   (b) Es besteht darin, unsere Fürsorge zu zeigen durch das, was wir für andere tun.

B. Wahre Spiritualität schließt auch die Fürsorge für den ein, der in Sünde gefallen ist (Gal. 6,1).

1. *Ein Ziel wahrer Spiritualität ist es, den Bruder und die Schwester, die »einer Sünde erlegen« sind, wiederherzustellen.*

---

[1] Ältere Übersetzungen schreiben meist *Söhne Gottes.*

(a) Diese Aufgabe ist nur denen, die geistlich sind, zugewiesen.

(b) Die geistliche Person wird daher all die oben beschriebenen Qualitäten verkörpern!

2. *Aber Galater 6, 1 offenbart noch eine weitere Dimension wahrer Spiritualität: ein tugendhaftes Leben ohne Selbstgerechtigkeit.*

(a) Dies ist eine selten anzutreffende Qualität.

(1) Viele, die ein tugendhaftes Leben führen, sind selbstgerecht.

(2) Gesucht werden diejenigen, die moralische Qualitäten aufweisen, ohne selbstgerecht zu sein.

(b) Spiritualität lässt sich an diesem Punkt wie folgt zusammenfassen:

(1) Spiritualität ist die Fürsorge, die einem in Sünde gefallenen Bruder bzw. einer Schwester wieder zurechthilft.

(2) Die Hilfestellung muss in einer demütigen Haltung erfolgen, in dem Wissen, dass das, was wir mit Trauer bei jemand anders beobachten, auch uns selbst passieren kann.

Schlussbemerkung

Wahre Spiritualität bezeichnet einen Zustand der Nähe zum Heiligen Geist; d. h. wir sind auf seiner Wellenlänge. Es ist eine Beziehung, in welcher der Heilige Geist nicht betrübt ist; eine lebendige, aktuelle Beziehung.

Spiritualität bedeutet: Wir sind vom Geist erfüllt, was die Frucht des Geistes in unserem Leben sichtbar werden lässt.

Spiritualität ist das, was Jesus war und verkörperte. Er war ohne Sünde (Heb. 4, 15), aber es gab nicht die geringste Spur von Nachlässigkeit oder Selbstgerechtigkeit an ihm. Sünder fühlten sich in seiner Gegenwart angenommen. Geht es ihnen auch bei uns so?

Es gibt nur die eine Möglichkeit, wie wir als Christen Fortschritte machen können: Indem der Heilige Geist mehr in unserem Leben wirkt.

27
Einführung in die Ekklesiologie[1]

Einleitung

A. Auf den ersten Blick erscheint die Lehre von der Kirche bzw. Gemeinde vielleicht nicht besonders interessant. Aber sie behandelt einige sehr aufbauende und bedeutsame Fragen.

B. Ekklesiologie: Darin werden Dinge, die das Wesen der Kirche bzw. Gemeinde, die Gemeinde- bzw. Kirchenleitung und die Sakramente betreffen, behandelt.

1. *Das griechische Wort, das mit »Gemeinde« bzw. »Kirche« übersetzt wird, ist* ekklesia, *und bedeutet wörtlich »herausgerufen«[2].*
   (a) Das englische Wort »church« (vgl. das deutsche »Kirche«) kommt eigentlich von dem schottischen Wort *kirk*[3].
   (b) Aber in der griechischen Sprache, in welcher das Neue Testament ursprünglich verfaßt ist, bedeutet es einfach »die Herausgerufenen«.
      (1) Es bezieht sich nicht auf ein Gebäude, sondern auf eine Gemeinschaft von Menschen.
      (2) Diese Menschen sind durch Gottes erwählende Gnade »herausgerufen« worden.

---

1 *Ekklesiologie:* die Lehre von der Kirche (Gemeinde); vergleiche auch Kapitel 1, 3 F.
2 Ursprüngliche Bedeutung im »profanen« Griechisch: »die (zum Stadttor) Herausgerufenen« = die Bürgerversammlung eines Ortes.
3 Genau genommen kommt beides vom Griechischen *kyriake* – »dem Herrn gehörig«.

(c) Die Lehre von der Erwählung ist eigentlich untrennbar von der Lehre über die Gemeinde.

(1) Das griechische Wort *eklektos* bedeutet: die »Erwählten« oder »Ausgewählten« (Mt. 20, 16; 22, 14; Röm. 8, 33).

(2) Von daher sind die »Herausgerufenen« diejenigen, die Gott erwählt und aus der Finsternis ins Licht gerufen hat.

2. *Ekklesiologie umfasst deshalb die meisten der Fragestellungen, die zu folgenden Themenbereichen gehören:*

(a) Das Wesen der Gemeinde.

(b) Das Verhältnis von Kirche und Staat.

(c) Gemeinde- bzw. Kirchenleitung.

(d) Die Sakramente.

C. Warum ist dieses Thema von Bedeutung?

1. *Wir sollten zwischen der sichtbaren und der unsichtbaren Kirche unterscheiden können.*

2. *Wir sollten den Unterschied zwischen der »kämpfenden« und der »triumphierenden« Kirche verstehen.*

3. *Wir sollten eine gute Perspektive für alle das Verhältnis von Kirche und Staat betreffenden Fragen haben.*

(a) Sollten Staat und Kirche eine Einheit bilden?

(b) Oder sollten sie strikt voneinander getrennt sein?

4. *Wir sollten uns sowohl über die in der Schrift enthaltenen Formen von Gemeindeleitung im Klaren sein als auch über die Formen der Leitung einer besonderen Gruppe oder Denomination.*

5. *Wir sollten ein gutes Verständnis der Geschichte der Sakramente haben, aber auch ein gutes Verständnis davon, was biblisch ist.*

6. *Die Kirchengeschichte vermittelt uns einen Sinn und ein Verständnis dafür, wie gewisse Ansichten entstanden sind.*

1. Frühe Kirchengeschichte

A. Die Apostolischen Väter [4]

1. *Die von Lukas verfasste Apostelgeschichte ist die erste Kirchen-geschichte. Sie schildert die Ereignisse von der Himmelfahrt Jesu bis zur Ankunft des Paulus in Rom (vor 65 n. Chr.).*
2. *Die Zeit der Apostolischen Väter nimmt ihren Anfang mit einfluss-reichen Gemeindeleitern oder theologischen Denkern in der nach-apostolischen Zeit; manche von ihnen sollen noch von bestimmten Aposteln bekehrt worden sein.*
   (a) Clemens von Rom (ca. 96 n. Chr.), manchmal auch als der dritte Bischof von Rom bezeichnet.
   (b) Ignatius (ca. 35 - ca. 107 n. Chr.), der zweite Bischof von Antiochia, wurde zur Legende, weil er fast sehnsüchtig dem Märtyrertod entgegensah. Er wollte der »Same Christ« sein, wenn er von den Löwen in Stücke gerissen würde.
   (c) Polycarp (ca. 69 - ca. 155 n. Chr.), Bischof von Smyrna, war möglicherweise einer der durch den Apostel Johannes Be-kehrten; er war legendär geworden durch sein Martyrium.
   (d) Die Didache (entstanden ca. 90 - ca. 130 n. Chr.), eine kurze christliche Abhandlung zu moralischen Fragen und zur Pra-xis des christlichen Glaubens. Sie fordert die Taufe, wenn möglich durch Untertauchen, andernfalls durch dreimaliges Besprengen oder Übergießen mit Wasser.
   (e) Hermas (zweites Jahrhundert n. Chr.), Autor der Schrift *Der Hirte.*

B. Die Apologeten [5]

1. *Dies ist die Bezeichnung für bestimmte christliche Schriftsteller, die es sich zur Aufgabe gemacht hatten, den Glauben gegenüber Außenstehenden zu verteidigen.*

---

[4] Vergleiche dazu Kapitel 4, Einleitung, D. 4. (a).
[5] Vergleiche dazu Kapitel 4, Einleitung, D. 4. (b).

2. *Ihr Ziel dabei war, Bekehrungen unter den Gebildeten herbeizu-führen.*
   (a) Justin, der Märtyrer (lat. Justinus Martyr; ca. 100-165 n. Chr.).
   (b) Tatian (ca. 160 n. Chr.), vermutlich ein Gnostiker[6].
   (c) Tertullian (ca. 160 - ca. 220 n. Chr.), ein großer Theologe.
   (d) Irenäus (ca. 130 - ca. 200 n. Chr.), ein Kämpfer gegen den Gnostizismus.

C. Einige Kirchenväter

1. Origenes (gestorben 254 n. Chr.), ein großer Gelehrter.
2. Cyprian (gestorben 258 n. Chr.), Bischof von Karthago.
3. Ambrosius (gestorben 397 n. Chr.), Bischof von Mailand.
4. Augustinus (gestorben 430 n. Chr.), Bischof von Hippo Regius.

D. Der wachsende Einfluss und die größer werdende Macht der Kirche Roms. Einzelne Faktoren:

1. *Irenäus maß der Tradition, dass die Kirche Roms von den Aposteln Petrus und Paulus gegründet worden war, großes Gewicht bei.*
2. *Der weitverbreitete Glaube, dass Petrus und Paulus unter Kaiser Nero in Rom den Märtyrertod erlitten hatten (ca. 64 n. Chr.).*
3. *Die Tatsache, dass die Gemeinde Roms mit großer Kraft der Verfolgung durch Nero standhielt.*
4. *Der Brief des Paulus an die Römer kam der dortigen Gemeinde zugute und verlieh ihr eine gewisse Prominenz.*
5. *Das Prestige, in der Hauptstadt des Römischen Reiches, der »ewigen Stadt«, gelegen zu sein.*
6. *Um 100 n. Chr. war die Gemeinde in Rom offensichtlich die größte Gemeinde der Christenheit.*

---

[6] Siehe dazu die Fußnote zu *Gnosis/Gnostizismus* in Kapitel 3, 2 A. 4. (c).

7. *Ihr erfolgreicher Widerstand gegen den Gnostizismus und andere Kräfte stärkten ihr Ansehen.*

8. *Man nahm an, dass das Apostolische Glaubensbekenntnis (ca. 150-170) in Rom entstanden war.*

9. *Der Gemeinde in Rom wurde von Gegnern des Gnostizismus, besonders von Irenäus, Führerschaft und Rechtgläubigkeit (Orthodoxie) zuerkannt.*

   (a) Irenäus sagte: »Es ist eine Sache der Notwendigkeit, dass jede Gemeinde in Einheit mit dieser Gemeinde sein sollte«, womit er die Gemeinde in Rom meinte.

   (b) Rom war offensichtlich die einzige Gemeinde im Westen des Römischen Reiches, die mit einem der Apostel in Verbindung gebracht wurde.

10. *Die Gemeinde in Rom hatte auch in der Folgezeit einflussreiche und begabte Männer als Bischöfe.*

11. *In Kleinasien und anderen Gebieten, von denen man zu der Zeit eine führende Rolle erwartet hätte, gab es statt dessen eine Abnahme des christlichen Einflusses. Wir haben zu beachten: Jerusalem wurde im Jahre 70 n. Chr. und ein weiteres Mal im Jahre 135 n. Chr. zerstört.*

12. *Der Einfluss des Briefes des Clemens von Rom (Ende des 1. Jahrhunderts).*

13. *Das Edikt des Kaisers Valentian III. (445), welches den Primat des Papstes bekräftigte.*

14. *Das Glaubensbekenntnis des Konzils von Chalkedon (451), entworfen von Bischof Leo von Rom. Es wurde angenommen mit der Akklamation: »Petrus hat durch den Mund des Leo gesprochen!«*

E. Die Taufe – wie sie in der frühen Kirche verstanden wurde.

1. *Die symbolische Sichtweise; dass die Taufe ein Symbol für verschiedene Dinge ist:*
   (a) Für Tod, Begräbnis und Auferstehung Christi.

(b) Für die geistliche Teilhabe des Gläubigen an Tod, Begräbnis und Auferstehung Christi.

(c) Für eine völlig neue Beziehung zu Christus.

(d) Für die Reinigung von Sünde.

(e) Für den Empfang des Heiligen Geistes.

(f) Für die Folge der Taufe: Aufnahme in die Gemeinde.

2. *Die sakramentale Sichtweise:* Die Taufe ist ein Ritus, der allein schon durch seinen Vollzug von Sünde reinigt, wobei dem Empfänger der Taufe die Gnade Gottes vermittelt und Wiedergeburt bewirkt wird.

3. *Veränderungen im Taufverständnis:*

(a) Die Taufe wurde mit der Zeit als unerlässlich betrachtet. »Wer glaubt und getauft wird, wird gerettet werden. Wer aber nicht glaubt, wird verurteilt werden.« (Mk. 16, 16)

(b) Hermas sah die Taufe als *das* Fundament der Gemeinde an; denn sie wäscht von allen früheren Sünden rein.

(c) Justin sagte, die Taufe bewirke Absonderung und Erleuchtung, indem sie von allen früheren Sünden reinwasche.

(d) Tertullian glaubte, die Taufe selbst verleihe das ewige Leben.

4. *Die Kinder- bzw. Säuglingstaufe:*

(a) Eine Kindertaufe wird zum ersten Mal — in obskurer Weise — bei Irenäus erwähnt.

(b) Tertullian lehnte die Taufe von Kindern mit der Begründung ab, dass erst der Charakter der Kinder geformt werden müsse.

(c) Kaiser Konstantin (gestorben 337), der das Christentum im Römischen Reich zur bevorzugten Religion machte, war der Meinung, man solle erst getauft werden, wenn man sicher sei, dass man nicht mehr sündigen würde. Deshalb wartete Kaiser Konstantin mit seiner Taufe bis unmittelbar vor seinem Tod.

(d) Origenes (gestorben 254) sagte, die Kindertaufe sei schon apostolischer Brauch gewesen.

(e) Cyprian (gestorben 258) favorisierte den Empfang der Taufe zum frühest möglichen Zeitpunkt.

(f) Vermutliche Gründe für das Aufkommen der Säuglingstaufe:

(1) Die Erbsünde, als Lehre entwickelt und artikuliert von Augustinus (gestorben 430).

(2) »Außerhalb der Kirche gibt es kein Heil« (Cyprian), und die Taufe ist der erforderliche Aufnahmeritus.

(3) Die Interpretation der Worte Christi: »Ich sage dir: Niemand kommt in das Reich Gottes, der nicht aus Wasser und Geist geboren wird.« (Joh. 3, 5)

(g) Allgemeiner Brauch wurde die Säuglingstaufe im sechsten Jahrhundert.

5. *Modus (Art und Weise) der Taufe:*

(a) Das Neue Testament scheint ein Untertauchen vorauszusetzen.

(1) Das griechische Wort ist *baptizo* — »ins Wasser hineintauchen«.

(2) Calvin, der das Untertauchen selbst nicht praktizierte, gestand zu, dass es im Neuen Testament so gewesen war.

(b) Das Untertauchen blieb im Westen bis ins späte Mittelalter die gängige Praxis. In der Ostkirche wird es sogar bis heute praktiziert.

(c) Die Didache erklärte, dass dort, wo es »fließendes Wasser« gibt, Untertauchen vorzuziehen sei.

(d) Aus Gründen der Zweckmäßigkeit ersetzte schließlich das Übergießen oder Besprengen mit Wasser das Untertauchen.

6. *Zu Tertullians Zeit hatte sich ein ausgearbeitetes Ritual entwickelt:*

(a) Zuerst eine formelle Absage durch den Taufbewerber, wobei ausdrücklich auch der Teufel und die Dämonen genannt wurden.

(b) Dann erfolgte ein dreimaliges Untertauchen[7].

---

[7] Anm. d. Ü.: Vor jedem Untertauchen wurde der Taufbewerber nach seinem Glauben (1. an Gott den Vater; 2. an den Sohn; 3. an den Heiligen Geist) gefragt, den dieser dann formell (»ich glaube«) bekennen musste.

(c) Nach der Taufe kostete der Neugetaufte, der ein neugeborenes Baby symbolisierte, eine Mischung aus Milch und Honig[8].

(d) Anschließend wurde der bzw. die Getaufte mit Öl gesalbt.

(e) Danach wurden ihm bzw. ihr die Hände aufgelegt zum Zeichen des Empfangs des Heiligen Geistes.

(f) Tertullian ist der erste, der die Existenz von Fürsprechern, oder Taufpaten[9], erwähnt.

F. Das Abendmahl

1. *Die Ausgangslage im Neuen Testament:*
   (a) Das Neue Testament scheint auf zwei Mähler Bezug zu nehmen, die von den frühen Christen abgehalten wurden.
   (1) Das von Christus im Obergemach eingesetzte Abendmahl (Lk. 22, 19-20).
   (2) Ein *Agape*mahl oder Liebesfest; ein »Brechen des Brotes«; ein gemeinsames Mahl, welches sowohl Band der Gemeinschaft als auch Mittel zur Unterstützung der Bedürftigen war (Apg. 2, 46; vgl. Judas 12).
   (b) Vielfach scheinen beide Mähler im Rahmen einer einzigen Zusammenkunft stattgefunden zu haben (1. Kor. 11, 20ff.).
   (c) Im zweiten Jahrhundert wurden die beiden Mähler voneinander getrennt, und das *Agape*mahl wurde später ganz fallengelassen.

2. *Der Gebrauch des Begriffes »Eucharistie« (Danksagung, von lat. eucharistia − 1. Kor. 11, 24 und Mt. 26, 27ff.), durch Justin den Märtyrer bezog sich auf das Abendmahl und wurde vor allem im Katholizismus beibehalten.*

---

[8] Anm. d. Ü.: Ausgehend von der alttestamentlichen Verheißung eines »Landes, in dem Milch und Honig fließt«, waren *Milch und Honig* zugleich Symbol für das himmlische Erbe, das ewige Leben in der Herrlichkeit Gottes.

[9] Anm. d. Ü.: Der Fürsprecher bzw. Taufpate hatte die Funktion eines Tutors. Er hatte den Taufbewerber in der Zeit vor der Taufe zu begleiten und bei der Taufe selbst zu erklären, dass der Taufe nichts im Wege steht.

3. *Ignatius verwendete zwei Metaphern, um das Abendmahl zu beschreiben:*
   (a) »Medizin zur Unsterblichkeit«.
   (b) »Gegenmittel gegen den Tod«, das ewiges Leben in Jesus Christus schenkt.

4. *Gegen Ende des zweiten Jahrhunderts war die Auffassung einer »realen Gegenwart« Christi im Abendmahl weitverbreitet.*
   (a) Das Abendmahl wurde von Irenäus und Tertullian als Opfer angesehen.
   (b) Und natürlich erfordert ein Opfer auch einen Priester, der das Opfer darbringt.
      (1) Nach Cyprian ist das Abendmahl als ein Opfer zu betrachten, das durch einen Priester Gott dargebracht wird.
      (2) Um 253 wurde das Abendmahl als ein Sakrament angesehen, in welchem Christus real gegenwärtig ist.

5. *Das Aufkommen der Messe im vierten Jahrhundert.*
   (a) Die Messe bestand aus zwei Teilen:
      (1) Das Opfer der Messe (Messopfer).
      (2) Die Eucharistie: Das Dankgebet, welches dem Abendmahl vorausging.
   (b) Ambrosius (gestorben 397) verwendete für die Eucharistie den lateinischen Ausdruck *missam facere* — »die Messe vollziehen«.
      (1) Dieser Ausdruck kommt vom Lateinischen *missa* und *mittere* — »senden«.
      (2) Offensichtlich wurde der Ausdruck ursprünglich gebraucht, um die Ungetauften aus dem Gottesdienst zu entlassen, bevor der Teil des Gottesdienstes kam, in dem das Abendmahl gefeiert wurde.

6. *Im Mittelalter verwandelte die römisch-katholische Kirche die Eucharistie in ein ausgefeiltes Dogma, welches als Transsubstantiationsdogma (Lehre von der Wandlung) bekannt ist.*

(a) Mit einer Handbewegung des Priesters und den lateinischen Worten »hoc est corpus meum« (»dies ist mein Leib«) wird das Brot nach katholischer Lehre in den Leib Christi verwandelt.

(b) Ebenso wurde auch bezüglich des Weines verfahren, der auf diese Weise in das Blut Christi umgewandelt wurde.

G. Die Kirche

1. *Die Apostolische Sukzession der Bischöfe.*[10]

   (a) Bischöfe gelten als Nachfolger der Apostel, denn:

   (1) Sie üben die Aufgaben eines Apostels aus.

   (2) Ihr Amt (d. h. ihre Einsetzung und ihr Auftrag) geht auf die Apostel zurück.

   (3) Die Reihe der Amtsinhaber kann lückenlos bis zu den Aposteln zurückverfolgt werden.

   (b) Dies wurde zum ersten Mal durch Clemens von Rom hervorgehoben.

   (c) Es wurde weitergeführt und näher ausgeführt durch Irenäus und Cyprian.

   (d) Dies ist die Grundlage für eine Kirchenleitung nach Art der Episkopalkirche.

   (1) Die kirchliche Autorität liegt in den Händen des Bischofs.

   (2) Apostolische Sukzession wird dabei vorausgesetzt.

2. *Die Beziehung zwischen Kirche und Heil.*

   (a) Cyprian war der erste, der die Formulierung gebrauchte: »Außerhalb der Kirche gibt es kein Heil.« Er sagte auch: »Niemand kann Gott zum Vater haben, der nicht die Kirche zur Mutter hat.«

---

[10] Apostolische Sukzession (lat. successio = *Nachfolge*) Gründung der kirchlichen Vollmacht auf das Bischofsamt, das von den Aposteln durch Handauflegung übertragen und bis in die Gegenwart hinein wirksam geblieben sein soll. Von den Reformatoren wurde diese Lehre verworfen. Bei Luther tritt an die Stelle der apostolischen Sukzession der Glaube (sucessio fdelium).

3. *Das Verhältnis von Kirche und Staat.*
   (a) Im Jahr 313 hatte Kaiser Konstantin eine Vision vom Kreuz und hörte dabei die Worte: »Mit diesem Zeichen wirst du siegen.«
   (b) Dies führte zu seiner Bekehrung und zu dem Erlass, das Römische Reich mit der Kirche zu identifizieren.
      (1) Bis dahin hatte die Kirche keinerlei Verbindung zum Staat.
      (2) Von da an wurde die Kirche unter Konstantin mit dem Staat identifiziert[11].

4. *Die Anzahl der Sakramente wurde schließlich auf sieben festgelegt:* Taufe, Eucharistie, Priesteramt, Ehe, letzte Ölung (Krankensalbung), Firmung, Buße.

2 Die Protestantische Perspektive im Licht der neueren Kirchengeschichte

A. Das Wesen der Kirche[12], wie es allgemein von den Reformatoren verstanden wurde.

1. *Die sichtbare und die unsichtbare Kirche.*
   (a) Die sichtbare Kirche ist die Gesamtheit derer, die getauft wurden und die an den Sakramenten teilnehmen; sie mögen wiedergeboren sein, oder nicht.
   (b) Die unsichtbare Kirche ist die Gesamtheit derer, die durch den Heiligen Geist wiedergeboren wurden; die wahren Auserwählten Gottes.

---

[11] Anm. d. Ü..: Unter Konstantin wurde das Christentum erstmals offiziell staatlich anerkannt und bevorzugt. Die volle Identifikation der Kirche mit dem römischen Reich erfolgte erst ca. sechzig Jahre später, als Theodosius das Christentum zur Staatsreligion und die Kirche zur Staatskirche erhob.
[12] Anm. d. Ü.: Hier ist es angebracht, von *Kirche* zu sprechen, da es um die Gesamtheit aller Gemeinden geht.

2. *Die kämpfende Kirche (Ecclesia militans) und die triumphierende Kirche (Ecclesia triumphans).*
   (a) Die kämpfende Kirche: Die Kirche hier auf Erden, die mit der Welt, dem Fleisch und dem Teufel im Streit liegt.
   (b) Die siegreiche Kirche: Diejenigen, die aus der Welt geschieden sind, um beim Herrn zu sein (vgl. Phil. 1, 23); die vollendeten Heiligen.

3. *Kirche ist dort, wo drei Dinge geschehen:*
   (a) Das Wort Gottes wird verkündet.
   (b) Die Sakramente werden stiftungsgemäß verwaltet.
   (c) Gemeindezucht wird geübt; das heißt, bei Gemeindegliedern wird ungöttliches Verhalten nicht geduldet.

4. *Die Kirche muss vom Staat getrennt sein.*
   (a) In der praktischen Durchführung dieses Standpunkts finden wir unterschiedliche Abstufungen.
   (b) Im sechzehnten Jahrhundert tendierten eine Reihe von Staaten dazu, eine Art Nationalkirche, mancherorts auch als Landeskirche(n) bekannt, beizubehalten, auch wenn diese sich hinsichtlich ihrer Ekklesiologie voneinander unterschieden:
   (1) In Deutschland war die Tendenz zum Luthertum.
   (2) In der Schweiz war die Tendenz zur Reformierten Kirche.
   (3) In England war die Tendenz zur Episkopalkirche.

5. *Der Hauptpunkt, der in diesem Zusammenhang aus der protestantischen Reformation des 16. Jahrhunderts erwuchs, ist, dass die sichtbare Kirche nicht länger als ausschließlich römisch-katholisch betrachtet wurde.*
   (a) Dies ist der Grund, weshalb das Konzept von der unsichtbaren Kirche und der kämpfenden Kirche entstand.
   (b) Worauf es ankam war nicht, zur sichtbaren Kirche zu gehören, da dies nach reformatorischer Überzeugung kein Beweis dafür ist, wiedergeboren zu sein. Entscheidend ist

danach vielmehr, zur unsichtbaren Kirche und zur kämpfenden Kirche zu gehören.

(1) Die unsichtbare Kirche umfasste alle, die gerettet waren.

(2) Die kämpfende Kirche umfasste diejenigen, die in ihrem Glauben aktiv und hingegeben waren.

B. Drei Formen der Kirchen- bzw. Gemeindeleitung folgten auf die Reformation:

1. *Die episkopale Form: Die Kirche bzw. Gemeinde wird von Bischöfen geleitet.*

   (a) Das griechische Wort *episkopos* bedeutet »Aufseher« (Apg. 20, 28; Phil. 1, 1; 1. Tim 3, 2).

   (b) Das griechische Wort *presbuteros* bedeutet »Ältester« (wörtlich: »älter«). Es ist manchmal austauschbar mit *episkopos* gebraucht (vgl. Apg. 20, 17.28).

   (c) Die Hauptvertreter der episkopalen Form der Kirchen- bzw. Gemeindeleitung sind:

   (1) Die römisch-katholische Kirche.

   (2) Die anglikanische Kirche.

   (3) Die methodistische Kirche.

2. *Die presbyterianische Form: Die Kirche bzw. Gemeinde wird von einem Presbyterium bzw. Ältestengremium geleitet.*

   (a) Dies basiert zum Teil auf Schriftstellen wie Apostelgeschichte 15 (das Konzil in Jerusalem) und 1. Timotheus 4, 14.

   (b) Diese Leitungsform entstand unter der Lehre von Johannes Calvin, der behauptete, dass dies das apostolische Modell sei.

   (c) Im Allgemeinen gibt es zwei Arten von Ältesten, die zusammen das Presbyterium bilden.

   (1) Älteste mit Leitungsaufgaben, welche auch theologische Laien sein können.

   (2) Älteste mit Lehraufgaben, der Pastor oder Kleriker.

   (d) Zu den Hauptvertretern dieser Form der Kirchen- bzw. Gemeindeleitung gehören:

(1) Die Presbyterianische Kirche.

(2) Reformierte Kirchen.

3. *Der Kongregationalismus, welcher auf der Unabhängigkeit und Autonomie der örtlichen Gemeinde basiert.*

(a) Der griechische Begriff *ekklesia* wird hier in einem engen Sinn verstanden: nicht als ein größerer Leib von Gemeinden, sondern ausschließlich als die Versammlung der Gläubigen eines Ortes.

(b) Diese Ansicht kam unter dem Separatismus der puritanischen[13] Bewegung in England auf, durch Männer wie Robert Brown (gestorben 1633) und John Owen (gestorben 1683).

(c) Zu den Hauptvertretern des Kongregationalismus gehören:

(1) Kongregationalistische Gemeinden.

(2) Baptistische Gemeinden.

(3) Brüdergemeinden.

C. Die Taufe

1. *Die meisten episkopalen und presbyterianischen Kirchen behielten die Praxis der Kindertaufe bei.*

(a) Johannes Calvin vertrat die Lehre, die Taufe sei ein Zeichen des Neuen Bundes.

(1) Die Taufe ersetzte die Beschneidung als Zeichen des Bundes.

(2) Alle Kinder, die in gläubige Familien hineingeboren wurden (d. h., wenn wenigstens ein Elternteil Christ war), sollten getauft werden.

(b) Es gibt zwei Ansichten darüber, ob diejenigen, die getauft sind, gerettet sind:

(1) Nach Ansicht der meisten episkopalen Kirchen bewirkt die Taufe die Wiedergeburt.

---

[13] Siehe dazu die Fußnote in Kapitel 10, 4 E. 3. (a).

(2) Bei den reformierten Kirchen ergeben sich aus der Kindertaufe zwei weitere Optionen:
(a) Die Getauften sind als gerettet zu betrachten, solange sich nicht das Gegenteil zeigt.
(b) Die Getauften sind als nicht gerettet zu betrachten, solange es keinen positiven Erweis dafür gibt.

2. *Die Gläubigentaufe:*
   (a) Ob die Taufe nun durch Besprengung oder durch Untertauchen vollzogen wird, als Kandidat für die Taufe kommt nur eine gläubige Person in Frage.
   (b) Männer wie John Smyth (gestorben 1612) kamen zur Überzeugung, dass die Kindertaufe überhaupt keine Taufe sei, obwohl die Taufe auch bei den frühen englischen Baptisten durch Besprengung vollzogen wurde.
   (c) Der Taufmodus des Untertauchens kam erst im Jahr 1641 von Holland aus, wo es von den sogenannten Wiedertäufern praktiziert wurde, nach England.
   (d) Die meisten Baptistenkirchen heutzutage vertreten die Taufe von Gläubigen durch Untertauchen.

D. Das Abendmahl
(siehe dazu das Kapitel über das Abendmahl [Kapitel 29])

1. Martin Luther wies die Lehre von der Transsubstantiation zurück und entwickelte die Lehre von der Konsubstantiation: Leib und Blut Christi verbinden sich mit Brot und Wein, ohne ihre Substanz zu verwandeln, so dass sie mit den Substanzen von Brot und Wein koexistent sind.
2. Ulrich Zwingli (gestorben 1531) vertrat die Meinung, das Abendmahl sei lediglich ein Gedächtnismahl: »Tut dies zu meinem Gedächtnis.«
3. Johannes Calvin glaubte an die »geistliche Gegenwart« Christi beim Abendmahl: durch den Glauben wird Gnade verliehen, indem man »sich an Christus weidet«.

E. Die Sakramente

1. *Die meisten protestantischen Kirchen behalten nur zwei der sieben oben erwähnten Sakramente bei: (a) die Taufe, (b) das Abendmahl.*

2. *Einigen Kirchen, besonders manchen Baptisten, ist bei dem Begriff »Sakrament« nicht wohl; sie sprechen statt dessen lieber von göttlicher »Anordnung« oder »Verfügung«.*

   (a) Der Begriff »Sakrament« impliziert, dass etwas notwendig, d. h. allein aus dem Vollzug des Sakramentes heraus geschieht, ob der Empfänger nun für sich selbst glaubt oder nicht.

   (b) Durch den Gebrauch des Begriffs »göttliche Anordnung« bzw. »Verfügung« wird dem Einzelnen die Möglichkeit gegeben, für sich selbst zu glauben.

Schlussbemerkung

In Fragen der Ekklesiologie vertreten die Christen verschiedene Ansichten, besonders in Bezug auf Taufe, Abendmahl und Gemeinde- bzw. Kirchenleitung. Historische Perspektiven über diese und andere Themen werden uns Anregungen geben, eine eigene Meinung zu diesen Themen zu bilden. Es ist jedoch wichtig, diese historischen Perspektiven anhand der Bibel zu überprüfen.

Oft werden wir uns in Kirchen bzw. Gemeinden wiederfinden, mit deren Praxis (hinsichtlich der oben ausgeführten Punkte) wir persönlich nicht übereinstimmen. In solchen Situationen ist es wichtig, sich dessen bewusst zu sein, dass die grundlegenden Glaubenswahrheiten wichtiger sind als die einzelnen Punkte, in denen wir möglicherweise nicht übereinstimmen.

28

Die Anbetung Gottes

Einleitung

A. Das Thema der Anbetung Gottes befasst sich mit dem ureigenen Wesen des wahren Gottes.

1. *Der Gott der Bibel ist ein eifersüchtiger Gott* (Jos. 24, 19).
   (a) Er wird keinen anderen neben sich dulden (Jes. 42, 8).
   (b) Er ist sehr besitzergreifend (1. Kor. 6, 20).

2. *Der Gott der Bibel will angebetet werden* (2. Mose 20, 2-6).
   (a) Er will Lobpreis und Anbetung (Ps. 8, 2).
   (b) Er will, dass wir ihn fürchten und ihm dienen (Ps. 34, 10).

B. Warum ist dieses Thema wichtig?

1. *Anbetung berührt das Herz Gottes; er ist innerlich bewegt, wenn wir ihn anbeten.*
2. *Indem wir etwas über Anbetung lernen, lernen wir, wie wir Gott gefallen können.*
   (a) Wir werden lernen, dass Gott angebetet werden will.
   (b) Wir werden lernen, wie er anzubeten ist.

3. *In unseren Tagen gibt es in vielen christlichen Kreisen ein weitverbreitetes Interesse an Anbetung.*
   (a) Anbetung ist oftmals lediglich eine Umschreibung für Chorus-Singen.

(b) Anbetung ist oftmals eine Umschreibung für fast alles in der Gemeinde, was nicht Wortverkündigung ist.

4. *Das weitverbreitete Interesse an Anbetung dürfte einer ebenso weitverbreiteten Unkenntnis dessen entsprechen, was Anbetung wirklich bedeutet.*
   (a) Anbetung ist nicht etwas, was wir nur in der Gemeinde oder auch in unserer persönlichen Andacht oder stillen Zeit tun.
   (b) Anbetung sollte unser ganzes Leben einbeziehen, und zwar sieben Tage die Woche.

C. Im Neuen Testament gibt es zwei griechische Worte, die mit Anbetung übersetzt werden:

1. Proskuneo *(etwa 60-mal gebraucht) bedeutet »anbeten«, »Ehrerbietung zeigen«.*
   (a) Dieses Wort bezieht sich auf die Einstellung des Herzens.
   (b) Es wird von Jesus im Gespräch mit der Frau aus Samaria gebraucht: »Denn Gott ist Geist; deshalb müssen die, die ihn anbeten wollen, ihn im Geist und in der Wahrheit anbeten.« (Joh. 4, 24)

2. Latreia/latreio *(als Nomen oder Verb insgesamt 26-mal gebraucht) bedeutet »Dienst/dienen«.*
   (a) Dies ist das Wort, welches in Bezug auf den Gottesdienst verwendet wird.
   (b) Paulus gebraucht es in Philipper 3, 3: »... die wir Gott im Geist dienen«[1]; und in Römer 12, 1: »Weil Gott so barmherzig ist, fordere ich euch nun auf, liebe Brüder, euch mit eurem ganzen Leben für Gott einzusetzen. Es soll ein lebendiges und heiliges Opfer sein – ein Opfer, an dem Gott Freude hat. Das ist ein Gottesdienst, wie er sein soll.«

---

[1] Der englische Text (NIV) lautet hier: »... who worship by the Spirit of God« – »... die [wir] durch den Geist Gottes anbeten«; so auch Neues Leben Übersetzung.

3. *Beide Worte werden gebraucht, um sowohl Haltungen als auch Handlungen zu bezeichnen, die eine zugleich vom Geist geleitete und vom Geist bestimmte Anbetung darstellen.*

D. Anbetung schließt unsere Vorbereitung auf das Hören des verkündigten Wortes ein, sowie unsere Reaktion auf das verkündigte Wort, während wir es hören, und weitere Reaktionen unsererseits, indem wir unseren Lebensstil aufgrund des verkündigten Wortes ändern.

1. *Anbetung, recht verstanden, stellt die Verkündigung ins Zentrum.*
2. *Wir können Gott nur in dem Maß anbeten, wie wir von ihm gehört haben.*
   (a) Gottes Hauptmittel, durch das er zu uns redet, ist die Verkündigung (1. Kor. 1, 21; Tit. 1, 3)
   (b) Dass wir Gott zeigen können, was wir ihm gegenüber empfinden, ist die Folge davon, dass wir ihn reden gehört haben.

3. *Aber Anbetung kann auch Vorbereitung auf die Wortverkündigung sein.*
   (a) Gott mit Liedern zu preisen und sein Wort zu lesen bereitet unsere Herzen zu, um Gott, der in seinem Wort zu uns kommt, empfangen zu können. Es versetzt uns in die richtige innere Einstellung.

4. *Die Verkündigung des Wortes ist in jedem Fall unersetzlich.*

E. Sinn, Zweck und Ziel von Anbetung ist, Gott zu verherrlichen und die Seele zu erbauen.

1. A. W. Tozer sagt in seinem Buch *Whatever happened to worship?*[2], dass es in der Anbetung Gottes zwei Ebenen gibt:

---

[2] Auf Deutsch übersetzt etwa: »Was ist bloß mit der Anbetung geschehen?«

(a) Die Ebene der Dankbarkeit: wenn wir unseren aufrichtigen Dank zum Ausdruck bringen für das, was Gott getan hat.

(b) Die Ebene der Exzellenz (Wertschätzung) Gottes: Wenn wir Gott anbeten für das, was er ist.

    (1) Die meisten Menschen kommen nie über die Ebene der Dankbarkeit hinaus.

    (2) Nur sehr, sehr wenige beten Gott für seine Exzellenz, d. h. für das, was an ihm wertzuschätzen ist, an: Für alles, was er in sich selbst ist; für seine Transzendenz (Jenseitigkeit) und seine immanente Herrlichkeit.

    (3) Transzendenz: die Herrlichkeit Gottes, die über die Ebene der normalen menschlichen Erfahrung hinausgeht (2. Mose 33,18-23).

    (4) Immanenz: Die Nähe Gottes, durch die wir rufen: »Abba, Vater!« (Gal. 4,6)

1 Gott hat seine eigene Vorstellung, wie er angebetet werden will

A. Wenn es um Anbetung geht, müssen wir uns die Frage stellen: Wem wollen wir gefallen — Gott oder uns selbst?

1. Geht es uns bei unserer Anbetung wirklich um Gott selbst?
2. Oder ist Anbetung derart, dass sie uns mehr bedeutet als ihm?

B. Wenn wir mit unserer Anbetung wirklich Gott gefallen wollen, werden wir sein Angesicht suchen, um zu erfahren, wie er angebetet werden will.

1. *Es ist, wie wenn wir jemandem ein Geschenk kaufen. Wem wollen wir damit eine Freude machen?*

    (a) Wollen wir der Person eine Freude machen, für die wir das Geschenk kaufen?

    (b) Oder trachten wir in erster Linie danach, uns selbst zu gefallen, wenn wir jemandem etwas schenken?

2. *Wahrer Anbetung wird es einzig und allein darum gehen, Gott zu gefallen, ohne uns dabei auch nur irgendwie selbst gefallen zu wollen.*

(a) Die wunderbare Ironie dabei ist: Je mehr wir Gott gefallen, desto mehr finden wir selbst an der Anbetung Gefallen!

(b) Zu entdecken, dass wir wirklich Gott gefallen, ist die wunderbarste innere Regung, die es gibt!

C. Es gibt nur eine einzige Möglichkeit, wie unsere Anbetung Gott gefallen kann: wenn wir »durch den Geist Gottes« anbeten (Phil. 3,3[3]).

1. *Was wir im Fleisch tun, widert ihn an* (Joh. 6, 63).
2. *Was wir im Geist tun, gewinnt seine Aufmerksamkeit* (Sach. 4, 6).

(a) In objektiver Hinsicht gewinnen wir Gottes Aufmerksamkeit dadurch, dass wir das, was er von uns will, bejahen und bestätigen. Zum Beispiel:

(1) dadurch, dass wir ihn kennen lernen, wie er ist.

(2) dadurch, dass wir die Wahrheit über ihn erforschen.

(3) dadurch, dass wir seinen Sohn ehren.

Wir haben zu beachten: Diese drei Punkte gehören hauptsächlich zur Ebene der *Exzellenz* — der *Wertschätzung* Gottes als Person.

(b) In subjektiver Hinsicht gewinnen wir Gottes Aufmerksamkeit dadurch, dass wir uns von seinem unbetrübten Geist leiten lassen. Zum Beispiel:

(1) dadurch, dass wir Gottes Gegenwart gewiss sind.

(2) dadurch, dass wir ihm danken für das, was er getan hat.

(3) dadurch, dass wir ihn preisen.

Wir haben zu beachten: Diese drei Punkte gehören hauptsächlich zur Ebene der *Dankbarkeit.*

(c) Die große Voraussetzung bei den oben genannten Punkten ist, dass wir durch den *unbetrübten* Geist anbeten.

---

[3] Übersetzung nach dem englischen Text (NIV); vergleiche die Fußnote zu Punkt C. 2. (b) der Einleitung dieses Kapitels.

(1) Der Heilige Geist ist eine empfindsame Person und kann deshalb betrübt (Eph. 4, 30) oder gedämpft (1. Thess. 5, 19) werden.

(2) Damit der Geist unbetrübt sein kann, muss unser persönliches Leben in Ordnung gebracht worden sein.

(d) Wenn der Heilige Geist *unbetrübt* ist, bedeutet das, dass der Heilige Geist völlig er selbst ist.

(e) Dass der Geist er selbst ist bedeutet, dass wir alles abgelegt haben, was Gott nicht gefällt: Bitterkeit; Unversöhnlichkeit; üble Nachrede; Lästerungen; fleischliche Lust (Eph. 4, 31 - 5, 5).

3. *Daraus folgt also, dass nicht jede Anbetung Gott gefallen muss; ob:*

(a) Traditionelle Anbetung — sie berührt uns möglicherweise mehr als Gott.

(b) Lebendige Anbetung — sie berührt uns möglicherweise mehr als Gott.

(c) Gute Verkündigung — sie berührt uns möglicherweise mehr als Gott.

4. *Durch den Geist anbeten heißt:*

(1) Durch seine Hilfe.

(2) Durch seinen Impuls.

(3) Gott so anbeten, dass es ihm alles bedeutet.

2 Verkündigung und Anbetung

A. Der größte Anbetungsgottesdienst im Neuen Testament ereignete sich am Pfingsttag.

1. *Er ereignete sich spontan, und doch wurde das ganze Geschehen durch Fernsteuerung vom Himmel geleitet.*

(a) Alles, was sich in Jerusalem ereignete, geschah durch den Geist Gottes.

(1) Der Heilige Geist fiel auf die versammelten Gläubigen (Apg. 2, 1ff.).

(2) Ihr Reden in anderen Sprachen (»Zungen«) und ihr seltsam anmutendes Verhalten zog die Aufmerksamkeit sehr vieler auf sich (Apg. 2, 4ff.).

(b) Petrus hielt die Einsetzungspredigt der Gemeinde.

(1) Wahrscheinlich war es eine spontane Predigt — ungeplant und ohne Aufzeichnungen.

(2) Es zeigt sich, dass diese Predigt expositorische Verkündigung war: Petrus legte die Bedeutung bestimmter alttestamentlicher Schriftstellen dar: Joel 3, 1-5; Psalm 16, 8-11 und Psalm 110, 1 (Apg. 2, 1-36).

2. *Lukas beschreibt, welche unmittelbaren Folgen für die Gemeinde sich aus der Taufe von 3000 Menschen ergaben* (Apg. 2, 42):

(a) Lehre der Apostel.

(1) Wir werden zugeben müssen: Wenn es je ein optimales Niveau des Heiligen Geistes in der Gemeinde gab, dann war es damals.

(2) Als der Geist in größtmöglichem Maß gegenwärtig war, hatte das zur Folge: Lehre.

(b) Gemeinschaft. Dies war ein sich spontan ergebendes Nebenprodukt von dem, was Gott durch gesalbte (geistbegabte) Leute tat.

(1) Die Neubekehrten liebten einander.

(2) Sie teilten ihren gemeinsamen neuen Glauben und die Ablehnung durch ihre jüdischen Landsleute.

(c) Brotbrechen. Dies war, was wir das Abendmahl nennen.

(1) Die Tatsache, dass es an dieser Stelle aufgezeichnet ist, zeigt, welch hohe Priorität der Heilige Geist auf diese alte göttliche Institution[4] gelegt hat.

(2) Dies würde für sie eine Weise sein, innige Gemeinschaft mit Jesus zu erfahren.

(d) Gebet. Je mehr der Geist gegenwärtig ist, desto mehr werden wir beten und das Verlangen dazu haben.

---

[4] *göttliche Institution* — siehe dazu Kapitel 29, 1 A. 6.

(1) Das Gebet mag überwiegend spontan gewesen sein.

(2) Aber Apostelgeschichte 3,1 legt nahe, dass sie eine gemeinsame Zeit des Gebets entwickelt hatten.

3. *Was können wir aus dem oben Gesagten bisher lernen?*

(a) Die hohe Priorität, die der Heilige Geist auf die Verkündigung legte.

(1) Es ist die Art und Weise, wie Petrus erklärte, was geschehen war.

(2) Lukas nimmt sich Zeit, um einiges von dem anzuführen, *was Petrus predigte*, anstatt einfach sinngemäß zu sagen: Nachdem Petrus erklärt hatte, was geschehen war, baten 3000 Menschen um die Taufe.

(b) Die Reaktion auf die Predigt:

(1) 3000 Bekehrungen.

(2) Die Gemeinde in Anbetung.

B. Verkündigung ist: Das Wort Gottes, vermittelt durch die menschliche Persönlichkeit.

1. *Es gibt eine Parallele zwischen echter Verkündigung und dem inkarnierten, d. h. Fleisch gewordenen Wort.*

(a) Jesus war ganz Gott — so als ob er nicht auch Mensch gewesen wäre; und doch war er auch Mensch — so als ob er nicht auch Gott gewesen wäre. Er war wahrer Gott und wahrer Mensch.

(b) Verkündigung ist das Wort Gottes — so, als ob es nicht durch einen Menschen weitergegeben worden wäre; und doch ist es ein Mensch, der redet — entsprechend seiner persönlichen Begabung, seiner intellektuellen Fähigkeit, seines Tonfalls und seiner Persönlichkeit.

2. *Das Wichtigste bei der Verkündigung ist: Sie muss ein echtes Gottesbewusstsein vermitteln.*

(a) Nicht einfach nur das Wort von Gott, sondern das Wort von Gott selbst.

(b) Wir werden nie wahrhaft anbeten, wenn dies nicht geschieht.

(1) »Meine Botschaft und meine Predigt waren schlicht, ich gebrauchte keine klugen Worte und versuchte auch nicht, euch zu überreden, sondern die Kraft des Heiligen Geistes hat unter euch gewirkt.« (1. Kor. 2, 4)

(2) »Denn als wir euch die gute Botschaft brachten, geschah das nicht nur mit Worten, sondern auch mit Kraft, denn der Heilige Geist gab euch die Gewissheit, dass wir euch die Wahrheit sagten.« (1. Thess. 1, 5)

3. *Eine Verkündigung, die zu wahrer Anbetung führt, wird durch folgende Dinge charakterisiert sein:*

(a) Gesunde Lehre — gute Theologie!

(b) Dringlichkeit — wenn der Prediger sichtlich fürchtet, seine Verkündigung könnte die Zuhörer ungerührt lassen.

(c) Bedeutsamkeit — wenn sie das Leben der Zuhörer berührt.

(d) Packend — wenn die Verkündigung hinter die Verteidigungswälle der Zuhörer dringt.

(e) Wirksam — wenn die Zuhörer alles außer Gottes Stimme aus dem Blick verlieren.

(1) Wirksame Verkündigung führt zu einer Veränderung des Denkens und des Lebens.

(2) Diese Art von Verkündigung wird zwangsläufig zu Anbetung führen.

C. Der Verkündiger kann, während er predigt, in dreierlei Weise beteiligt sein:

1. Er selbst empfindet möglicherweise überhaupt nichts, doch die Leute spüren die Gegenwart Gottes.

2. Er mag sich an seiner Verkündigung freuen, aber niemand sonst tut es!

3. Manchmal sind Verkündiger und Zuhörer zugleich von einem Gottesbewusstsein ergriffen.

D. Anbetung und Zuhören

1. *Wir beten nur in dem Maß an, wie wir Gott reden hören.*
   (a) Jesus sagte wiederholt: »Wer bereit ist zu hören, soll zuhören und begreifen.« (z. B. Mt. 11, 15)
   (b) »Denn er ist unser Gott und wir das Volk, das er beschützt, die Schafe, die er behütet. Wenn ihr doch heute auf seine Stimme hören würdet! Der Herr spricht: Verschließt eure Herzen nicht, wie Israel es bei Meriba tat, wie sie es bei Massa in der Wüste machten.« (Ps. 95, 7-8)

2. *Wir beten in dem Maß an, wie wir den Impuls des Geistes erkennen und darauf eingehen.*
   (a) A. W. Tozer sagte: »Wir können soviel von Gott haben, wie wir wollen.«
   (b) Eine Möglichkeit, wie wir mehr von Gott bekommen können, besteht darin, voller Erwartung im Hinblick auf die Verkündigung zum Gottesdienst zu kommen.

3. *Es gibt zwei Arten des Zuhörens:*
   (a) Aktives Zuhören: Wenn wir erwartungsvoll und begierig zuhören. Dies führt zu Anbetung und ist charakterisiert durch:
   (1) Einen offenen Sinn.
   (2) Eine Bereitschaft, sich verletzen zu lassen.
   (3) Eine Bereitschaft, sich züchtigen zu lassen.
   (4) Einen Gehorsam im Umgang mit jedem Fehler und/ oder Mangel, den der Geist in uns aufdeckt.
   (b) Passives Zuhören: Wenn wir kaum wirklich zuhören, aber Gott es schafft, unerwartet zu uns durchzudringen.

3 Was wir objektiv wahrnehmen wird bestimmen, wie wir subjektiv anbeten

A. Wenn lebendige Musik und ein schöner Klang uns in Begeisterung versetzen, mögen wir uns gut fühlen.

1. *Dieses gute Gefühl ist möglicherweise reine Nostalgie.*
2. *Ein gutes Gefühl, das während der Anbetungszeit aufkommt, hat möglicherweise überhaupt nichts mit Anbetung zu tun. Denn es kann sein:*
   (a) Dass uns die Örtlichkeit gefällt, an der wir vermeintlich Gott anbeten.
   (b) Dass uns der Klang der Orgel oder die Musik gefällt.
   (c) Dass uns die Stimme oder der Tonfall des Predigers gefällt.
   (d) Dass uns die an diesem Ort gepflegte Tradition gefällt: anglikanisch, pfingstlerisch, reformiert, usw.

B. Es gibt drei Arten zweifelhafter Anbetung.

1. *Gefühlsbetonte Anbetung.*
   (a) Diese ist oft nostalgisch.
   (b) Diese ist oft einseitig oder selbstbezogen.

2. *Elitäre Anbetung.*
   (a) Wenn ein anspruchsvoller, ausgeklügelter Stil gepflegt wird, der oft eher den Intellekt als die Seele anspricht.
   (b) Diese Art von Anbetung ist manchmal in einer liturgischen Gemeinde zu finden.

3. *Anbetung als Darbietung.*
   (a) Diese Art von Anbetung liegt vor, wenn das Singen eine Darbietung geworden ist.
   (b) Die Herrlichkeit Gottes selbst wird dabei oft vergessen.

C. Wahre Anbetung entsteht nur in dem Maß, wie wir die Herrlichkeit Gottes sehen und lieben.

1. *Die Herrlichkeit Gottes ist die Summe aller seiner Eigenschaften.*
   (a) *Herrlichkeit* ist der Begriff, mit dem wir dem Wesen Gottes am nächsten kommen.
   (b) Gottes Herrlichkeit sehen heißt Gott sehen.
       (1) Nicht im buchstäblichen Sinn, das hieße, von Angesicht zu Angesicht.
       (2) Aber doch wahrhaft so, als ob wir ihn wirklich sähen!

2. *Wahre Verkündigung im Geist wird immer Gott-zentriert sein und in den Zuhörern ein Gottesbewusstsein hervorrufen.*
   (a) Dies ist es, was zu Anbetung führt.
   (b) Es ist, wenn wir durch die Verkündigung herausgefordert, zurechtgewiesen, ermutigt, begeistert wurden, weil das Wort Gottes uns ins Herz gedrungen ist (Heb. 4, 12).

D. Ein Muster von Anbetung ist nicht nur am Pfingsttag zu sehen, sondern auch in Jesaja 6,1-8.

1. Jesaja sah die Herrlichkeit Gottes in objektiver Weise (Verse 1-4).
2. Darauf reagierte Jesaja dann in subjektiver Weise (Verse 5-8).

Schlussbemerkung

Das Ziel unserer Anbetung ist, Gott zu verherrlichen und uns selbst aufzuerbauen. Während einerseits alles in unserem Leben in unsere Anbetung einbezogen sein sollte, ist es andererseits wichtig, die herausragende Stellung zu erkennen, die der Verkündigung des Wortes eingeräumt ist. Es ist jedoch nicht damit getan, nur Verkündigung zu haben. Was Not tut, ist Anbetung durch den Geist Gottes. Auf diese Weise gefällt unsere Anbetung Gott.

29
Das Abendmahl

Einleitung

A. Vielfach nicht verstanden und doch in der Gemeinde praktiziert: das Abendmahl.

1. Viele Christen gestehen im vertraulichen Gespräch ein, dass sie zu wenig von dem verstehen, was bei der Feier des Abendmahls geschieht.
2. Ebenso geben viele, wenn auch ungern, einen Mangel an wirklicher Freude und Auferbauung bei der Feier des Abendmahls zu.

B. Warum diese Lektion?

1. *Um das Abendmahl zu erklären, und zwar in einer Weise, als ob wir bisher nichts darüber wüssten.*
   (a) Oft ist es gut, ganz von vorne zu beginnen.
   (b) Auf diese Weise verstehen alle, worum es geht, und selbst die, die schon eine Menge wissen, lernen meist noch etwas dazu.

2. *Um mit einer Sache vertraut zu werden, die für die erste Gemeinde etwas ganz Besonderes war.*
   (a) Am Pfingsttag war es nach Darstellung des Lukas das Dritte, was die Gläubigen taten (Apg. 2, 42).
   (b) Dies geschah, als die Gemeinde auf dem Höhepunkt ihrer Kraft war.

3. *Um zu verstehen, warum Jesus selbst das Abendmahl eingesetzt hatte.*
   (a) Das Abendmahl war seine Stiftung, nicht die der ersten Gemeinde.
   (b) Warum hat Jesus das Abendmahl unmittelbar vor seinem Tod eingesetzt?

4. *Um zu erkennen, warum es für Gott etwas Besonderes ist.*
   (a) Es muss so sein, da es vom Herrn in besonderer Weise dazu gebraucht wurde, um die Menschen auf die Erweckung vorzubereiten. Jedenfalls trifft das auf die beiden großen amerikanischen Erweckungen in Neuengland (ca. 1740) und in Kentucky (ca. 1800) zu.

5. *Um die Entwicklung des Abendmahls im Lauf der Kirchengeschichte nachzuzeichnen, besonders seit der großen protestantischen Reformation des 16. Jahrhunderts.*

C. Definitionen wichtiger Begriffe:

1. *Eucharistie:* Vom griechischen Wort *eucharisto*, welches »Dank sagen« bedeutet. Das Abendmahl wurde oft als die Eucharistie bezeichnet.
2. *Anordnung* oder *Verfügung*: Eine von einer Autorität aufgestellte Vorschrift oder Regel, ein Erlass.
3. *Sakrament:* Ein äußerlich sichtbares Zeichen einer inneren geistlichen Gnade, das uns von Christus als Unterpfand gegeben wurde.
4. *Manche Protestanten haben sich gegen den Begriff Sakrament ausgesprochen, sowohl im Hinblick auf das Abendmahl als auch im Hinblick auf die Taufe.*
   (a) Sie empfinden es als irreführende Übernahme eines Begriffs aus der römisch-katholischen Lehre.
   (b) Sie sind sehr darauf aus, nachzuweisen, dass weder bei der Taufe noch beim Abendmahl automatisch etwas geschieht.

(1) Dies könnte eine Überreaktion sein.

(2) Dass nichts einfach automatisch geschieht (z. B. Wiedergeburt durch die Taufe), bedeutet nicht, dass nicht doch
etwas wirklich sehr Wertvolles geschieht, wenn wir die
Taufe, besonders aber das Abendmahl, im Glauben
ergreifen. »Dir geschehe nach deinem Glauben.« (Mt.
8, 9)

5. *Transsubstantiation:* Die Verwandlung der ganzen »Substanz«
von Brot und Wein in den ganzen Christus, seinen Leib und sein
Blut, wobei nur die »Akzidenzien«[1] bleiben. Damit verbunden
ist die Lehre von der Realpräsenz, d. h. die reale Gegenwart
Christi in der Eucharistie. Realpräsenz bedeutet, dass Brot und
Wein buchstäblich Leib und Blut Christi werden, sobald der
Priester die Einsetzungsworte (»Hoc est corpus meum – Dies ist
mein Leib«) spricht. Dies ist die Sichtweise der römisch-katholischen Kirche.

6. *Konsubstantiation:* Die Koexistenz der Substanz von Brot und
Wein mit dem Leib und Blut Christi. Dies war die Sichtweise
Martin Luthers und ist die der lutherischen Kirche[2].

7. *Gedächtnismahl:* Die Sichtweise von Ulrich Zwingli, dass das
Abendmahl nichts als ein Gedächtnis- oder Erinnerungsmahl
zum Gedenken an den Tod Christi ist[3].

8. *Geistliche Gegenwart:* Die Sichtweise von Johannes Calvin, dass
Christus beim Abendmahl *geistlich* gegenwärtig ist, wenn er
durch Glauben erkannt wird[4].

---

[1] Mit Akzidenzien ist die sichtbare, sinnlich wahrnehmbare Dimension der Wirklichkeit gemeint, während mit Substanz (in nicht physikalisch zu verstehendem Sinn!) das
metaphysische Wesen der Wirklichkeit bezeichnet wird. Transsubstantiation bedeutet
demnach, dass das (unsichtbare) Wesen, nicht aber die (sichtbare) sinnlich wahrnehmbare Gestalt der Elemente Brot und Wein verwandelt wird (siehe dazu auch
unter 1 C. 3.).

[2] Die lutherische Kirche sagt (im Gegenüber zur katholischen Transsubstantiations-
lehre), Christus sei »in, mit und unter« den Elementen von Brot und Wein im Abendmahl gegenwärtig (siehe dazu auch unter 1 C. 4. und Kapitel 27, 2 D. 1.).

[3] Siehe dazu auch unter 1 C. 5.

[4] Siehe dazu auch unter 1 C. 6.

1 Kurzer geschichtlicher Überblick zum Abendmahl

A. Jesus setzte das Abendmahl ein (Mt. 26,17-30; Mk. 14,12-26; Lk. 22,7-23).

1. *Die Situation ist im Hinblick auf zwei Dinge beachtenswert:*
   (a) Es war das Passahmahl (Mt. 26,17).
   (b) Es war die Nacht, in der Jesus verraten wurde (1. Kor. 11,23).

2. *Jesus leitete das Abendmahl mit einer unheilverkündenden Prophetie und auch mit einem verheißungsvollen Versprechen ein.*
   (a) Die Weissagung: Einer der Zwölf werde ihn verraten (Mt. 26,21).
   (b) Die Verheißung: Er werde mit uns im Reich Gottes von der Frucht des Weinstocks trinken (Mt. 26,29).

3. *Das Abendmahl werde aus zwei Teilen bestehen.*
   (a) Das Essen von Brot.
   (b) Das Trinken von der Frucht des Weinstockes.
   (c) Vor dem Essen des Brotes und Trinken des Weines wurde jeweils ein Dankgebet gesprochen (Mt. 26,26-27).

4. *Beides, das Brot und der Wein wurden von Jesus als sein bezeichnet.*
   (a) Mit Bezug auf das Brot: »Das ist mein Leib.« (Mt. 26,26)
   (b) Mit Bezug auf den Wein: »Das ist mein Blut.« (Mt. 26,28)

5. *Von beidem, dem Brot und dem Wein, sagte er, sie seien für uns.*
   (a) Der Leib ist »für euch gegeben« (Lk. 22,19).
   (b) Das Blut ist »für euch vergossen« (Lk. 22,20). Matthäus fügt hinzu: »um die Sünden vieler Menschen zu vergeben« (26,28). (Lu84 und revidierte Schlachterbibel: »für viele zur Vergebung der Sünden«.)

6. *Der Grund, weshalb wir das Abendmahl als eine feste Institution im Leben der Gemeinde bezeichnen, liegt in den Worten Jesu: »Das tut zu meinem Gedächtnis.«* (Lk. 22, 19)

(a) Demnach war es ein Gebot.

(b) In dem Gebot war auch enthalten, dass die Jünger das Mahl in dieser Form aufrechterhalten und nicht damit aufhören: »Ich werde keinen Wein mehr trinken bis zu dem Tag, an dem ich ihn wieder mit euch im Reich meines Vaters trinken werde.« (Mt. 26, 29)

B. Der Beitrag des Paulus (1. Korinther 11,23-34).

1. *Dem Abendmahl ging möglicherweise ein gemeinsames Mahl voraus, das manchmal als Agapemahl bzw. Agapefeier bezeichnet wird.*

(a) Es war einem heutigen Abendessen ähnlich, bei dem alle gemeinsam das essen, was jeder Einzelne mitgebracht hat.

(b) Nachdem alle gegessen hatten, wobei jeder gleichermaßen Zugang zum selben Essen hatte, feierten sie das Abendmahl.

(c) Dies war jedoch von manchen Christen in Korinth missbraucht worden (1. Kor. 11, 17-22).

(1) Die wohlhabenderen Christen bedienten sich vor den anderen.

(2) Die Sklaven konnten erst später dazukommen — dann, wenn all das bessere Essen und der bessere Wein schon weg waren.

2. *Paulus gab weiter, was er selbst in Bezug auf das Abendmahl empfangen hatte.*

(a) Das Abendmahl war eine Verkündigung des Todes des Herrn, mit einem deutlichen Bezug auf seine Wiederkunft (1. Kor. 11, 26).

(b) Die ernste Warnung im Hinblick auf eine »unwürdige« Teilnahme (1. Kor. 11, 27).

(c) Die Notwendigkeit, sich selbst zu prüfen (1. Kor. 11, 28).

(d) Die Möglichkeit, sich selbst zum Gericht zu essen und zu trinken, indem man den Leib des Herrn nicht unterscheidet (1. Kor. 11, 29).

C. Spätere Entwicklungen:

1. *Ignatius, ein Schüler des Apostels Johannes und berühmter christlicher Märtyrer, bezeichnete das Abendmahl als »die Medizin zur Unsterblichkeit«, was leider zur Entstehung eines abergläubischen Trends beigetragen haben mag.*

2. *Das Aufkommen der Messe.*

   (a) Der Gottesdienst der frühen Christen bestand an bestimmten Orten aus zwei Teilen (in dieser Reihenfolge): einem öffentlichen und einem nichtöffentlichen Teil.

   (b) Der nichtöffentliche Teil war Gläubigen, d. h. getauften Christen, vorbehalten, nachdem die anderen, d. h. die Ungetauften, auf ihren Weg »geschickt« worden waren.[5]

   (1) Manche meinen aufgrund der klanglichen Ähnlichkeit zwischen *missa* und Messe, das Lateinische *missa* (Bedeutung: »schicken«) habe dazu geführt, dass für den zweiten nichtöffentlichen Teil des Gottesdienstes die Bezeichnung »Messe« aufkam.

   (2) Auf jeden Fall wurde *Messe* zu einem Wort, das gebraucht wurde, um die allein Christen vorbehaltene Feier des Abendmahles zu bezeichnen.

3. *Der normannische Mönch Guitmund (gest. vor 1085) entwickelte eine theologische Argumentation, um zu erklären, wie Christi Leib und Blut im Brot und im Wein gegenwärtig sind, was später kirchenamtlich aufgenommen wurde.*

   (a) Das, was »zu sehen ist«, sind »Akzidenzien«.

   (b) Das, was real ist, ist die »Substanz«.

---

[5] Wer (noch) nicht getauft war, konnte nicht am Abendmahl teilnehmen, zumal die Taufe (auch) ein öffentliches Bekenntnis zu Christus darstellte.

(c) Diese Unterscheidung führte dazu, dass man vom *substanziellen* Sein des Leibes und Blutes Christi in Brot und Wein sprach.

(d) Die Lehre von der Transsubstantiation ergibt sich aus dieser Argumentation; sie wurde auf dem IV. Laterankonzil offizielles römisch-katholisches Dogma und von der hochscholastischen Theologie im Sinne aristotelischer Metaphysik ausgebaut.

4. *Martin Luther (1483 - 1546) lehnte die Lehre von der Transsubstantiation ab, entwickelte aber stattdessen die Lehre von der Konsubstantiation, was bedeutet, dass Brot und Wein im Vollzug des Abendmahls Leib und Blut Christi werden.*

5. *Ulrich Zwingli (1484 - 1532) lehnte sowohl die römisch-katholische Lehre als auch den Kompromissversuch Luthers ab, indem er sagte, dass das Abendmahl überhaupt nichts mit dem Leib und Blut Christi zu tun habe, sondern dass es lediglich ein Mahl der »Erinnerung« an Christus zu Ehren seines Todes sei.*

(a) Dieses Verständnis wurde herkömmlicher Standard für eine Reihe von Protestanten, besonders für die Baptisten.

(b) Dies mag auch der Grund sein, weshalb das Abendmahl für viele Christen ziemlich bedeutungslos war.

6. *Johannes Calvin meinte, dass all die bisher genannten Ansichten den entscheidenden Punkt verfehlten.*

(a) Er sagte, Christus sei *geistlich* in Brot und Wein gegenwärtig — so, als ob er selbst »vor unsere eigenen Augen gestellt« wäre.

(b) Er meinte, dass uns beim Abendmahl Gnade verliehen *wird*, wenn wir Glauben haben.

(c) Aus diesem Grund konnte Calvin davon sprechen, dass wir uns »an Christus weiden«, wenn wir das Abendmahl nehmen.

7. *Eine der weniger schönen Entwicklungen im Verlauf der Kirchengeschichte ist das übertriebene »Einzäunen des Abendmahlstisches«,*

welches an manchen Orten üblich wurde, auch wenn es grundsätzlich nicht falsch ist.

(a) Dies bedeutete, dass geistliche Leiter über Mitchristen zu Gericht saßen, um zu beurteilen, wer am Abendmahl teilnehmen durfte, und wer nicht.

(b) Sie machten einen Zaun um den Abendmahlstisch, das heißt, sie hielten gewisse Leute, die als nicht würdig erschienen, von der Teilnahme am Mahl ab.

8. *Eine andere mir fragwürdige Entwicklung ist die, die Teilnahme am Abendmahl auf Glieder der einen örtlichen Gemeinde zu beschränken, die das Abendmahl anbietet.*

(a) Wenn ich kein Glied von deren eigener örtlichen Gemeinde bin oder einer anderen Konfession angehöre, darf ich, obwohl ich Christ bin, nicht am Abendmahl teilnehmen.

(b) Das Abendmahl ist somit nicht einfach nur Gläubigen vorbehalten, sondern den Gliedern der einen bestimmten Gemeinde, die das Abendmahl feiert.

(c) Meine Antwort darauf ist: Es ist nicht unser Tisch, sondern des Herrn Tisch.

(d) Ohne Zweifel ist jeder von uns selbst dafür verantwortlich, sich zu prüfen (1. Kor. 11,28).

2 Sinn und Zweck des Abendmahls

A. Es führt uns immer wieder vor Augen, weshalb und wozu Gott seinen Sohn wirklich gesandt hat — um an einem Kreuz für unsere Sünden zu sterben (1. Kor. 11,26).

1. Wenn es das Abendmahl nicht gäbe — wer weiß, wie viel weiter die Gemeinde vom Evangelium entfernt wäre, als sie es bereits ist!

2. Die Teilnahme am Abendmahl ist ein Weg, uns zu den Grundlagen (dem ABC) des Glaubens zurückzubringen — weshalb und wozu Jesus kam.

B. Es schenkt uns eine innige Beziehung zu Christus (siehe Joh. 6,53-58).

1. Jemandes Fleisch zu essen, oder sein Blut zu trinken, heißt, eine Vertrautheit zu zeigen, die normalerweise undenkbar ist!
2. Aber wir sollen Christus so sehr lieben, dass wir ihn, indem wir an Brot und Wein teilhaben, in allerhöchstem Maß annehmen.

C. Es lässt uns die Gegenwart des Herrn in einer besonderen Weise genießen (Mt. 26,29).

1. *Es gibt verschiedene Manifestationen der Gegenwart des Herrn, z. B.:*
   (a) Seine heilende Gegenwart (Lk. 5,17).
   (b) Seine richtende Gegenwart (Apg. 5,1-11).

2. *Tatsache ist: Wenn wir uns um den Tisch des Herrn versammeln, ist Jesus da.*
   (a) Die Korinther vergaßen ihn völlig und aßen und tranken sich selbst zum Gericht.
   (b) Aus diesem Grund müssen wir den Leib des Herrn von allem anderen unterscheiden.
       (1) Wenn wir das tun, kann *alles* geschehen!
       (2) Wir sollten mit einer solchen Erwartung kommen.

D. Durch das Abendmahl haben wir mehr von ihm in uns! (Joh. 6,53ff.)

1. Im Mittelalter dachten die Menschen in abergläubischer Weise, sie würden Jesus essen, wenn sie täglich zur Messe kämen, um so Jesus allezeit in ihren Körpern zu haben.
2. Wenn wir jedoch die Sichtweise Calvins übernehmen, dass uns beim Abendmahl aufgrund der geistlichen Gegenwart Christi Gnade verliehen wird, tun wir gut daran, wenn wir das Verlangen haben, dass Christus mehr zu einem Teil von uns selbst wird.

E. Durch das Abendmahl bekennen wir sowohl den Leib als auch das Blut Christi.

1. *»Du hast mir einen Leib gegeben.«* (Heb. 10,5)
   (a) Wenn wir am Brot teilhaben, sollten wir uns vor Augen führen, dass der Sohn Gottes einen wirklichen Leib hat.
   (b) Denken wir daran, dass dieser Leib wegen unserer Sünden für uns gelitten hat.

2. *Das Abendmahl besteht aus zwei Teilen, wobei der letztere in besonderer Weise dem Blut Christi gewidmet ist.*
   (a) Dies spiegelt den jüdischen Versöhnungstag wider, der aus zwei Teilen bestand:
      (1) Das Opfer des Tierkörpers auf dem Altar.
      (2) Das Blut des Tieres wurde vom Hohen Priester hinter den Vorhang in das Allerheiligste getragen, wo es an den Gnadenthron gesprengt wurde.
   (b) Wir können nie fehlgehen, wenn wir das Blut Christi ehren — nicht einfach seinen Tod, sondern sein kostbares Blut.

F. Durch das Abendmahl bejahen und anerkennen wir die Gemeinde.

1. Der Begriff »Leib« in 1. Korinther 11,29 ist bewusst doppeldeutig gewählt: Er bezeichnet sowohl den Leib Christi, der am Kreuz gehangen hat, als auch seinen Leib — die Gemeinde.
2. Dies bedeutet zumindest zwei Dinge:
   (a) Jede Person beim Abendmahl ist gleichermaßen anerkannt. Es gibt keine Zweite-Klasse-Christen.
   (b) Wir sind miteinander versöhnt und im Frieden.

3 Die Ernsthaftigkeit des Abendmahls

A. Wir sollen in einer angemessenen, dem Abendmahl würdigen Weise teilnehmen.

1. *Dies bedeutet nicht, wir seien würdig im Sinn von gut genug. Tatsächlich wären wir höchst unwürdig!*
2. *Eine würdige Teilnahme am Abendmahl besteht aus folgendem:*
   (a) Wir prüfen uns selbst (1. Kor. 11, 28).
   (b) Wir erkennen die an, die mit uns am Abendmahl teilnehmen.
   (c) Wir denken daran, weshalb und wozu wir das Abendmahl feiern.
   (d) Wir kommen mit der Erwartung, dass Christus uns wirklich begegnen wird.

B. Wenn wir unwürdig teilnehmen, bedeutet das, dass wir über uns selbst das Gericht heraufbeschwören.

1. *In Korinth war das Gericht gekommen. Deshalb erlebten sie:*
   (a) Äußerliche Züchtigung: Einige waren krank.
   (b) Endgültige Züchtigung: Einige waren tot.

2. *Wir haben zu bedenken: Die Christen in Korinth befanden sich in einer Erweckungssituation.*
   (a) Wenn Erweckung kommt, kann es gut zu einem erneuten Erleben der richtenden Gegenwart Gottes kommen.
   (b) Bis dahin sind wir ohne Entschuldigung, wenn wir das Abendmahl nicht ernst genug nehmen.

C. Wir können Züchtigung vermeiden, indem wir uns selbst richten.

1. *Das bedeutet, dass wir das Wort Gottes ernst nehmen.*

2. *Wir können uns viel unnötige Züchtigung ersparen* (1. Kor. 11, 31).
   (a) Gezüchtigt zu werden bestätigt, dass wir gerettet sind (Heb. 12, 6).
   (b) Aber gewisse Arten der Züchtigung können vermieden werden!

Schlussbemerkung

Jesus setzte das Abendmahl kurz vor seinem Tod am Abend der Passahnacht ein. Es war als Erinnerung an seinen Opfertod am Kreuz gedacht: Er gab sein Leben für unser Leben. Durch die Teilnahme am Abendmahl, erkennen wir Christus und sein Opfer für uns an und genießen seine Gegenwart in einer ganz besonderen Weise. Durch den gläubigen Empfang des Abendmahls erhalten wir Vergebung der Sünden.

30

Unsere Verantwortung gegenüber den Verlorenen

Einleitung

A. Unsere Verantwortung (als Christen) gegenüber den Verlorenen.

1. *»Soll ich meines Bruders Hüter sein?«* (1. Mose 4, 9)
   (a) Das war Kains Ausflucht, um sich selbst zu rechtfertigen, als Gott ihn fragte: »Wo ist dein Bruder Abel?« (1. Mose 4, 9)
   (b) Dies ist oftmals auch unsere Ausflucht, um unsere mangelnde Verantwortung — sowohl in unserer Einstellung als auch in unserem Verhalten — gegenüber den Verlorenen zu rechtfertigen.
   (1) Zu D. L. Moody wurde einmal gesagt: »Uns gefällt Ihre Art zu evangelisieren nicht.« Seine Antwort war: »Mir gefällt nicht, wie Sie es nicht tun.«

2. *Wir beantworten Kains Frage mit einem laut schallenden Ja.*
   (a) Im ersten Interview, das ich nach meiner Ernennung zum Pastor der Westminster Chapel gab, wurde mir die Frage gestellt: »Welche Schwachpunkte sehen Sie in der britischen evangelikalen Bewegung?« Ohne groß darüber nachdenken zu können, gab ich spontan zwei Dinge zur Antwort:
   (1) Britische Evangelikale geben im Allgemeinen nicht den Zehnten.
   (2) Sie neigen zur Passivität, was Evangelisation angeht.
   (b) Ich fürchte, viele evangelisieren folgendermaßen:
   (1) Indem sie versuchen, andere zu ihrer eigenen Ansicht zu bekehren.

(2) Im Hinblick auf Rivalität zwischen Gemeinden.

(3) Indem sie im christlichen Teich fischen.

B. In diesem Kapitel soll für ein offensives Evangelisieren eingetreten werden.

1. *Dies soll in einer zweifachen Weise geschehen:*

   (a) Die Verantwortung der Gemeinde, evangelistisch zu sein.

   (b) Unsere persönliche Verantwortung, Seelen für Jesus zu gewinnen.

2. *Im Himmel wird es kein Seelengewinnen mehr geben.*

   (a) Viele Dinge werden uns dann möglicherweise Leid tun im Hinblick darauf, wie wir uns und unser Geld auf der Erde eingesetzt haben.

   (b) Wenn wir am Richterstuhl Christi einmal vor Gott stehen werden, gibt es zwei Dinge, die uns nicht Leid tun werden:

   (1) Das Geld, das wir für die Sache Gottes gegeben haben.

   (2) Die Zeit, die wir in dem Bemühen verbracht haben, Seelen zu gewinnen.

C. Warum ist dieses Thema wichtig?

1. *Die Lehre von der ewigen Höllenstrafe sollte eines der wichtigsten Motive sein, weshalb wir evangelisieren.*

   (a) Es gibt zwei Dinge, die gegen Evangelisation vorgebracht werden:

   (1) Die Lehre des Universalismus: Am Ende werden sowieso alle gerettet sein.

   (2) Die Lehre von der Annihilation[1]: Die Verlorenen werden schließlich aufhören als Personen zu existieren.

---

[1] *Annihilation* (aus dem Lateinischen), hier: »Auslöschung; Vernichtung« (von »annihilare – zu nichts machen«).

(b) Wenn wir davon überzeugt sind, dass es wirklich eine Hölle im klassischen Sinn des Wortes gibt, was vielen als altmodisch erscheint, sollten wir uns angesichts unseres Mangels an evangelistischem Eifer schämen.

    (1) Niemand von uns kann jeden retten.

    (2) Aber wir können zumindest einige retten (1. Kor. 9, 22).

2. *Unter den letzten Dingen, die Jesus gesagt hatte, als er noch auf Erden und noch nicht in den Himmel aufgefahren war, war auch sein Gebot zu evangelisieren.*

(a) »Darum geht zu allen Völkern und macht sie zu Jüngern. Tauft sie im Namen des Vaters und des Sohnes und des Heiligen Geistes.« (Mt. 28, 19)

(b) »Und er sagte zu ihnen: Geht in die ganze Welt und verkündet allen Menschen die gute Botschaft.« (Mk. 16, 15)

(c) »Aber wenn der Heilige Geist über euch gekommen ist, werdet ihr seine Kraft empfangen. Dann werdet ihr den Menschen auf der ganzen Welt von mir erzählen – in Jerusalem, in ganz Judäa, in Samarien, ja bis an die Enden der Erde.« (Apg. 1, 8)

    (1) Was heutzutage in Bezug auf die Taufe mit dem Heiligen Geist (Geistestaufe) zu wenig Beachtung findet, ist ihre Beziehung zum Evangelisieren.

    (2) Aufgrund von Apostelgeschichte 1, 8 könnte der Standpunkt vertreten werden, wer kein evangelistisches Leben führe, könne nicht wirklich mit dem Geist erfüllt sein.

3. *Manche evangelisieren nicht, weil sie weder darüber gelehrt noch dazu angeleitet wurden.*

(a) Dies ist einer der Gründe, weshalb die Leute nicht den Zehnten geben.

(b) Dies ist auch der Grund, warum manche nicht evangelisieren.

    (1) Sie wurden nicht gelehrt oder motiviert.

    (2) Sie wurden nicht geschult oder angeleitet.

(c) Dieses Kapitel mag uns nicht viel Anleitung an die Hand geben, aber möglicherweise wird es uns dazu motivieren:

(1) Evangelisieren zu wollen.

(2) Sich darin schulen zu lassen.

4. *Großbritannien[2] ist reif für das Evangelium.*

(a) Viele empfinden: Das säkulare Zeitalter steht gegen uns. Diese Einschätzung ist jedoch falsch!

(b) Als John Wesley die entsetzlichen, himmelschreienden Zustände im Newcastle des achtzehnten Jahrhunderts sah, schrieb er in sein Tagebuch: »Dieser Ort ist reif für das Evangelium.«

(c) Viele werden sich möglicherweise angegriffen fühlen, wenn sie mit dem Evangelium konfrontiert werden.

(1) Aber was sollten wir erwarten?

(2) Wir sollten nicht evangelisieren, nur weil es uns leicht fällt!

5. *Evangelisation stellt ein notwendiges Bindeglied zur Sendung Jesu dar — weshalb und wozu Gott seinen Sohn in die Welt gesandt hat:*

(a) Er starb am Kreuz — um uns zu retten.

(b) Damit wir die Leute auf das Kreuz hinweisen (Röm. 10, 14 - 15).

(c) Wenn wir evangelisieren, *wissen* wir, dass dies richtig ist!

1 Welche Hoffnung gibt es für die Verlorenen?

A. Es gibt zwei Arten von Verlorenen:

1. Diejenigen, die noch am Leben sind.

2. Diejenigen, die bereits tot sind.

---

[2] Anm. d. Ü.: Was der Autor hier über *Großbritannien* sagt, gilt genauso auch für unser Land, ja, im Grunde für die gesamte industrialisierte (westliche) Welt.

B. Welche Hoffnung haben die Verlorenen zu ihren Lebzeiten?

1. *Keine, wenn sie das Evangelium nicht gehört haben.*
   (a) Die Bibel macht es unmissverständlich klar: Alle Menschen sind von Natur aus zur Verdammnis verurteilt.
      (1) Wir sind in Sünde geboren: »Denn ich war ein Sünder – von dem Augenblick an, da meine Mutter mich empfing.« (Ps. 51,7)
      (2) Wir sind in geistlicher Hinsicht tot geboren: »Auch ihr wart früher tot aufgrund eurer vielen Sünden.« (Eph. 2,1)
      (3) Wir stehen von Geburt an unter dem Verdammnisurteil: »Wer an ihn glaubt, wird nicht verurteilt. Wer aber nicht an ihn glaubt, ist schon verurteilt, weil er nicht an den Namen des einzigen Sohnes Gottes geglaubt hat.« (Joh. 3,18)
   (b) Das Evangelium ist das Einzige, was ihnen helfen kann.
      (1) Es ist nicht das Evangelium, das die Leute verurteilt, sondern das Gesetz.
      (2) Sie sind sowieso verurteilt.
      (3) Das Evangelium ist ihre einzige Hoffnung.

2. *Manche behaupten, dass die Menschen gerettet werden, wenn sie das Evangelium nicht gehört haben.*
   (a) Wenn das so ist, lasst uns aufhören zu evangelisieren; wir schicken sonst mehr Menschen in die Hölle, als wir durch unser Evangelium retten.
      (1) Die meisten Menschen werden nicht glauben.
      (2) Die Anzahl der Gläubigen ist immer schon klein gewesen.
   (b) Wenn das Hören und Nichtbefolgen des Evangeliums die Leute verurteilt, dann sind wir grausam, wenn wir das Wort verkünden!

3. *Wir dürfen nie vergessen: Wir sind die Werkzeuge, die der Herr zur Rettung der Menschen gebrauchen will.*

(a) Wir haben die einzige Botschaft, die Menschen von der Sünde, vor dem Zorn Gottes und vor dem ewigen Tod retten kann.

(b) Dies ist zunächst einmal das, was Missionare dazu bewegt hat, ihr Heimatland zu verlassen, um zu heidnischen Nationen zu gehen.

(c) William Carey, der erste Auslandsmissionar der Moderne, ging nach Indien, weil er wusste, dass die Menschen dort verloren waren.

C. Was Jesus Christus am Kreuz vollbracht hat, muss Anwendung finden.

1. *Es war nicht damit getan, dass Jesus starb.*
   (a) Er starb für alle Menschen (2. Kor. 5, 15; Heb. 2, 9).
   (b) Aber nicht alle sind gerettet; sonst gäbe es keine Lehre von der Hölle.
      (1) Der Tod Jesu rettet nicht automatisch die ganze Welt.
      (2) Wenn doch, dann sind Jesu Worte in Markus 16, 15ff. barer Unsinn.

2. *Die Verheißung des ewigen Lebens wurde an eine Bedingung geknüpft* (Joh. 3, 16).
   (a) Jesus starb für die ganze Welt (1. Joh. 2, 1-2).
   (b) Aber nur Menschen, die glauben, werden gerettet werden: »Denn Gott sandte Jesus, damit er die Strafe für unsere Sünden auf sich nimmt und unsere Schuld gesühnt wird. Wir sind gerecht vor Gott, wenn wir glauben, dass Jesus sein Blut für uns vergossen und sein Leben für uns geopfert hat.« (Röm. 3, 25)
      (1) Alle, die an Christus glauben, sind gerettet.
      (2) Diejenigen, die nicht an ihn glauben, sind verloren.

D. Die gute Nachricht ist: Verlorene Menschen können gefunden und gerettet werden.

1. *Es gibt eine Hoffnung für die Verlorenen.*
   (a) Millionen von Menschen sind in diesem Augenblick verloren.
   (b) Es gibt Hoffnung für jeden Einzelnen von ihnen.

2. *Aber unter folgender Bedingung: dass sie an das Evangelium glauben.*
   (a) Dieses Evangelium bietet ihnen Hoffnung an.
   (b) Es ändert nicht nur unser ewiges Schicksal, sondern es verändert auch unser Leben.
      (1) Man ist nicht bereit zu leben, solange man nicht bereit ist zu sterben.
      (2) Das Evangelium ist in erster Linie dazu da, einer Person zu helfen, dem Tod ins Auge zu sehen.
   (c) Manche sagen: Auch wenn es weder Himmel noch Hölle gäbe, wäre ich immer noch Christ. Paulus widerspricht dem.
      (1) »Wenn der Glaube an Christus nur für dieses Leben Hoffnung gibt, sind wir die elendesten Menschen auf der Welt.« (1. Kor. 15, 19)
      (2) Wir dürfen uns nicht schämen, von Himmel und Hölle zu sprechen; es ist genau das, was den Hintergrund für das Sterben Jesu am Kreuz darstellte. Sein Sterben schloss uns den Himmel auf.

E. Die Verlorenen, die bereits gestorben sind, lassen sich ebenfalls in zwei Gruppen unterteilen:

1. *Diejenigen, die das Evangelium zu Lebzeiten gehört haben.*
2. *Diejenigen, die das Evangelium nicht gehört haben.*
   (a) Diejenigen, die das Evangelium gehört haben, haben offensichtlich keine Entschuldigung (Hes. 33, 1-6).
   (b) Diejenigen, die das Evangelium nicht gehört haben, haben ebenfalls keine Entschuldigung: »Seit Erschaffung der Welt

haben die Menschen die Erde und den Himmel und alles gesehen, was Gott erschaffen hat, und können daran ihn, den unsichtbaren Gott, in seiner ewigen Macht und seinem göttlichen Wesen klar erkennen. Deshalb haben sie keine Entschuldigung dafür, von Gott nichts gewusst zu haben.« (Röm. 1, 20)

3. *Es scheint fast so, als ob diejenigen, die das Evangelium nicht gehört haben, nach einem anderen Maßstab gerichtet werden* (Röm. 2, 12-16).

(a) Diejenigen, die ohne Kenntnis des Gesetzes sündigen, werden verloren gehen.

(b) Diejenigen, die mit Kenntnis des Gesetzes sündigen, werden verloren gehen.

(c) Diejenigen, die keine Kenntnis des Gesetzes hatten, haben immer noch ihr Gewissen, und die Forderungen des Gesetzes sind in ihr Gewissen geschrieben.

(d) Ihr Gewissen bezeugt es ihnen, zusammen mit ihren Gedanken. Ihr Gewissen wird immer wieder zwei Dinge tun:
(1) anklagen
(2) verteidigen bzw. entschuldigen

(e) Wir haben zu beachten: Nichts lässt darauf schließen, dass solche Menschen gerettet werden, und doch werden sie nach einem anderen Maßstab gerichtet.

4. *Es gibt aus der Schrift ableitbare Prinzipien, die zwar nicht alle unsere Fragen beantworten, die aber einiges Licht auf unser Thema werfen:*

(a) So wie es für die Geretteten verschiedene Grade des Lohnes gibt, so gibt es auch verschiedene Grade der Strafe für die Verlorenen. Lukas 12, 48 sagt Folgendes: »Menschen, die diesen Willen [= den Willen des Herrn] nicht kennen und Unrecht tun, werden nur leicht bestraft werden. Von Menschen jedoch, denen viel anvertraut wurde, wird viel verlangt, und von denjenigen, denen noch mehr anvertraut wurde, wird auch noch viel mehr verlangt werden.«

(b) Daraus können wir den Schluss ziehen:
(1) Wem viel gegeben ist, von dem wird viel gefordert werden; folglich wird von dem, dem weniger gegeben ist,
auch weniger gefordert.
(2) Die Verlorenen, die das Evangelium nie gehört haben,
werden nicht so hart bestraft werden wie die, die es
gehört haben.
(c) Wir haben zu bedenken: »Der aller Welt Richter ist, sollte
der nicht recht richten?« (1. Mose 18, 25)

2 Gottes Mittel oder Methode, um die Verlorenen zu erreichen

A. Die Anwendung der Erlösung erfolgt in zwei Schritten.

1. *Die Begriffe Erlösung und Rettung können oft austauschbar gebraucht werden (siehe Kapitel 18).*
(a) Erlösung: das Loskaufen derjenigen, die verloren sind,
durch das Blut Christi (1. Petr. 1, 18-19).
(b) Rettung: gerettet sein vor dem Zorn Gottes (Röm. 5, 9).

2. *Was Jesus am Kreuz vollbrachte, findet seine Anwendung in Gottes Berufung von Menschen, was auf zweierlei Weise, aber in nach-stehender Reihenfolge zu verstehen ist:*
(a) Die allgemeine Berufung – das Werk der Gemeinde.
(1) Dies ist etwas, was uns allen aufgetragen ist (Mk. 16, 15).
(2) »Wie mich der Vater gesandt hat, so sende ich euch.«
(Joh. 20, 21)
(b) Die besondere (persönliche) Berufung – das Werk des Heiligen Geistes.
(1) »Der Geist und die Braut sagen: Komm!« (Off.
22, 17)
(2) »Viele sind eingeladen« [oder: »berufen«, so z. B. Lu84]
(die allgemeine Berufung), »aber nur wenige sind auserwählt« (die besondere Berufung). (Mt. 22, 14)

(c) Bevor die besondere Berufung geschehen kann, muss die allgemeine Berufung erfolgt sein. »Doch wie können sie ihn anrufen, wenn sie nicht an ihn glauben? Und wie können sie an ihn glauben, wenn sie nie von ihm gehört haben? Und wie können sie von ihm hören, wenn niemand ihnen die Botschaft verkündet?« (Röm. 10, 14)

(1) Die Menschen können das Evangelium nicht annehmen, wenn sie es nicht gehört haben.

(2) Es ist unsere Aufgabe, dafür Sorge zu tragen, dass alle in unserer Umgebung das Wort Gottes zu hören bekommen.

3. *Und doch ist es mit der allgemeinen Berufung allein nicht getan.*

(a) Es muss noch die besondere, spezielle oder innere Berufung erfolgen.

(1) Dies ist das Werk des Heiligen Geistes.

(2) Dies ist etwas, das sich im Innersten einer Person abspielt.

(b) Es gibt ein Sprichwort: »Wer gegen seinen Willen überzeugt wird, ist am Ende noch immer derselben Meinung.«[3]

(1) Wir mögen unser Bestes tun, um jemand anders zu überzeugen.

(2) Aber nur der Heilige Geist kann einer Person das Herz »öffnen« (Apg. 16, 14).

(c) Bevor die Verlorenen gerettet werden können, müssen also zwei Dinge zusammenkommen:

(1) Die Arbeit des Christen und die Arbeit des Heiligen Geistes.

(2) Wenn der Geist unseren Bemühungen nicht zur Seite steht, wird die Person, der wir Zeugnis geben, nicht gerettet werden.

(d) Viele Bibelstellen, die von den »Berufenen« sprechen, setzen voraus, dass der Geist seine Arbeit getan hat:

---

[3] Englisch: »A man convinced against his will is of the same opinion still.«

(1) »Und auch ihr seid unter denen, die berufen sind, zu Jesus Christus zu gehören« (Röm. 1, 6[4]).

(2) »Und da er sie erwählt hat, hat er sie auch berufen, zu ihm zu kommen. Er hat sie gerecht gesprochen und hat ihnen Anteil an seiner Herrlichkeit gegeben.« (Röm. 8, 30)

(3) »Denkt daran, Brüder, was ihr gewesen seid, als ihr berufen wurdet! Nicht viele von euch waren weise nach menschlichen Maßstäben; nicht viele waren einflussreich; nicht viele waren von vornehmer Geburt.« (1. Kor. 1, 26[5])

B. Für die allgemeine Berufung gibt es noch eine andere Bezeichnung: Verkündigung.

1. *Das Wort Verkündigung bezieht sich sowohl auf die Botschaft als auch auf die Art und Weise, wie Gott wirkt.*

(a) »Obwohl die Welt von der Weisheit Gottes durchdrungen ist, konnte sie ihn durch ihre Weisheit nicht finden. Gott hat eine Botschaft, die unsinnig erscheint, dazu benutzt, alle zu retten, die daran glauben.« (1. Kor. 1, 21)

(b) »Nun hat Gott, weil die Zeit dafür gekommen war, dieser Botschaft offenbart und mir die Aufgabe übertragen, sie zu verkünden.« (Tit. 1, 3)

(1) Die Botschaft: Jesus Christus, der gekreuzigt wurde (1. Kor. 2, 2).

(2) Die Art und Weise: Gott lässt dieses Geschehen durch unseren Mund verkünden (1. Petr. 4, 11).

2. *Verkündigung geschieht im Wesentlichen auf zweierlei Weise:*

(a) Durch die Person, die zu einem vollzeitlichen Predigtdienst berufen ist.

---

[4] Übersetzung nach dem englischen Text (NIV).
[5] Übersetzung nach dem englischen Text (NIV).

(1) Dies wird manchmal als Lehre bezeichnet. »Älteste, die ihrer Aufgabe voll gerecht werden, verdienen Anerkennung und Lohn [Griechisch: sind doppelter Ehre wert], besonders diejenigen, die sowohl predigen als auch lehren.« (1. Tim. 5, 17)

(2) Dies kann der Pastor und genauso auch der Vikar usw. sein.

(b) Durch jede Person. »Alle, mit Ausnahme der Apostel, wurden in die Gebiete von Judäa und Samaria zerstreut.« »Diejenigen nun, die zerstreut worden waren, verkündeten das Wort, wo immer sie hinkamen.« (Apg. 8, 1.4)

(1) Verkündigung ist also nicht auf die Kanzel begrenzt.

(2) Sie und ich *sind* berufen, unseres Bruders Hüter zu sein!

3. *Alle Christen sind also berufen, das Evangelium zu verkünden.*

(a) Wer Christ ist, ist auch ein Verkündiger.

(b) An jeden Christen ist deshalb die Frage zu richten, wieviel Verkündigung er kürzlich getan hat?

(1) Die Verkündigung braucht nicht durch einen Pastor vor einer Hunderte zählenden Zuhörerschaft zu geschehen.

(2) Es kann einfacher sein, zu Hunderten zu sprechen als zu einer einzigen Person!

C. Verkündigung besteht darin, die Wahrheit über Person und Werk Jesu zu reden.

1. *Dies geschieht zunächst durch den berufsmäßigen Pastor oder Gemeindeleiter, der dafür ausgebildet und ausgerüstet ist.*

2. *Und doch ist Verkündigung etwas, was alle Christen tun sollten.*

(a) Sie mögen keine professionelle Ausbildung bekommen haben.

(1) Manche Neubekehrte können, indem sie ihr Zeugnis geben, einen großartigen Verkündigungsdienst tun!

(2) Saulus von Tarsus begann damit sofort nach seiner Bekehrung (Apg. 9, 20).

(b) Diejenigen, die dies am besten zu tun scheinen, sind diejenigen, die weitere Lehre und Ausbildung gesucht und erhalten
haben.
  (1) Dies kann geschehen, indem sie unter öffentlicher Lehre
  oder Verkündigung sitzen.
  (2) Spurgeon sagte, die beste Weise, das Predigen zu lernen,
  sei die, unter guter Predigt zu sitzen.
(c) Diejenigen, die Schwierigkeiten haben, eine andere Person
zu Christus zu führen, sollten an einer der vielen Schulungen
teilnehmen, die es heutzutage gibt.

3. *Um persönlich zu werden: Gott hat mit mir selbst diesbezüglich
gesprochen.*
  (a) Jahrelang war ich der Meinung, ich hätte meine Berufung in
  ausreichendem Maß erfüllt, weil ich evangelistische Predigten hielt!
  (b) Ich begann zu erkennen, dass ich das, wozu ich andere aufforderte, selbst zu tun hatte.

Schlussbemerkung

Es gibt eine Hoffnung für die Verlorenen, solange sie noch lebendig
und wohlauf sind. Diese Hoffnung lässt sich in einem Wort zusammenfassen: das Evangelium. Das Evangelium besagt nicht etwa, dass
alle gerettet werden, weil ja Jesus für alle gestorben ist. Das Evangelium ist die gute Nachricht, dass Jesus an unserer Stelle starb, und
dass wir durch das Hören der Botschaft von seinem Opfertod zum
Glauben kommen und gerettet werden können. Es ist unsere Verantwortung, diese gute Nachricht den Verlorenen zu sagen.

31

Das Priestertum aller Gläubigen

Einleitung

A. Dieses Thema ist einer der Beiträge der großen protestantischen Reformation des sechzehnten Jahrhunderts.

1. *Die große protestantische Reformation war eine Bewegung, die gewisse Lehren und Praktiken der Kirche von Rom reformieren wollte und die zur Etablierung der protestantischen Kirchen führte.*
   (a) Reformieren: Besser machen oder werden durch Beseitigung oder Abstellen von Mängeln oder Fehlern.
   (b) Reformatorische Kirchen: Diejenigen Kirchen, die die Prinzipien der Reformation angenommen haben. Kirchen, die in ihrer Lehre calvinistisch ausgerichtet sind, werden als reformierte Kirchen bezeichnet.

2. *Die Reformation hatte im Großen und Ganzen vier Ströme:*
   (a) Diejenigen, die den Lehren Martin Luthers (1483-1546) folgten, waren hauptsächlich in Deutschland und Skandinavien anzutreffen.
   (b) Der reformierte Flügel, der sich zum größten Teil in der Schweiz und in Schottland verbreitete, folgte in unterschiedlichem Maß verschiedenen Reformatoren:
       (1) Ulrich Zwingli (1484-1532) aus Zürich.
       (2) Johannes Calvin (1509-1564) aus Genf.
   (c) Der englische Flügel, größtenteils beeinflusst von:
       (1) William Tyndale (ca. 1490/91-1536).
       (2) Erzbischof Thomas Cramer (1489-1556).

(d) Die »Radikalen Reformer«, für gewöhnlich Wiedertäufer genannt.

3. *Die Lehren der Reformation können in folgender Weise zusammengefasst werden:*
   (a) *Sola scriptura* (allein die Schrift), mit der Betonung auf der Bibel als der alleinigen Grundlage für Glaube, Lehre und Praxis der Kirche.
   (b) *Sola fide* (allein der Glaube), mit der Betonung auf Rechtfertigung allein aufgrund des Glaubens – nicht aufgrund von Werken.
   (c) S*ola gratia* (allein die Gnade), wobei die Betonung hauptsächlich auf Christi stellvertretendem Werk am Kreuz und auf der Lehre von der Prädestination liegt.
       (1) Die meisten Reformatoren stimmten im Großen und Ganzen in den oben genannten Punkten überein, auch wenn Calvin in der Lehre von der Prädestination deutlicher war, als es Luther oder die englischen Reformatoren waren.
       (2) Die Wiedertäufer vertraten jedoch manchmal eine antiprädestinatianische Soteriologie, d. h. eine gegen die Prädestinationslehre gerichtete Lehre von der Erlösung.

4. *Mit den oben genannten Lehren gingen folgende Annahmen bzw. ging folgende Praxis der Reformatoren und ihrer Nachfolger einher:*
   (a) Die zentrale Bedeutung von Verkündigung/Predigt (im Gegenüber zur zentralen Stellung der Eucharistie – des Abendmahls).
   (b) Die Ablehnung der römisch-katholischen Form der Messe. Der reformierte Flügel der Reformation lehnte die Vorstellung, dass Leib und Blut Christi buchstäblich in Brot und Wein gegenwärtig seien, ab.
   (c) Die Ablehnung der Lehre vom Fegefeuer (ein Ort oder Zustand, an bzw. in dem Seelen durch eine zeitlich begrenzte Strafe geläutert werden).

(d) Die Ablehnung des Betens zur Jungfrau Maria und zu Heiligen.

(e) Das Priestertum aller Gläubigen, im Gegenüber zu der Lehre, dass eine irdische Person notwendig sei, die als Mittler zwischen uns und Gott fungieren müsse.

B. Priestertum aller Gläubigen besagt, dass der einzelne Gläubige unmittelbar und direkt — ohne einen irdischen Mittler — Einfluss bei und Gemeinschaft (Kommunio) mit Gott hat.

1. Unmittelbar: am nächsten, neben, ohne etwas dazwischen.
2. Direkt: ohne etwas oder jemand dazwischen, in ununterbrochener Linie.
3. Mittler: Einer, der in einer Auseinandersetzung als Unterhändler oder Friedensstifter zwischen den einander feindlich gegenüberstehenden Parteien fungiert.
4. Einfluss: die Macht oder das Vermögen, eine Wirkung zu erzielen.
5. Kommunio: Gemeinschaft oder beiderseitige Beziehung miteinander.
6. Gott: Der Schöpfer, der wahre, heilige Gott, von dem die Bibel spricht, der durch die Sünde beleidigt wurde und dessen Gerechtigkeit Genüge getan werden muss.

C. Warum ist dieses Thema von Bedeutung und warum ist es relevant?

1. Es zwingt uns dazu, uns ein wenig mit Kirchengeschichte zu beschäftigen.
2. Es hilft uns zu sehen, warum die große protestantische Reformation notwendig war und warum wir froh sein sollten, dass es dazu kam.
3. Es nötigt uns dazu, die Entstehung des Priestertums in der Bibel zu betrachten.

4. Es vermittelt uns einen notwendigen Einblick in das Alte Testament, jenen Teil der Bibel, der so vielen heutzutage leider unbekannt ist.
5. Es gewährt uns einen wunderbaren Blick auf das Priestertum Christi.
6. Es zeigt uns unser Vorrecht und unsere Verantwortung als Christen.
7. Es sollte uns näher zu Gott bringen.
8. Es bekräftigt die Wichtigkeit jedes einzelnen Christen, ungeachtet seines Alters, Geschlechts oder Hintergrunds.

1 Die Entstehung des Priestertums

A. Das Priestertum geht auf das Alte Testament zurück.

1. *Das Wort Priester kommt über 700-mal im Alten Testament vor.*
   (a) Das hebräische Wort ist *kohen*.
   (b) Es wird manchmal durch das Adjektiv oberster oder hoher qualifiziert.

2. *Der Priester war jemand, der vor Gott stand als sein Diener oder Minister[1].*
   (a) Die Position des Stehens, im Gegensatz zum Sitzen, ist im Hebräischen impliziert:
      (1) Kohen ist abgeleitet von *kahan*.
      (2) Letzteres hat dieselbe Bedeutung wie *kur*, »stehen«.
   (b) Die Aufgabe des Priesters bestand darin, vor Gott zu stehen, nicht unähnlich der Funktion einer Brücke zwischen Gott und dem Volk.

---

[1] Anm. d. Ü.: Im Englischen bezeichnet »minister« auch den »Pfarrer« oder »Pastor«; von daher ist *Minister* hier im Sinn von »einer, der sich im Namen und Auftrag Gottes um sein Volk kümmert« zu verstehen.

3. *Überdies gab es eine dreigliedrige Hierarchie von hauptamtlichen Dienern Gottes: (1) Hoher bzw. Oberster Priester; (2) Priester; (3) Leviten. Jeder Stand war von den anderen unterschieden und hatte seine eigenen spezifischen Aufgaben und Privilegien.*

4. *Die Priesterschaft setzte sich aus Männern vom Stamm Levi zusammen.*

(a) Dies scheint eine Art Belohnung für den Stamm Levi gewesen zu sein; dafür, wie sie auf Mose reagiert haben, nachdem die Israeliten das goldene Kalb angebetet hatten (2. Mose 32).

   (1) »... stellte er sich unter das Tor des Lagers und sprach: Her zu mir, wer dem Herrn angehört! Da sammelten sich zu ihm alle Kinder Levis.« (2. Mose 32, 26)

   (2) »Dann sagte Mose: Ihr seid heute dem Herrn geheiligt worden, denn ihr habt euch gegen eure eigenen Söhne und Brüder gestellt, und er hat euch heute gesegnet.« (2. Mose 32, 29[2])

   (3) »Zu jener Zeit sonderte der Herr den Stamm Levi aus, um die Lade des Bundes des Herrn zu tragen, vor dem Herrn zu stehen, ihm zu dienen und in seinem Namen zu segnen, bis auf diesen Tag.« (5. Mose 10, 8)

   (4) Mose vergaß dies nie und den Leviten wurde besondere Anerkennung zuteil, als Mose seinen letzten Segen über die Stämme Israels aussprach (5. Mose 33, 8-11).

(b) Obwohl sie kein Erbteil in Form von Landbesitz erhielten, waren sie doch der Stamm mit dem höchsten Prestige in Israel (5. Mose 18, 1-2).

B. Die theologische Bedeutsamkeit des Priestertums.

1. *Das Priestertum repräsentierte die Verbundenheit des Volkes Israel mit Gott.*

---

[2] Übersetzung nach dem englischen Text (NIV).

(a) Unter dem Mosaischen Bund (siehe das Kapitel über den Bund, Kap. 11) sollte die ganze Nation sein:
   (1) »Ein Königreich von Priestern« (2. Mose 19, 6).
   (2) »Eine heilige Nation« (2. Mose 19, 6; 3. Mose 11, 44ff.; 4. Mose 15, 40).
(b) Das Priestertum wurde zum Mittler des Bundes.
   (1) Es hatte daher repräsentativen Charakter.
   (2) Die gemeinsame Verantwortung des Volkes wurde repräsentativen Personen übertragen, die dieser Verantwortung stellvertretend für die Gemeinschaft als Ganzes nachkamen.
(c) Die Priester handelten also als Repräsentanten des Volkes.
   (1) Diejenigen, die Gott dienten, mussten in ihrem Charakter ihm ähnlich sein.
   (2) Dieser Stand der Heiligkeit war im levitischen Priestertum symbolisiert.
(d) Das hatte zwei Dinge zur Folge:
   (1) Die wahren Erfordernisse des Gottesdienstes wurden seinem Bundesvolk ständig vor Augen gehalten.
   (2) Diese Bundesbeziehung wurde durch die Priesterschaft stellvertretend für die Nation als Ganzes aufrechterhalten.

2. *Die dreigliedrige Hierarchie: Hoher Priester, Priester, Leviten.*
(a) Levi hatte drei Söhne: Kehat, Gerschon und Merari (1. Chr. 5, 27).
   (1) Die Sippe Kehat war für einen besonderen Dienst eingesetzt und geheiligt; dies war die Familie Aarons, des Bruders von Mose.
      (i) Er und seine Nachkommen waren zu Priestern bestimmt.
      (ii) Nur die Priester durften Opfer darbringen; andere levitische Familien führten die eher untergeordneten Aufgaben aus.
      (iii) Sie waren die heiligste Gruppe innerhalb des Volkes Israel.

(2) Die Gerschoniter trugen die Vorhänge und Decken in der Wüste.

(3) Die Merariter trugen die Stiftshütte selbst und bauten sie auf und ab.

(b) Der niedrigste Dienstgrad dieser Hierarchie war unter der Bezeichnung Leviten bekannt; sie waren für den Dienst am Heiligtum eingesetzt.

(c) Über diesen standen die Nachkommen Aarons – die Priester.

(d) Der Mann, der den Priestern vorstand, war der Oberste oder Hohe Priester.

(1) Er besaß ein bestimmtes Privileg, das niemand anders zustand.

(2) Er allein durfte einmal im Jahr, am Großen Versöhnungstag, das Allerheiligste betreten.

3. *Die Pflichten der Priester und der Leviten:*

(a) Auch wenn sie hauptsächlich mit dem Dienst an der Stiftshütte, dem Opferdienst im Tempel und dem Gottesdienst zu tun hatten, hatten sie auch andere Pflichten.

(1) Eine Gruppe Männer aus jeder der drei levitischen Sippen bildete den Tempelchor; sie haben möglicherweise eine Reihe von Psalmen komponiert (z. B. die Psalmen 85 und 87).

(2) Sie mussten auch im Namen Gottes Fragen beantworten, die auf andere Weise nicht entschieden werden konnten (z. B. wann der richtige Zeitpunkt sei, um in den Kampf zu ziehen); sie gebrauchten heilige Steine, Urim und Thummim genannt, die in der Brusttasche des Hohen Priesters aufbewahrt wurden (2. Mose 28, 30; 5. Mose 33, 8-11).

(i) Wenn der Priester den Urim-Stein herauszog, war die Antwort ein Nein.

(ii) Wenn der Priester den Thummim-Stein herauszog, war die Antwort ein Ja.

(b) Eine wichtigere Aufgabe bestand darin, das Gesetz Gottes zu lehren (Mal. 2, 7)

(1) Als Mose die Stämme Israel segnete, sagte er, dass die Leviten zuerst »Jakob deine [Gottes] Rechte und Israel dein Gesetz« lehren würden (5. Mose 33, 10).

(2) Dann würden sie Opfer darbringen (5. Mose 33, 10).

(c) Leider mussten die Propheten die Priester und Leviten oft zur Rede stellen, weil sie diese Pflichten vernachlässigt hatten (Hes. 34).

2 Das Priestertum im Neuen Testament

A. In Israel wurde das Priestertum innerhalb des Stammes Levi weitervererbt.

1. *Ein Priester wurde geboren, nicht dazu gemacht.*

   (a) Dabei war es gleichgültig, wie fähig eine Person war:

   (1) Ein Israelit, der nicht vom Stamm Levi war, durfte nicht als Priester dienen.

   (2) Ein Heide kam selbstverständlich auch nicht in Frage.

   (b) Ein Priester wurde als jemand angesehen, der besonderes Wissen von Gott hatte.

   (1) Er war derjenige, der den Opferzeremonien vorstand, wenn er nicht sogar selbst Gott die Opfer darbrachte.

   (2) Wann immer eine Frage zu einer Weisung Gottes zu entscheiden war, erteilte der Priester Weisung und gab rechtsgültige Auslegung.

   (c) Johannes der Täufer war von priesterlicher Herkunft.

2. *Jesus selbst war nicht aus priesterlichem Geschlecht, sondern ein galiläischer Zimmermann niederer Herkunft.*

   (a) Jesus war aus dem Stamm Juda (Mt. 1, 2).

   (b) »Andere sagten: Er ist der Christus. Wieder andere wandten dagegen ein: Das kann nicht sein! Oder kommt der Christus etwa aus Galiläa?« (Joh. 7, 41)

   (c) Jesus wurde von der sadduzäischen Priesterschaft allgemein gehasst, besonders aber von den Hohen Priestern (Mt. 22, 23-33; 27, 1).

3. *Doch einige Priester bekehrten sich zum christlichen Glauben* (Apg. 6,7).

B. Das Christentum beinhaltet eine radikale Weiterentwicklung des Konzepts von Priestertum.

1. *Die Übertragung des hohepriesterlichen Amtes auf Jesus.*
   (a) Die Lehre vom Priestertum Christi ist ein bedeutender Beitrag des Briefes an die Hebräer.
      (1) »Daher, ihr heiligen Brüder, die ihr Anteil habt an der himmlischen Berufung, richtet eure Gedanken auf Jesus, den Apostel und Hohen Priester, den wir bekennen.« (Heb. 3,1[3])
      (2) »Da wir nun einen großen Hohen Priester haben, der durch den Himmel gegangen ist — Jesus, den Sohn Gottes —, wollen wir an unserem Bekenntnis zu ihm festhalten.« (Heb. 4,14)
   (b) Er wird als die vollkommene Erfüllung des alttestamentlichen Priestertums verstanden.
      (1) Er brachte das levitische Priestertum an ein definitives geschichtliches Ende.
      (2) Er stiftete eine ein für alle Mal gültige ewige Mittlerschaft zwischen Gott und den Menschen.
   (c) Der Schreiber des Hebräerbriefes wusste, dass er sein Werk auf ihn zugeschnitten hatte.
      (1) »Unser Herr kam ja aus dem Stamm Juda, doch Mose hat Juda nie in Verbindung mit dem Priesterum erwähnt.« (Heb. 7,14)
      (2) Aber es war das Priestertum Melchisedeks, das durch Jesus erfüllt wurde (Ps. 110; Heb. 7,1-25).

2. *Die Übertragung des Priestertums allgemein auf alle Gläubigen.*

---

[3] Übersetzung nach dem englischen Text (NIV).

(a) Eine logische Folge des Priestertums Christi ist die neutestamentliche Anwendung des Priestertums auf die gesamte Gemeinschaft der Gläubigen in der Gemeinde.

   (1) Logische Folge: eine natürliche Konsequenz oder Folge, etwas, das sich ganz logisch ergibt, nachdem etwas anderes bewiesen ist.

   (2) Gläubige sind eins gemacht mit ihrem Erlöser (siehe das frühere Kapitel über »Die Stellung des Gläubigen ›in Christus‹«, Kap. 19) und haben so teil an der Würde Christi.

(b) Dies bedeutet nicht, dass wir keinen Mittler mehr bräuchten.

   (1) »Jesus sagte zu ihm: Ich bin der Weg und die Wahrheit und das Leben. Niemand kommt zum Vater außer durch mich.« (Joh. 14, 6)

   (2) »Denn es gibt nur *einen* Gott und nur *einen* Vermittler zwischen Gott und den Menschen: Das ist Christus Jesus, der Mensch geworden ist.« (1. Tim. 2, 5)

(c) Es bedeutet, dass wir keinen *irdischen* Mittler brauchen!

   (1) »Und nun lasst euch von Gott als lebendige Steine in seinen geistlichen Tempel einbauen. Ihr sollt Gottes heilige Priester sein und ihm geistliche Opfer bringen, die er durch eure Gemeinschaft mit Jesus Christus annimmt.« (1. Petr. 2, 5)

   (2) »Aber ihr seid anders, denn ihr seid ein auserwähltes Volk. Ihr seid eine königliche Priesterschaft, Gottes heiliges Volk, sein persönliches Eigentum. So seid ihr ein lebendiges Beispiel für die Güte Gottes, denn er hat euch aus der Finsternis in sein wunderbares Licht gerufen.« (1. Petr. 2, 9)

   (3) »Er hat uns zu seinem Reich und zu seinen Priestern gemacht, um Gott, seinem Vater, zu dienen. Gebt ihm Ehre bis in alle Ewigkeit! Er herrscht für immer und ewig! Amen.« (Off. 1, 6)

   (4) »Du hast sie für Gott zu einem Königreich und zu seinen Priestern gemacht. Und sie werden auf der Erde regieren.« (Off. 5, 10)

(d) Kein neutestamentlicher Autor schreibt auch nur an einer einzigen Stelle einem einzelnen Glied oder Dienststand in der Gemeinde den Titel eines Priesters zu.

3. *Die Übertragung des Status von jüdischen Gläubigen auf Heiden (Nichtjuden).*

(a) Dies wurde schon achthundert Jahre im Voraus geweissagt. »Ich offenbare mich denen, die nicht nach mir fragten; ich war zu finden für die, die mich nicht suchten; ich habe gesagt: Siehe, hier bin ich, hier bin ich! zu einem Volk, das meinen Namen nicht anrief.« (Jes. 65, 1[4])

(b) Auch Jesus hat dies geweissagt: »Ich will damit sagen, dass das Reich Gottes euch weggenommen wird und ein anderes Volk es bekommt, das gute Früchte bringt.« (Mt. 21, 43)

(c) Petrus war einer der ersten, der dies erfasste: »Da erwiderte Petrus: Jetzt weiß ich, dass es wahr ist: Gott macht keine Unterschiede zwischen den Menschen. In jedem Volk nimmt er jene an, die ihn achten und tun, was gerecht ist.« (Apg. 10, 34-35)

(1) »Nach langen Beratungen erhob sich schließlich Petrus und wandte sich an die Versammlung: Brüder, ihr alle wisst, dass Gott mich vor einiger Zeit erwählt hat, auch den andern Völkern die gute Botschaft zu verkünden, damit sie gläubig werden.« (Apg. 15, 7)

(2) »Er macht keinen Unterschied zwischen uns und ihnen, denn er reinigte auch ihre Herzen durch den Glauben. Warum zweifelt ihr nun an Gottes Weg, indem ihr ihnen eine Last aufbürdet, die weder wir noch unsere Vorfahren tragen konnten? Wir glauben, dass wir alle auf demselben Weg wie jene gerettet werden, nämlich durch die Gnade des Herrn Jesus.« (Apg. 15, 9-11)

(d) Paulus wurde der Apostel für die Heiden, die nichtjüdischen Völker (Gal. 2, 7). »Deshalb seid ihr nicht länger Fremde

---

[4] Übersetzung nach dem englischen Text (NIV).

und ohne Bürgerrecht, sondern ihr gehört zu den Gläubigen [Griechisch: den Heiligen], zu Gottes Familie.« (Eph. 2,19)

4. *Die Übertragung eines ausschließlich Männern vorbehaltenen Priestertums auf beide Geschlechter:* »Und so seid ihr alle Kinder [Griechisch: Söhne] Gottes durch den Glauben an Jesus Christus. Denn ihr alle, die ihr auf Christus getauft worden seid, gehört nun zu Christus. Nun gibt es nicht mehr Juden oder Nichtjuden [Griechisch: Juden oder Griechen], Sklaven oder Freie, Männer oder Frauen. Denn ihr seid alle gleich – ihr seid eins in Jesus Christus.« (Gal. 3,26-28)

3 Das Aufkommen eines Stellvertreter-Priestertums im Verlauf der Kirchengeschichte

A. Ein Abweichen von der neutestamentlichen Norm entwickelte sich bereits seit Ende des ersten Jahrhunderts.

1. Clemens (ca. 95) übernahm die alttestamentliche dreigliedrige Hierarchie von Hoher Priester, Priester und Leviten als einen analogen (ähnlichen) Typus des christlichen Dienstes.
2. Die *Didache* (ca. 90 - ca. 150) bezeichnete Propheten als »eure Hohen Priester« und sprach von der Eucharistie als »Opfer«.
3. Tertullian (ca. 200) gebrauchte die Begriffe »Priester« und »Hoher Priester« für die Vorsteher der Gemeinde.
4. Hieronymus (345-419) übersetzte in der Vulgata (der Lateinischen Übersetzung der Bibel) das Griechische *mysterion* mit »Sacramentum« (Sakrament).
5. Augustinus (354-430) definierte den Begriff Sakrament als »ein sichtbares Zeichen einer göttlichen Sache«.

B. Das sakramentale System erreichte den Höhepunkt seiner Entwicklung im Mittelalter durch Theologen, die als Scholastiker bekannt sind, wie zum Beispiel Thomas von Aquin (1225-1274).

1. *Es gab sieben Sakramente:*
   (a) Taufe, (b) Eucharistie, (c) Firmung, (d) Krankensalbung bzw. letzte Ölung (Gebet für die Sterbenden), (e) Buße (Sündenbekenntnis, Absolution — d. h. Lossprechung — und auferlegter Akt der Reue), (f) Priesterweihe, (g) Ehe.

2. *Nur ein Priester konnte die Sakramente spenden.*

C. Das Bekennen der Sünden.

1. *Ein Auswuchs oben genannter Entwicklung, besonders des Bußsakraments, war in der Kirchengeschichte das Bekennen der Sünde gegenüber einem Priester. Die biblische Grundlage dazu war:*
   (a) »Wem ihr die Sünden vergebt, dem sind sie vergeben. Wem ihr sie nicht vergebt, dem sind sie nicht vergeben.« (Joh. 20, 23)
   (b) »Bekennt einander eure Sünden[5] und betet füreinander, damit ihr geheilt werdet!« (Jak. 5, 16a)

2. *Das Laterankonzil von 1215 machte das regelmäßige Bekennen der Sünden zu einem absoluten Gesetz der Kirche.*
   (a) Die Form der Absolution (die formelle Erklärung des Priesters über die Vergebung der Sünden des Poenitenten) lautete: »Ich spreche dich los.«
   (b) Dem Poenitenten (der, dem seine Sünden Leid tun) war die Geheimhaltung durch den Priester zugesichert.

---

[5] *eure Sünden* — so nach dem englischen Text (NIV), so auch Lu84; revidierte Schlachter: »die Übertretungen«; Neues Leben: »eure Schuld«.

3. *Martin Luther schrieb 1519: »Nichts in der Kirche braucht so sehr eine Reform wie Sündenbekenntnis und Bußsakrament.«*

4 Die Bedeutung all des oben Gesagten für uns heute

A. Wir haben *einen* großen Hohen Priester (Heb. 4,14).

1. *Diese Aufgabe wird von Jesus zur Rechten Gottes wahrgenommen* (Heb. 3,1-4; 7,25).
2. Das Wesen seines Gebetes ist teilweise in Joh. 17 zu sehen.
   (a) Wir bekennen unsere Sünden nur gegenüber Gott (1. Tim. 2,5).
   (b) Er vergibt denen, die ihm ihre Sünden bekennen (1. Joh. 1,9; 2,1-2).

B. Wir alle sind Priester (1. Petr. 2,5.9).

1. *Alles, was über die Beziehung der Leviten zu Gott gesagt ist, lässt sich im Großen und Ganzen auf uns übertragen.*
   (a) Wir lassen nicht jemand anders stellvertretend für uns ein heiliges Leben führen; wir müssen selbst ein heiliges Leben führen (1. Petr. 1,16).
   (b) Wir lassen nicht jemand anders für uns Anbetung machen; wir müssen selbst Gott anbeten (Heb. 13,15).
   (c) Wir lassen nicht eine nur aus Männern bestehende Priester-schaft für uns singen; wir — Männer und Frauen — singen selbst (Gal. 3,28; Eph. 5,19).
   (d) Wir haben es nicht nötig, dass jemand anders für uns Fragen bezüglich Gott beantwortet; wir müssen es selbst tun (1. Petr. 3,15).
   (e) Wir bitten nicht jemand anders, Gottes Willen in Bezug auf unsere persönliche Führung zu bekommen; wir müssen Gottes Führung selbst suchen (Eph. 5,17).

2. *Dies bedeutet nicht, dass es keine besonderen Aufgaben oder Diens-te gibt, die zum größten Teil von denen wahrgenommen werden müssen, die zu einem bestimmten Dienst berufen sind* (1. Kor. 12, 28; Eph. 4, 11ff.).

(a) Es gibt eine gewisse Überschneidung zwischen dem Priestertum des alten Bundes und dem neutestamentlichen Dienst der Ältesten (vgl. 1. Tim. 5, 17-18).

(b) Aber sie haben wegen ihrer speziellen Berufung keinen Vorsprung in dem, was die persönliche Gemeinschaft des Einzelnen mit Gott angeht.

Schlussbemerkung

Im Gottesdienstsystem Israels wurden Priester als solche geboren, nicht dazu gemacht. Sie hatten dieses Vorrecht, weil sie zum Stamm Levi gehörten. Im neuen Bund jedoch ist Jesus der Hohe Priester und alle Gläubigen sind Priester aufgrund ihres Glaubens an ihn. Gläubige brauchen immer noch Jesus als den Mittler, der allein diese Aufgabe erfüllt. Weil sie Priester sind, können alle Gläubigen die gleiche innige Beziehung mit Gott haben. Wie A. W. Tozer sagte: »Sie können soviel von Gott haben, wie Sie wollen.«

32

Der Dienst von Frauen in der Gemeinde

Einleitung

A. Nicht alle Fragen, die wir vielleicht gerne stellen möchten, finden in der Bibel eine klare Antwort.

1. *Schriftstellen, die sich auf Frauen beziehen, sind zweierlei Art:*
   (a) Schriftstellen, die ewige, unveränderliche Prinzipien berühren (1. Kor. 14, 33-38; 1. Tim. 2, 13-14).
   (b) Schriftstellen, die offensichtlich mit der damaligen Kultur in Zusammenhang stehen (1. Kor. 11, 5ff.).

2. *Es ist nicht immer leicht, den Unterschied zwischen dem ewig Gültigen und dem Kulturellen zu benennen.*
   (a) Ewig: Das, was sich nicht ändern darf, unabhängig von Zeitumständen und Kultur.
   (b) Kulturell: Das, was damals für Korinth von Bedeutung gewesen sein mag, ist heute zum Beispiel in Sambia oder an anderen Orten möglicherweise unangebracht.

C. Wir alle haben unsere Vorlieben und – wenn wir wirklich ehrlich sind – eine ziemlich klare Vorstellung davon, wo wir in dieser Frage hinkommen möchten!

1. *Es gibt diejenigen, die der Frau eine bedeutendere Rolle oder einen höheren Stellenwert geben wollen – sie werden mit dem biblischen Material selektiv umgehen.*

2. *Es gibt diejenigen, die der Frau eine geringe Rolle oder einen gerin-*
   gen Stellenwert geben wollen — auch sie werden mit dem bibli-
   schen Material selektiv umgehen.
3. *Es ist sehr schwierig, objektiv und unvoreingenommen zu sein, ins-*
   besondere dann:
   (a) Wenn es sich um ein Thema handelt, bei dem die Emotionen
       sehr stark beteiligt sind.
   (b) Wenn wir gewisse Leute zufrieden stellen wollen.

**D. Unsere Vorgehensweise, um die Frage zu beantworten,
was die Bibel über die Rolle der Frau im Dienst der
Gemeinde lehrt, ist die, so offen, wie es uns möglich ist,
vom Allgemeinen zum Speziellen vorzugehen.**

1. *Das Allgemeine: die Rolle der Frau in Ehe und Familie.*
   (a) Vor dem Sündenfall; (b) Nach dem Sündenfall.
2. *Das Besondere: die Rolle der Frau in der Gemeinde.*
   (a) Im Gottesdienst; (b) Im Dienst allgemein.

E. Warum ist dieses Thema wichtig?

1. In der anglikanischen Kirche, wenn auch nicht in der gesamten,
   sind Frauen jetzt zum Priesteramt zugelassen. Ist dies eine gute
   oder eine schlechte Sache?
2. Das Aufkommen der feministischen Bewegung hatte eine Auswirkung immensen Ausmaßes auf die Gemeinde. Ist dies eine
   gute oder schlechte Sache?
3. Macht es einen Unterschied, ob eine Frau Prediger oder Pastor
   ist?
4. Was bedeutet in diesem Zusammenhang der neutestamentliche
   Begriff »Haupt«: »der Mann ist das Haupt der Frau« (1. Kor.
   11, 3)?
5. Macht es etwas aus, wenn Frauen den Dienst in der Gemeinde
   übernehmen und gegenüber den Männern in der Mehrheit sind?

6. Was die Bibel zu diesen Fragen sagt, ist gewiss von Bedeutung.
7. Wir müssen uns darauf konzentrieren, klare Gedanken über schmerzliche Fragen zu entwickeln.

F. Es gibt viele ledige Frauen, die sich fragen, was ihre Rolle bzw. Aufgabe ist.

1. Die im Folgenden genannten Prinzipien bleiben jedoch dieselben, ob die betreffende Person nun verheiratet ist oder ledig.
2. Der Geist, der hinter den allgemeinen Prinzipien steht, zeigt uns das biblische Muster, dem wir folgen sollen.
3. 1. Korinther 7, 34 begrüßt das Unverheiratetsein.

1 Die Rolle der Frau in Ehe und Familie

A. Das Erste, was wir tun müssen, ist, den Unterschied zwischen der Rolle der Frau vor dem Sündenfall und ihrer Rolle nach dem Sündenfall zu erkennen.

1. *Der Sündenfall: jenes geschichtliche Ereignis im Garten Eden, als Adam und Eva sündigten und die ganze Menschheit mitgerissen haben, so dass alle Menschen unter der Sünde stehen.*
2. *Da die Frau der »schwächere Partner« (1. Petr. 3, 7 [1]) ist, ist das die Konsequenz:*
   (a) Aus der Art und Weise, wie sie im Zustand vor dem Sündenfall geschaffen war?
   (b) Der Sünde, das heißt, daraus, dass Eva getäuscht wurde?

---

[1] Übersetzung nach dem englischen Text (NIV). Der Autor führt hier zusätzlich die Version der AV an (»weaker vessel«), welche der Schlachterübersetzung entspricht (»schwächeres Gefäß«).

B. Was wir dem biblischen Bericht in Bezug auf Adam und Eva vor dem Sündenfall klar und deutlich entnehmen können, ist Folgendes:

1. *Gott schuf Mann und Frau gleichermaßen zu seinem Bild.* »Und Gott schuf den Menschen ihn zum Bilde, zum Bilde Gottes schuf er ihn; männlich und weiblich schuf er sie.« (1. Mose 1, 27)
2. *Gott schuf zuerst den Mann, dann Eva als eine »Gehilfin«.* »Und Gott der Herr sprach: Es ist nicht gut, dass der Mensch allein sei; ich will ihm eine Gehilfin machen, die ihm entspricht!« (1. Mose 2, 18)
3. *Dem Mann war die primäre Verantwortung über die Schöpfung gegeben.* »Und Gott der Herr bildete aus Erde alle Tiere des Feldes und alle Vögel des Himmels und brachte sie zu dem Menschen, dass er sähe, wie er sie nennen würde, und damit jedes lebendige Wesen den Namen trage, den der Mensch ihm gäbe. Da gab der Mensch einem jeglichen Vieh und Vogel und allen Tieren des Feldes Namen; aber für den Menschen fand sich keine Gehilfin, die ihm entsprochen hätte.« (1. Mose 2, 19-20)
4. *Die Frau wurde aus dem Mann geschaffen.*
   (a) »Da ließ Gott der Herr einen tiefen Schlaf auf den Menschen fallen; und während er schlief, nahm er eine seiner Rippen und verschloss deren Stelle mit Fleisch. Und Gott der Herr baute aus der Rippe, die er von dem Menschen genommen hatte, ein Weib und brachte sie zu ihm.« (1. Mose 2, 21-22)
   (b) »Denn der erste Mann kam nicht von einer Frau, sondern die Frau vom Mann.« (1. Kor. 11, 8)
5. *Die Frau wurde um des Mannes willen geschaffen.*
   (a) »Und Gott der Herr sprach: Es ist nicht gut, dass der Mensch allein sei; ich will ihm eine Gehilfin machen, die ihm entspricht!« (1. Mose 2, 18)
   (b) »Der Mann wurde nicht für die Frau erschaffen, sondern die Frau für den Mann.« (1. Kor. 11, 9)

6. *Der Mann nannte sie »Männin«.* »Da sprach der Mensch: Das ist nun einmal Bein von meinem Bein und Fleisch von meinem Fleisch! Die soll Männin heißen; denn sie ist dem Mann entnommen!« (1. Mose 2, 23)
7. *Die Ehe war eine göttliche Institution.* »Darum wird der Mensch seinen Vater und seine Mutter verlassen und seinem Weibe anhangen, dass sie zu einem Fleische werden.« (1. Mose 2, 24)

C. Was lässt sich dem biblischen Bericht in Bezug auf Adam und Eva nach dem Sündenfall entnehmen?

1. Sie wurden sich ihrer Nacktheit bewusst und nähten Feigenblätter zusammen, um damit ihre Blöße zu bedecken (1. Mose 3, 7).
2. Furcht kam auf. »Er sprach: Ich hörte deine Stimme im Garten und fürchtete mich; denn ich bin nackt, darum verbarg ich mich!« (1. Mose 3, 10)
3. Beide verfielen in Selbstrechtfertigung. »Da sprach er [Gott]: Wer hat dir gesagt, dass du nackt bist? Hast du etwa von dem Baum gegessen, davon ich dir gebot, du sollest nicht davon essen? Da sprach der Mensch: Das Weib, das du mir zugesellt hast, die gab mir von dem Baum, und ich aß! Da sprach Gott der Herr zum Weibe: Warum hast du das getan? Das Weib antwortete: Die Schlange verführte mich, dass ich aß!« (1. Mose 3, 11 - 13)
4. Das Gebären von Kindern wird von nun an mit Schmerzen verbunden sein. »Und zum Weibe sprach er: Ich will dir große Schmerzen bereiten, wenn du Kinder bekommst; mit Schmerzen sollst du Kinder gebären.« (1. Mose 3, 16ab[2])
5. Das Verlangen der Frau wird nach ihrem Mann sein: »und du sollst nach deinem Manne verlangen, …« (1. Mose 3, 16c)
6. Der Mann wird über sie herrschen: »… er aber soll herrschen über dich!« (1. Mose 3, 16d)

---

[2] Übersetzung nach dem englischen Text (NIV).

7. Der Mann muss die Verantwortung für den verfluchten Erdboden übernehmen: »... verflucht sei der Erdboden um deinetwillen, mit Mühe sollst du dich davon nähren dein Leben lang.« (1. Mose 3, 17b)

8. Der Mann wird im Schweiße seines Angesichts arbeiten. »Im Schweiße deines Angesichts sollst du dein Brot essen, bis dass du wieder zur Erde kehrst, von der du genommen bist; denn du bist Staub und kehrst wieder zum Staub zurück!« (1. Mose 3, 19)

D. Warum ist, was Adam und Eva angeht, diese Unterscheidung zwischen *vor* dem Sündenfall und *nach* dem Sündenfall wichtig?

1. *Weil Paulus eine solche Unterscheidung vornimmt.*
   (a) »Eine Frau soll in der Stille und in aller Unterordnung lernen. Ich erlaube der Frau nicht, zu lehren oder über den Mann zu herrschen; sie soll sich still zurückhalten. Denn Gott schuf zuerst Adam und dann Eva. Und es war die Frau, nicht Adam, die durch den Satan getäuscht wurde und sich verführen ließ. Doch auch die Frau wird gerettet werden, wenn sie Kinder zur Welt bringt und vor allem wenn sie beständig im Glauben und in der Liebe leben, anständig und verlässlich vor Gott [Griechisch: wenn sie bleiben in Glauben und Liebe und Heiligung mit Besonnenheit].« (1. Tim. 2, 11-15)
   (b) Paulus gibt zwei Gründe für seine Position:
      (1) Die Schöpfungsordnung: »Denn Gott schuf zuerst Adam und dann Eva.« (1. Tim. 2, 13)
      (2) Evas Verführtwerden und ihre Sünde (1. Tim. 2, 14).

2. *Weil christliche Feministinnen glauben, dass uns die Erlösung in Christus in den Zustand vor dem Sündenfall zurückversetzt.*
   (a) Wenn eine Frau Christ wird, so sagen sie, kann ihr zugesichert werden, dass sie in demselben Zustand ist, in dem Eva vor dem Sündenfall war.

(b) Außerdem wird darauf hingewiesen, dass die Herrschaft des Mannes über die Frau die Ordnung nach dem Sündenfall darstellt.

    (1) Aber wenn Ehemann und Ehefrau Christen sind, dann ist diese Herrschaft aufgehoben.

    (2) Deshalb ist nach dieser Ansicht die implizite Gleichheit in der Frau, die aus dem Mann gemacht ist (1. Mose 2, 21), wieder hergestellt.

3. *Deshalb müssen wir uns mit folgender Frage auseinandersetzen:*

    (a) Gründen wir unsere Position auf die Situation vor dem Sündenfall, die — wie manche sagen — eine Gleichheit erkennen lässt?

    (b) Oder gründen wir unsere Position auf die Situation nach dem Sündenfall, die die Herrschaft des Mannes über die Frau zu akzentuieren scheint?

2 Paulus' Gebrauch von *Kephale*, »Haupt« in 1. Korinther 11,3

A. Die Art und Weise, wie wir 1. Korinther 11,3 verstehen, ist der Schlüssel zu unserem Verständnis der Rolle der Frau: *»Ich will aber, dass ihr wisst, dass der Christus das Haupt eines jeden Mannes ist, der Mann aber das Haupt der Frau, Gott aber das Haupt des Christus.«*

1. *Dies ist die* klassische Stelle *für:*

    (a) Die Rolle der Frau im Gegenüber zum Mann.

    (b) Die Rolle der Frau in der Familie.

    (c) Die Rolle der Frau in der Gemeinde.

2. *Die Bedeutung des griechischen Wortes* kephale, *welches mit* »Haupt« *übersetzt wird, ist entscheidend.*

    (a) Jemand mag sinngemäß sagen: Ist das nicht genug? Welchen Beweis brauche ich noch?

(b) Das Problem ist Folgendes: Bedeutet *kephale* Haupt im Sinn von »Ursprung«, oder Haupt im Sinn von »Autorität«?

3. *Die akademische Literatur allein zu diesem Wort ist fast unüberschaubar. Siehe zum Beispiel,* Recovering Biblical Manhood and Womanhood[3]*, herausgegeben von Wayne Grudem und John Piper.*

B. Man erkennt schnell, dass es schwer ist, bei diesem Thema objektiv zu bleiben.

1. *Diejenigen, die als evangelikale Feministinnen bekannt sind, hätten für* kephale *gern die Bedeutung »Ursprung«.*
   (a) Das Aufkommen der feministischen Bewegung hat viele in der Gemeinde beeinflusst.
   (b) Evangelikale Feministinnen haben ihre Gelehrten, um ihren Standpunkt zu untermauern.

2. *Diejenigen, die den eher traditionellen Standpunkt einnehmen, sagen, dass* kephale *»Autorität« bedeutet.*
   (a) Dies würde die Prämisse »Leiterschaft ist männlich« nahe legen, wie David Pawson es in seinem Buch gleichen Titels zum Ausdruck bringt.
   (b) Wenn diese Prämisse zutrifft, dann hat der Mann Autorität über die Frau:
   (1) In der Familie.
   (2) In der Gemeinde.

3. *Wenn* kephale *»Ursprung« bedeutet, ist die Frage der Leiterschaft weniger von Bedeutung.*
   (a) Ursprung besagt lediglich, dass die Frau vom Mann kommt, so wie ein Fluss einem See entspringt, etc.

---

[3] Auf Deutsch übersetzt etwa: »Die Wiederherstellung des biblischen Bildes von Mann und Frau«.

(b) Die Gleichheit von Mann und Frau würde daher an der Tagesordnung sein.

4. *Wayne Grudem hat eine Computerstudie durchgeführt, die 2.236 Beispiele von* kephale *in der griechischen Literatur aufgelistet hat. Er kam zu der Überzeugung, dass* kephale *in der überwältigenden Mehrzahl die Bedeutung »Autorität« trägt.*

C. In der Septuaginta, der griechischen Übersetzung des Alten Testaments, mit der Paulus vertraut war, bedeutet *kephale* immer »Autorität«.

1. *In einigen wenigen Passagen hellenistischer Literatur bedeutet* kephale *»Ursprung«. Doch hat es diese Bedeutung nirgends in der Septuaginta.*

2. *Dies hat auf Paulus' Gebrauch des Wortes* kephale *Einfluss gehabt:*

   (a) »Ihr Frauen, ordnet euch euren eigenen Männern unter wie dem Herrn; denn der Mann ist das Haupt der Frau, wie auch Christus das Haupt der Gemeinde — seines Leibes — ist, deren Retter er ist[4]. Wie nun die Gemeinde sich dem Christus unterordnet, so auch die Frauen ihren eigenen Männern in allem.« (Eph. 5, 22-24)

   (1) Hier bedeutet das Wort ganz offensichtlich »Autorität«.

   (2) Frauen leiten ihr Leben nicht von ihren Ehemännern her.

   (3) Eva wurde zwar aus Adams Rippe gebildet (vgl. 1. Kor. 11, 8), aber in Epheser 5, 22-24 ist »Autorität« die offenkundige Bedeutung von *kephale*.

   (b) »Gott hat alles der Herrschaft Christi unterstellt und hat Christus als Herrn über die Gemeinde eingesetzt. Die Gemeinde aber ist sein Leib, und sie ist erfüllt von Christus, der alles ganz mit seiner Gegenwart erfüllt.« (Eph. 1, 22-23)

---

[4] *wie auch Christus das Haupt der Gemeinde — seines Leibes — ist, deren Retter er ist:* so nach dem englischen Text (NIV: »as Christ is the head of the church, his body, of which he is the Saviour«).

(1) Der Kontext zeigt, dass Christus »als Herrscher eingesetzt [ist] über jede weltliche Regierung, Gewalt, Macht
und jede Herrschaft und über alles andere, in dieser wie
in der zukünftigen Welt« (Vers 21).

(2) Hier kann *kephale* nur die Bedeutung »Autorität« haben.

D. Was bedeutet *kephale* in 1. Korinther 11,3?

1. Kephale *könnte im Licht von 1. Korinther 11, 8 (die Frau kam*
   vom Mann) »Ursprung« bedeuten.
   (a) Aber wenn es in 1. Korinther 11, 3 nur »Ursprung« bedeuten würde, dann würde das Ganze keinen Sinn machen.
   (1) Höchst komplizierte, verworrene Erklärungen wären
   nötig.
   (2) Wenn es »Ursprung« bedeuten würde, dann hätte niemand die Verantwortung. Aber genau dagegen sprach
   sich Paulus aus.
   (b) 1. Korinther 11, 3 bedeutet, dass jemand die Verantwortung
   hat.

2. *Wir schließen daraus, dass 1. Korinther 11,3 Folgendes bedeutet:*
   (a) Christus ist die Autorität über jedem Mann.
   (1) Dies ist, was Paulus mit »Haupt« meint.
   (2) Jesus Christus hat die Verantwortung.
   (3) Deshalb muss sich jeder Mann Jesus Christus unterordnen.
   (b) Jesus Christus ist das Haupt jeden Mannes, denn:
   (1) Ihm ist alle Autorität und Macht gegeben (vgl. Mt.
   28, 18).
   (2) Er kennt den Willen des Vaters und verlangt Unterordnung.
   (c) Der Mann ist die Autorität über der Frau.
   (1) Dies bedeutet nicht eine Befehlskette, sodass die Frau
   sich mehr dem Mann als Christus unterordnen würde.

(2) Sie ordnet sich unmittelbar Christus unter.

(3) Aber ein Teil ihrer Unterordnung gegenüber Christus wird darin bestehen, dass sie den Mann als Haupt über sich anerkennt.

E. So war auch es im Garten Eden vor dem Sündenfall.

1. *Dies sagt nichts darüber, wie es nach dem Sündenfall aussah.*
2. *Der evangelikale Feminismus behauptet, dass Gott Mann und Frau als gleichgestellte Partner geschaffen hat, und das heißt, dass das Hauptsein des Mannes ausgeschlossen ist.*

   (a) Sie sagen, dass Eva die männliche Leiterschaft als Strafe für ihren Anteil am Sündenfall auferlegt wurde und dass die Erlösung in Christus sie von dieser Strafe der männlichen Leiterschaft wieder befreit.

   (b) Dies lässt die Implikationen in Bezug auf Adam und Eva vor dem Sündenfall außer Acht.

3 Frauen in der Gemeinde und in der Familie

A. Im Gottesdienst

1. *Paulus verlangt ihre Unterordnung und Demut.*

   (a) »Eine Frau soll in der Stille und in aller Unterordnung lernen.« (1. Tim. 2, 11)

   (b) Ihr äußeres Erscheinungsbild soll weiblich sein.

   (1) Ein Schleier war erforderlich: »Langes Haar ist ihr als Schleier gegeben.« (1. Kor. 11, 15[5])

   (2) Die Kultur im Mittelmeerraum schrieb vor, dass eine Frau mit einem anderen äußeren Erscheinungsbild nicht angemessen gekleidet war.

---

[5] Übersetzung nach dem englischen Text (NIV); Schlachter: »Das Haar ist ihr anstelle eines Schleiers gegeben.«

2. *Frauen durften beten und weissagen* (1. Kor. 11, 5).
   (a) Man ging davon aus, dass Frauen im öffentlichen Gottes-
       dienst beten konnten, solange ihr Auftreten und ihr Erschei-
       nungsbild gottesfürchtig war.
   (b) Dass eine Frau weissagen konnte, wurde ebenfalls voraus-
       gesetzt.
       (1) Dies war bereits in Joel 3, 1-2 (vgl. Apg. 2, 17-18) ange-
           kündigt.
       (2) Philippus hatte vier unverheiratete Töchter, die weissag-
           ten (Apg. 21, 9).

3. *Es war ihnen nicht erlaubt »zu lehren oder über einen Mann Autori-*
   tät zu haben« (1. Tim. 2, 12[6]).
   (a) Dies bezieht sich nicht allgemein auf eine Frau, die lehrt.
       (1) Eine Frau konnte mit Sicherheit Kinder lehren.
       (2) Eine Frau konnte an der Seite ihres Ehemannes lehren
           (Apg. 18, 26).
   (b) Dies spricht davon, den Platz derer einzunehmen, die mit
       der Weitergabe der apostolischen Lehre betraut waren.
       (1) Nur Männer waren dazu berufen (1. Tim. 3, 1-7).
       (2) Auf den kulturellen Faktor muss im Licht der ewig gül-
           tigen Prinzipien von 1. Timotheus 2, 13-14 eingegangen
           werden.
   (c) Das Verbot in 1. Korinther 14, 34-35, dass es einer Frau
       nicht gestattet war zu reden, bezieht sich wahrscheinlich auf
       das Auslegen einer Sprachenrede.
       (1) Es verbietet ihr nicht, überhaupt zu reden (vgl. 1. Kor.
           11, 5). Aber es verbietet ihr, den Gottesdienst zu leiten;
           dies ist Männern vorbehalten. Paulus bezieht sich dabei
           auf »ein Gebot des Herrn« (1. Kor. 14, 37).
       (2) Das Auslegen einer Sprachenrede wurde als ein Um-
           gang mit göttlicher Offenbarung betrachtet.

---

[6] Übersetzung nach dem englischen Text (NIV).

B. In der Familie

1. *Unterordnung unter den Ehemann ist an der Tagesordnung.* »Ihr Ehefrauen sollt euch euren Männern unterordnen, so wie ihr euch dem Herrn unterordnet. Denn der Mann ist das Haupt seiner Frau, wie Christus das Haupt seines Leibes – der Gemeinde – ist, für die er sein Leben gab, um sie zu retten. So wie die Gemeinde sich Christus unterordnet, sollt ihr Ehefrauen euch auch euren Männern in allem unterordnen.« (Eph. 5, 22-24; vgl. Kol. 3, 18)

2. *Dies war nicht bloß eine paulinische Liebhaberei, wie aus 1. Petrus 3, 1-6 ersichtlich ist.*
   (a) Unterordnung unter den Ehemann wurde als eine Möglichkeit angesehen, wie eine christliche Frau ihren Ehemann für Christus gewinnen konnte.
   (b) Solch ein Verhalten wurde als »vorbildlich und in Ehrfurcht vor Gott« angesehen (1. Petr. 3, 2).

C. Frauen im Dienst

1. *Wenn jemand sich an das Wort als die alleinige Grundlage für Glauben und Praxis hält, bedeutet das:*
   (a) Eine Frau kann nicht Hauptpastor einer Gemeinde sein; sie könnte aber vielleicht Teil eines Pastoralteams sein, wenn sie nicht mit der Leitung der Gemeinde und des Gottesdienstes betraut ist. Alleinige Pastorin einer Gemeinde kann sie nicht sein.
   (b) Eine Frau kann eine Prophetin sein, wie zum Beispiel Debora in Richter 4.

2. *Der ganze Tenor der Schrift legt nahe, dass es einen Unterschied zwischen den Geschlechtern gibt.*
   (a) Die Schöpfungsordnung vor dem Sündenfall ist ein ausreichender Beleg dafür.
   (b) Die Rolle der Frau nach dem Sündenfall ist entschieden als Unterordnung dargestellt.

3. *Positionen der Leiterschaft in der Gemeinde sind nicht für Frauen vorgesehen.*

(a) Phoebe, eine Diakonin, wurde nicht als »Diakon« betrachtet; das Amt eines Diakons war Männern vorbehalten (Apg. 6, 3).

(b) Eines der Probleme in Korinth scheint darin bestanden zu haben, dass gewisse Frauen der Ansicht waren, sie seien aufgrund ihrer Sprachengabe geistlicher als andere (1. Kor. 14, 34ff.).

(c) Die Ansicht, dass die Erlösung durch Christus die Frau in den Zustand vor dem Sündenfall zurückversetzt, ist durch 1. Timotheus 2, 15 ausgeschlossen: »Doch auch die Frau wird gerettet werden, wenn sie Kinder zur Welt bringt und vor allem wenn sie beständig im Glauben und in der Liebe leben, anständig und verlässlich vor Gott [Griechisch: wenn sie bleiben in Glauben und Liebe und Heiligung und Besonnenheit].«

D. Worin besteht nun unsere Verantwortung?

1. *Für Männer besteht die Verantwortung darin:*

(a) Ihre Frauen zu lieben und für sie zu sorgen und ihnen gegenüber verständnis- und rücksichtsvoll zu sein.

(1) Männlicher Chauvinismus hat mehr zum gegenwärtigen Mangel an Ausgewogenheit beigetragen, als viele einzugestehen bereit sind.

(2) Hätten die Männer sich all die Jahre an Paulus' Worte: »Und ihr Ehemänner, liebt eure Frauen mit derselben Liebe, mit der auch Christus die Gemeinde geliebt hat« (Eph. 5, 25) gehalten, hätte es wahrscheinlich nie eine feministische Bewegung gegeben.

(3) Männer müssen sich *mehr* darum kümmern, dass *sie selbst* ihre Frauen lieben, als darum, dass ihre Frauen sich ihnen unterordnen.

(b) Stark zu sein.

(1) Es ist nicht immer einfach, stark zu sein. Doch eine Erneuerung der Männlichkeit ist nötig.

(2) Stärke besteht zum Teil darin, sich vor Augen zu halten, dass Frauen von Natur aus »die Schwächeren« sind (1. Petr. 3,7).

(3) Frauen wollen im Grunde, dass Männer stark sind, was aber nicht dasselbe wie diktatorisch ist.

2. *Für Frauen besteht die Verantwortung darin:*

(a) Die biblische Position, die sich nicht geändert hat, demütig anzuerkennen.

(1) Dies wird manchen Frauen, besonders denen, die in der säkularen Welt Spitzenpositionen und Autoritätsstellungen innehaben, schwerer fallen als anderen.

(2) Dies wird ihre Hingabe an Christus und die Schrift auf die Probe stellen.

(b) Sich selbst der Schöpfungsordnung nach als *schwächer* anzuerkennen.

(1) Dies wird zum Frieden dienen.

(2) Wahrer Friede ist nur in der Unterordnung gegenüber Christus zu finden.

Schlussbemerkung

Diese Untersuchung hatte wenig zu sagen zur Ansicht, dass das Neue Testament kulturell bedingt sei und keine unveränderlichen Prinzipien widerspiegle. Wir erkennen an, dass die Schreiber des Neuen Testaments Menschen ihrer Zeit und Kultur waren. Aber wir weisen die Vorstellung zurück, dass das Wort, ungeachtet der sich verändernden Kulturen, für spätere Generationen irrelevant sei. Die Weisungen des Apostels Paulus in 1. Kor. 14,33-38 und 1. Tim. 2,12-14 haben in der christlichen Gemeinde Gültigkeit.

Es mag manche Ausnahmen zu obiger Position geben. Debora war solch eine Ausnahme; sie wurde gebraucht, weil in ihrer Zeit keine starken Männer da waren. Dennoch war Debora ein Beispiel für eine Frau, die sich unterordnet; sie versuchte Barak zu überzeugen, die Sache in die Hand zu nehmen (Richter 4, 9).

Wir sollten demütig sein und uns vor der Schrift beugen, gleichgültig, wie schwer uns das fällt.

33

Engel: Ihre Aufgabe und Existenz heute

Einleitung

A. Warum eine theologische Untersuchung zum Thema *Engel*?

1. Es ist ein biblisches Thema, mit weit mehr Referenzstellen in der Schrift als viele Leute vermuten.
2. Es ist ein aufbauendes Thema, weitaus spannender als wir dies uns oftmals vorstellen.

B. Das Wort Engel kommt 186-mal im Neuen Testament vor und mehr als 100-mal im Alten Testament.

1. *Das griechische Wort* angelos *bedeutet »Bote«.*
2. *An vielen Stellen in der Bibel erscheinen Wesen, die eigentlich Engel sind, auch wenn das Wort Engel selbst nicht gebraucht wird.*
   (a) Cherubim (1. Mose 3, 24).
   (b) Seraphim (Jes. 6, 2).
   (c) »ein Mann« (1. Mose 32, 24; Jos. 5, 13).
   (d) »feurige Wagen« (2. Kön. 6, 17).
   (e) »Mächte« oder »Herrschaften« oder »Gewalten« (Kol. 1, 16).

1 Engel sind Geschöpfe Gottes (Neh. 9,6; Kol. 1,16).

A. Sie sind im strikten Wortsinn zwar nicht ewig, aber unvergänglich.

1. Das Wort ewig bedeutet, dass etwas keinen Anfang hatte.
2. Nur Gott ist ewig.

B. Engel hatten also einen Anfang — sie wurden geschaffen.

1. *Wir wissen nicht, zu welchem Zeitpunkt nach 1. Mose 1, 1 die Engel geschaffen wurden.*
   (a) Sie mögen durchaus im Wort Himmel[1] eingeschlossen sein, einem Wort, das auch gebraucht wird, um Sterne, Planeten etc. zu bezeichnen.
   (b) Sie wurden wahrscheinlich vor der Welt und der Menschheit geschaffen.
       (1) In 1. Mose 1, 1-2, 4 werden keine Engel erwähnt.
       (2) In der Bibel erscheinen sie zum ersten Mal in 1. Mose 3, 24 — nach dem Sündenfall.

2. *Engel waren vermutlich die ersten geschaffenen Wesen.*
   (a) Das bedeutet, dass zu einem bestimmten Zeitpunkt nur unser trinitarischer Gott und Engel existierten.
   (b) Da wir jedoch gefährlich nahe an den Rand von Spekulation kommen, tun wir wohl daran, zwei Dinge im Gedächtnis zu behalten:
       (1) Wo die Schrift redet, reden wir; wo die Schrift schweigt, schweigen wir.
       (2) Wenn wir spekulative Aussagen machen, müssen wir das zu erkennen geben — und zugestehen, dass wir nicht mit der Autorität der Schrift sprechen können.

---

[1] Im Englischen (wie im Hebräischen) steht hier ein Pluralwort: *heavens (schamajim)*.

C. Was wir wissen: Engel wurden von Gott geschaffen.

1. Sie dürfen daher nicht angebetet werden (Off. 19,10; 22,8-9).
2. Sie selbst sind dem einen und einzigen Gott untergeordnet.

2 Es gibt zwei Arten von Engeln: gefallene und nicht-gefallene

A. Gefallene Engel (2. Petr. 2,4; Jud. 6)

1. *Manche Engel haben gesündigt.*
   (a) Es wird angenommen, dass der oberste Engelsfürst Luzifer genannt wurde (AV), »Morgenstern, Sohn der Morgenröte« (Jes. 14,12).
      (1) Möglicherweise wurde Jesaja ein bis dahin einmaliger Einblick in den Fall des obersten Engels gewährt, den wir als Satan kennen.
      (2) Jesus mag sich auf dasselbe Ereignis bezogen haben, als er sagte: »Ich sah Satan wie einen Blitz vom Himmel fallen!« (Lk. 10,18)
   (b) Offenbarung 12,3-4 spiegelt möglicherweise den Fall Satans wider (vgl. Off. 12,7-10).
      (1) Falls diese Annahme zutrifft, scheint ein von Satan angeführter Aufstand gegen Gott bei einem Drittel der Engelwesen erfolgreich gewesen zu sein.

2. *Manche Engel haben »die Grenzen ihrer von Gott verliehenen Vollmacht nicht anerkannt« (Judas 6).*
   (a) Demnach waren sie, als sie geschaffen wurden, in einem nicht-gefallenen Zustand.
      (1) Dies wäre also ihre ursprüngliche »Autoritätsposition«[2] gewesen.

---

[2] Anm. d. Ü.: Der Autor zitiert hier die NIV mit »position of authority«; die neue Schlachterversion hat an dieser Stelle »Herrschaftsbereich«.

(2) Wir dürfen voraussetzen, dass sie diese Autorität hätten behalten können.

(b) Was sie taten, taten sie freiwillig und bewusst.

(1) Über ihr Motiv können wir nur spekulieren – vermutlich war es Stolz.

(2) Der Frage nach dem Ursprung des Bösen nachzugehen, ist immer unfruchtbare Spekulation!

(c) Was gehört nun zum Bereich der Spekulation:

(1) Wie viele Engel gefallen sind.

(2) Wie lange sie in ihrem nicht-gefallenen Zustand existierten.

(3) Der Gedanke von Augustinus, dass die Anzahl der Erwählten Gottes der Anzahl der gefallenen Engel entsprechen wird!

3. *Sie haben ihre endgültige Strafe noch nicht erhalten.*

(a) 2. Petrus 2, 4 sagt, dass sie in den *Tataus* geschickt worden waren. Viele übersetzen dieses griechische Wort (das im Neuen Testament nur an dieser Stelle vorkommt) mit »Hölle«[3].

(b) *Tartarus* bedeutet aller Wahrscheinlichkeit nach nicht den Ort der endgültigen Strafe.

(c) Es gibt mindestens zwei Möglichkeiten, 2. Petrus 2, 4 zu interpretieren:

(1) Dass Tartarus ein Name für die gefallene Geisterwelt ist, die innerhalb der von Gott gesetzten Grenzen noch immer lebendig und aktiv ist.

(2) Dass nur manche der gefallenen Engel in den Tartarus geschickt worden waren.

(d) Die Bestrafung Satans ist in mancher Hinsicht mit der Bestrafung des Menschen vergleichbar.

(1) Satan wurde aus dem Himmel geworfen, aber ihn erwartet noch sein endgültiges Urteil bzw. Schicksal (Off. 12, 12; 20, 10).

---

[3] Die neue Schlachterversion übersetzt *Tartarus* mit »Abgrund«.

(2) Der Mensch wurde mit dem Tod bestraft, aber ihn erwartet noch sein endgültiges Urteil (Röm. 6, 23; Off. 20, 15).

(3) An gefallene Engel erging keine Verheißung, erlöst zu werden, nur an die Menschen!

4. *Gefallene Engel sind auch als Dämonen, böse Geister oder Autoritäten und Mächte bekannt* (Eph. 6, 12).

(a) Sie existieren, um zu quälen und zu bedrücken (2. Tim. 2, 26).

(b) Manchmal wohnen sie in Gottes Geschöpfen (Mk. 1, 23).

B. Nicht-gefallene Engel — welche diese Lektion hauptsächlich zum Gegenstand hat.

1. *Dies sind die Engel, die ihre erste Autoritätsposition bewahrt haben. Sie sind im geistlichen Kampf erfahren.*

2. *Sie werden auch als »auserwählte« Engel bezeichnet* (1. Tim. 5, 21).

3. *Sie sind stark und mächtig* (2. Thess. 1, 7; 2. Petr. 2, 11).

4. *Ihnen sind unterschiedliche Aufgaben zugeteilt; offensichtlich gibt es Engel, die größere Autorität oder eine herausragendere Stellung besitzen, z. B.:*

(a) Gabriel (Dan. 9, 21; Lk. 1, 19).

(b) Der Erzengel Michael (Judas 9; Off. 12, 7).

(c) Die Cherubim (1. Mose 3, 24).

(d) Die Seraphim (Jes. 6, 2).

5. *Eine der schwierigeren Fragen lautet: Inwiefern unterscheiden sich Engel überhaupt vom Heiligen Geist?*

(a) Inwiefern sie ähnlich sind:

(1) Sie stärken (1. Kön. 19, 5 - 8).

(2) Sie geben Einsicht (Dan. 9, 22).

(3) Sie beschützen (Ps. 34, 8; 91, 11).

(4) Sie sind zurückhaltend (Off. 19, 10).

(b) Inwiefern sie sich unterscheiden:

(1) Engel sind geschaffen (Kol. 1, 16).
(2) Engel dürfen nicht angebetet werden (Kol. 2, 18).
(3) Engel erfüllen die Menschen nicht; nur der Heilige Geist tut das (Eph. 5, 18).
(4) Engel sind nicht allwissend (Eph. 3, 10; 1. Petr. 1, 12).
(5) Engel werden gerichtet werden (1. Kor. 6, 3).
(6) Engel können zur selben Zeit nur an einem Ort sein (Ps. 34, 8).
(7) Engel sind nicht Gott wie dies der Heilige Geist ist.

6. *Sie schauen das Angesicht des Vaters* (Mt. 18, 10).

3 Die Aufgabe der Engel

A. Sie sind vollkommene Anbeter Gottes (Jes. 6, 2-3).

1. *Sie weisen jede Form von Anbetung ihrer selbst zurück* (Off. 19, 10).
2. *Sie haben Satans Rekrutierungsaktion bereits widerstanden.*
   (a) Denn dies sind Engel, die ihre Positionen bewahrt haben.
   (b) Höchstwahrscheinlich versuchte Satan, jeden einzelnen von ihnen auf seine Seite zu ziehen.

3. *Sie beten Jesus Christus an* (Heb. 1, 6).
4. *Sie können uns eine Menge über Anbetung lehren* (Ps. 148, 2).

B. Sie dienen Gott.

1. *Gott nennt sie seine Diener* (Heb. 1, 7).
   (a) Sie sind vollkommen gehorsam (Ps. 103, 20).
   (b) Was Gott sie zu tun schickt, tun sie (Dan. 6, 22; Apg. 12, 7-11.23).

C. Sie beschützen Gottes Volk (Ps. 34,8; 91,11).

1. Dies kann durchaus schon vor unserer Bekehrung seinen Anfang genommen haben (Heb. 1,14).
2. Wenn wir in den Himmel kommen, lässt Gott uns vielleicht den besonderen Engel sehen, den er uns in dieser Welt an die Seite gestellt hatte.

D. Sie haben in der Zukunft noch mehr zu tun.

1. *Sie geleiten uns in den Himmel, wenn wir sterben* (Lk. 16,22).
2. *Sie nehmen eine herausragende Stellung am Jüngsten Tag ein.*
   (a) Ein Erzengel wird die Wiederkunft Christi ankündigen (1. Thess. 4,16).
   (b) Sie werden die Auserwählten Gottes von überall auf der Erde her versammeln (Mt. 24,31).
   (c) Sie werden Jesus bei seiner Wiederkunft begleiten (Mt. 16,27; 25,31; 2. Thess. 1,7).

4 Der Dienst der Engel

A. Sie bewachten den Garten Eden (1. Mose 3,24).

B. Sie gaben ihre individuelle Persönlichkeit auf.

1. Sie werden als »Feuerflammen« bezeichnet (Ps. 104,4).
2. Sie können Winde werden (Ps. 104,4).
3. Der brennende Dornbusch, den Mose sah, war ein Engel (Apg. 7,30; siehe 2. Mose 3,2).
4. Sie treten als Fremde in Erscheinung (Heb. 13,2).

C. Sie übermittelten Mose das Gesetz Gottes (Apg. 7,38; Gal. 3,19; Heb. 2,2).

D. Ein oder mehrere Engel führten bei verschiedensten Gelegenheiten Gottes Willen für sein Volk aus:

1. In der Passahnacht und beim Durchzug durch das Rote Meer (2. Mose 12; 14,19).
2. Ein Engel erschien Gideon (Ri. 6,12).
3. Ein Engel erschien Simsons Eltern (Ri. 13,3-21).
4. Ein Engel erschien Elia (1. Kön. 19,5).
5. Bei der Rettung von Elisa (2. Kön. 6,16ff.).
6. Beim Sieg über Sanherib (Jes. 37,36).
7. Bei der Befreiung Daniels (Dan. 6,23).
8. Ein Engel erschien Zacharias (Lk. 1,11).
9. Ein Engel erschien Josef (Mt. 1,20).
10. Ein Engel erschien Maria (Lk. 1,26ff.).
11. Engel erschienen den Hirten auf dem Feld (Lk. 2,8-15).
12. Ein Engel erschien Petrus im Gefängnis (Apg. 12,7ff.).
13. Ein Engel erschien Paulus auf dem Schiff (Apg. 27,23).
14. Ein Engel erschien Johannes auf Patmos (Off. 1,1).
15. Engel dienten Jesus.
    (a) Nach seiner Versuchung in der Wüste (Mt. 4,11).
    (b) Im Garten Gethsemane (Lk. 22,43).

E. Sie nehmen an unserem Ergehen Anteil.

1. *Sie freuen sich, wenn ein Sünder Buße tut (Lk. 15,7.10).*
2. *Sie lernen von uns (Eph. 3,10).*
    (a) Wie Joseph Ton sagt, gibt es »verborgene Gründe für das Leid«.
    (b) Engel beobachten uns, um mehr über Gott zu lernen (1. Kor. 4,9).

3. *Sie greifen zumeist in Zeiten schwerer Bedrängnis ein.*

Schlussbemerkung

Es wäre ein Fehler, die Engel zu sehr ins Bewusstsein zu rücken oder sie zu sehr zu betonen. Ihr Dienst geschieht, um Gott zu verherrlichen, nicht um Aufmerksamkeit auf sich selbst zu ziehen.

Es wäre aber auch ein Fehler, ihre Bedeutung zu unterschätzen. Gott hat im Lauf der Geschichte in vielfältiger Weise Engel gebraucht, um seine Absichten und Ziele in der Welt voranzubringen. Wir sollten Gott für die Engel danken und für alle Formen, wie er sie gebraucht, um uns in unserem Leben als Christen zu helfen.

34
Der Teufel

Einleitung

A. Dies ist kein Thema, über das zu lehren ich mich sehne.

1. *Weil die Gefahr besteht, den Teufel ungebührlich zu profilieren.*
2. *Weil es den Interessen einiger Leute in die Hände spielt, die von diesem Thema übermäßig fasziniert sind.*
   (a) Der Teufel liebt es, wenn wir ihm Beachtung schenken, z. B. im Bereich des Okkulten oder durch reißerisch aufgemachte Filme.
   (b) Er mag es dagegen überhaupt nicht, wenn wir ihn als den entlarven, der er ist — oder wenn wir aufdecken, was für ein Ende er nehmen wird.

B. Wenn wir auf dieses Thema zu sprechen kommen, gibt es zwei Extreme.

1. *Wir schenken dem Teufel in sensationslüsterner Weise Beachtung.*
   (a) Er liebt die Art und Weise, wie er in Filmen dargestellt wird, die das Okkulte oder dämonische Besessenheit dramatisierend zur Schau stellen.
   (b) Er begrüßt jede Form von Okkultismus, insbesondere wenn er angebetet wird.
      (1) Okkult bedeutet: etwas, das — außer für die eingeweihten Personen — verborgen ist, z. B. Wahrsagerei, Zauberei, etc.
      (2) Je expliziter und offener okkulte Praktiken ausgeübt werden, desto besser für den Teufel, denn das fördert

den Unglauben gegenüber seinem Erzfeind, dem Herrn Jesus Christus.

(c) Wir könnten wenigstens zunächst vielleicht denken, dass seine offensichtliche Existenz und Macht einen logischerweise auch zum Glauben an Gott führen würde.

(1) Dies wird jedoch nur geschehen, wenn Gott selbst in souveräner Weise am Wirken ist.

(2) Der Einfluss Satans auf die, die vom Okkulten fasziniert sind, hindert sie daran, klar zu denken.

2. *Wir meiden das Thema völlig.*

(a) Der Teufel würde es vorziehen, wenn wir überhaupt nicht an seine Existenz glauben.

(1) Nicht an die Existenz des Teufels zu glauben ist das Werk des Teufels.

(2) Wenn jemand sinngemäß sagt: »Ich glaube nicht an die Existenz des Teufels als Person!«, dann können wir sinngemäß antworten: »Der Teufel hat bei dir schon Erfolg gehabt!«

(b) Im Großen und Ganzen zieht der Teufel es vor, im Hintergrund zu bleiben, aus Furcht, er könnte sich übernehmen und bloßgestellt werden.

C. Warum sich mit diesem Thema beschäftigen?

1. *Die Bibel spricht vom Teufel und so wird das Thema zwangsläufig zu einem wesentlichen Bestandteil der Theologie.*

2. *Wir müssen etwas von den »hinterlistigen Angriffen« (vgl. Eph. 6, 11) des Erzfeindes unseres Herrn, der auch unser Erzfeind ist, verstehen.*

3. *Wenn wir seine Vorgehensweise verstehen, können wir unnötige Schwierigkeiten vermeiden.*

(a) Die beste Weise, einer Krise zu begegnen, ist, sie vorauszusehen und sie zu umgehen.

(b) Satans Absichten und seine Handlungsweise zu kennen, wird uns eine Hilfe sein.

4. *Wir müssen erkennen, dass der Teufel ein besiegter Feind ist.*
   (a) Mit ihrer ständigen Beschäftigung mit dem Teufel scheinen viele ihm mehr Macht zuzuschreiben als Gott!
   (b) Sie liegen falsch. »Ihr aber gehört zu Gott, meine Kinder. Ihr habt euren Kampf gegen diese falschen Propheten bereits gewonnen, weil der Geist, der in euch lebt, größer ist als der Geist, der die Welt regiert.« (1. Joh. 4, 4)

5. *Wir müssen erkennen, dass die endgültige Niederlage des Teufels bereits besiegelt und er zu unaufhörlicher Strafe verurteilt ist.*
   (a) Er weiß, dass er nur wenig Zeit hat (Off. 12, 12).
   (b) Er weiß um sein Ende (Mt. 8, 29; Off. 20, 10).

6. *Wir sollten auch wissen, dass der Teufel hinter jedem Irrglauben bzw. hinter jeder Religion steckt und dazu verleiten will, nicht Jesus Christus die Ehre zu geben.*
   (a) Dies schließt die Sekten ein (z. B. die Zeugen Jehovas, die Mormonen).
   (b) Dies schließt alle nichtchristlichen Religionen ein.
   (c) Dies trifft ganz offensichtlich auf die New-Age-Bewegung zu.

1 Der Ursprung des Teufels

A. Die Bibel spricht über den Ursprung des Teufels nicht so klar, wie wir es gerne hätten.

1. *Aus diesem Grund müssen wir zufrieden sein mit dem, was wir haben, und uns vor Augen halten, dass Gott uns in der Bibel alles mitgeteilt hat, was wir wissen müssen.*
   (a) Wir sollten nie unseren Grundsatz vergessen: Wo die Schrift redet, reden wir, wo die Schrift schweigt, schweigen wir.
   (b) Wir müssen unfruchtbare Spekulationen vermeiden.

2. *Wir werden zunächst darlegen, was unzweifelhaft klar ist, und dann auf das zu sprechen kommen, was wahr zu sein scheint.*

B. Gott schuf den Teufel (Kol. 1,16-17).

1. *Der Teufel hatte demnach einen Anfang und dieser Anfang kommt von Gott — genauer gesagt, von Christus.*

2. *Dies müssen wir im Gedächtnis behalten, falls uns jemals vorgehalten wird, wir würden einen Dualismus, d. h. eine Lehre vertreten, derzufolge Gut und Böse zwei nebeneinander bestehende, gleich ewige Prinzipien sind.*
   (a) Wir vertreten keinen Dualismus.
   (b) Der Teufel hatte einen Anfang.

3. *Der Teufel wurde jedoch von Gott nicht als der geschaffen, der er jetzt ist, sondern als der, der er war, ehe er böse wurde.*
   (a) Aber dies grenzt schon an Spekulation.
   (b) Wir können nicht mit Sicherheit sagen, wie der Teufel böse wurde.

C. Was wahr zu sein scheint:

1. Satan war einst bekannt als »Luzifer, Sohn der Morgenröte« (AV) oder als »Morgenstern, Sohn der Morgendämmerung« (Jes. 14,12).

2. Er erhob sich gegen Gott: »Ich will zum Himmel emporsteigen und meinen Thron über die Sterne Gottes erhöhen; ... ich will ... dem Allerhöchsten gleich sein!« (Jes. 14,13-14)

3. Er wurde aus dem Himmel vertrieben und in den Tartarus[1] hinabgeworfen (Jes. 14,15; 2. Petr. 2,4).

D. Was mit Sicherheit wahr ist:

1. *Satan ist jetzt als ein gefallener Engel zu betrachten.*

---

[1] Zu *Tartarus* siehe unter D. 4. und vgl. Kapitel 33, 2 A. 3. (a-c).

2. *Er nahm eine Reihe von Engeln mit sich* (2. Petr. 2, 4; Jud. 6).

    (a) Offenbarung 12, 3-4 spiegelt möglicherweise den Fall des Satans wider (vgl. Off. 12, 7-10).

3. *Satan sind von Gott gewisse begrenzte Befugnisse gegeben worden.*

4. *Satan ist jetzt noch nicht in der Hölle.*

    (a) Dass er in die »Hölle«[2] (Griechisch *tartarus*) hinabgeworfen wurde, ist nicht gleichbedeutend mit dem endgültigen Verdammnisurteil, das ihn erwartet (welches noch aussteht und von dem Offenbarung 20, 10 spricht).

    (b) Mit *Tartarus* ist vermutlich der Bereich der geistlichen Welt gemeint, in dem der Satan operiert, sodass er auch bezeichnet wird als: (1) »der Herrscher des Reiches der Luft« (Eph. 2, 2[3]); (2) »der Herrscher [Fürst] dieser Welt« (Joh. 12, 31); (3) »der Gott dieser Welt [Weltzeit]« (2. Kor. 4, 4).

5. *Satan ist nach Gott der Zweitgrößte an Macht und Weisheit, aber er kann nichts ohne Gottes Erlaubnis tun!* (Hiob 1)

    (a) Jonathan Edwards weist uns darauf hin, dass der Satan im höchsten Himmel ausgebildet wurde!

    (b) Von daher kennt Satan die Theologie in- und auswendig und kennt die Bibel von vorne bis hinten, weshalb er sie auch so frei zitieren kann (Mt. 4, 6).

2 Namen und Beschreibungen des Teufels

A. Namen:

1. Satan, was »Ankläger«, oder »Widersacher«, bedeutet (1. Chr. 21, 1; Hiob 1, 6-12).

2. Abaddon (hebräisch) oder Apollyon (griechisch), was »der Zerstörer« bedeutet; »der Engel aus dem Abgrund« [Lu84: der Engel des Abgrunds] (Off. 9, 11).

---

[2] So ältere Übersetzungen des Glaubensbekenntnisses und auch manche Bibelübersetzung, z. B. Lu84.

[3] Übersetzung nach dem englischen Text (NIV).

3. Beelzebub, was »der Herrscher über die Dämonen« bzw. »der Oberste der Dämonen« bedeutet (Mt. 12,24).
4. Belial, was »wertlos« bedeutet (2. Kor. 6,15).

B. Beschreibungen:

1. Der Oberste der Dämonen (Mt. 12,24).
2. Der Herrscher des Luftreiches (Eph. 2,2).
3. Der Fürst dieser Welt (Joh. 12,31; 14,30).
4. Der Gott dieser Weltzeit (2. Kor. 4,4).
5. Der Versucher (1. Thess. 3,5; vgl. 1. Kor. 7,5).
6. Der Verkläger der Brüder (Off. 12,10).
7. Ein Lügner und der Vater der Lüge (Joh. 8,44).
8. Eine Schlange (1. Mose 3,1; vgl. 2. Kor. 11,3).
9. Ein Engel des Lichts (2. Kor. 11,14).
10. Ein brüllender Löwe (1. Petr. 5,8).

3 Charakter und Ziele des Teufels

A. Die wesentlichen Charakterzüge des Teufels sind Heimtücke, Bosheit, und ein gegen Gott und uns Menschen gerichteter eiskalter, bitterer Hass, der jede irdische Vorstellung übersteigt.

1. *Er empfindet nichts als Verachtung für uns.*
2. *Wir dürfen kein Mitleid mit dem Teufel haben und nie seinen Eifer unterschätzen, mit dem er uns mit allen ihm zur Verfügung stehenden Mitteln zugrunde zu richten sucht.*
Beispiele: (a) Versuchung; (b) Zerrüttung und Scheidung von Ehen; (c) Spaltungen von Gemeinden; (d) Zerstören von Freundschaften; (e) manchmal Krankheit.

B. Er hat seine eigene Persönlichkeit.

1. Er ist unverschämt und anmaßend (Hiob 1, 6-11; Mt. 4, 5-6).
2. Er ist stolz (1. Tim. 3, 6[4]).
3. Er ist mächtig (Eph. 2, 2; 6, 12).
4. Er ist böse (1. Joh. 2, 13).
5. Er ist schlau und listig (2. Kor. 11, 3).
6. Er ist falsch und betrügerisch (2. Kor. 11, 4; Eph. 6, 11).
7. Er ist wild und grausam (Lk. 8, 29; 9, 39.42; 1. Petr. 5, 8).

C. Er existiert, um gegen Gott und uns zu kämpfen.

1. Er führte den Sündenfall der Menschen herbei (1. Mose 3, 1ff.).
2. Er belog Eva (1. Mose 3, 4).
3. Er versuchte Jesus, in der Hoffnung, ihn zu zugrunde zu richten (Mt. 4, 1-11; vgl. Lk. 4, 29).
4. Er begehrte, Petrus zugrunde zu richten (Lk. 22, 31).
5. Er verdreht die Schrift (Mt. 4, 6; vgl. 1. Mose 3, 1).
6. Er stellt sich dem Werk Gottes entgegen (1. Thess. 2, 18).
7. Er behindert das Evangelium (2. Kor. 4, 4).
8. Er vollbringt betrügerische Wunder (2. Thess. 2, 9).
9. Er »reizte David, Israel zählen zu lassen« (1. Chr. 21, 1).
10. Er trat gegen den Hohen Priester Josua auf (Sach. 3, 1).

D. Hierarchie der dämonischen Mächte

1. *Dieser Abschnitt ist ein wenig spekulativ, aber aus der Schrift können wir Folgendes ableiten:*
   (a) In Gottes heiligem Herrschaftsbereich gibt es Erzengel (Judas 9) und Engel mit besonderen Aufgaben (Lk. 1, 19).
   (b) Es scheint nahe liegend, dass es im Herrschaftsbereich des Bösen eine ähnliche Aufteilung gibt.

---

[4] NIV: »... or he may become conceited and fall under the same judgment as the devil.«

2. *Dies setzt voraus, dass Satan, als er sich gegen Gott erhob und Mitstreiter zu rekrutieren suchte, auch einige führende Engelwesen für sich gewann.*

(a) Wenn das zutrifft, dann ist es möglich, dass manche gefallenen Engel mächtiger sind als andere.

(b) Dies scheint zumindest bei einer Begebenheit der Fall gewesen zu sein (Mk. 9, 29).

4 Strategie und Vorgehensweise des Teufels

A. Dass wir in der Gnade wachsen und Gott immer besser kennen lernen, erweist sich unter anderem darin, dass wir uns der Verhaltens- und Vorgehensweisen Satans bewusst werden.

1. Paulus hebt die Wichtigkeit gegenseitiger Vergebung hervor, »damit der Satan uns nicht überlistet. Schließlich kennen wir seine Fallen und Tricks nur zu gut.« (2. Kor. 2, 11)

2. Wir müssen uns seiner Absichten und Wege bewusst sein, damit wir nicht von ihm überrascht werden.

B. Im Folgenden sind einige der bekanntesten Vorgehensweisen Satans aufgeführt, mit denen er versucht, Gottes Plan zu durchkreuzen und gegen uns zu arbeiten:

1. *Er verblendet die Unbekehrten, um sicherzustellen, dass sie in ihrem Zustand des Verlorenseins bleiben* (2. Kor. 4, 4).

2. *Er führt in Versuchung* (Mt. 4, 1).

(a) Es gibt zwei Quellen der Versuchung:
(1) Das Fleisch (Jak. 1, 13ff.).
(2) Der Teufel (1. Thess. 3, 5).

(b) Wenn der Teufel uns versucht, wird er geschickt unsere persönlichen Schwachpunkte ausnutzen; zum Beispiel: Sex;

Liebe zum Geld; Ehrsucht; Unglaube; Ängste; tiefe Verletzungen; Mangel an theologischem Wissen; Ehrgeiz; Unfähigkeit zu vergeben; persönliche oder kulturelle Unterschiede.

(c) Satan lässt Ereignisse, Leute und Zeitumstände zusammenkommen, damit alles nach Vorsehung aussieht — sodass es den Anschein hat, Gott sei am Werk.

3. *Er legt uns Hindernisse in den Weg, damit wir denken, Gott sei am Werk:* »Wir wären so gern gekommen, und ich, Paulus, habe es auch immer wieder versucht, aber der Satan hat es nicht zugelassen.« (1. Thess. 2, 18)

4. *Er gibt sich als Mann oder Diener Gottes aus:* »Doch das überrascht mich nicht! Selbst der Satan gibt sich als Engel des Lichts aus.« (2. Kor. 11, 14)

(a) Dies könnte ein Diener des Evangeliums sein.

(b) Dies könnte eine Person mit einer außergewöhnlichen Gabe sein.

(c) Dies könnte eine Person sein, die den Anschein erweckt, geistlich zu sein.

5. *Er zitiert die Schrift* (Mt. 4, 6).

(a) Satan kennt die Bibel sehr genau. Seien wir also nicht überrascht, wenn uns gerade dann ein Vers in den Sinn kommt, wenn wir in der Versuchung stehen, etwas Fragwürdiges zu tun!

6. *Er kommt an wie ein Löwe* (1. Petr. 5, 8).

(a) Das Brüllen des Löwen ist ein Bluff!

(b) Der Löwe brüllt, um in uns den Gedanken hervorzurufen, wir seien bereits so gut wie besiegt und für eine Rettung sei es zu spät.

(c) In der alltäglichen Erfahrung könnte dies etwa so aussehen:
(1) Er nutzt geschickt einen schwachen Punkt in uns aus (z. B. wenn wir müde und erschöpft sind, oder wenn wir schon einen schlechten Tag hinter uns haben, oder wenn

wir unsere Schlüssel verloren haben), indem er uns zu unbedachten Bemerkungen veranlasst. Dies wiederum löst bei Anderen eine Kettenreaktion aus.

(2) (a) Eine Gefühl von Panik kommt auf. (b) Eine Furcht, wir könnten es nun schon verscherzt haben, setzt ein, sodass wir es tatsächlich verscherzen werden. (c) Die Gefühle der Anderen sind verletzt und sie wollen jetzt nicht mehr mit uns reden.

C. Der Unterschied zwischen Besessenheit und dämonischer Belastung.

1. *Dämonische Besessenheit liegt vor, wenn Satan die Herrschaft in einer Person bekommt.*

    (a) Das bedeutet, dass die betreffende Person sich selbst nicht unter Kontrolle hat.

    (1) Es kann sich um mehrere Dämonen handeln (Lk. 8, 30; vgl. Mk. 16, 9).

    (2) Es kann sich um einen Dämon handeln (Mk. 1, 23).

    (3) Es kann sich um sehr starke Dämonen handeln (Lk. 9, 40).

    (b) Dämonische Besessenheit war es zum Teil auch, was dem Verrat Jesu durch Judas zugrunde lag.

    (1) Judas hatte eine Schwäche für Geld (Mk. 14, 10ff.; Joh. 12, 3-6).

    (2) Aber eigentlich ergriff Satan Besitz von Judas (Lk. 22, 3).

    (c) Das kann selbst einem bekennenden Christen geschehen (Apg. 5, 3).

2. *Dämonische Belastung liegt vor, wenn Satan die Kontrolle zu übernehmen scheint, dies aber außerhalb unsrer selbst tut* (2. Tim. 2, 26).

    (a) Das geschieht, wenn Satan unsere Schwachpunkte ausnutzt und einen Vorschlag macht, den wir aufgreifen.

    (b) Alle oben aufgezählten Schwächen, besonders die der Furcht, stellen Einfallstore für dämonische Belastung dar.

5 Einige allgemeine Beobachtungen, was den Teufel betrifft

A. Die Hölle wurde für ihn bereitet (Mt. 25,41).

B. Seine Strategie besteht darin, uns anzugreifen – was Paulus den »Tag des Bösen« [Lu84: bösen Tag] nennt (Eph. 6,13) – und uns dann für einige Zeit in Ruhe zu lassen (Lk. 4,13).

C. Der Teufel übernimmt sich (1. Kor. 2,8).

1. Sich übernehmen: Fehler machen, weil man zu ehrgeizig ist.
2. Satan bringt durch seine Attacken unwissentlich Gottes Reich voran (2. Kor. 12,7-10).

D. Eine der Bitten im Vaterunser ist: »Führe uns nicht in Versuchung, sondern erlöse uns von dem Bösen.« (Mt. 6,13)

1. Mit »dem Bösen« (Mt. 6,13) meinte Jesus den Teufel.
2. Wir sollten darum beten, dass uns Satans Angriffe erspart bleiben, aber auch an Folgendes denken: Wenn Gott einen Angriff zulässt, dann bedeutet das, dass wir diesem auch gewachsen sind (1. Kor. 10,13).

E. Wir können dem Teufel widerstehen (Jak. 4,7; 1. Petr. 5,8).

1. Wenn uns ein Vorschlag gemacht wird, der im Widerspruch zum geoffenbarten Willen Gottes in der Bibel steht, dann weigern wir uns, darauf einzugehen.

2. Wenn wir erregt sind, sprechen wir nicht weiter, denn es wird so gut wie sicher falsch herauskommen, und nachher wird es uns Leid tun.

3. Wenn wir versucht werden, dann denken wir an Folgendes:
   (a) Wir widerstehen ihm, und wir werden uns gut fühlen.
   (b) Wir geben ihm nach, und wir werden uns schrecklich fühlen.

4. Ein Ratschlag von William Perkins (gestorben 1602) lautete: »Glaube nie dem Teufel, selbst wenn er die Wahrheit sagt.«

Schlussbemerkung

Der Teufel ist ein besiegter Feind. Er weiß, dass Gott Sieger ist, und er weiß, dass seine Zeit abläuft. Bis es jedoch soweit ist, versucht er mit allen Mitteln, die Gläubigen zur Sünde zu verführen und die Verlorenen zu verblenden, sodass sie Gott nicht erkennen können. Eines aber sollten wir nie vergessen: Der Teufel kann nur so weit gehen, wie Gott es zulässt.

35
Geistlicher Kampf

Einleitung

A. Dieses Kapitel ergibt sich folgerichtig aus dem vorhergehenden Kapitel über den Teufel und knüpft daran an. Eine Reihe von Punkten sind überaus wichtig für das Thema »geistlicher Kampf«.

1. *Satan ist lebendig und wohlauf, auch wenn sein Untergang und seine endgültige Verurteilung ganz gewiss sind.*
2. *Bis dahin besteht sein Dasein darin, so viel Schaden wie nur möglich anzurichten, um zu verhindern, dass Gott mit seinem Werk zum Ziel kommt.*
3. *Auch wenn er ein besiegter Feind ist, so ist ihm doch ein von Gott selbst gesetzter und damit begrenzter Handlungsspielraum gegeben.*
4. *Deshalb sollten wir folgende Wahrheiten immer im Auge behalten:*
   (a) Satan kann nur so weit gehen, wie Gott es zulässt.
   (b) Seine Freiheit, uns anzugreifen, ist begrenzt.
   (c) 1. Korinther 10, 13 ist *immer* von Bedeutung, wenn es um geistlichen Kampf geht: »Vergesst nicht, dass die Prüfungen, die ihr erlebt, die gleichen sind, vor denen alle Menschen stehen. Doch Gott ist treu. Er wird die Prüfung nicht so stark werden lassen, dass ihr nicht mehr widerstehen könnt. Wenn ihr auf die Probe gestellt werdet, wird er euch eine Möglichkeit zeigen, trotzdem standzuhalten.«

5. *Wenn wir lernen, wie wir den geistlichen Kampf zu führen haben, wenn Satan angreift, werden wir Folgendes feststellen:*
   (a) Er wird sich übernehmen.

(b) Er wird unwissentlich genau jenem Ziel entgegenarbeiten, das er zu verhindern hoffte.

(c) Wir selbst werden nach bestandenem Kampf besser dran sein als zuvor – und in geistlicher Hinsicht weitergekommen sein.

B. Geistlicher Kampf: unsere Reaktion auf die Angriffe Satans – im Heiligen Geist.

1. *Es wird als geistlicher Kampf bezeichnet, weil es sich nicht um eine natürliche, sondern um eine übernatürliche und von daher geistliche Auseinandersetzung handelt.*

   (a) Dabei handelt es sich nicht einfach nur um einen Angriff des »Fleisches« – was etwas Natürliches wäre.

   (b) Der Angriff des Teufels ist eine übernatürliche Angelegenheit. Sie liegt damit jenseits der natürlichen Ebene. Die einzige Verteidigung, die uns bleibt, muss ebenfalls übernatürlich sein. Sie geschieht durch den Heiligen Geist.

2. *Geistlicher Kampf besteht in unserer Reaktion auf den Teufel, nicht in unserer Initiative, ihn anzugreifen.*[1]

C. Warum sollten wir uns mit dem Thema »geistlicher Kampf« befassen?

1. *Weil das, was wir im vorhergehenden Kapitel über den Teufel gelernt haben, in unserem täglichen Leben als Christ Anwendung finden muss.*

2. *Wir dürfen nicht zu Menschen werden, die einerseits Experten in Sachen Teufel, andererseits aber in ihrem Leben als Christen selbstzufrieden sind, wenn Satan uns angreift – was er gewiss tun wird.*

3. *Es gibt ein weitverbreitetes, oft aber ungesundes Interesse an diesem Thema. Vergleichbar ist dieses dem Interesse an Zeichen und Wundern.*

(a) Wir müssen uns vor der Vorstellung hüten, einfach so geistliche Kampfführung machen zu können.

(b) Ich fürchte, viele machen geistliche Kampfführung, die nicht kompetenter sind als die sieben Söhne des Skevas, die sich für das Maß ihrer Inkompetenz einen Namen gemacht hatten (Apg. 19, 14ff.).

(1) Sie zogen umher und trieben Dämonen aus.

(2) Sie gebrauchten dabei den Namen Jesu, des Herrn, zusammen mit dem des Paulus.

(3) Einmal antwortete der böse Geist: »Ich kenne Jesus und ich kenne Paulus. Aber wer seid ihr?« (Apg. 19, 15)

(4) Sie wurden überwältigt und flohen »nackt und verletzt«. (Apg. 19, 16).

4. *Es gibt ein begründetes Unterfangen, welches mit Recht als »geistlicher Kampf« bezeichnet werden kann.*

(a) Es muss sorgfältig geprüft werden.

(b) Falsch verstanden und angewendet, wird der »geistliche Kampf« »nackte und verletzte« Leute hinterlassen, die am Ende schlechter dran sind, als bevor sie in die ganze Sache verwickelt wurden.

5. *Durch ein angemessenes Verständnis dieses Themas werden wir stärker denn je und besser ausgerüstet für unser Leben als Gläubige.*

---

[1] Es ist anzunehmen, dass der Autor hier fragwürdige Formen geistlichen Kampfes im Blick hat, etwa, wenn durch geistliche Kriegsführung ganze Gegenden von Dämonen befreit werden sollen. Solches ist in der Tat abzulehnen. Aber bei weitem nicht alle seriösen Theologen vertreten die vollständig ablehnende Haltung R. Kendalls. Sie verweisen darauf, dass Evangelisation geistlicher Kampf ist. Auch widerspreche der Vergleich Jesu der Ansicht Kendalls: »Man kann nicht in das Haus eines starken Mannes eindringen und ihn berauben, ohne ihn zuerst zu fesseln.« (Mk. 3, 27)

1 Geistlicher Kampf ist immer und ausschließlich Verteidigung (Eph. 6,10-18)[2]

A. Geistlicher Kampf besteht nie und nimmer darin, die Initiative zu ergreifen oder gar zu versuchen, den Teufel an seinem Werk zu hindern.

1. *Wenn Satan nicht angreift, sollen wir den übernatürlichen Herrschaftsbereich Satans in Ruhe lassen.*
2. *Wenn wir nach Problemen Ausschau halten, werden wir welche finden!*
   (a) Das Schlimmste, was wir tun können ist, einen Streit mit dem Teufel vom Zaun zu brechen.
   (b) Diejenigen, die im geistlichen Kampf aktiv werden, rütteln den Teufel wach. Dabei ist es gleichgültig, ob dies in Form einer Gebetsversammlung oder eines Marsches geschieht, oder indem sie anfangen, dem Teufel zu gebieten, ehe der Teufel wachgerüttelt ist.
      (1) Ein Marsch für Jesus ist eine wunderbare und ehrenvolle Sache.
      (2) Aber ein Marsch, der Satans Streitmacht angreift, wird kontraproduktiv sein.
      (3) Zu befürchten ist, dass manche Personen unterschätzen, wie mächtig und rachsüchtig Satan ist.
      (4) Der Dienst eines internationalen Leiters wurde fast zugrunde gerichtet, weil er zum Angriff überging, ehe er selbst angegriffen wurde.

---

[2] Auch hierzu gibt es unter seriösen Theologen eine andere Ansicht, siehe dazu die voranstehende Fußnote.

B. **Epheser 6,13 bestätigt die defensive Natur der geistlichen Waffenrüstung: »Bedient euch der ganzen Waffenrüstung Gottes. Wenn es dann soweit ist, werdet ihr dem Bösen widerstehen können und noch aufrecht stehen, wenn ihr den Kampf gewonnen habt.«**

1. *Eine Rüstung ist eine streng defensiv ausgerichtete Kleidung.*
   (a) Niemand trägt eine Rüstung oder einen Helm, wenn er nicht fürchtet, angegriffen zu werden.
   (b) Wir sollen allezeit, wie in Epheser 6 beschrieben, gekleidet und gerüstet sein – aber nicht deshalb, weil wir im geistlichen Kampf die Initiative ergreifen.

2. *Wir sind ausgerüstet, damit wir »wenn der Tag des Bösen kommt« (bzw. »der böse Tag«) unseren Platz behaupten können.*
   (a) Wir hoffen, dass der Tag des Bösen so lange wie möglich ausbleibt.
      (1) Er wird bald genug kommen.
      (2) Wir werden nicht danach Ausschau halten müssen.
   (b) Deshalb halten wir uns bereit.
      (1) Der Teufel wird früher oder später kommen.
      (2) Dann erst nehmen wir die Verteidigung auf.

3. *Manche benutzen das Sprichwort: Angriff ist die beste Verteidigung.*
   (a) Das gilt für den Sport oder für Spiele, denn in solchen Fällen sind beide Gegner ebenbürtig.
   (b) Aber es gilt nicht für den geistlichen Kampf.
      (1) Kein einziger von uns ist dem Teufel gewachsen.
      (2) Wenn der Satan uns angreift, sind wir ihm nur gewachsen, weil Christus uns zur Seite steht und uns hilft. Dann, und nur dann, können wir aus dem Kampf als Sieger hervorgehen.
   (c) Greifen wir ihn an, wenn er sich sozusagen relativ ruhig verhält, wird er uns völlig lächerlich machen.
   (d) Christus überlässt uns möglicherweise uns selbst, wenn wir den Angriff fortsetzen.

4. *Manche sagen möglicherweise dem Sinne nach:* »*Wenn wir auf den Angriff des Teufels warten müssen, bevor wir im geistlichen Kampf aktiv werden, werden wir eine lange Zeit warten können.*«

(a) Darauf ist zu antworten: »Wenn es nur so wäre! Aus diesem Grund hat Jesus uns gelehrt, zu beten: Führe uns nicht in Versuchung, sondern erlöse uns von dem Bösen« (Mt. 6, 13) (im Griechischen ist hier »der Böse« gemeint).

(1) Wir sollten hoffen, unbegrenzt lange verschont zu werden.

(2) Leider ist es nicht so; der Teufel wird eher früher als später aufkreuzen.

(b) Es gibt im Grunde genommen zwei Möglichkeiten, in der Gnade zu wachsen:

(1) Die Art und Weise, wie wir auf Gott reagieren.

(2) Die Art und Weise, wie wir auf die Angriffe des Teufels reagieren.

(c) Wenn wir uns Gott hingeben, werden wir bereit sein, dem Teufel zu begegnen!

2 Regeln für den geistlichen Kampf

A. Seid stark in dem Herrn: »*Werdet stark durch den Herrn und durch die mächtige Kraft seiner Stärke.*« **(Eph. 6,10)**

1. *Paulus beginnt diesen Abschnitt mit dem Positiven.*

(a) Dies bedeutet, dass wir Gott so gut kennen werden, dass wir seinen und unseren Erzfeind sogleich erkennen, wenn er erscheint.

(b) Manche denken, der beste Weg, den Teufel zu bekämpfen, bestehe darin, mehr über den Bereich des Okkulten in Erfahrung zu bringen.

(1) Nein; der beste Weg, den Satan zu bekämpfen, besteht darin, für ihn bereit zu sein, indem wir Gott gut kennen und uns auf Gott verlassen.

(2) Je mehr wir uns mit dem Okkulten beschäftigen, desto anfälliger werden wir dafür.

2. *Wie wir stark werden im Herrn.*
   (a) Durch das Studium der Schrift.
   (b) Durch eine innige Beziehung zum Heiligen Geist.

B. Geistlicher Kampf ist immer defensiv ausgerichtet: »*Legt die ganze Waffenrüstung Gottes an, damit ihr allen hinterhältigen Angriffen des Teufels widerstehen könnt.*« (*Eph. 6,11*).

1. *Wir gehen nicht zum Angriff über; wir halten stand.*
   (a) Dies sollte uns nicht überraschen; zweimal werden wir aufgerufen, dem Teufel zu »widerstehen« (Jak. 4,7; 1. Petr. 5,8-9).
   (b) Wir können nur »widerstehen«, wenn wir angegriffen werden. Wir können nicht widerstehen, wenn wir selbst die Initiative ergreifen.

2. *Die Strategie des Teufels besteht darin, uns dort anzugreifen, wo wir schwach sind.*
   (a) Satans Hauptangriffswaffe ist unser Schwachpunkt, z. B.:
      (1) Ein unversöhnlicher Geist (vielleicht das einfachste Mittel, das der Teufel bei den Menschen gebraucht).
      (2) Furcht (der Teufel ist ein Experte darin, Ängste oder eine negative Erwartungshaltung geschickt auszunutzen).
      (3) Unkontrollierte sexuelle Neigungen (ein Mittel, um eine Gemeinde in Verruf zu bringen).
      (4) Stolz, welcher zum Beispiel mit leicht verletzbaren Gefühlen oder unerfüllten Ambitionen usw. in Zusammenhang stehen kann.
      (5) Unglaube, welcher sich in erster Linie gegen die Existenz Gottes und gegen die Verlässlichkeit der Schrift richten wird.

(b) Parallel dazu wird er die Personen gebrauchen, die uns nahe stehen und die auch unsere Schwachpunkte haben.
  (1) Unsere Ehegatten.
  (2) Unsere Mitbewohner.
  (3) Unser Pastor bzw. derjenige, der uns als geistliche Autorität übergeordnet ist.
  (4) Mitchristen.
(c) Wir haben zu beachten: Satan greift uns durch Leute und/oder Umstände an, die mit unseren Schwachpunkten in Verbindung stehen.

C. Wir haben zu bedenken: Unser einziger Feind ist der Teufel; nicht die Leute, die uns angreifen: *»Denn wir kämpfen nicht gegen Menschen aus Fleisch und Blut, sondern gegen die bösen Mächte und Gewalten der unsichtbaren Welt, gegen jene Mächte der Finsternis, die diese Welt beherrschen, und gegen die bösen Geister in der Himmelswelt.«* **(Eph. 6,12)**

1. *Der Teufel liebt es, wenn wir uns revanchieren, indem wir die Person attackieren, die uns kritisiert bzw. etwas an uns auszusetzen hat.*
  (a) Dies ist genau sein Ziel.
    (1) Der Teufel wird nicht seine Fußabdrücke hinterlassen, wenn es nach ihm geht.
    (2) Er will, dass wir eine Person angreifen, die der Teufel gut dazu gebrauchen kann, um uns in Misskredit zu bringen.
  (b) Wenn wir uns revanchieren und auf die andere Person mit dem Finger zeigen, geben wir dem Teufel selbst Raum.
    (1) Der Teufel wird uns dazu bringen, unseren Ehegatten, unserem Freund, unserem Pastor oder unserem Feind die Schuld zu geben oder Vorwürfe zu machen.
    (2) Das Ziel des Teufels ist es, unsere Ehe zu zerstören, unsere Gemeinschaft zu spalten und/oder Uneinigkeit zu verursachen.

2. *Im geistlichen Kampf kämpfen wir nicht mit »Fleisch und Blut«.*
   Dies bedeutet:
   (a) Es geht nicht darum, Menschen zu bekämpfen.
   (b) Es ist kein Kampf gegen das Fleisch.
   (c) Der Teufel *gebraucht* zwar beides; aber das Wesen des geistlichen Kampfes besteht darin, zu erkennen, dass unser wirklicher Feind der Teufel ist.

3. *Zu viele Christen kommen nie darüber hinaus, den Feind nur im Fleisch und Blut zu sehen.*

D. Wir müssen eine Strategie entwickeln: »Bedient euch der ganzen Waffenrüstung Gottes. Wenn es dann soweit ist, werdet ihr dem Bösen widerstehen können und noch aufrecht stehen, wenn ihr den Kampf gewonnen habt.« (Eph. 6,13)

1. *Satan hat seine eigene Strategie.*
   (a) Der Zeitpunkt. Er wird »der Tag des Bösen« (bzw. »der böse Tag«) genannt, obwohl der Teufel niemals schläft.
      (1) Dies kann ein Vierundzwanzig-Stunden-Tag sein.
      (2) Es kann sich um einen Zeitabschnitt handeln, der sich über Tage oder Monate erstreckt!
      (3) Es kann ein gemeiner Angriff sein, den wir nie vergessen werden.
   (b) Die Art und Weise:
      (1) Er merkt uns für einen Angriff vor, was wir zunächst nicht wissen.
      (2) Wenn die richtige Person auftaucht oder eine geeignete Situation da ist, nützt er geschickt unseren Schwachpunkt aus.
      (3) Er kann still und sanft daherkommen wie ein Engel des Lichts (2. Kor. 11, 14), sodass wir denken werden, es sei Gott, der hier redet.
      (4) Er kann lautstark daherkommen wie ein brüllender

Löwe (1. Petr. 5, 8), sodass wir denken werden, es gebe keine Hoffnung auf einen Sieg.

2. *Unsere Strategie muss vor Gott anerkannt sein. Deshalb kann ihre Grundlage nur das Wort Gottes sein. Denn in diesem sind seine Wege aufgezeigt. Wir können Gottes Wege nie verbessern.*

(a) Die richtige Kleidung: Angetan mit der ganzen Waffenrüstung Gottes. Ich selbst bete täglich darum, durch das Blut Jesu beschützt zu werden.

(b) Die richtige Position: »stehen«. Deshalb:

(1) Rennen oder gehen Sie nicht – stehen Sie einfach.

(2) Gehen Sie nicht rückwärts oder fallen Sie nicht zu Boden – stehen Sie einfach.

(c) Die richtige Theologie: »Sorgt dafür, dass ihr fest steht, indem ihr euch mit dem Gürtel der Wahrheit und dem Panzer der Gerechtigkeit Gottes umgebt.« (Eph. 6, 14)

(1) Die Lenden beziehen sich zum Teil auf den Sitz der Gefühle. Hier werden wir also gewarnt vor emotionalen Schwachpunkten.

(2) Das Herz ist der Sitz des Glaubens; demnach handelt es sich hier um eine Warnung vor Unglauben in Bezug auf Christi Blut und Gerechtigkeit.

(d) Die richtige Lebensführung: »... und die Füße gestiefelt mit Bereitwilligkeit, die aus dem Evangelium des Friedens kommt.«[3] (Eph. 6, 15)

(1) »Die Füße« stehen zum Teil für einen Wandel im Licht.

(2) »Bereitwilligkeit« gründet darin, zuverlässig und treu gewesen zu sein.

(e) Die richtige Reaktion: »Setzt den Glauben als einen Schutzschild ein, um die feurigen Pfeile des Satans abzuwehren.« (Eph. 6, 16)

---

[3] *Bereitwilligkeit, die aus dem Evangelium des Friedens kommt* – so nach dem englischen Text (NIV: »readiness that comes from the gospel of peace«); Schlachter: »Bereitwilligkeit für das Evangelium des Friedens«.

(1) Wir haben zu beachten: Der Schild dient zur Verteidigung!

(2) Dies spricht in erster Linie davon, dem Teufel zu widerstehen.

(f) Die richtige innere Einstellung: »Setzt den Helm eurer Rettung auf [Griechisch: den Helm des Heils] und nehmt das Wort Gottes, euer Schwert, das der Geist euch gibt.« (Eph. 6, 17)

(1) Der Helm schützt die Gedanken.

(2) Was ist die wichtigste Lehre? Die Lehre von der Rettung.

(3) Das Schwert des Geistes ist der richtige Gebrauch der Bibel, wenn wir angegriffen werden (vgl. Mt. 4, 7).

E. Beten im Geist: »Betet immer und in jeder Situation mit der Kraft des Heiligen Geistes. Bleibt wachsam und betet auch beständig für alle, die zu Christus gehören [Griechisch: die Heiligen].« (Eph. 6,18)

1. *Es gibt im Wesentlichen zwei Arten des Betens im Geist.*

   (a) Bewusst – wenn wir wissen, dass wir gemäß des Willens Gottes beten (1. Joh. 5, 14-15).

   (b) Unbewusst – wenn wir beten, aber nicht wissen, was Gottes Wille ist (Röm. 8, 26-27).

2. *Es ist in jedem Fall die Fürbitte, welches das Beten »für alle, die zu Christus gehören« [Griechisch: »die Heiligen«] einschließt.*

3 Fünf Merkpunkte zum geistlichen Kampf

A. Bedenken

1. *»Seid wachsam!« (1. Petr. 5, 8)*

2. *Wir vergessen leicht, dass der Teufel, welcher niemals schläft, immer nach einer Gelegenheit Ausschau hält, unseren Frieden zu stören.*

3. *Wenn die Dinge gut laufen:*
   (a) Das ist die Zeit, in der wir am leichtesten vergessen.
   (b) Es ist die beste Zeit für den Teufel, uns zu überraschen.
4. *Die größte Initiative, die uns im geistlichen Kampf erlaubt ist, ist zu bedenken, dass wir für einen satanischen Angriff vorgemerkt sind.*

B. Bereit sein

1. *Nochmals: »Seid wachsam!«*
2. *Wenn wir daran denken, dann können wir bereit sein.*
3. *Bereit zu sein bedeutet also:*
   (a) Wir werden überhaupt nicht überrascht sein, wenn wir angegriffen werden!
   (b) Wir werden gewiss sein, dass wir die richtige Kleidung haben, die richtige Position, Theologie, Lebensführung, und all die anderen Dinge, die wir in diesem Kapitel schon erörtert haben.

C. Erkennen

1. *Je früher wir den Teufel erkennen können, desto besser.*
   (a) Sonst werden wir vielleicht noch persönlich und zeigen mit dem Finger auf den anderen, und das will Satan.
   (b) Wenn wir erkennen, dass es der Teufel ist, haben wir keine Entschuldigung, wenn wir mit dem Finger auf jemand anders zeigen.

2. *Spiritualität kann so definiert werden: Der zeitliche Abstand zwischen dem Einsetzen des Angriffs und dem Erkennen des Angriffs als das, was er ist.*
   (a) Manche brauchen dazu vielleicht Monate, oder gar Jahre.
   (b) Andere brauchen vielleicht nur ein paar Minuten, oder Sekunden.

D. Zurückweisen

1. *Dies ist äußerst entscheidend. Wir weigern uns, die Anspielungen des Teufels ernst zu nehmen.*
   (a) Aber was ist, wenn es wahr ist, was er sagt? Antwort: »Glaube nie dem Teufel, selbst wenn er die Wahrheit sagt.« (William Perkins, gestorben 1602)
   (b) Aber was ist, wenn es in uns einen Fehler gibt, der erst korrigiert werden muss? Antwort: Wir geben den Fehler zu, ohne zuzulassen, dass Satan uns entmutigt.
      (1) Wir müssen lernen, Kritik anzunehmen, ohne zurückzuschlagen oder völlig am Boden zerstört zu sein.
      (2) Wir haben zu bedenken: »Eine friedliche Antwort besänftigt den Zorn.« (Spr. 15, 1)

2. *Das Wesen des Zurückweisens besteht in der Weigerung, die Anspielungen des Teufels anzuerkennen:*
   (a) Indem wir uns nicht darauf einlassen.
   (b) Indem wir uns nicht entmutigen lassen.

E. Widerstehen (Jak. 4,7; 1. Petr. 5,8-9)

1. *Der Teufel wird nicht damit aufhören, uns zu versuchen. Wir bleiben standhaft und widerstehen.*
   (a) Wenn er sieht, dass wir es ernst meinen, wird er uns in Ruhe lassen.
   (b) Solange wir schwach erscheinen, wird er weitermachen.

3. *Widerstehen: die Anspielungen des Teufels beharrlich zurückweisen.*
4. *Wenn wir widerstehen, wird das Ergebnis sehr erfreulich sein.*
   (a) Es zeigt, dass wir in der Gnade wachsen.
   (b) Es wird immer einen ganz eigenen Segen zur Folge haben.

Schlussbemerkung

Geistlicher Kampf besteht in unserer Reaktion auf die Kunstgriffe des Teufels (vgl. Eph. 6, 11), um Gottes Absichten in dieser Welt zu durchkreuzen und uns zur Sünde zu verführen. Die Initiative in diesem Kampf liegt immer beim Teufel, nie auf unserer Seite. Unser Teil besteht darin, ihm unter Einsatz der ganzen Waffenrüstung Gottes zu widerstehen und auf seinen Angriff vorbereitet zu sein. Wir müssen den Kampf nicht in unserer eigenen Kraft und Stärke führen, sondern in der Macht und Stärke unseres Retters, Jesus Christus, der den Sieg bereits errungen hat.

36

Der Lebensstil des Christen

Einleitung

A. Die Implikationen und Konsequenzen des Seins »in Christus«.

1. *»In Christus« zu sein konzentriert sich im Wesentlichen auf zwei Dinge:*
   (a) Unsere Gewissheit und alle Privilegien, die mit dem Christsein verbunden sind.
   (b) Das Verbundensein mit Christus (siehe Kapitel 19, Die Stellung des Gläubigen »in Christus«).

2. *Deshalb möchten wir zeigen, was dies sonst noch bedeutet.*
   (a) Was ist durch das Sein »in Christus« impliziert?
   (b) Was sind die Folgen des Seins »in Christus«?

3. *Deshalb werden wir jetzt uns auf den Lebensstil des Christen konzentrieren.*
   (a) Lebensstil: die Art und Weise, wie jemand lebt, seine *Lebensweise*.
   (b) Was also ist die Lebensweise einer Person, die »in Christus« ist?

B. Um mit dem christlichen Lebensstil zurecht zu kommen, müssen wir die andere Seite der Medaille sehen: Christus in uns.

1. *»In Christus« hat mehr mit unserer objektiven Beziehung zu Christus zu tun als mit unserer subjektiven Erfahrung.*

   (a) Es mag Ausnahmen geben:

       (1) »In Christus« kann sich auf die Bekehrung einer Person beziehen. »Sie sind vor mir in Christus gewesen.« (Röm. 16, 7)

       (2) »In Christus« kann sich auf eine besondere geistliche Erfahrung beziehen. »Ich weiß von einem Menschen in Christus, der vor vierzehn Jahren ... bis in den dritten Himmel entrückt wurde.« (2. Kor. 12, 2)

   (b) Aber im Allgemeinen bezieht sich »in Christus« auf die Art und Weise, wie Gott über uns denkt: Er sieht uns »in Christus«.

       (1) Dies begann mit unserer Prädestination (Eph. 1, 4).

       (2) Es erfuhr seine Fortsetzung mit unserer Berufung und Rechtfertigung (2. Kor. 5, 21).

       (3) Es wird seine Vollendung finden mit unserer Verherrlichung (Röm. 8, 30).

2. *»Christus in uns«* hat sowohl *mit unserer objektiven* als auch *mit unserer subjektiven Beziehung zu Christus zu tun.*

   (a) Denn Christus ist objektiv in uns: »Ihnen wollte Gott kundtun, was der Reichtum der Herrlichkeit dieses Geheimnisses unter den Heiden ist, nämlich: Christus in euch, die Hoffnung der Herrlichkeit.« (Kol. 1, 27)

       (1) Mit objektiv meinen wir eine Realität, die unabhängig vom Denken eines Menschen besteht.

       (2) Christus ist objektiv in uns – er ist da, in uns – ob wir ihn spüren, oder nicht.

   (b) Und doch ist Christus auch subjektiv in uns: »Weil ich davon überzeugt bin, dass der, welcher in euch ein gutes Werk angefangen hat, es auch vollenden wird bis auf den Tag Jesu Christi.« (Phil. 1, 6)

(1) Mit subjektiv meinen wir das, was wir bewusst wahrnehmen und fühlen.

(2) Christus ist subjektiv in uns; er ist spürbar und erfahrbar durch seinen Geist in uns.

C. Warum ist dieses Thema wichtig?

1. Wir müssen die intellektuelle Seite und die Erfahrungsebene zusammen bringen.
2. Viele Christen freuen sich nur an der forensischen Seite der Rechtfertigung[1] aufgrund des Glaubens, kommen aber in ihrer Lebenspraxis nie in den Genuss dessen, was wir auf der Erfahrungsebene wissen können; wir brauchen beides.
3. Wir müssen den Unterschied zwischen zugerechneter Gerechtigkeit (die objektive Seite) und verliehener Gerechtigkeit (die subjektive Seite) verstehen.
4. Eine zu starke Betonung der objektiven Seite unseres Seins »in Christus« kann zu trockenem Intellektualismus führen. Daraus kann ein nachlässiger Lebenswandel entstehen.
5. Die Bibel hat ebenso viel über die Erfahrbarkeit unseres Seins »in Christus« zu sagen, wie im Hinblick auf unsere objektive Position.
6. »In Christus« zu sein ist nicht nur ein Vorrecht, sondern bringt auch eine enorme Verantwortung mit sich.
7. Zu wissen, dass Christus in uns ist, öffnet den Weg für eine stets wachsende innige Beziehung mit Gott und für die unbegrenzten Möglichkeiten, wie sich seine Herrlichkeit manifestieren kann.

---

[1] Forensische Rechtfertigung, die protestantische Form der Rechtfertigungslehre; kraft der richterlichen Vollmacht Gottes erfolgender Freispruch des im göttlichen Gericht für schuldig befundenen Sünders, der ein Sünder bleibt; der sündige Mensch wird nicht gerecht gemacht, sondern für gerecht erklärt.

1 »Christus in uns« hat sowohl eine objektive als auch eine subjektive Seite

A. In objektiver Hinsicht ist Christus vom Augenblick unserer Wiedergeburt an in uns.

1. Wir haben zu bedenken, dass wir das, was objektiv ist, nicht fühlen können. Deshalb ist es aber nicht weniger wahr.
2. Das Leben als Christ besteht hauptsächlich darin, das in die Praxis umzusetzen, was bereits auf uns zutrifft, selbst wenn wir es nicht fühlen.

B. Objektiv betrachtet, besteht unser Verbundensein mit Christus also darin, dass _wir_ »in ihm« sind und _er_ »in uns« ist — und zwar beides zugleich.

1. *So hat Gott von Ewigkeit her — noch bevor wir geboren waren — über uns gedacht und ebenso dann in dem Augenblick, da wir bei unserer Bekehrung gerechtfertigt wurden.*
2. *Dies bedeutet, wir sind verbunden und eins gemacht mit Christi Tod, mit seinem Begrabenwerden, seiner Auferweckung und seiner Himmelfahrt.*
   (a) Als Christus starb, betrachtete Gott uns als diejenigen, die gestorben sind. Unser alter Mensch (das alte Ich) wurde »mit ihm gekreuzigt« (Röm. 6, 6).
      (1) »Ich aber bin mit Christus gekreuzigt.« (Gal. 2, 20)
      (2) »Wenn einer für alle gestorben ist, so sind sie alle gestorben« (2. Kor. 5, 14)
   (b) Gott betrachtete uns als Menschen, die mit Christus begraben, mit ihm auferweckt und mit ihm in die Herrlichkeit aufgenommen wurden (Röm. 6, 4-11).
      (1) »Denn er hat uns zusammen mit Christus von den Toten auferweckt und wir gehören nun mit Jesus zu seinem himmlischen Reich.« (Eph. 2, 6)

(2) »Denn als ihr getauft wurdet, wurdet ihr mit Christus begraben. Und ihr wurdet mit ihm zu neuem Leben auferweckt, weil ihr auf die mächtige Kraft Gottes vertraut habt, der Christus von den Toten auferweckt hat. Denn vorher wart ihr tot aufgrund eurer Schuld und weil euer altes Ich euch bestimmt hat [Griechisch: und in der Unbeschnittenheit eures Fleisches]. Doch Gott hat euch mit Christus lebendig gemacht. Er hat uns alle unsere Schuld vergeben.« (Kol. 2, 12-13)

3. *Paulus' Bezugnahme auf Taufe und Glauben zeigt an, dass unser Sterben und Auferwecktwerden mit Christus in diesem gegenwärtigen Leben geschieht, und zwar zu der Zeit, da wir Christen werden.*

   (a) Dies ist objektiv wahr, ob wir es spüren oder nicht.

   (b) Es ist ein Fehler zu denken, es sei nicht geschehen, nur weil dieser subjektive Aspekt unseres Glaubens uns (noch) nicht ergriffen hat.

C. **Wahr *ist*, dass wir mit Christus gekreuzigt und auferweckt worden sind. Diese Tatsache liegt der Veränderung zugrunde, die der Heilige Geist in unserem Charakter, unserer Persönlichkeit, unserer Erfahrung, unserem Verständnis und unserem Lebenswandel bewirkt.**

1. *Dies ist wahr, weil wir in Christus sind.*
2. *Und es ist wahr, weil Christus in uns ist.* »Christus lebt in mir.« (Gal. 2, 20)

   (a) In stets zunehmendem Maß reproduziert der Heilige Geist Jesu Tod und Auferstehung in unserem Leben.

   (b) Schritt um Schritt, mehr und mehr, werden wir für das, was uns früher — in unserem alten Leben — bedrängt oder angezogen hat, so unempfänglich, dass:

      (1) Paulus sagen kann, dass wir diesen Einflüssen gestorben sind (Röm. 7, 6).

(2) Das ist so, weil wir mit Christus gestorben sind (Kol. 3, 3).

(c) Wir wollen Gott mehr und mehr dienen.

(1) Wir sind in der Lage, ihm mit größerer Kraft und fruchtbringender zu dienen.

(2) Paulus nennt dies »für Gott leben« (Röm. 6, 11).

(d) Wir haben die Kraft, unsere persönliche Sünde mehr und mehr zu überwinden (Röm. 6, 12-14.19).

2 Weil Christus objektiv in uns ist, können wir ihn subjektiv in uns wahrnehmen

A. Wenn wir in Christus sind, ist Christus bereits in uns.

1. *Aus diesem Grund müssen wir nicht vorgeben, dass er da ist; er ist wirklich und wahrhaftig in uns.*

2. *Es gibt jedoch Fälle, in denen es nötig ist, die Gabe in uns wieder neu zu entfachen.*

(a) »Ich halte es aber für richtig, solange ich in dieser Hütte bin, euch zu erwecken und zu erinnern.« (2. Petr. 1, 13 Lu84)

(b) »Aus diesem Grund erinnere ich dich daran, die Gnadengabe wieder anzufachen, die durch Auflegung meiner Hände in dir ist.« (2. Tim. 1, 6)

(c) »Geliebte, dies ist nun schon der zweite Brief, den ich euch schreibe, um durch Erinnerung eure lautere Gesinnung aufzuwecken.« (2. Petr. 3, 1)

3. *Einer der Gründe für das Abendmahl ist die Teilnahme »zum Gedächtnis« Christi (1. Kor. 11, 24).*

B. Die Bibel nennt Mittel und Wege, durch die wir zur subjektiven Erfahrung dessen kommen, was bereits objektive Wahrheit ist.

1. *Unser Leben ist untrennbar mit Christus selbst verbunden.*

2. *Der Heilige Geist wirkt auf Weisen, durch die wir in den Ge-*
   nuss von »jedem geistlichen Segen in Christus« kommen (Eph.
   1, 3)
   (a) In Christus sind wir »mit allen geistlichen Gaben gesegnet«
       (1. Kor. 1, 7).
   (b) Und doch sagte Paulus im selben Brief, wir sollten »nach den
       größeren Gnadengaben streben« (1. Kor. 12, 31).
       (1) Dies zeigt, dass das, was uns in Christus gehört, nicht
           automatisch von jedem Christen erfahren wird.
       (2) Der Heilige Geist gebraucht deshalb Mittel und Wege,
           durch die wir genießen können, was uns in Christus
           gehört, weil Christus in uns ist.

C. Durch Heiligung kommen wir in den Genuss, dass Christus in uns ist.

1. *Glaube.* »Wie ihr nun Christus Jesus als euren Herrn angenommen habt, so lebt auch mit ihm und seid ihm gehorsam. Senkt
   eure Wurzeln tief in seinen Boden und schöpft aus ihm, dann
   werdet ihr im Glauben wachsen und in der Wahrheit, in der ihr
   unterwiesen wurdet, standfest werden. Und dann wird euer
   Leben überfließen von Dankbarkeit für alles, was er getan hat.«
   (Kol. 2, 6-7)
   (a) Es ist der Glaube, der uns gerechtfertigt hat (Röm. 5, 1).
   (b) Es gibt einen Glauben, der uns rechtfertigt und deshalb ret-
       tet; und es gibt einen Glauben, den wir erlangen, durch wel-
       chen wir herrliche Möglichkeiten sehen werden.
       (1) Es ist der Glaube, welcher Werke hervorbringt (Eph.
           2, 10; 1. Thess. 1, 3).
       (2) Glaube, den wir erlangen, ist das, was in erster Linie in
           Hebräer 11 beschrieben ist: Diese alle »haben durch den
           Glauben ein gutes Zeugnis empfangen« (Vers 39).
   (c) Kurz: Wir müssen *glauben*, dass:
       (1) Wir in Christus sind.
       (2) Christus in uns ist.

(3) Wir bewusst genießen können, was uns aufgrund der Tatsache gehört, dass wir in Christus sind und er in uns.

2. *Bleiben in Christus.* »Bleibt in mir, und ich werde in euch bleiben. Denn eine Rebe kann keine Frucht tragen, wenn sie vom Weinstock abgetrennt wird, und auch ihr könnt nicht, wenn ihr von mir getrennt seid, Frucht hervorbringen.« (Joh. 15, 4)

(a) Dies spricht davon, dass wir verwirklichen, was aufgrund des Glaubens wahr ist.

(1) Das bedeutet, dass wir das, was wahr ist, in unserem Leben erfahren.

(2) Wenn wir nicht in Christus bleiben, verlieren wir die innige Beziehung zu ihm, die Möglichkeit, Frucht zu bringen, und die Gewissheit von Gebetserhörung, wenn wir nicht in ihm bleiben. »Doch wenn ihr mit mir verbunden bleibt und meine Worte in euch bleiben, könnt ihr bitten, um was ihr wollt, und es wird euch gewährt werden!« (Joh. 15, 7)

(b) Wir bleiben in Christus durch Gehorsam und Liebe. »Ich habe euch genauso geliebt, wie der Vater mich geliebt hat. Bleibt in meiner Liebe. Wenn ihr mir gehorcht, bleibt ihr in meiner Liebe, genauso wie ich meinem Vater gehorche und in seiner Liebe bleibe.« (Joh. 15, 9-10)

(1) »Wenn ihr mich liebt, werdet ihr meine Gebote halten.« (Joh. 14, 15)

(2) »Ich gebiete euch, einander genauso zu lieben, wie ich euch liebe.« (Joh. 15, 12)

3. *Den Heiligen Geist nicht betrüben.* »Achtet darauf, den Heiligen Geist nicht durch euer Verhalten zu betrüben. Denkt vielmehr daran, dass ihr sein Siegel tragt und dadurch die Gewissheit habt, dass der Tag der Erlösung kommen wird.« (Eph. 4, 30)

(a) Der Heilige Geist ist eine sehr empfindsame Person (vgl. 1. Thess. 5, 19).

(1) Wenn der Geist betrübt ist, verlieren wir unsere Geistesgegenwart; Verwirrung und Geistesabwesenheit sind die

Folge. Die Fähigkeit, klare Gedanken zu fassen und das geistliche Urteilvermögen kommen uns abhanden.

(2) Wenn der Heilige Geist in uns wohnt, *ohne dass* wir ihn betrüben, haben wir die beste Voraussetzung, Christus in uns zu erfahren.

(b) Den Heiligen Geist zu betrüben verwirkt nicht das Heil: Wir sind »versiegelt auf den Tag der Erlösung« (Eph. 4, 30).

(1) »Und ich werde den Vater bitten, und er wird euch einen anderen Ratgeber [Griechisch Paraklet; das Wort kann auch Tröster, Ermutiger oder Anwalt bedeuten] geben, der euch nie verlassen wird.« (Joh. 14, 16)

(2) »Sein [= Gottes] Same bleibt in ihm.« (1. Joh. 3, 9)

(c) Was lässt den Geist betrübt werden? Epheser 4, 31 - 32 nennt uns:

(1) Bitterkeit (vgl. Jak. 3, 14; Heb. 12, 15).

(2) Wut und Zorn (siehe auch Kol. 3, 8).

(3) Geschrei und Lästerung (siehe auch Gal. 5, 20).

(4) Groll und Unversöhnlichkeit, d. h. die Weigerung, völlig zu vergeben (siehe auch Kol. 3, 13).

4. *Töten, was zu unserer »irdischen Natur« gehört* (Kol. 3, 5[2]).

(a) Töten bedeutet:

(1) Sich weigern, der Versuchung zur Sünde nachzugeben (Röm. 13, 12 - 13).

(2) Versuchungen aus dem Weg gehen (Röm. 13, 14).

(b) Was genau gehört zu unserer »irdischen Natur«?

(1) Sexuelle Unmoral, Unzucht (Kol. 3, 5; 1. Thess. 4, 3).

(2) Habgier (1. Tim. 6, 10).

(3) Schmutzige, schlüpfrige Rede (Kol. 3, 8).

(4) Lüge (Kol. 3, 9).

(5) Trunksucht (Röm. 13, 13).

(6) Streit, Eifersucht und Neid (Röm. 13, 13).

---

[2] *Was zu unserer »irdischen Natur« gehört* — so nach dem englischen Text in Kolosser 3, 5 (NIV).

(7) Götzendienst und Zauberei (Gal. 5, 20).

(8) Selbstsucht (Jak. 4, 14[3]).

(c) Liebe ist die Erfüllung des Gesetzes. Die Gebote, »du sollst nicht ehebrechen«, »du sollst nicht töten«, »du sollst nicht stehlen«, »du sollst kein falsch Zeugnis reden«, »du sollst dich nicht lassen gelüsten« – und welches andere Gebot es noch gibt – werden zusammengefasst in diesem Wort, nämlich: »Du sollst deinen Nächsten lieben wie dich selbst!« (Röm. 13, 9-10)

5. *Die Anfechtung (bzw. Glaubensprüfung) wertschätzen* (Jak. 1, 2-4).

(a) Dies ist einer der am meisten vergessenen Wege zur Verwirklichung dessen, was wir in Christus haben.

(1) Die natürlichste Reaktion auf Anfechtung: sich beklagen.

(2) Die andere Reaktion: ein vorzeitiges Ende der Anfechtung erstreben.

(b) Wie können wir die Anfechtung wertschätzen?

(1) Wir betrachten die Anfechtung als Handeln Gottes: »Liebe Brüder, wenn in schwierigen Situationen euer Glaube geprüft wird, dann freut euch darüber.« (Jak. 1, 2)

(2) Wir lassen die Anfechtung ihren Lauf zu Ende nehmen; jede Anfechtung hat ein ihr innewohnendes, souverän durch Gott gesetztes Zeitmaß. »Die Standhaftigkeit muss ihr Werk vollenden, sodass ihr reif und vollkommen seid und es euch an nichts mangelt.« (Jak. 1, 4[4])

6. *Wandel in Liebe* (1. Korinther 13).

(a) Das ist der Kern des »Bleibens in Christus«.

(1) Ein Wandel in Liebe erfüllt das Gesetz (Röm. 13, 10).

---

[3] Übersetzung nach dem englischen Text (NIV: »selfish ambition«); Schlachter: »Streitsucht«.

[4] Übersetzung nach dem englischen Text (NIV).

(2) Ein Wandel in Liebe schließt aus: Neid, Prahlerei, Stolz, Unanständigkeit und Unverschämtheit, Selbstsucht, dass wir die Beherrschung verlieren und das Böse anrechnen (1. Kor. 13, 4-5).

(b) Das ist außerdem der beste Weg, die größeren Gaben zu bekommen.

(1) »Strebt aber nach den größeren Gaben.« (1. Kor. 12, 31)

(2) »Denn wenn diese Qualitäten bei euch vorhanden sind und zunehmen, so lassen sie euch nicht träge noch unfruchtbar sein in eurer Erkenntnis unseres Herrn Jesus Christus.« (2. Petr. 1, 8 [5])

(c) In der Beziehung zwischen Eheleuten.

(1) Die liebende Unterordnung der Frau ihrem Mann gegenüber (Eph. 5, 22).

(2) Die selbstlose Liebe des Mannes seiner Frau gegenüber (Eph. 5, 25).

7. *Wandel im Licht* (1. Joh. 1, 7).

(a) Ein Wandel im Licht bedeutet, das frische und lebendige Wort, das vom Heiligen Geist erhellt ist, gehorsam anzunehmen.

(1) Es wird immer etwas sein, was im Wort Gottes — der Bibel — bereits offenbart ist.

(2) Aber oft kommt es so frisch — scharf und packend —, dass kein Zweifel bleibt, was das Wort wirklich bedeutet.

(b) Ein Wandel im Licht erfordert eine Transparenz und Offenheit für alles, was Gott uns deutlich machen mag.

(1) Oftmals besteht unsere Reaktion auf die offenkundige Lehre des Wortes Gottes darin, dem Sinn nach zu sagen: *Das* kann es gewiss nicht bedeuten.

(2) Doch sobald Gottes Suchscheinwerfer, der alles erhellt, auf unseren inneren Kampf fällt, wissen wir in unserem Herzen, was wir zu tun haben.

---

[5] *Qualitäten ... in eurer Erkenntnis* — so nach dem englischen Text (NIV).

(c) Um persönlich zu werden, im Folgenden einige der Punkte, über die Gott mit mir am meisten ins Gericht gegangen ist:
(1) Das Geben des Zehnten.
(2) Die Anfechtung wertschätzen.
(3) Völliges Vergeben.
(4) Persönliches Zeugnis-Geben.
(5) Die Bereitschaft, unser Denken in Bezug auf bisher vertretene Anschauungen zu ändern.

8. *Erfülltsein mit dem Heiligen Geist* (Eph. 5, 18).
(a) Alle Christen haben den Heiligen Geist (Röm. 8, 9).
(b) Aber nicht alle Christen sind immer mit dem Geist erfüllt, sonst würde Paulus das nicht in Form eines Gebotes gesagt haben.
(c) Wie aber werden wir mit dem Geist erfüllt? Antwort:
(1) Indem wir oben Genanntes in die Tat umsetzen.
(2) Indem wir täglich darum beten (Lk. 11, 9-13).
(3) Indem wir Gottes »Antlitz« (Ps. 27, 8), nicht seine Gaben suchen.
(4) Indem wir offen dafür sind, spontan und unmittelbar vom Geist erfüllt zu werden.

3 Was werden wir fühlen, wenn wir wie oben beschrieben auf Gottes Wirken und Reden eingegangen sind?

A. Was wir in Christus *haben* (Eph. 1, 3).

1. Adoption durch Gott, Rechtfertigung, Versiegelung (Eph. 1, 4-13).
2. Neues Leben »in seiner ganzen Fülle« (2. Kor. 5, 17; Joh. 10, 10).
3. Den in uns wohnenden Geist (Röm. 8, 9).
4. Eine innige Beziehung mit dem Vater (1. Joh. 1, 3-7).
5. Beten im Willen Gottes (Joh. 15, 7).

B. Sterben und Auferstehen mit Christus (Phil. 3,10).

1. *Die Gemeinschaft seiner Leiden:*
   (a) Selbst durchleben, was Jesus durchmachen musste.
      (1) Er erlitt Schmach und Schande (Apg. 5, 41).
      (2) Er tat seinen Mund nicht auf (Jes. 53, 7).
      (3) Er gab seinen Leib als Opfer (Röm. 12, 1).
      (4) Er war verlassen (Mt. 26, 56).
   (b) Wir entwickeln eine innige Beziehung zu Jesus.

2. *Auferstehungskraft:*
   (a) Innere Rechtfertigung (1. Tim. 3, 16).
   (b) Befreiung aus Anfechtung und Versuchung (Heb. 12, 2).
   (c) Dienst an denen, die uns im Stich gelassen haben (Joh. 20, 19).

**C. Eine stets wachsende Christus-Ähnlichkeit
(1. Petr. 2,20ff.; 1. Joh. 2,6).**

1. *Wenn Christus in uns ist, dann ist die logische Folge: Wir werden ihm ähnlicher.*
2. *Wir werden ihm ähnlich sein:*
   (a) In unserer Haltung und Gesinnung (Phil. 2, 5).
   (b) Indem wir andere annehmen (Mt. 8, 1-4; Joh. 8, 1-8).

Schlussbemerkung

»In Christus« zu sein bedeutet im Wesentlichen, dass uns seine Gerechtigkeit »zugerechnet« wurde, sodass uns ein vollkommener Stand vor Gott gegeben ist. »Christus in uns« bedeutet, dass uns seine Gerechtigkeit verliehen ist, so dass die Ähnlichkeit zu ihm in jedem einzelnen Gläubigen Gestalt gewinnt (Gal. 5, 5). Wenn wir ein christusgemäßes Verhalten haben, so wirkt das auf andere überzeugend und verdeutlicht, dass wir in Christus sind.

37

Das Kreuz tragen

Einleitung

A. **Dieses Kapitel beschäftigt sich mit unserer Antwort auf das Kreuz Jesu Christi. An dieser Stelle ist es hilfreich, Kapitel 13 »Das Kreuz Christi« nochmals zu lesen.**

1. *Was Jesus am Kreuz tat, geschah für uns.*
   (a) Er war unser Stellvertreter (2. Kor. 5, 21).
   (b) Er tat für uns, was wir nicht für uns selbst tun konnten: Er tat der Gerechtigkeit Gottes genüge.

2. *Das Kreuz Christi verlangt von uns eine Antwort.*
   (a) Alles, was Jesus für die Menschheit erlitt, hat keinen Wert, solange wir nicht glauben.
   (b) Ohne dass wir glauben, sind wir nicht durch Jesu Tod gerettet (Röm. 3, 26).

B. **Es gibt zwei Ebenen der Antwort auf das Kreuz Christi:**

1. *Die Antwort des Glaubens, welcher uns einer Heimat im Himmel gewiss macht.*
   (a) Glauben ist ein Anerkennen dessen, dass uns unsere Werke nicht retten können.
   (b) Glauben ist ein Bekennen der Tatsache, dass der Tod Jesu die einzige Möglichkeit ist, wie wir gerettet werden können.
   (c) Die Taufe ist ein Annehmen der Anstößigkeit des gekreuzigten Jesus. Durch die Taufe nehmen wir Jesus Christus als Herrn und Retter an.

(d) Durch die Taufe werden wir in Christi Tod und Auferstehung hineingenommen. Wir sterben und auferstehen mit Christus (Röm. 6, 3ff.).

(e) Durch die Taufe vollzieht sich ein Herrschaftswechsel.

2. *Die Antwort des Kreuztragens.*

(a) Nachdem wir Christus als Herrn und Retter angenommen haben, brauchen wir die zweite Ebene des Stigma[1]: Das Tragen des Kreuzes.

(1) Das Kreuz tragen heißt: Die Leiden Christi mit Würde annehmen.

(2) Das Tragen des Kreuzes ist ein Symbol für das Leiden zur Ehre und Verherrlichung Gottes.

(3) Dies geschieht, um Jesu eigene Worte zu erfüllen: »Wenn einer von euch mit mir gehen will, muss er sich selbst verleugnen, jeden Tag aufs Neue sein Kreuz auf sich nehmen und mir nachfolgen.« (Lk. 9, 23)

C. Warum sind wir Christen von diesem Symbol des Kreuzes so angetan?

1. *Das Kreuz steht im Zentrum unseres Glaubens.*

(a) Es ist der Grund, weshalb Jesus in die Welt kam — um an einem Kreuz zu sterben (Joh. 3, 16).

(b) Es ist das Zeichen, das unsere Liebe zu Jesus ausdrückt (Gal. 6, 14).

2. *Was mit dem Tragen des Kreuzes nicht gemeint ist:*

(a) Das Tragen eines Kreuzes an einer Halskette oder als sonstiges Schmuckstück.

(b) Anbetung des Kreuzes in einem Kirchengebäude.

(c) Leiden, das nichts mit der Ehre und Herrlichkeit Gottes zu tun hat.

---

[1] *Stigma:* Sonst auch mit Bezug auf die Wundmale Jesu (von der Kreuzigung) gebraucht; hier sinngemäß: *Schandmal.*

3. *Das Kreuz zu tragen bedeutet, das Leiden, das Gott uns auferlegt hat, anzunehmen.*
   (a) Das Kreuz ist da, weil wir Christen sind.
   (b) Es dient einem bestimmten Zweck.

D. Warum ist diese Lektion wichtig?

1. *Das Tragen des Kreuzes steht im Zentrum christlicher Jüngerschaft.*
   (a) Jesus sagte, dass wir, wenn wir ihm nachfolgen wollen, unser Kreuz auf uns nehmen müssen (z. B. Mk. 8, 34).
   (b) Das Tragen des Kreuzes ist unumgänglich, wenn wir Christus nachfolgen wollen.

2. *Wir müssen genau wissen, was es bedeutet, das Kreuz zu tragen.*
   (a) Könnten wir das Kreuz tragen, ohne es zu kennen?
   (b) Wie würden wir sonst erkennen, ob wir das Kreuz tragen?

3. *Das Kreuz ist die plausibelste Erklärung auf die Frage, warum ein Christ leidet.*
   (a) Viele meinen fälschlicherweise, das Christentum verheiße ein leichtes Leben, d. h. ein Leben in Gesundheit und Wohlstand.
   (b) Die Wahrheit ist: Alle ernsthaften Christen müssen Verfolgung erleiden (2. Tim. 3, 12).

4. *Wir sollten erkennen, dass es nicht umsonst ist, wenn wir das Kreuz zu tragen haben.*
   (a) »Ihr dürft darauf vertrauen: Je mehr wir für Christus leiden, desto mehr lässt uns Gott durch Christus Trost zuteil werden.« (2. Kor. 1, 5)
   (b) Alles, was Christus erfuhr, werden auch wir erfahren.
       (1) Die Gesinnung Christi in uns bedeutet beides – das Kreuz und die Krone (Phil. 2, 5-11)
       (2) »Dies tun wir, indem wir unsere Augen auf Jesus gerichtet halten, von dem unser Glaube vom Anfang bis zum

Ende abhängt [Oder: Jesus, den Urheber und Vollender unseres Glaubens]. Er war bereit, den Tod der Schande am Kreuz zu sterben, weil er wusste, welche Freude ihn danach erwartete. Nun sitzt er an der rechten Seite von Gottes Thron im Himmel.« (Heb. 12, 2)

1 Das Wesen des Kreuztragens: Die Bereitschaft, missverstanden und verkannt zu werden

A. Missverstanden und verkannt zu werden war Teil des Leidens Jesu.

1. *Es war ihm verwehrt, seinen eigenen Jüngern alles zu erklären (Joh. 16, 12).*
   (a) Sie wussten nicht, warum er sich von gottlosen Menschen kreuzigen ließ.
   (b) Er konnte nicht einmal denen, die sehr nahe bei ihm standen, erklären, was geschah.

2. *Der Schmerz, missverstanden und verkannt zu werden, wird gelindert durch das Wissen, dass Gott allein versteht.*
   (a) Aus diesem Grund sagte Jesus: »Kein Wunder, dass ihr nicht glauben könnt! Denn ihr seid stets bereit, euch gegenseitig zu ehren, die Ehre aber, die nur von Gott kommen kann, bedeutet euch nichts.« (Joh. 5, 44)
   (b) Jesus erhielt seine Freude aus dem Wissen, dass der Vater Wohlgefallen an ihm hat.

3. *Jesus war bereit, sich lächerlich machen zu lassen.*
   (a) Er war zum Spott mit einem purpurfarbenen Gewand gekleidet (Mt. 27, 28f.).
   (b) Er trug die Dornenkrone (Mt. 27, 29).
   (c) Dies ließ ihn ganz und gar lächerlich erscheinen und sollte ihn und genauso seine Nachfolger beschämen.

B. Missverstanden und verkannt werden um des Kreuzes Jesu willen.

1. *Beim Verkünden der Botschaft vom Kreuz:* »Ich hatte mir vorgenommen, mich allein auf Jesus Christus und seinen Tod am Kreuz zu konzentrieren [Griechisch: und zwar den Gekreuzigten].« (1. Kor. 2, 2)

   (a) Es schien töricht, in Korinth eine Botschaft vorzubringen, die − menschlich gesprochen − überhaupt keinen Sinn machte.

   (b) Die Botschaft vom Kreuz war für die Juden ein »Ärgernis«, für die Heiden eine »Torheit« (1. Kor. 1, 23).

   (1) »Stein des Anstosses«: Das griechische Wort ist *skandalon*, »Skandal«.

   (2) Das Kreuz sollte den Vorurteilen derer, die nicht glauben würden, genau in die Hände spielen.

   (c) Wenn wir das Evangelium verkünden, müssen wir uns davor hüten, es zu erklären zu versuchen, dass es für den natürlichen Menschen logisch oder annehmbar wird.

   (1) Richtig ist, dass es eine theologische Erklärung hat.

   (2) Anstatt unsere eigenen spitzfindigen Erklärungen zu versuchen, müssen wir den Heiligen Geist die Initiative übernehmen und das Evangelium zur Anwendung bringen lassen.

2. *Beim Annehmen der Botschaft.*

   (a) Jesus Christus als Herrn und Retter anzunehmen, wird für unsere Freunde keinen Sinn machen.

   (1) Diejenigen, die nicht gerettet sind, werden uns höhnisch verlachen.

   (2) Je größer der Widerstand, desto größer wird die Ehre für Gott sein.

   (b) Wenn wir versuchen, das Evangelium allzu vernünftig und einsichtig zu machen, werden wir es de-stigmatisieren und anpassen. Der Apostel Paulus hat das nie getan.

   (1) De-stigmatisieren bedeutet: die Schande wegnehmen.

(2) Wir müssen das Stigma des Kreuzes freudig tragen, wohl wissend, dass es für die Unbekehrten nie Sinn machen wird, es sei denn, der Heilige Geist weckt auch in ihnen Glauben.

(c) Die stärkste Begründung dafür, dass das Gesundheits- und Wohlstandsevangelium falsch ist, besteht darin, dass diejenigen, die ein solches Erfolgsevangelium propagieren, das Evangelium de-stigmatisieren.

C. Wenn wir die zweite Antwort-Ebene des Kreuztragens erreichen, fangen wir wahrhaft an, etwas von dem zu erleben, was Jesus litt.

1. Was Gott uns durchmachen lässt, wird für unsere Umgebung keinen Sinn machen.
2. Selbst die, die uns am nächsten stehen, werden uns in Frage stellen, so wie es bei Hiob der Fall war.

2 Das Leid, das vom Tragen des Kreuzes herrührt in seinem qualitativen und quantitativen Ausmaß

A. Die qualitative Seite

1. *Das Kreuz zu tragen ist kein Vergnügen.*
   (a) Jesus achtete die Schande für nichts (Heb. 12, 2).
   (b) Die antike Kreuzigung war der qualvollste Tod, den man bis dahin erleben konnte.
      (1) Vielleicht müssen wir keine derartige Qual erleiden; die im Hebräerbrief angesprochenen Christen mussten es nicht (Heb. 12, 4).
      (2) Aber wir können trotzdem ein schreckliches Ausmaß an Leid erfahren.

2. *Das Leid kann folgender Art sein:*

(a) *Physisch:* Gott lässt uns körperliches Leid durchmachen.
   (1) Es kann der Verlust der Gesundheit sein.
   (2) Es kann durch einen Unfall verursacht sein.

(b) *Emotional:* Gott lässt zu, dass wir seelisches Leid durchmachen.
   (1) Es sollte uns nicht überraschen, wenn Christen emotionale Schwierigkeiten erleben.
   (2) Jeder von uns erlebt hin und wieder bis zu einem gewissen Grad einen Zustand nervlicher Anspannung.

(c) *Finanziell:* Gott kann uns durch eine Zeit ernsthafter finanzieller Unsicherheit führen.
   (1) Wir könnten unseren Arbeitsplatz verlieren.
   (2) Es kann sein, dass wir uns quasi über Nacht einer unvorhergesehenen großen Ausgabe gegenübersehen.

(d) *Gesichtsverlust:* Gott kann uns unser gutes Bild von uns selbst nehmen.
   (1) Gott kann zulassen, dass wir als Narren dastehen.
   (2) Unsere Bestätigung, dass wir richtig gehandelt haben, die wir mehr als alles andere herbeisehnen, kann auf unbestimmte Zeit zurückgehalten werden.

(e) *Geistlich:* Gott kann sein Angesicht vor uns verbergen.
   (1) Dies wurde auch als »Mitternacht der Seele« bezeichnet.
   (2) Das kann lange Zeit dauern — wenn Gott uns im Stich gelassen zu haben scheint.

(f) *Verfolgung:* Möglicherweise müssen wir für das, wofür wir eintreten, durch die Hand anderer leiden.
   (1) Dies kann bedeuten, dass wir unser Gesicht oder unsere Arbeitsstelle verlieren.
   (2) Es kann bedeuten, dass man uns mit Verachtung begegnet.

B. Das quantitative Ausmaß

1. *Das quantitative Ausmaß des Leides wird oftmals dadurch gesteigert, dass es kein Anzeichen für ein baldiges Ende des Leidens gibt.*
   (a) Wenn wir wüssten, wie lange es dauert, könnten wir leichter damit zurechtkommen.
   (b) Oft fürchten wir, es werde nie aufhören.

2. *Wenn es, statt besser zu werden, immer schlimmer wird.*
   (a) Manchmal muss es erst noch schlimmer kommen, bevor es besser werden kann.
   (b) Nichts sollte uns überraschen. »Meine lieben Freunde, erschreckt nicht über die schmerzhaften Prüfungen, die ihr jetzt durchmacht, als wären sie etwas Ungewöhnliches. Freut euch darüber, denn dadurch seid ihr im Leiden mit Christus verbunden, und ihr werdet euch auch sehr darüber freuen, wenn er in seiner Herrlichkeit erscheint.« (1. Petr. 4, 12-13)

3 Die Ursachen für das Tragen des Kreuzes

A. Die grundlegende Ursache: Die Tatsache, dass wir Christen sind.

1. *Wir gehören nicht uns selbst; wir sind teuer erkauft* (1. Kor. 6, 19-20).
   (a) Wir sind ohne Abstriche Gottes Eigentum. Er hat durch das Blut seines Sohnes den vollen Preis für uns bezahlt. Von daher hat er das Recht, mit uns zu tun, was ihm gefällt.

2. *Dies bedeutet, dass Gott jederzeit und ohne Vorwarnung ein Kreuz vor uns aufrichten kann, das wir seinem Willen gemäß tragen sollen.*
   (a) Die grundlegende Ursache bedeutet, dass es vom Augenblick der Bekehrung bis zur Gegenwart nie eine Zeit gab und

auch in Zukunft nicht geben wird, in der Gott nicht von uns verlangen könnte, das Kreuz zu tragen.

(b) Die Erfahrung des Kreuzes muss keineswegs im Zusammenhang mit etwas stehen, was wir getan haben.

B. Die heraufbeschwörende Ursache: Was wir tun, kann das Kreuz bringen.

1. *Heraufbeschwören: verursachen, dass etwas plötzlich geschieht.*
   (a) Das Tragen des Kreuzes kann uns unerwartet auferlegt werden.
   (b) Wie wir im vorhergehenden Abschnitt gesehen haben, kann Gott zu jeder Zeit von uns verlangen, das Kreuz zu tragen, aber wir können es durch das, was wir tun, heraufbeschwören.

2. *Es gibt zwei Arten der heraufbeschwörenden Ursache:*
   (a) Gutes tun: »Denkt daran, dass es besser ist, für gute Taten zu leiden, falls Gott es so will, als zu leiden, weil ihr Unrecht getan habt!« (1. Petr. 3, 17)
      (1) Leiden dafür, dass wir Gutes tun, ist die ideale Weise, das Kreuz zu tragen.
      (2) Josef wurde in den Kerker geworfen, weil er das Richtige, nicht das Falsche getan hatte (1. Mose 39, 10.20).
   (b) Ungehorsam gegenüber Gott (1. Petr. 4, 15; vgl. 2. Sam. 12, 10).
      (1) Gott wird das Kreuz Gläubigen auferlegen, die in Sünde fallen.
      (2) Wie jemand auf diese Züchtigung eingeht, kann entscheidend dafür sein, ob er wirklich sein Kreuz tragen wird.

3. *Für diejenigen, die das Kreuz selbstverursachten Leides tragen, gibt es immer noch Belohnungen und Zuteilungen — in diesem Leben und in der kommenden Welt.*

(a) Dies gibt denen unter uns Hoffnung, die ausgeglitten und gefallen sind. Und das trifft für alle zu.

(b) Das Tragen des Kreuzes kann der Weg sein, auf dem Gott uns zurechtbringt und uns dazu befähigt, uns selbst zu vergeben.

C. Die teleologische Ursache: Das, was wir nach Gottes Absicht werden sollen.

1. *Teleologisch: der verborgene Zweck bzw. das verborgene Ziel beim Tragen des Kreuzes.*

    (a) Es gibt immer einen Grund, warum Gott uns das Kreuz auferlegt.

    (b) Es ist nie ohne Sinn; das Kreuz hat immer Zweck und Ziel: »Freut euch, wenn ihr beschimpft werdet, weil ihr zu Christus gehört [Griechisch: wegen des Namens Christi]. Denn daran wird sichtbar, dass der Geist der Herrlichkeit Gottes bei euch ist.« (1. Petr. 4, 14)

2. *Zweck und Ziel des Kreuzes sind fünf-fach:* Es soll uns Jesus ähnlicher machen.

    (1) Dies ist der Hauptgrund, warum Gott uns das Kreuz zu tragen aufgibt.

    (2) Es bereitet uns zu, sodass wir mehr und mehr werden, was wir sein sollen (Röm. 8, 30).

    (b) Es soll unsere Salbung vermehren.

    (1) Gott will, dass wir mehr von seinem Geist haben.

    (2) Das Maß, in dem wir das Kreuz in unserem Leben wertschätzen, wird das Maß bestimmen, in dem wir mehr Salbung erleben (1. Petr. 1, 7).

    (c) Es soll uns befähigen, mit Erfolg zurechtzukommen.

    (1) Viele von uns gehen tatsächlich besser mit Fehlern um als mit Erfolg!

    (2) Damit uns Erfolg anvertraut werden kann, ist es erforderlich, dass wir mit Würde Leid tragen (Lk. 16, 10; vgl. Josef).

(d) Durch das Kreuz sollen wir uns selbst so sehen, wie wir wirklich sind.

    (1) Hiob war »untadelig und aufrecht; er fürchtete Gott und wich vom Bösen« (Hiob 1, 1[2]).

    (2) Nach seinem unermesslichen Leiden — während dessen er von seinen Freunden völlig missverstanden wurde — sah Hiob, wie selbstgerecht er gewesen war (Hiob 42, 6).

(e) Das Kreuz soll bewirken, dass wir aufhören, mit dem Finger zu zeigen.

    (1) Es ist natürlich, aber niemals gerechtfertigt, mit dem Finger zu zeigen und andere zu verurteilen: »Hört auf, andere zu verurteilen, dann werdet auch ihr nicht verurteilt.« (Mt. 7, 1)

    (2) Wenn wir diese Lektion lernen, gilt uns folgende Verheißung: »Wenn ihr gebt, werdet ihr erhalten. Was ihr verschenkt, wird zusammengepresst und gerüttelt, in einem vollen, ja überreichlichen Maß zu euch zurückfließen. Nach dem Maß, mit dem ihr gebt, werdet ihr zurückbekommen.« (Lk. 6, 38)

4 Wie tragen wir das Kreuz mit Würde?

A. Wir tragen das Kreuz mit Würde durch das, was wir nicht tun:

1. *Durch den Entschluss, nicht zu klagen und zu murren.*

    (a) Murren ist eine der Hauptursachen, weshalb wir das Kreuz ablehnen, das Gott uns auferlegt.

        (1) Wenn wir wüssten, wie sehr Gott Murren hasst, würden wir sehr wahrscheinlich damit aufhören! (1. Kor. 10, 10)

        (2) Wenn wir murren, so belegt das, dass wir für eine größere Salbung (noch) nicht reif sind.

---

[2] Übersetzung nach dem englischen Text (NIV).

(b) Jesus murrte nie über das, was man ihm antat.

    (1) Unser Ziel ist, mit dem Klagen ans Ende zu kommen.

    (2) Wenn wir mit dem Klagen aufhören, so ist das ein Zeichen, dass wir geläutert sind.

2. *Durch den Entschluss, uns nicht selbst zu verteidigen.*

    (a) Hiob zog sein Leiden dadurch, dass er sich hartnäckig verteidigte, selbst in die Länge (Hiob 27,5-6).

    (b) Josef tat dasselbe (1. Mose 40,15). Rein menschlich gesehen tat er recht.

    (c) Denken wir daran, dass Rechtfertigung etwas ist, was Gott am besten zu tun vermag! (Röm. 12,19)

3. *Durch den Entschluss, nicht Gott die Schuld zu geben.*

    (a) Gott hat uns das Kreuz auferlegt durch das, was er zuließ:

        (1) Die Krankheit.

        (2) Die Verfolgung.

        (3) Die Ungerechtigkeit.

        (4) Die ausgebliebene Gebetserhörung.

    (b) Aber wenn wir zornig auf ihn sind, verzögern wir nur das Ende der Prüfung.

        (1) Unser Zorn auf Gott richtet überhaupt nichts aus: »Der Zorn des Menschen vollbringt nicht Gottes Gerechtigkeit.« (Jak. 1,20 AV)

        (2) Gott wird uns nicht mit einer größeren Salbung ehren, wenn wir am Tag, an dem es standzuhalten gilt, schwach werden.

B. Wir tragen das Kreuz mit Würde durch das, was wir tun:

1. *Indem wir das Kreuz als Grund zur Freude ansehen* (Jak. 1,2; 1. Petr. 4,13).

    (a) Es ist eine an uns gerichtete Einladung zu größeren Dingen.

    (b) Gott befördert uns selten ohne Leiden zu einem größeren Maß an Herrlichkeit.

2. *Indem wir unsere Freude aus dem Wissen beziehen, dass Gott allein verhseht.*
   (a) Es genügt uns zu wissen, dass er Bescheid weiß.
   (b) Er hat große Freude an uns, wenn wir unseren Schmerz niemand anders als nur ihm erzählen.

3. *Indem wir auf Gottes Eingreifen warten.*
   (a) »Deshalb hütet euch, voreilige Urteile über den Glauben anderer zu fällen, bevor der Herr wiederkommt. Wenn der Herr kommt, wird er unsere tiefsten Geheimnisse [Griechisch: das Verborgene der Finsternis] ans Licht bringen und unsere verborgensten Beweggründe offenbar machen. Und dann wird Gott jeden so loben, wie es ihm zusteht.« (1. Kor. 4, 5)
   (b) Es kann keine größere Freude geben als zu erkennen, dass wir gewartet und nicht nachgegeben haben (Jes. 25, 9).

Schlussbemerkung

Es gibt einige elementare Regeln in Bezug auf das Tragen des Kreuzes:

1. Je größer das Kreuz, desto größer die Salbung.
2. Wenn wir Verfolgung dafür erleiden, dass wir zu Christus gehören, so ist dies die höchste Form, das Kreuz zu tragen: »Freut euch, wenn ihr beschimpft werdet, weil ihr zu Christus gehört [Griechisch: wegen des Namens Christi]. Denn daran wird sichtbar, dass der Geist der Herrlichkeit Gottes bei euch ist.« (1. Petr. 4, 14)
3. Das höchste Maß an Christus-Ähnlichkeit ist das Gebet für unsere Feinde: »Liebt eure Feinde! Erweist ihnen Gutes! Leiht ihnen Geld! Und macht euch keine Sorgen, weil sie es euch vielleicht nicht wiedergeben werden. Dann wird euer Lohn im Himmel groß sein und ihr handelt wirklich wie Kinder des Allerhöchsten, denn er erweist auch den Undankbaren und den Bösen Gutes.« (Lk. 6, 35)

4. Solange wir hier auf dieser Erde leben, werden wir das Kreuz zu tragen haben, auch wenn die einzelnen Prüfungen, die Gott uns auferlegt, für gewöhnlich ein Ende finden.
5. Der Lohn für das Tragen des Kreuzes ist es wert, auszuharren.

Das Kreuz, das Gott uns auferlegt zu tragen, ist das größte Vorrecht, das es in der Welt gibt. Es wird uns Leid tun, wenn wir unter der Last des Kreuzes vorzeitig aufgeben, aber wir werden gesegnet sein, wenn wir bis ans Ende ausharren.

38

Wo ist nur die Heiligkeit geblieben?

Einleitung

A. Wir leben in einer Generation die danach fragt: Was bringt es mir?

1. *Die moderne Theologie ist im Allgemeinen alles andere als gottzentriert.*
   (a) Es gibt zwei Möglichkeiten, Theologie zu betreiben:
       (1) Aus der Perspektive des Menschen.
       (2) Aus der Perspektive Gottes.
   (b) Heutzutage wird theologische Forschung selten von der Perspektive Gottes aus betrieben, weshalb auch nur wenige eine Vorstellung von der Souveränität Gottes haben. Deshalb ist es eine Tatsache, dass selbst viele Christen über die Lehre von der Erwählung entsetzt sind.

2. *Die Leute sind weit mehr an dem interessiert, was sie begeistert, als an der Frage, woran Gott Gefallen hat.*
   (a) Zum Beispiel zeigen gegenwärtig mehr Menschen Interesse am Heiligen Geist als an Jesus oder Gott dem Vater.
       (1) Dies geschieht aber nicht deshalb, weil sie wirklich an der Person des Heiligen Geistes interessiert sind.
       (2) Es geschieht, weil sie an einigen Geistesgaben interessiert sind – an Zeichen und Wundern und sonstigen Machterweisen Gottes.
   (b) Andere Themen, welche die Leute gegenwärtig auch ansprechen, sind zum Beispiel:
       (1) Frauen im Dienst.

(2) Gesundheit und Wohlstand.

(3) Begeisternder Lobpreis.

(4) Beziehungen.

3. *Damit soll nicht gesagt werden, dass all die eben genannten The-men unwichtig, unbedeutend oder nicht der näheren Untersuchung wert sind.*

(a) Wir müssen bereit und in der Lage sein, auf all diese Fragen eine Antwort zu geben.

(b) Dennoch müssen wir fragen, ob es Gottes Willen entspricht, davon begeistert zu sein.

4. *Am Ende unserer persönlichen Prioritätenliste steht vermutlich das Thema Heiligkeit.*

(a) Es ist nicht unsere erste Priorität.

(b) Es ist kein Thema, das uns begeistert.

(c) Es ist auch kein Thema, über das wir für gewöhnlich mehr wissen wollen.

B. Heiligkeit: Was und wie Gott ist.

1. Heiligkeit bezeichnet das Wesen Gottes. Mit diesem Begriff kommen wir seinem wesenhaften Sein deshalb am nächsten.

2. Heiligkeit ist das, was nach Gottes Willen unser Leben charakte-risieren soll.

C. Warum ist dieses Thema wichtig?

1. Es stellt uns den Charakter des wahren Gottes, wie ihn die Bibel beschreibt, vor Augen.

2. Es konfrontiert uns mit der Lebensweise, zu der wir als Christen berufen sind.

3. Es trägt zur Ausgewogenheit bei, indem es dem, was die meisten Menschen heutzutage interessiert und begeistert, eine klar gott-zentrierte Betonung gegenüberstellt.

4. Es führt uns neu vor Augen, wer und wie Jesus wirklich war.
5. Es sollte uns zu einer gesunden Nüchternheit verhelfen, um unsere Prioritäten richtig zu ordnen.
6. Es wird uns auch in die Lage versetzen, zu erkennen, dass wahre Heiligkeit nicht mit dem unattraktiven, gesetzlichen Lebensstil gleichzusetzen ist, der dem Begriff Heiligkeit einen unnötig schlechten Beigeschmack eingebracht hat.

1 Heiligkeit: Was und wie Gott ist

A. Es gibt kein irdisches Bezugssystem, durch das wir völlig verstehen könnten, wie Gott ist.

1. Wir müssen mit dem beginnen, was er über sich selbst sagt: »Ich bin heilig.« (3. Mose 11, 44)
2. Dann wollen wir uns ansehen, wie er in seinem Handeln an uns Menschen beschrieben ist (2. Mose 19).
3. Wenn wir Gott und Mensch vergleichen, kommen wir zu dem Schluss: Gott ist das genaue Gegenteil des Menschen.

B. Gott ist der »ganz Andere«, wie es manche Theologen, z. B. Karl Barth, ausgedrückt haben.

1. *Dies bedeutet, dass Gott völlig anders ist als das, was der Mensch ist und tut.*
   (a) Dies schließt die ganze Schöpfung mit ein.
      (1) Das ganze Universum.
      (2) All die irdischen Dinge – wie den Himmel, die Pflanzen, die Erde, die Tiere.
   (b) Dies schließt auch die Engelwesen mit ein.
      (1) Auch wenn die nicht-gefallenen Engel dem Punkt, Gottes Heiligkeit widerzuspiegeln, näher kommen als wir Menschen, sind sie doch nicht so heilig wie Gott.
      (2) Das belegt folgende Bibelstelle: »Im Todesjahr des

Königs Usija sah ich den Herrn sitzen auf einem hohen und erhabenen Thron, und der Saum seines Gewandes füllte den Tempel. Seraphim standen über ihm, ein jeder von ihnen hatte sechs Flügel: Mit zweien deckten sie ihr Angesicht, mit zweien deckten sie ihre Füße und mit zweien flogen sie. Und einer rief dem andern zu und sprach: Heilig, heilig, heilig ist der Herr der Heerscharen; die ganze Erde ist voll seiner Herrlichkeit.« (Jes. 6, 1-3[1])

2. *Gottes Anderssein ist zum Beispiel an seinen folgenden Worten zu erkennen:* »Mit wem wollt ihr mich vergleichen? Oder wer ist mir gleich? spricht der Heilige.« (Jes. 40, 25[2])

   (a) Es gibt keinen irdischen Vergleich, durch den wir darauf schließen könnten, wie Gott ist.

   (b) Auch wenn wir nach dem Bild Gottes geschaffen wurden (1. Mose 1, 26.27), so ist das Bild Gottes in uns durch den Sündenfall entstellt (1. Mose 3, 1ff.).

   (c) Daher besitzen wir nicht die intellektuelle Fähigkeit, Gott in seinem wesenhaften Sein zu erfassen.

   (d) Aber auch ohne den Sündenfall könnten wir Gott in seinem wesenhaften Sein nicht erfassen. Als Gottes Geschöpfe können wir das Wesen Gottes nicht erfassen, da wir wesensmäßig von ihm verschieden sind.

C. Gott ist Licht (1. Joh. 1,5).

1. *Er ist, was wir nur unzureichend strahlender Lichtglanz nennen können.*

   (a) »Er wohnt in einem Licht, zu dem niemand kommen kann. Niemand hat ihn je gesehen oder kann ihn sehen.« (1. Tim. 6, 16)

---

[1] Übersetzung nach dem englischen Text (NIV).
[2] Übersetzung nach dem englischen Text (NIV).

(b) Selbst das hellste Licht das wir wahrnehmen, die Mittags-
sonne oder der Blitz, gibt uns lediglich eine kleine Andeu-
tung von Gottes Lichtglanz.

2. *Dieser Lichtglanz spiegelt sich in dem, was Saulus von Tarsus
bezeugte.*
   (a) »Während er nach Damaskus unterwegs war, umstrahlte
   ihn plötzlich vom Himmel her ein blendend helles Licht!«
   (Apg. 9, 3)
   (b) »Als Saul sich vom Boden erhob und seine Augen öffnete,
   konnte er nichts mehr sehen. So führten ihn seine Begleiter
   an der Hand nach Damaskus.« (Apg. 9, 8)
   (c) »Etwa gegen Mittag, o König, fiel aus dem Himmel ein
   Licht, strahlender als die Sonne, auf mich und meine Begleiter.« (Apg. 26, 13)

3. *Dieser Lichtglanz ist auch in Johannes' Vision vom Angesicht Jesu
zu sehen:* »Und sein Angesicht strahlte wie die Sonne in ihrer
ganzen Pracht.« (Off. 1, 16)
4. *Um es noch auf andere Weise auszudrücken: Alles, was zur gefallenen Schöpfung gehört, ist infolge der Sünde das genaue Gegenteil
von Gottes Lichtglanz, es ist Finsternis.*
   (a) In Gott ist »keine Finsternis« (1. Joh. 1, 5).
   (b) »Und so vollzieht sich das Gericht: Das Licht ist vom Himmel in die Welt gekommen, aber sie liebten die Dunkelheit
   mehr als das Licht, weil sie im Dunkeln Böses tun. Sie bleiben dem Licht fern, weil sie Angst haben, dass ihre Taten
   aufgedeckt werden.« (Joh. 3, 19)

5. *Die Hölle wird in der Bibel als »tiefste Dunkelheit« beschrieben*
(Mt. 8, 12).
6. *Satan wird als Fürst der Finsternis bezeichnet.* (vgl. Eph. 2, 2;
6, 12).
7. *Wir wurden »vom Dunkel zum Licht« bekehrt.* (Apg. 26, 18).

D. Gott ist Wahrheit (5. Mose 32,4).

1. *Gott kann unmöglich lügen.* (Heb. 6, 18; Tit. 1, 2).
2. *Jesus ist die Wahrheit* (Joh. 1, 14; 14, 6).
3. *Der Heilige Geist ist der Geist der Wahrheit* (Joh. 14, 17).
4. *Aus Gottes Wahrhaftigkeit gehen seine Treue und Zuverlässigkeit hervor* (Klgl. 3, 23).
   (a) Er hält sein Wort (5. Mose 32, 4; Ps. 19, 8; 91, 4).
   (b) Wir können uns immer auf ihn verlassen (1. Kor. 1, 9; 10, 13).

E. Gott hasst Sünde (Hab. 1,13; Sach. 8,16-17).

1. *Das Gesetz, welches Gottes Heiligkeit widerspiegelt, wurde von Gott gegeben, weil er Sünde hasst* (Gal. 3, 21-22).
   (a) Die Zehn Gebote spiegeln seine Haltung gegenüber Sünde wider (2. Mose 20).
   (b) Die Zehn Gebote zeigen uns, was für das Leben innerhalb des Volkes Gottes als Mindeststandard gefordert ist.
2. *Gott wird den Schuldigen keineswegs ungestraft lassen* (2. Mose 34, 7).
   (a) Dies bedeutet, dass Gott Sünde bestrafen muss (Röm. 2, 16).
   (b) Die einzige Möglichkeit, dass jemals jemand gerettet werden konnte, bestand darin, dass die Sünde an einem Stellvertreter bestraft wurde.

2 Jesus Christus spiegelt in vollkommener Weise die Heiligkeit Gottes wider

A. Jesus verkörpert die Heiligkeit Gottes in seiner Person (Joh. 14,9).

1. *Jesus war vollkommen ohne Sünde* (Heb. 7, 26).

2. *In seiner ganzen Person war vollkommene Heiligkeit* (1. Petr. 2,22).

(a) Seine Göttlichkeit war im menschlichen Fleisch verhüllt, sodass seine göttliche Heiligkeit für gewöhnlich nicht öffentlich sichtbar war.

(b) Als er seine Herrlichkeit offen zeigte, konnte ihm keiner widersprechen.

    (1) »Aber sie ließen nicht locker und verlangten eine Antwort. Schließlich richtete er sich auf und sagte: Wer von euch ohne Sünde ist, der soll den ersten Stein auf sie werfen! Damit bückte er sich wieder und schrieb weiter in den Staub. Als die Ankläger das hörten, machten sie sich einer nach dem anderen davon, die Ältesten zuerst. Schließlich war Jesus allein mit der Frau, die noch immer an der gleichen Stelle in der Mitte stand.« (Joh. 8,7-9)

    (2) »Und als er sagte: Ich bin es, wichen sie alle zurück und fielen zu Boden.« (Joh. 18,6)

B. Jesus zeigte Gottes Heiligkeit in seinen Taten (Heb. 4,15).

1. Er hat nie auch nur eine Sünde begangen (1. Petr. 2,22).
2. Alles, was er sagte oder tat, spiegelte den Willen des Vaters wider (Joh. 12,49) und zeigte die Vollkommenheit des Gesetzes (Mt. 5,17f.).

C. Daher wurde er unser vollkommener Stellvertreter.

1. Durch sein Leben, das Leben des unsterblichen Auferstandenen (Röm. 5,10).
2. Durch seinen Tod (1. Petr. 2,24).

3 Das Volk Gottes ist zur Heiligkeit berufen (Heb. 12,14)

A. **Heiligkeit: Das griechische Wort ist** *hagiasmos* **und kommt im Neuen Testament zehnmal vor. Es bedeutet zu reflektieren, was Gott in seinem Wesen ist: rein und lauter.**

B. **Das Wort »heilig« (griechisch** *hagios***) kommt 229-mal im Neuen Testament vor. Es ist als das Hauptadjektiv für den Geist Gottes gebraucht. An den Stellen, an welchen es im Plural gebraucht wird, ist es mit »Heilige« zu übersetzen.**

C. **Das Wort »Heiligung« ist im Griechischen** *hagiasmos***. Es ist dasselbe Wort wie für »Heiligkeit«. Das Verb,** *hagiazo***, bedeutet »heiligen«; »heilig machen«. Es kommt 29-mal im Neuen Testament vor.**

D. **»Heiligkeit« und »Heiligung« sind Worte, die oftmals im Austausch miteinander gebraucht werden.**

1. *Gottes Heiligkeit ist das, was er in sich selbst hat oder ist.*
2. *Unsere Heiligkeit ist eine abgeleitete. Deshalb kommt sie nicht von uns. Sie kommt vielmehr von Gott zu uns.*
   (a) In uns selbst sind wir häßlich und abscheulich (Röm. 3, 10-18).
   (b) Das Herz ist »überaus trügerisch und nicht zu heilen« (Jer. 17,9[3]).
3. *Heiligung bezieht sich stärker auf uns als auf Gott.*
   (a) Wir würden nie auf den Gedanken kommen, von Gottes Heiligung zu sprechen, vielmehr sprechen wir von des Gläubigen Heiligung.

---

[3] Übersetzung nach dem englischen Text (NIV).

(b) Dennoch ist Heiligung bzw. Heiligkeit Christus zugeschrieben. Sie bedeutet das, was wir in Christus haben (1. Kor. 1, 30).

E. Heiligung ist das, wozu wir berufen sind.

1. *Wir sind berufen mit einem »heiligen« Ruf. Das bedeutet, dass unsere wirksame Berufung durch den Heiligen Geist ein Ruf zur Heiligkeit ist (2. Tim. 1, 9).*
2. *Aus diesem Grund sagte Paulus, dass wir »durch das heiligende Wirken des Geistes zur Rettung« erwählt sind (2. Thess. 2, 13[4]).*
   (a) Mit anderen Worten: Mit unserer Rettung ist zugleich auch unsere Heiligung vorausgesetzt.
   (b) Es gibt keinen Glauben, der zwar rettet, aber nicht zugleich auch heiligt (Röm. 6, 22).

F. Heiligung: Der Prozess des Heilig-gemacht-Werdens

1. *Heiligung ist ein Prozess, nicht etwas, das ein für alle Mal geschehen ist.*
   (a) Wenn es ein für alle Mal geschehen wäre, dann könnten alle für sich in Anspruch nehmen, in derselben Weise geheiligt zu sein, wie sie gerettet sind.
      (1) Es stimmt, dass alle Gläubigen auch geheiligt sind (Heb. 2, 11; 10, 10).
      (2) Aber nicht in demselben Sinn, wie alle Gläubigen gerettet sind.
   (b) Unsere Rettung ist ein ein für alle Mal geschehenes Ereignis.
      (1) Wir sind zehn Jahre nach unserer Bekehrung nicht besser gerettet als zum Zeitpunkt unserer Bekehrung.
      (2) Dies trifft aber gerade *nicht* auf unsere Heiligung zu.

---

[4] Übersetzung nach dem englischen Text (NIV).

2. *Gerettet, das heißt, aufgrund des Glaubens gerechtfertigt zu sein, ist ein für alle Mal geschehen.*

   (a) Die Anrechnung der Gerechtigkeit Christi ist ein vollständiger und einmaliger Akt.

   (b) Daher bin ich »in Christus« zehn Jahre nach meiner Rechtfertigung nicht gerechter als zu dem Zeitpunkt, da ich zum Glauben kam!

3. *Heiligung jedoch ist ein Prozess und lässt Abstufungen zu.*

   (a) Niemand ist in diesem Leben in seinem Denken, Reden und Handeln durch und durch geheiligt. Nicht einmal der Apostel Paulus nahm für sich in Anspruch, »alles schon erreicht« zu haben »oder schon vollkommen« zu sein (Phil. 3, 12ff.).

   (b) Es gibt keine vollkommene Heiligung in diesem Leben; der Prozess der Heiligung ist deshalb nie abgeschlossen.

   (c) Wenn Jesus wiederkommt, werden wir verherrlicht. Unsere Verherrlichung wird ein für alle Mal geschehen und uns Christus ähnlich machen.

   (d) Manche ernstzunehmende und gottesfürchtige Gelehrte lehren zwei Werke der Gnade:

   (1) Wir sind gerettet — wenn unsere Sünden vergeben sind.

   (2) Danach sind wir geheiligt (vgl. 1. Thess. 5, 23) (manche sagen auch »vollkommen geheiligt«) — wenn wir von unserer »angeborenen Sünde« gereinigt sind (manche sagen auch, wenn unsere Sünde »ausradiert« ist).

   (3) Manche von ihnen betrachten die Taufe mit dem Heiligen Geist als gleichbedeutend mit Heiligung.

   (4) Nach meinem Verständnis ist das ein theologischer Irrtum. Ich glaube, dass die Taufe mit dem Heiligen Geist zwar oft erst nach der Bekehrung erfolgt, dass sie aber nicht mit Heiligung gleichzusetzen ist.

4 Welche Ziele sind in diesem Leben hinsichtlich Heiligkeit erreichbar?

A. Moralität

1. *Wir neigen zutreffenderweise dazu, Heiligkeit als Moralität zu verstehen.*

   (a) Das Zitat des Petrus aus 3. Mose 11, 44 und 19, 2, »Ihr sollt heilig sein, denn ich bin heilig«, folgt seiner Ermahnung: »Als gehorsame Kinder gebt euch nicht den Begierden hin, denen ihr früher in der Zeit eurer Unwissenheit dientet« (1. Petr. 1, 14 Lu84).

   (b) Bei folgender Anordnung hatte Paulus Unzucht im Blick: »Denn das ist der Wille Gottes, eure Heiligung, dass ihr meidet die Unzucht und ein jeder von euch seine eigene Frau zu gewinnen suche in Heiligkeit und Ehrerbietung.« (1. Thess. 4, 3-4 Lu84)

   (1) Gott warnt uns, dass sexuelle Unmoral mit Sicherheit bestraft werden wird. Es folgt dann: »Denn Gott hat uns nicht berufen zur Unreinheit, sondern zur Heiligung.« (1. Thess. 4, 7 Lu84)

   (2) Nichts wird der Gemeinde so sehr Schande und Unehre einbringen wie sexuelle Sünde. Der Skandal um Fernseh-Evangelisten in den vergangenen Jahren bestätigt das. Was immer sonst auf uns als Christen zutreffen mag, »es darf überhaupt keine Spur von sexueller Unmoral oder von irgendeiner Art von Unreinheit oder von Habsucht geben, denn solche Dinge gehören sich nicht für die Heiligen Gottes« (Eph. 5, 3[5]).

---

[5] Übersetzung nach dem englischen Text (NIV).

B. Ehrlichkeit

1. *In unseren finanziellen Angelegenheiten:* »Wer ein Dieb ist, soll aufhören zu stehlen. Er soll seine Hände zu ehrlicher Arbeit gebrauchen und dann anderen, die in Not sind, großzügig geben.« (Eph. 4, 28)
   (a) Es darf niemals ein Anzeichen für falschen Umgang mit Geld in der Gemeinde geben.
   (b) Wir dürfen hier auch das Geben des Zehnten nicht unerwähnt lassen! »Soll ein Mensch Gott berauben, wie ihr mich beraubet? – Aber ihr fragt: Wessen haben wir dich beraubt? – Der Zehnten und der Opfergaben!« (Mal. 3, 8)

2. *Die Wahrheit reden.*
   (a) Von Natur aus sind wir alle Lügner (Ps. 58, 4).
   (b) Ein deutliches Zeichen für Heiligung ist, dass wir die Wahrheit sagen!
   (c) »... und alle Lügner erwartet der See, der mit Feuer und Schwefel brennt.« (Off. 21, 8)

C. Ein sanftmütiger Geist

1. *Die vergessene Wendung aus Hebräer 12, 14 ist:* »*Versucht, mit allen Menschen in Frieden zu leben.*«
2. *Dies bezeichnet eine Haltung, die frei ist von jeder Bitterkeit.*
   (a) Eine der Hauptweisen, wie wir den Heiligen Geist betrüben, ist Bitterkeit (Eph. 4, 30ff.).
   (b) Ein deutliches Zeichen, dass wir frei von Bitterkeit sind, besteht darin, dass wir denen, die uns verletzt haben, völlig vergeben haben. Ein gutes Beispiel ist Josef in 1. Mose 45 (vgl. dazu Kap. 22, 3):
      (1) Wir schützen so gut wir können selbst die, die uns übel mitgespielt haben (Vers 1).
      (2) Wir nehmen ihnen alle Befangenheit (Vers 4).
      (3) Wir lassen sie mit sich selbst im Frieden sein (Vers 5).

(4) Wir lassen sie ihr Gesicht wahren (Verse 5-8).

(5) Wir weigern uns, sie zu erpressen (Vers 13).

(6) Wir vergeben immer wieder (1. Mose 50, 20-21).

D. Eine stets wachsende Kontrolle über die Zunge (Jak. 3)

1. *Dies bedeutet, andere nicht zu verurteilen* (Mt. 7, 1-2).

(a) In dem, was wir zu den Leuten sagen.

(b) In dem, was wir *über* andere Leute sagen.

2. *Oft beherrscht ein gesetzlicher Geist die Menschen, die selbst zwar moralisch und ehrenhaft sind, aber dadurch all das Gute, das andere tun, zerstören, indem sie diese verurteilen.*

3. *Eine unter Kontrolle stehende Zunge lässt auch keinen Raum für »schmutziges, dummes und anzügliches Gerede«* (Eph. 5, 4).

4. *Hier ist ein Vers, von dem viele Christen wünschten, er wäre nicht in der Bibel:* »Ich sage euch: Am Tag des Gerichts müsst ihr euch für jedes böse Wort, das ihr sagt, verantworten.« (Mt. 12, 36)

E. Wandel im Licht (1. Joh. 1,7)

1. *Dies bedeutet, dass wir dem Heiligen Geist gegenüber offen bleiben müssen.*

2. *Wenn wir »dem nachjagen zu ergreifen, wofür wir von Christus ergriffen worden sind«* (vgl. Phil. 3, 12[6]), *entdecken wir entlang des Weges folgende Dinge:*

(a) Bereiche von Sünde, die wir bekennen müssen (1. Joh. 1, 8-9).

(b) Bereiche neuen Gehorsams, auf die Gott seinen Finger legt.

---

[6] Übersetzung nach dem englischen Text (NIV).

3. *Im Zweifelsfall wird Gott Klarheit darüber schenken, ob wir vom Weg abgekommen sind, wenn wir ernsthaft seinen Willen zu erfahren suchen* (Phil. 3, 15).

Schlussbemerkung

Heiligkeit ist der wesentliche Charakterzug Gottes. Seine Heiligkeit spiegelt sich auf vollkommene Weise in Jesus Christus, dem vollkommenen Beispiel für Christen. In der Tat läuft Heiligkeit in den Gläubigen auf das eine hinaus: Christus ähnlich zu sein. Kein Gläubiger erreicht vollkommen sein Niveau, da keiner von ihnen ohne Sünde ist (1. Joh. 1, 8). Gott beginnt jedoch in jedem Gläubigen das Werk der Heiligung zu dem Zeitpunkt, da dieser zum Glauben kommt. Es ist ein Werk, das er fortführen wird, bis sie in den Himmel kommen. Bis dahin sollten alle Gläubigen fähig sein, mit John Newton zu sagen: »Ich bin nicht der, der ich sein sollte. Ich bin nicht der, der ich sein will. Ich bin nicht der, der ich zu sein hoffe. Aber ich bin – Gott sei Dank! – nicht der, der ich zu sein gewohnt war.«

39

Gottesfurcht

Einleitung

A. Dies ist ein Thema, das bei den meisten Christen heutzutage in Vergessenheit geraten ist.

1. *Es gibt so gut wie kein anderes Thema, das einerseits so biblisch, andererseits aber doch so weit vom allgemeinen Konsens heutigen christlichen Denkens entfernt ist.*
2. *Doch es ist ein Thema, das uns in der Bibel immer wieder begegnet.*
   (a) Abraham wurde wegen seiner Gottesfurcht gelobt (1. Mose 22, 12).
      (1) Abraham ist das Urbild eines Christen (Röm. 4, 16; Gal. 3, 8).
      (2) Als er bis zum Äußersten geprüft wurde, geschah das, damit sichtbar würde, dass er wirklich Gott fürchtete. »Er sprach: Lege deine Hand nicht an den Knaben und tue ihm nichts; denn nun weiß ich, dass du Gott fürchtest und hast deinen einzigen Sohn nicht verschont um meinetwillen!« (1. Mose 22, 12)
   (b) Die unmittelbare Wirkung der Gesetzgebung am Sinai war Furcht und Zittern (2. Mose 20, 18).
      (1) Gott sagte später, dass dies so beabsichtigt war (5. Mose 4, 10).
      (2) Tatsächlich sollten die Israeliten Gottesfurcht lernen: »O wenn sie doch immer ein solches Herz hätten, mich zu fürchten und alle meine Gebote zu halten ihr Leben lang, dass es ihnen wohl ginge und ihren Kindern ewiglich!« (5. Mose 5, 29)

(c) Die Furcht des Herrn sollte gelehrt werden (Ps. 34, 12).

    (1) Von Natur aus haben die Menschen keine Gottesfurcht (Röm. 3, 18).

    (2) Daraus folgt, dass wir zur Gottesfurcht geführt werden müssen und uns diese aneignen.

(d) Die Summe des Buches Prediger ist: »Fürchte Gott und halte seine Gebote; denn das soll jeder Mensch!« (Pred. 12, 13)

(e) Die Botschaft des Engels mit dem ewigen Evangelium begann mit einem Aufruf zur Furcht Gottes: »Habt Achtung vor Gott und gebt ihm die Ehre! rief er [der Engel], denn die Stunde ist gekommen, in der er Gericht halten wird. Betet den an, der Himmel und Erde, das Meer und alle Wasserquellen gemacht hat!« (Off. 14, 7)

B. Gottesfurcht ist einerseits tiefste Ehrerbietung gegenüber Gott als Person, gegenüber seinem Namen und seinen Wegen; und andererseits die Furcht davor, ihm zu missfallen.

1. *Gottesfurcht bedeutet im Allgemeinen die Kombination von vier Dingen:*

    (a) Tiefste Ehrerbietung (Respekt).

    (b) Ehrfurcht (Respekt verbunden mir Furcht und Staunen).

    (c) Sich ernsthaft fürchten.

    (d) Sorgsamer Gehorsam.

2. *Sich vor Gott fürchten:*

    (a) Furcht: ein unangenehmes Gefühl, verursacht durch die Nähe von Gefahr oder Schmerz; ängstlich besorgt sein im Hinblick auf mögliche Folgen.

    (b) Echte Gottesfurcht kann ein starkes derartiges Element beinhalten: »Denn ich fürchtete mich vor dem Zorn und Grimm, womit der Herr über euch so sehr erzürnt war, dass er euch vertilgen wollte. Und der Herr erhörte mich auch diesmal.« (5. Mose 9, 19) Es kann kein Zweifel darüber bestehen, dass Mose genau das empfand (Heb. 12, 21).

3. *In unserer Generation scheint es eine Tendenz zu geben, jede Vorstellung, vor Gott Angst zu haben, abzutun.*
   (a) Der Verdacht ist nicht von der Hand zu weisen, dass dies ein wesentlicher Grund dafür ist, weshalb es keine Gottesfurcht mehr im Land gibt.
   (b) Was manche unter Furcht des Herrn verstehen, ist so sehr abgemildert, dass dabei niemand mehr Respekt vor Gott haben kann.

4. *Die erste Botschaft im Neuen Testament war folgende:* »Wer hat euch unterwiesen, dem zukünftigen Zorn zu entfliehen?« (Mt. 3, 7)
   (a) Warum würden die Leute vor Gottes Zorn »fliehen«?
   (b) Weil sie zu Tode erschrocken wären.

C. Warum ist dieses Thema wichtig?

1. *Es gibt heutzutage keine Gottesfurcht mehr im Land.*
   (a) Die Einstellung der Regierung, in den Medien, in Bildung und Erziehung, in der Unterhaltung, in der Wirtschaft und auch in der Gemeinde zeigt: Es ist keine Gottesfurcht vorhanden.

2. *Im Allgemeinen gibt es nur wenig Gottesfurcht unter den Christen.*
   (a) Die moralischen Maßstäbe sind so geschwunden, dass es vonseiten der Gemeindeleiter nur wenig Unterweisung gibt, wie wir unser Leben führen sollten.
   (b) Zu oft sind wir nicht viel anders als Lot, dessen Kompromissbereitschaft ihn zu undenkbaren Lösungen verleitete (1. Mose 19, 7-8). Obwohl zugegeben ist, dass Lot ein gerechter Mann war (2. Petr. 2, 7), so ist er doch ein alttestamentliches Beispiel dafür, wie selbst ein wahrer Christ in Sünde zurückfallen kann.

3. *Unsere allgemeine Vorstellung von Gott hat sich verändert aufgrund eines Mangels an fundierter, solider Lehre über den Gott der Bibel.*

   (a) Das Fehlen der Verkündigung über die Hölle hat dazu beigetragen.

   (b) Die Vorstellung von der Annihilation[1] ist hauptsächlich deshalb entwickelt worden, weil die Menschen sich nicht dazu durchringen können zu glauben, dass Gott wirklich so schreckenerregend und furchtbar ist, wie er in der Bibel oft beschrieben wird. So heißt es beispielsweise in Hebräer 10,31 (Lu84): »Schrecklich ist's, in die Hände des lebendigen Gottes zu fallen.«

4. *In biblischen Zeiten offenbarte Gott sich oft auf solche Weise, dass die Menschen zitterten.*

   (a) Waren die Leute damals anders?

   (b) Hat Gott sich verändert?

   (c) Wenn Gott durch Verkündigung und Lehre als der offenbar werden würde, der er wirklich ist, dann kehrte das Zittern der Menschen wieder zurück.

5. *Allein die Furcht Gottes stellt die Integrität des Lebens allgemein wieder her.*

   (a) Wahre Gottesfurcht verwandelt die Gesellschaft.

   (b) Auch wenn diese Lektion nur ein Tropfen auf den heißen Stein ist, so kann sie dennoch auf den Gottesbegriff hinweisen, den wir bekennen müssen, wann immer wir Gelegenheit dazu haben.

6. *Diese Lektion steht in Zusammenhang mit anderen Lektionen in diesem Buch: Mit Zeichen und Wundern im Allgemeinen und mit dem Prophetischen im Besonderen.*

---

[1] *Annihilation:* die Vernichtung der Seele im Tod; siehe dazu Kapitel 53, 2 (vgl. auch Kap. 30, Einleitung C. 1.[a] [2]).

(a) Zeichen und Wunder bewirken nicht allein große Freude und Jubel (z. B. bei einer Heilung), sie bewirken auch Furcht (Apg. 2, 43).

(b) Der prophetische Dienst des Petrus an Hananias und Saphira hatte »große Furcht« zur Folge (Apg. 5, 11).

7. *Freude ist eine angemessene und einleuchtende Reaktion auf die Gegenwart Gottes* (Neh. 8, 10).

(a) Aber sie ist nicht die einzig mögliche Reaktion.

(b) Wir brauchen eine ausgewogene Sicht der Gegenwart Gottes: Seine Ehrfurcht gebietende Majestät genauso wie die »Abba« (Vater)-Vertrautheit.

1 Die Furcht Gottes und Manifestationen seiner Herrlichkeit

A. Gott kann sich auf mehr als nur eine Weise bekannt machen.

1. *Es kann eine »heilende« Gegenwart sein:* »Und die heilende Kraft ging von Jesus aus.« (Lk. 5, 17)

(a) Dies ist eine souveräne Manifestation des Heiligen Geistes.

(b) Wenn diese Manifestation da ist, sollte man, wenn man Heilung braucht, alles tun, um dieser Gegenwart nahe zu sein. »Da trugen ein paar Männer auf einer Matte einen Gelähmten herbei. Sie versuchten, durch die Menge zu Jesus vorzudringen, doch es gelang ihnen nicht. Schließlich stiegen sie auf das Dach, nahmen ein paar Ziegel weg und ließen den Kranken auf der Matte mitten unter die Zuhörer hinab, Jesus direkt vor die Füße.« (Lk. 5, 18-19; vgl. Apg. 5, 15)

2. *Es kann eine Gegenwart sein, die »Anbetung« hervorruft:* Jesus segnete die Jünger, als er in den Himmel aufgenommen wurde. »Sie beteten ihn an und kehrten danach voll großer Freude nach

Jerusalem zurück. Und sie hielten sich die ganze Zeit über im Tempel auf und priesen Gott.« (Lk. 24, 52.53)

(a) Dies war auch die Folge der Ausgießung des Heiligen Geistes (Apg. 2, 47).

(b) Diese Gegenwart kam offensichtlich auf Paulus und Silas (Apg. 16, 25).

3. *Es kann eine Gegenwart Gottes sein, die »Freude« und sogar »Lachen« bewirkt:* »Wir waren voller Lachen und jubelten vor Freude. Und die Völker sagten: Herrliches hat der Herr für sie getan!« (Ps. 126, 2)

(a) »Und sie sangen und dankten dem Herrn und lobten ihn, dass er so freundlich ist und dass seine Güte ewiglich währt über Israel; auch alles Volk lobte den Herrn mit großem Freudengeschrei darüber, dass nun der Grund zum Hause des Herrn gelegt war.« (Esra 3, 11)

(b) »Darum sprach er zu ihnen: Esset Fettes und trinket Süßes und sendet Teile davon auch denen, die nichts für sich zubereitet haben; denn dieser Tag ist dem Herrn heilig; darum bekümmert euch nicht, denn die Freude am Herrn ist eure Stärke!« (Neh. 8, 10)

4. *Es kann ein Geist der Fürbitte da sein:* »Doch während Petrus im Gefängnis saß, betete die Gemeinde inständig für ihn zu Gott.« (Apg. 12, 5)

(a) Solch ein Geist der Fürbitte ging Pfingsten voraus (Apg. 1, 14).

(b) Ähnlich geschah es auch nach Pfingsten (Apg. 4, 24-31).

5. *Es kann eine »richtende« Gegenwart sein.*

(a) Dies war ganz sicher der Fall, als Petrus Hananias und Saphira mit ihrer Sünde konfrontierte: »Du hast nicht uns belogen, sondern Gott!« (Apg. 5, 1-11)

(b) Dies traf auch bei der Begegnung von Petrus mit Simon Magus zu. »Du hast kein Recht darauf, weil dein Herz vor Gott nicht aufrichtig ist.« (Apg. 8, 21)

6. *Es gibt eine Zeit der Befreiung* (Mk. 5, 1-21).
   (a) Wir sollten auf den rechten Zeitpunkt warten, und nicht zu ängstlich besorgt sein, sodass wir hinter jeder Ecke einen Dämon vermuten.
   (b) Paulus wartete viele Tage, ehe er den Dämon austrieb (Apg. 16, 16-18).

B. Mit vielen der oben genannten Beispiele geht eine Gegenwart der Furcht Gottes einher.

1. *Dies ist das Gegenteil von einem Geist der Furcht, von dem leider manche Christen angetrieben werden* (vgl. 2. Tim. 1, 7).
2. *Es ist vielmehr das Empfinden einer heiligen Scheu.*
   (a) »Zacharias erschrak bis ins Herz« (Lk. 1, 12), als ihm der Engel erschien.
   (b) »Ehrfürchtiges Staunen erfasste die Zuschauer. Sie priesen Gott und sagten immer wieder: Heute haben wir wirklich Unglaubliches gesehen.« (Lk. 5, 26)
   (c) »Angst und Ehrfurcht erfassten die ganze Menge. Sie lobten Gott und sagten: Ein mächtiger Prophet ist zu uns gekommen. Heute hat Gott sein Volk besucht.« (Lk. 7, 16)
   (d) »Da drängten sie Jesus, zu gehen und sie in Ruhe zu lassen, so groß war ihre Angst. Jesus stieg daraufhin wieder in das Boot und fuhr zurück auf die andere Seite des Sees.« (Lk. 8, 37)
   (e) »Eine tiefe Ehrfurcht erfasste alle, und die Apostel vollbrachten viele Zeichen und Wunder.« (Apg. 2, 43)
   (f) »Jeder, der von der Geschichte erfuhr, war entsetzt.« (Apg. 5, 5)
   (g) »Furcht überkam die ganze Gemeinde und auch alle anderen, die davon erfuhren.« (Apg. 5, 11)
   (h) »Diese Geschichte verbreitete sich schnell in Ephesus unter Juden und Griechen. Ehrfurcht erfasste die Stadt, und der Name von Jesus, dem Herrn, wurde sehr geehrt.« (Apg. 19, 17)

C. Oft ist das Erste, was Gott zu sagen hat: »Fürchtet euch nicht!« (Mt. 28,10)

1. *Dies zeigt, dass Gottes Gegenwart oft so ehrfurchtgebietend ist, dass die Leute sich fürchten.*
   (a) »Doch der Engel sagte: Hab keine Angst, Zacharias! Gott hat dein Gebet erhört. Deine Frau Elisabeth wird dir einen Sohn schenken, und du sollst ihn Johannes nennen.« (Lk. 1,13)
   (b) »Aber der Engel beruhigte sie: Habt keine Angst!, sagte er. Ich bringe eine gute Botschaft für alle Menschen!« (Lk. 2,10)
   (c) »Als ich ihn sah, fiel ich wie tot vor seine Füße. Aber er legte seine rechte Hand auf mich und sagte: Fürchte dich nicht! Ich bin der Erste und der Letzte ...« (Off. 1,17)

2. *Doch manchmal ist die Wirkung von dem, was Gott tut, zugleich Freude, Weinen und Furcht.*
   (a) »... also dass das Volk das Freudengeschrei nicht unterscheiden konnte von dem lauten Weinen im Volk; denn das Volk erhob ein großes Jubelgeschrei, dass man den Schall weithin hörte.« (Esra 3,13)
   (b) »Die Frauen liefen schnell vom Grab fort. Sie waren zu Tode erschrocken und doch zugleich außer sich vor Freude. So schnell sie konnten, liefen sie zu den Jüngern, um ihnen auszurichten, was der Engel gesagt hatte.« (Mt. 28,8)

3. *Wann immer wir um eine Manifestation der Herrlichkeit Gottes beten, müssen wir offen sein hinsichtlich der Art und Weise, die Gott wählt, um sich zu zeigen.*
   (a) Manche glauben, es werde immer Freude und Lobpreis sein, was Gottes Gegenwart bewirkt.
   (b) Manche glauben, es werde immer eine heilige Furcht sein.
   (c) Doch wir müssen Gott Gott sein lassen und ihn für die Art und Weise respektieren, die er in seiner Souveränität für sein Wirken erwählt.
   (d) Aber letztendlich wird seine Gegenwart bewirken, dass wir ihn mehr und mehr fürchten.

(1) Große Vertrautheit mit manchen Leuten führt oft zu einem Verlust an Respekt.

(2) Bei Gott ist es genau umgekehrt: Je vertrauter unser Umgang mit Gott ist, desto mehr fürchten wir ihn.

2 Wie die Furcht Gottes gelehrt wird (5. Mose 4,10)

A. Wir kommen nicht von Natur aus dazu, Gott zu fürchten. »Der Gottlose ist bis tief ins Herz hinein von der Sünde bestimmt. Vor Gott hat er keine Ehrfurcht.« (Ps. 36,2)

1. *Es ist Gottes Gnade, die uns lehrt.*

   (a) Viele nehmen fälschlicherweise an, die Furcht Gottes stehe im Widerspruch zur Liebe Gottes.

   (b) Falsch! Es ist Gottes Liebe in Aktion, die uns dazu bringt, ihn zu fürchten.

      (1) Wenn keine Gottesfurcht vorhanden ist, dann ist das ein verhängnisvolles Zeichen dafür, dass Gott seine Liebe nicht zeigt (Eph. 2, 3-4).

      (2) Wenn Gott seinen Zorn auf die Erde ausgießt, dann ist das Ergebnis nicht Furcht, sondern das Gegenteil davon: »Und die Menschen wurden von großer Hitze verbrannt, aber dennoch verhöhnten sie den Namen Gottes, der Macht über all diese Plagen hatte. Aber sie kehrten nicht um und gaben ihm nicht die Ehre.« (Off. 16, 9)

   (c) Das Schlimmste, was Gott tun kann, ist, uns in Ruhe zu lassen.

      (1) Der Zorn Gottes zeigt sich darin, dass er die Leute ihren eigenen Wegen überlässt (Röm. 1, 24.26).

      (2) Der Zorn Gottes über die Gottlosen zeigt sich sogar als »eisiger Wind und Hagelschlag« (Ps. 147, 17[2]).

      (3) So zeigt Gott seine kalte Schulter, wenn er jemand keine Beachtung mehr schenkt.

---

[2] Übersetzung nach dem englischen Text (NIV).

B. Die Furcht Gottes wird in dreierlei Weise gelehrt:

1. *Durch Hören:*
   (a) Dies bezieht sich in erster Linie auf das Wort. »Und doch kommt der Glaube durch das Hören dieser Botschaft, die Botschaft aber kommt von Christus [Griechisch: durch das Wort Christi].« (Röm. 10, 17)
   (b) Dies war die antike Methode, wovon sich die biblische formal nicht unterscheidet, die Furcht Gottes zu lehren. »So fasset nun diese meine Worte zu Herzen und in eure Seele und bindet sie zum Zeichen auf eure Hände, dass sie ein Schmuck seien zwischen euren Augen. Lehret sie eure Kinder, indem ihr davon redet, wenn du in deinem Hause sitzest oder auf dem Wege gehest, wenn du dich niederlegst und wenn du aufstehst.« (5. Mose 11, 18-19)
   (c) Das Evangelium wird durch Hören angenommen (Röm. 10, 14).
      (1) Das Evangelium setzt Gottes Zorn voraus (Joh. 3, 36).
      (2) Das Evangelium weiß um die Notwendigkeit, von Sünde überführt zu werden (Joh. 16, 8-9).
      (3) Das Evangelium weiß um die Notwendigkeit, Vergebung zu empfangen (Apg. 2, 38).
      (4) Das Evangelium weiß um die Notwendigkeit des Glaubens (Röm. 3, 25).
      (5) Das Evangelium weiß um die gute Nachricht von Christi Versöhnungsopfer (Röm. 5, 8).
   (d) Wenn das Evangelium mit Vollmacht verkündet wird, werden diejenigen, die es hören, die Frage stellen: »Was sollen wir tun?« (Apg. 2, 37)
      (1) Das geschieht deshalb, weil das, was sie »hörten«, »sie ins Herz traf«.
      (2) Das Empfinden von Furcht lag den Worten des Petrus zugrunde: »Rettet euch vor dieser Generation, die auf einem verkehrten Weg ist!« (Apg. 2, 40)

2. *Durch Sehen:*

»Ja, eure Augen haben die großen Wege des Herrn gesehen, die er getan hat.« (5. Mose 11, 7)

(a) Dies bezieht sich hauptsächlich auf Zeichen und Wunder (Heb. 2, 4).

(b) Furcht folgte den Wundern Jesu: »Ehrfürchtiges Stauen erfasste die Zuschauer. Sie priesen Gott und sagten immer wieder: Heute haben wir wirklich Unglaubliches gesehen!« (Lk. 5, 26)

(c) Diese Furcht folgte der einzigartigen Demonstration des Geistes gegenüber Hananias und Saphira (Apg. 5, 5.11).

(d) Diese Furcht breitete sich über die ungläubige Gesellschaft aus durch das, was man sah, und verschaffte Gott Ehre: »Diese Geschichte verbreitete sich schnell in Ephesus unter Juden und Griechen. Ehrfurcht erfasste die Stadt, und der Name von Jesus, dem Herrn, wurde sehr geehrt.« (Apg. 19, 17)

3. *Durch Gehorchen* (5. Mose 11, 8; Röm. 1, 5)*:*

(a) Gehorsam führt zu angemessener Gottesfurcht: »Und nun, Israel, was fordert der Herr, dein Gott, von dir, denn dass du den Herrn, deinen Gott fürchtest, dass du in allen seinen Wegen wandelst und ihn liebst und dem Herrn, deinem Gott, dienest mit deinem ganzen Herzen und deiner ganzen Seele, dass du die Gebote des Herrn beachtest, und seine Satzungen, die ich dir heute gebiete, zum Besten für dich selbst?« (5. Mose 10, 12-13)

(b) Gottesfurcht und Liebe zu Gott laufen auf genau das Gleiche hinaus! »So sollst du nun den Herrn, deinen Gott, lieben, und seine Ordnungen, seine Satzungen, seine Rechte und Gebote beachten dein Leben lang.« (5. Mose 11, 1)

(c) Deshalb sagte Jesus: »Liebt ihr mich, so werdet ihr meine Gebote halten.« (Joh. 14, 15[3])

---

[3] Übersetzung nach dem englischen Text (NIV).

(d) Die Verlorenen werden für ihren Ungehorsam bestraft: Er wird »das Gericht über diejenigen bringen, die Gott nicht kennen, und über diejenigen, die der Botschaft von Jesus, unserem Herrn, nicht gehorchen«. (2. Thess. 1, 8; vgl. 1. Petr. 4, 17)

4. *Alle oben genannten Punkte sind die Konsequenzen der gnadenvollen Berufung durch den Heiligen Geist* (Apg. 2, 39).

C. Aus welchen Beweggründen Leute dazu kommen, Gott zu fürchten.

1. *Die Nichtchristen:*
   (a) Die Verkündigung von Gottes Zorn (Mt. 3, 7).
   (b) Jede Verkündigung mit Kraft und Vollmacht (Apg. 2, 37).
   (c) Vollmächtige Lehre (Mt. 7, 28-29; 22, 33).
   (d) Zeichen und Wunder (Apg. 4, 16).

2. *Die Christen:*
   (a) Die Furcht, von Gott gezüchtigt zu werden (Ps. 6, 2).
   (b) Die Furcht, Gott nicht zu gefallen (Ps. 19, 8-15).
   (c) Die Furcht, nicht in Gottes Ruhe einzugehen (Heb. 4, 1).
   (d) Die Furcht vor fortgesetztem Ungehorsam (Heb. 10, 26-31).

3 Die Wirkung der Gottesfurcht

A. Weisheit und Einsicht

1. »Die Ehrfurcht vor dem Herrn ist der Anfang der Erkenntnis.« (Spr. 1, 7)
2. Sie führt zu Einsicht und Verständnis (Spr. 9, 10).

B. Sie bewahrt uns vor einer Menge Probleme und Ärger.

1. »Die Ehrfurcht vor dem Herrn ist eine lebensspendende Quelle; sie rettet vor den Stricken des Todes.« (Spr. 14, 27)
2. Sie bewahrt uns vor Unmoral (Spr. 6, 24).

C. Sie führt zu Vertrautheit mit Gott.

1. »Die Freundschaft mit dem Herrn gebührt denen, die ihn ernst nehmen.« (Ps. 25, 14).
2. Die Furcht Gottes motiviert uns dazu, im Licht zu wandeln. Die Folge davon ist nicht nur die Reinigung durch das Blut Christi, sondern auch die Gemeinschaft mit dem Vater (1. Joh. 1, 7).

D. Unermessliche Segnungen

1. Gott bewahrt Güte für die, die ihn fürchten (Ps. 31, 20).
2. Auf solchen Menschen ruht seine unablässig segnende Hand (Ps. 33, 18).

E. Gott erfüllt das Begehren der Gottesfürchtigen (Ps. 145,19; vgl. Ps. 37,4).

1. Die Furcht Gottes verheißt langes Leben (Spr. 10, 27).
2. Sie verheißt Glück und große Freude (Ps. 112, 1; Spr. 22, 4; vgl. Pred. 8, 12).

4 Wie können wir gewiss sein, dass wir wirklich Gott fürchten?

1. *Wenn wir wirklich die Ehre suchen, die von Gott kommt, und nicht die Ehre von Menschen* (Joh. 5, 44).

(a) Es ist das allgemein menschliche Streben, den Beifall und die Anerkennung von Menschen haben zu wollen.

(b) Echte Gottesfurcht wird uns leiten, die Ehre zu suchen, die allein von ihm kommt.

2. *Ehrfurcht vor seinem Namen* (5. Mose 28, 58).

(a) Gott will, dass wir seinen Namen fürchten (Ps. 86, 11).

(b) Dies bedeutet, dass wir eifrig auf Gottes Ansehen bedacht sind und darauf, wie die Leute über seinen Namen sprechen.

3. *Bemühen, ihm zu gefallen* (1. Joh. 1, 7).

(a) Wenn wir uns wirklich und wahrhaftig darum bemühen, ihm in allem zu gefallen (2. Kor. 5, 9).

(b) Dies bedeutet Treue »in kleinen Dingen« (Lk. 16, 10).

Schlussbemerkung

Gottesfurcht ist eine allzu sehr in Vergessenheit geratene Vorstellung, die wir aber zu unserem eigenen Verderben vergessen. Wenn wir wahrhaftig Gott fürchten, wird das unser Leben und unsere Beziehung zu Gott völlig umwandeln. Wir denken an folgende Worte Martin Luthers: »Wir müssen Gott erst als Feind kennen, bevor wir ihn als Freund kennen können.« Doch es ist wichtig, dass wir in unserer Einstellung gegenüber Gott eine gewisse Ausgewogenheit bewahren. Deshalb werden wir, nachdem wir das Kapitel über die Furcht Gottes gelesen haben, vielleicht den Wunsch haben, Kapitel 42, »Sich von Gott lieben lassen«, zu lesen.

40

Fürbitte

Einleitung

A. Vor mehr als vierzig Jahren las ich ein Traktat mit dem Titel »Wo sind die Fürbitter?«.

1. Es war ein Traktat über Fürbitte.
2. Es verfehlte seine Wirkung nicht; vor allem zeigte es mir, dass Fürbitte überaus notwendig ist, aber selten getan wird.

B. Diese Lektion baut auf das auf, was im Kapitel über den priesterlichen Dienst Christi gelehrt wurde (siehe Kapitel 17).

1. *Jesus ist der erste und wichtigste Fürbitter!*
   (a) Er ist zur Rechten des Vaters und betet für uns.
   (b) Das Wesen seines Dienstes ist als Fürbitte zu bezeichnen.

2. *Wir sind gleichermaßen dazu berufen, Fürbitter zu sein — für das Reich Gottes im Allgemeinen und füreinander im Besonderen.*
   (a) Ziel dieser Lektion ist es, mit dem Begriff der Fürbitte vertraut zu machen.
   (b) Vor allem aber geschieht das in der Hoffnung, dass jeder von uns, wenn er nicht schon damit begonnen hat, jetzt beginnen wird, sich an der Fürbitte zu beteiligen.

C. Fürbitte: Gott für jemand anders bitten.

1. *Warum bitten?*
   (a) Weil das notwendig und in der Bibel geboten ist (1. Tim. 2, 1).
   (b) Unsere erste Bitte an Gott ist immer die Bitte um »Gnade und Barmherzigkeit« (Heb. 4, 16).

2. *Fürbitte zu tun heißt ein Unterhändler zu sein.*
3. *Fürbitte heißt in den Riss treten zwischen Gott und einer anderen Person in Not; sie kann Folgendes umfassen:*
   (a) Gebet für eine andere Person.
   (b) Gebet für mehrere Personen in Not.
   (c) Gebet für die Gemeinde.
   (d) Gebet für die Nation.
   (e) Gebet für die Obrigkeit (1. Tim. 2, 2).
   (f) Gebet für irgendeinen Aspekt des Reiches Gottes.

D. Im Griechischen gibt es im Allgemeinen zwei Worte für Gebet:

1. *Proseuche*, im Neuen Testament 37-mal gebraucht.
   (a) Proseuche ist der allgemeine Begriff für Gebet, und ist ein Wort, das gebraucht wird, wenn jemand sich an Gott wendet.
   (b) Es ist der Begriff, der jede Art von Gebet einschließen kann:
       (1) Gemeinschaft mit Gott (Lk. 6, 12).
       (2) Die Bitte an Gott, zu handeln (Mt. 21, 21).
       (3) Gemeinsames Gebet (Apg. 2, 42; 3, 1).
       (4) Die Aufgabe aller Pastoren und Gemeindeleiter (Apg. 6, 4).
       (5) Fürbitte (Apg. 12, 5).

2. *Deesis*, im Neuen Testament 19-mal gebraucht.
   (a) *Deesis* ist ein speziellerer Begriff. Während *deesis* für gewöhnlich einfach mit »Gebet« übersetzt wird, wird es an

einzelnen Stellen auch mit »Bitte« oder »Anliegen« übersetzt: »Sorgt euch um nichts; sondern in allem lasst durch Gebet und Flehen mit Danksagung eure Anliegen vor Gott kundwerden.« (Phil. 4, 6)

(b) Dieser Begriff kann gebraucht werden, wenn jemand eine Petition an den Premierminister oder an das Rathaus richtet.

  (1) Implizit setzt das Demut voraus, da sich eine geringer gestellte Person an eine höher gestellte Person wendet.

  (2) Es ist, wie wenn wir gebeugten Knies bei einer höheren Autorität vorstellig werden (Heb. 5, 7).

3. *Jeder der beiden oben genannten Begriffe ist bedeutsam für Fürbitte, obwohl Letzterer (deesis) eine gesunde, hilfreiche Haltung darstellt, die wir beim Beten einnehmen sollten.*

E. Das griechische Wort *entungchano* wird übersetzt mit »für jemand eintreten«, »Fürbitte tun« (Röm. 8,27.34; Heb. 7,25).

1. Dieses Wort bedeutet »anflehen« oder »ersuchen«.

2. In 1. Timotheus 2, 1 ist die Substantivform gebraucht: »So ermahne ich nun, dass man vor allen Dingen Bitten, Gebete, Fürbitten und Danksagungen darbringe für alle Menschen.«

F. Warum ist Fürbitte notwendig?

1. Gott kann zwar auch ohne uns eingreifen, aber er möchte gerne Gebetswerkzeuge gebrauchen.

2. Gebet ist ein unergründliches Geheimnis.

G. Wann ist ein Fürbitter notwendig?

1. In einer Krisensituation.

2. Wenn eine gewaltige Aufgabe bevorsteht.

3. In einer Zeit der Unentschlossenheit.
4. Wenn jemand aller Voraussicht nach ein satanisches Angriffsziel darstellt.
5. Wenn jemand einen strategischen Dienst hat.

H. Warum ist diese Lektion wichtig?

1. Sie richtet die Aufmerksamkeit auf eine der gegenwärtig größten Nöte der Gemeinde, Gott ernsthaft um etwas zu bitten.
2. Es ist eine Lektion in Selbstlosigkeit. Auch wenn Fürbitte das Gebet für sich selbst bezeichnen kann, konzentriert sie sich hauptsächlich auf das Gebet für andere.
3. Diese Lektion führt uns vor Augen, wie Gott uns ein Maß an Autorität verleiht, um zu sehen, wie durch Gebet Dinge erreicht werden.
4. Fürbitte ist ein Weg zu größerer Ähnlichkeit mit Jesus. Er betet nicht für sich selbst, sondern tritt für andere ein.
5. Wenn wir von dieser Lektion ergriffen werden, könnte dies der Wendepunkt in unserem geistlichen Leben werden.
6. Fürbitte wird uns barmherzig machen.
7. Fürbitte stellt eine sehr starke Bedrohung für die Interessen Satans dar.

1 Wir lernen am besten, indem wir auf den ersten und wichtigsten Fürbitter sehen

A. Er hat Mitleid mit unseren Schwachheiten (Heb. 4,15).

1. *Auf diese Weise empfindet er für uns, wenn er für uns betet.*
2. *Wenn wir echte Fürbitter sein wollen, müssen wir Mitleid haben mit denen, für die wir beten.*
   (a) Dies wird uns davor bewahren, kalt und verurteilend zu werden.
   (b) Wenn wir von der Person, für die wir beten, angewidert sind, wird unsere Haltung falsch sein; wir sollten uns dann

fragen, ob wir wirklich für jemand anders bei Gott eintreten.

(c) Ein wesentliches Element der Fürbitte ist unser *Empfinden* gegenüber denen, für die wir beten.

3. *Wir können nicht mit Gott spielen, wenn wir Fürbitte tun.*

(a) Er weiß, was in unseren Herzen ist: »Nichts in der ganzen Schöpfung ist vor ihm verborgen. Alles ist nackt und bloß vor den Augen Gottes, dem wir für alles Rechenschaft ablegen müssen.« (Heb. 4, 13)

(b) Mit unserem Mund etwas zu sagen, aber in unserem Herzen etwas anderes zu empfinden, ist in Wahrheit eine Beleidigung Gottes, wenn wir behaupten, für jemand anders einzutreten!

B. Jesus betete für die, die ihn kreuzigten; er sagte: »Vater, vergib diesen Menschen, denn sie wissen nicht, was sie tun!« (Lk. 23,34)

1. G. Campbell Morgan stellte die Frage, ob dieses Gebet Jesu erhört worden war. Dann gab er selbst die Antwort, indem er sagte, er erwarte im Himmel genau die Männer zu sehen, die Jesus ans Kreuz genagelt haben.

2. Das Herz eines Fürbitters sollte frei sein von Bitterkeit.

C. Jesus nahm sich der Sache anderer an: »Denn auch Christus lebte nicht nur für sich selbst.« (Röm. 15,3)

1. Sein Leben war hingegeben für andere.

2. Seine Fürbitte zur Rechten Gottes geschieht in Hingabe für andere.

D. Er ist treu: Jesus ist ein »barmherziger und treuer Hoher Priester« (Heb. 2,17).

1. Er hat nicht nur Mitleid mit uns, sondern ist auch treu in seiner Fürbitte und Fürsorge für uns.
2. »Er lebt ewig und wird bei Gott für sie eintreten.« (Heb. 7, 25)

E. Jesus wurde erhört, »weil er große Ehrfurcht hatte vor Gott« (Heb. 5,7).

1. Jesus lebte in allem so, dass es dem Vater gefiel (Joh. 5, 30).
2. Hätte er nicht eine einmalige Beziehung zum Vater, könnte er nicht für andere beim Vater eintreten!

2 Die Notwendigkeit der Fürbitte

A. Kein Geringerer als der Apostel Paulus empfand die Notwendigkeit der Fürbitte.

1. *»Betet auch für mich und bittet Gott, mir die richtigen Worte zu geben, wenn ich mutig das Geheimnis seiner guten Botschaft weitersage. Ich bin im Gefängnis, weil ich als Gottes Bote diese Botschaft verkündet habe. Betet darum, dass ich weiter so offen und furchtlos rede, wie es mir aufgetragen ist!«* (Eph. 6,19-20; vgl. Kol. 4,3-4)
2. *»Betet auch für uns, liebe Brüder!«* (1. Thess. 5, 25)
3. *Wie hätte es uns gefallen, Fürbitter für Paulus gewesen zu sein? Hätten wir darüber ruhig bleiben können?*
   (a) Als Paulus im Gebet für sich selbst eintrat, bekam er eine Antwort, die ziemlich anders ausfiel, als er gerne gehabt hätte. »Jedes Mal sagte er: Meine Kraft ist alles, was du brauchst. Meine Kraft zeigt sich in deiner Schwäche. Und nun bin ich zufrieden mit meiner Schwäche, damit die Kraft Christi durch mich wirken kann.« (2. Kor. 12,9)

(b) Als Paulus der größten Prüfung unterzogen wurde, die er je
hatte, schrieb er seine Befreiung zwei Dingen zu:
(1) Gottes souveränem Eingreifen (2. Kor. 1, 10).
(2) Der Fürbitte anderer (2. Kor. 1, 11).

B. Paulus selbst war ein Fürbitter.

1. *Er trat für sein eigenes Volk ein:* »Ich sehne mich von Herzen
danach und bete zu Gott, dass das jüdische Volk gerettet wird.«
(Röm. 10, 1)
(a) »Lasst uns für Israel beten! Betet um Frieden für Jerusalem!«
(Ps. 122, 6)
(b) Lasst uns täglich große Anliegen vor Gott bringen! Zum
Beispiel:
(1) Ein geistlicher Durchbruch in der moslemischen Welt.
(2) Friede in Nordirland und im Nahen Osten.
(3) Die Regierung; die Mitglieder des Parlaments; in manchen Ländern die königliche Familie: »So ermahne ich
nun, dass man vor allen Dingen Bitten, Gebete, Fürbitten und Danksagungen darbringe für alle Menschen, für
Könige und alle, die in hoher Stellung sind, damit wir ein
ruhiges und stilles Leben führen können in aller Gott-
seligkeit und Ehrbarkeit.« (1. Tim. 2, 1-2)

2. *Er trat für die Gemeinden ein, da deren Ergehen für ihn von aller-
größtem Interesse war.*
(a) Für ihre Erleuchtung und ihr Wachstum:
(1) »Ich bete ständig für euch und bitte den Gott unseres
Herrn Jesus Christus, den Vater der Herrlichkeit, euch
den Geist der Weisheit und Einsicht [Griechisch: Offen-
barung] zu schenken, damit eure Erkenntnis von Gott
immer größer wird.« (Eph. 1, 17)
(2) »Ich kann nur meine Knie beugen vor Gott, dem Vater,
dem Vater von allem, was im Himmel und auf der Erde
ist. Ich bete, dass er euch aus seinem großen Reichtum

die Kraft gibt, durch seinen Geist innerlich stark zu werden. Und ich bete, dass Christus durch den Glauben immer mehr in euren Herzen wohnt und ihr in der Liebe Gottes fest verwurzelt und gegründet seid. So könnt ihr mit allen Gläubigen das ganze Ausmaß [Griechisch: was die Breite und Länge und Höhe und Tiefe ist] seiner Liebe erkennen. Und ihr könnt auch die ganze Liebe Christi erkennen — die größer ist, als ihr sie je begreifen werdet —, damit der Reichtum Gottes euch immer mehr erfüllt.« (Eph. 3, 14-19)

(b) Er dankte Gott für ihren geistlichen Fortschritt:

(1) »Jedes Mal, wenn ich an euch denke, danke ich meinem Gott. Ich bete immer für euch und tue es mit frohem Herzen. Denn ihr habt euch vom ersten Tag an bis heute gemeinsam mit mir für die gute Botschaft eingesetzt. Ich bin ganz sicher, dass Gott, der sein gutes Werk in euch angefangen hat, damit weitermacht und es vollenden wird bis zu dem Tag, an dem Christus Jesus wiederkommt.« (Phil. 1, 3-6)

(2) »Wir danken Gott immer wieder für euch alle und beten ständig für euch. Und wenn wir mit unserem Gott und Vater über euch sprechen, denken wir an alles, was ihr im Glauben tut, an die Liebe, die sich in eurem Verhalten zeigt, und an die Geduld, mit der ihr auf Jesus Christus, unseren Herrn, hofft.« (1. Thess. 1, 2-3)

(c) Er dankte Gott für ihren geistlichen Fortschritt, selbst bevor er ihnen begegnete:

(1) »Gott weiß, dass ich unablässig für euch bete. Ihm diene ich von ganzem Herzen [Griechisch: in meinem Geist], indem ich die gute Botschaft von seinem Sohn weitersage. Um eines bitte ich im Gebet immer wieder: um die Gelegenheit, euch endlich besuchen zu können, wenn es Gottes Wille ist.« (Röm. 1, 9-10)

3. *Er tat Fürbitte für eine einzelne Person:* »Nacht und Tag denke ich in meinen Gebeten an dich.« (2. Tim. 1, 3)

(a) Timotheus war eine furchtsame Seele (2. Tim. 1, 7).

(b) Doch Paulus stand kurz vor seinem Tod! (2. Tim. 4, 6) Dennoch tat er für eine einzelne Person Fürbitte.

C. Mose war ein großer Fürbitter.

1. *Wir haben zu beachten: Im Allgemeinen gibt es zwei Arten von Fürbittern:*

(a) Gemeindeleiter, die für die beten, die ihnen folgen, ebenso aber auch für andere.

   (1) Zu befürchten ist, dass viele Gemeindeleiter heutzutage keine Fürbitter sind.

   (2) Mose, der Führer des Volkes Israel, war einer der größten Gemeindeleiter der Geschichte. Aber er war möglicherweise auch der größte irdische Fürbitter, den es je gab.

(b) Diejenigen, die anderen folgen und sowohl für ihre Gemeindeleiter als auch für andere beten.

   (1) Es ist gut möglich, dass die größten Belohnungen im Himmel den Christen zuteil werden, die Gebetsarbeit hinter den Kulissen geleistet haben und dafür wenig Beachtung fanden.

   (2) Es gibt keinen größeren Dienst auf Erden, als eine Person, die bereit ist, namenlos zu sein, aber für andere zu beten.

2. *Mose tat Fürbitte für die Israeliten, indem er seine Hände erhob.*

(a) »Und solange Mose seine Hände aufhob siegte Israel; wenn er aber seine Hände sinken ließ, siegte Amalek. Aber die Hände Moses wurden schwer, darum nahmen sie einen Stein und legten denselben unter ihn, dass er sich darauf setzte. Aaron aber und Hur unterstützten seine Hände, auf jeder Seite einer. Also blieben seine Hände fest bis die Sonne unterging.« (2. Mose 17, 11-12)

(b) Diese Geschichte zeigt das tiefgründige Geheimnis des Gebets:

(1) Wenn wir im Gebet ringen und arbeiten, wirkt Gott.

(2) Wenn wir uns ausruhen, zieht Gott sich zurück!

3. *Mose tat Fürbitte für die rebellischen Israeliten, die er zu führen hatte* (2. Mose 32, 11-14).

(a) Gott war zornig auf die Israeliten; er sagte zwei Dinge zu Mose (2. Mose 32, 10):

(1) »So lass mich nun, dass mein Zorn über sie ergrimme und ich sie verzehre, ...«

(2) »..., so will ich dich zu einem großen Volk machen!«

(b) Mose tat Fürbitte:

(1) Er »besänftigte das Angesicht des Herrn, seines Gottes«. (2. Mose 32, 11)

(2) Er erinnerte Gott an seinen Ruf: »Warum sollen die Ägypter sagen: Zum Unglück hat er sie ausgeführt, dass er sie im Gebirge erwürgte und von der Erde vertilgte? Kehre dich von dem Grimm deines Zorns und lass dich des Übels reuen, das du deinem Volk zugedacht hast!« (2. Mose 32, 12)

(c) Wie viele von uns würden auf solche Weise für andere eintreten?

D. Einige andere Fürbitter des Alten Testaments:

1. Esra (Esra 9, 5-15).
2. Daniel (Dan. 9, 3-19).
3. Samuel (1. Sam. 7, 5-8).
4. Elia (Jak. 5, 17-18).
5. Abraham (1. Mose 18, 16-33).

E. Gemeinsame Fürbitte: »Diese alle blieben beständig und einmütig im Gebet und Flehen.« (Apg. 1,14)

1. *Ein Teil des geistlichen Kampfes besteht aus Fürbitte* (Eph. 6, 10-18).

(a) Diese Ermahnung zum geistlichen Kampf war allgemein an die Gemeinde gerichtet (Eph. 1, 1).

(b) Die letzte Aufforderung war: »Betet immer und in jeder Situation mit der Kraft des Heiligen Geistes. Bleibt wachsam und betet auch beständig für alle, die zu Christus gehören [Griechisch: die Heiligen].« (Eph. 6, 18)

2. *Die erste Gemeinde betete für Petrus.*

(a) Petrus war ins Gefängnis geworfen worden (Apg. 12, 3-4).

(1) Dies geschah unmittelbar nach dem Märtyrertod des Jakobus, dem Bruder von Johannes (Apg. 12, 2).

(2) Die Gemeinde fürchtete, dass Petrus der Nächste sein würde — was nicht auszudenken war!

(b) »Während Petrus im Gefängnis saß, betete die Gemeinde inständig für ihn zu Gott.« (Apg. 12, 5)

(1) Petrus wurde eine wunderbare Befreiung zuteil (Apg. 12, 6-17).

(2) Dies war eine Erhörung gemeinschaftlicher Fürbitte!

3. *Der Gemeinde in Bedrängnis ist am besten gedient durch gemeinsame Fürbitte.*

(a) Das erste größere Wunder löste Verfolgung aus (Apg. 3, 7; 4, 3).

(b) Nachdem man ihnen gedroht hatte, »erhoben alle gemeinsam ihre Stimme und beteten« (Apg. 4, 24).

(c) Die Folge war: »Nach diesem Gebet bebte das Gebäude, in dem sie sich versammelt hatten, und sie wurden alle vom Heiligen Geist erfüllt. Und sie predigten mutig und unerschrocken die Botschaft Gottes.« (Apg. 4, 31)

3 Der Inhalt der Fürbitte

A. Lobpreis: Wir beten »mit Danksagung« (Phil. 4,6).

1. *Gott anerkennen als den, der er ist:* »Allmächtiger Herr, Schöpfer des Himmels, der Erde und des Meeres und allem, was darin lebt.« (Apg. 4, 24)
2. *Gott anerkennen für sein Wort:* »Vor langer Zeit hast du durch den Heiligen Geist und durch den Mund unseres Vorfahren David, deines Dieners gesagt ...« (Apg. 4, 25)
3. *Gott anerkennen für seine Souveränität:* »Alles, was sie taten, geschah nach deinem ewigen Willen und Plan.« (Apg. 4, 28)
4. *Paulus verband Fürbitte mit Lopreis:*
   (a) »Als Erstes danke ich Gott durch Jesus Christus für jeden Einzelnen von euch, denn die Nachricht von eurem Glauben an Gott verbreitet sich in der ganzen Welt.« (Röm. 1, 8) Dann tat Paulus Fürbitte (Röm. 1, 9-10).
   (b) »Sie beten für euch und möchten euch wieder sehen, weil sich Gottes reiche Gnade an euch zeigt. Wir danken Gott für seinen Sohn – ein Geschenk, das so wunderbar ist, dass es sich nicht in Worte fassen lässt [Griechisch: Dank sei Gott für seine unbeschreibliche Gabe]!« (2. Kor. 9, 14-15)
   (c) »Jedes Mal, wenn ich an euch denke, danke ich meinem Gott. Ich bete immer für euch und tue es mit frohem Herzen.« (Phil. 1, 3-4)

B. Das unmittelbare Problem benennen: *»Genau das ist hier in dieser Stadt geschehen! Denn Herodes Antipas, der Statthalter Pontius Pilatus und das Volk Israel haben sich gegen Jesus, deinen heiligen Knecht, den du gesalbt hast, verschworen.« (Apg. 4,27)*

1. *Gott kennt die Not ganz genau, noch ehe wir ihn bitten* (Mt. 6, 8).
2. *Aber wir sind dennoch aufgefordert, unsere Anliegen vor Gott kundwerden zu lassen* (Phil. 4, 6).

3. *Paulus bat die Gemeinde, in der Fürbitte konkret zu sein: »Betet auch für mich und bittet Gott, mir die richtigen Worte zu geben, wenn ich mutig das Geheimnis seiner guten Botschaft weitersage.«* (Eph. 6, 19)

C. Fürbitte kann Gebet um Heilung einschließen.

1. *Die frühe Gemeinde betete: »Sende deine heilende Kraft, damit im Namen deines heiligen Knechtes Jesus Zeichen und Wunder geschehen.«* (Apg. 4, 30)
2. *Jakobus sagte: »Bekennt einander eure Schuld und betet füreinander, damit ihr geheilt werdet.«* (Jak. 5, 16)
   (a) Diese Anweisung folgte der Aufforderung, die Kranken mit Öl zu salben (Jak. 5, 14ff.).
   (b) »Das Gebet eines gerechten Menschen hat große Macht und kann viel bewirken.« (Jak. 5, 16) Damit ist ausdrücklich Bezug auf ein fürbittendes Gebet um Heilung genommen.

D. Dass der Wille Gottes bekannt wird: »Epaphras, der aus der Stadt kommt und ein Diener von Christus Jesus ist, lässt euch grüßen. Er betet treu für euch, damit ihr stark seid und ganz und gar den Willen Gottes erkennt und auch danach handelt.« (Kol. 4,12)

E. Dass Christus in uns besser bekannt wird (Eph. 1,16ff.; 3,17ff.).

4 Für unsere Feinde beten

A. Ein höchst vernachlässigtes, aber überaus wertvolles Element bei der Fürbitte ist das Gebet für die, deren Verhalten wir nicht mögen.

1. *Wir haben bereits gesehen, wie Mose mit dieser Sache umging.*

(a) Gott sagte zu Mose, er solle beiseite treten, damit er die Israeliten vernichten könnte.

(b) »Deshalb schwor er, dass er sie vernichten wolle. Doch Mose, sein Erwählter, trat zwischen den HERRN und das Volk und flehte ihn an, von seinem Zorn abzulassen und sie nicht zu vernichten.« (Ps. 106, 23)

2. *Dies war genau, wovon Gott hoffte, dass Mose es tun würde.*
   (a) Die Folge: Gott wurde Mose näher und teurer als je zuvor.
   (b) Dem Szenario vollkommener Vergebung, das wir in 2. Mose 32 gesehen haben, folgte, dass Mose Gottes Herrlichkeit sehen durfte (2. Mose 33, 21ff.).

B. **Wenn wir beten, dann sollen wir gegen niemanden etwas im Herzen haben.**

1. *Die meisten von uns wissen um Jesu Worte:* »Ich versichere euch: Wenn ihr zu diesem Berg sagt: Hebe dich in die Höhe und wirf dich ins Meer, wird es geschehen. Entscheidend ist, dass ihr glaubt und in euren Herzen nicht daran zweifelt.« (Mk. 11, 23)

2. *Dabei übersehen wir oft:* »Doch wenn ihr betet, dann vergebt zuerst allen, gegen die ihr einen Groll hegt, damit euer Vater im Himmel euch eure Sünden auch vergeben kann.« (Mk. 11, 25)

3. *Wir dürfen jedoch nie übersehen:*
   (a) Die Bitte im Vaterunser: »Und vergib uns unsere Schuld, wie auch wir vergeben unseren Schuldigern.« (Mt. 6, 12 Lu84)
   (b) Der Grund, weshalb uns das Vaterunser in erster Linie gegeben wurde, ist unter anderem: »Wenn ihr denen vergebt, die euch Böses angetan haben, wird euer himmlischer Vater euch auch vergeben. Wenn ihr euch aber weigert, anderen zu vergeben, wird euer Vater euch auch nicht vergeben.« (Mt. 6, 14 - 15) Diese Verse schließt Jesus unmittelbar dem Vaterunser an.

C. Wir wissen vielleicht von Hiobs schwerer Prüfung, aber wie viele bemerken und erfassen, was sich am Ende alles verändert hat?

1. *Hiob hatte »Freunde« — Verfolger der schlimmsten Sorte! Denn obwohl sie es gut meinten, haben sie ihn zu seinem bereits übergroßen Schmerz noch zusätzlich gequält.*
2. *Am Ende wurde Hiob aufgefordert, für genau die Leute zu beten, die seinen Schmerz nur noch größer gemacht hatten!* »Und der Herr wandte Hiobs Gefangenschaft, als er für seine Freunde bat; und der Herr erstattete Hiob alles doppelt wieder, was er gehabt.« (Hiob 42, 10)

D. Es ist eine sehr erhabene, aber auch ernste Sache, für unsere Feinde zu beten (Apg. 7,50).

1. *Es ist wirklich eine ernste Sache; aber wenn wir für unsere Feinde beten, sollten wir darin gewiss sein, dass wir es auch so meinen.*
2. *Wir sollen völlige Gewissheit haben, dass Gott unser Gebet erhört:*
   (a) *Dass unsere Feinde gesegnet, nicht gerichtet werden.*
   (b) *Wir beten darum, dass Gott unsere Feinde genauso segnet, wie wir möchten, dass er uns segnet und unsere Vergehen vergibt.*

3. *Dies setzt Gott frei und er kann uns beim Wort nehmen.*

5 Der ideale Fürbitter: Einer, der wie Jesus im Gebet für andere eintritt

A. Er hat Mitleid mit unseren Schwachheiten: Er ist »barmherzig« (Heb. 2,17).

1. Ein wirklicher Fürbitter wird keine Person sein, die über andere zu Gericht sitzt.

2. Ein wirklicher Fürbitter wird Verständnis für die Schwäche und Anfälligkeit des Menschen haben.

B. Er betet für seine Feinde (Lk. 23,34).

1. Wir möchten keinen Fürbitter, der sich unkritisch auf unsere Seite stellt, sondern unparteiisch für Feinde betet.
2. Schließlich: Möchten wir nicht von Gott erhört werden?

C. Er ist treu (Heb. 2,17).

1. Ein Fürbitter muss so hingegeben sein, dass er regelmäßig – zumindest täglich – betet.
2. Sind wir bereit, verbindlich für andere im Gebet einzutreten?

D. Er ist zurückhaltend: »freundlich und demütig« (Mt. 11,29).

1. Ein Fürbitter wird nicht darauf aus sein, angesehen zu sein oder Aufmerksamkeit auf sich zu ziehen.
2. Wie der Heilige Geist, der zurückhaltend ist und hinter den Kulissen Fürbitte tut (Röm. 8, 26-27), so ist ein guter Fürbitter bereit und willens, niemals bekannt zu werden.

E. Er stellt sich zur Verfügung: »Er lebt ewig und wird vor Gott für sie eintreten« (Heb. 7,25).

1. Ein Fürbitter ist jemand, der Zeit zum Gebet hat – oder sich die Zeit nehmen wird.
2. Selbst wenn der Fürbitter eine vielbeschäftigte Person ist, wird er trotz eines gedrängten Terminkalenders die Fürbitte zur obersten Priorität machen.

Schlussbemerkung

Fürbitte ist ein Geheimnis. Wir wundern uns oft, warum Fürbitte notwendig sein soll. Kann Gott nicht auch ohne uns eingreifen? Die Antwort lautet Ja, aber er möchte lieber unsere Gebete gebrauchen.

Jesus Christus ist der erste und wichtigste Fürbitter und so auch unser Vorbild. Wir denken an das Traktat, das eingangs dieses Kapitels Erwähnung fand: »Wo sind die Fürbitter?« Sind wir Fürbitter? Werden wir solche sein? Gott wird große Dinge tun, wenn wir auf diese Weise beten.

41

Beten und Fasten

Einleitung

A. Im vorhergehenden Kapitel betrachteten wir das Thema »Gebet«.

1. *Das Gebet können wir niemals zu sehr betonen. Aussagen von Glaubensvätern belegen das:*
   (a) »Gott tut nichts, es sei denn als Antwort auf Gebet.« *John Wesley*
   (b) »Je weniger ich bete, desto schwerer wird es; je mehr ich bete, desto besser wird es.« *Martin Luther*
   (c) »Ich habe heute sehr viel zu tun; deshalb muss ich nicht zwei, sondern drei Stunden im Gebet verbringen.« *Martin Luther*
   (d) »Wenn ich bete, ereignen sich Zufälle, und wenn ich nicht bete, dann nicht.« *William Temple*
   (e) »Bete mehr, wenn es am schwersten ist zu beten. Gebet ist eine mächtige Sache, denn Gott hat sich selbst unlöslich daran gebunden.« *Martin Luther*

2. *Alles, was in diesem Kapitel erwähnt werden wird, setzt voraus, dass wir im Auge behalten, was wir im vorhergehenden Kapitel über das Gebet gelernt haben.*
   (a) Gebet ist ein großes Geheimnis; warum Gott nicht handelt, ohne zuerst auf uns zu warten, wissen wir nicht; wir wissen nur, dass er sich selbst an das Gebet gebunden hat.
   (b) Derselbe Gott, der das Ziel vorherbestimmt, hat auch das Mittel zur Erreichung dieses Zieles im Voraus bestimmt; und das schließt das Gebet ein.

B. Fasten ist nicht weniger erstrebenswert als Beten.

1. Es ist leichter, fernzusehen als zu beten.
2. Es ist leichter, zu beten als zu fasten — und zu beten.

C. Fasten: auf etwas verzichten

1. *Normalerweise bedeutet Fasten, für eine bestimmte Zeit auf Nahrung zu verzichten.*
   (a) Wir können für eine Mahlzeit fasten. Das ist nichts großartiges. Und doch ist es ein guter Anfang, wenn es zur Ehre Gottes geschieht.
   (b) Wir können für einen ganzen Tag bzw. für einen Zeitraum von vierundzwanzig Stunden fasten.
   (c) Wir können für mehrere Tage fasten.

2. *Fasten kann auch den Verzicht auf andere Dinge einschließen.*
   (a) Verzicht auf Schlaf.
   (b) Verzicht auf bestimmte legitime Annehmlichkeiten oder Vergnügungen.
   (c) Vollkommener Gehorsam in Bezug auf die Dinge, die wir sonst möglicherweise außer Acht lassen. »Ist nicht das ein Fasten, wie ich es liebe: Dass ihr ungerechte Fesseln öffnet, dass ihr die Knoten des Joches löset, dass ihr die Bedrängten freilasset und jegliches Joch wegreißet, dass du dem Hungrigen dein Brot brichst und arme Verfolgte [o. Obdachlose] in dein Haus führst, dass, wenn du einen Nackten siehst, du ihn bekleidest, und deinem eigenen Fleisch und Blut[1] dich nicht entziehst?« (Jes. 58,6-7)

---

[1] *deinem eigenen Fleisch und Blut:* Übersetzung nach dem englischen Text (NIV); Schlachter: *deinem Fleische.*

D. Diese Lektion wird sich zum größten Teil auf das Fasten als Verzicht auf Nahrung konzentrieren.

1. Jeder der oben unter C. genannten Aspekte des Fastens mag seinen Platz haben.

2. Aber für die meisten von uns wird es einen größeren geistlichen Durchbruch bedeuten, wenn wir anfangen, in Verbindung mit dem Verzicht auf Nahrung Gottes Angesicht zu suchen.

E. Das Neue Testament geht davon aus, dass Gläubige fasten werden.

1. Jesus sagte nicht »falls«, sondern »wenn« wir fasten (Mt. 6, 16).

2. Jesus sagte voraus, dass seine Nachfolger fasten würden: »Sollen etwa die Hochzeitsgäste trauern, solange sie mit dem Bräutigam feiern? Eines Tages wird er ihnen weggenommen werden, und dann werden sie fasten.« (Mt. 9, 15)

F. Warum ist diese Lektion wichtig?

1. *Fasten ist ein sowohl theologisch als auch praktisch fast völlig vernachlässigtes Thema.*

2. *Es führt vielen Leuten in Bezug auf eine Übung, die von Zeit zu Zeit nötig ist, eine neue Dimension vor Augen.*

3. *Fasten ist eine angemessene und einsichtige Übung, sich zu disziplinieren.*
   (a) Viele von uns führen ein allgemein undiszipliniertes Leben.
   (b) Fasten könnte dem entgegenwirken, da es einen disziplinierten Lebensstil einzuleiten vermag.

4. *Fasten kann zu einem großen geistlichen Durchbruch verhelfen:*
   (a) Für unsere Gemeinde.
   (b) Für den einzelnen Christen.

5. *Fasten ist ein Weg, auf dem wir erste Erfahrungen von Intimität und Vertrautheit mit Gott machen können:*
   (a) Wir lernen sein Denken kennen.
   (b) Wir erfahren seine Kraft und Macht.

6. *Für jemanden, der in seinem Leben als Christ Langeweile erfährt, ist es gut möglich, dass Fasten der Weg ist, um vorwärts zu kommen.*
7. *Fasten kann uns dazu bringen, die Probleme des Lebens auf eine Weise anzugehen und zu bewältigen, an die wir nicht gedacht hätten.*
8. *Fasten könnte ein Schlüssel zum Überleben sein:*
   (a) Für die Nation.
   (b) Für eine Gemeinde in schwerer Bedrängnis.
   (c) Für den einzelnen Christen, wenn er im Glauben entmutigt ist.

G. Alle folgenden Punkte sollten in Verbindung mit dem Gebet gesehen werden.

1. Wir sprechen nicht einfach nur von Fasten.
2. Jedes Fasten sollte mit Gebeten begleitet werden.

1 Biblische Beispiele des Fastens

A. Die ganze Nation betreffend

1. *Am großen Versöhnungstag war für die Israeliten ein Fasten vorgeschrieben* (3. Mose 23, 27.29[2]).
   (a) Israel war selbstverständlich eine Theokratie.
       (1) Theokratie: Eine Nation unter einem Bund Gottes, aufgrund dessen das Volk einzig und allein durch das Gesetz Gottes regiert wurde.

---

[2] In manchen Übersetzungen (z. B. Schlachter) ist hier nicht explizit vom Fasten die Rede (Schlachter: »sich demütigen«); siehe dagegen aber z. B. Lu84.

(2) Es gibt in Bezug auf das Verhältnis von Kirche und Staat keine biblische Lehre, derzufolge diese Theokratie über das Kreuz hinaus fortbestehen sollte (Röm. 13,1-5; Kol. 2,14-17).

(b) Heutzutage existiert zwar keine Theokratie mehr, aber wir können immer noch davon lernen, wie sie im alten Israel praktiziert wurde.

(1) Es würde unserer Nation nicht schaden, wenn unsere Führer die ganze Nation zu einem Tag des Betens und Fastens aufriefen (Spr. 14,34).

(2) Dies war früher in Großbritannien üblich — das letzte Mal während des Zweiten Weltkriegs.

2. *Aus Furcht vor dem anrückenden Feind ließ König Joschafat (so z. B. Lu84, Schlachter: Josaphat) in Juda eine Zeit des Fastens ausrufen* (2. Chr. 20,3).

3. *Angesichts der Gerichtsankündigung Jonas rief der König von Ninive ein Fasten aus* (Jona 3,5).

4. *Angesichts der Bedrohung durch die Philister fastete das Volk Israel unter der Führerschaft Samuels* (1. Sam. 7,6).

5. *Der Prophet Joel rief angesichts einer kürzlich geschehenen Naturkatastrophe zu einem Fasten auf* (Joel 2,15).

B. Die Glaubensgemeinschaft betreffend

1. *Esra behauptete große Dinge im Hinblick auf Gottes Macht und seine Fürsorge für Israel, dann empfand er die Notwendigkeit, das Volk zu einem Fasten aufzurufen* (Esra 8,21).

(a) »Denn ich schäme mich, vom König ein Heer und Reiter anzufordern, die uns wider die Feinde auf dem Wege helfen könnten; denn wir hatten dem König gesagt: Die Hand unseres Gottes ist über allen, die ihn suchen, zu ihrem Besten; seine Stärke aber und sein Zorn sind gegen alle, die ihn verlassen! Also fasteten wir und erflehten solches von unserem Gott; und er erhörte uns.« (Esra 8,22-23)

(b) Dies zeigt, wie menschlich Esra war. Und doch blieb er im Glauben an Gott, aber nicht ohne zu fasten.

2. *In Verbindung mit dem Bekennen von Sünde* (Neh. 9, 1-2).
   (a) Dies ist möglicherweise die seltenste aller Arten des Fastens.
   (b) Es geschieht, wenn das Volk Gottes über seine Abtrünnigkeit eine *solche Reue empfindet,* dass es sein Betrübnis durch Fasten unterstreicht, um Gott die Ernsthaftigkeit zu zeigen.

3. *Als Königin Esther sah, dass Mordechais Besorgnis berechtigt war, und sich bereit erklärte, das Undenkbare zu tun und zum König zu gehen, ohne von ihm gerufen zu sein, sagte sie:* »So gehe hin, versammle alle Juden, die zu Susa anwesend sind, und fastet für mich, drei Tage lang bei Tag und Nacht, esset und trinket nicht. Auch ich will mit meinen Mägden also fasten, und alsdann will ich zum König hineingehen, wiewohl es nicht nach dem Gesetze ist. Komme ich um, so komme ich um!*« (Esther 4, 16)
   (b) Dies zeigt, wie hoffnungslos die Situation war.
   (c) Es zeigt auch, wie verzweifelt Esther war.

4. *Die frühe Gemeinde hat Gottesdienst mit Fasten verbunden.*
   (a) Die Folge war, dass Gott zu ihnen redete: »Eines Tages, während diese Männer dem Herrn dienten [Griechisch: Gottesdienst hielten] und fasteten, sprach der Heilige Geist: Ihr sollt Barnabas und Saulus für die besondere Aufgabe freistellen, für die ich sie ausersehen habe.« (Apg. 13, 2)
   (b) Dies scheint Gottes Mittel gewesen zu sein, um den strategisch bedeutsamen Dienst von Paulus und Barnabas in die Wege zu leiten.

5. *Die Bestimmung von Gemeindeleitern und ihre Einsetzung geschah häufig, indem sie fasteten und beteten* (Apg. 14, 23).
   (a) Wir gewinnen den Eindruck, dass dies fast routinemäßig so geschah.
   (b) Wir sind geneigt zu fragen: Wird dies heutzutage überhaupt irgendwo praktiziert?

C. Wenn von einer Person allein gefastet wird.

1. *Mose fastete vierzig Tage und vierzig Nächte lang* (2. Mose 34, 28).
   (a) Dies tat er nicht nur um seiner selbst willen, sondern »um aller eurer Sünden willen, die ihr begangen hattet, da ihr solches Übel tatet vor den Augen des Herrn« ihn zu erzürnen. ... Und der Herr erhörte mich auch diesmal.« (5. Mose 9, 18-19)
   (b) Es hieß auch, dass dies ohne jeden Zweifel ein *übernatürliches* Fasten war: »Ich aß kein Brot und trank kein Wasser« während dieser vierzig Tage (5. Mose 9, 18).
       (1) Wir sollten niemals fasten, ohne Wasser zu trinken.
       (2) Menschlich gesprochen wäre Mose gestorben, wenn Gott ihn nicht auf übernatürliche Weise am Leben erhalten hätte.
   (c) Moses Fasten war Fürbitte für Gottes Volk.

2. *Jesus fastete vierzig Tage und vierzig Nächte* (Mt. 4, 1-2).
   (a) Dies mag das Trinken von Wasser eingeschlossen haben, oder auch nicht.
   (b) Auf jeden Fall folgte es auf seine Taufe und fiel mit dem Beginn seines öffentlichen Dienstes zusammen.

3. *David fastete nach der Weissagung Nathans: »Der Sohn, der dir geboren ist, wird sterben.«* (2. Sam. 12, 14)
   (a) »Und David flehte zu Gott wegen des Knäbleins und fastete und ging und lag über Nacht auf der Erde.« (2. Sam. 12, 16)
   (b) Als das Kind starb, aß er. Er erklärte dazu: »Als das Kind noch lebte, fastete und weinte ich, weil ich dachte: Wer weiß, ob der Herr mir nicht gnädig sein wird, sodass das Kind am Leben bleibt? Nun aber, da es tot ist, was soll ich fasten? Kann ich es zurückholen? Ich werde wohl zu ihm fahren, es kommt aber nicht wieder zu mir!« (2. Sam. 12, 22-23)

4. *Elia hatte während der Zeit seiner größten Prüfung offensichtlich gefastet* (1. Kön. 19, 1-8).

(a) Elia fürchtete wegen der Drohung Königin Isebels um sein Leben (1. Kön. 19, 2-3).

(b) Er wurde von einem Engel Gottes aufgefordert zu essen und tat es (1. Kön. 19, 5.8).

5. *Daniel hatte die Gewohnheit zu fasten, wenn es ihm an Verständnis mangelte.*

(a) Offensichtlich verstand er in Bezug auf die Weissagung Jeremias nicht so viel, wie er gerne gewusst hätte. »Und ich wandte mein Angesicht zu Gott, dem Herrn« um ihn zu suchen mit Gebet und Flehen, mit Fasten im Sack und in der Asche.« (Dan. 9, 3)

6. *Der Apostel Paulus hat oft gefastet* (2. Kor. 6, 5; 11, 27).

(a) Es ist schwer zu erkennen, ob diese Zeiten des Fastens immer freiwillig waren.

(b) Auf jeden Fall scheint er sie nicht genossen zu haben!

(c) Wir haben zu beachten: Fasten ist kein Vergnügen.

(1) Wenn es ein Vergnügen wäre, wäre es keine geistliche Übung.

(2) Wenn es wirklich ein Fasten ist, wird es einige Mühe kosten; das ist es, was ein Fasten zu einem Fasten macht.

2 Sinn und Zweck des Fastens

A. Um Gottes Aufmerksamkeit zu erlangen (Jes. 58,1-11).

1. *Dies mag uns seltsam erscheinen, da Gott mit Sicherheit bereits alles weiß* (Heb. 4, 13).

(a) Nichts ist verborgen vor Gott (Ps. 139, 1-2).

(b) Die größte Torheit, die wir begehen können, ist zu sagen: »Der Herr schaut nicht hin. Der Gott Israels wird es nicht merken.« (Ps. 94, 7)

2. *Dass man aber fastet mit dem ausdrücklichen Ziel, Gottes Aufmerksamkeit zu bekommen, geht aus folgenden Worten hervor:*

»Warum fasten wir, und du siehst es nicht; warum demütigen wir unsere Seelen, und du beachtest es nicht?« (Jes. 58, 3a)

(a) Sie versuchten eindeutig, Gottes Aufmerksamkeit zu bekommen.

(b) Aber in diesem Fall funktionierte es nicht! Warum?

    (1) Ihr Fasten war ein Vergnügen: *»Seht, an eurem Fastentag sucht ihr euer Vergnügen und drängt alle eure Arbeiter!«* (Jes. 58, 3b)

    (2) Gerne stellten sie sich demütig, beugten sie die Köpfe und lagen in Sack und Asche.

(c) Aufgrund dessen ist zu beachten: Selbstgerechte Menschen sind anfällig dafür, Frömmigkeit mehr zu lieben als Gott.

3. *Es besteht jedoch kein Zweifel darüber, dass bei allen biblischen Beispielen der Grund für das Fasten der ist, Gottes Aufmerksamkeit zu erlangen.*

B. Um Gott zu zeigen, dass wir es ernst meinen.

1. *Er weiß das doch schon, könnte spitzfindig eingewandt werden.*

2. *Darauf ist zu entgegnen: Tut er das wirklich? Zeigen Sie es, indem Sie genau das tun, was Ihnen nicht so leicht fällt!*

(a) Das ist der Grund, weshalb Joel zu einem Fasten aufrief. Die Heuschreckenplage war ein Zeichen von Gottes Gericht (Joel 2).

(b) Fasten war fast so etwas wie eine Bedingung, von der Samuel abhängig machte, ob er Fürbitte für Israel tat oder nicht (1. Sam. 7, 5-6).

C. Um Gott zu zeigen, dass uns unsere Sünden wirklich Leid tun.

1. *Dies lag dem Fasten zur Zeit Esras zugrunde (Esra 9, 1-3).*

2. *Wenn wir wegen unserer eigenen Torheit bloßgestellt sind und sie*

wirklich bedauern, sollten wir auch den Wunsch haben zu wissen,
dass Gott unsere Buße angenommen hat.

(a) Dies bedeutet nicht, dass wir jedesmal fasten sollten, wenn wir sündigen oder unsere Sünden bekennen (1. Joh. 1, 9).

(b) In manchen Fällen jedoch, wenn wir den Herrn wirklich auf schlimme Weise betrübt haben, ist Fasten nicht unangebracht; denn damit zeigen wir Gott:

(1) Dass wir unsere Sünden einsehen.

(2) Dass uns unsere Sünden aufrichtig Leid tun.

(3) Dass wir uns wirklich ändern wollen.

D. Um Gott umzustimmen

1. *Es gibt Verse in der Bibel, die besagen, dass Gott seinen Sinn nicht ändert* (1. Sam. 15, 29).

(a) Dies ist fast nur auf den Fall beschränkt, dass Gott einen Eid schwört.

(b) Als Gott zum Beispiel schwor, dass Israel nicht in seine Ruhe eingehen sollte, war seine Entscheidung unwiderruflich.

2. *Es gibt aber auch Verse, die zeigen, dass Gott seinen Sinn ändert.*

(a) In Bezug auf Hiskias Krankheit (2. Kön. 20, 1-6).

(1) Jesaja sagte zu ihm, er würde nicht wieder gesund werden.

(2) Hiskia weinte und betete – und das zeigte Wirkung!

(b) Nathans erste Aussage gegenüber David bezüglich des Tempelbaus (2. Sam. 7, 1-17)

(1) Zunächst sagte Nathan: »Gehe hin und tue alles, was in deinem Herzen ist, denn der Herr ist mit dir!«

(2) Aber Gott sprach zu Nathan, der dann am nächsten Tag mit einer völlig anderen Perspektive wieder zu David gehen musste.

(3) Von daher lässt sich verstehen, weshalb David während der Krankheit seines Sohnes fastete; es handelte sich hier

um denselben Nathan, der später die schicksalsschwere Weissagung über Davids Sohn ausgesprochen hatte.

(c) Als der König von Ninive Jonas Gerichtsbotschaft hörte, sagte er: »Wer weiß, Gott könnte andern Sinnes werden, es sich gereuen lassen und abstehen von seinem grimmigen Zorn, sodass wir nicht untergehen!« (Jona 3, 9)

(1) Der König von Ninive hatte etwas begriffen.

(2) Gott änderte seinen Sinn — zu Jonas Verdruss!

(d) Elia gab König Ahab ein niederschmetterndes Wort: »Siehe, ich will Unglück über dich bringen und deine Nachkommen wegfegen und von Ahab ausrotten, was männlich ist, Mündige und Unmündige in Israel; und will dein Haus machen wie das Haus Jerobeams, des Sohnes Nebats, und wie das Haus Baschas, des Sohnes Ahijas, um der Herausforderung willen, womit du mich zum Zorn gereizt und Israel zur Sünde verführt hast!« (1. Kön. 21, 21-22)

(1) »Als aber Ahab diese Worte hörte, zerriss er seine Kleider und legte einen Sack um seinen Leib und fastete und schlief im Sack und ging langsam einher.« (1. Kön. 21, 27)

(2) Daraufhin sprach Gott zu Elia: »Hast du nicht gesehen, wie sich Ahab vor mir demütigt? Weil er sich nun vor mir demütigt, will ich das Unglück nicht zu seinen Lebzeiten hereinbrechen lassen; erst bei seines Sohnes Lebzeiten will ich das Unglück über sein Haus bringen.« (1. Kön. 21, 29)

3. *Dies ist eine höchst ermutigende Möglichkeit.*

(a) Wir tun gut daran, wenn wir von unseren vorgefertigten Ansichten über Gott Abstand nehmen und mehr wie der König von Ninive werden, welcher sagte: »Wer weiß?« (Jona 3, 9)

(b) Wir haben zu bedenken: »Denn also spricht der Herr: Meine Gedanken sind nicht eure Gedanken, und eure Wege sind nicht meine Wege; sondern so hoch der Himmel über der Erde ist, so viel höher sind meine Wege als eure Wege und meine Gedanken als eure Gedanken.« (Jes. 55, 8-9)

E. Um Gottes Willen klarer zu erkennen

1. *Wir sind angewiesen, Gottes Willen zu kennen* (Eph. 5,17).
   (a) Dieser ist jedoch nicht immer so klar.
   (b) Fasten ist ein Anzeichen dafür, wie ernsthaft wir wirklich Gottes Willen kennen wollen.
2. *Genau dies war Daniels Anliegen in Bezug auf die Zukunft* (Dan. 9,3; 10,3).

F. Um weiterhin unter Gottes Segen zu sein

1. Dies ist, was der Einsetzung der Jünger zu einem besonderen Dienst zugrunde lag (Apg. 13,2; 14,23).
2. Dies stand hinter dem Anliegen Esras (Esra 8,21ff.).

G. Um Vollmacht und Kraft zu bekommen (Mt. 17,20-21; Mk. 9,29)

1. Die Jünger wollten wissen, warum sie einen machtvollen Dämon nicht austreiben konnten.
2. Einigen Handschriften zufolge lautete die Antwort: »Diese Art fährt nicht aus außer durch Gebet und Fasten.«[3]
3. Wir müssen beachten: Viele der größten Gottesmänner der Kirchengeschichte haben Zeit im Gebet und Fasten verbracht, als sie spürten, dass sie mehr Vollmacht brauchten.

H. Wegen noch nicht erhörten Gebets

1. David sagte:»Als einer von ihnen krank war, sorgte ich mich um ihn.« (Ps. 35,13)

---

[3] Diese Aussage (Mt. 17,21 bzw. in Mk. 9,29 das Fasten) ist aufgrund des Handschriftenbefundes in den meisten modernen Bibelausgaben nur in Fußnote erwähnt (so z.B. auch in der vom Autor zitierten NIV und Lu84).

2. Dies ist die Weise, wie Psalm 109 eingeleitet wird; darin sagte David: »Meine Knie wanken vom Fasten.« (Ps. 109, 24)

3 Einige Vorsichtsmaßregeln zum Thema Fasten, die beachtet werden müssen

A. Fasten Sie nicht, ohne ausreichend Flüssigkeit zu sich zu nehmen.

1. Geben Sie dem Teufel keinen Raum, indem Sie zu wenig Wasser trinken — es sei denn, es handelt sich um ein übernatürliches Fasten (wie das von Mose).
2. Esra »aß« zwar eine Zeit lang »kein Brot und trank kein Wasser« (Esra 10, 6), aber es ist niemandem zu raten, so weit zu gehen. Betrachten Sie Ihr Fasten nicht als übernatürlich!
3. Der menschliche Körper kann viel länger ohne Essen als ohne Wasser auskommen; wir brauchen täglich Wasser, um am Leben zu bleiben.

B. Fasten Sie nicht, wenn Sie ein gesundheitliches Problem haben.

1. Fasten Sie nicht, wenn sie krank sind — außer wenn Sie spezifische Anweisungen von Ihrem Arzt erhalten haben!
2. Ein Diabetiker sollte einen Verzicht auf Essen nicht in Erwägung ziehen. Für ihn gibt es andere Arten des Fastens.

C. Lassen Sie sich nicht von einem nach ein oder zwei Tagen Fasten aufkommenden euphorischen Gefühl täuschen; denn dieses Gefühl beruht eher auf körperlichen als auf geistlichen Faktoren.

1. Ein gewisses Maß an Fasten ist oft gut für den Körper, solange dabei Giftstoffe im körpereigenen System abgebaut werden.

2. Dies bewirkt oftmals, dass Sie sich besser fühlen. Das aber hat wenig mit einer besonderen Manifestation von Gottes Gegenwart zu tun.

D. Bedenken Sie, dass Sie für Angriffe des Teufels anfällig sind, wenn Sie fasten.

1. Fasten ist kein Vergnügen; Sie mögen sich deshalb schwach und sogar gereizt fühlen.
2. Der Teufel wird diese Schwachheit auszunutzen versuchen; seien Sie sich deshalb seiner Absichten bewusst (2. Kor. 2, 11).

E. Erwarten Sie nicht, dass während der eigentlichen Zeit des Fastens viel passiert.

1. Sie mögen Gottes Nähe empfinden oder auch nicht.
2. Die Auswirkungen des Fastens zeigen sich oftmals eher auf lange Sicht als unmittelbar.
3. Der Segen wird meist erst später kommen.

F. Nehmen Sie sich vor der Versuchung zu Selbstgerechtigkeit in Acht.

1. *Jeder von uns ist von Natur aus selbstgerecht.*
2. *Fasten kann uns anfälliger machen für Selbstgerechtigkeit.*
   (a) Vor uns selbst (Lk. 18, 11-12).
   (b) Vor anderen (Mt. 6, 16-18).

3. *Ihr Grundsatz, wenn Sie fasten, sollte sein: Erzählen Sie nie anderen Leuten, wenn Sie alleine fasten; es ist eine Sache zwischen Ihnen und Gott* (Joh. 5, 44).
   (a) Anders liegt der Fall, wenn eine Gemeinde gemeinsam fastet.

(b) Selbst dann braucht jedoch niemand ganz genau zu wissen, ob Sie selbst mitgefastet haben; passen Sie auf, dass Sie diejenigen, die sich nicht am Fasten beteiligen wollen, nicht verurteilen.

G. Hüten Sie sich davor, länger als drei Tage zu fasten.

1. Sie sollten sehr gute Gründe haben, wenn Sie länger als drei Tage fasten wollen.
2. Wenn Sie es tun, dann teilen Sie Ihr Vorhaben einer zuverlässigen Person mit, die sich über das, was Sie tun, im Klaren sein muss; und stellen Sie sicher, dass Sie in guter gesundheitlicher Verfassung sind!

Schlussbemerkung

Fasten in Verbindung mit Gebet ist ein Weg, Gottes Aufmerksamkeit zu bekommen und zu zeigen, dass es uns ernst ist. Viele Menschen in der Bibel fasteten in Krisenzeiten und erfuhren, wie Gottes Hand in mächtiger Weise gewirkt hat.

Fasten wird heutzutage oft vernachlässigt, aber es ist immer noch eine bedeutende geistliche Übung, besonders in Situationen, in denen wir spüren, dass wir Gott dringend brauchen. Es ehrt Gott und es wirkt!

42

Sich von Gott lieben lassen

Einleitung

A. Ein falsches Verständnis von Gottesfurcht kann die Angst zur Folge haben, Gott liebe uns nicht.

1. *Alle Theologie muss ausgewogen sein.*
   (a) Die Furcht Gottes rührt von seiner ehrfurchtgebietenden Majestät her.
   (b) Wenn allein das im Blick steht, kann es zur Verzweiflung führen.

2. *Dieses Kapitel ist deshalb eine praktische Anwendung dieser Lektion.*
   (a) Manche von uns sind eher mit der Majestät und Souveränität Gottes vertraut.
   (b) Andere fühlen sich wohler und sicherer im Hinblick auf Gottes Sanftheit und Gottes Güte. Sie schätzen mehr die »Abba«- oder »Vater«-Seite Gottes.

B. Was immer unser theologischer Hintergrund ist, die meisten von uns ringen mit der Frage, wie Gott MICH lieben kann.

1. *Diejenigen, die Gottes Herrlichkeit besonders betonen, haben dieses Problem.*
2. *Diejenigen, die Gottes Güte besonders betonen, haben dieses Problem.*

3. *Es ist in der Tat für Christen oft die schwierigste Sache der Welt zu glauben, dass Gott wirklich MICH liebt.*
   (a) Dies ist in gewissem Sinn schwerer zu glauben, als dass es einen Gott gibt oder zu glauben, dass Jesus gestorben und von den Toten auferstanden ist.
   (b) Es ist manchmal nicht allzu schwer zu glauben, dass Gott sich um uns kümmern wird oder »dass für die, die Gott lieben und nach seinem Willen zu ihm gehören, alles zum Guten führt« (Röm. 8, 28), selbst wenn wir nicht glauben, dass es im Augenblick zu unserem Besten ist.

4. *Die Frage ist: Sind wir bereit, uns von Gott lieben zu lassen?*
   (a) Manchmal haben wir, selbst wenn wir sichtbare Beweise seiner Liebe haben, Angst, uns von ihm lieben zu lassen.
   (b) Dies gilt besonders für diejenigen, die niemals Liebe empfangen haben. Sie wissen wirklich nicht, wie sie auf Liebe reagieren oder wie sie Liebe annehmen sollen.

C. Was liegt dieser Schwierigkeit, uns von Gott lieben zu lassen, zugrunde?

1. *Manche Christen haben etwas, was wir ein »übermäßig skrupulöses Gewissen« nennen, ein Ausdruck, der aus Puritanischen Studien stammt.*
   (a) »Skrupulös« bedeutet, selbst in Kleinigkeiten zu sorgfältig sein.
   (b) Bei manchen ist dies noch gesteigert, indem eine übermäßig skrupulöse Einstellung dazu führt, über Dinge und Angelegenheiten, die gar nichts mit Sünde zu tun haben, besorgt zu sein.

2. *Manche haben eine »perfektionistische« Einstellung.*
   (a) Sie geben sich nicht damit zufrieden, etwas zu versuchen, ihr Bestes zu geben und 90 oder gar 99, 9 Prozent zu erreichen.

(b) Sie haben das Gefühl, 100 Prozent leisten zu müssen, um anerkannt zu sein, obwohl dies niemand schafft.

3. *Möglicherweise ist es ein psychologisches Problem.*
   (a) Manche können Gott nicht »Vater« nennen, und denken, es sei ein geistliches Problem.
   (b) Für gewöhnlich ist es jedoch nur eine geistige Blockade. Sie können daran selbst nichts ändern, weil möglicherweise ihre Beziehung zu ihrem Vater in diesem Leben so armselig und dürftig war.
       (1) Sie hatten vielleicht einen Vater, der sie beleidigte und beschimpfte oder übermäßig streng war.
       (2) Sie hatten vielleicht einen Vater, der so beschäftigt war, dass er nie da war, wenn er gebraucht wurde. Für sie war er ein »abwesender« Vater.

4. *Möglicherweise liegt es an einer fehlerhaften oder falschen Theologie.*
   (a) Diese mag ihren Grund in einer geistlichen oder theologischen Vermittlung mit einer einseitigen Betonung der Furcht Gottes, seiner Gerechtigkeit, seines Zorns und seiner Souveränität haben.
   (b) Sie mag darin begründet sein, dass die betreffenden Christen, vergleichbar manchen Puritanern, immer noch unter dem Alten Bund, d. h. unter dem Gesetz leben.
       (1) Solche Menschen leben praktisch unter der Zusicherung des Heils auf der Grundlage von Werken des Gesetzes.
       (2) Solche Leute haben oft keine Gewissheit über ihr eigenes Heil, selbst wenn sie schon jahrelang bekennende Christen sind.
       (3) Wir sollten eine traurige Tatsache, dass viele Puritaner selbst zum Zeitpunkt ihres Todes keine Heilsgewissheit besaßen, nicht übersehen.

5. *Möglicherweise ist persönliches Versagen oder Sünde der Grund.*
   (a) Wenn wir Gott missachtet haben, besonders wenn es mehr

als einmal geschah, ist es oft schwierig zu glauben, dass Gott uns *immer noch* liebt.

(b) »Wenn wir ihm unsere Sünden bekennen, ist er treu und gerecht, und er wird uns vergeben und uns von allem Bösen [Griechisch: von aller Ungerechtigkeit] reinigen.« (1. Joh. 1, 9). Doch anstatt uns darauf zu berufen, empfinden wir es oft als nötig, etwas für ihn zu leisten.

(c) Oftmals ist die Folge, dass wir nicht glauben, dass er uns liebt; wenn überhaupt, dann denken wir nicht, dass er uns lieben *sollte*.

D. Warum ist diese Lektion wichtig?

1. *Weil unsere Zuversicht und unser Wohlbefinden auf dem Spiel stehen.*
2. *Wenn wir wirklich und wahrhaftig glauben und damit Gewissheit haben, dass Gott MICH liebt, können wir Schwierigkeiten leichter ins Auge sehen. Darüber besteht kein Zweifel!*
3. *Unsere Heilsgewissheit steht auf dem Spiel.*
   (a) Gewissheit gehört zum rettenden Glauben.
   (b) Es ist völlig falsch, nicht zu wissen, dass wir gerettet sind, wenn wir all unsere Hoffnung auf Jesu Tod am Kreuz gesetzt haben.

4. *Der Teufel will nicht, dass wir glauben, dass Gott uns liebt.*
   (a) Je weniger wir glauben, dass Gott uns liebt, desto leichter hat es Satan, uns in Verzweiflung zu führen.
   (b) Je mehr wir glauben, dass Gott uns liebt, desto schwerer hat es Satan, uns niederzuwerfen.

5. *Wir sind in der Welt von größerem Nutzen für Gott, wenn wir unseren Weg fortsetzen in der Überzeugung, dass wir wirklich und unaufhörlich von Gott geliebt sind.*
6. *Wir gefallen Gott am meisten, wenn wir an seine Liebe glauben und sie annehmen.*

(a) Er will nicht, dass wir an seiner Liebe zweifeln.
(b) Väter und Mütter, die etwas taugen, *wollen*, dass ihre Kinder sich in ihrer Liebe geborgen wissen und fühlen.
(c) Gott ist der vollkommene Vater.

1 Ausgangsbasis: Gott liebt uns

A. Wir beginnen mit der allgemeinen Verheißung von Johannes 3,16:»Denn Gott hat die Welt so sehr geliebt, dass er seinen einzigen Sohn hingab, damit jeder, der an ihn glaubt, nicht verloren geht, sondern das ewige Leben hat.«

1. Martin Luther sagte einmal:»Ich bin froh, dass es nicht heißt, denn so sehr hat Gott *Martin Luther* geliebt, dass, wenn *Martin Luther* glaubt, er nicht verloren geht, sondern ewiges Leben hat.«
2. Warum?»Weil ich Angst hätte, es könnte sich auf einen anderen *Martin Luther* beziehen!«

B. Was sind die allgemeinen Verheißungen?

1. *Sie beziehen sich nicht nur auf die Welt, sondern auf »uns«.*
   (a) »Gott dagegen beweist uns seine große Liebe dadurch, dass er Christus sandte, damit dieser für uns sterben sollte, als wir noch Sünder waren.« (Röm. 5, 8)
   (b) »Wir wollen lieben, weil er uns zuerst geliebt hat.« (1. Joh. 4, 19)
   (c) »Der Herr zögert nicht seine Verheißung hinaus, wie etliche es für ein Hinauszögern halten, sondern er ist langmütig gegen euch[1], weil er nicht will, dass jemand verloren gehe, sondern dass jeder Raum zur Buße habe.« (2. Petr. 3, 9 NIV)

---

[1] Anm. d. Ü.: Die meisten Bibelübersetzungen haben hier aufgrund des griechischen Handschriftenbefunds ein *euch* (vergleiche die neuesten Ausgaben des griechischen

2. *Jesus starb für alle.*

(a) »Was immer wir tun, tun wir, weil die Liebe Christi uns bewegt. Weil wir glauben, dass Christus für alle gestorben ist, glauben wir auch, dass unser altes Leben vorüber ist, das wir früher führten [Griechisch: Da einer für alle starb, sind alle gestorben]. Er starb für alle, damit diejenigen, die sein neues Leben erhalten, nicht länger für sich selbst leben. Sie sollen vielmehr für Christus leben, der für sie starb und auferstanden ist.« (2. Kor. 5, 14-15)

(b) »Doch Jesus sehen wir, der für eine kurze Zeit geringer als die Engel gemacht wurde und nun mit Herrlichkeit und Ehre gekrönt ist, weil er für uns den Tod auf sich nahm. Durch die Gnade Gottes hat Jesus für alle Menschen auf der ganzen Welt den Tod erlitten.« (Heb. 2, 9)

(c) »Meine Kinder, ich schreibe euch das, damit ihr nicht sündigt. Aber wenn es doch geschieht, dann gibt es jemanden, der vor dem Vater für euch eintritt: Jesus Christus, der vor Gott in allem gerecht ist. Er ist das Opfer für unsere Sünden. Er tilgt nicht nur unsere Schuld, sondern die der ganzen Welt.« (1. Joh. 2, 1-2)

3. *Die Verheißung gilt all denen, die glauben.*

(a) »Wir werden von Gott gerecht gesprochen, indem wir an Jesus Christus glauben. Dadurch können alle ohne Unterschied gerettet werden.« (Röm. 3, 22)

(b) »Er ist auch jetzt, in dieser Zeit, vollkommen gerecht, wenn er die für gerecht erklärt, die an Jesus glauben.« (Röm. 3, 26)

(c) »Diese Wahrheit sollte jeder gelten lassen [Griechisch: Dieses Wort ist glaubwürdig und aller Annahme wert]. Wir arbeiten hart und leiden dabei viel, denn unsere Hoffnung ist der lebendige Gott. Er ist der Erlöser aller Menschen, insbesondere der Gläubigen.« (1. Tim. 4, 9-10)

---

zu [1] Seite 560: Neuen Testaments). Nur Übersetzungen, die auf einer älteren griechischen Textgrundlage (dem so genannten »textus receptus«) basieren, haben ein *uns* (so z. B. auch die Schlachterbibel).

C. Sobald wir die Bedingung des Glaubens in den allgemeinen Verheißungen erfüllen, treffen folgende Aussagen ohne Einschränkung auf uns zu:

1. *Wir sind mit »ewiger Liebe« geliebt* (Jer. 31, 3).
2. *Wir sind von Jesus selbst geliebt:* »So gebe ich euch ein neues Gebot: Liebt einander. So wie ich euch geliebt habe, sollt auch ihr einander lieben.« (Joh. 13, 34)
3. *Wir sind vom Vater mit derselben Liebe geliebt, mit der er Jesus selbst liebt.*
   (a) Der Vater *liebt* seinen Sohn.
      (1) »Und eine Stimme aus dem Himmel sprach: Dies ist mein geliebter Sohn, an ihm habe ich große Freude.« (Mt. 3, 17)
      (2) »Doch noch während er dies sagte, glitt eine helle Wolke über sie, aus der eine Stimme sprach: Dies ist mein geliebter Sohn, an dem ich meine Freude habe. Hört auf ihn.« (Mt. 17, 5)
   (b) Der Vater liebt uns ebenso sehr, wie er Jesus liebt.
      (1) Dies ist der Kern dessen, was es bedeutet, »in Christus« zu sein.
      (2) Wir sind »Miterben an seinem Reichtum – denn alles, was Gott seinem Sohn Christus gibt [Lu84: Miterben Christi], gehört auch uns.« (Röm. 8, 17).
      (3) Jesus betete: »Ich in ihnen und du in mir, damit sie alle zur Einheit vollendet werden. Dann wird die Welt wissen, dass du mich gesandt hast, und wird begreifen, dass du sie liebst, wie du mich liebst.« (Joh. 17, 23)

D. Warum sollten wir uns von Gott lieben lassen?

1. *Weil er es einfach tut.*
2. *Weil er will, dass wir uns an seiner Liebe freuen.*
   (a) Wenn ich Gott näher bin, spüre ich seine Liebe mehr.
   (b) Wenn ich zu jemand sage »Ich liebe dich«, bin ich ganz

glücklich, wenn der Andere spürt, wie sehr ich das auch so meine.

3. *Weil er uns erwählt hat.*
   (a) Er hat uns erwählt, noch ehe wir geboren waren (Röm. 9, 11; Eph. 1, 4).
   (b) »Wir wollen lieben, weil er uns zuerst geliebt hat.« (1. Joh. 4, 19)

4. *Wegen Gottes Gnade.*
   (a) In seiner Gnade und seinem Plan für uns sind unsere Schwachheiten *bereits mit berücksichtigt*:
   (1) Fehler und Versagen.
   (2) Unglaube.
   (3) Selbstgerechtigkeit.
   (4) Ängste.
   (b) Das Opfer von Golgatha versichert uns, dass wir von unseren Sünden reingewaschen sind.
   (1) Jesus starb nicht für uns, weil er sah, dass mit uns am Ende alles in Ordnung sein würde.
   (2) Er starb für uns, weil er im Voraus wusste, dass wir seinem Maßstab nicht gerecht werden.
   (3) Er starb für uns, gerade weil wir in höchstem Maße unwürdig waren.

5. *Weil er Gott ist:* »Gott ist Liebe.« (1. Joh. 4, 16)
   (a) Nur Gott kann so lieben, wie er liebt.
   (b) Es gibt keine irdischen Bezugspersonen (Eltern, Großeltern oder nahe Freunde), die auch nur annähernd der Art und Weise gleichkommen können, wie Gott wirklich für die Seinen empfindet.
   (c) Wir brauchen dringend die Art von Liebe, die er hat.

2 Wie wir uns von Gott lieben lassen

A. Viele von uns wollen sich nicht von Gott lieben lassen.

1. *Wir sind so an Ablehnung gewöhnt, dass wir einen eingebauten Abwehrmechanismus haben, der Gott ablehnt, noch ehe er eine Möglichkeit hat, uns zu zeigen, wie sehr er uns liebt.*

2. *Wir können Leute beobachtet, die Liebe desto mehr zurückweisen, je mehr wir versuchen, ihnen Liebe zu zeigen. Warum ist das so?*
   (a) Sie haben Angst, die Liebe könnte nicht wirklich echt sein.
   (b) Sie haben Angst, die Liebe würde keinen Bestand haben.
   (c) Sie misstrauen grundsätzlich jeder liebevollen Annäherung.

B. Auf welche Weise blockieren wir Gottes Liebe?

1. *Indem wir versuchen, etwas zu leisten oder darzustellen.*
   (a) Dies ist, was wir tun, wenn wir uns selbst nicht annehmen oder nicht an seine Liebe zu uns glauben (1. Joh. 4, 16).
   (b) Es ist – bewusst oder unbewusst – die Art und Weise, wie wir versuchen, seine Anerkennung durch unsere guten Werke zu bekommen.
       (1) Herr, ich werde dir folgen. »Ich bin bereit für dich zu sterben.« (Joh. 13, 37)
       (2) »Herr, du weißt, dass ich dich lieb habe.« (Joh. 21, 15)

2. *Indem wir uns weigern, uns in seiner Gegenwart wohl zu fühlen, außer wenn wir meinen, es geschafft zu haben.*
   (a) Dies bedeutet, dass wir uns die meiste Zeit ziemlich schrecklich fühlen werden! (Jer. 17, 9)
   (b) Hier müssen wir vorsichtig sein, denn wenn wir uns in Gottes Gegenwart auf diese Weise wohl fühlen, sind wir anfällig für Selbstgerechtigkeit, was Gott *ganz und gar nicht* will!

3. *Indem wir nicht an seine Liebe glauben* (1. Joh. 4, 19).
   (a) Es ist reiner Unglaube am Werk, wenn wir nicht glauben, dass er uns liebt.
   (b) Gott sagt gleichsam: »Lass das!« Aber wir lassen oft nicht zu, dass Unglaube uns beunruhigt, was er jedoch sollte.
   (c) Gott ist traurig über uns, wenn wir seinem eigenen Wort keinen Glauben schenken.

4. *Indem wir nicht glauben, dass uns vergeben ist, selbst wenn wir unsere Sünden bekannt haben:* »Doch wenn wir unsere Sünden bekennen, ist er treu und gerecht, und er wird uns vergeben und uns von allem Bösen [Griechisch: von aller Ungerechtigkeit] reinigen.« (1. Joh. 1, 9)
   (a) Dies ist ein Wort an Christen.
   (b) Gott gibt sich sehr viel Mühe zu zeigen, was es bedeutet, wenn wir unsere Sünden wirklich bekannt haben; zwei seiner Charakterzüge sind:
      (1) Er ist treu (2. Tim. 2, 13): Deshalb wird er sein Wort halten.
      (2) Er ist gerecht: Deshalb tut es seiner Gerechtigkeit keinen Abbruch, wenn er vergibt.

5. *Durch bewussten Ungehorsam* (1. Joh. 1, 7).
   (a) Wenn wir nicht im Licht wandeln, gehen uns zwei Dinge verloren, bis wir wieder beginnen, im Licht zu wandeln:
      (1) Die Gemeinschaft mit dem Vater — Vertrautheit.
      (2) Die reinigende Kraft des Blutes Christi — ein gutes Gewissen.
   (b) Wenn wir bewusst ungehorsam sind, schneiden wir die Kommunikationslinien ab, durch die wir seine Liebe spüren.
      (1) Wir weisen seine Liebe zurück, wenn wir im Ungehorsam sind.
      (2) Wir lassen nicht zu, dass Gott seine Liebe ausgießt, wenn wir nicht den aufrichtigen Wunsch haben, ihm zu gefallen.

C. Wie können wir Gottes Liebe spüren?

1. *Indem wir unsere Sünden bekennen, sobald wir erkennen, dass wir gesündigt haben* (1. Joh. 1, 9).
   (a) Dies heißt, im Licht zu wandeln (1. Joh. 1, 7).
   (b) Ein Wandel im Licht wird Sünde offenbaren, die uns zuvor nicht bewusst gewesen war.
       (1) Auch diese Sünde war bis jetzt durch das Blut Jesu gereinigt.
       (2) Wenn wir uns dann ihrer bewusst werden, bekennen wir sie auf der Stelle!

2. *Indem wir uns selbst annehmen.*
   (a) Manche sagen dem Sinn nach: Ich weiß, dass Gott mir vergibt, aber ich kann mir selbst nicht vergeben.
   (b) Dies ist reine Selbstgerechtigkeit.
       (1) Sind wir weiser oder besser als Gott?
       (2) Wenn wir unsere Sünden bekannt haben, sind wir verpflichtet, unsere Vergebung anzunehmen und auch uns selbst anzunehmen.
   (c) Uns selbst nicht anzunehmen ist Selbstmitleid und Unglaube. Beides gefällt Gott nicht.

3. *Indem wir aufhören, etwas darstellen zu wollen.*
   (a) Die größte Freiheit besteht darin, nichts beweisen zu müssen.
   (b) Wenn wir glauben, dass das Blut Jesu uns Schutz und Gewißheit gibt, werden wir das voll und ganz genießen!
   (c) Gott bezahlte den höchsten Preis, als er seinen Sohn in den Kreuzestod gab.
   (d) Gott gefällt es am meisten, wenn wir glauben, dass das Blut seines Sohnes uns von aller Sünde reinigt.

4. *Indem wir uns darin üben zu* glauben, dass er uns liebt (1. Joh. 4, 16).
   (a) Zu Beginn jeden Tages richten wir unseren Sinn auf zwei Verse:

566

(1) »Es bleibt also dabei, dass es eine Ruhe gibt, welche die Menschen finden können.« (Heb. 4, 16)

(2) »Wir haben erkannt, wie sehr Gott uns liebt, und wir glauben an seine Liebe. Gott ist Liebe, und wer in der Liebe lebt, der lebt in Gott und Gott lebt in ihm.« (1. Joh. 4, 16)

5. *Indem wir daran denken, dass, wenn unser Herz uns verurteilt,* »Gott größer ist als unser Herz« (1. Joh. 3, 20).

(a) Gott, der »Liebe« ist, ist *größer* als unsere falschen, trügerischen Herzen.

(b) Wenn ich auf mein Herz schaue, beginne ich meistens, mich schlecht zu fühlen!

(c) Gott hat ein großes, weites Herz. Er ist großmütig, gütig und gnädig.

(1) »Denn er weiß, dass wir vergänglich sind; er denkt daran, dass wir Staub sind.« (Ps. 103, 14)

(2) Gott ist nicht so gegen uns eingestellt, um nach jedem Fehler zu suchen, den er in uns finden kann.

(3) »Er bestraft uns nicht für unsere Sünden und behandelt uns nicht, wie wir es verdienen.« (Ps. 103, 10)

(d) Wir brauchen nicht allzu viel Glauben, um zu glauben, dass Gott uns liebt, wenn wir obenauf sind; aber wenn wir am Boden sind und seine Liebe bejahen und annehmen, hat das Gott sehr, sehr gern.

D. Wann sollten wir Gottes Liebe bewusst annehmen?

1. *Wenn wir bedrückt oder in depressiver Stimmung sind.*

(a) Sind wir fähig, Gottes Liebe anzunehmen, wenn wir uns in einer solchen Verfassung befinden, wird das ein großer Sieg sein. Es wird zeigen, dass wir ihm wirklich glauben!

(b) Eine Depression ist weitgehend überwunden, wenn wir uns weigern, etwas anderes zu glauben, als dass Gott uns liebt.

2. *Wenn wir gesündigt haben.*
   (a) Dies ist die Zeit, in der wir Gottes Liebe am meisten brauchen.
   (b) Wir nehmen seine Liebe an, indem wir 1. Johannes 1, 9 anwenden und daran glauben.

3. *Wenn wir froh und glücklich sind.*
   (a) Wenn alles gut geht, vergessen wir oft, dankbar zu sein.
   (b) Während wir es meist leichter finden, mit den Weinenden zu weinen, kann nur Gott sich wirklich mit den Fröhlichen freuen (Röm. 12, 15).

E. Wie nehmen wir Gottes Liebe an?

1. *Wir nehmen die Freundschaft von Menschen an, die uns annehmen werden.*
   (a) Wir isolieren uns nicht von Menschen, die freundlich sein wollen.
   (b) Diese sind möglicherweise − ohne dass wir es wissen − Engel (Heb. 13, 2), die Gott uns über den Weg geschickt hat.
   (c) Wenn wir von einer Sünde übereilt wurden (Gal. 6, 1), nehmen wir die an, die uns in einem sanftmütigen Geist damit konfrontieren.

2. *Wir bitten um mehr vom Heiligen Geist* (Lk. 11, 13).
   (a) Je mehr wir vom Heiligen Geist haben, desto mehr werden wir Gottes Liebe spüren.
   (b) Wir denken daran: der Geist *ist* Gott, welcher Liebe ist.

3. *Wir üben Liebe in jeder erdenklichen Weise* (1. Joh. 4, 19).
   (a) Wenn wir lieben, indem wir z. B. denen, die uns verletzt haben, völlig vergeben, werden wir uns von Gott geliebt wissen.
   (b) Dies ist der Grund, weshalb Johannes sagte: »Wir wollen lieben, weil er uns zuerst geliebt hat.« (1. Joh. 4, 19)

4. *Wir nehmen Gottes Züchtigung mit Würde an* (Heb. 12, 5).
   (a) Dies ist ein Zeichen dafür, dass Gott uns liebt (Heb. 12, 6ff.).
   (b) Es ist ein Zeichen für Jesu eigene Liebe! (Off. 3, 19)

Schlussbemerkung

Gott liebt uns so innig, wie er seinen eigenen Sohn liebt. Doch viele von uns haben diese Tatsache noch nie völlig angenommen.

Wir müssen uns diejenigen Schriftstellen in Erinnerung rufen, die uns Gottes Liebe lehren, und beten, dass wir durch den Heiligen Geist fähig werden, die wunderbare Realität der Liebe Gottes zu uns, bei uns selbst zuzulassen.

Diese Liebe ist bedingungslos: Wir brauchen nicht vollkommen zu sein. Gott liebt uns, gleichgültig, wie unwürdig wir uns fühlen. Tatsächlich haben schon viele Christen Gottes Liebe gerade dann am stärksten empfunden, wenn sie sich am unwürdigsten und am wenigsten liebenswert fühlten. So müssen sich auch Petrus und die anderen Jünger gefühlt haben (Joh. 13, 37 - 14, 1; 20, 19).

43
Auferstehen mit Jesus

Einleitung

A. **In diesem Kapitel betrachten wir als eine der Früchte der Auferstehung Jesu, dass auch wir Gläubigen eine Auferstehung haben.**

1. *Es geht hier nicht um eschatologische Dinge, etwa den Jüngsten Tag, sondern um etwas, was wir uns vielleicht wünschen und worum wir beten mögen, solange wir hier auf Erden sind.*

2. *Alle Menschen werden letztendlich von den Toten auferstehen* (Joh. 5, 28-29).

   (a) Dies ist die letzte Frucht der Auferstehung Jesu; er selbst war der »Erstling« (1. Kor. 15, 20).

   (b) Sogar die Verlorenen verdanken es der Auferstehung Christi, dass sie von den Toten auferweckt werden (1. Kor. 15, 22).

   (1) Dass alle »lebendig gemacht« werden, steht nicht im Bezug zur Wiedergeburt, da nicht alle gerettet werden.

   (2) Aber alle werden auferweckt werden und vor Gott stehen (Off. 20, 11-12).

B. **Auferstehen mit Jesus wollte Paulus anbruchhaft noch zu seinen Lebzeiten erfahren.**

1. Dies meinte er, als er sagte, er wolle Christus erkennen »und die Kraft seiner Auferstehung«. Dann fügte er noch hinzu, dass er

hoffte, »irgendwie zur Auferstehung von den Toten zu gelangen« (Phil. 3, 10-11[1]).

C. Manche werden einwenden wollen, Philipper 3,11 spreche von der Hoffnung des Apostels Paulus, am Jüngsten Tag auferweckt zu werden.

1. *Dieser Einwand ist mit folgendem Hinweis zu entkräften: Niemand, der Christ ist, braucht für seine Auferweckung zu beten.*
   (a) Denn alle Christen werden von den Toten auferweckt werden.
       (1) Dies ist verheißen und garantiert (1. Kor. 15, 51-55; 1. Thess. 4, 16ff.).
       (2) Dass wir auferweckt werden hat nichts mit unserer Treue zu tun. Bei der Wiederkunft Christi wird es plötzlich und ohne Vorankündigung geschehen.
   (b) Deshalb wäre es sonderbar, wenn Paulus davon schreibt, »irgendwie« zu dieser Auferstehung zu gelangen.
       (1) Das »irgendwie« impliziert, dass er sich nicht gewiss ist.
       (2) Diese Sichtweise steht im Widerspruch zu allem, was Paulus an anderen Stellen gelehrt hat.
   (c) Deshalb muss sich Paulus auf etwas anderes beziehen als auf die Auferstehung am Jüngsten Tag.

2. *Manche werden einwerfen wollen, Paulus sei sich nicht sicher gewesen, ob er letztendlich gerettet werden würde.*
   (a) Dies würde auf der Linie derer liegen, die glauben, wir könnten an einem Tag Gottes Kind sein und am nächsten Tag aufhören, sein Kind zu sein.
       (1) Manche guten Christen fürchten ernsthaft, sie könnten ihr Heil verlieren.
       (2) Philipper 3, 11 könnte von manchen gebraucht werden, um dieser Furcht Substanz zu verleihen.

---

[1] Übersetzung nach dem englischen Text (NIV).

(b) Wenn aber Paulus von »Christus zu erkennen und die mächtige Kraft, die ihn von den Toten auferweckte« (Phil. 3, 10) als einer Versicherung des Gerettetseins sprechen sollte:

(1) Dann würde hinter »Christus zu erkennen« (Phil. 3, 10) ein Motiv stehen, dem der Geruch von »Rettung aufgrund von Werken« anhaftet.

(2) »Christus zu erkennen« würde von Furcht motiviert sein – ihn *nicht* zu kennen könnte durchaus bedeuten, dass man auch als Gläubiger verloren gehen kann.

(3) Dies steht allem entgegen, was Paulus jemals über »Rettung aus Gnade« gelehrt hat (Röm. 8, 30; Eph. 2, 8-9; Phil. 1, 6).

3. *Manche sagen, dieser Vers spreche von christlichen Märtyrern, die aufgrund ihres Martyriums ihre Glaubensprüfung bestehen.*

(a) Es wird herausgestellt, dass dieser Vers – im Gegenüber zur Auferstehung *der* Toten – von einem Auferwecktwerden *aus* den Toten spreche.

(1) Dies ist richtig.

(2) Jesu eigene Auferstehung war eine Auferstehung *aus* den Toten. Er ließ den Rest der Toten zurück.

(b) Manche sagen deshalb, es gebe eine Auferstehung, der sich zwar einige, aber nicht alle Christen am Jüngsten Tag erfreuen werden: die Märtyrer, die aufgrund ihres Martyriums ihre Glaubensprüfung bestehen.

(1) Aber sagt Paulus etwa: Ich hoffe, bald den Märtyrertod zu sterben?

(2) Ist dieser Vers bedeutsam für uns?

D. Philipper 3,10-11 beziehen sich nicht auf eschatologische Dinge.

1. Diese beiden Verse beziehen sich nicht auf die Auferstehung der Toten am Jüngsten Tag.

2. Sie beziehen sich nicht auf die leibliche Auferstehung als Lohn.

3. Sie beziehen sich nicht auf die Rettung als Lohn für unsere Treue.
4. Sie sprechen überhaupt nicht von leiblicher Auferstehung.

E. David Gooding hat das Ganze so ausgedrückt:

1. *Wir können keine Auferstehung haben, bevor wir nicht einen Tod gehabt haben.*
   (a) Wenn die Auferstehung leiblich ist, dann ist auch der Tod leiblich.
   (b) Tut Paulus sein Bestes, um zum leiblichen Tod zu gelangen, damit er eine leibliche Auferstehung haben kann? Nein.

2. *Der Apostel Paulus will jetzt »die mächtige Kraft, die ihn [Jesus] von den Toten auferweckte« [Auferstehungskraft] erfahren.*
   (a) Er weiß, dass diese nicht ohne Leiden zu haben ist.
       (1) Es gibt keine Auferstehung ohne Leiden.
       (2) Es gibt keine Auferstehung ohne Kreuzigung.
   (b) Paulus ist bereit zu sterben, um zur Auferstehung zu gelangen.
       (1) Aber die Auferstehung, um die es ihm hier geht, ist nicht die Auferstehung des Leibes.
       (2) Es geht ihm um den inneren Menschen.
   (c) Es kann keine Auferstehungskraft für jemand geben, der nicht gekreuzigt wurde, oder, um es anders auszudrücken, dessen Ego nicht gestorben ist.
       (1) Dies erklärt das »irgendwie« von Philipper 3, 11.
       (2) Paulus ist bereit, bis zum Äußersten zu gehen, um »die mächtige Kraft, die ihn [Jesus] von den Toten auferweckte« [Auferstehungskraft] zu erfahren.

F. Warum ist diese Lektion wichtig?

1. Sie ist eine praktische Anwendung der Lehre von der Auferstehung Jesu.
2. Sie ist für die, die Jesus ähnlicher werden wollen, ein Weg nach vorn.
3. Sie ist ein Weg nach vorn für die, die sich mehr Vollmacht und Kraft in ihrem geistlichen Leben wünschen.
4. Sie wird uns einen Vers verstehen helfen, der als schwierig betrachtet wurde (Phil. 3, 11).

1 Bevor es eine Auferstehung geben kann, muss es einen Tod geben

A. Auferstehunskraft erfahren zu wollen ist eine Sache, eine ziemlich andere ist es jedoch, den Tod zu erstreben!

1. *Aber Paulus sagt:* »Mein Wunsch ist es, Christus zu erkennen und die mächtige Kraft, die ihn von den Toten auferweckte, am eigenen Leib zu erfahren. Ich möchte lernen, was es heißt, mit ihm zu leiden, indem ich an seinem Tod teilhabe.« (Phil. 3, 10)
   (a) Warum will Paulus Christus erkennen? Kennt er ihn denn nicht bereits?
      (1) Sicher kennt er Christus.
      (2) Aber er spürt, dass er ihn schwerlich so kennt, wie er es könnte!
   (b) Deshalb fügt er »die Gemeinschaft seiner Leiden« (Phil. 3, 10, z. B. Lu84) hinzu.
      (1) Viele von uns wollen »mit Christus auferstehen«.
      (2) Aber wie viele von uns wollen seine Leiden teilen?

2. *Paulus verlangt so sehr nach Auferstehungskraft, dass er bereit ist, bis zum Äußersten zu gehen, um diese zu erfahren.*
   (a) Jeder von uns ist zu fragen:

(1) Sind wir bereit, mit Jesus den ganzen Weg bis zum Kreuz unter allen Umständen zu gehen?

(2) Sind wir bereit, zu erfahren, was er litt?

B. Wir müssen bereit sein zu *leben*, wie Jesus *starb*.

1. *Eines Tages werden wir alle Jesus gleich sein: wenn wir verherrlicht sind.*

(a) »Denn Gott hat sie schon vor Beginn der Zeit auserwählt und hat sie vorherbestimmt, seinem Sohn gleich zu werden. Und da er sie erwählt hat, hat er sie auch berufen, zu ihm zu kommen. Er hat sie gerecht gesprochen und hat ihnen Anteil an seiner Herrlichkeit gegeben.« (Röm. 8, 29-30)

(b) »Meine lieben Freunde, wir sind schon jetzt die Kinder Gottes, und wie wir sein werden, wenn Christus wiederkommt, das können wir uns nicht einmal vorstellen. Aber wir wissen, dass wir bei seiner Wiederkehr sein werden wie er, denn wir werden ihn sehen, wie er wirklich ist.« (1. Joh. 3, 2)

(c) Der Apostel Paulus scheint die Meinung zu vertreten: Ich kann nicht die Geduld aufbringen, bis zu diesem Tag zu warten; ich will ihm jetzt gleich sein.

(1) »Ich erwarte und hoffe sehr, dass ich nie etwas tun werde, dessen ich mich schämen müsste, sondern dass ich immer – wie bisher auch – unerschrocken für Christus eintreten werde und durch mein Leben Christus in allem geehrt wird, ob ich nun lebe oder sterbe.« (Phil. 1, 20)

(2) »Seid so unter euch gesinnt, wie es auch der Gemeinschaft in Christus Jesus entspricht. Er, der in göttlicher Gestalt war, hielt es nicht für einen Raub, Gott gleich zu sein, sondern entäußerte sich selbst und nahm Knechtsgestalt an, ward den Menschen gleich und der Erscheinung nach als Mensch erkannt. Er erniedrigte sich selbst und ward gehorsam bis zum Tode, ja zum Tode am Kreuz.« (Phil. 2, 5-8 Lu84)

2. *Jesus war nicht sein eigener Herr.*
   (a) Jesus gab ihnen zur Antwort: »Ich versichere euch: Der Sohn kann nichts aus sich heraus tun. Er tut nur, was er den Vater tun sieht. Was immer der Vater tut, tut auch der Sohn.« (Joh. 5, 19)
   (b) »Doch ich tue nichts, ohne den Vater zu fragen, sondern richte, wie er mir rät. Und mein Urteil ist vollkommen gerecht, weil es nicht meinem, sondern dem Willen des Vaters entspricht, der mich gesandt hat; ich richte nicht aus mir selbst heraus.« (Joh. 5, 30)

C. Was erlitt Jesus am Kreuz?[2]

1. *Schande*
   (a) Jesus hatte keine Freude daran, aber »weil er wusste, welche Freude ihn danach erwartete, war er bereit, den Tod der Schande am Kreuz zu sterben« (Heb. 12, 2).
   (b) Da war die Schande der Nacktheit.
       (1) Nur Verbrecher wurden gekreuzigt.
       (2) Sie waren der Abschaum der Menschheit, die Allerverachtetsten.
       (3) Da war die Schande, als gewöhnlicher Verbrecher eingestuft zu werden.
   (c) Da war die Schande, als Betrüger und Verführer angesehen zu werden (Mt. 27, 63).
       (1) Er erlitt die Schande offensichtlichen Scheiterns.
       (2) Er erlitt die Schande, missverstanden und verkannt zu sein.

2. *Schweigen*
   (a) »Da er misshandelt ward, beugte er sich und tat seinen Mund nicht auf, wie ein Lamm, das zur Schlachtbank

---

[2] Siehe dazu auch Kapitel 13 und Kapitel 37, Abschnitt 1 und 2.

geführt wird, und wie ein Schaf, das vor seinem Scherer verstummt und seinen Mund nicht auftut.« (Jes. 53, 7)

(1) Er konnte nur reden, wann und wie es der Vater ihm eingab.

(2) Vor Herodes: »Er stellte Jesus eine Frage nach der andern, aber Jesus gab keine Antwort.« (Lk. 23, 9)

(3) Vor Pilatus: »Als Pilatus das hörte, fürchtete er sich noch mehr. Er ließ Jesus wieder zurück ins Prätorium bringen und fragte ihn: Woher kommst du? Aber Jesus gab keine Antwort.« (Joh. 19, 8-9)

(b) Jesus durfte kein einziges Wort sagen, als:

(1) Diejenigen, die ihn hassten, die Oberhand gewannen.

(2) Diejenigen, die ihm nachfolgten, durcheinander waren.

(c) »Diese Leiden gehören zu dem Leben, zu dem Gott euch berufen hat. Christus, der für euch litt, ist euer Vorbild, dem ihr nacheifert. Er hat sich nicht gewehrt, wenn er beschimpft wurde. Als er litt, drohte er nicht mit Vergeltung. Er überließ seine Sache Gott, der gerecht richtet.« (1. Petr. 2, 21.23)

3. *Opfer*

(a) Ein Opfer war ein überschüssiges Tier, weshalb niemand erwartete, es wieder zu sehen.

(b) Dies bedeutet Selbst-Entbehrlichkeit.

(1) Wir betrachten uns selbst nicht als nötig oder wichtig.

(2) Wir lieben unser Leben nicht so, dass wir »bereit sind zu sterben« (Off. 12, 11).

(c) Wenn wir völlig vergeben, opfern wir persönliche Empfindungen: »Jesus aber sprach: Vater vergib diesen Menschen, denn sie wissen nicht, was sie tun.« (Lk. 23, 34a)

(1) Man hört nicht auf, den Notleidenden zu dienen.

(2) »Doch Jesus wandte sich um und sagte zu ihnen: Töchter Jerusalems, weint nicht um mich, sondern klagt über euch selbst und eure Kinder.« (Lk. 23, 28)

4. *Einsamkeit*
   (a) »Da verließen ihn alle Jünger und flohen.« (Mt. 26, 56)
   (b) In Gethsemane litt er alleine.
      (1) Die Jünger schliefen. »Dann kehrte er zu den Jüngern zurück und sah, dass sie eingeschlafen waren. Er sagte zu Petrus: Konntet ihr nicht wenigstens eine Stunde mit mir wach bleiben.« (Mt. 26, 40)
      (2) »Und wieder ließ er sie zurück und betete: Mein Vater! Wenn dieser Kelch nicht an mir vorbeigehen kann, dann geschehe dein Wille. Wieder ging er zu den Jüngern zurück und sah, dass sie schliefen, denn sie konnten ihre Augen nicht offen halten. Da ging er ein drittes Mal fort, um zu beten, und sprach die gleichen Worte.« (Mt. 26, 42-44)
   (c) Am Ende war er von Gott verlassen. »Gegen drei Uhr rief Jesus mit lauter Stimme: Eli, Eli, lama asabtani, das bedeutet: Mein Gott, mein Gott, warum hast du mich verlassen [Ps. 22, 2]?« (Mt. 27, 46)

5. *Der Apostel Paulus zog all das oben Erwähnte in Betracht, als er sagte, dass er die Leiden Christi teilen wollte.*
   (a) Das zeigt, wie sehr er Auferstehungskraft haben wollte.
   (b) Wie steht es mit uns? Sind wir bereit, in diesem Ausmaß Christi Leiden zu teilen?

2 Was ist Auferstehungskraft?

A. Es ist Erfahrung der Kraft desselben Geistes, der Jesus von den Toten auferweckt hat.

1. *Es gibt drei griechische Worte, die mit »Kraft« bzw. »Macht« übersetzt werden können.*
   (a) Exousia: Autorität, oder Recht.
      (1) »Und Jesus trat herzu und sprach zu ihnen: Mir ist gegeben alle Gewalt im Himmel und auf Erden.« (Mt. 28, 18 Lu84)

(2) »Allen denen aber, die ihn aufnahmen und an seinen Namen glaubten, gab er das Recht[3], Gottes Kinder zu werden.« (Joh. 1, 12)

(b) *Dynamis:* die Kraft des Heiligen Geistes zum Zeugnis-Geben.

(c) »Und nun werde ich euch den Heiligen Geist senden, wie mein Vater es versprochen hat. Ihr aber bleibt hier in der Stadt, bis der Heilige Geist kommen und euch mit Kraft aus dem Himmel erfüllen wird.« (Lk. 24, 49)

(d) »... werdet ihr seine Kraft empfangen. Dann werdet ihr den Menschen auf der ganzen Welt von mir erzählen – in Jerusalem, in ganz Judäa, in Samarien, ja bis an die Enden der Erde.« (Apg. 1, 8)

(e) »Die Apostel bezeugten eindrucksvoll die Auferstehung von Jesus Christus, und mit ihnen war die große Gnade Gottes.« (Apg. 4, 33)

(f) *Kratos:* Macht, oder Stärke.

(1) »Es ist dieselbe gewaltige Kraft, die auch Christus von den Toten auferweckt und ihm den Ehrenplatz an Gottes rechter Seite im Himmel gegeben hat.« (Eph. 1, 19b-20)

(2) »Zuletzt: Seid stark in dem Herrn und in der Macht seiner Stärke.« (Eph. 6, 10 Lu84)

2. *Paulus wollte, dass die Epheser die Kraft desselben Geistes erfahren, der Jesus von den Toten auferweckt hat.*
(a) Wir sprechen hier von außergewöhnlicher Kraft.
(b) Was Paulus für andere wollte, wollte er auch für sich selbst.

3. *Auf der natürlichen Ebene gibt es verschiedene Arten von Macht.*
(a) Politische Macht: Kontrolle über die Bürger eines Staates.
(b) Soziale Macht: Kontrolle über die, die man kennt.

---

[3] *das Recht* – so der englische Text: Die vom Autor benutzte NIV übersetzt hier das griechische Wort *exousia* mit »Recht« (so auch eine Reihe deutscher Bibelübersetzungen), Schlachter mit »Vollmacht«; beides ist vom Griechischen her möglich und zulässig.

(c) Finanzielle Macht: Kontrolle über das, was man kaufen kann.

(d) Intellektuelle Macht: Kontrolle durch geistige Überlegenheit und Überlistung anderer.

(e) Kirchliche Macht: Kontrolle über Teile der Kirche.

4. *Auferstehungskraft trotzt der Macht Satans*

(a) Satan hatte zwar die Macht über den Tod (*kratos*).

(b) Aber: Die Auferstehungskraft war stärker als die Macht des Teufels.

(1) Uns ist geboten, diese Kraft zu haben, wenn wir im geistlichen Kampf stehen.

(2) Dies bedeutet, dass wir uns vom Teufel nicht einschüchtern lassen werden.

B. Auferstehungskraft ist ein Erfahren der Person Jesu auf der Ebene des Geistes. Das lässt ihn für uns heute ebenso real sein, wie er für die war, die ihn persönlich gesehen haben, nachdem er auferstanden war.

1. *Es gab diejenigen, die Jesus im Fleisch sahen, nachdem er von den Toten auferweckt worden war:* »Er wurde von Petrus [Griechisch: Kephas] gesehen und dann von den zwölf Aposteln. Danach sahen ihn mehr als fünfhundert seiner Anhänger [Griechisch: der Brüder].« (1. Kor. 15,5-6)

(a) Sie sahen ihn mit dem bloßen Auge.

(b) Dazu war kein Glaube erforderlich.

2. *Auferstehungskraft macht uns Jesus so real, wie er für die war, die ihn damals sahen.*

(a) Wir mögen uns benachteiligt fühlen, weil wir nicht unter denen waren, die damals lebten.

(b) Mit der Auferstehungskraft sollten wir sie nicht einen Augenblick lang beneiden!

(c) Folgendes hatte Jesus versprochen: »Ihr werdet mich nicht sehen und dann werdet ihr mich wieder sehen. ... Ich gehe zum Vater.« (Joh. 16, 17)

(1) Sie sahen ihn nach seiner Himmelfahrt nicht auf der natürlichen Ebene.

(2) Aber sie sahen ihn, nachdem der Geist herabgekommen war (Apg. 2, 25).

3. *Was die Jünger damals am Pfingsttag erfuhren, können auch wir heute erfahren:*

(a) Wenn der Heilige Geist selbst in uns ist (Joh. 14, 16).

(b) Wenn der Heilige Geist weder betrübt, noch gedämpft ist und keinen Nebenbuhler hat (Eph. 4, 30).

(c) Wenn wir die Gemeinschaft seiner Leiden ebenso sehr erstreben, wie wir uns nach Auferstehungskraft sehnen.

C. Auferstehungskraft bedeutet: Wir sind völlig abhängig vom Willen des Vaters.

1. *Dies bedeutet, dass es keinen Missbrauch dieser Kraft geben wird.*

(a) Es ist möglich, unsere Gaben zu missbrauchen (1. Mose 37, 6.9; 2. Kön. 2, 23ff.).

(b) Der Besitz einer Gabe, die Staunen erregt, ist kein sicheres Zeichen dafür, Christus-ähnlich zu sein.

(1) Die Gaben Gottes sind unwiderruflich (Röm. 11, 29).

(2) Echtes geistliches Leben besteht in der Frucht des Geistes (Gal. 5, 22ff.).

2. *Wem erschien Jesus nach seiner Auferstehung?*

(a) Herodes? Pilatus? Dem Hohen Rat?

(1) Wenn das geschehen wäre, hätte das seine unmittelbare persönliche Rehabilitierung bedeutet.

(2) Das hätte seine Hauptfeinde in ihre Schranken gewiesen!

(b) Statt dessen jedoch erschien er nur denen, die bereits an ihn geglaubt hatten.

(1) Maria Magdalena (Joh. 20, 11-17).

(2) Dem Rest der Jünger (z. B. Joh. 20, 19).

3. *Auferstehungskraft wird niemals zum eigenen persönlichen Nutzen ausgeübt.*

(a) Wir befinden uns heute in einer Generation, in der die Menschen dem Namen Christi Schande gemacht haben.

(b) Auferstehungskraft wird vollkommen zu Christi und des Vaters Ehre sein.

(c) Jesus erwies eben den Jüngern, die ihn im Stich gelassen oder verleugnet hatten, völlige Vergebung.

(1) So war Jesus in seinen Leiden.

(2) Dies ist der Grund, weshalb wir ebenso sehr Christus-Ähnlichkeit in seinen Leiden erstreben müssen, wie wir die Kraft seiner Auferstehung ersehnen.

D. Auferstehungskraft ist das Zusammenwirken von Wort und Geist.

1. *Wir werden treu zur gesunden Lehre stehen:* »Wer den Willen Gottes tun will, wird erkennen, ob meine Lehre von Gott kommt oder ob ich aus mir selbst heraus rede.« (Joh. 7, 17)

2. *Wir werden die Kraft des Heiligen Geistes in gewaltigem Maße genießen:*

(a) Freude von innen heraus (Joh. 7, 38); (b) Zeichen und Wunder (Heb. 2, 4).

3. *Bis heute gibt es leider eine Betonung des Einen oder des Anderen:*
(a) Manche betonen das Wort; (b) Andere betonen den Geist.

4. *Möge Gott schnell den Tag herbeiführen, an dem wir mit Paulus sagen können:*

(a) »Meine Botschaft und meine Predigt waren schlicht, ich gebrauchte keine klugen Worte und versuchte auch nicht, euch zu überreden, sondern die Kraft des Heiligen Geistes hat unter euch gewirkt.« (1. Kor. 2, 4)

(b) »Denn unser Evangelium ist nicht nur im Wort zu euch gekommen, sondern auch in der Kraft und im Heiligen Geist und in großer Gewissheit, so wie ihr ja auch wisst, wie wir unter euch gewesen sind um euretwillen.« (1. Kor. 1, 5)

Schlussbemerkung

Auferstehen mit Jesus war der Wunsch des Apostels Paulus, wie er in Philipper 3, 10-11 zum Ausdruck gebracht hatte. Er wollte die Auferstehungskraft in seinem Leben erfahren, um Jesus in ebenso realer Weise zu erfahren, wie es bei den ersten Jüngern war, und vom Willen des Vaters abhängig sein. Er hatte verstanden, dass er, um diese Kraft zu erfahren, bereit sein musste, so zu leben, wie Jesus gestorben war: Er musste bereit sein, die Leiden und die Schande Christi zu teilen.

44

Wenn Gott sein Angesicht verbirgt

Einleitung

A. Früher oder später erfährt jeder Christ das Verborgensein von Gottes Angesicht.

B. Das Verborgensein von Gottes Angesicht: Eine biblische Weise von Gott zu reden, wenn er uns das Gefühl seiner Gegenwart entzieht.

1. *Es ist eine biblische Wendung.*
   - (a) »Fürwahr, du bist ein Gott, der sich verborgen hält, du Gott Israels, ein Erretter!« (Jes. 45, 15)
   - (b) »HERR, wie lange willst du mich noch vergessen? Wie lange willst du dich noch von mir abwenden?« (Ps. 13, 2)
   - (c) »HERR, warum bist du so fern? Warum verbirgst du dich, wenn ich dich am nötigsten habe?« (Ps. 10, 1)
   - (d) »Warum wendest du dich von uns ab? Warum verschließt du deine Augen vor unserem Leid und unserer Unterdrükkung?« (Ps. 44, 25)

2. *Es ist eine Redeweise.*
   - (a) Es ist eine Wendung, die ein Gefühl beschreibt, nicht eine Realität.
     - (1) Es ist subjektiv, nicht objektiv.
     - (2) Subjektiv: das, was wir empfinden; objektiv: das, was Tatsache ist.
   - (b) Wahrheit oder Tatsache ist: Gott verlässt uns nie wirklich.

(1) »Von ferne her ist der HERR mir erschienen: Mit ewiger Liebe habe ich dich geliebt, darum habe ich dir meine Gnade so lange bewahrt!«[1] (Jer. 31, 3)

(2) »Niemand soll vor dir bestehen dein Leben lang; wie ich mit Mose gewesen bin, also will ich auch mit dir sein; ich will dich nicht loslassen und gar nicht verlassen.« (Jos. 1, 5)

(3) »Und siehe, ich bin bei euch alle Tage bis an der Welt Ende.« (Mt. 28, 20 Lu84)

3. Gott entzieht uns das Gefühl seiner Gegenwart.

(a) Er ist immer mit uns, ob wir es spüren, oder nicht.

(b) Das Verbergen seines Angesichts ist der *spürbare* Entzug seiner Gegenwart.

(1) Er *scheint* uns verlassen zu haben.

(2) Das lässt uns die Erfahrung des Psalmisten in Psalm 77, 7 - 10 nacherleben.

C. Warum ist dieses Thema von Bedeutung?

1. *Dass Gott sein Angesicht verbirgt, ist eine gemeinsame Erfahrung der meisten Christen.*

2. *Wir müssen wissen, welche Bedeutung dieses Thema für die Theologie hat. Deshalb fragen wir, ob es ein zugrunde liegendes, damit in Zusammenhang stehendes theologisches Prinzip gibt, wenn Gott sein Angesicht verbirgt?*

3. *Wir werden fragen wollen, warum Gott sein Angesicht verbirgt:*

(a) Ist es unsere Einbildung?

(b) Liegt es an unserem Glaubensmangel?

(c) Oder handelt es sich vonseiten Gottes um einen wohl überlegten Akt?

---

[1] Andere (z. B. Lu84 und die vom Autor benutzte NIV) übersetzen: *darum habe ich dich zu mir gezogen aus lauter Güte.*

4. *Können wir irgendwelche Vorbereitungen treffen, um dem Verbergen von Gottes Angesicht zuvorzukommen?*
5. *Kann es vermieden werden?*
6. *Neubekehrte sind oftmals ohne jede Vorwarnung damit konfrontiert. Wie können wir denen helfen, die plötzlich solch eine Erfahrung machen?*

1 Was ist das Verborgensein des Angesichts Gottes? Wie stellt es sich dar?

A. In den Worten des Glaubensbekenntnisses von Westminster ist es der Fall, wenn Gott »das Licht seines Antlitzes entzieht«.

1. *Es ist das Gegenteil des in 4. Mose 6, 22 - 26 beschriebenen Segens:* »Und der Herr redete zu Mose und sprach: Sage Aaron und seinen Söhnen und sprich: Also sollt ihr zu den Kindern Israel sagen, wenn ihr sie segnen wollt: Der Herr segne dich und behüte dich! Der Herr lasse dir sein Angesicht leuchten und sei dir gnädig! Der Herr erhebe sein Angesicht auf dich und gebe dir Frieden!«

2. *Das »Angesicht« des Herrn wurde zu einem Symbol für seine Anerkennung und Annahme oder für das Gefühl seiner Gegenwart.*
   (a) Die Wendungen »Angesicht« des Herrn und »Gegenwart« des Herrn werden manchmal austauschbar gebraucht.
   (b) Manchmal treffen Bibelübersetzungen eine Entscheidung, ob das griechische Wort *prosopon* mit »Angesicht« oder »Gegenwart« zu übersetzen ist.
   (1) Angesicht: (Mt. 6, 16; 17, 2; 2. Kor. 4, 6)
   (2) Gegenwart[2]: (2. Thess. 1, 9; Heb. 9, 24).

---

[2] Die vom Autor zu »presence« — »Gegenwart« angeführten Stellen beziehen sich zunächst auf die NIV; die revidierte Schlachterbibel und Lu84 haben auch hier »Angesicht«.

B. Wie ist es, wenn Gottes Angesicht bzw. seine Gegenwart offenbar wird?

1. *Wenn er sich zeigt und real ist.*
   (a) Es ist, wie wenn Jesus selbst bei uns wäre!
   (b) Es ist dann, wenn er nicht allein gegenwärtig ist, sondern auch etwas tut. Zum Beispiel: »Und die heilende Kraft des Herrn ging von Jesus aus.« (Lk. 5, 17)

2. *Wenn die Kraft des Heiligen Geistes real ist.*
   (a) An Pfingsten (Apg. 2).
   (b) Wenn wir miterleben, wie jemand geheilt wird (Apg. 3, 1ff.).
   (c) Wenn seine Gegenwart spürbar ist. »Nach diesem Gebet bebte das Gebäude, in dem sie sich versammelt hatten, und sie wurden alle vom Heiligen Geist erfüllt. Und sie predigten mutig und unerschrocken die Botschaft Gottes. ... Die Apostel bezeugten eindrucksvoll die Auferstehung von Jesus Christus, und mit ihnen war die große Gnade Gottes.« (Apg. 4, 31.33)

3. *Dass Gottes Angesicht offenbar wird, kann in vielen Situationen geschehen:*
   (a) Während der gemeinsamen Anbetung in der Gemeinde.
   (b) Während der Verkündigung (1. Thess. 1, 5).
   (c) Wenn wir allein zu Hause die Bibel lesen oder beten.
   (d) Wenn wir das Evangelium weitergeben:
       (1) Wir spüren eine große Freiheit.
       (2) Die Leute reagieren positiv.

C. Das Verborgensein von Gottes Angesicht ist dann gegeben, wenn wir uns von ihm verlassen fühlen.

1. *Das wurde als »die Mitternacht der Seele« bezeichnet.*
   (a) Alle großen Heiligen der Kirchengeschichte erlebten es.
   (b) Martin Luther erlebte es in der Nacht vor seiner seligen Stunde, dem so genannten Turmerlebnis.

2. *Derselbe Gott, der gestern so real war, scheint heute tausend Meilen entfernt zu sein.*
   (a) Wir fragen uns, ob wir uns geirrt haben, als wir ihn gestern gespürt zu haben meinten.
   (b) Waren wir einer Täuschung erlegen? Wie könnte Gott so etwas tun?

3. *Es ist, als ob wir völlig uns selbst überlassen wären.*
   (a) Das Fleisch in uns scheint die Oberhand zu gewinnen.
   (b) Oft setzt Unglaube ein.

D. Das Verborgensein des Angesichtes Gottes kommt ohne Vorwarnung.

1. *Eine schwierige Frage ist: Bereiten wir neue Christen darauf vor oder lassen wir sie es für sich selbst entdecken — wie es auch die meisten von uns tun mussten?*
   (a) Jesaja hielt einfach inne und sagte: »Fürwahr, du bist ein Gott, der sich verborgen hält, du Gott Israels, ein Erretter!« (Jes. 45, 15)
   (b) Es kommt nie zu einer günstigen Zeit! »HERR, warum bist du so fern? Warum verbirgst du dich, wenn ich dich am nötigsten habe?« (Ps. 10, 1)

2. *Wenn Gott uns nur vorwarnen würde, etwa: Am nächsten Dienstag, nachmittags um drei Uhr, wirst du bemerken:*
   (a) Dass du meine Gegenwart nicht mehr spürst.
   (b) Dass du das Gefühl haben wirst, ich hätte dich fallen gelassen.
   (c) Dass es den Anschein haben wird, ich hätte mein Wort nicht gehalten.

3. *Aber nein. Es geschieht einfach — plötzlich und unerwartet.*
   (a) Wir lesen in der Bibel — doch unsere Gedanken wandern umher.
   (b) Wir beten — doch unsere Gedanken wandern umher.

(c) Wir waren von einer großen Erwartung erfüllt – doch jetzt scheint die Zukunft trostlos und leer.

2 Weshalb und wozu Gott sein Angesicht verbirgt

A. Der Grund dafür:

1. *Gott braucht keinen Grund, dessen wir uns bewusst sein müssten* (Ps. 115, 3).
   (a) Er tut es einfach; er mag seinen Beweggrund vor uns verbergen.
   (b) Wenn Gott sein Angesicht verbirgt, lässt sich das nicht unbedingt auf eine Ursache zurückführen, deren wir uns bewusst sein können.

2. *Es kann wegen unserer Sünden geschehen:* »Sondern eure Schulden sind zu Scheidewänden geworden zwischen euch und eurem Gott, und eure Sünden verbergen sein Angesicht vor euch, dass er euch nicht erhört!« (Jes. 59, 2)
   (a) Es sollte uns nicht überraschen, dass Gott sich verbirgt, wenn wir gesündigt haben (Ps. 66, 18).
   (b) Vor dieser Möglichkeit sind wir gewarnt worden (2. Chr. 7, 19-22).

B. Die Absicht Gottes, wenn er sein Angesicht verbirgt:

1. *Um uns klar und deutlich vor Augen zu führen, wie wir sind:* »Als aber die Gesandten der Fürsten von Babel zu ihm geschickt wurden, sich nach dem Wunder zu erkundigen, das im Lande geschehen war, verließ ihn Gott, um ihn auf die Probe zu stellen, damit kund würde alles, was in seinem Herzen sei.« (2. Chr. 32, 31)
   (a) Ein guter Gradmesser dafür, wie wir sind, ist, wenn Gott uns zu verlassen scheint.

(1) Wenn wir voller Freude des Herrn sind, dann deshalb, weil Gott in Kraft mit uns ist.

(2) Aber ist dies wirklich, wie wir selbst sind?

(b) Wenn Gott sein Angesicht verbirgt, entdecken wir genau, wo wir in unserer geistlichen Entwicklung stehen.

(1) Dies bedeutet nicht, dass wir wieder von vorne anfangen müssten.

(2) Es zeigt uns, wie weit wir vorangekommen waren, bevor wir uns dann von Gott verlassen fühlten!

(c) Im christlichen Leben sollten wir allezeit Fortschritte machen.

(1) Gott führt uns nicht auf direktem Weg von A nach Z, sondern von A nach B, von B nach C, usw.

(2) Gott verlässt uns plötzlich und unerwartet, damit wir sehen, wie weit wir auf unserem Weg schon gekommen sind!

(d) Wir sollten es deshalb als eine außerplanmäßige aber faire Prüfung ansehen, wenn Gott plötzlich sein Angesicht verbirgt.

(1) Aus ihrer Schulzeit kennen viele von uns zwei Arten von Klassenarbeiten: Diejenigen, von denen wir im Voraus wussten, dass sie stattfinden werden, und diejenigen, die zu jeder Zeit abgehalten werden konnten.

(2) Gott hat das Recht, uns jederzeit auf die Probe zu stellen.

(i) Wir können tief beschämt dastehen und die Prüfung nicht bestehen, weil wir murren oder aufgeben!

(ii) Wir können aber auch angenehm überrascht sein, weil wir die unerwartete Prüfung wertschätzen.

2. *Im Verborgensein von Gottes Angesicht besteht das Wesen seiner Erziehung und Züchtigung.*

(a) Erziehung und Züchtigung: erzwungenes Lernen.

(1) »Denn wen der Herr lieb hat, den züchtigt er, und er schlägt einen jeden Sohn, den er annimmt.« (Heb. 12, 6 Lu84)

(2) Gott zwingt uns zu lernen, dass »diejenigen, die auf diese Weise [durch Züchtigung] geformt werden, inneren Frieden und ein Leben in der Gerechtigkeit gewinnen«. (Heb. 12, 11)

(b) Jede Züchtigung ist, in gewissem Maß, dadurch charakterisiert, dass Gottes Angesicht verborgen ist.

(1) Wir können denken, wir könnten fast *alles* ertragen, solange wir Gottes Angesicht sehen und sein anerkennendes Lächeln sowie seine Gegenwart spüren können.

(2) Aber Widrigkeiten sind sehr schwer zu ertragen, wenn sie mit dem Entzug von Gottes Angesicht verbunden sind.

(c) Gottes *Abwesenheit* macht Züchtigung zur Züchtigung.

(1) Wir empfinden, dass wir ihm missfallen haben.

(2) Wir stehen in der Versuchung zum Unglauben.

(3) Wir sind versucht, Gottes Wort in Frage zu stellen.

C. Unsere Verantwortung, wenn Gott sein Angesicht verbirgt:

1. *Wir geben nicht auf.*

(a) In dieser Zeit sind wir am anfälligsten.

(1) Der Teufel weiß das.

(2) In der Zeit, da Gott sich selbst verbirgt, ist es so gut wie sicher, dass der Teufel den Schauplatz betritt.

(b) In dieser Zeit müssen wir zwei Dinge tun (siehe Jak. 4, 7):

(1) Uns Gott unterwerfen.

(2) Dem Teufel widerstehen.

2. *Wir suchen mehr als je zuvor Gottes Angesicht* (Ps. 27, 8).

(a) Wenn wir beleidigt sind, wenn Gott sich verbirgt, zeigen wir damit nur, wie bemitleidenswert tief wir in geistlicher Hinsicht bereits gesunken sind.

(1) Dies bedeutet, wir haben die Prüfung nicht bestanden.

(2) Manche kommen leider nie über diese Stufe hinaus.

(b) Wenn wir Gottes Angesicht mehr als je zuvor suchen, werden wir genau das tun, was Gott zu allererst von uns wollte!
(1) Gott züchtigt die, die er lieb hat (Heb. 12, 6).
(2) Seine Absicht dabei ist, zu sehen, wie sehr wir ihn lieben (Joh. 21, 15-17).

3. *Wir versuchen zu fasten.*[3]
(a) Der Grund, weshalb Fasten in dieser Situation angebracht ist, besteht darin, seine Aufmerksamkeit zu bekommen.
(b) Fasten kann für den, der das Verborgensein von Gottes Angesicht erlebt, der nächste Schritt nach vorn sein.

4. *Wir finden heraus, ob es in unserem Leben Sünde gibt, die bereinigt werden muss.*
(a) Es gibt zweierlei Art von Sünde, die in Zusammenhang damit steht, dass Gott sein Angesicht verbirgt:
(1) In erster Linie die Sünde, die Gott dazu veranlasst hat, sein Angesicht zu verbergen (Jes. 59, 2).
(2) Die Sünde in uns, die an die Oberfläche kommen muss, damit wir sie klar sehen und bereinigen (1. Joh. 1, 8).
(b) Es besteht aber auch die Möglichkeit, dass Gott sein Angesicht nicht unbedingt wegen unserer Sünde verbirgt, sondern um sicherzustellen, dass wir im Licht *wandeln.*
(1) Daher muss es nicht mit Sünde zu tun haben, wenn Gott sein Angesicht verbirgt.
(2) Gott kann uns dennoch auf die Probe stellen. Wenn der Herr uns verlässt, um uns auf die Probe zu stellen, so kann das positive Folgen zeitigen.

---

[3] Siehe dazu das Kapitel über Fasten und Gebet (Kap. 41).

3 Das Verborgensein von Gottes Angesicht ist vorübergehend

A. Dies ist ein Prinzip, an dem wir festhalten müssen.

1. *»Barmherzig und gnädig ist der Herr, geduldig und von großer Güte. Er wird nicht immer hadern und nicht ewig zornig bleiben.«* (Ps. 103, 8-9 Lu84)

   (a) Wenn wir an einer schweren Krankheit leiden, neigen wir in dieser Zeit dazu zu denken, die Krankheit werde nie aufhören.

   (b) So ist es auch, wenn Gott sein Angesicht verbirgt. In dieser Zeit hat es den Anschein, als werde dieser Zustand für immer so bleiben.

   (1) Aber er wird es nicht: »Wie sich ein Vater über Kinder erbarmt, so erbarmt sich der Herr über die, welche ihn fürchten. Denn er weiß, was für ein Gebilde wir sind; er gedenkt daran, dass wir Staub sind.« (Ps. 103, 13-14 Lu84)

   (2) Gott weiß, wieviel wir ertragen können: »Vergesst nicht, dass die Prüfungen, die ihr erlebt, die gleichen sind, vor denen alle Menschen stehen. Doch Gott ist treu. Er wird die Prüfung nicht so stark werden lassen, dass ihr nicht mehr widerstehen könnt. Wenn ihr auf die Probe gestellt werdet, wird er euch eine Möglichkeit zeigen, trotzdem standzuhalten.« (1. Kor. 10, 13)

2. *Jede Prüfung hat ihr von vornherein festgelegtes zeitliches Limit.*

   (a) Jede Prüfung ist vorherbestimmt.

   (1) »Und euch davor zu bewahren, durch die Schwierigkeiten, die ihr durchmachen musstet, verunsichert zu werden. Aber ihr wusstet natürlich, dass wir vor solche Hindernisse gestellt werden.« (1. Thess. 3, 3)

   (2) »Denn ihr habt nicht nur das Vorrecht, an Christus zu glauben, ihr dürft auch für ihn leiden.« (Phil. 1, 29).

   (b) Das Ende jeder Prüfung ist ebenfalls vorherbestimmt.

(1) »Deshalb verliert nicht den Mut wegen meiner Gefangenschaft. Dass ich euretwegen leide, ist für euch eine Ehre.« (Eph. 3, 13)

(2) »Keine Strafe ist angenehm, und während wir sie erleiden, ist sie immer schmerzlich! Doch danach werden diejenigen, die auf diese Weise geformt werden, inneren Frieden und ein Leben in der Gerechtigkeit gewinnen.« (Heb. 12, 11)

B. Das Verborgensein von Gottes Angesicht fällt oft mit dem zusammen, was Richard Bewes die »Zwischen-Zeiten«[4] nennt.

1. *Die »Zeiten« beziehen sich hier auf das Sehen von Gottes Angesicht.*
   (a) Wenn alles gut läuft.
   (b) Wenn der Herr sich zeigt.

2. *»Zwischen den Zeiten« ist oft da, wo sich das Leben abspielt.*
   (a) Das Leben spielt sich größtenteils »zwischen den Zeiten« ab.
       (1) Dies offenbart, aus welchem Holz wir geschnitzt sind.
       (2) Dies ist, wenn wirklicher Fortschritt stattfindet.
   (b) Dass Gottes Angesicht verborgen ist, findet sich daher häufig »zwischen den Zeiten«.
       (1) Das ist dann, wenn nichts zu geschehen scheint.
       (2) Manchmal kommt noch eine schwere Prüfung hinzu.

C. Aber es kommt auch die gesegnete Zeit, wenn Gott sich sozusagen die Ärmel hochkrempelt.

1. *Das ist, wenn Gott gewissermaßen seine Muskeln spielen lässt!* »Der Herr hat seinen heiligen Arm vor den Augen aller Heiden

---

[4] Englisch »in-between times«.

entblößt; und alle Enden der Erde werden das Heil unsres Gottes sehen!« (Jes. 52, 10)

(a) Gott sieht auf sein Volk herab und sagt sinngemäß: Genug ist genug.

(1) »Und der Herr sprach: Ich habe das Elend meines Volkes in Ägypten angesehen und habe ihr Geschrei gehört über die, welche sie treiben; ja ich kenne ihre Schmerzen.« (2. Mose 3, 7)

(2) »In überwallendem Zorn habe ich einen Augenblick mein Angesicht vor dir verborgen; aber mit ewiger Gnade will ich mich über dich erbarmen, spricht der Herr, dein Erlöser.« (Jes. 54, 8)

(b) In einem Augenblick verwandelt er alles (vgl. 2. Kor. 7, 6).

(1) »Sein Zorn trifft uns einen Augenblick, doch seine Güte umgibt uns unser Leben lang! Die Nacht ist noch voll Weinen, doch mit dem Morgen kommt die Freude.« (Ps. 30, 6)

(2) »Die mit Tränen säen, werden mit Freuden ernten. Sie gehen hin und weinen und streuen ihren Samen und kommen mit Freuden und bringen ihre Garben.« (Ps. 126, 5-6 Lu84)

2. *Für gewöhnlich tut Gott dies ebenso plötzlich, wie er anfangs sein Angesicht verbarg.*

(a) Gott gibt keine Vorwarnung, wenn er sein Angesicht verbirgt, sondern tut es einfach!

(b) Das ist auch oft der Fall, wenn er eingreift.

(1) Wie Jesu Wiederkunft geschieht auch dies plötzlich (1. Kor. 15, 51ff.).

(2) Das Ende der Prüfung ist oft mit einem Mal da, ohne Ankündigung, und gänzlich vorbei, bevor wir es überhaupt begreifen können.

D. In welchem Zustand werden wir angetroffen werden, wenn die Prüfung ihr Ende hat?

1. *Wird sie enden, wenn wir Gott preisen, ihn wertschätzen und anerkennen und nicht an ihm zweifeln?*
2. *Oder wird sie enden, während wir murren, alles in Frage stellen und Fehler finden?*
   (a) Wenn Gott sein Angesicht zu verbergen beginnt, ist das eine ernsthafte Prüfung.
   (b) Wenn Gott aufhört, sein Angesicht zu verbergen, ist das sogar eine noch größere Prüfung.

Schlussbemerkung

Wenn Gott sein Angesicht vor einem Gläubigen verbirgt, erlebt diese Person eine der dunkelsten Zeiten, die überhaupt möglich sind. Ohne Vorwarnung ist das Gefühl der Gegenwart Gottes verschwunden, obwohl wir von vielen Bibelstellen her die Zusicherung haben, dass die Realität anders aussieht: er wird uns nie verlassen. Manchmal wird das Verborgensein von Gottes Angesicht damit verglichen, dass Gott schlafe (Ps. 35, 23). Aber genauso ist es eine Zeit, in der Gott am Werk ist, um stattdessen uns selbst aufzuwecken! Solch eine Zeit ist eine Zeit der Prüfung, um uns unsere Sünde bewusst zu machen oder um zu beurteilen, wie tief unsere Liebe zu Gott ist. Gott gebraucht diese Erfahrung, um uns darin zu üben, ihm zu vertrauen und unseren Glauben zu vertiefen.

Jesus spiegelte die Neigung des Vaters, sein Angesicht zu verbergen, während der vierzig Tage nach seiner Auferstehung wider. Die Jünger wussten nie, wann Jesus auftauchen würde; er war offensichtlich in größerem Maß verborgen, als dass er gegenwärtig war!

45

Die »Barriere der Enttäuschung«[1] durchbrechen

Einleitung

A. Dieses Thema ist die praktische Fortsetzung des vorherigen Kapitels »Wenn Gott sein Angesicht verbirgt«.

1. *Dieses Kapitel hat zwei Hauptziele:*
   (a) Zu beschreiben, was die vielleicht akuteste und heftigste Manifestation dessen ist, dass Gott sein Angesicht verbirgt – wenn es *scheint*, als würde er uns verraten.
   (b) Anregungen zu geben im Hinblick auf das, was wir tun müssen, wenn wir diese Erfahrung machen.

2. *»Breaking the Betrayal Barrier«[2] ist ein Kapitel in Dr. James Dobsons Buch »When God Doesn't Make Sense«[3].*
   (a) Dr. James Dobson beschreibt eine Erfahrung, die allen Christen gemeinsam ist: Es gibt Zeiten, in denen Gott keinen Sinn zu machen scheint.
   (b) Wie reagieren wir, wenn wir diese Erfahrung machen?

---

[1] Englisch: »Breaking the Betrayal Barrier«; siehe dazu unter A. 2.
[2] Ins Deutsche übersetzt etwa: *»Die Barriere der Enttäuschung* (wörtlich: *des* Verrats) *durchbrechen«* – so die hier gewählte Übersetzung dieser Wendung, die (vor allem in diesem Kapitel; siehe die Überschrift) noch häufig vorkommt.
[3] Ins Deutsche übersetzt etwa: »Wenn Gott keinen Sinn macht«.

B. Die »Barriere der Enttäuschung«: Wenn wir uns von Gott verraten fühlen.

1. *Dies ist dann der Fall, wenn Gott illoyal zu sein scheint oder uns sogar als Feind gegenüberzustehen scheint.*
   (a) Von Gott heißt es ja, dass er »für uns« ist (Röm. 8, 31) und »auf unserer Seite« steht (Ps. 124, 1).
   (b) Aber manchmal scheint er illoyal zu sein: »Gott, hast du uns verstoßen? Wirst du nicht mehr mit unserem Heer ausziehen?« (Ps. 60, 12)

2. *Es ist dann, wenn Gott uns völlig im Stich gelassen zu haben scheint.*
   (a) Wenn er sein Wort nicht zu halten scheint.
   (b) Wenn er sein eigenes Versprechen zu brechen scheint.
   (1) »Mein Gott, mein Gott! Warum hat du mich verlassen? [Siehe Mt. 27, 46] Warum bist du so fern und hörst meine Hilferufe nicht?« (Ps. 22, 2-3)
   (2) »Du kennst die Beschimpfung, die ich erdulde − den Hohn und den Spott, der über mich ergeht. Du kennst alle meine Feinde und weißt, was sie gesagt haben. Ihre Beschimpfungen haben mir das Herz gebrochen, ich bin verzweifelt. Wenn doch nur ein einziger Mitleid gezeigt hätte, wenn nur einer sich mir zugewandt und mich getröstet hätte. Stattdessen geben sie mir Gift zu essen, bieten mir Essig an, wenn ich durstig bin.« (Ps. 69, 20-22)

3. *Warum bezeichnen wir diese Erfahrung als Barriere?*
   (a) Eine Barriere ist etwas, das ein Vorwärtskommen, den Zugang zu etwas oder einen Fortschritt verhindert oder kontrolliert.
   (b) Eine Barriere kann auch etwas wie eine Kluft sein, die in manchen Fällen so breit ist, dass es menschlich gesehen unmöglich ist, auf die andere Seite zu gelangen.
   (c) Das Verborgensein von Gottes Angesicht hat, wenn es ins

Extrem gezogen wird, eine Barriere zwischen uns und Gott zur Folge.

(1) Es scheint keine Möglichkeit zu geben, diese Barriere zu umgehen.

(2) Die Kluft kann offensichtlich nicht überbrückt werden.

4. *Es ist dann, wenn Vergangenheit, Gegenwart und Zukunft gleichermaßen trostlos erscheinen.*

(a) Es scheint, dass die Vergangenheit unmöglich zum Besten dienen kann, obwohl uns das doch in Römer 8, 28 verheißen ist.

(b) Es ist dann, wenn uns die Gegenwart keinerlei Gottesempfinden, Geistesgegenwart oder Lebenssinn gewährt.

(c) Es ist dann, wenn die Zukunft so trostlos ist, dass es absolut nichts zu geben scheint, wofür es sich zu leben lohnt.

5. *Es ist, wenn Gott sein Angesicht verbirgt – und wir das mit voller Härte zu spüren bekommen.*

(a) Es ist eine Sache, seine Nähe nicht zu spüren.

(b) Es ist jedoch eine ziemlich andere Sache, das Gefühl zu haben, dass unser einziger echter Freund illoyal gewesen und daher nicht länger vertrauenswürdig ist.

C. »Die Barriere der Enttäuschung durchbrechen«: Auf der anderen Seite herauskommen, um zu entdecken, wie real und wunderbar Gott ist.

1. *Größer als das Durchbrechen der Schallgrenze in der Luftfahrt im zwanzigsten Jahrhundert ist es, wenn ein Gläubiger die Barriere der Enttäuschung durchbricht.*

(a) Es war eine große Errungenschaft, als Überschallflugzeuge gebaut wurden, die schneller als die Schallgeschwindigkeit fliegen konnten.

(b) Die Folge eines Überschallfluges ist das Durchbrechen der Schallmauer: Ein lauter Knall, verursacht durch die Druckwelle eines Flugzeugs bei Überschallgeschwindigkeit.

2. *Die Barriere der Enttäuschung zu durchbrechen ist eine größere und seltenere Errungenschaft als dieser Durchbruch in der Luftfahrt.*

(a) Es ist eine wunderbare geistliche Leistung.

(b) Das geschieht leider nur selten.

D. Warum sich mit diesem Thema beschäftigen?

1. *Früher oder später wird so gut wie jeder Christ einmal das Gefühl haben, von Gott verraten zu sein.*

(a) Von zehn Christen dürften sich zehn in irgendeiner Phase ihres Lebens von Gott verraten fühlen.

(b) Neun von zehn dürften sich von dieser Erfahrung nachteilig beeinflussen lassen.

2. *Schätzungsweise durchbricht nur jeder Zehnte die Barriere der Enttäuschung.*

(a) Diejenigen, die diese Barriere der Enttäuschung durchbrechen, stehen in der geistlichen Nachfolge der Glaubenshelden, die im elften Kapitel des Hebräerbriefes beschrieben sind.

(b) Lassen wir uns dazu ermutigen, alles zu tun, um den großen Vorbildern im Glauben nachzueifern, worauf Hebräer 11 hinweist.

3. *Gott scheint uns zu verraten, um uns auf die Probe zu stellen – um zu sehen, ob wir mit einer größeren Verantwortung betraut werden können.*

(a) Oft erkennen wir diese Erfahrung nicht als eine Prüfung Gottes.

(b) Wir bedenken, was von Hiskia gesagt wurde: »Gott verließ ihn, um ihn auf die Probe zu stellen, damit kund würde alles, was in seinem Herzen sei.« (2. Chr. 32, 31)

(c) Diese Lektion verfolgt zwei Ziele:

    (1) Sie soll uns helfen, die Prüfung zu erkennen – sobald sie da ist.

(2) Sie soll uns helfen, die Prüfung zu bestehen — indem wir die Barriere der Enttäuschung durchbrechen.

4. *Auserwählte Werkzeuge sind diejenigen, die die Barriere der Enttäuschung durchbrechen: Männer und Frauen, die von Gott für eine besondere Aufgabe erweckt wurden (vgl. Apg. 9, 15).*
5. *Wer die Barriere der Enttäuschung einmal durchbrochen hat, wird nie mehr dieselbe Person sein.*

1 Beispiele für die Barriere der Enttäuschung

A. Abraham

1. *Die an ihn ergangene Verheißung.* »Und der Herr sprach zu Abram: Geh aus von deinem Land und von deiner Verwandtschaft und von deines Vaters Hause in das Land, das ich dir zeigen will! So will ich dich zu einem großen Volke machen und dich segnen und dir einen großen Namen machen, und du sollst ein Segen sein. Ich will segnen, die dich segnen, und verfluchen, die dir fluchen; und durch dich sollen alle Geschlechter auf Erden gesegnet werden!« (1. Mose 12, 1-3)
   (a) »Durch den Glauben gehorchte Abraham, als Gott ihn aufforderte, seine Heimat zu verlassen und in ein anderes Land zu ziehen, das Gott ihm als Erbe geben würde. Er ging, ohne zu wissen, wohin sein Weg führen würde.« (Heb. 11, 8)
   (b) »Aber Gott wies ihm dort kein Erbe zu, nicht einen einzigen Fußbreit Land. Doch er versprach ihm, dass das ganze Land einmal ihm und seinen Nachkommen gehören sollte — obwohl Abraham bis zu diesem Zeitpunkt noch keine Kinder hatte.« (Apg. 7, 5)

2. *Die Aufforderung, Isaak zu opfern* (1. Mose 22, 1-2).
   (a) Diese Aufforderung machte überhaupt keinen Sinn.
   (b) Isaak war das einzige Bindeglied zwischen Abraham selbst und der ihm von Gott verheißenen Nachkommenschaft!

B. Mose

1. *Die an ihn ergangene Verheißung* (2. Mose 3, 7-10).
   (a) Gott versicherte Mose: »Ich habe das Elend meines Volkes in Ägypten angesehen.« (2. Mose 3, 7)
   (b) Dann fügte er hinzu: »So geh nun hin, ich will dich zu dem Pharao senden, dass du mein Volk, die Kinder Israel aus Ägypten führest!« (2. Mose 3, 10)
      (1) »Aber ich werde meine Hand ausstrecken und Ägypten mit allen meinen Wundern schlagen, die ich darin tun will; darnach wird er euch ziehen lassen.« (2. Mose 3, 20)
      (2) »Und ich will diesem Volk Gunst verschaffen bei den Ägyptern, dass, wenn ihr auszieht, ihr nicht leer ausziehen müsst.« (2. Mose 3, 21)

2. *Was geschah?*
   (a) Der Pharao war ganz und gar nicht beeindruckt von Mose und den Wundern, die er vollbrachte.
      (1) Er beschuldigte die Israeliten, faul zu sein (2. Mose 5, 8).
      (2) Nun hatten sie jeden Tag dieselbe Anzahl Ziegel zu machen wie zuvor, doch zusätzlich mussten sie sich das nötige Stroh selbst besorgen, wo immer sie es finden konnten.
   (b) Die Leute, die von Mose zunächst ermutigt worden waren (2. Mose 4, 31), wandten sich nun gegen ihn.
      (1) »Da sagten sie zu ihnen [Mose und Aaron]: Der Herr sehe auf euch und richte es, dass ihr uns vor dem Pharao und seinen Knechten verhasst gemacht und ihnen das Schwert in die Hand gegeben habt, uns zu töten.« (2. Mose 5, 21)
      (2) Mose fühlte sich verraten; er sprach zu Gott: »Seitdem ich hineingegangen bin, um mit dem Pharao in deinem Namen zu reden, hat er dieses Volk schlecht behandelt, und du hast dein Volk gar nicht errettet!« (2. Mose 5, 23)

C. David

1. *Nach seiner Salbung durch Samuel (1. Sam. 16, 13) und seinem Sieg über Goliath, war David ständig auf der Flucht vor einem eifersüchtigen König Saul.*
   (a) »Und wahrlich, so wahr der Herr lebt …, es ist nur ein Schritt zwischen mir und dem Tode!« (1. Sam. 20, 3)
   (b) Saul ließ fünfundachtzig Priester (und andere) ermorden, nur weil sie David Freundlichkeit erwiesen hatten (1. Sam. 22, 18ff.).
   (c) David war so entmutigt, dass er sagte: »Ich werde doch eines Tages Saul in die Hände fallen!« (1. Sam. 27, 1)

2. *Viele Psalmen entstanden in dieser Zeit* (vgl. die Psalmen 56, 57, 59, 63).

D. Elia

1. *Nach seiner Weissagung an Ahab.*
   (a) Elia weissagte: »Es soll weder Tau noch Regen fallen, es sei denn, dass ich es sage!« (1. Kön. 17, 1)
   (1) Aber wie würde Elia selbst überleben?
   (2) Antwort: Gott sagte zu ihm: »Und du sollst aus dem Bache trinken, und ich habe den Raben geboten, dass sie dich daselbst versorgen.« (1. Kön. 17, 4)
   (b) Aber Elia wurde Opfer seiner eigenen Weissagung!

2. *Nachdem er von der Witwe in Zarpat* [4] *versorgt worden war.*
   (a) Alles ging eine Zeit lang gut (1. Kön. 17, 13-16).
   (b) Aber als ihr eigener Sohn krank wurde und starb, wandte sie sich gegen Elia. »Du Mann Gottes, was habe ich mit dir zu schaffen? Du bist zu mir hergekommen, dass meiner Missetat gedacht werde und mein Sohn sterbe!« (1. Kön. 17, 18)

---

[4] *Zarpat* – mit der Schlachter- und Lutherbibel (Lu84); die heute in deutschen Übersetzungen übliche Bezeichnung lautet *Sarepta*.

E. Jeremia

1. »Herr« du hast mich getäuscht, und ich habe mich täuschen[5] lassen; du bist mir zu stark geworden und hast mich überwunden! So bin ich zum täglichen Gelächter geworden, jedermann spottet über mich.« (Jer. 20, 7)

2. Er war so entmutigt, dass er den Tag seiner Geburt verfluchte (Jer. 20, 14ff.).

F. Der Apostel Paulus

1. Zwischen der Abfassung des 1. und 2. Korintherbriefes ging er durch die schwerste Prüfung seines Lebens.

2. »Wir haben wirklich Vernichtendes erlebt, sodass wir schon glaubten, nicht mehr mit dem Leben davonzukommen. Wir haben dem Tod ins Angesicht gesehen.« (2. Kor. 1, 8-9)

G. Die ursprünglichen Adressaten des Briefes an die Hebräer

1. *Sie waren entmutigte Christen* (Heb. 10, 35ff.).
   (a) Zeichen, Wunder und Kraftwirkungen waren vermutlich nur noch Erinnerung (Heb. 2, 4).
   (b) Viele alte Freunde hatten sie verlassen (Heb. 6, 4-6; 10, 25).
   (c) Der Tempel stand immer noch (vgl. Mt. 24, 1-3.34).

2. *Sie fühlten sich von Gott im Stich gelassen* (Heb. 12, 5-11).

H. Martin Luther hat es so formuliert: »Man muss Gott als Feind kennen, bevor man ihn als Freund kennen kann.«

---

[5] *getäuscht ... täuschen* — so wörtlich nach dem englischen Text (NIV; »deceive«); Schlachter und Lu84 übersetzen hier mit »überreden«, die Gute Nachricht mit »verführen«.

2 Reaktionen auf die Barriere der Enttäuschung

A. Negativ-ablehnend:

1. *Rebellion* (Heb. 3, 7-8).
   (a) Verhärtete Herzen.
   (b) Unfähigkeit, die Stimme des Heiligen Geistes zu hören.

2. *Gottes Wege nicht erkennen* (Heb. 3, 9-10)
   (a) Gott auf die Probe stellen, anstatt uns von ihm auf die Probe stellen zu lassen.
   (b) Herzen, die in die Irre gehen.

3. *Unglaube* (Heb. 3, 12-19).
   (a) Von Gott abfallen.
   (b) Ungehorsam.

4. *Kurz: Anklage gegen Gott; Selbstrechtfertigung* (vgl. 2. Mose 32, 1).
   (a) Das Empfinden, dass Gott uns etwas schuldet und sich uns beweisen muss.
   (b) Beispiele für diese Art von Reaktionen:
      (1) Wenn wir Gott näher zu kommen suchen — aber er lässt uns scheinbar im Stich.
      (2) Wenn wir Zeugnis geben.
      (3) Wenn wir mit dem Geben des Zehnten einverstanden sind.

B. Positiv-zustimmend:

1. Gehorsam, selbst wenn wir nicht verstehen, warum wir diese Erfahrung machen (1. Mose 22, 1-10).
2. Kontinuierliches Suchen von Gottes Angesicht (2. Mose 6-14; 1. Kön. 17, 8-24).

3. Bewusster Lobpreis Gottes, allem Missverstandensein zum Trotz (Psalm 34 und 52).
4. Kurz: Nicht Gott in Frage stellen, sondern ihm vertrauen (Hiob 13,15; Dan. 3,18).

C. Vonseiten Gottes:

1. *Auf unsere negativen Reaktionen auf seinen, wie es uns erscheint, offensichtlichen Verrat.*
   (a) Seine Geduld (Ps. 103,8-14).
   (1) Er gibt eine zweite Chance (Jona 3,1).
   (2) Er gibt mehr Gnade (Jak. 4,5-6).
   (b) Zu beachten bleibt: Wir alle haben das eine oder andere Mal mehr oder weniger versagt.
   (1) Gott kennt unsere Schwächen (1. Kön. 8,46).
   (2) Er gibt neue Gelegenheiten, um alles in Ordnung zu bringen (Esra 9,5-15).
   (c) Sein Zorn (Heb. 3,11).
   (1) Es gibt einen Zeitpunkt, an dem Gott sinngemäß sagt: Genug ist genug.
   (2) Die Folge: die Unfähigkeit, noch einmal zur Buße erneuert zu werden (Heb. 6,6; 10,26ff.).

2. *Auf unsere positiven Reaktionen auf seinen offensichtlichen Verrat.*
   (a) Er führt uns zu größeren Gelegenheiten, seine Gnade zu erfahren (Jak. 1,2-4).
   (1) Jede Prüfung hat ihr eigenes Ziel: uns zur Reife zu führen.
   (2) Jede Stufe der Reife ebnet den Weg für mehr »Herrlichkeit« (2. Kor. 3,18).
   (b) Er wird sein Angesicht schließlich wieder zeigen, dann aber mit einer größeren Herrlichkeit, als wir es jemals für möglich gehalten hätten.
   (1) »Zu jener Zeit wird man sagen: Seht, das ist unser Gott, auf den wir gehofft haben, dass er uns Heil verschaffe;

das ist der Herr, auf den wir warteten; nun lasset uns frohlocken und fröhlich sein in seinem Heil!« (Jes. 25, 9)

(2) »Die aber auf den Herrn harren, kriegen neue Kraft, dass sie auffahren mit Flügeln wie Adler, dass sie laufen und nicht matt werden, dass sie wandeln und nicht müde werden.« (Jes. 40, 31)

(c) Das endgültige Siegel seiner Anerkennung:

(1) Das Eingehen in seine Ruhe (Heb. 4, 9-10).

(2) Das Schwören eines Gnadeneides (Heb. 6, 9-20; vgl. 1. Mose 22, 16).

3. *Wir haben zu beachten: Gott kann uns entweder im Zorn oder aus Gnade einen Eid schwören — letztendlich hängt das von unserer fortgesetzten Reaktion ab.*

(a) Gottes Schwur als Reaktion auf unseren fortgesetzten Unglauben — dass wir nie in seine Ruhe eingehen werden (Heb. 3, 7-11).

(b) Gottes Schwur als Reaktion auf unser fortgesetztes Vertrauen ohne zu murren — dass wir in seine Ruhe eingehen werden (Heb. 4, 1).

(1) Der Lohn bereits hier auf Erden ist es wert, geduldig zu warten (1. Kor. 2, 9).

(2) Die Strafe hier auf Erden besteht in der Unfähigkeit, Gott nochmals auf machtvolle und vertrauliche Weise reden zu hören (Heb. 12, 15-17).

3 Wie wir die Barriere der Enttäuschung durchbrechen

A. Wir müssen an folgende sechs Prinzipien der Züchtigung und Erziehung denken (Heb. 12,6-11).

1. *Sie ist unvermeidlich* (Vers 6).
2. *Sie zeigt, dass wir wirklich Christen sind* (Verse 7-8).
3. *Sie kommt aus der Hand eines liebenden Vaters* (Verse 9-10).

4. *Sie ist Vorbereitung und Zubereitung* (Vers 11).
   (a) Sie erfolgt, weil Gott etwas für uns zu tun hat.
   (b) Gott züchtigt uns nicht, um uns etwas heimzuzahlen (Ps. 103, 10).
5. *Sie ist nicht angenehm* (Vers 11).
6. *Sie ist es wert, akzeptiert und mit Würde getragen zu werden* (Vers 11).
   (a) Gott gebraucht sie, um unsere Aufmerksamkeit zu bekommen.
   (b) Die Ironie dabei ist: Das, was Gott tut, um unsere Aufmerksamkeit zu bekommen, ist genau das, was uns von ihm abbringen kann.
   (c) Es gibt im Wesentlichen drei Arten von Züchtigung[6]:
      (1) Innere Züchtigung – durch das Wort Gottes.
      (2) Äußere Züchtigung – durch Umstände.
      (3) Endgültige Züchtigung – wenn Gott es mit uns aufgibt. Dies kann auf zweierlei Weise zum Ausdruck kommen:
         (i) Es ist keine Buße mehr möglich (Heb. 6, 6; 10, 26ff.).
         (ii) Vorzeitiger Tod (1. Kor. 11, 30; 1. Joh. 5, 16).

B. Weitere Prinzipien, die zur Anwendung kommen müssen.

1. *Bedenken wir, dass Gott uns niemals verrät; es hat nur den Anschein, als tue er es* (1. Kor. 10, 13).
   (a) Es kann so aussehen, als ob Gott uns im Stich gelassen hätte.
   (b) Sogar Jesus hat das durchgemacht (Mt. 27, 46).
   (c) Aber Gott hatte Jesus nicht im Stich gelassen (Joh. 16, 32; 19, 28.30).

---

[6] Vergleiche Kapitel 21, 4 B und Kapitel 22, 1 C.

2. *Bedenken wir, dass das Durchbrechen der Barriere der Enttäu-schung Gottes Idee ist* (1. Mose 22, 1).
   (a) Das ist es, was er für uns vorgesehen hat.
   (b) Wie kann er wissen, ob er Vertrauen zu uns haben kann, wenn er uns nicht zuerst auf die Probe stellt? (2. Chr. 32, 31)

3. *Betrachten wir alles, was wie ein offensichtlicher Verrat aussieht, als Hinweis darauf, dass wir geprüft werden* (Jak. 1, 2).
   (a) Wir werden auf die Probe gestellt, ohne es zu wissen.
   (b) Wir halten Ausschau nach Gottes Hinweisen darauf, dass er uns mit solch einer Prüfung betraut.

4. *Bedenken wir, was Gott am meisten gefällt — Glaube* (Heb. 11, 6).
   (a) Murren ist das Gegenteil von Glaube (1. Kor. 10, 10).
   (b) Gottes Ehre steht auf dem Spiel — er belohnt diejenigen, die ihn von ganzem Herzen suchen.

5. *Beten wir mehr denn je* (Ps. 27, 8; Lk. 18, 1-8).
   (a) Beten ist ein Teil dessen, worauf Gott aus ist; er will mehr Zeit mit uns verbringen.
   (b) Diejenigen, die ihn von ganzem Herzen suchen, finden ihn (Jer. 29, 13).

6. *Wandeln wir in all dem Licht, das Gott uns gibt* (1. Joh. 1, 7).
   (a) Er wird uns neue Dinge zeigen (Jer. 33, 3).
   (b) Er wird uns Sünden zeigen, derer wir uns zuvor nicht bewusst waren.

7. *Bedenken wir, dass das Durchbrechen der Enttäuschungsbarriere die größte Gelegenheit ist, die wir jemals haben werden, um Gott auf ganz vertraute Weise kennen zu lernen* (Ps. 25, 14).
   (a) Er zieht nur wenige ins Vertrauen.
   (b) Der Frucht ist es wert, geduldig zu sein (Heb. 12, 11).

Schlussbemerkung

Mit der Barriere der Enttäuschung umgehen zu müssen, ist eine der härtesten Erfahrungen, mit denen Christen konfrontiert werden. Es ist jedoch wichtig, dass wir verstehen: der vermeintliche Verrat ist überhaupt keiner. Gott hat uns nicht im Stich gelassen, vielmehr sucht er seine auserwählten Werkzeuge zu prüfen.

Es ist also notwendig, dass wir mit dieser Situation in einer Weise umgehen, die die Prüfung akzeptiert und mit Würde trägt. Um die Barriere der Enttäuschung zu durchbrechen, müssen wir Gott vertrauen und geduldig auf ihn warten; dabei müssen wir jede Züchtigung, die er uns zuteil werden lässt, ohne Murren akzeptieren.

Wenn wir bis zum Ende durchhalten, werden wir als Belohnung eine größere Vertrautheit mit Gott und »inneren Frieden und ein Leben in der Gerechtigkeit gewinnen« (Heb. 12, 11).

46

Wie wir Selbstgerechtigkeit überwinden

Einleitung

A. Dieses Thema zu behandeln ist, wie der Titel nahe legt, so ähnlich, wie wenn jemand über »Demut – und wie ich sie gewann« schreibt.

1. Dies muss eines der dreistesten Unterfangen sein, von dem wir jemals gehört haben. Denn wer hat jemals Selbstgerechtigkeit überwunden, und wer ist qualifiziert, darüber zu schreiben?

B. Warum dann dieses Thema?

1. *Wir müssen die Subtilität von Selbstgerechtigkeit erkennen.*
   (a) Das heißt, wie sie Teil von uns selbst ist, ohne dass wir uns dessen bewusst sind.
   (b) Wer meint, er sei nicht selbstgerecht, besitzt nicht die Fähigkeit, sich selbst richtig einzuschätzen und beurteilt sich selbst nicht objektiv.

2. *Wir müssen die Gefahr von Selbstgerechtigkeit erkennen.*
   (a) Selbstgerechtigkeit ist etwas, das in Gottes Augen äußerst schädlich ist.
   (b) Seltsam, sie ist auch in den Augen der Menschen sehr schädlich.

3. *Wir müssen Selbstgerechtigkeit in uns erkennen.*
   (a) Wir müssen die Anzeichen, die Warnsignale sehen lernen.

(b) Wir müssen die Zeitspanne zwischen Entstehung und Entdeckung unserer eigenen Selbstgerechtigkeit möglichst kurz halten.

(1) Bei manchen Leuten wird sie überhaupt nie erkannt.

(2) Bei anderen wird sie vielleicht sehr früh entdeckt, vergleichbar mit dem Anfangsstadium eines Krebsgeschwüres.

4. *Selbstgerechtigkeit ist etwas, was uns zunächst einmal davon abhält, Christen zu werden. Das heißt jedoch nicht, dass wir nicht auch später als Christen Selbstgerechtigkeit bei uns einschleichen lassen.*

(a) Solange wir nicht von unserer selbstgerechten Haltung ablassen, werden wir nie gerettet werden (Röm. 10, 2 - 4).

(b) Was uns von einer echten Bekehrung abhält, ist unser Bedürfnis, uns ohne die Fürsprache eines Mittlers vor Gott zu beweisen.

5. *Selbstgerechtigkeit ist etwas, was andere vom Christentum abhält oder abbringt.* Daher müssen wir Selbstgerechtigkeit in uns erkennen, und damit fertig werden, schon allein deshalb, damit unsere Selbstgerechtigkeit niemand als Begründung dienen kann, nicht zur Gemeinde zu kommen.

6. *Selbstgerechtigkeit ist etwas, was Ehen zerbrechen lässt und Spannungen in zwischenmenschlichen Beziehungen verursacht, und zwar ebenso innerhalb wie außerhalb der Gemeinde.*

(a) Weil beide Seiten nicht nachgeben, wird der Ärger nur noch schlimmer.

(b) Derjenige, der bereit ist, sich zu beugen, wird eingestehen, dass er selbstgerecht ist.

7. *Selbstgerechtigkeit ist das größte Hindernis für echtes geistliches Leben.*

(a) Unmoral ist kein kleines Hindernis für echtes geistliches Leben.

(b) Ob wir es glauben, oder nicht — Selbstgerechtigkeit ist in mancher Hinsicht schlimmer!

(1) Denn Unmoral ist eine offensichtliche Sünde.
(2) Selbstgerechtigkeit ist die Sünde, die bei anderen leicht, bei uns selbst aber am schwersten zu erkennen ist.

C. Selbstgerechtigkeit: Ein Gefühl, selbst gut zu sein, so dass wir uns selbst rechtfertigen.

1. *Dieses Gefühl kann bewusst oder unbewusst sein.*
   (a) Bewusst: Wenn wir *wissen*, dass wir mit uns selbst zufrieden sein können, weil wir wissen, dass wir alles richtig gemacht haben.
   (b) Unbewusst: Wenn wir uns unserer Selbstgefälligkeit nicht bewusst sind, auch wenn wir im Grunde sicher sind, dass wir Recht haben.

2. *Wir rechtfertigen uns selbst, indem wir unsere Werke oder Handlungen verteidigen.*
   (a) Wir sagen sinngemäß: »Ich weiß, dass ich Recht habe!« Und wir fühlen uns innerlich sehr gut dabei.
   (b) Es gibt zwei Arten von Rechtfertigung:
       (1) Rechtfertigung aufgrund des Glaubens.
       (2) Rechtfertigung aufgrund von Werken.
   (c) Wenn wir uns selbst rechtfertigen, dann ist das Rechtfertigung aufgrund von Werken.

3. *Wenn wir uns selbst rechtfertigen, dann deshalb, weil wir das Empfinden haben, dass unsere Werke oder auch Worte richtig waren.*
   (a) Das führt zu einem Gefühl, selbst gut zu sein.
       (1) Es kann bewusst sein – was zu Prahlerei führt.
       (2) Es kann unbewusst sein – was zu Selbstgefälligkeit führt.
   (b) In beiden Fällen ist es ein gefährliches Gefühl.

D. Warum ist Selbstgerechtigkeit so gefährlich?

1. Sie schafft Uneinigkeit.
2. Sie ist bei uns selbst schwer zu erkennen. Ich kann auch nichts dafür, wenn ich zufällig recht habe.
3. Wir werden unbelehrbar.
4. Wir sind in einer Verteidigungshaltung.
5. Wir betrüben den Heiligen Geist.

1 Beispiele für Selbstgerechtigkeit

A. Wenn wir andere verurteilen (Mt. 7,1).

1. *Im Grunde genommen ist es unsere Selbstgerechtigkeit, die dahinter steckt, wenn wir mit dem Finger auf andere zeigen* (Jes. 58,9; Mt. 7,3-5).
   (a) Wir haben irgendwie das Gefühl, dass wir kompetent sind zu richten.
   (b) Das rührt von dem Gefühl her, wir selbst seien in Ordnung und andere nicht.

2. *Wenn es ein Ausdruck von Selbstgerechtigkeit ist, dass wir andere verurteilen, bezieht sich das auf unsere Motive.*
   (a) Das bedeutet nicht, dass wir kein gerechtes Urteil fällen sollten (Joh. 7,24; 1. Kor. 2,15).
   (b) Der Heilige Geist gibt uns nie die Erlaubnis, uns über die Motive oder über den geistlichen Zustand anderer zu äußern, wie klar es uns auch immer erscheinen mag (Lk. 6,37).

B. Wenn wir uns verteidigen (1. Kor. 1,12).

1. *Die größte Freiheit besteht darin, nichts beweisen zu müssen* (2. Kor. 3,17).

(a) Wenn wir fleischlich sind, haben wir instinktiv das Bedürfnis, uns beweisen zu müssen.

(b) Wenn wir mit dem Geist erfüllt sind, verschwindet dieses Bedürfnis.

2. *Wann immer wir anfangen, uns selbst zu verteidigen, verweisen wir damit unvermeidlich auf die Gerechtigkeit unserer Werke oder unseres Lebenswandels.*

(a) Dies stellt sich gegen die Verheißung, dass Gott unsere Verteidigung übernehmen wird (Röm. 12, 19).

(b) Wenn wir es stattdessen selbst tun, werden wir auf unsere eigenen Werke verweisen.

C. Wenn wir ständig argumentieren oder streitsüchtig sind (Röm. 3,19).

1. *Dies entspringt einer feindseligen Grundstimmung (auch wenn sie verdrängt ist), die dazu neigt, kritisch zu sein und Fehler zu suchen (Jak. 4, 1).*

(a) Verdrängen heißt: Wir verleugnen, was wir wirklich empfinden; wir unterdrücken unsere Gefühle die ins Unterbewusstsein abgleiten, dort weiterwirken und dieses belasten.

(b) Viele Leute haben angeborene feindselige Gefühle, bringen es aber fertig, diese unter einem Lächeln zu verbergen.

2. *Das Bedürfnis zu argumentieren, um einen bestimmten Punkt zu beweisen, hat Selbstgerechtigkeit zum Ursprung.*

(a) Man ist mit seinen eigenen Gefühlen nicht vertraut.

(b) Es rührt von dem Bedürfnis her zu beweisen, dass die eigene Ansicht richtig ist; jede andere aber falsch.

D. Wenn wir Selbstgefälligkeit pflegen (Off. 3,17).

1. *Selbstgefälligkeit: Ein Gefühl von Selbstgerechtigkeit, wobei jemand nicht einfach nur denkt, sondern genau weiß (!), dass er Recht hat und anderen weit überlegen ist.*
   (a) Wenn wir den oben genannten Grundsatz, nichts beweisen zu müssen, zur Schau tragen.
   (b) Wenn wir uns nie beklagen, nie erklären, nie entschuldigen und nie mit unserem eigenen Herzen vertraut werden.

2. *Solche Leute tragen eine Maske, unter der sie die tief sitzende Angst verbergen, als die Person erkannt zu werden, die sie wirklich sind.*
   (a) Sie überspielen diese Angst mit allem, vom Tonfall bis hin zu Gesetzlichkeit!
   (b) Es ist schwer, an sie heranzukommen und auch mit ihnen zu arbeiten.

E. Wenn wir Groll hegen (Eph. 4,30ff.).

1. *Ein unversöhnlicher Geist verrät, dass wir:*
   (a) Unsere eigenen Sünden vergessen haben.
   (b) Nicht das Gefühl haben, dass uns vergeben wurde; die Folge davon ist Schuld, welche in dem Gefühl besteht, jemand anders die Schuld zuzuschieben.

2. *Wenn wir Groll hegen, dann deshalb, weil wir uns dabei im Recht fühlen.*
   (a) Wir glauben, dass wir nicht etwas so Schlimmes wie jemand anders getan haben.
   (b) Deshalb sehnen wir den Tag herbei, an dem die anderen bestraft werden.

F. Wenn wir von unseren eigenen guten Werken reden (Mt. 6,1-8.16-18).

1. *Das Bedürfnis, die Aufmerksamkeit auf das zu lenken, was wir für den Herrn tun oder getan haben.*
   (a) Wie viel wir geben, beten, fasten, Zeugnis geben.
   (b) Wie viel wir für den Herrn aufgeben.

2. *Das Bedürfnis, von unseren geistlichen Erfahrungen zu sprechen, in der Absicht, uns von anderen bewundern zu lassen.*
   (a) Vielleicht sprechen wir von unserer Taufe mit dem Heiligen Geist, oder von unseren Gaben.
   (b) Es kann auch das Bedürfnis sein, über unsere schweren Prüfungen zu sprechen – und wie wir sie ertragen haben.

G. Wenn wir behaupten, wir haben keine Sünde (1. Joh. 1,8).

1. *Das Gefährlichste an Selbstgerechtigkeit kann ihre Macht der Verblendung sein.*
   (a) Manche offensichtliche Verbrecher, z. B. Mörder und Ehebrecher, sehen oftmals überhaupt nichts Falsches in dem, was sie getan haben (Spr. 14,12).
   (b) Ebenso leicht zu übersehen ist unsere Bitterkeit und das Bedürfnis über andere zu reden oder uns zu beklagen.

2. *Je näher wir Gott sind, desto empfindsamer sind wir für unsere Sünde; je weiter wir von Gott weg sind, desto mehr verteidigen wir uns und sind blind für unsere Fehler.*

H. Wenn wir Selbstmitleid haben (1. Kor. 10,10).

1. *Alles Murren, Schimpfen und Klagen über eigenes Ergehen ist die Folge von Selbstgerechtigkeit.*

(a) Es ist unsere Redensart: Das habe ich nicht verdient. Wirklich nicht?

(b) Was *haben* wir denn unserer Meinung nach verdient?

2. *Selbstmitleid ist eine Falle, in die wir leicht geraten. Aber wenn wir erkennen, dass es im Grunde genommen Selbstgerechtigkeit ist, werden wir es vielleicht als Sünde bekennen, es lassen und meiden.*

I. Wenn wir uns selbst nicht vergeben (1. Joh. 1,9).

1. *Viele sagen dem Sinne nach: Ich weiß, dass Gott mir vergeben hat, aber ich kann mir selbst nicht vergeben.*
   (a) Dies ist ein Zeichen von Selbstgerechtigkeit.
   (b) Es impliziert, dass wir besser als Gott wüssten, was vergeben werden kann und was nicht.

2. *Was Gott bestätigt, müssen auch wir bestätigen; was Gott vergibt, müssen auch wir vergeben — sonst treten wir in Konkurrenz zu ihm!*
   (a) Gott *will,* dass wir uns selbst vergeben; andernfalls ist die Vergebung im Hinblick auf unsere moralische Verfassung überhaupt nichts wert.
   (b) Uns selbst nicht zu vergeben bedeutet, dass wir das Blut Christi nicht ernst genug nehmen!

J. Das Gefühl, dass Gott uns etwas schuldet (Röm. 9,20).

1. *Dies ist der Kern von Selbstgerechtigkeit, der den, wenn auch nur heimlichen Vorwurf enthält: Gott hat eine Menge zu verantworten und er schuldet mir eine Erklärung.*
   (a) Dies ist das Wesen des Unglaubens.
   (b) Es ist die Waffe, die Satan benutzt.

2. *Wenn wir das Gefühl haben, Gott schulde uns etwas, besonders wenn es wegen etwas ist, das wir getan haben, sind wir aufgeblasen und arrogant.*
   (a) Das Erste, um das ein Sünder bittet, ist Gnade und Erbarmen (Lk. 18, 13).
   (b) Ein Christ entwächst nie der Notwendigkeit von Gnade. Das bedeutet, dass es nicht in unserer Macht steht, etwas durchzusetzen (Heb. 4, 16).

K. Wenn wir Schuldgefühle auch nach der Vergebung festhalten (1. Mose 45,5).

1. *Dies bedeutet, über unsere eigenen Fehler und Sünden innerlich Buch zu führen.*
   (a) Liebe rechnet Sünden und Fehler nicht an (1. Kor. 13, 5).
   (b) Wenn wir die innere Aufzeichnung über unsere eigenen Sünden nicht zerrissen haben, gibt das dem Teufel eine gute Gelegenheit, uns zu Fall zu bringen.

2. *Gott will nicht, dass wir uns schuldig fühlen.*
   (a) Wenn wir anderen nicht vergeben, versuchen wir, sie zu bestrafen, indem wir ihnen Schuldgefühle vermitteln.
   (b) Nur dann, wenn Gott uns nicht vergeben hätte, wäre es sein Wille, dass wir uns schuldig fühlen; aber er vergibt uns wirklich! (Eph. 1, 7)

2 Zwei Ebenen von Selbstgerechtigkeit

A. Beim Nichtchristen

1. *Alle Menschen sind von Natur aus selbstgerecht (2. Kor. 4, 3-4).*
   (a) Es ist die Aufgabe des Heiligen Geistes, von Sünde zu überführen (Joh. 16, 8-10).
   (b) Es ist die Aufgabe des Heiligen Geistes, die Notwendigkeit eines Mittlers aufzuzeigen (1. Tim. 2, 5).

2. *Selbstgerechtigkeit ist die Hauptursache, weshalb viele Menschen nicht zu Christus kommen* (Röm. 2,1).
   (a) Sie behaupten möglicherweise, Atheisten zu sein.
   (b) Aber hinter dieser Behauptung steht reine Selbstgefälligkeit (Apg. 17,32).

3. *Bevor jemand gerettet werden kann, muss dieser erst erkennen, dass er einen Retter braucht.*
   (a) Er braucht Vergebung seiner Sünden durch das Blut Christi.
   (b) Er braucht die Gerechtigkeit Christi durch den Glauben an ihn.
      (1) Dies bedeutet, jede Hoffnung auf Rettung aufzugeben, die sich auf gute Werke oder persönliche Verdienste gründet.
      (2) Es bedeutet, dass wir alles auf die eine Karte setzen: Jesus starb für mich.

B. Beim Christen (1. Kor. 4,8)

1. *In gewisser Hinsicht ist Selbstgerechtigkeit ein Ding der Unmöglichkeit; denn ein Christ ist jemand, dessen einzige Hoffnung auf Rettung das Werk Christi am Kreuz ist.*
2. *Aber leider können Christen in anderer Hinsicht selbstgerecht werden* (Gal. 3,3).
   (a) Alle oben genannten Beispiele für Selbstgerechtigkeit können von Zeit zu Zeit auch auf Christen zutreffen.
   (b) Selbstgerechtigkeit ist etwas, was wir hassen müssen, weil Gott es hasst.
      (1) Selbstgerechtigkeit ist eines der größten Hindernisse für das geistliche Wachstum eines Christen.
      (2) Selbstgerechtigkeit ist eine der Hauptweisen, wie wir den Heiligen Geist betrüben.

3 Wie wir Selbstgerechtigkeit überwinden

A. Wir erkennen Selbstgerechtigkeit als unser eigenes Problem (1. Joh. 1,8)

1. *Wenn wir Selbstgerechtigkeit bei uns selbst nicht erkennen, so führt das ganz offensichtlich nicht weiter.*
   (a) Es ist noch relativ leicht zu sagen: Ich weiß, dass ich nicht vollkommen bin.
   (b) Etwas ganz anderes ist es zu sagen: Mein Problem ist, dass ich selbstgerecht bin.

2. *Betrachten wir die oben genannten Beispiele; fragen wir uns, welche davon auf uns zutreffen könnten. Wie viele?*
   (a) Je weniger wir uns eingestehen, desto selbstgerechter sind wir wahrscheinlich!
   (b) Je mehr wir uns eingestehen, desto näher sind wir wahrscheinlich der Überwindung von Selbstgerechtigkeit.

B. Wir weigern uns, an uns geschehenes Unrecht anzurechnen (1. Kor. 13,5).

1. *Dies bedeutet: Wir lassen auf keinen Fall zu, dass irgendein uns geschehenes Unrecht in unseren Herzen gespeichert wird.*
   (a) Wir machen Aufzeichnungen, weil wir sie zu gebrauchen beabsichtigen.
   (b) Wir führen innerlich Buch über uns geschehenes Unrecht, um diese Aufzeichnungen zu gegebener Zeit zu gebrauchen.

2. *Wenn uns geschehenes Unrecht nicht aufgezeichnet ist, steht es uns nicht zum späteren Gebrauch zur Verfügung.*
   (a) Völlige Vergebung ist geschehen, wenn es so ist, als ob kein Unrecht begangen worden wäre.
   (b) Das ist die Art und Weise, wie Gott uns vergibt.

C. **Wir weigern uns, irgendetwas Negatives zu sagen (Jak. 1,19).**

1. *Alle Probleme, die von Selbstgerechtigkeit herrühren, kommen nicht wirklich in Gang, bevor nicht die Zunge das Steuer übernimmt* (Jak. 3,3-8).
   (a) Wenn wir nicht reden, wird nicht die Hölle los sein.
   (b) Wenn wir ein Wort sagen, das der bitteren Quelle der Selbstgerechtigkeit entspringt, ist der Teufel los (Jak. 3,11-15).

2. *Negativ ist alles, was andere kritisiert, verurteilt und nicht dazu angetan ist, angenehme Gefühle zu wecken.*
   (a) Satan ist immer negativ; wenn wir negativ sind, spiegeln wir oft unbewusst den Teufel wider.
   (b) Wenn das, was wir sagen, kein gutes Gefühl bewirkt, sondern Probleme verursacht (1. Joh. 2,10).

D. **Wir weigern uns, unseren Namen reinzuwaschen (Röm. 12,19).**

1. *Wir denken nicht einmal daran, das zu tun, was Gott am besten kann.*
   (a) Jemand zu rechtfertigen ist eine von Gottes Lieblingsbeschäftigungen.
   (b) Er ist Experte darin, und er hat Wege, die uns nicht im Traum einfallen würden!

2. *Wir überlassen ihm alles.*
   (a) Deshalb rühren wir nicht einmal den kleinen Finger, um die Sache wieder geradezubiegen.
   (b) Deshalb warten wir auf sein Eingreifen. Er tut es zu seiner Zeit und auf seine Weise.

E. **Wir leben vollkommen aus dem Glauben allein (1. Kor. 4,5).**

1. *Wir versuchen nicht, uns die Dinge im Voraus auszurechnen.*
   (a) Glaube bedeutet vertrauen, ohne etwas zu sehen (Heb. 11,1).
   (b) Wir sind bereit, nichts von dem zu verstehen, was gerade vor sich geht (Spr. 3,5).

2. *Wir mäßigen unsere Stimme. Wir warten und sehen, was Gott tut.*
   (a) Seine Wege, Dinge geschehen zu lassen, sind »unerforschlich« (Röm. 11,33).
   (b) Wir sagen nichts, damit das, was Gott tut, allein zu seiner Ehre sein wird.

4 Die Auswirkungen auf unser Leben, wenn wir Selbstgerechtigkeit überwinden

A. **Großer Friede fließt durch uns.**

1. Wenn kein Friede da ist, stimmt etwas nicht.
2. Der unbetrübte Geist ist am Frieden erkennbar.

B. **Es ist kein Richtgeist mehr da.**

1. Der Grund, weshalb wir andere verurteilen, ist: Wir sind noch nicht zerbrochen.
2. Wenn wir zerbrochen sind, bleibt kein Richtgeist mehr übrig!

C. **Freundlichkeit**

1. Selbstgerechte Leute sind im Grunde unglückliche Menschen.
2. Wenn wir von Selbstgerechtigkeit lassen, *fühlen* wir uns bei uns selbst wohl; und es ist angenehm, mit uns zu leben!

D. Die Leute suchen uns auf.

1. Selbstgerechtigkeit wirkt abweisend.
2. Eine Moral, die frei ist von Selbstgerechtigkeit, wirkt anziehend — so wie damals, als die Leute Jesus aufsuchten.

E. Wir beginnen, die Menschen zu lieben.

1. Dies bedeutet nicht, dass wir extrovertiert werden.
2. Es bedeutet, dass wir uns um andere kümmern werden.

F. Gott wird realer für uns werden.

1. Selbstgerechtigkeit lässt Gott tatsächlich draußen vor der Tür stehen!
2. Wenn wir von ihr lassen, kommt er herein!

G. Wir erhalten neue Einsichten in die Schrift.

1. Selbstgerechtigkeit betrübt den Geist.
2. Wenn der Geist unbetrübt ist, zeigt er uns Dinge in seinem Wort, die wir noch nie gesehen haben.

Schlussbemerkung

Bei unserer Bekehrung stiegen wir vom hohen Ross unserer Selbstgerechtigkeit ab. Dies muss unser ganzes Leben und unseren Umgang mit den Menschen auszeichnen. Es ist nicht immer leicht, aber es ist die beste Weise zu leben.

47
Abfall vom Glauben und Rückfall in Sünde

Einleitung

A. Die Auseinandersetzung um die Frage »einmal gerettet, immer gerettet« oder »Abfall vom Glauben«, was Verlust des Heils bedeutet, ist nicht neu.

1. *Augustinus (354 - 430) ist der erste große Theologe, der sich — aufgrund von Gottes Gnadenwahl — für die Heilsgewissheit des Gläubigen ausgesprochen hat.*
2. *Arminius (1560 - 1609) stellte die reformatorische Lehre von der Prädestination in Frage, ließ aber offen, ob eine Person, die sich einmal bekehrt hat, jemals wieder verloren gehen könnte.*
3. *John Wesley (1703 - 1791) verhalf dem Arminianismus[1] zum Durchbruch, und diejenigen, die nach ihm kamen, vertraten die Ansicht, dass einmal gerettete Menschen auch wieder verloren gehen könnten, wenn sie vom Glauben abfielen.*
   (a) Es sei jedoch so, dass die, die vom Glauben abfielen, wiederhergestellt werden könnten, wenn sie umkehrten und Buße tun würden.
   (b) Wenn sie aber nicht umkehrten, seien sie auf ewig verloren.
4. *Diejenigen, die in der augustinischen/reformatorischen Tradition stehen, haben die Frage im Allgemeinen wie folgt gelöst:*
   (a) Alle, die wahrhaft glauben, werden bis ans Ende ausharren.

---

[1] Die nach Arminius (siehe Punkt 2.) benannte Lehre, welche die Prädestination der Gläubigen zum Heil (im Sinn von Heilsgewissheit) in Frage stellt.

(1) Wer gerettet ist, kann sich seines ewigen Heils gewiss sein.

(2) Wenn aber jemand vom Glauben abfällt, zeigt das, dass er sich im Grunde nie wirklich bekehrt hatte.

(b) Es gibt jedoch einen Unterschied zwischen einem »Backslider« und einem Apostaten.

(1) Ein »Backslider« ist ein Christ, der in Sünde zurückfällt, aber wiederhergestellt werden kann.

(2) Ein Apostat, ein vom Glauben Abgefallener, war im Grunde nie Christ und kann deshalb auch nicht wiederhergestellt werden.

(c) Dieser Lösungsversuch löst das Problem der Heilsgewissheit des Gläubigen nicht. Denn:

(1) Wenn ich falle, bin ich dann nur ein »Backslider« oder ein Apostat?

(2) Wie kann ich mir dessen gewiss sein, dass ich wirklich gerettet bin?

5. *Das Problem ist noch verkompliziert durch Hebräer 6, 4 - 6:* »Denn es ist unmöglich, Menschen, die einmal erleuchtet worden sind – Menschen also, welche die guten Gaben des Himmels zu spüren bekamen, Anteil am Heiligen Geist erhielten, die Güte des Wortes Gottes erfahren und die Macht der zukünftigen Welt kennen gelernt haben – und sich dann doch von Gott abwandten, wieder zur Umkehr zu bewegen und ihr Leben dadurch zu erneuern. Denn sie nageln den Sohn Gottes erneut ans Kreuz und verspotten ihn.«

(a) Wenn Hebräer 6, 4 - 6 von *Geretteten* spricht, welche der folgenden Möglichkeiten trifft dann zu?

(1) Gerettete können verloren gehen.

(2) Diejenigen, die vom Glauben abfallen, können nicht wiederhergestellt werden zum Heil.

(3) Diejenigen, die vom Glauben abfallen, können nicht wiederhergestellt werden zur Buße.

(b) Wenn Hebräer 6, 4 - 6 von *Nicht-Geretteten* spricht, diese aber Leute sind, die gerettet zu sein bekundeten, dann trifft Folgendes zu:

(1) Diejenigen, die bekunden, in ihrem Leben den Heiligen Geist zu erfahren, sind Leute, die ein falsches Bekenntnis ablegen.

(2) Wenn sie abfallen, verwirken sie für immer ihre Rettung.

(3) Diejenigen, die vom Glauben abfallen, zeigen damit, dass sie nie bekehrt waren.

(c) Wenn ich also Glauben bekundet und den Heiligen Geist erfahren habe, dann trifft nach Hebräer 6, 4-6 einer der folgenden Punkte zu:

(1) Wenn ich vom Glauben abfalle, war ich nicht wirklich bekehrt.

(2) Wenn ich vom Glauben abfalle, kann ich nie mehr zum Heil wiederhergestellt werden.

(3) Wenn ich vom Glauben abfalle, kann ich nie mehr zur Buße erneuert werden (meine persönliche Ansicht).

(d) Aus dem allen ergeben sich zwei entscheidende Fragen:

(1) Was ist Abfall vom Glauben?

(2) Wozu kann ich nicht mehr wiederhergestellt werden?

B. Warum ist dieses Thema wichtig?

1. Wir alle waren zu einem gewissem Grad »Backslider«; wir alle sind zu einem gewissen Grad in Sünde gefallen.

2. Wir sollten lernen, das Zurückfallen in Sünde in uns selbst zu entdecken, und wissen, wie wir damit umzugehen haben.

3. Wir sollten wissen, wie wir damit umgehen sollen, wenn wir es bei anderen sehen.

4. Wir sollten wissen, was genau der Zustand von »Backslidern« ist — gibt es für sie noch Hoffnung?

5. Gibt es einen Unterschied zwischen »Backsliding«, dem Rückfall in Sünde und Apostasie, dem Abfall vom Glauben? Wenn ja, ist das eine schwerwiegender als das andere?

6. Was ist ein Apostat, d. h. ein vom Glauben Abgefallener?

7. Kann ein wahrer Gläubiger ein Apostat werden?

8. Gibt es eine Apostasie der Gemeinde?

9. Wie erkennen wir Apostasie?
10. Wie können wir einem Rückfall in Sünde bzw. Abfall vom Glauben vorbeugen und diesen verhindern?

1 Hintergrund und Bedeutung relevanter Begriffe

A. Die etymologischen Wurzeln im Griechischen und Hebräischen:

1. *Dies ist ein Fall, in dem die biblischen Originalsprachen keine unangreifbaren theologischen Definitionen hergeben.*
2. *Dies ist jedoch nichts Neues.*
   (a) Es ist zu bedenken, dass das *Koine*-Griechisch, in welchem das Neue Testament geschrieben wurde, die damalige säkulare Alltagssprache war.
   (b) Es gab keine wirklich theologischen Begriffe; säkulare Worte fanden Verwendung in der Gemeinde und wurden für uns zu theologischen Begriffen; zum Beispiel:
   (1) *Evangelion* – »Gute Nachricht«; (2) *Pipto* – »fallen«.
   (c) Wir dürfen deshalb die biblischen Originalsprachen nie überbewerten.
   (1) Sie können oft eine große Hilfe sein.
   (2) Aber Theologie darf niemals auf die alten Sprachen allein aufgebaut werden.

B. Definition unserer Begriffe:

1. *Apostasie: Abfall (vom Glauben bzw. von Gott).*
   (a) Griechisch *apostasia*, was »Abfall« oder »Rebellion« bedeutet.
   (1) 2. Thessalonicher 2, 3 (AV: »Abfall«; NIV: »Rebellion«).
   (2) Das Verb *aphistemi*, mit der Bedeutung »fallen« oder »verlassen«, ist in 1. Timotheus 4, 1 und an anderen Stellen gebraucht.

(b) Griechisch *parapipto*, was »abfallen« (Heb. 6, 6) bedeutet.

(c) Das Griechische *pipto*, mit der Bedeutung »fallen«, kommt 90-mal im Neuen Testament vor.

    (1) Es bezeichnet Leute, die buchstäblich zu Boden fallen (Mt. 2, 11; Joh. 11, 32; Apg. 5, 5).

    (2) Oder auch ein geistliches Fallen (Röm. 11, 11; 1. Kor. 10, 12; Heb. 4, 11).

    (3) Das Hebräische *nephal*, »fallen«, kommt 400-mal im Alten Testament vor.

(d) Griechisch *ekpipto*, mit der Bedeutung »fallen«, kommt 13-mal im Neuen Testament vor (z. B. Gal. 5, 4; Off. 2, 5).

(e) Griechisch *arneumai*, mit der Bedeutung »verleugnen«, kommt 31-mal im Neuen Testament vor (z. B. 2. Petr. 2, 1; 1. Joh. 2, 22-23).

2. *»Backsliding«: von einem guten Verhalten zurückfallen.*

(a) Dies ist ein alttestamentlicher Begriff, aber die dafür verwendeten hebräischen und griechischen Worte (in der Septuaginta), sind austauschbar mit dem Begriff »Abfall«.

    (1) Sprüche 14, 14 (AV), von einem hebräischen Wort mit der Bedeutung »zurückgehen« oder »sich abwenden«.

    (2) Jeremia 2, 19; 3, 22; die NIV gebraucht im Allgemeinen den Begriff »treulos«, wie z. B. in Jer. 3, 6.8.11.14.

    (3) Hosea 4, 16 (NIV: »störrisch«; Lu84: »toll«); 14, 5[2] (NIV und Lu84: »Abtrünnigkeit«).

(b) Der Begriff »Backsliding« kommt im Neuen Testament genau genommen nicht vor, auch wenn uns der Gedanke selbst immer wieder begegnet.

(c) Die hebräischen Worte *mushuba* und *showbab* (in Jeremia und Hosea) sind in der Septuaginta im Austausch mit *apostasia* und *aphestemi* gebraucht.

    (1) Deshalb laufen die Begriffe »Rückfall« und »Fall« oder »Abfall/Verlassen« im Alten Testament auf dasselbe hinaus.

    (2) Kurz: Wir müssen uns davor hüten, auf die hebräischen oder griechischen Worte ein theologisches System aufzubauen.

C. Klärung unserer Definitionen:

Wir haben zu beachten: Auch wenn die beiden Worte in den alten Sprachen austauschbar gebraucht wurden, wird es unserem Zweck dienlich sein, eine hilfreiche Unterscheidung vorzunehmen.

1. *Apostasie bezieht sich auf einen hoffnungslosen Zustand.*
   (a) Wenn das auf eine Gemeinde zutrifft, gibt es für sie wahrscheinlich keine Hoffnung, zumindest nicht in ihrer jetzigen Generation.
   (b) Wenn es auf jemand zutrifft, der sich als Christ bekennt, gibt es für diese Person wahrscheinlich keine Hoffnung auf Rettung; solche Leute waren nie wirklich bekehrt.

2. *»Backsliding« bezieht sich auf einen bedauernswerten geistlichen Zustand, für den es aber noch Hoffnung gibt.*
   (a) Ein »Backslider« ist jemand, der sich einmal bekehrt hat.
   (b) Ein »Backslider« kann daher wiederhergestellt werden.
   (c) Nochmals zusammengefasst:
       (1) Der Apostat ist kein Christ.
       (2) Der »Backslider« ist ein Christ.

3. *Ein Zustand völliger geistlicher Taubheit bezieht sich auf einen Christen, allerdings auf einen Christen, der Gottes Stimme nicht mehr hören kann.*
   (a) Eine solche Person hat eine echte Bekehrung erlebt.
   (b) Doch irgendetwas geschah mit ihrem geistlichen Zustand.
       (1) Eine solche Person kann Gottes Stimme nicht mehr hören.
       (2) Es gibt keine Hoffnung mehr, noch in diesem Leben zur Buße erneuert zu werden.
   (c) Kurz: Dies ist meine ganz persönliche Interpretation von Hebräer 6, 4 - 6.

2 Allgemeiner Abfall vom Glauben (Apostasie)

A. Die einzige Stelle, an der der Apostel Paulus das Wort Apostasie[3] gebraucht, spricht von der bekennenden Gemeinde im Allgemeinen.

1. *»Lasst euch durch ihre Worte auf keinen Fall täuschen! Denn bevor es so weit ist [d. h., bevor der Tag des Christus kommt], wird es zu einem Aufstand gegen Gott kommen, und der Mensch der Gesetzlosigkeit wird erscheinen – der, der Verderben bringt [Griechisch: der Sohn des Verderbens].«* (2. Thess. 2, 3)

2. *Es handelt sich um eine Prophetie, die vor der Wiederkunft Christi in Erfüllung gehen musste.*

(a) Sie scheint kurz nach der Wende zum zweiten Jahrhundert anfänglich in Erfüllung gegangen zu sein.

(1) Es gab einige wenige Lichtblicke, vornehmlich unter den Apostolischen Vätern, wie zum Beispiel Ignatius, Polycarp und Irenäus.

(2) Der allgemeine Abfall war auf das Vordringen des Gnostizismus zurückzuführen (siehe unter Abschnitt D).

(3) T. F. Torrance hat gezeigt, dass die Gemeinde allgemein während dieser Zeit so gut wie überhaupt keinen Begriff von der Gnade Gottes hatte.

(b) Im weiteren Verlauf der Kirchengeschichte wurde sie ganz gewiss noch viele Male erfüllt.

(1) Vor allem im ausgehenden Mittelalter zeigte sich der theologische und moralische Verfall der römisch-katholischen Kirche. Dies war der Grund für die große protestantische Reformation des sechzehnten Jahrhunderts.

(2) Im zwanzigsten Jahrhundert ist die Kirche allgemein in theologischer Auflösung begriffen. Der in unserer Zeit ergangene Aufruf, den Wert aller Religionen anzuerkennen, belegt das zur Genüge.

---

[3] Apostasie: Abfall vom Glauben. Griechisch: *apostasia*.

B. Wir können den Schluss ziehen, dass 2. Thessalonicher 2,3 schon viele Male erfüllt wurde.

1. Die Kirche wurde, soweit sich dies aufweisen lässt, noch nie von innen heraus erneuert, es sei denn in den Herzen einer geheiligten Minderheit.

2. Fast immer stand eine Reform eher von außen als von innen auf der Tagesordnung.

C. Der Abfall Israels

1. *Die Propheten sprachen immer wieder Warnungen aus wegen des gefallenen Zustands Israels.*
   (a) Jeremia stand zu seiner Zeit ganz allein mit seiner prophetischen Ankündigung der Zerstörung Jerusalems und der babylonischen Gefangenschaft.
   (b) Die Leute Israels sagten dem Sinne nach: Das kann uns nicht geschehen; wir sind doch Gottes auserwähltes Volk und Jerusalem ist der Augapfel Gottes.
   (c) Aber Jerusalem wurde eingenommen. Die babylonische Gefangenschaft der Israeliten dauerte siebzig Jahre, so wie Jeremia geweissagt hatte.

2. *Israels geistlicher Zustand befand sich zur Zeit Jesu auf einem absoluten Tiefpunkt.*
   (a) Der deutlichste Beleg dafür ist: Der Messias kam, und sie verpassten es (Lk. 19, 41 - 44).
   (b) Die Folge war: Gott wandte sich den Heiden zu (vgl. Apg. 18, 6).

D. Gnostizismus und die frühe Kirche

1. *Der erste bedeutende Angriff gegen die Kirche war der Gnostizismus.*

(a) Der Gnostizismus war etwa zur Zeit des Paulus aufgekommen (Kol. 1-2).

(b) Er trat stärker in Erscheinung zur Zeit des Johannes, obwohl der 2. Petrus- und der Judasbrief nahelegen, dass er bereits Einfluss auf die Kirche zu nehmen begonnen hatte.

2. *Gnostizismus: eine neue Erkenntnismethode.*

(a) Vom griechischen Wort *gnosis*, welches »Erkenntnis« bedeutet.

(b) Eine nichtchristliche Philosophie, die den Anspruch erhob, ein höherer Weg zur Erkenntnis Gottes zu sein, drang in die frühe Kirche ein.

(1) Ihre Anhänger kamen durch die Hintertür herein (Judas 4).

(2) Sie leugneten die Göttlichkeit Jesu Christi (1. Joh. 2, 22-23).

(c) Wir haben zu beachten: Die New-Age-Bewegung ist nichts anderes als der Gnostizismus der Antike in neuem Gewand.

3. *Dieses Eindringen von Heuchlern brachte der frühen Kirche großen Schaden.*

(a) Sie legten Glaubensbekenntnisse ab (2. Petr. 2, 20).

(1) Sie gingen wieder zurück in die Welt (2. Petr. 2, 21-22).

(2) Sie waren nie wirklich bekehrt (2. Petr. 2, 1).

(b) Sie können wahrhaft als »Apostaten« bezeichnet werden, auch wenn sie nie bekehrt waren: »Diese Leute haben unsere Gemeinde verlassen, weil sie nie wirklich zu uns gehörten; sonst wären sie bei uns geblieben. Als sie uns verließen, wurde deutlich, dass sie nicht zu uns gehören.« (1. Joh. 2, 19)

(c) Aber sie entsprechen *nicht* der Beschreibung von Hebräer 6, 4-6.

(1) Sie haben nie eine »Erleuchtung« erfahren und sind nie des Geistes, des Wortes und des zukünftigen Lebens teilhaftig geworden.

(2) Sie hatten im Grunde nie eine wirkliche Buße erfahren und deshalb keine Sinnesänderung vollzogen.

3 Rückfall in Sünde und völlige geistliche Taubheit

A. Es gibt verschiedene Grade des Rückfälligwerdens (»Backsliding«).

1. *Es gibt ein unverhohlenes, offenes Rückfälligwerden, das allen augenfällig ist und das dem Namen Christi und der Gemeinde Schande macht.*
2. *Es gibt ein weniger augenfälliges Rückfälligwerden, das möglicherweise von den Personen um uns herum unbemerkt bleibt! Es mag sogar von uns selbst unbemerkt bleiben.*
3. *Deshalb wird nicht jeder Rückfall in Sünde auch als solcher bezeichnet!*
   (a) Ehebruch ist Rückfall in Sünde.
   (b) Unversöhnlichkeit ist ebenfalls Rückfall in Sünde.

4. *Manche fallen in Sünde und können wiederhergestellt werden.*
   (a) »Liebe Freunde [Griechisch: Brüder], wenn ein Mensch einer Sünde erlegen ist, dann sollt ihr, die ihr gottesfürchtig [Griechisch: geistbegabt]seid, diesem Menschen liebevoll und in aller Demut helfen, wieder den rechten Weg zurückzufinden. Und pass auf, dass du nicht in dieselbe Gefahr gerätst.« (Gal. 6, 1)
   (b) »Erkenne doch, wie weit du dich von deiner ersten Liebe entfernst hast! Kehre wieder zu mir zurück und bemühe dich so, wie du es am Anfang getan hast. Wenn du dich nicht änderst, werde ich kommen und deinen Leuchter von seinem Platz unter den Gemeinden wegnehmen.« (Off. 2, 5)
   (c) »Denn wenn ihr durch das Gesetz vor Gott bestehen wollt, seid ihr von Christus getrennt und aus Gottes Gnade gefallen.« (Gal. 5, 4)

(1) Paulus hoffte eindeutig auf die Wiederherstellung dieser gefallenen Galater: »Aber, meine geliebten Kinder, mir ist, als müsste ich noch einmal Geburtswehen für euch durchmachen, und sie werden nicht aufhören, bis Christus euer Leben durch und durch bestimmt.« (Gal. 4, 19)

(2) Es gab zumindest zu dieser Zeit noch Hoffnung für sie.

5. *David, ein Mann nach Gottes Herzen (1. Sam. 13, 14), war ein »Backslider«.*

(a) Er war verabscheuungswürdiger, unverhohlener Sünden schuldig.

(1) Ehebruch (2. Sam. 11, 4).

(2) Mord (2. Sam. 11, 14-17).

(b) Gott vergab ihm (2. Sam. 12, 13).

(c) Er wurde zur Buße erneuert (Psalm 51).

6. *Jona war ein »Backslider«.*

(a) Er war ungehorsam (Jona 1).

(b) Er tat Buße (Jona 2, 8-9).

(c) Er wurde wiederhergestellt (Jona 3, 1-3).

7. *Wir haben zu beachten: Die Beispiele von Jona und David sind Beleg genug, dass die schlimmsten Sünden nicht in und aus sich selbst genügen, um den in Hebräer 6, 6 beschriebenen Zustand zu qualifizieren.*

(a) Schon viele dachten, sie befänden sich wegen ihrer skandalösen Sünde in einem wie in Hebräer 6, 6 beschriebenen Zustand.

(b) In der frühen Kirche zögerten viele ihre Taufe hinaus, weil sie fürchteten, nach ihrer Taufe wieder in Sünde zu fallen.

8. *Wie oben schon festgestellt, ist jeder von uns mehr oder weniger des Rückfalls in Sünde schuldig, zum Beispiel: (a) Selbstmitleid, (b) Groll hegen, (c) von Stolz übermannt sein, (d) (schlecht) über andere reden, (e) mit dem Finger auf andere zeigen, (f) Gebets-*

losigkeit, (g) nicht Zeugnis geben, (h) Mangel an Hingabe, ... Die Liste ließe sich noch lange fortführen.

9. *Alle eben genannten Beispiele sind Sünden, die vergeben werden können.*

   (a) Es sind keine Sünden, die zum Tode führen (1. Joh. 5, 17).

   (b) Es gibt aber auch Sünden, die zum Tode führen (1. Joh. 5, 16).

B. Während es verschiedene Grade des Rückfälligwerdens gibt, gibt es jedoch nur zwei Kategorien von »Backslidern«:

1. *Diejenigen, die Sünden begehen, die nicht zum Tode führen und die deshalb vergeben werden können (1. Joh. 1, 9).*

2. *Es gibt Menschen, die Sünden begehen, die zum Tode führen (Apg. 5, 1-11; 1. Kor. 11, 30).*

   (a) Wie können wir den Unterschied benennen? Antwort: Es ist nicht leicht zu sagen, ob *jemand anders* eine Sünde begangen hat, die zum Tode führt, aber ich kann wissen, dass *ich selbst* keine solche Sünde begangen habe.

   (b) Woher weiß ich, dass ich keine solche Sünde begangen habe?

   (c) Wenn ich von Gottes Stimme ergriffen bin.

   (d) Wenn ich »mit stets wachsender Herrlichkeit in sein Bild verwandelt werde« (2. Kor. 3, 18[4]) — das ist echte Buße!

C. Der Zustand völliger Taubheit: Eine Unfähigkeit, Gottes Reden noch einmal zu hören, und von daher die Unfähigkeit, *noch einmal* zur Buße erneuert zu werden.

1. *Auf der natürlichen Ebene entsteht Taubheit normalerweise in Stufen.*

---

[4] Übersetzung nach dem englischen Text (NIV).

(a) Zuerst entwickelt jemand eine Schwerhörigkeit.

(b) Dann bekommt er ein Hörgerät – es hilft.

(c) Schließlich bemerkt er, dass auch ein Hörgerät nicht mehr hilft.

2. *Geistliche Taubheit folgt demselben Muster.*

(a) Jemand wird geistlich schwerhörig – »träge im Hören« (Heb. 5, 11 AV).

(b) Aber auf dieser Stufe gibt es immer noch Hoffnung (Heb. 6, 9).

(c) Das große Grauen setzt dann ein, wenn jemand wiederholt Warnungen in den Wind schlägt und schließlich nicht wieder zur Buße erneuert werden kann.

(1) Die in Hebräer 6, 4 - 6 Beschriebenen hatten früher Buße getan; sonst würde hier nicht von »wieder zur Umkehr zu bewegen« gesprochen werden.

(2) Die in Hebräer 6, 6 Genannten waren gerettet, aber in geistlicher Hinsicht völlig taub, auch wenn sie noch eine Zeit lang weiterlebten.

3. *Wir haben zu beachten: Es ist wichtig, im Licht zu wandeln* (1. Joh. 1, 7).

(a) Es nicht zu tun heißt, eine stets wachsende Taubheit gegenüber Gottes Stimme zu riskieren.

(b) Solange wir im Licht wandeln, besteht kein Grund zur Sorge!

(c) Es ist vielmehr so: Solange wir von Gottes Warnungen innerlich bewegt und ergriffen werden, ist dies ein Beleg dafür, dass wir noch nicht völlig taub sind.

D. Unsere Hoffnung: Gottes Verheißung für den »Backslider«.

1. *Gott erhebt den Anspruch, mit dem »Backslider« wie verheiratet zu sein: »›Kehrt zurück, ihr treuloses Volk‹, spricht der Herr,*

›denn ich bin euer Ehemann, ich will euch erwählen — einen aus jeder Stadt und zwei aus jeder Sippe — und euch nach Zion bringen.‹« (Jer. 3, 14[5])

(a) »Es ist Hoffnung vorhanden für deine Zukunft.« (Jer. 31, 17)

(b) »Ich will ihre Abtrünnigkeit heilen, gerne will ich sie lieben.« (Hos. 14, 5)

Schlussbemerkung

Apostasie (Abfall vom Glauben) und »Backsliding« (Rückfall in Sünde) sind komplexe Sachverhalte. Wir haben Begriffe verwendet, die hoffentlich hilfreich waren. Am besten ist es, in Kategorien zu denken: Auf der einen Seite die, die noch nie bekehrt waren, weil sie die Gottheit Christi leugnen, und auf der anderen Seite die, die zwar gerettet sind, aber zurückfallen. Abfallen heißt, aus einem Zustand herauszufallen, in dem wir Gottes Stimme hören; es hat eine völlige geistliche Taubheit zur Folge. Leute in solch einem Zustand können nicht erneuert werden, denn sie können Gott nicht reden hören. Unsere Haltung gegenüber Gläubigen, die in Sünde gefallen sind, sollte so sein, wie es Paulus in Galater 6, 1 beschreibt: »Liebe Freunde [Griechisch: Brüder], wenn ein Mensch einer Sünde erlegen ist, dann solltet ihr, die ihr gottesfürchtig [Griechisch: geistbegabt] seid, diesem Menschen liebevoll und in aller Demut helfen, wieder auf den rechten Weg zurückzufinden. Und pass auf, dass du nicht in dieselbe Gefahr gerätst.«

---

[5] Übersetzung nach dem englischen Text (NIV).

48
Das Problem des Leides

Einleitung

A. Die Theologie des Leides ist das schwerste und schwierigste Thema, das wir bisher angefangen haben.

1. *Warum erschuf Gott den Menschen, wenn er wusste, dass der Mensch leiden würde?*
2. *Warum lässt Gott das Böse zu?*
   (a) Wenn Gott allmächtig ist, könnte er augenblicklich allem Leid ein Ende machen.
   (b) Wenn Gott gnädig und voller Liebe ist, könnte er gewiss eingreifen und allem Unrecht ein Ende bereiten.

B. Diese Lektion wird nicht versuchen, das Problem des Bösen zu lösen.

1. *Kein noch so kluger Theologe und kein theologisches System haben dies geschafft.*
2. *Dieses Problem wird erst gelöst, wenn wir in den Himmel kommen, genauer gesagt nach der Wiederkunft Christi und dem Jüngsten Gericht.*
   (a) Denn nicht einmal »die Seelen unter dem Altar«, was sich auf Leute im Zwischenzustand bezieht, bekamen ihre Fragen beantwortet (Off. 6, 9-10).
   (b) Dies bedeutet, dass unsere Fragen nicht beantwortet werden, wenn wir sterben, sondern erst wenn Gott beim Jüngsten Gericht seinen Namen reinwäscht.

C. Was ist das Ziel dieser Lektion?

1. *Sie soll uns mit der Theologie des Leides vertraut machen.*
   (a) Wir müssen sehen, dass dies kein einfaches Problem darstellt und dass kein kluger Kopf es gelöst hat.
   (b) Es kann ein Trost sein zu wissen, dass die größten Gelehrten sich mit dieser Frage befasst und ihr Bestes gegeben haben, um Antworten und Lösungen zu finden.

2. *Sie soll uns einer Antwort näher bringen auf die Frage: Warum lässt Gott Leid zu?*
   (a) Es ist nicht so, dass wir die perfekte Antwort finden werden; aber wenn wir zeigen, dass wir das Problem verstehen, kann das unsere Kritiker entwaffnen.
   (b) Wir müssen also den Ungläubigen zeigen, dass wir weder naiv sind noch blind für dieses alte Problem.

3. *Sie soll uns helfen, unseren Blick auf Jesus zu richten, der wie kein anderer vor oder nach ihm gelitten hat.*
   (a) In diesem Leben werden wir nicht die vollständige oder perfekte Antwort auf die Frage des Leides bekommen. Endgültige Klärung dieser erfolgt im Himmel.
   (b) Aber wir können sehen, dass Gott uns bis zur endgültigen Klärung Jesus als Antwort auf das Problem des Leides gegeben hat.
       (1) Niemals sonst geschah solch eine Ungerechtigkeit.
       (2) Niemals sonst hat jemand solche Qualen erlitten.
       (3) Und Jesus war Gott!
   (c) Dies ermöglicht uns zu wissen, dass Gott mit diesem Problem sehr wohl vertraut ist!
       (1) Manchmal fragen wir uns dem Sinne nach: Versteht Gott überhaupt unsere Fragen?
       (2) Diese Lektion kann uns die Antwort geben: Ja, das tut er.

D. Leid: Das unvermeidliche Empfinden von Schmerz – verursacht durch Verletzung, Trauer oder Verlust.

1. *Es bedeutet, Nachteilen unterworfen zu sein, auf die wir keinen Einfluss haben.*

2. *Es bedeutet Qualen, gegen die wir nichts unternehmen können, was auch immer die Ursache sein mag:*
   (a) Hunger.
   (b) Armut.
   (c) Grausame Diktatoren oder Regierungen.
   (d) Naturkatastrophen: Erdbeben, Überschwemmungen, heftige Stürme.
   (e) Unfälle: Flugzeugabstürze, Massenkarambolagen auf der Autobahn, die den Tod oder bleibende körperliche Schäden nach sich ziehen.
   (f) Krankheit und körperliche Gebrechen, einschließlich kranker Kinder.
   (g) Sexueller Missbrauch.
   (h) Verbrechen: Mord, Diebstahl.
   (i) Belogen und betrogen werden.
   (j) Manche Leute kommen mit ihrer Niederträchtigkeit und Gemeinheit ungeschoren davon.
      (1) Schlechtes widerfährt guten Leuten.
      (2) Gutes widerfährt schlechten Leuten.

E. In der philosophischen Theologie gibt es zwei grundsätzliche Positionen: Existenzialismus im Gegenüber zur Theodizee.

1. *Im Existenzialismus liegt die Betonung auf dem Hier und Jetzt.*
   (a) Der Vater des Existenzialismus war der dänische Theologe Sören Kierkegaard (1813-1855).
   (b) Der Existenzialismus hat viele Befürworter. Seine Prinzipien sind im Großen und Ganzen folgende:
      (1) Das Leben hat weder Sinn noch Ziel.
      (2) Für das Leid gibt es keine Erklärung.

2. *Die Theodizee geht davon aus, dass letztlich Gott alles lenkt und leitet und dass die Geschichte Sinn und Ziel hat.*
   (a) Dies ist die historische christliche Sicht.
   (b) Die Prinzipien sind im Großen und Ganzen folgende:
      (1) Die Geschichte hat Sinn und Ziel, denn Gott regiert.
      (2) Auch wenn wir das Problem des Leides im Hier und Jetzt nicht völlig verstehen können, eines Tages werden wir verstehen.

1 Leid ist die Folge von Sünde

A. Die Frage des Leides ist demnach in mehrfacher Hinsicht ein theologisches Problem.

1. *Denn Sünde ist eine theologische Angelegenheit.*
2. *Wenn Sünde die Ursache des Leides ist, dann ist auch das Leid ein theologisches Problem.*
   (a) Nicht allein deshalb, weil wir fragen: Warum lässt Gott das Leid zu?
   (b) Sondern weil Leid in direktem Zusammenhang mit Sünde steht.

B. Vor dem Sündenfall gab es kein Leid.

1. *Gott schuf Mann und Frau in einer Welt ohne Schmerzen und Leid.*
   (a) Gott schuf einen »der Sünde fähigen« Menschen, sagte Augustinus.
   (b) Warum er das tat, entzieht sich unserer Erkenntnis.
   (c) Aber jedenfalls gab es in Adams Zustand vor dem Sündenfall weder Schmerz noch Leid.

2. *Der Mensch wurde vor den Folgen der Sünde gewarnt, bevor er in Sünde fiel* (1. Mose 2, 17).

(a) Sobald der Mensch gesündigt hatte, veränderte sich alles, was sein Sein betraf.

(1) Der Zustand seines Körpers (z. B. der Alterungsprozess).

(2) Die Neigungen der Seele, die dem Menschen vor dem Sündenfall fremd waren: Unglaube, Angst, Stolz, Eifersucht, Gier, Unsicherheit.

(b) In gewisser Hinsicht fiel mit dem Menschen auch die Erde. »Verflucht sei der Erdboden um deinetwillen.« (1. Mose 3, 17)

(1) Dies bedeutet, dass die Natur selbst sich veränderte und dass diese Veränderung einzig und allein dem Sündenfall zuzuschreiben ist.

(2) Von daher haben alle Naturkatastrophen ihren Ursprung nicht in Gott, sondern im Menschen, welcher gesündigt hat.

C. Dies bedeutet nicht, dass unser persönliches Leid notwendigerweise die Folge unserer eigenen Sünde ist (Joh. 9,1-3; Lk. 13,1-5).

1. *Es gibt jedoch eine Verbindung zwischen Gesundheit und Heiligkeit (Heiligung) (1. Kor. 11, 30).*

(a) Wenn wir ein geheiligtes Leben führen, können wir uns eine Menge unnötiges Leid ersparen.

(b) Zum Beispiel sind manche Krankheiten auf sexuelle Sünde zurückzuführen.

2. *Aber nicht jede Krankheit ist auf Sünde zurückzuführen.*

(a) Der deutliche Beleg dafür ist, dass nicht alle, die Heilung brauchten, krank waren, weil sie gesündigt hatten (Jak. 5, 15).

(b) Wir alle müssen auf die eine oder andere Weise sterben, unabhängig davon, wie gottesfürchtig wir sind.

D. Der springende Punkt ist folgender: Es würde überhaupt kein Leid existieren, wenn nicht durch den Sündenfall im Garten Eden die Sünde in die Welt gekommen wäre.

1. Deshalb müssen wir die Schuld auf uns nehmen und dürfen sie nicht Gott in die Schuhe schieben.
2. Jeder von uns ist verantwortlich für die Sünde von Adam und Eva.

2 Leid kennt kein Ansehen der Person

A. Wie die allgemeine Gnade, so widerfährt auch das Leid allen Menschen, seien sie nun Christen oder nicht.

1. Die Sonne scheint auf Gerechte und Ungerechte.
2. Der Regen fällt auf Gerechte und Ungerechte (Mt. 5, 45).

B. Christ zu werden ist kein Weg, dem Leid zu entgehen.

1. *Jesus war der, der mehr als jeder andere gelitten hat; wir sind berufen, in seine Fußstapfen zu treten* (1. Petr. 2, 21).
2. Ein anders geartetes Leiden ist dem Christen verheißen (2. Tim. 3, 12).
   (a) Ein Christ ist daher jemand, der doppeltes Leid zu tragen hat:
      (1) Das Leid, welches allgemein alle trifft (Hiob 5, 7).
      (2) Das Leid, welches besonders dem Christen widerfährt.
   (b) Damit vergleichbar ist Gottes Züchtigung (Heb. 12, 6).
      (1) Jede Züchtigung ist mit Schmerzen verbunden (Heb. 12, 11).
      (2) Und doch ist sie allein für den Christen bestimmt (Heb. 12, 7-8).

3. *Jeder, der uns erzählt, die Bibel verheiße Gesundheit und Wohl-*
   stand, wenn wir bestimmte Bedingungen erfüllen, führt uns in die
   Irre.
   (a) Wir sind nicht berufen, dem Leid zu entgehen.
   (b) Wir sind berufen, es dankbar anzunehmen, wenn es uns
       widerfährt.
   (c) Charles Coulson sagte: »Jesus verspricht uns nicht, uns aus
       dem Feuer zu holen, sondern er verspricht uns, zusammen
       mit uns in und durch das Feuer zu gehen.«

C. Leid widerfährt allen, unabhängig von ihrem persön-
lichen Format oder ihrer gesellschaftlichen Stellung.

1. *Den Reichen und Berühmten*
   (a) Geistiges und seelisches Leiden:
       (1) Aufgrund von Stress oder bestimmten Zwängen.
       (2) Aufgrund von Familienproblemen.
       (3) Aufgrund des gesellschaftlichen Drucks, sich mit ande-
           ren messen und auf der Überholspur leben zu müssen.
   (b) Körperliches Leiden: Niemand ist gegen all die Krankheiten
       und Übel dieser Welt gefeit.

2. *Die Armen und Unbekannten*
   (a) All die Sorgen der Reichen und Berühmten.
   (b) Die Armen denken oft, sie wären besser dran, wenn sie
       mehr materielle Dinge hätten; diese befriedigen jedoch nicht
       unsere eigentlichen Bedürfnisse.

3 Leiden ist etwas, was Glauben ermöglicht

A. Einer Erklärung des Bösen am nächsten kommen wir mit
der Feststellung, dass kein Glaube notwendig wäre,
wenn es das Böse nicht gäbe.

1. *Gott hat bestimmt, dass die, die ihn kennen, dies aus Glauben tun* (Hab. 2, 4; 1. Kor. 1, 21).
   (a) Gott kann dazu das Mittel der Weisheit gewählt haben.
   (b) Gott kann dazu das Mittel der Werke gewählt haben.
   (c) Gott kann dazu das Mittel der Wunder gewählt haben.

2. *Glaube muss, um wirklich Glaube zu sein, gerade dann glauben, wenn es keinen sichtbaren, empirischen Beweis gibt* (Heb. 11, 1).
   (a) Empirisch: Wissen, das auf Beobachtung oder Erfahrung beruht. Mit anderen Worten: *erwiesene Tatsachen.*
   (b) Wenn wir sichtbare Beweise brauchen, ist unser Glaube schwach.
       (1) Unser Glaube ist stark, wenn wir glauben, ohne dass ein sichtbarer Beweis vorhanden ist.
       (2) Die Welt sagt jedoch: »... damit wir sehen und glauben« (Mk. 15, 32).

3. *Gott hat das Böse möglicherweise nur zugelassen, um Glauben zu ermöglichen.*
   (a) Gott will, dass wir seinem Wort glauben.
       (1) Es ist die höchste Form der Anerkennung anderer, wenn wir uns auf ihr Wort verlassen.
       (2) Gott möchte, dass wir ihm auf diese Weise glauben.
   (b) Dies ist der Grund, weshalb Jesus Lazarus nicht sofort heilte (Joh. 11, 15).
       (1) Zunächst hatte es den Anschein, als wäre ihm Lazarus gleichgültig.
       (2) Die Wahrheit ist, dass er Raum schaffen wollte für die Möglichkeit zu glauben!

B. Gott kann manchmal Leid gebrauchen, um die Aufmerksamkeit der Gottlosen zu bekommen.

1. *Er kann Katastrophen gebrauchen oder was immer sonst noch Furcht hervorruft.*

(a) Bei den Philistern (1. Sam. 5).

(b) Bei den Seeleuten auf Jonas Schiff (Jona 1).

2. *Er gebraucht möglicherweise die Probleme von heute, um jemandes Aufmerksamkeit, Anerkennung und Verehrung zu erreichen. Zum Beispiel:*

(a) eine finanzielle Krise, (b) eine zerbrochene Ehe, (c) Familienprobleme, (d) Krankheit, (e) Arbeitslosigkeit.

C. Gott gebraucht Leid, um den Glauben eines Christen wachsen zu lassen.

1. *Was zunächst den Glauben zu zerstören scheint, lässt ihn in Wirklichkeit wachsen.*

(a) Es bedeutet, die »Barriere der Enttäuschung« zu durchbrechen[1].

(1) Alle Christen fühlen sich früher oder später von Gott verraten und enttäuscht.

(2) Meiner Meinung nach machen neun von zehn Christen kehrt und gehen den Weg mit Gott nicht weiter; sie kommen noch gerade so zurecht.

(b) Manche lassen nicht locker und durchbrechen die so genannte Barriere der Enttäuschung. Meiner Meinung nach ist das einer von zehn.

(1) Sie sind diejenigen, die Gott wirklich erleben.

(2) Dies ist das Holz, aus dem die im elften Kapitel des Hebräerbriefes genannten Glaubenshelden geschnitzt waren!

2. *Es gibt im Großen und Ganzen zwei Möglichkeiten, wie Gott Glauben wachsen lässt:*

(a) Im Positiven: Wenn er einfach seinen Geist auf uns ausgießt.

(1) Dies ist die Weise, die wir alle vorziehen — und um die wir beten.

---

[1] Siehe dazu Kapitel 45.

(2) Dies kommt durch das Lesen der Bibel, durch Gebet, durch Anbetung, durch den Besuch der Gemeinde und durch das Hören des verkündigten Wortes.

(b) Im Negativen: Wenn Gott uns züchtigen muss, um unsere Aufmerksamkeit zu bekommen.

(1) Dies bedeutet schmerzvolles Leid.

(2) Aber die Frucht ist überaus positiv (Heb. 12, 10-11).

3. *Aus Gründen, die wir nicht völlig verstehen, ist Leid der Hauptweg Gottes, um unsere Aufmerksamkeit zu bekommen.*

(a) Es kann sein, dass es so gut wie immer Möglichkeit (b) ist. Denn:

(1) Möglicherweise kommt er zu uns durch sein Wort.

(2) Möglicherweise versucht er, unsere Aufmerksamkeit zu bekommen und wir hören nicht.

(b) Es scheint jedoch, dass er hauptsächlich auf dem Wege des Leids echte und bleibende Veränderung in uns bewirkt.

(1) Wir sollen beten, dass es nicht so weit kommt (Mt. 6, 13).

(2) Aber wenn es kommt, ist es ein Ruf zu großer Gnade und Herrlichkeit (1. Petr. 5, 10).

4. *Es gehört zusammen, zu leiden und Gottes auserwähltes Werkzeug zu sein.*

(a) Auserwähltes Werkzeug ist jemand, der für eine besondere Aufgabe ausgewählt ist.

(1) Es mag eine sehr hoch angesehene Aufgabe sein (Apg. 9, 15-16).

(2) Es mag eine sehr gering angesehene Aufgabe sein (Mk. 5, 18-19).

(b) Diejenigen, die den Herrn kennen und die eine Menge Leid ertragen, haben Grund, sich zu freuen (Jak. 1, 12).

(1) Sie erhalten die Gelegenheit, im Himmel einen größeren Lohn zu bekommen.

(2) Sie werden möglicherweise für eine bestimmte Aufgabe hier auf Erden vorbereitet.

(c) Diejenigen, die von Gott am meisten gebraucht wurden, hatten eine Menge Leid zu ertragen:
   (1) Abraham (Heb. 11, 8ff.17ff.).
   (2) Mose (Heb. 11, 24ff.).
   (3) Josef (1. Mose 39-40).
   (4) Paulus (1. Kor. 4, 10; 2. Kor. 4, 7ff.).

4 Der, der wie kein zweiter gelitten hat: Jesus

A. Dies ist die beste Antwort, die es auf das Problem des Bösen gibt.

1. *Gott selbst wurde Mensch* (Joh. 1, 1.14).
2. *Der Gottmensch[2] erlitt alles, was auch jeder von uns erleidet, nur schlimmer (Heb. 4, 15).*
   (a) Er kannte Versuchung (Mt. 4, 1-11).
   (b) Er wusste, was es heißt, im Glauben geprüft und angefochten zu werden (Mt. 26-27).

3. *Jesus ertrug all das Leid aus drei Gründen:*
   (a) Um mit uns mitfühlen und Mitleid haben zu können (Heb. 2, 18).
   (b) Um vollendet zu werden (Heb. 2, 10; 5, 8-9).
   (c) Um für die Sünde sühnen zu können (Mt. 5, 7; Heb. 2, 17).

4. *Es gibt möglicherweise noch einen vierten Grund: Um der Welt zu zeigen, dass niemand Leid oder das Problem des Leids so gut versteht wie Gott selbst.*

---

[2] *Gottmensch:* Gott und Mensch zugleich in einer Person; gemeint ist Jesus. Wahrer Mensch und wahrer Gott, wie es im Nicänischen Glaubensbekenntnis von Jesus heißt.

B. Niemand kannte Ungerechtigkeit, Erniedrigung oder Unrecht besser als Jesus. Zum Beispiel:

1. Innerhalb der eigenen Familie (Joh. 7, 1-5).
2. In Bezug auf die eigenen Lebensbedingungen (Mt. 8, 20).
3. Missverstanden werden (Joh. 2, 18-21).
4. Ausgelacht werden (Mt. 9, 24).
5. Einsamkeit (Mt. 26, 45).
6. Erniedrigung (Mt. 27, 28ff.).
7. Ungerechtes Gerichtsverfahren (Mt. 27).
8. Seelische Qualen (Mt. 27, 40).
9. Körperliche Qualen (Mt. 27, 32-35).
10. Geistliche Qualen (Mt. 27, 46).

5 Ein Christ ist berufen, jede Glaubensprüfung wertzuschätzen

A. Wertschätzen: ehren, Respekt zeigen für

1. *Warum sollten wir eine Glaubensprüfung wertschätzen bzw. ehren?*
   (a) Weil Gott sie uns zugetraut hat (Jak. 1, 2).
   (b) Weil jede Glaubensprüfung einen Zweck und ein Ziel hat (Jak. 1, 3-4).

2. *Jede Glaubensprüfung ist also eine Gabe Gottes; sie wertzuschätzen heißt,* ihn *zu ehren.*

B. Prinzipien hinsichtlich einer Glaubensprüfung:

1. *Glaubensprüfungen sind von Gott.*
2. *Sie haben einen bestimmten Zweck.*
3. *Sie haben ihre zeitlichen Grenzen.*
   (a) Die Glaubensprüfung wird ein Ende haben.

(b) Wir mögen *denken*, sie würde ewig währen; sie wird es jedoch nicht.

4. *Wie wir auf eine Glaubensprüfung reagieren, wird den Ausschlag dafür geben, ob wir in der Gnade Gottes eine Stufe höher kommen.*
   (a) Wenn wir ihr mit Geringschätzung begegnen, wird sie uns nichts nützen.
      (1) Wir werden wahrscheinlich auf die nächste Prüfung warten müssen, bevor wir in der Gnade wachsen können.
      (2) Gott gibt uns eine zweite Chance, sie wertzuschätzen.
   (b) Wenn wir sie wertschätzen, kommen wir bei Gott eine Stufe höher, und er kann uns mit größerer Gnade betrauen.

5. *Wie wir eine Glaubensprüfung wertschätzen:*
   (a) Wir beklagen uns nicht, wenn wir einer Glaubensprüfung unterzogen werden.
   (b) Wir stellen Gott nicht in Frage.
   (c) Wir nehmen sie dankbar an.
   (d) Wir bitten Gott, uns den Zweck bzw. das Ziel der Prüfung zu zeigen.
   (e) Wir geben nicht vorzeitig auf, sondern lassen die Prüfung so lange währen, wie Gott es will.

Schlussbemerkung

Das Leid wird immer ein Geheimnis für uns bleiben, bis wir in den Himmel kommen. Aber wir können einen gewissen Sinn im Leiden entdecken. Dieses wird in dem Maß geschehen, wie wir Gottes Weisheit in allem anerkennen, selbst wenn wir nicht verstehen, was geschieht.

49

Einführung in die Eschatologie

Einleitung

A. Eschatologie[1] ist die Lehre von den »letzten Dingen«.

1. *Eschatologie* kommt von zwei griechischen Worten: *eschatos* [es-chatos], was »letzter« oder »entferntester« bedeutet[2] und *logos*, was »Wort« bedeutet.

2. Die wörtliche Bedeutung von *Eschatologie* ist »Wort vom Letzten«, was sich auf die Zukunft bezieht. Sie befasst sich mit Prophetie, der Wiederkunft Christi, dem endgültigen Zustand der Geretteten und der Verlorenen, sowie der Frage, was beim Tod geschieht.

B. Warum ist dieses Thema wichtig?

1. *Das Studium der Eschatologie vermittelt uns eine geschichtliche Perspektive.*
   (a) Wenn wir über die Zukunft nachdenken, müssen wir in mancher Hinsicht auch die Vergangenheit überdenken.
   (b) Was morgen geschieht, wird ein Teil der Geschichte sein, wenn der morgige Tag vorüber ist.

---

[1] Gesprochen: Es-chatologie.
[2] Eschatos kommt 58-mal im Neuen Testament vor, einschließlich Joh. 6, 40; 11, 24; 12, 48.

2. *Es erinnert uns daran, dass Gott einen Plan hat.*
   (a) Gott hat uns Verheißungen bezüglich der Zukunft gegeben.
   (b) Er kennt die Zukunft, weil er geplant hat, was kommen wird.

3. *Es zeigt uns, dass die Geschichte ein Ziel hat.*
   (a) Wir sind nicht in unser Dasein hineingeworfen von einem Gott, der weder seine eigenen Absichten noch die Absichten anderer kennt.
   (b) Was in der Welt passiert, untersteht Gottes eigener souveräner Herrschaft.

4. *Es hilft uns zu erkennen, dass die Zukunft sorgfältig von einem allwissenden und weisen Gott durchdacht ist.*
   (a) Was am Ende geschehen wird, ist kein Zufall.
   (b) Gott kennt den Zeitpunkt der Wiederkunft Christi (Mk. 13, 32).

5. *Es lässt uns wissen, dass wir als Christen auf der Seite des Siegers sind.*
   (a) Dem Teufel ist die Niederlage vorherbestimmt (Off. 20, 10).
   (b) Dem Herrn Jesus ist der Sieg vorherbestimmt (Off. 1, 17-18).

6. *Die Bibel gibt uns einen Einblick in das, »was als nächstes geschieht«, und wir sollten mit allem vertraut sein, was wir klar wissen können.*
   (a) Nicht jedes die Eschatologie betreffende Detail ist klar und steht außer Zweifel.
   (b) Aber, wie Mark Twain es ausgedrückt hat: »Es sind nicht die Teile der Bibel, die ich nicht verstehe, welche mir Sorge bereiten, es sind die Teile, die ich nur allzu gut verstehe.«

7. *Das Studium der Eschatologie rückt die Lehre von der Rettung in den Brennpunkt.*
   (a) Warum sollen wir überhaupt gerettet werden? Warum müssen wir zum Glauben an Christus kommen?

(b) Antwort: Weil unser ewiges Schicksal auf dem Spiel steht. Wo werden wir die Ewigkeit verbringen? Was geschieht, wenn wir sterben?

8. *Es erinnert uns daran, dass derselbe Jesus, der an einem Kreuz starb und von den Toten auferstand, wirklich wiederkommt!*
9. *Es konfrontiert uns mit dem Jüngsten Gericht.*
   (a) Eines Tages wird Gott seinen Namen reinwaschen.
   (b) Eines Tages wird Gott sowohl die Geretteten als auch die Verlorenen richten.

10. *Es führt uns die Lehre von der ewigen Höllenstrafe vor Augen.*
11. *Es erinnert die Gläubigen an ihre zukünftige Heimat: den Himmel.*

C. Ziel dieser Lektion ist es, eine kurze Einführung in die Eschatologie allgemein und in die damit verwandten Lehren im Besonderen zu geben.

1. *Warnung: Wir müssen uns davor hüten, von irgendeiner Phase der Eschatologie wie besessen zu sein.*
   (a) Dies wäre ungesund und würde zu Unausgewogenheit führen.
   (b) Jedenfalls kann sowieso niemand alle Fragen mit hundertprozentiger Sicherheit beantworten!

1 Tod und Zwischenzustand: Was geschieht, wenn wir sterben?

A. Eines der beiden folgenden Dinge wird als nächstes geschehen:

1. *Die Wiederkunft Christi* (Heb. 9,28).
2. *Der Tod* (Heb. 9,27).

(a) Wir alle hoffen, zur Zeit der Wiederkunft Jesu am Leben zu sein.

(b) Das ist die *einzige* Möglichkeit, wie wir dem Tod entrinnen können (1. Thess. 4, 17).

B. Zwischenzustand: der Aufenthaltsort der Toten zwischen Tod und der Wiederkunft Christi.

1. Zwischen bedeutet »zwischen den Zeiten«.
2. Die Frage, die sich uns stellt, ist: Was geschieht genau, wenn wir sterben?

C. Die diesbezüglichen theologischen Probleme und Streitfragen sind folgende:

1. *Seelenschlaf oder bewusste Existenz nach dem Tod*

   (a) Die Theorie vom Seelenschlaf besagt: Dem Tod folgt ein Zustand des Nicht-Bewusstseins; demnach schlafen Körper und Seele bis zur letztendlichen Auferstehung der Toten.

   (1) Nach dieser Theorie haben die Toten überhaupt kein Bewusstsein.

   (2) Beim Jüngsten Gericht werden alle Toten zur selben Zeit auferweckt werden, ob sie nun fünf Jahre oder fünftausend Jahre tot gewesen waren. In der Zeit bis zu ihrer Auferweckung wussten sie überhaupt nichts. Deshalb wird es für sie, wenn sie auferweckt worden sind, den Anschein haben, als wären sie gerade erst vor einer Sekunde gestorben.

   (3) Diejenigen, die diese Ansicht vertreten, verwerfen für gewöhnlich die Vorstellung von der Unsterblichkeit der Seele, welche besagt, dass jeder Mensch aufgrund seines Geschaffenseins Unsterblichkeit besitzt. Manche derjenigen, die die Theorie vom Seelenschlaf vertreten, sagen, Unsterblichkeit empfingen wir bei unserer Bekehrung.

(b) Das Neue Testament lehrt nicht die oben genannte Theorie, sondern vielmehr die bewusste Existenz einer Person nach dem Tod.

    (1) Jesus sagte zu dem Dieb am Kreuz: »Ich versichere dir: Heute noch wirst du mit mir im Paradies sein.« (Lk. 23,43)

    (2) Paulus meinte: »Ich sehne mich danach, zu sterben und bei Christus zu sein. Denn das wäre bei weitem das Beste.« (Phil. 1,23)

    (3) Lazarus kam unmittelbar nach seinem Tod »an Abrahams Seite« (Lk. 16,22[3]).

    (4) Der Reiche hingegen kam in den Hades, das Totenreich, wo er bei vollem Bewusstsein Qualen litt (Lk. 16,23).

    (5) Nach Paulus war für einen Christen, wenn er »diesen Körper verlässt«, der einzig mögliche Zustand der, »daheim beim Herrn« zu sein (2. Kor. 5,8).

2. *Was geht jetzt im Himmel vor sich?*

    (a) Was wir den Himmel nennen, wird auch als »Abrahams Seite« oder »Abrahams Schoß« und »Paradies« bezeichnet (Lk. 16,22; 23,43).

    (b) Offenbarung 6,9-11 und Offenbarung 7,9-17 sind kurze Einblicke in den Zwischenzustand.

3. *Welcher Natur ist unsere Existenz im Himmel?*

    (a) Ist uns ein »geistlicher Körper (Leib)« gegeben (1. Kor. 15,44; vgl. auch 2. Kor. 5,1)?

    (b) Oder sind wir körperlose Geister (Heb. 12,23)?

4. *Weit spekulativere Fragen sind folgende:*

    (a) Wissen die Erlösten im Himmel, was wir tun? Beobachten sie uns?

    (b) Was tun sie eigentlich im Himmel?

---

[3] Übersetzung nach dem englischen Text (NIV); Griechisch: »in Abrahams Schoß«, so auch Lu84.

(c) Wie sehen sie aus? Werden sie immer so aussehen wie zum Zeitpunkt ihres Todes? Werden Babys Babys bleiben?

(d) Was ist der Unterschied zwischen dem Himmel, so wie er jetzt ist, und dem Himmel – dem Neuen Jerusalem (Off. 21 und 22) –, wie er nach der Wiederkunft Christi sein wird?

5. *Was sich über die Erlösten im Himmel sagen lässt:*
   (a) Sie beten Gott an (Off. 7, 10).
   (b) Sie warten darauf, dass noch mehr Erlöste kommen (Off. 6, 9-11).
   (c) Sie ruhen und sind frei von weiteren Glaubensprüfungen, Anfechtungen oder Versuchungen und von Tränen (Off. 7, 17).

6. *Wir haben zu beachten: Das Thema »Fegefeuer« fällt unter diese Überschrift; aber es gibt keine neutestamentliche Lehre über dieses Thema.*

2 Die Zeit der Wiederkunft Christi

Wir haben zu beachten: »Niemand kennt jedoch den Tag oder die Stunde, zu der all diese Dinge geschehen werden, nicht einmal die Engel im Himmel oder der Sohn selbst. Nur der Vater weiß es.« (Mk. 13, 32)

A. Was ist die Wiederkunft Christi?

1. Die persönliche Rückkehr von Jesus (Apg. 1, 10-11).
2. Die letztendliche Auferstehung der Toten (1. Kor. 15, 51-55).
3. Das Jüngste Gericht (Off. 20, 11-15).

B. Was geschieht bei der Wiederkunft Christi?

1. Die »letzte Posaune« ertönt (1. Kor. 15, 52; 1. Thess. 4, 16).
2. Jedes Auge wird Jesus sehen (Off. 1, 7).
3. Die Seelen bzw. Geister der Erlösten werden wieder mit ihren Körpern vereinigt werden (1. Thess. 4, 13-17).
4. Sie werden verherrlicht werden (Röm. 8, 30; 1. Joh. 3, 2).
5. Alle werden vor Gott stehen (Heb. 9, 27; Off. 20, 12).

C. Was geschieht nach der Wiederkunft Christi?

1. Die Verlorenen kommen an den Ort ewiger Strafe (Mt. 25, 41.46; Off. 20, 15).
2. Die Geretteten kommen in das Neue Jerusalem (Off. 21 und 22).

D. Was geschieht direkt vor der Wiederkunft Christi? Wir haben zu dieser Frage zu beachten: Genau an diesem Punkt finden wir eine Menge Spaltungen unter den Christen. Wir möchten gern vermeiden, besonders schlau oder sensationslüstern zu sein. Unser Ziel ist einfach, die aufgeworfenen *Probleme* zu verstehen:

1. *Das Millennium (das tausendjährige Reich).* Wann findet es statt? Oder findet es überhaupt statt?
   (a) Millennium: tausend Jahre (Off. 20, 1-10).
   (b) Dazu gibt es drei Hauptansichten, von denen jede ihre Vertreter unter den hervorragendsten Christen hat:
      (1) Der *Prae-Millennialismus* besagt, dass Jesus *vor* dem tausendjährigen Reich wiederkommen und sein Reich auf Erden aufrichten wird, wobei er buchstäblich von Jerusalem aus regieren wird.
         (i) Manche glauben, die Entrückung[4] werde vor einer sieben Jahre dauernden Zeit der Bedrängnis stattfin-

---

[4] Mit Entrückung wird nach 1. Thess. 4, 17 die Begegnung der Geretteten mit dem Herrn, »die in die Luft entrückt« werden, bezeichnet.

den, die ihren Höhepunkt und ihr Ende mit der abschließenden Wiederkunft Christi direkt vor Beginn des tausendjährigen Reiches finden werde.

(ii) Manche glauben, Christus werde dreieinhalb Jahre nach der Entrückung kommen – mitten in der Zeit der Bedrängnis.

(iii) Manche glauben, dass die Wiederkunft Christi am Ende der Zeit sein wird, so dass die Entrückung und die abschließende Wiederkunft Christi ein und dasselbe sind.

(2) Der *Post-Millennialismus* besagt, dass Christus *nach* dem tausendjährigen Reich wiederkommen wird; dass die tausend Jahre des Friedens und des Wohlstands, wobei die Zahl tausend eher symbolisch als buchstäblich zu verstehen sei, die Wiederkunft Christi einleiten werden.

(i) Die alte Vorstellung, dass die Welt vor dem Ende immer besser werde, starb mit dem 1. Weltkrieg.

(ii) Eine andere Ansicht, die manchmal »Revolutionärer Post-Millennialismus« genannt wird, ist der Glaube, dass es unmittelbar vor dem Ende eine große Erweckung geben wird, die manchmal als »Spätregen«-Herrlichkeit bezeichnet wird.

(3) Der *A-Millennialismus* besagt, dass die tausend Jahre nicht wörtlich zu verstehen sind. Deshalb gibt es nach dem A-Millennialismus überhaupt kein irgendwie geartetes tausendjähriges Reich, sondern nur die Herrschaft Christi im Leben eines Gläubigen.

(i) Manche sehen in Offenbarung 20, 6 eine Bezugnahme auf die Bekehrung, so wie es von Jesus in Johannes 5, 24 beschrieben wurde.

(ii) Manche vertreten unter Verweis auf Joel 2, 23 die Ansicht einer »Spätregen«-Herrlichkeit vor dem Ende, wobei sie glauben, dass diese mit einer Wiederherstellung Israels zusammenfällt.

2. *Israel.* Spielt die Nation Israel eine Rolle in der Prophetie? Ist das, was im Nahen Osten geschieht, für die biblische Prophetie von Bedeutung? Im Allgemeinen gibt es dazu zwei Ansichten:
   (a) Das Israel im 11. Kapitel des Römerbriefes spricht von dem Volk, das wir als die Juden kennen.
      (1) Israels Blindheit wird so ziemlich auf dieselbe Weise weggenommen werden, wie die Rettung von den Heiden empfangen wurde. Das wird geschehen, wenn die Zeit der Heiden zu Ende ist (Lk. 21, 24; Röm. 11, 25).
      (2) Was in Jerusalem geschieht, ist bedeutsam.
      (3) Wir haben zu beachten: Manche sagen etwa, es werde eine Wiederherstellung des Heils für Israel geben, aber dies müsse sich nicht unbedingt auf das beziehen, was im Land Israel geschieht.
   (b) Das Israel im 11. Kapitel des Römerbriefes bezeichnet einfach die von Gott Erwählten. Mit einem Wort: Israel ist die Gemeinde, die Braut Christi.

3. *Noch nicht erfüllte Prophetie.* Manche glauben, dass vor der Wiederkunft Christi erst noch folgende Dinge geschehen müssen:
   (a) Das Offenbarwerden des Antichrists (2. Thess. 2, 3).
   (b) Kosmische Phänomene, z. B. Erdbeben, Zeichen am Himmel (Mt. 24; Mk. 13).
   (c) Das Evangelium wird allen Völkern verkündet (Mt. 4, 14).
   (d) Die Herrlichkeit des »Spätregens« (Joel 2, 23).
   (e) Politische und geografische Umwälzungen.

Schlussbemerkung

Allein Gott der Vater kennt den Zeitpunkt der Wiederkunft Jesu. Bis dahin warten die Gläubigen gespannt auf die Zeit, da jedes Auge ihn sehen und jedes Knie sich vor ihm beugen wird. Wir haben nicht den Versuch unternommen, alle eschatologischen Probleme zu lösen, die aufkommen können. Dies ist lediglich ein grober Überblick, eine Einführung, die den Leser mit den genannten Problemen bekannt machen soll.

50
Wie wir Geduld üben

Einleitung

A. Diese Lektion ergibt sich ganz natürlich aus dem vorherigen Kapitel über Eschatologie.

1. *Was ist, wenn sich das Kommen Jesu verzögert?*
   (a) Im ersten Jahrhundert dachten die meisten Christen, Jesus würde in ihren Tagen wiederkommen.
   (b) Im Verlauf der Kirchengeschichte gab es viele Christen, die insgeheim hofften, die Wiederkunft Jesu in ihren eigenen Tagen zu erleben.

2. *Sogar die christlichen Märtyrer im Zwischenzustand stellten die Frage »Wie lange?«* (Off. 6, 9-10)
   (a) Dies legt nahe, dass selbst diejenigen, die nach ihrem Tod in die Gegenwart des Herrn eingehen, nicht sofort alle ihre Fragen beantwortet bekommen.
   (b) Diejenigen, die jetzt beim Herrn sind, werden auf ihre endgültige Rehabilitation durch Gott bis zur Wiederkunft Jesu warten müssen.

B. Geduld: Das ruhige und gelassene Ertragen von Not oder Verzögerung

1. *Geduld ist eine der erhabensten Tugenden (Gal. 5, 22). Dass sie eine Frucht des Geistes ist zeigt, dass der Heilige Geist selbst geduldig ist!*

(a) Das griechische Wort für »Geduld« ist *hupomone* und kommt im Neuen Testament 32-mal vor. Es bedeutet »zu bleiben anstatt zu fliehen«.

2. *Der Herr Jesus achtet auf die Geduld der Gläubigen und lobt sie* (Off. 2, 2.19; 3, 10).
   (a) Der Apostel Paulus ebenfalls (1. Thess. 1, 3; 2. Thess. 1, 4).
   (b) Geduld hat das Erreichen einer gewissen Art von Reife zur Folge (Jak. 1, 2-4).

3. *Das Verlangen oder Bedürfnis nach Geduld ist nichts Neues!* (Ps. 13, 2-3; 27, 14)
   (a) Einer der schwierigsten Aspekte des christlichen Lebens ist, wenn wir einfach nur warten müssen.

C. Warum ist dieses Thema wichtig?

1. *Es stellt die Verbindung zur Eschatologie her.*
   (a) Offensichtlich hat der Herr sein Kommen nun nahezu zweitausend Jahre hinausgezögert!
   (b) Aber sind die meisten von uns nicht froh darüber?

2. *Es gehört zum Thema unbeantwortet gebliebener Gebete.*
   (a) Haben wir Anliegen vor Gott gebracht, die uns selbst vernünftig scheinen aber bisher unbeantwortet bleiben.
   (b) Könnte es sein, dass der Herr uns Geduld lehrt?

3. *Es steht im Zusammenhang mit Gottes Verheißungen.*
   (a) Möglicherweise hat Gott uns eine Verheißung gegeben!
   (b) Wenn er das tat, dann wird er sie auch erfüllen!

4. *Es gehört zu den Themen Versuchung und Glaubensprüfung.*
   (a) Vielleicht stehen wir vor einer sehr schweren Versuchung; und wir dachten, diese würde schon hinter uns liegen.
   (b) In diesem Fall brauchen wir ein doppeltes Maß an Geduld!

5. *Es steht im Zusammenhang mit unserer Anbetung und unserem geistlichen Wachstum in der Zeit unseres Wartens.*
   (a) Donald Grey Barnhouse sagte: »Solange wir warten (müssen), können wir anbeten.«
   (b) Die Zeit des Wartens stellt sich später möglicherweise als genau das heraus, was wir am meisten schätzen, gleichgültig, welche Schmerzen damit verbunden waren.

1 Gott hat seinen eigenen Zeitrahmen (Jes. 55,8-9)

A. Gottes Vorgehen ist geordnet, methodisch und nach Zeitplan (1. Kor. 4,5).

1. Die Genealogie Jesu zeigt Ordnung und Planung (Mt. 1, 17).
2. Der Zeitpunkt der Wiederkunft Jesu ist ein festgesetztes geschichtliches Datum (Mk. 13, 32).

B. Unsere Aufgabe besteht nicht darin, Gott derart zurechtzubiegen, dass er in unser Denkschema passt, sondern darin, uns an seine Wege anzupassen.

1. Er war schon hier, bevor wir ankamen; er wird auch da sein, nachdem wir gegangen sind!
2. Wir wären töricht, wenn wir so dreist wären zu erwarten, Gott werde springen, wenn wir mit den Fingern schnippen.

C. Alles, was er tut, hat Zweck und Ziel und folgt einem Plan (Ps. 115,3; Pred. 3,1-11; Jes. 46,10).

1. Die Dauer des Aufenthalts der Israeliten in Ägypten war im Voraus festgesetzt (1. Mose 15, 13).
2. Die Dauer der babylonischen Gefangenschaft war im Voraus festgesetzt (2. Chr. 36, 21).

3. Der Zeitpunkt, wann Jesus in die Welt kommen sollte, war im Voraus festgesetzt (Gal. 4, 4).

D. Wenn wir dies auf unser Leben anwenden, können wir ohne Bedenken folgern:

1. Gott hat einen Plan für das Leben jedes einzelnen von uns.
2. Er hat einen Plan in Bezug darauf, wie er unsere Gebete beantworten will.
3. Er wird erfüllen, was er verheißen hat – allerdings nach seinem eigenen Zeitplan.
4. Jede Anfechtung bzw. Glaubensprüfung hat ihr eingebautes Zeitmaß (Jak. 1, 3-5).
5. Der Gott, der weiß, wie viel wir zu tragen vermögen, wird zur rechten Zeit eingreifen (1. Kor. 10, 13).

2 Gott ist nicht in Eile

A. Alle, die ihn auch nur ein bisschen kennen gelernt haben, haben dies schon herausgefunden! (Jes. 45,15)

1. Jesus Christus ist im Neuen Testament als das Lamm dargestellt, das schon vor Grundlegung der Welt dazu ausersehen war, für uns geschlachtet zu werden (1. Petr. 1, 19-20; Off. 13, 8).
2. Aber Gott wartete bis zu einem Zeitpunkt vor 2000 Jahren, ehe er dieses Geheimnis enthüllte!

B. Gott hat vollkommene Geduld!

1. *Er wird der »Gott der Geduld« genannt* (Röm. 15, 5[1]).

---

[1] Übersetzung nach dem englischen Text (AV); Lu84 hat auch *Gott der Geduld;* die Schlachterübersetzung hat hier *Gott des Ausharrens.*

2. *Alles, was er von uns verlangt, trifft auf ihn selbst bereits zu, und zwar ohne jede Einschränkung.*
   (a) Offenbarung 1, 9 spricht von der Geduld[2] Jesu Christi.
   (b) So beweist unser Herr Jesus Christus auch jetzt, wo er zur Rechten Gottes ist, vollkommene Geduld.
      (1) In seiner Fürbitte für uns (Heb. 7, 25).
      (2) Indem er auf seine endgültige Rehabilitation wartet (1. Kor. 15, 25).

C. Deshalb herrscht in Gottes Gegenwart vollkommener Friede.

1. *Diejenigen, die ihren Blick fest auf ihn richten, haben Anteil an diesem Frieden* (Jes. 26, 3).
2. *Sie kennen die Freude des Herrn[3] (Neh. 8, 10; Ps. 16, 11).*
   (a) Dies führt zu Ruhe und Gelassenheit im Gebet (Phil. 4, 6).
   (b) Dies kann den entscheidenden Unterschied in unserem Lebensstil ausmachen (1. Kor. 15, 58).

3. *Gott gerät nie in Panik, und diesen Geist der Ruhe und Gelassenheit bekommen diejenigen, die:*
   (a) Ihn in stets wachsendem Maß kennen lernen.
   (b) In seiner Gegenwart leben und seine Wege offenbar werden lassen.

---

[2] So die englische Authorised Version (AV) und Lu84; Schlachter: *Ausharren* (siehe letzte Fußnote).
[3] Die meisten deutschen Bibelübersetzungen, z. B. Lu84, übersetzen in Neh. 8, 10 mit »Freude *am* Herrn« (genitivus obiectivus), was gut möglich ist. Dem Autor geht es aber eindeutig um die »Freude *des* Herrn« (genitivus subiectivus: englisch: »the joy of the Lord«).

3 Die wichtigste eschatologische Gnade ist es, bereit zu sein

A. Wichtiger als die richtige Eschatologie zu haben ist, dass unsere innere Einstellung richtig ist.

1. Dies bedeutet, bereit zu sein, wenn Jesus kommt (Mt. 24, 44).
2. Wie schade wäre es, wenn jemand zwar die richtige Theologie hat, aber das Wichtigste versäumt — bereit zu sein, wenn er kommt.

B. Es gibt zwei Ebenen des Bereitseins für die Wiederkunft Jesu.

1. *Dass wir gerettet sind — und nicht verloren.*
   (a) Gerettet sein bedeutet, dass unsere einzige Hoffnung, in den Himmel zu kommen, darin besteht, dass Jesus unsere Schuld am Kreuz bezahlt hat.
   (b) Diejenigen, die auf das Blut Jesu vertrauen, werden zu den Geretteten gehören und keinesfalls in die Hölle kommen.

2. *Dass wir gehorsame Christen sind — und nicht als solche angetroffen werden, die aus der Gemeinschaft mit Gott gefallen sind.*
   (a) 1. Johannes 1, 7 lehrt klar und deutlich, dass ein »Wandel im Licht« zwei Dinge zur Folge hat:
      (1) Gemeinschaft mit Gott.
      (2) Das Blut Christi reinigt von aller Sünde.
   (b) Dies ist ein in erster Linie an Christen gerichtetes Wort; in negativer Konsequenz ergibt sich daraus, wenn wir nicht im Licht wandeln:
      (1) Dass wir uns nicht der Gemeinschaft mit dem Vater erfreuen.
      (2) Dass es in unserem Leben unbereinigte, noch nicht bekannte Sünde gibt.

(c) Was ist, wenn wir zum Zeitpunkt unseres Todes oder der Wiederkunft Jesu nicht als »im Licht wandelnd« angetroffen werden?

(1) Dies bedeutet nicht, dass wir unser Heil verlieren.

(2) Es bedeutet jedoch, dass wir zum Teil unseren Lohn verlieren werden.

C. Wir sollten unser Leben jeden Tag so führen, als ob es der Tag wäre, an dem wir plötzlich aufgerufen würden, über unseren Gehorsam gegenüber Christus Rechenschaft abzulegen (Mt. 24,45-47).

1. *Das Schlimmste, was wir als Christen tun können, ist anzunehmen: »Mein Herr wird ja erst einmal eine Weile fort sein«[4] und deshalb damit beginnen, ein nachlässiges Leben zu führen (Mt. 24, 48ff.).*

2. *Wir dürfen nie zulassen, dass irgendeine eschatologische Perspektive unsere Bereitschaft verringert, zum Beispiel:*

   (a) Dies oder das muss erst in Erfüllung gehen, bevor Jesus wiederkommen kann.

   (b) Die Wahrheit ist: Er wird zu einer Stunde kommen, da wir es nicht erwarten!

3. *Es kann kein wunderbareres Gefühl geben, als in dem Augenblick, da Jesus erscheint, völlig bereit zu sein (Off. 22, 20).*

   (a) Wenn dies in Form unseres Todes so geschieht, wird es ein »reiches Willkommen« (2. Petr. 1, 11[5]) bedeuten.

   (b) Wenn wir bei seiner Wiederkunft am Leben und bereit sind, wird es bedeuten, dass wir einen Lohn bekommen (Off. 22, 12).

---

[4] Lu84: »Mein Herr kommt noch lange nicht.«
[5] Übersetzung nach dem englischen Text (NIV).

4 Andere Gründe dafür, bereit zu sein

A. Die Bibelstellen, die vom »Kommen« des Herrn sprechen, sind möglicherweise nicht völlig auf eine eschatologische Bedeutung eingegrenzt.

1. Der Herr verheißt, mit Gericht zu kommen (Off. 2, 5).
2. Der Herr verheißt, mit Erweckung zu kommen (Lk. 24, 49).
3. Der Herr verheißt, in unerwarteter Weise zu erscheinen (Heb. 13, 2).
4. Der Herr verheißt, der schweren Glaubensprüfung ein Ende zu setzen (Jak. 1, 3 - 5.12).
5. Der Herr verheißt zu heilen (Lk. 5, 17).
6. Der Herr verheißt, Gebet zu erhören (Lk. 1, 13).
7. Der Herr verheißt, seine Kraft zu erneuern (Heb. 10, 37; 12, 26 - 27).

B. Der Stand unserer Bereitschaft kann einen enormen Unterschied bedeuten hinsichtlich der Art und Weise, wie die Dinge sich entwickeln, wenn der Herr erscheint. Zum Beispiel:

1. Ob wir bereit sind für Erweckung (Mt. 25, 6).
2. Ob wir einen Engel erkennen werden (Heb. 13, 2).
3. Ob die Glaubensprüfung ihr Ziel erreichte (Jak. 1).
4. Ob wir geheilt sind.
5. Ob wir bereit sind für die Erhörung unserer Gebete (Lk. 19, 41 - 45).

C. Eine Haltung der Bereitschaft rüstet uns also aus, damit wir, wenn er kommt, den größtmöglichen Nutzen aus seinem Kommen empfangen!

1. Sie kann dem Schmerz des Gerichts vorbeugen (1. Kor. 4, 21).

2. Sie kann der Verlegenheit vorbeugen, die aus der Aufdeckung unserer Nachlässigkeit und Weltlichkeit resultieren würde, wenn Erweckung kommt.

3. Wir werden offen sein für die unerwartete Art und Weise, wie Gott wirkt.

4. Wir werden den vollen Nutzen aus der Glaubensprüfung ziehen.

5. Die Heilung, die manch einer möglicherweise verpasst hat, wird unser sein.

6. Wir können unnötige Züchtigung zu Zeiten nicht erhörten Gebetes vermeiden (Lk. 1, 20).

7. Kurz: Wir werden das Beste, was Gott für uns hat, nicht verpassen.

5 Wenn Gott seine Ankunft zu verzögern scheint, können wir ihm umso mehr gefallen

A. Betrachten wir zwei diesbezüglich bedeutsame Gleichnisse (Mt. 25,14-30; Lk. 19,12-27).

1. *Diese beiden Gleichnisse illustrieren einen Punkt: Gott kommt möglicherweise eine Zeit lang nicht.*

    (a) Manchmal scheint er für lange Zeit zu verschwinden.

    (b) Er verbirgt sein Angesicht oder er verlässt uns einfach, um uns auf die Probe zu stellen, »damit kund würde alles«, was in unseren Herzen ist (2. Chr. 32, 31).

2. *Beide Gleichnisse illustrieren noch einen ehrfurchtgebietenderen Punkt: Wenn Gott dann erscheint, werden wir entweder froh und glücklich oder beschämt sein.*

    (a) Die einen erkannten, dass Gott mit ihrem Gehorsam und ihrem Einsatz an Zeit und Energie zufrieden war.

    (b) Die anderen, die behaupteten, Gott so gut zu kennen, wurden — so bedauerlich es ist — streng verurteilt.

B. In gewisser Hinsicht gefallen wir Gott am meisten, wenn wir glauben, ohne dass seine Gegenwart offenbar ist.

1. *Wenn wir uns großen Segens erfreuen, und infolgedessen auch großen Gehorsam an den Tag legen, mögen wir uns gut fühlen.*
   (a) Aber das ist nicht unbedingt die Zeit, in der wir Gott am meisten gefallen.
   (b) Es braucht wenig Glauben, um Gott für etwas zu vertrauen, wenn wir bereits haben, was wir wollen.

2. *Was Gott gefällt ist nackter Glaube — ein Glaube ohne sichtbare Beweise* (Heb. 11, 1.6).
   (a) Wenn wir »auf Gott hoffen« und unser Vertrauen auf ihn allein setzen, gefallen wir ihm am meisten.
   (b) Wenn wir an unserem Tiefstpunkt sind, ohne jedes positive Empfinden, gerade dann gefallen wir Gott am meisten!

6 Wie können wir angesichts des oben Gesagten Geduld lernen?

A. Indem wir wissen, dass Geduld etwas ist, das Gott gefällt.

1. Die Voraussetzung hierbei ist natürlich, dass wir Gott gefallen *wollen*!
2. Geduld muss also zweifellos etwas Praktisches sein. Es kann kein höheres Motiv geben, als Gott allein gefallen zu wollen (Joh. 5, 44).

B. Durch eine unerschütterliche Erwartung angesichts der Hoffnung auf Segen (2. Kön. 2,1-18).

1. Elisa, der Elias Mantel zu erben hoffte, war das Gegenteil des Mannes, der sein Talent in der Erde verbarg.

2. Geduld darf deshalb keine passive Angelegenheit sein. Geduld ist vielmehr ein beharrliches und aktives Gott-Suchen.

C. Indem wir uns vor Augen halten, wie leid es uns tun wird, wenn wir der Versuchung zur Ungeduld nachgeben.

1. Es ist vielleicht wie bei dem Mann, der annahm, dass so bald nichts geschehen würde, und nachlässig zu leben begann (Mt. 24, 48ff.).
2. Oder es mag eine kleine Sache sein, die sich am Ende vielleicht als gar nicht so klein herausstellt (Jak. 3, 5).

D. Indem wir daran denken, dass Geduld sehr viel bedeutet (2. Kor. 1, 5-6).

1. Gott achtet auf unsere Geduld.
2. Er wird sie nicht vergessen! (Heb. 6, 10)

E. Indem wir uns in Erinnerung rufen, dass Gott uns nicht mehr auferlegt, als wir zu tragen vermögen (1. Kor. 10, 13).

1. In der jeweiligen Situation denken wir vielleicht, dass die Glaubensprüfung über unsere Kräfte geht.
2. Aber Gott schafft immer einen Ausgang.

F. Indem wir realisieren, dass Gott immer am Wirken ist (Joh. 5, 17).

1. Er scheint zu schweigen, wenn er sein Angesicht verbirgt.
2. Aber es gibt keine Zeit, in der Gott nicht am Wirken ist.

G. Indem wir im Auge behalten, wie froh und glücklich wir sein und welche Befriedigung wir haben werden, wenn die Glaubensprüfung ein Ende hat und Gott in Herrlichkeit erscheint! (Jak. 1,2-5)

1. Jede Züchtigung, wie auch jede Glaubensprüfung, hat ihr bestimmtes Zeitmaß.
2. Das Ende wird offenbaren, ob wir den Test wirklich bestanden haben, oder nicht!

Schlussbemerkung

Geduld, das ruhige und gelassene Ertragen von Not oder Verzögerung, ist eine wichtige Lektion, die es beim Warten auf die Wiederkunft Christi zu lernen gilt. Gott ist der Gott der Geduld; er möchte, dass wir ihm ähnlicher werden. Wir müssen aus der Zeit, die er uns gegeben hat, das Beste machen und bereit gefunden werden, wenn Christus wiederkommt.

Gott kommt niemals zu früh oder zu spät, sondern immer zur rechten Zeit.

51
Das Jüngste Gericht

Einleitung

A. Eines der zentralen Ereignisse der Eschatologie ist das Gericht.

1. Es folgt auf den Tod (Heb. 9, 27).
2. Es folgt auf die Wiederkunft Jesu (Heb. 9, 28).
3. Es geht unserem endgültigen und ewigen Schicksal voraus (Off. 20, 11-15).

B. Die ganze menschliche Geschichte bewegt sich auf dieses große und letzte Ereignis zu.

1. *Es ist im Alten Testament geweissagt* (Amos 5, 18; Joel 4, 14).
2. *Es ist im Neuen Testament vorausgesetzt.*
   (a) Von Jesus (Mt. 7, 22; Joh. 12, 48).
   (b) Von Paulus (Röm. 2, 16; 1. Kor. 1, 8).
   (c) Von Petrus (2. Petr. 2, 9; 3, 12).

3. *Alle werden vor Gott stehen, »Große und Kleine«* (Off. 20, 12).
   (a) Die, die zur Zeit der Wiederkunft Jesu am Leben sind (1. Thess. 4, 14-17).
   (b) Die, die tot waren (Off. 20, 11-13).

C. Dieses Jüngste Gericht wird sich mit zwei Klassen von Leuten befassen.

1. *Mit den Geretteten und mit den Verlorenen* (Mt. 13, 47-50; 25, 46):
   (a) Die Geretteten kommen in den Himmel (Mt. 25, 34).
   (b) Die Verlorenen kommen in die Hölle (Mt. 25, 41).

2. *Von den Geretteten gibt es zwei Arten:*
   (a) Diejenigen, die einen Lohn empfangen werden (1. Kor. 3, 14).
   (b) Diejenigen, die nur wie durchs Feuer hindurch gerettet werden (1. Kor. 3, 15).

3. *Von den Verlorenen gibt es zwei Arten:*
   (a) Diejenigen, die das Evangelium gehört haben (Lk. 12, 47).
   (b) Diejenigen, die das Evangelium vielleicht nicht gehört haben (Lk. 12, 48).

D. Der *Bema*-Stuhl (Röm. 14,10; 2. Kor. 5,10).

1. *Das griechische Wort* Bema *wird mit »Richterstuhl« übersetzt.*
2. *In Korinth war es ein großes, reich geschmücktes »Rostrum« (eine Tribüne), wo Belohnungen vergeben und Strafen verhängt wurden.*
   (a) Denjenigen, die bei Spielen gewonnen hatten, wurden Siegeskränze überreicht.
   (b) Denjenigen, die weniger würdig waren, wurden Strafen auferlegt.

3. *Paulus sagte: »Denn wir alle müssen einmal vor dem Richterstuhl Christi erscheinen, wo alles ans Licht kommen wird. Dann wird jeder von uns das bekommen, was er für das Gute oder das Schlechte, das er in seinem Leben getan hat, verdient.«* (2. Kor. 5, 10)

(a) Alle Christen werden vor dem Herrn am Richterstuhl Christi stehen.

(b) Aber nicht alle Christen werden den Lohn empfangen.

    (1) Alle Christen werden in den Himmel kommen.

    (2) Kein Christ wird in die Hölle kommen.

    (3) Aber nicht alle Christen werden einen Lohn empfangen.

    (4) Manche Christen werden nur wie durchs Feuer hindurch gerettet werden.

E. Warum sich mit diesem Thema beschäftigen?

1. *Es wurde leider vernachlässigt.*
2. *Nichts ist wichtiger als unser zukünftiges Schicksal!*
3. *Der Teufel will nicht, dass wir darüber Bescheid wissen.*
4. *Sich des zukünftigen Gerichts bewusst zu sein, kann unser Leben heute ändern.*
5. *Wir sollten jeden Tag so leben, als ob das Jüngste Gericht unmittelbar bevorstehen würde.*
6. *Viele Christen sind sich dessen nicht bewusst, dass es einen Unterschied macht, ob sie lediglich in den Himmel kommen, oder ob sie zusätzlich auch einen Lohn empfangen.*

    (a) Manche denken, der Himmel selbst sei der Lohn.

    (b) Falsch! Wir können in den Himmel kommen und doch im Hinblick auf den Siegespreis abgewiesen werden (1. Kor. 9, 27).

1 Die Wiederkunft Jesu und das Jüngste Gericht sind eng miteinander verbunden

A. Jesus hat versprochen, dass er wiederkommen werde.

1. In den Gleichnissen (Lk. 19, 11-27).
2. Dem Zwölferkreis (Joh. 14, 1-3; vgl. Mt. 24; Mk. 13).

B. Auch andere neutestamentliche Personen bezeugen seine Wiederkunft:

(1) Zwei Engel (Apg. 1, 10-11); (2) Paulus (1. Kor. 15, 51-55; 1. Thess. 4, 13-18; 2. Tim. 4, 1; Tit. 2, 13); (3) Jakobus (Jak. 4, 7); (4) Petrus (1. Petr. 1, 13; 2. Petr. 3, 10); (5) Judas (Jud. 14); (6) Johannes (1. Joh. 2, 28).

C. Viele eschatologische Abschnitte der Schrift zeigen die bedeutende Verbindung zwischen der Wiederkunft Jesu und dem Gericht.

1. 2. Timotheus 4, 1: »Ich bitte dich vor Gott und vor Christus Jesus, der eines Tages die Lebenden und die Toten richten wird, wenn er erscheinen wird, um sein Reich aufzurichten.«
2. Hebräer 9, 27-28: »Und genauso, wie es bestimmt ist, dass jeder Mensch nur einmal stirbt, worauf das Gericht folgt, genauso starb auch Christus nur einmal als Opfer, um die Sünden vieler Menschen wegzunehmen. Er wird wiederkommen, aber nicht noch einmal wegen unserer Schuld, sondern er wird all denen Rettung bringen, die sehnsüchtig auf seine Rückkehr warten.«
3. Judas 14-15: »Über diese Leute hat auch Henoch prophezeit, der sieben Generationen nach Adam lebte. Er sagte: Siehe, der Herr ist gekommen mit Tausenden seiner Heiligen. Er wird über die Menschen der Welt Gericht halten. Er wird die gottlosen Menschen, die sich gegen ihn aufgelehnt haben, für ihr Handeln bestrafen und sie für alle Beleidigungen gegen ihn verurteilen.«[1]
4. Offenbarung 1, 7: »Siehe! Er kommt mit den Wolken des Himmels. Und alle werden ihn sehen — sogar die, die ihn durchbohrt haben. Und alle Völker der Erde werden um in trauern. Ja! Amen!«

---

[1] Die zitierte Prophezeiung Henochs stammt aus dem apokryphen Henochbuch 1, 9.

5. Apostelgeschichte 17, 31: »Denn er hat einen Tag festgesetzt, an dem er die Welt gerecht richten wird, und zwar durch den Mann, den er dazu bestimmt hat. Und er hat allen bewiesen, wer dieser Mann ist, indem er ihn von den Toten auferweckte.«

D. Es ist schwer zu erkennen, was zuerst kommt: das allgemeine Gericht oder das allein die Christen betreffende Gericht.

1. Das *allgemeine Gericht* ist die Scheidung der Geretteten von den Verlorenen (Mt. 25, 46).
2. Das *die Christen betreffende Gericht* ist, wenn alle Christen nach ihren Werken gerichtet werden (2. Kor. 5, 10).
3. Falls in 1. Petrus 4, 17 eine eschatologische Abfolge impliziert ist, dann kommt das Gericht über die Geretteten zuerst.
   (a) Alle werden mitansehen, wer gerettet ist. Alle werden sehen, wer einen Lohn empfängt; und alle werden sehen, wer gerettet ist, ohne einen Lohn zu empfangen (1. Kor. 3, 14-15).
   (b) Diejenigen, die verloren sind, werden nach ihren Werken gerichtet und verurteilt werden (Off. 20, 11-15).

2 Der Zweck des Richterstuhls Christi

A. Um den Namen Jesu von jedem Makel reinzuwaschen.

1. *Als Jesus das erste Mal kam, endete er an einem Kreuz.*
   (a) Es gab keine öffentliche Rehabilitierung.
   (b) Er wurde durch den Heiligen Geist gerechtfertigt (1. Tim. 3, 16[2]).

---

[2] Übersetzung nach dem englischen Text (NIV). Lu84 übersetzt auch mit »gerechtfertigt«, Neues Leben mit »gerecht gesprochen«, NGÜ mit »beglaubigt«. Der Text ist nicht ganz klar zu deuten. Deshalb übersetzen manche, wie z. B. die neue Schlachter, »gerechtfertigt im Geist«.

(1) Er wurde innerlich gerechtfertigt und bestätigt.

(2) Der Heilige Geist bezeugt es der Familie Gottes, also uns Christen, denn wir wissen, wer Jesus ist.

2. *Wenn Jesus wiederkommt, wird er öffentlich vor allen rehabilitiert werden* (Off. 1, 7).

(a) Herodes und Pilatus werden es mitansehen.

(b) Diejenigen, die ihn gekreuzigt haben, werden es mitansehen.

(c) Diejenigen, die ihn abgelehnt haben, werden es mitansehen.

(1) Die, die ihn »im Fleisch«, d. h. als Menschen sahen.

(2) Die, die das Evangelium gehört haben, ob von einer Kanzel oder durch jemand auf der Straße.

3. *Alle werden Jesus sehen und so von der Wahrheit dessen überführt werden:*

(a) Dass er Herr ist, das heißt, er ist Gott.

(b) Dass er der *eine* Retter ist.

(c) Dass er der *eine* Messias ist.

(d) Dass sein Tod am Kreuz Gottes Weg war, uns zu retten.

(e) Dass er vollkommen Mensch ist.

(f) Dass er vollkommen Gott ist.

B. Um das Evangelium und die Gerechtigkeit Gottes zu bestätigen.

1. *Es wird eine Bestätigung der Bibel sein.*

(a) Alle Worte des Alten und des Neuen Testaments werden ihre Bestätigung finden.

(b) Jesu ureigene Worte werden uns richten und ebenso die Bücher der Bibel (Joh. 12, 48; Joh. 5, 45-46).

2. *Vor dem Richterstuhl Christi werden diejenigen anerkannt und bestätigt werden, die sich zu Christus als zu ihrem Herrn und Erlöser bekannt haben.*

(a) Alle, die ihr Vertrauen auf sein am Kreuz vergossenes Blut gesetzt haben, werden gerettet werden.

(b) Diejenigen, die auf ihre eigenen Werke vertraut haben, werden verdammt werden.

3. *Es wird eine Bestätigung für einen heiligen Lebenswandel sein.*
   (a) Diejenigen, die danach getrachtet haben, ein Leben zu führen, das Gott ehrt, werden ihren Namen reingewaschen bekommen.
   (b) Alles, was wir zur Ehre Gottes zu sein und zu tun versuchten, wird öffentlich zum Vorschein gebracht werden (Jak. 5, 4).

4. *Vor dem Richterstuhl Christi werden diejenigen ihr gerechtes Urteil empfangen, die böse und ungerecht gewesen waren.*
   (a) Diejenigen, die mit Mord oder irgendeinem anderen Vergehen ungestraft davongekommen sind, werden entlarvt und ihre Schuld öffentlich aufgedeckt werden.
   (b) Sie werden denen gegenüberstehen, denen sie Böses zugefügt haben, und werden den Lohn für ihre Taten empfangen (2. Thess. 1, 6).

C. Um die Geschichte der Christen von aller Schuld zu reinigen.

1. *Manche Christen haben sehr viel erlitten.*
   (a) Sie werden geehrt werden, wenn sie ihr Leid hier auf Erden mit Würde getragen haben.
   (b) Sie werden vor dem Richterstuhl Christi große Anerkennung finden.

2. *Manche Christen wurden von Mitchristen verletzt.*
   (a) Sie litten hier auf Erden, ertrugen es im Stillen.
   (b) Gott wird ihnen im Jüngsten Gericht Recht verschaffen.

3. *Manche Christen haben anderen Verletzungen zugefügt.*
   (a) Für jetzt scheinen sie damit ungestraft davonzukommen.
   (b) Doch dann wird Gott ihre Schuld aufdecken.

4. *Manche Christen waren hier auf Erden nicht völlig gehorsam.*
   (a) Sie haben Warnungen auf die leichte Schulter genommen.
   (b) Dies wird ihnen dann Leid tun.

5. *Manche Christen waren völlig gehorsam, aber niemand hier auf Erden hat es gewusst.*
   (a) Gott wird sie dann anerkennen.
   (b) Sie werden dann hohes Ansehen genießen.

6. *Manche Christen haben hier auf Erden ein hohes Ansehen genossen, werden aber im Gericht nur wie durchs Feuer hindurch gerettet werden.*
   (a) Wir werden die Wahrheit über berühmte Christen erfahren.
   (b) Manche von ihnen sind aller Ehre wert, andere sind es nicht.

D. Um Gottes eigenen Namen von jedem Vorwurf reinzuwaschen.

1. *Die Welt hat lange den Vorwurf erhoben, dass Gott eine Menge zu verantworten habe.*
   (a) Wie kann ein gerechter Gott all das Leid zulassen?
   (b) Warum lässt er zu, dass schlechten Menschen Gutes widerfährt und dass Unschuldige leiden müssen?

2. *Die Bibel unternimmt keinen Versuch, den Namen Gottes reinzuwaschen.*
   (a) Sie bezeugt und bekräftigt lediglich seine Gerechtigkeit und Treue.
   (b) Aber es gibt kein anderes deutliches Zeichen dafür als das Wort Gottes.

3. *Eines Tages wird Gott seinem Namen alle Ehre verschaffen* (Jes. 40, 5).
   (a) Das wird ein ehrfurchtgebietender Augenblick sein.
   (b) Ich garantiere Ihnen:

(1) Diejenigen, die jetzt seinen Namen ehren, werden froh sein, dass sie es taten.

(2) Diejenigen, die ihn angeklagt haben, werden heulen und klagen und mit den Zähnen knirschen (Mt. 8, 12; 13, 42; 24, 51; 25, 30).

3 Was wird beim Gericht geschehen?

A. Jesus wird sitzen.

1. *In der Antike war* Sitzen *Ausdruck von Macht und Autorität.*
   (a) Pontius Pilatus saß auf dem Richterstuhl, als er seine abschließende Erklärung über Jesus kundtat (Joh. 19, 13).
   (b) Jesus saß, als er enthüllte, dass er die Erfüllung von Jesaja 61 ist (Lk. 4, 20-21).

2. *Wenn Jesus als Richter wiederkommt, wird er buchstäblich zu Gericht sitzen* (Off. 20, 11).

B. Wir werden stehen.

1. »Die Toten, die Großen und die Kleinen«, werden »vor Gottes Thron stehen.« (Off. 20, 12)
2. Jeder von uns wird vor Gottes Richterstuhl stehen (Röm. 14, 10).

C. Die Bücher werden geöffnet werden (Off. 20,12).

1. Diese sind möglicherweise die sechsundsechzig Bücher der Bibel.
2. Sie sind vielleicht dem in Maleachi 3, 16 erwähnten Gedenkbuch vergleichbar?

D. Alles Verborgene wird offenbar und alles Geheime aufgedeckt werden (Mt. 10,26; Lk. 12,2-3; 8,17).

1. Jede noch nicht bekannte Sünde wird aufgedeckt werden.
2. Diejenigen, die nicht gerettet sind, werden aufs Neue vor Augen geführt bekommen, wie sie ihr Leben geführt haben.

E. Diejenigen, deren Namen nicht im Buch des Lebens geschrieben stehen, werden an den Ort ewiger Verdammnis geschickt werden. Das ist ihr endgültiges Schicksal.

1. Sie mögen für eine Weile den Wunsch haben, ihren Fall zu vertreten (Mt. 7,21ff.).
2. Aber diejenigen, die nicht durch das Blut Christi gereinigt sind, werden sich auf nichts und niemand berufen können.

F. An einem bestimmten Punkt werden alle Christen ihr Urteil empfangen.

1. Die einen werden Lohn empfangen.
2. Die anderen werden den Verlust ihres Lohnes erleiden.

4 Was geschieht nach dem Gericht?

A. Diejenigen, die gerettet sind, kommen in den Himmel (Joh. 3,16).

1. *Der Himmel ist Gottes gegenwärtige Wohnstätte.*
2. *Mit Himmel bezeichnen wir für gewöhnlich den Ort der Glückseligkeit, die den Gläubigen eines Tages verheißen ist.*
   (a) Eines der ersten Dinge, die Gott tun wird, ist die Tränen abzuwischen (Off. 21,4).

(b) Der neue Himmel wird die Züge des neuen Jerusalem tragen (Off. 21 und 22).

(c) Wir werden für immer beim Herrn sein.

B. Diejenigen, die nicht gerettet sind, werden in die Hölle kommen (Joh. 3,16).

1. *Hölle ist das deutsche Wort, welches für gewöhnlich gebraucht wird, um das griechische Wort gehenna zu übersetzen.*

   (a) Manchmal wird auch *hades* mit »Hölle« übersetzt, aber dieses griechische Wort bedeutet »Grab« oder »Tod«[3].

   (b) Auch das in 2. Petrus 2, 4 im griechischen Original stehende *Tartarus* wird oft mit »Hölle« übersetzt, aber das ist einfach der Ort der gefallenen Geister.

   (c) *Gehenna* ist ein dem Hebräischen/Aramäischen entlehntes Wort, das einen südlich von Jerusalem gelegenen Ort bezeichnet, an dem der Müll der Stadt verbrannt wurde.

   (1) Es ist das allgemein am meisten gebrauchte Wort für »Hölle«.

   (2) Es ist im Neuen Testament durchgängig als Ort der Qual charakterisiert (Mk. 9, 43ff.).

2. *Andere Stellen beschreiben die Hölle als Finsternis oder als einen Ort des Heulens und Zähneknirschens* (Mt. 8, 12).

   (a) Die Hölle besteht also gerade nicht in Annihilation[4], sonst könnte es dort kein Heulen und Zähneknirschen geben.

   (b) Sie ist ewig (Mt. 25, 41).

---

[3] Die Bedeutung »Grab« oder »Tod« für griechisch *hades* erscheint vom sprachlichen Befund schwer nachvollziehbar. Das »Wörterbuch zum Neuen Testament« (von Walter Bauer, hrsg. v. Kurt und Barbara Aland) gibt nur die Bedeutungen »Unterwelt, Totenwelt« an; in Off. 6, 8 und 20, 13 ist *hades* häufig mit »Totenreich« übersetzt.
[4] *Annihilation:* die Auslöschung der Existenz der Verlorenen; siehe dazu Kapitel 53, 2.

C. Wie können wir im Himmel glücklich sein, wenn:

1. *Unsere Lieben ewig verloren sind?*
2. *Wir nur wie durchs Feuer hindurch — ohne einen Lohn zu empfangen — gerettet sind?*
3. *Antwort:*
   (a) »Er [Gott] wird alle ihre Tränen abwischen.« (Off. 21, 4)
   (b) Außerdem werden wir verherrlicht sein und werden denken, wie Gott denkt, und nicht wie es unserer jetzigen fleischlichen und sentimentalen Denkweise entspricht.

Schlussbemerkung

Christen werden noch das Urteil Christi über ihre Werke empfangen. Dieses Urteil hat nichts damit zu tun, ob sie in den Himmel kommen oder nicht. Diese Frage war für immer geklärt worden, als sie an ihn als ihren Retter zu glauben begannen. Aber am *bema* wird das Leben, das sie als Christen geführt haben, einer Prüfung unterzogen; Paulus gebraucht diesbezüglich das Bild der Erprobung durchs Feuer (1. Kor. 3, 12-15). Im folgenden Kapitel werden wir die Implikationen untersuchen, die mit diesem wichtigen Thema verbunden sind.

52

Unser Lohn im Himmel

Einleitung

A. Manche Christen sind von der Vorstellung eines Lohnes irritiert.

1. Das mag von einem kulturellen Vorurteil herrühren.
2. Vielleicht ist es auch die Folge einer falschen Theologie.
3. Oft ist es ein Fall von Selbstgerechtigkeit!

B. Warum sich mit einem Thema wie diesem befassen?

1. *Es ist biblische Lehre.*
   - (a) Der neutestamentliche Schreiber, der am meisten über Rechtfertigung allein aus Glauben zu sagen hatte, Paulus, hatte auch am meisten über das Thema Lohn zu sagen.
   - (b) Der Theologie des Apostels Paulus vergleichbar sind die Lehren Jesu zu diesem Thema.

2. *Dass es einen Lohn gibt, entspricht der Art und Weise, wie Gott uns gemacht hat.*
   - (a) Wir wurden mit einem Bedürfnis nach Motivation geschaffen.
   - (b) Aller Gehorsam in der Heiligen Schrift steht im Kontext der Frage, welche Folgen es für uns haben wird, wenn wir gehorchen — und wenn wir nicht gehorchen.

3. *Das Thema Lohn wirft ein klärendes Licht auf viele Schriftstellen, die dem Grundsatz »einmal gerettet, immer gerettet« zu widersprechen scheinen.*

(a) Was der Lehre von der Heilsgewissheit der Gläubigen zu widersprechen scheint, spricht in Wirklichkeit davon, dass der Gläubige seinen Lohn verlieren kann, nicht seine Rettung.

(b) Vergleichbar ist dies im irdischen Leben mit folgendem Fall: Man kann enterbt werden, ohne dass man dadurch aufhört, Familienmitglied zu sein.

4. *Es wird unser Leben augenblicklich verändern.*

(a) Wenn wir wirklich davon überzeugt sind, dass wir einmal in Gegenwart aller vor Gott stehen und alles offenbar werden *wird*, dann wird das in unserem jetzigen Leben einen Unterschied machen.

(b) Einer der Gründe, weshalb Paulus dies lehrt, ist, dass es einen Unterschied machen wird hinsichtlich der Art und Weise, wie wir leben.

(c) Wir müssen beachten: Ein Test für die Wahrheit oder Falschheit einer Lehre besteht darin, ob diese Lehre uns dazu anregt, ein gottesfürchtigeres und damit gottwohlgefälligeres Leben als bisher zu führen.

(1) Wenn eine Lehre uns dazu anregt, ein gottesfürchtigeres Leben zu führen, dann handelt es sich so gut wie sicher um eine dem Neuen Testament entsprechende Lehre.

(2) Wenn eine Lehre uns nicht zu Gottesfurcht anregt, dann lassen wir die Finger davon!

5. *Je geistlicher wir sind, desto mehr werden wir danach streben, einen Lohn zu bekommen.*

(a) Würden wir etwa die geistliche Qualität eines Paulus in Frage stellen?

(b) Einen Lohn zu empfangen, war für ihn etwas sehr, sehr Wichtiges (1. Kor. 9, 27).

(c) Wir müssen beachten: Es ist nur eine Frage der Zeit, dass dieses Thema von entscheidender Bedeutung für alle sein wird!

6. *Je größer unser Lohn, desto größer die Ehre, die Christus an jenem Tag zuteil werden wird.*

   (a) Das ist zum Teil die Bedeutung des alten englischen Kirchenliedes »Crown him with many crowns«[1].

   (b) Wenn wir keine Krone haben, werden wir auch nichts haben, was wir vor ihm niederlegen können – welch schreckliches Gefühl für einen Christen an jenem Tag.

C. Es gibt vier wichtige Begriffe zu diesem Thema:

1. *Lohn:* Das griechische Wort ist *misthos* und kommt 29-mal im Neuen Testament vor (zum Beispiel in Mt. 5, 12 und 1. Kor. 3, 14).

2. *Siegespreis:* Das griechische Wort ist *brabeion* und kommt zweimal im Neuen Testament vor (in 1. Kor. 9, 24 und Phil. 3, 14).

3. *Krone bzw. Siegeskranz:* Das griechische Wort ist *stephanos* und kommt 18-mal im Neuen Testament vor (zum Beispiel in 1. Kor. 9, 25 und 2. Tim. 4, 8).

4. *Erbe:* Das griechische Wort ist *kleronomia* und kommt 14-mal im Neuen Testament vor (zum Beispiel in Apg. 7, 5 und Kol. 3, 24). Das Verb *kleronomeo* (»erben«) läuft so ziemlich aufs Gleiche hinaus. Der Begriff *Erbe* kann sich zuweilen einfach auf die Rettung beziehen (z. B. in Heb. 1, 14), aber für gewöhnlich bezieht er sich auf unseren *Lohn;* zum Beispiel wird unser Erbe in Kolosser 3, 24 direkt als Lohn bezeichnet.

---

[1] Im Deutschen etwa: »Krönt ihn mit vielen Kronen«.

1 Nicht alle, die in den Himmel kommen, werden einen Lohn empfangen

A. Alle, die gerechtfertigt und durch das Blut Christi von ihren Sünden reingewaschen sind, werden die Ewigkeit im Himmel verbringen.

1. *Dies geschieht durch persönlichen Glauben an den Herrn Jesus Christus.*
2. *Nur die, die glauben, werden in den Himmel kommen; alle anderen gehen verloren* (Joh. 3, 16).
   (a) Rettung geschieht aus Gnade, unabhängig von Werken (Eph. 2, 8-9).
   (b) Es gibt nichts, was wir uns selbst zuschreiben könnten, wenn wir zu den Geretteten gehören:
      (1) Dass wir erwählt sind.
      (2) Dass Christus für uns starb.
      (3) Dass uns Glauben geschenkt wurde.
      (4) Dass wir bewahrt wurden.

B. Wir sind gerettet, weil wir auf dem Fundament gegründet sind, welches Jesus Christus ist (1. Kor. 3,11).

1. *Das Fundament ist eine Sache — was darauf aufgebaut wird, eine andere.*
   (a) Wir sind nicht gerettet durch die Qualität dessen, was wir auf dem Fundament aufbauen.
   (b) Wir sind durch das Fundament gerettet.

2. *Dieses Fundament ist vollkommen.*
   (a) Der architektonische Bauplan ist von einem weisen und allwissenden Gott angefertigt, der keine Fehler macht.
   (b) Dieser Plan wurde vollendet durch die Person Jesu Christi und das, was er tat:
   (c) Durch sein sündloses Leben (Heb. 4, 15).

(d) Durch seinen Gehorsam bis zum Tod (Phil. 2,6-8).
(e) Das Fundament ist dauerhaft und fest.
(f) Es kann durch nichts erschüttert werden.
(g) Es wird ewig Bestand haben.

C. Wichtige Klarstellungen in kurzer Zusammenfassung:

1. *Es besteht ein Unterschied zwischen Rettung und Lohn.*
   (a) Unsere Rettung gründet sich auf das Fundament – Jesus Christus.
   (b) Unser Lohn steht in Zusammenhang damit, wie wir auf dem Fundament weiterbauen.

2. *Wenn wir auf dem Fundament sind, sind wir gerettet.*
   (a) Es ist möglich, gerettet zu sein und den Lohn zu verlieren.
   (b) Man kann sich auf dem festen und sicheren Fundament befinden, aber etwas Mangelhaftes darauf aufgebaut haben.

3. *Unser Lohn vor dem Richterstuhl Christi wird sich nach der Qualität dessen richten, was wir auf dem Fundament aufgebaut haben.*
   (a) Wenn wir uns auf dem Fundament befinden, sind wir gerettet; nichts kann daran etwas ändern.
   (b) Aber was auf dem Fundament aufgebaut ist, ist etwas anderes.

2 Unser Lohn richtet sich nach der Qualität dessen, was wir auf dem Fundament aufgebaut haben

A. Jeder kann am Richterstuhl Christi Lohn empfangen.

1. *Es ist möglich, dass wir hier auf Erden ein hohes Ansehen genießen, aber im Himmel keinen Lohn empfangen werden.*
   (a) Manche Christen haben hier auf Erden hohes Ansehen.

(b) Hohes Ansehen auf Erden bedeutet: vorne stehen und gesehen werden, beschäftigt sein, wohlbekannt und hoch angesehen sein, eine Position in der Gemeinde haben, etc.

(c) Daraus folgt nicht, dass Gott die hoch angesehenen Christen in derselben Weise sieht, wie sie von den Leuten gesehen werden!

2. *Manche Christen haben ein geringes oder gar kein Ansehen hier auf Erden, werden aber vor dem Richterstuhl Christi einen großen Lohn empfangen.*

(a) Geringes Ansehen bedeutet: unbeachtet sein, wenig oder keine Anerkennung bekommen, weitgehend nicht geschätzt sein.

(b) Aber Gott sieht anders als wir Menschen. »Der Mensch sieht auf das Äußere; der Herr sieht auf das Herz.« (1. Sam. 16,7)

B. Rettung basiert auf Gnade; Lohn basiert auf Werken.

1. *Gnade (unverdiente Gunst) ist etwas, was Gott tut.* Das bedeutet nicht:

(a) Dass wir nicht glauben müssten. Wir müssen glauben!

(b) Dass wir nicht Buße tun müssten. Wir müssen Buße tun!

(c) Dass wir Christus nicht bekennen müssten. Wir müssen ihn bekennen!

2. *Werke sind etwas, was wir tun.*

(a) Dies bedeutet nicht, dass wir Gottes Hilfe nicht brauchen.

(b) In Wirklichkeit geschehen alle unsere Werke durch Gottes Hilfe.

(1) Wir werden nicht in der Lage sein, uns selber zu rühmen, wenn wir vor dem Richterstuhl Christi stehen.

(2) »Wenn ihr mir gehorcht, sollt auch ihr sagen: Wir haben keine besondere Anerkennung verdient. Wir sind Diener und haben nur unsere Pflicht getan.« (Lk. 17,10)

3. *Alle Gläubigen tragen Verantwortung:* »Ihr seid Gottes Acker.«
   (1. Kor. 3, 9)
   (a) Ohne Gehorsam wird es keine Frucht geben.
   (b) Die Metapher kann deshalb sowohl das sein, was wir auf
   dem Fundament aufbauen, als auch die Frucht, die aus dem
   Bleiben in Christus (Joh. 15, 1-6) erwächst.

C. **Die Qualität dessen, was auf dem Fundament aufgebaut
   wird, ist dadurch bestimmt, ob es bestehen bleibt oder
   nicht:** »Wenn jemandes Werk, das er darauf gebaut hat,
   bleibt, so wird er Lohn empfangen.« (1. Kor. 3,14)

1. *Als Beispiele für das, was man auf dem Fundament aufbaut, zählt
   Paulus folgende Metaphern auf:* »Gold, Silber, Edelsteine, Holz,
   Heu oder Stroh« (1. Kor. 3, 12). Diese Metaphern zeigen an:
   (a) Etwas, was lebensfähig ist und fortbesteht.
   (1) Wird das, was wir aufbauen, das Feuer überstehen?
   (2) Steine überstehen Feuer; Heu, Holz oder Stroh werden
   verbrannt werden.
   (b) Etwas, was Tugend hat (moralische Qualität).
   (c) Etwas, was sichtbar ist (ein Überbau ist etwas Sichtbares).
   (d) Etwas, was Wert hat (kostbare Steine gegenüber Heu, Holz,
   etc.).

3 Wie können wir wissen, ob unser eigenes Bauwerk aus Gold, Silber oder Edelsteinen besteht?

A. **Unsere persönliche Anwendung der Lehre und dessen,
   was wir gelernt haben.**

1. Es genügt nicht, Lehre zu empfangen, selbst wenn es die beste
   Lehre ist.

2. Sie muss auf unser persönliches Leben angewendet werden – selbst auf die persönlichsten Details.

B. Unser Umgang mit Versuchung.

1. Was tun wir, wenn wir versucht werden?
2. Der beste Weg, ein Fallen in Sünde zu vermeiden, besteht darin, Versuchung zu vermeiden.

C. Unsere Haltung gegenüber Glaubensprüfungen und Anfechtungen.

1. Wenn unser Glaube auf die Probe gestellt wird – was ist unsere Reaktion?
2. Murren wir und beklagen wir uns, oder nehmen wir die Prüfung an?

D. Unsere Fähigkeit, unsere Zunge unter Kontrolle zu halten.

1. Unserer Worte wird vor dem Richterstuhl Christi gedacht werden (Mt. 12, 36-37).
2. Ein Bauwerk, das die Feuerprobe überstehen wird, wird errichtet auf der Basis unserer Fähigkeit, unsere Zunge unter Kontrolle zu halten.

E. Wir haben zu beachten: Die irdische Feuerprobe ist ein Vorgeschmack der himmlischen Feuerprobe.

1. *Die irdische Erprobung prüft die Qualität unseres Werkes bzw. unserer Werke.*
2. *Unser Werk ist die Summe unseres geistlichen Fortschritts.*

(a) Wir gebrauchen die Wendung »ein gutes Stück Arbeit«[2].

(b) Jede Arbeit, die wir vollbringen, ist die Summe von all dem, was ihr vorausgegangen ist; die irdische Feuerprobe testet das (1. Petr. 4, 12[3]).

   (1) Die Feuerprobe hier auf Erden bereitet uns auf die letzte und entscheidende Prüfung am Tag des Jüngsten Gerichts vor.

   (2) Dieser ehrfurchtgebietende Tag wird die letzte Prüfung sein, eine Prüfung, die wir alle zu bestehen haben werden.

3. *Warum sollen wir diese Prüfung als eine Feuerprobe bezeichnen, wie Petrus es tut?*

(a) Feuer macht durch sein Licht offenbar, was wir geistlich sind.

(b) Durch seine Hitze macht Feuer die Qualität dessen offenbar, was wir bis zu diesem Moment auf dem Fundament aufgebaut haben.

4. *Worin bestehen die Unterschiede bzw. die Ähnlichkeiten zwischen der irdischen und der himmlischen Feuerprobe?*

(a) Worin sie ähnlich sind:

   (1) Beide kommen unerwartet, ohne Vorwarnung.

   (2) Beide enthüllen, wo wir hinsichtlich unseres geistlichen Fortschritts stehen.

   (3) Beide kommen von Gott.

(b) Worin sie sich unterscheiden:

   (1) Eine irdische Prüfung mag anderen verborgen bleiben; Gottes Feuer am Tag seines Gerichts wird für alle sichtbar sein.

   (2) Während die irdische Prüfung zeigt, wo wir hinsichtlich unseres geistlichen Fortschritts stehen, und es immer

---

[2] *Arbeit:* Im Englischen steht hier mit »work« derselbe Ausdruck wie oben für *Werk.*
[3] Der Autor verweist hier auf die AV (im Gegenüber zur allgemein von ihm verwendeten NIV).

noch eine weitere Möglichkeit geben kann, den Test zu bestehen, ist die Abschlussprüfung am Tag des Gerichts endgültig. Es wird deshalb keine weitere Möglichkeit mehr geben, den Test zu bestehen.

(3) Die irdische Prüfung wird durch irdische Bedrängnisse (Menschen, Krankheit, Finanzen) herbeigeführt. Das Feuer jenes Tages wird ohne die Not irdischer Bedrängnisse auskommen, um zu zeigen, wo wir stehen.

(4) Die irdische Prüfung kann von einem satanischen Angriff herrühren. Die Abschlussprüfung am Tag des Gerichts wird ausschließlich Gottes Intervention sein: die Sendung seines Sohnes mit Feuer und Herrlichkeit.

4 Was genau ist das Feuer, das offenbart werden wird?

A. Was es nicht ist:

1. *Läuterung (Fegefeuer). Das Werk wird verbrannt, nicht die Person.*
   (a) Die unbiblische Lehre vom Fegefeuer bezieht sich nach der Lehre der römisch-katholischen Kirche auf jeden Fall auf den Zwischenzustand.
   (b) 1. Korinther 3, 15 bezieht sich auf die Wiederkunft Christi.

2. *Sühnend (das heißt, es ist keine Sühne für Sünde).*
   (a) Nur das Blut Christi ist sühnend.
   (b) »... gerettet werden, aber nur wie einer, der mit Mühe und Not einem Feuer entkommt [Griechisch: doch so wie durch Feuer]«[4] (1. Kor. 3, 15), bedeutet nicht: erlöst durch Feuer.

---

[4] Lu84: »... gerettet, doch so wie durchs Feuer hindurch.«

B. Das Feuer ist das, was Jesus Christus bei seiner Wiederkunft begleiten wird (2. Thess. 1,6-7).

1. *Es wird alles, was aus Stroh aufgebaut wurde, verbrennen; das bedeutet: kein Lohn.*

2. *Sogar die in Christus, die ohne Lohn bleiben, werden gerettet werden; sie werden durch das Feuer hindurchkommen.*

3. *Ob Paulus hier nun eine metaphysische (übernatürliches Feuer), metaphorische oder materielle Sprache spricht, braucht uns nicht zu beschäftigen, da kein Kind Gottes durch dieses Feuer verletzt wird.*

   (a) Leon Morris schreibt: »Das Bild beschreibt einen Menschen, der durch die Flammen springen muss, um sich in Sicherheit zu bringen.«

   (b) Es ist wie bei den drei hebräischen Jünglingen im Feuerofen: Sie wurden durch die Hitze der Flammen nicht versengt (Dan. 3, 19-27).

C. Das Feuer wird zwei Dinge offenbar machen:

1. Die Qualität dessen, was wir auf dem Fundament aufgebaut haben.

2. Das Fundament. Möglicherweise hat niemand gedacht, dass das Fundament da war! Aber Gott hat es die ganze Zeit gesehen. »Der Herr kennt die Seinen [vgl. 4. Mose 16, 5].« (2. Tim. 2, 19)

Schlussbemerkung

Martin Luther sagte: »Wenn ich in den Himmel komme, erwarte ich drei Überraschungen zu erleben: (1) Es werden Leute da sein, die zu sehen ich dort nicht erwartet hätte; (2) andere, die zu sehen ich erwartet hätte, werden nicht da sein; (3) die größte Überraschung aber wird sein, dass ich selbst dort bin!«

Meine Umschreibung dieser Worte Luthers lautet: Vor dem Richterstuhl Christi erwarte ich drei Überraschungen zu erleben:

(1) Leute, von denen ich es nicht gedacht hätte, werden einen Lohn empfangen; (2) aber Leute, von denen ich es gedacht hätte, werden keinen Lohn empfangen; (3) dass ich selbst aus Jesu eigenem Mund ein »Gut gemacht!« (vgl. Mt. 25, 21.23; Lk. 19, 17) hören werde. Denn das ist der Lohn − von Gott ein Gut gemacht! zu bekommen.

53
Was geschieht mit den Verlorenen?

Einleitung

Warum ist diese Lektion wichtig?

1. *Wenn es eine Hölle gibt, ergibt sich die Wichtigkeit dieses Themas von selbst.*
   (a) Ich für meinen Teil möchte nicht in die Hölle kommen.
   (b) Ich möchte auch nicht, dass irgendjemand anders dorthin kommt.

2. *Früher oder später stellen wir alle die Frage: Was ist mit denen, die das Evangelium nie gehört haben?* In diesem Kapitel geht es nicht um das Schicksal derer, die das Evangelium nicht gehört haben. Diese Frage wurde im Kapitel »Unsere Verantwortung gegenüber den Verlorenen« (Kapitel 30) erörtert.

3. *In den vergangenen Jahren haben eine Reihe angesehener evangelikaler Leiter die Lehre von der Annihilation[1] angenommen. Liegen sie damit richtig?*
   (a) Fast ein Jahrhundert lang waren es hauptsächlich die Sekten, wie z. B. die Zeugen Jehovahs, welche die traditionelle Sichtweise aller Konfessionen hinsichtlich einer ewigen Strafe ablehnten und sich für die Annihilation aussprachen.
   (b) Ist es möglich, dass die Sekten in dieser Frage letztlich Recht behalten?

---

[1] Annihilation: die Auslöschung der Existenz der Ungläubigen nach dem Tod bzw. Gericht; siehe dazu unter Abschnitt 2.

4. *Jesus erwähnte die Hölle öfter als alle Schreiber der Bibel zusammen. Deshalb ist es zweifellos gut und richtig zu wissen, was er damit meinte.*

5. *Die Gemeinde hat der Welt widersprüchliche Signale zu diesem Thema vermittelt; sicher möchten wir gewiss sein, wo wir stehen, damit wir nicht an einer ungewissen Botschaft festhalten.*

B. Die Verlorenen: Diejenigen, die nach dem Tod in ihrem unerlösten Zustand bleiben.

1. *»Verloren« bzw. »Verlorene« sind die Begriffe, mit denen Jesus die noch nicht Bekehrten bezeichnete.*

   (a) »Der Menschensohn ist gekommen, um Verlorene zu retten.« (Lk. 19, 10)

   (b) »Ich bin gesandt worden, um dem Volk Israel zu helfen — Gottes verlorenen Schafen —, und nicht denen, die keine Juden sind.« (Mt. 15, 24)

2. *Dieser Begriff wird manchmal austauschbar mit »verloren gehen«[2] gebraucht: »Wenn aber unser Evangelium verhüllt ist, so ist es bei denen verhüllt, die verloren gehen.« (2. Kor. 4, 3)*

3. *Jesus behauptete, dass die Verlorenen, die er zu retten gekommen war, nicht verloren bleiben.*

   (a) »Und es ist der Wille Gottes, dass ich von allen, die er mir gegeben hat, auch nicht einen verliere, sondern sie am letzten Tag zum ewigen Leben auferwecke.« (Joh. 6, 39)

   (b) »Während meiner Zeit hier auf Erden habe ich sie bewahrt [Griechisch: In deinem Namen habe ich die bewahrt, die du mir gegeben hast]. Ich habe über sie gewacht, so dass nicht einer verloren ging außer dem, der den Weg des Verderbens beschritt [Griechisch: außer dem Sohn des Verderbens], so wie es die Schrift vorausgesagt hat.« (Joh. 17, 12)

---

[2] Im Englischen liegen hier zwei unterschiedliche Begriffe vor: zunächst »lost« und dann hier »perishing«.

(c) »Damit erfüllte er [Jesus] seine eigene Aussage: Ich habe auch nicht einen Einzigen von denen verloren, die du mir gegeben hast [vgl. Joh. 6,39; 17,12].« (Joh. 18,9)

4. *Es gibt mindestens zwei Worte, die das Gegenteil von »verloren« oder »verloren gehen« bedeuten: (a) (wieder)gefunden (Lk. 15,32); (b) gerettet (Joh. 5,34).*

C. Es gibt daher nur zwei Kategorien von Menschen:

1. Die Geretteten (= Erlösten). Diejenigen, die an Christus geglaubt haben.
2. Die Verlorenen (= Unerlösten). Diejenigen, die nicht an Christus geglaubt haben.

1 Himmel oder Hölle: Die einzige Alternative hinsichtlich des Schicksals der Menschen nach dem Tod

A. Der Himmel: Der Aufenthaltsort derer, die gerettet sind.

1. *Der Himmel ist die Wohnstätte Gottes* (1. Kön. 8,43).
   (a) Es ist der Ort, wo Jesus jetzt ist (Apg. 1,11).
   (b) Es ist der Ort, wo die verstorbenen Geretteten jetzt sind (Mt. 22,32; Lk. 16,22).

2. *In der Antike dachte man in drei Kategorien von »Himmeln«:*
   (a) Der erste Himmel: Der Himmel, wo die Vögel fliegen; wo die Wolken sich bilden.
   (b) Der zweite Himmel: Das Weltall mit Sonne, Mond und Sternen.
   (c) Der dritte Himmel: Der Ort, an den Paulus in seinem Geist durch den Heiligen Geist entrückt wurde (2. Kor. 12,2).

3. *Eines Tages wird es einen neuen Himmel und eine neue Erde geben*
   (2. Petr. 3, 13; Off. 21, 1).
   (a) Dem werden zwei große Ereignisse vorausgehen:
       (1) Die Wiederkunft Jesu (2. Petr. 3, 10-12).
       (2) Das Jüngste Gericht (Heb. 9, 27-28).
   (b) Wenn wir also von Himmel sprechen, müssen wir beden-
       ken, dass es diesbezüglich zwei Zeitabschnitte gibt:
       (1) Der Ort, wo Gott jetzt mit den Heiligen und den Engeln
           wohnt.
       (2) Der Ort, wo wir nach dem Gericht sein werden.

4. *Bis dahin sprechen wir von einem Zwischenzustand:*
   (a) Der Ort, an den die Menschen kommen, wenn sie sterben
       (Off. 6, 9-11; 7, 9-17).
   (b) Dieser Zwischenzustand wird auch bezeichnet als:
       (1) Abrahams Seite [Lu84: Abrahams Schoss] (Lk. 16, 22);
       (2) Paradies (Lk. 23, 43).

B. Die Hölle: Der Aufenthaltsort derer, die verloren sind.

1. *Im Neuen Testament gibt es drei griechische Worte, die manchmal*
   mit Hölle übersetzt werden.
   (a) Tartarus, welches nur einmal vorkommt (2. Petr. 2, 4).
       (1) Es ist zweifelhaft, ob »Hölle« die beste Übersetzung ist.
       (2) Es ist möglicherweise der Ort, an dem Satan und seine
           gefallenen Engel jetzt wohnen; ein immaterielles Reich,
           in dem sie innerhalb bestimmter Grenzen leben und sich
           bewegen.
   (b) *Hades*, welches 11-mal vorkommt (Mt. 11, 23; 16, 18; Lk.
       10, 15; 16, 23; Apg. 2, 27.31; 1. Kor. 15, 55; Off. 1, 18; 6, 8;
       20, 13.14).
       (1) Es bedeutet eigentlich »Grab« oder »Tod«.[3]

---

[3] Siehe dazu die Fußnote zu Kapitel 51, 4 B. 1. (a).

(2) Sein Gebrauch in Lukas 16, 23 zeigt jedoch, dass es ein Ort sein kann und dass seine Bewohner sehr lebendig und bei klarem Bewusstsein sind.

(c) *Gehenna,* welches 12-mal vorkommt, wobei sich allerdings einige Stellen in Matthäus und Markus überschneiden (Mt. 5, 22.29.30; 10, 28; 18, 9; 23, 15.33; Mk. 9, 43.45.47; Lk. 12, 5; Jak. 3, 6).

2. *Es gibt andere Stellen, die einen Ort beschreiben, welcher zwar nicht immer als Hölle bezeichnet wird, der aber Letzteres impliziert:*
   (a) Finsternis (Mt. 8, 12; 22, 13; Judas 13).
   (b) Feuerofen (Mt. 13, 42.50; vgl. Off. 21, 8: Feuersee).
   (c) Ewiges Feuer (Mt. 25, 41; Judas 7).
   (d) Ewiges Verderben (2. Thess. 1, 9).
   (e) Heulen und Zähneknirschen (Mt. 8, 12; 13, 42.50; 22, 13; 24, 51; Lk. 13, 28).
   (f) Qual (Off. 14, 11).
   (g) Gottes Zorn (Röm. 5, 9; 1. Thess. 1, 10).

3. *Es ist nicht einfach zu entscheiden, inwieweit die oben genannten Beschreibungen vom Zwischenzustand sprechen und/oder vom Ort der endgültigen Bestimmung der Verlorenen.*
   (a) Die Beschreibungen können sich entweder auf eine dieser beiden Möglichkeiten beziehen oder auf beide zugleich, da sie sich in dem, was sie schildern, nicht unterscheiden:
       (1) Bewusstsein: »Wo sie weinen und mit den Zähnen knirschen werden.« (Mt. 8, 12)
       (2) Qual.
       (3) Dauerhaftigkeit. Keine Änderung des Schicksals (Mt. 25, 46; Lk. 16, 26).
   (b) Obwohl *Hades* in Lukas 16, 23 vermutlich den Zwischenzustand bezeichnet, ist dieser Vers nichtsdestoweniger eine Beschreibung, wie all die anderen oben aufgeführten Beispiele.
       (1) Wie die Geretteten nach ihrem Tod bei Christus sein werden, so kommen die Verlorenen an einen Ort der Qual (Lk. 16, 19-31).

(2) Auch sie warten auf das Jüngste Gericht (Joh. 5, 29).

4. *Der Feuersee ist der endgültige Bestimmungsort für die Verlorenen im Gegensatz zum neuen Himmel und zur neuen Erde als Bestimmungsort für die Geretteten.*

(a) Der Feuersee ist das endgültige Schicksal des Teufels (Off. 20, 10).

(1) Er wurde zunächst einmal für den Teufel gemacht (Mt. 25, 41).

(2) Seine Dauerhaftigkeit in Form von bewusst empfundener ewiger Qual könnte nicht klarer ausgedrückt sein: »Dann wurde der Teufel, der sie betrogen hatte, zu dem Tier und dem falschen Propheten in den Feuersee geworfen, der mit Schwefel brennt. Und sie werden in Ewigkeit gequält werden Tag und Nacht.« (Off. 20, 10)

(b) Der Feuersee ist das Schicksal derer, die im *Hades* (= *Totenreich*) waren: »Und der Tod und das Totenreich wurden in den Feuersee geworfen. Das ist der zweite Tod – der Feuersee. Und alle, deren Namen nicht im Buch des Lebens geschrieben standen, wurden ebenfalls in den Feuersee geworfen.« (Off. 20, 14-15)

(1) Offenbarung 14, 9-11 bezieht sich zwar auf einzelne Menschen, spricht aber von derselben Art Strafe, wie sie für den Teufel beschrieben ist: »Wer das Tier und sein Standbild anbetet und sein Zeichen auf der Stirn oder der Hand annimmt, muss den Wein des Zornes Gottes trinken, der unverdünnt in den göttlichen Kelch des Zorns eingeschenkt wird. Und sie werden in der Gegenwart der heiligen Engel und des Lammes mit Feuer und Schwefel gequält werden. Der Rauch ihrer Qualen wird für alle Zeit aufsteigen, und sie werden Tag und Nacht keine Erleichterung finden, weil sie das Tier und seine Statue angebetet und das Zeichen seines Namens angenommen haben.«

(2) Der Ort, der für den Teufel gemacht wurde, wird auch der Ort sein, an den die Verlorenen kommen (Mt. 25, 41).

5. *Kurz: Die Verlorenen kommen an einen Ort der Bestrafung.*
   (a) Es gibt zwei Orte der endgültigen Bestimmung: der eine für die Geretteten, der andere für die Verlorenen.
   (b) Es gibt kein dazwischen.
      (1) Die Lehre vom Fegefeuer ist eine Lehre, die im Mittelalter aufkam.
      (2) Diese Lehre hat keine biblische Grundlage.
   (c) Drei Kennzeichnungen beschreiben zusammenfassend den Ort der Verlorenen, ganz gleichgültig, mit welchem Namen wir diesen Ort bezeichnen wollen, ob mit Hölle, Finsternis, Feuer, etc.:
      (1) An diesem Ort gibt es Bewusstsein.
      (2) Es ist ein Ort der Qual.
      (3) Er ist ewig.
   (d) Wir haben zu beachten: Matthäus 25, 46 impliziert, dass die Strafe ebenso lange dauert wie das ewige Leben. »Und sie werden der ewigen Verdammnis übergeben werden, den Gerechten aber wird das ewige Leben geschenkt.«

2 Kann Hölle gleichbedeutend mit Annihilation sein?

A. Annihilation: nicht-existent gemacht werden – so, als ob man nie zuvor existiert hätte.

1. Annihilation bedeutet völlige Vernichtung – nichts bleibt am Ende übrig.
2. Es ist keine Frage von Bewusstsein: Es gibt weder Körper noch Geist oder Seele, wenn die Existenz einer Person ausgelöscht bzw. vernichtet worden ist.

B. Zum Thema ewige Strafe gibt es mindestens die folgenden fünf Positionen:

1. *Agnostizismus:* Es lässt sich unmöglich feststellen, ob es eine Realität wie die Hölle gibt, weil es unmöglich ist, zu ermitteln, was nach dem Tod geschieht.

2. *Annihilationismus:* Wir werden zu Nichts – so, als ob es uns niemals gegeben hätte.

3. *Universalismus:* Alle werden gerettet werden; keiner wird verloren gehen.

4. *Konditionalismus:* Unsterblichkeit (endlose Existenz) ist dem Menschen nicht kraft der Schöpfung verliehen, sondern aufgrund des Glaubens. Das wird oft als bedingte Unsterblichkeit bezeichnet.

   (a) Gott allein ist unsterblich, doch verleiht er den Gläubigen – und nur ihnen – Unsterblichkeit.

   (b) Unsterblichkeit und ewiges Leben sind demnach austauschbare Begriffe.

   (c) Bevor jemand ewige persönliche Existenz empfangen kann, müssen bestimmte Bedingungen erfüllt werden.

   (1) Gott muss ewiges Leben schenken.

   (2) Der Mensch muss es annehmen.

   (d) Das Schicksal derer, die Christus nicht im Glauben annehmen, ist:

   (1) Auslöschen des Bewusstseins und Aufhebung der Existenz.

   (2) Mit einem Wort: Sie werden vernichtet.

5. *Bewusste, endlose Existenz jenseits des Grabes, entweder im Himmel oder in der Hölle.*

   (a) Dies ist der klassische Glaube der Christen, Protestanten und Katholiken eingeschlossen.

   (b) Dem Menschen ist kraft der Schöpfung von Natur aus Unsterblichkeit verliehen.

   (c) Das Bild Gottes im Menschen schloss Unsterblichkeit mit ein.

(d) Der Mensch, ob gerettet oder verloren, wird demnach auch jenseits des Grabes eine bewusste Existenz besitzen.

C. Argumente für die Annihilation:

1. *Der Gedanke einer bewussten ewigen Qual ist abstoßend und erschreckend.*

2. *Ein Gott der Liebe kann die Menschen nicht in einer Weise behandeln, die auch nur einen einzigen ewig leiden lässt.*

3. *Der Begriff gehenna bezieht sich ursprünglich auf einen Ort in einem Tal südlich von Jerusalem, an dem Müll verbrannt wurde.*
   (a) Feuer verbrennt Dinge.
   (b) Deshalb setzen die Stellen, an denen von Feuer die Rede ist, Vernichtung voraus.

4. *Der griechische Begriff appolumai bedeutet »zerstören, vernichten« — genau das, was Feuer tut.*
   (a) Bestrafen bedeutet daher vernichtet werden.
   (b) Diejenigen, die nicht an das Evangelium glauben, gehen verloren.

5. *Gott allein hat Unsterblichkeit (1. Tim. 6, 16), deshalb muss diese dem Menschen erst verliehen werden (2. Tim. 1, 10).*
   (a) Der Mensch besitzt nicht kraft der Schöpfung Unsterblichkeit.
   (b) Das Evangelium bringt Unsterblichkeit ans Licht.
   (c) Diese empfängt man durch den Glauben.

6. *Hölle bedeutet tatsächlich ewige Strafe.*
   (a) Nicht ewiges Bestrafen; das würde andauern.
   (b) Die Strafe ist vielmehr endgültig, sodass sie auf ewig nicht mehr geändert wird.

7. *Diejenigen, die Unsterblichkeit besitzen, werden eine endlose Existenz im Himmel haben; diejenigen, die keine Unsterblichkeit besitzen, hören auf zu sein.*

(a) Was mit letzterer Person geschieht, ist also Annihilation.

(b) Der Körper wird verwesen und zu nichts werden; wenn der Mensch stirbt, hört seine Seele auf zu sein.

(c) Wir haben zu beachten: Manche Leute, welche die Annihilation vertreten, glauben an die Auferstehung des Körpers am Jüngsten Tag, um vor Gottes Gericht zu stehen; doch wenn die Verlorenen dann in den Feuersee geworfen sind, hören sie auf zu existieren.

D. Argumente gegen die Annihilation:

1. *Jesus hat sicher beabsichtigt, dass seine Beschreibungen der Hölle abschreckend auf uns wirken. Es ist anzunehmen, die Motivation, die der Lehre von der Annihilation zugrunde liegt, besteht zum größten Teil in dem Versuch, Gott gut aussehen zu lassen, wenn nicht gar zu rechtfertigen. Aber darum ist die Bibel selbst nicht immer bemüht.*

2. *Die allererste Botschaft des Neuen Testaments: Rettet euch vor dem kommenden Zorn, hätte wohl kaum viele Leute wachgerüttelt, wenn sie gedacht hätten, dieser Zorn bedeute Annihilation.*

3. *Annihilation ist ein theologisches Argument für das, was ein Gott-Hasser sicherlich als wahr erhofft, wenn es einen Gott gibt.*

4. *Die Liebe Gottes ist immer seinem Zorn gegenübergestellt (Joh. 3, 16). Bezüglich der Frage, wie Gott die im Neuen Testament beschriebene Hölle zulassen kann, drängen sich zwei Bibelstellen auf:*

(a) »Der aller Welt Richter ist, sollte der nicht gerecht richten?« (1. Mose 18, 25)

(b) »Denn also spricht der Herr: Meine Gedanken sind nicht eure Gedanken, und eure Wege sind nicht meine Wege; sondern so hoch der Himmel über der Erde ist, so viel höher sind meine Wege als eure Wege und meine Gedanken als eure Gedanken.« (Jes. 55, 8-9)

5. *Hätte Jesus mit dem, was er als Hölle bezeichnete, Annihilation gemeint, hätte sich die frühe Gemeinde dies von Anfang an zu eigen gemacht, damit in der Gemeinde Gottes keine falsche Vorstellung Fuß fasst.*

6. *Auch wenn das Wort* gehenna *von der Bezeichnung der Müllhalde außerhalb Jerusalems herstammt, wurden die Beispiele in Markus 9, 42 - 46 ausdrücklich gegeben, um zu zeigen, dass das* ewige Feuer der Hölle *etwas anderes als* natürliches Feuer ist: *»wo der Wurm nicht stirbt und das Feuer nicht erlischt«* (Mk. 9, 48).

7. *Im Griechischen bedeutet* appolumai *»zerstören«, aber nicht auslöschen oder vernichten.*

    (a) Es ist ein Ausdruck, den wir heute z. B. für ein Autowrack verwenden würden, also für etwas, das wir abschreiben können, weil es nutzlos geworden ist.

    (b) Es ist das Wort, das für das verschwendete Salböl (Mt. 26, 8) gebraucht wurde.

8. *Zur Zeit Jesu gab es ein gebräuchliches griechisches Wort, welches zweifellos »auslöschen, vernichten« bedeutet.*

    (a) Das Griechische *Ekmedenisis* bedeutet »Annihilation«; das Verb *ekmedenizo* bedeutet demnach »auslöschen, vernichten«.

    (b) Hätten die Schreiber des Neuen Testaments zeigen wollen, dass Hölle Annihilation bedeutet, dann hätten sie dieses Wort verwendet; doch sie taten es nicht. *Ekmedenisis ist ein alexandrinisches Wort, dessen Wurzeln noch auf die Zeit vor Homer zurückgehen.*

9. *Mit seiner Feststellung, dass Gott allein Unsterblichkeit besitzt, wollte Paulus nicht beweisen, dass der Mensch sie kraft der Schöpfung nicht besitzt.*

    (a) Paulus zeigte, was allein Gott in sich selbst besitzt. Er besitzt Unsterblichkeit, weil er Gott ist.

    (b) Als Gott den Entschluss gefasst hatte, Menschen zu machen, hat er auch beschlossen, ihn nach seinem eigenen Bild zu machen (1. Mose 1, 26).

    (c) Johannes 1, 9 zeigt ferner, dass jedem Menschen Unsterblichkeit verliehen worden war.

(1) Unsterblichkeit und Licht sind in 1. Timotheus 6, 16 und 2. Timotheus 1, 10 nebeneinander gebraucht.

(2) Dies zeigt, was die Aussage in 1. Johannes 1, 9 sonst noch bedeuten kann.

(3) Allein das Evangelium lässt erkennen, wie diese Unsterblichkeit angebetet und verehrt wird, wenn wir glauben.

10. *Dr. David Gooding hat gezeigt, dass in Matthäus 25, 46 genau genommen nicht einfach mit »ewige Strafe«, sondern mit »ewiges Bestrafen« zu übersetzen ist.*

11. *Jesus sagte, dass es für Judas Ischariot besser gewesen wäre, er wäre nie geboren worden (Mt. 26, 24). Diese Aussage machte keinen Sinn, wenn Judas bald danach zu existieren aufhören würde.*

12. *Jonathan Edwards hielt eine Predigt zum Thema: Sünder in der Hand eines zornigen Gottes. In dieser Predigt sprach sich Edwards deutlich dafür aus, dass die ewige Strafe bei klarem Bewusstsein erlebt werde. Darauf fiel der Heilige Geist mit solch großer Kraft auf die Gemeinde, dass das nur mit Gottes eigenhändiger Bestätigung erklärt werden kann.*

13. *Es gibt keine Möglichkeit, Annihilation in die Strafe für den Teufel hineinzulesen; Matthäus 25, 41 zeigt, dass die Verlorenen an denselben Ort kommen werden.*

14. *Wenn die Verlorenen in der Hölle verbrennen würden, wie könnte es dort dann Heulen und Zähneknirschen geben?*

15. *Die Vertreter der Annihilationslehre predigen, wenn überhaupt, selten darüber — und sicherlich nicht den Verlorenen! Warum? Weil es sich nicht predigen lässt.*

Schlussbemerkung

Was mit den Verlorenen geschehen wird, ist ein schwer zu behandelndes Thema. Es kann eine Versuchung darstellen, die Wahrheit abzumildern, oder sich für die annihilationistische Sichtweise zu entscheiden. Die Bibel lässt jedoch keinen Zweifel darüber, dass diejenigen, die nicht »in Christus« sind, wenn sie sterben, für immer ohne Christus am Ort ewiger Strafe sein werden.

INDIZES

1. Stichwortverzeichnis

713

2. Personenverzeichnis

3. Verzeichnis biblischer Personen

4. Verzeichnis zitierter und erwähnter Bibelstellen

Altes Testament

1. Mose 1	91
1. Mose 1,1	65, 72, 79, 122, 435
1. Mose 1,1-3	65
1. Mose 1,1-2,4	435
1. Mose 1,2	64f, 302, 421
1. Mose 1,26	65, 122, 499, 706
1. Mose 1,26-27	240
1. Mose 1,27	421
1. Mose 2,7	75
1. Mose 2,15	241
1. Mose 2,16-17	240
1. Mose 2,17	77, 240, 242, 642
1. Mose 2,18	75, 241, 421
1. Mose 2,18-23	75
1. Mose 2,19-20	241, 421
1. Mose 2,21	421, 424
1. Mose 2,21-22	421
1. Mose 2,23	241, 422
1. Mose 2,23-24	241
1. Mose 2,24	422
1. Mose 2,25	241
1. Mose 3	93
1. Mose 3,1	76, 160, 242, 244, 249, 422f., 448, 643
1. Mose 3,1ff.	449, 499
1. Mose 3,1-7	241
1. Mose 3,4	449
1. Mose 3,7	242, 422
1. Mose 3,8	117, 242
1. Mose 3,10	242, 422
1. Mose 3,11	81
1. Mose 3,11-13	422
1. Mose 3,12-13	242
1. Mose 3,15	76, 160, 244, 249
1. Mose 3,16	242, 422
1. Mose 3,17	242, 423, 643
1. Mose 3,17b	423
1. Mose 3,17ff.	242
1. Mose 3,19	242, 423
1. Mose 3,21	94, 206, 245
1. Mose 3,24	244, 434f., 438, 440
1. Mose 4,1-12	139
1. Mose 4,9	390
1. Mose 6-9	155
1. Mose 6,18	151
1. Mose 7,4.12	215
1. Mose 9,14-15	152
1. Mose 9,17	151
1. Mose 11	92
1. Mose 12,1-3	154, 601
1. Mose 14	124, 227
1. Mose 14,18-22	124
1. Mose 14,20	227
1. Mose 15	154
1. Mose 15,4-5	103, 152
1. Mose 15,6	103, 152
1. Mose 15,7	152
1. Mose 15,8	152
1. Mose 15,13	663
1. Mose 16; 20	152
1. Mose 17-22	155
1. Mose 17,1	153
1. Mose 17,10-11	153
1. Mose 17,19-21	153
1. Mose 18,16-33	533
1. Mose 18,25	94, 398, 706
1. Mose 19,7-8	512
1. Mose 21,27.31	149
1. Mose 21,31	149
1. Mose 21,33	79, 113, 124
1. Mose 21,44.53	149
1. Mose 22,1	153, 510, 605f.
1. Mose 22,1-2	601
1. Mose 22,1ff.	153
1. Mose 22	154, 601, 605f.
1. Mose 22,1-10	605
1. Mose 22,8.14	124
1. Mose 22,12	153, 510
1. Mose 22,12.16-18	153
1. Mose 22,15-18	153
1. Mose 22,16	606
1. Mose 22,18	153
1. Mose 26,28	149
1. Mose 31,13	124
1. Mose 31,44.53	149
1. Mose 33,20	124
1. Mose 35,2	124
1. Mose 37,6.9	581
1. Mose 39-40	649
1. Mose 39,9	139
1. Mose 39,10.20	490
1. Mose 40,15	493
1. Mose 45	296, 507, 619
1. Mose 45,1	296
1. Mose 45,3-5	297
1. Mose 45,5	297, 619
1. Mose 45,8	297
1. Mose 49,10	164
1. Mose 50,20-21	508
2. Mose 2,1	225
2. Mose 3,1-6	110
2. Mose 3,2	440, 602
2. Mose 3,5	76
2. Mose 3,7	595
2. Mose 3,7-10	602
2. Mose 3,7-22	103
2. Mose 3,10	602
2. Mose 3,13	112, 120
2. Mose 3,13-14	112
2. Mose 3,14	75, 123
2. Mose 3,15	123
2. Mose 3,21	602
2. Mose 4,14	225
2. Mose 4,31	602
2. Mose 5,8	602
2. Mose 5,23	602
2. Mose 6,3	124
2. Mose 9,14	76
2. Mose 12	76, 180, 441
2. Mose 12,5	76
2. Mose 12,13	180
2. Mose 12,22	180
2. Mose 13,22	213
2. Mose 14,19	441
2. Mose 15,6	79, 113
2. Mose 15,11	76
2. Mose 16,3	138
2. Mose 17,15	124
2. Mose 19	132, 498
2. Mose 19-20	132
2. Mose 20	501
2. Mose 20-24	154
2. Mose 20,1-17	76, 132
2. Mose 20,2-6	366
2. Mose 20,3	133
2. Mose 20,4-6	134
2. Mose 20,5	78, 112
2. Mose 20,7	122, 127, 134
2. Mose 20,8-11	134

730

Weiterführende Literatur

Fachlexika

Evangelisches Kirchenlexikon (EKL). Internationale theologische Enzyklopädie, 3. Aufl. (Neufassung), hg. v. Erwin Fahlbusch u. a., 5 Bände, Verlag Vandenhoeck & Ruprecht

Evangelisches Lexikon für Theologie und Gemeinde, hg. v. Helmut Burkhardt u. a., 3 Bände, Rolf Brockhaus Verlag

Jerusalemer Bibellexikon, hg. v. Kurt Hennig, Hänssler Verlag

Lexikon zur Bibel, hg. v. Fritz Rienecker, Rolf Brockhaus Verlag

Die Religion in Geschichte und Gegenwart (RGG). Handwörterbuch für Theologie und Religionswissenschaft, 4. völlig neue bearbeitete Aufl., 8 Bände, Verlag J. C. B. Mohr (Paul Siebeck)

Theologisches Begriffslexikon zum Neuen Testament, hg. v. Lothar Coenen u. a., 2 Bände, Rolf Brockhaus Verlag

Kommentare

Barclay, William, Auslegung des Neuen Testaments, 17 Bände, Aussaat Verlag

Bibel-Kommentar zum Neuen Testament, hg. v. Gerhard Maier, 25 Bände, EDITION C, Hänssler Verlag

Wuppertaler Studienbibel. Altes Testament, hg. v. Gerhard Maier und Adolf Pohl, 29 Bände, Rolf Brockhaus Verlag

Wuppertaler Studienbibel. Neues Testament, hg. v. Fritz Rienecker, Werner de Boor und Adolf Pohl, 15 Bände, Rolf Brockhaus Verlag

Weitere theologische Literatur

Baral, Karl, Handbuch der biblischen Glaubenslehre. Grundlage für Glauben und Leben, Hänssler Verlag

Elwell, Walter A., Die große Themen-Konkordanz zur Bibel, Hänssler Verlag

Goppelt, Leonhard, Theologie des Neuen Testaments, UTB, Verlag Vandenhoeck & Ruprecht

Sierszyn, Armin, 2000 Jahre Kirchengeschichte, 4 Bände, Hänssler Verlag

Bei der Besorgung der genannten und weiterer weiterführender Literatur ist Ihnen gerne der Hänssler Verlag behilflich:

Hänssler Verlag,
Max-Eyth-Straße 41,
D-71088 Holzgerlingen
Tel. (07031) 7414-177
Fax (07031) 7414-119
Internet: www.haenssler.de